D1831104

रज़ा पुस्तक माला

विजयदेव नारायण साही

रचना-संचयन

रज़ा फ़ाउण्डेशन | THE RAZA FOUNDATION

विजयदेव नारायण साही

रचना-संचयन

सम्पादक
गोपेश्वर सिंह

वाणी प्रकाशन

रज़ा पुस्तक माला : संचयन

प्रधान सम्पादक : अशोक वाजपेयी | सम्पादक : पीयूष दईया

वाणी प्रकाशन और रज़ा फ़ाउण्डेशन का सह-प्रकाशन

वाणी प्रकाशन

4695, 21-ए, दरियागंज, नयी दिल्ली 110 002

फ़ोन : +91 11 23273167 फ़ैक्स : +91 11 23275710

शाखाएँ

अशोक राजपथ, पटना 800 004, बिहार

कॉफ़ी हाउस कैम्पस, महात्मा गांधी मार्ग, इलाहाबाद 211 001, उत्तर प्रदेश

महात्मा गांधी अन्तरराष्ट्रीय हिन्दी विश्वविद्यालय, वर्धा 442 001, महाराष्ट्र

सुल्तानिया रोड, मोतिया पार्क, भोपाल 462 001, मध्य प्रदेश

www.vaniprakashan.com
marketing@vaniprakashan.in
sales@vaniprakashan.in

VIJAYDEV NARAYAN SAHI : RACHNA-SANCHAYAN
Edited by Gopeshwar Singh

ISBN : 978-81-948736-7-9
Anthology

© सुष्मिता श्रीवास्तव

पेपरबैक प्रथम संस्करण 2021

मूल्य : ₹ 595

इस पुस्तक के किसी भी अंश को किसी भी माध्यम में प्रयोग करने के लिए प्रकाशक से लिखित अनुमति लेना अनिवार्य है।

सिटी प्रेस, दिल्ली-110 095 में मुद्रित

वाणी प्रकाशन का लोगो मक़बूल फ़िदा हुसेन की कूची से

आमुख

कलाओं में भारतीय आधुनिकता के एक मूर्धन्य सैयद हैदर रज़ा एक अथक और अनोखे चित्रकार तो थे ही उनकी अन्य कलाओं में भी गहरी दिलचस्पी थी। विशेषतः कविता और विचार में। वे हिन्दी को अपनी मातृभाषा मानते थे और हालाँकि उनका फ्रेंच और अँग्रेज़ी का ज्ञान और उन पर अधिकार गहरा था, वे फ्रांस में साठ वर्ष बिताने के बाद भी, हिन्दी में रमे रहे। यह आकस्मिक नहीं है कि अपने कला-जीवन के उत्तरार्द्ध में उनके सभी चित्रों के शीर्षक हिन्दी में होते थे। वे संसार के श्रेष्ठ चित्रकारों में, 20-21वीं सदियों में, शायद अकेले हैं जिन्होंने अपने सौ से अधिक चित्रों में देवनागरी में संस्कृत, हिन्दी और उर्दू कविता में पंक्तियाँ अंकित कीं। बरसों तक मैं जब उनके साथ कुछ समय पेरिस में बिताने जाता था तो उनके इसरार पर अपने साथ नवप्रकाशित हिन्दी कविता की पुस्तकें ले जाता था : उनके पुस्तक-संग्रह में, जो अब दिल्ली स्थित रज़ा अभिलेखागार का एक हिस्सा है, हिन्दी कविता का एक बड़ा संग्रह शामिल था।

रज़ा की एक चिन्ता यह भी थी कि हिन्दी में कई विषयों में अच्छी पुस्तकों की कमी है। विशेषतः कलाओं और विचार आदि को लेकर। वे चाहते थे कि हमें कुछ पहल करनी चाहिए। 2016 में साढ़े चौरानवे वर्ष की आयु में उनकी मृत्यु के बाद रज़ा फ़ाउण्डेशन ने उनकी इच्छा का सम्मान करते हुए हिन्दी में कुछ नये क़िस्म की पुस्तकें प्रकाशित करने की पहल रज़ा पुस्तक माला के रूप में की है, जिनमें कुछ अप्राप्य पूर्व प्रकाशित पुस्तकों का पुनःप्रकाशन भी शामिल है। उनमें गाँधी, संस्कृति-चिन्तन, संवाद, भारतीय भाषाओं से विशेषतः कला-चिन्तन के हिन्दी अनुवाद, कविता आदि की पुस्तकें शामिल की जा रही हैं।

हिन्दी साहित्य की नयी आधुनिकता के दौर में, जो 1950 के आसपास शुरू हुआ, विजयदेव नारायण साही की उपस्थिति और हस्तक्षेप बहुत मूल्यवान् रहे हैं। वे महत्त्वपूर्ण कवि, कुशाग्र आलोचक, सजग सम्पादक, मुक्त चिन्तक और ज़मीनी समाज-चिन्तक एक साथ थे। उनका समूचा साहित्य और सामाजिक कर्म, एक तरह से, बीच बहस में हुआ। उनका अपने समय के समाजवादी नेताओं विशेषतः राम मनोहर लोहिया से सार्थक संवाद था और उन्होंने बुनकरों आदि के कई आन्दोलनों में भाग लिया था। आलोचना में उनका जायसी का हमारे समय के लिए पुनराविष्कार, 'लघु मानव के बहाने हिन्दी कविता पर एक बहस' और 'साखी' कविता-संग्रह की अनेक कविताओं के माध्यम से कबीर का पुनर्वास साहित्य के अत्यन्त विचारोत्तेजक और सर्जनात्मक मुक़ाम हैं। अपने समय में हावी हुई वाम दृष्टि के बरअक्स साही जी ने समानधर्मिता का ऐसा विकल्प रचने की कोशिश की जिसमें व्यक्ति और समष्टि एक-दूसरे के लिए अनिवार्य हैं और परस्पर अतिक्रमण नहीं करते हैं।

गोपेश्वर सिंह ने मनोयोग और अध्यवसाय से साही जी की संचयिता तैयार की है जिससे आज के पाठकों को उनके वितान, जटिल संयोजन, साफ़गोई, वैचारिक प्रखरता और बौद्धिक-सर्जनात्मक उन्मेष से सीधा साक्षात्कार हो सकेगा। वर्तमान परिदृश्य में विजयदेव नारायण साही का यह पुनर्वास अपने आप में एक ज़रूरी हस्तक्षेप है। रज़ा फ़ाउण्डेशन इस संचयिता को प्रस्तुत करने में प्रसन्नता अनुभव कर रहा है।

—अशोक वाजपेयी

अनुक्रम

कविता

आलोचना

राजनीति और समाज

डायरी

प्रस्तावना

हिन्दी के विशिष्ट कवि-आलोचक विजयदेव नारायण साही का जन्म 7 अक्टूबर, 1924 ई. को बनारस के कबीर चौरा मोहल्ले में हुआ था। उनकी हाई स्कूल तक की शिक्षा बनारस में हुई। उसके बाद वे इलाहाबाद अपने बड़े भाई इन्द्रदेव नारायण साही के पास चले गये जो आई.सी.एस. थे और वहीं पदस्थापित थे। कर्नलगंज इण्टरमीडिएट कॉलेज से उन्होंने इण्टर किया। इसके बाद अँग्रेज़ी और फ़ारसी विषय के साथ उन्होंने इलाहाबाद विश्वविद्यालय से स्नातक की परीक्षा पास की। फिर वहीं से अँग्रेज़ी साहित्य में प्रथम श्रेणी में प्रथम स्थान के साथ एम.ए. की परीक्षा पास की।

अपने राजनीतिक गुरु आचार्य नरेन्द्रदेव की इच्छा के कारण एम.ए. करने के बाद साही काशी विद्यापीठ में अँग्रेज़ी के अध्यापक हो गये। कुछ वर्ष बाद आचार्यजी की अनुमति लेकर इलाहाबाद विश्वविद्यालय के अँग्रेज़ी विभाग में आ गये, जहाँ बाद के वर्षों में वे रीडर और प्रोफ़ेसर हुए। प्रारम्भ में उनकी माता ने उन्हें हिन्दी सिखलायी। बाद में उन्होंने स्वाध्याय से हिन्दी सीखी। जीवन भर वे हिन्दी समर्थक रहे। राममनोहर लोहिया के अँग्रेज़ी हटाओ आन्दोलन में उन्होंने बढ़-चढ़कर हिस्सा लिया। वे आजीवन हिन्दी में लिखते रहे और कभी अपने व्यक्तित्व पर अँग्रेज़ीयत को हावी नहीं होने दिया। अँग्रेज़ी के अध्यापक होने पर भी वे प्रायः खादी के धोती-कुर्ता में रहते थे।

साही के परिवार में संगीत की परम्परा थी। पिता संगीत के शौक़ीन थे। घर में तबला, हारमोनियम आदि वाद्य यन्त्र थे। पिता की देखा-देखी वे भी इन्हें बजाते थे। कहा जाता है कि साही अच्छे तबला वादक थे। उन्हें गाने का भी शौक़ था और मन की मौज में, अकेले या दोस्तों के बीच गाते भी थे। गाने बजाने के शौक़ के कारण साही की रुचि नाट्य-लेखन, नाट्य-मंचन और अभिनय की ओर जाग्रत हुई। कहा जाता है कि उन्होंने कई नाटक लिखे, उन्हें मंचित किया और उनमें अभिनय भी किया।

साही की मूल पहचान कवि, आलोचक और समाजवादी आन्दोलन के प्रखर बौद्धिक नेता की है। नरेन्द्रदेव के कारण वे समाजवादी विचारों के प्रभाव में आये और आजीवन इस रूप में सक्रिय रहे। इस कारण उनका लेखन-कार्य प्रभावित हुआ। प्रकाशन-कार्य की ओर तो और भी कम ध्यान गया। जीवनकाल में उनका एक ही काव्य-संग्रह 'मछलीघर' (1966) प्रकाशित हो सका। 'तीसरा सप्तक' (1959) में कुछ कविताएँ प्रकाशित हुई थीं। सारा लिखा हुआ और बोला हुआ पत्र-पत्रिकाओं में बिखरा हुआ था। उनके निधन के पश्चात् उनकी विदुषी पत्नी कंचनलता साही ने बहुतेरी रचनाओं को सहेजा और उन्हें प्रकाशित कराया। खोजबीन के बाद साही की निम्नलिखित पुस्तकें ही उपलब्ध होती हैं–

1. मछलीघर (काव्य-संग्रह) 1966
2. साखी (काव्य-संग्रह) 1983
3. जायसी (आलोचना) 1983
4. साहित्य और साहित्यकार का दायित्व (व्याख्यान) 1983
5. छठवाँ दशक (आलोचना) 1987
6. साहित्य क्यों (आलोचना) 1988
7. लोकतन्त्र की कसौटियाँ (समाज-राजनीति विषयक निबन्ध) 1990
8. संवाद तुमसे (काव्य-संग्रह) 1990
9. वर्धमान और पतनशील (आलोचना) 1991
10. आवाज़ हमारी जायेगी (कविताओं और ग़ज़लों का संग्रह) 1995

इनके अतिरिक्त बहुत-सी रचनाएँ पत्र-पत्रिकाओं में बिखरी पड़ी हैं। जो सूचना मिलती है, उसके अनुसार साही ने ललित निबन्ध, कहानी, नाटक और प्रहसन जैसी विधाओं में भी लिखा था। इनके साथ उन्होंने अनुवाद कार्य भी प्रचुर मात्रा में किया था। ये सारी सामग्री पुस्तक रूप में अब तक प्रकाशित नहीं हो पायी है। 'सड़क साहित्य' के नाम से सर्वेश्वर दयाल सक्सेना और कुछ अन्य मित्रों के साथ साही तुरन्ता ढ़ंग से हास्य-व्यंग्य की कविताएँ लिखते थे, जिनमें से कुछ की ही सूचना हिन्दी पाठकों को है। उनकी डायरी के भी कुछ अंश प्रकाशित हुए हैं। इनके अतिरिक्त साही ने दर्जन भर से ऊपर अँग्रेज़ी में निबन्ध लिखे थे। वे सारे निबन्ध भी पुस्तक रूप में प्रकाशित नहीं हैं। देश-विदेश में अँग्रेज़ी में दिये हुए भाषण भी अभी पुस्तकाकार प्रकाशित नहीं हो पाये हैं। 'आलोचना' (1953-1958) और 'नयी कविता' पत्रिका (1956-1968) के सम्पादन कार्य से भी वे जुड़े रहे।

साही बहुत ही दिलचस्प इन्सान थे। दोस्तों के बीच गपशप और बौद्धिक बहस

करना उनकी ख़ास पहचान थी। गाना-बजाना और नाटक खेलना उनके प्रिय शौक़ तो थे ही, शतरंज और ताश खेलने में भी उनकी ख़ासी दिलचस्पी थी और वे इस फन के माहिर थे।

आचार्य नरेन्द्रदेव के कारण उनका झुकाव समाजवाद की ओर हुआ। वे जीवन भर समाजवादी विचार और आन्दोलन से जुड़े रहे। साइकिल पर घूम-घूमकर उन्होंने बुनकरों के संगठन बनाये और उनके मुक़दमे लड़े तथा जीते भी। कहा जाता है कि वकील को देने के लिए पैसे नहीं थे, इसलिए उन्होंने क़ानून की किताबें पढ़ीं और कोर्ट में बहस की। भदोही के कालीन बुनकरों के लिए चलने वाली हड़ताल का उन्होंने नेतृत्व किया और इस सिलसिले में उन्हें एक महीने तक जेल में भी रहना पड़ा। आज़ादी के बाद भी उन्हें दो बार जेल जाना पड़ा। एक बार राष्ट्रीय स्वयं सेवक संघ के सरसंघचालक गोलवलकर को काला झण्डा दिखलाने के कारण तथा दूसरी बार जवाहरलाल नेहरू की मोटर की सामने किसानों के साथ प्रदर्शन करने के कारण। 1967 के चुनाव में वे सोशलिस्ट पार्टी के टिकट पर भदोही संसदीय क्षेत्र से चुनाव लड़े। कहा जाता है कि वे कुछ ही वोटों से पराजित हुए। 'समाजवादी युवजन सभा' एवं समाजवादी कार्यकर्ताओं के शिविरों में साही समाजवादी विचारों के महत्त्व पर बोलने वाले लोकप्रिय वक्ता थे। उनका अन्तिम व्याख्यान पटना में अक्टूबर 1982 में जयप्रकाश नारायण की जयन्ती के अवसर पर हुआ। लगभग एक महीने बाद 5 नवम्बर, 1982 को हार्ट अटैक से इलाहाबाद में उनकी मृत्यु हो गयी।

अपनी बहसतलब टिप्पणियों और व्याख्यानों से हिन्दी के बौद्धिक जगत् को आन्दोलित करने वालों में साही का कोई जोड़ नहीं था। यह अकारण नहीं था कि उन्हें 'बहस करता हुआ आदमी' कहा जाता था। उनके निधन से जो स्थान रिक्त हुआ, उसे फिर कोई दूसरा भर न सका। उन्होंने लिखा कई विधाओं में, लेकिन कवि और आलोचक के रूप में वे विशेष रूप से समादृत हुए।

विजयदेव नारायण साही ने अपने समकालीनों की तुलना में कम कविताएँ लिखीं, लेकिन अपनी गुणवत्ता में वे इतनी अलग और मौलिक हैं कि उनके बिना उस दौर के काव्य-परिदृश्य को समझा नहीं जा सकता। वे कविताएँ बहुत पहले से लिख रहे थे। पत्र-पत्रिकाओं में उनकी कविताएँ छपकर पाठकों-आलोचकों का ध्यान आकृष्ट करती थीं। लेकिन उनके पुस्तकाकार प्रकाशन के प्रति वे उदासीन रहे। पहली बार 'तीसरा सप्तक' (सं. अज्ञेय—1959) में उनकी कुछ कविताएँ हिन्दी समाज के सामने आयीं, जिन्हें लोगों ने ख़ूब पसन्द किया। उनके जीवनकाल में उनका एक ही काव्य संकलन 'मछलीघर' (1966) प्रकाशित हुआ। मरणोपरान्त 'साखी' (1982)

नामक संग्रह प्रकाशित हुआ। कवि रूप में साही की कृति का मूल आधार ये दो काव्य-संग्रह हैं। हालाँकि उनके निधन के बाद 'तीसरा सप्तक' और 'साखी' में न आ पायीं कुछ कविताओं को शामिल कर 'संवाद तुमसे' का प्रकाशन हुआ। उनके प्रारम्भिक गीतों और ग़ज़लों का एक संकलन 'आवाज़ हमारी जायेगी' शीर्षक से प्रकाशित है।

'आस्था' को अपनी कविता का आधार मानने वाले साही 'नयी कविता' को नया अर्थ-विस्तार देने वाले कवि हैं। बौद्धिक-उड़ान एवं कबीरी अन्दाज़ के कारण अलग से पहचान लिए जाने वाले कवि के रूप में वे दिखायी पड़ते हैं। 'मछलीघर' पर विचार करते हुए कुँवर नारायण को मिल्टन के ग्रैंडस्टाइल की याद आती है और वे मानते हैं कि अँग्रेज़ी और उर्दू की क्लासिक परम्परा साही के सामने है। कुँवरजी ने लिखा है :

> "उनकी कविताओं में कहीं भी गुस्से का छिछला प्रदर्शन नहीं है : ताक़त–लगभग हिरोइक आयामों वाली ताक़त की भव्यता है–एक चढ़ी हुई प्रत्यंचा की तरह उनमें वह दृढ़ता और संयम है, जिनसे महाकाव्य बनते हैं, तुरत खुश या नाखुश करने वाली कविताओं की चंचलता नहीं। साही की यह मुद्रा इधर लिखी गयी उन तमाम कविताओं से बिल्कुल अलग है जिनमें हम नाराज़गी और उत्तेजना को लगभग एक रूढ़ि बन जाते देखते हैं। इस सन्दर्भ में मैं समझता हूँ साही लगभग क्लासिक अनुशासन में लिखी गयी कविताओं के एकमात्र ऐसे उदाहरण हैं जिसने एक ओर अँग्रेज़ी साहित्य के क्लासिक अनुशासन की मर्यादा को स्वीकार किया तो दूसरी ओर उर्दू-फ़ारसी के श्रेष्ठतम आदर्शों को नज़र के सामने रखा। हिन्दी कविता पर उर्दू साहित्य का असर कोई नयी बात नहीं है। तमाम उर्दू शब्द, उसकी साहित्यिक परम्परा, अमीर ख़ुसरो से लेकर अब तक हिन्दी में घुली-मिली रही। नज़ीर अकबराबादी, मीर, ग़ालिब, इक़बाल आदि की देन ने सिर्फ़ उर्दू ही नहीं हिन्दी को भी जो कुछ दिया, आज की हिन्दी कविता में उसके श्रेष्ठ उदाहरणों में साही का नाम विशेष रूप से लिया जाना चाहिए...उर्दू शैली साही की भाषा में व्याप्त थी। वह उनकी कविताओं के रचाव का एक ख़ास अंग है–ऊपर से चढ़ाया हुआ रंग नहीं, कविताओं के अन्दर से खिलता हुआ रंग है–इतना अलग कि उनकी कविता की एक भी पंखुरी से पहचाना जा सकता है।"

इस सन्दर्भ में 'इस नगरी में रात हुई' शीर्षक चतुष्पदी को याद किया जा सकता है–

मन में पैठा चोर अँधेरा तारों की बारात हुई
बिना घुटन के बोल न निकले यह भी कोई बात हुई
धीरे-धीरे तल्ख़ अँधेरा फैल गया, ख़ामोशी है
आओ ख़ुसरो लौट चलें घर, इस नगरी में रात हुई

यह अपने समय के यथार्थ को चित्रित करने का साही का अपना अन्दाज़ है जो उर्दू परम्परा की याद समेटे हुए है। 'विजयदेव नारायण साही' नामक विनिबन्ध में इस चतुष्पदी पर टिप्पणी करते हुए लिखा गया है :

> "अमीर खुसरो की तर्ज पर मात्र चार पंक्तियों में कविता समय से नाउम्मीदी का जो चित्र प्रस्तुत करती है, वह चतुष्पदी में नये ढंग का प्रयोग है जिसे बाद की नयी पीढ़ी के कई कवियों ने अपनाया है। इस कविता में मुक्तिबोध की तरह साही अपने समय में पसरे अँधेरे और उससे उपजी अदृश्य ख़ामोशी, हताशा, निराशा और घुटन को महसूस करते हैं।"

मुक्तिबोध की कविता 'अँधेरे में' के साथ नामवर सिंह साही की 'अलविदा' कविता को याद करते हैं। हालाँकि सन्दर्भ यहाँ 'नाटकीय एकालाप' का है। कविता में फैण्टेसी के सहारे प्रभावशाली पृष्ठभूमि तैयार की गयी है। 'अँधेरे में' और 'अलविदा' कविता में जो 'नाटकीयता का रहस्य' है, उसकी चर्चा करते हुए वे कहते हैं :

> "अलविदा में बुनी हुई काव्यानुभूति की तीव्रता इस बात में है कि यहाँ निर्णय लेने से ठीक पहले की मनःस्थिति के अनुभूतिगत चाँप को शब्दों में पूरी कलात्मकता के साथ रख दिया गया है। कविता की नैतिक शक्ति इस बात में है कि निर्णय के विषय में कोई अनिश्चयात्मकता नहीं है। 'नैतिक विज़न' की यह परिपक्वता ही 'अलविदा' को श्रेष्ठ कविताओं में स्थान दिलाने के लिए पर्याप्त है।"

साही की कविता में नाटकीय तत्त्व और भाषाई अलंकरण की उपस्थिति अलग से पाठक का ध्यान खींचती है। यह ख़ूबी उन्हें अपनी पीढ़ी के अन्य कवियों से अलग करती है। उनकी इस विशेषता पर टिप्पणी करते हुए कुँवर नारायण ने लिखा है :

> "जिस तरह साही अपनी कविताओं में नाटकीय तत्त्वों और भाषाई अलंकरण को एक बहुत ही परिष्कृत रचनात्मकता का हिस्सा बनाते हैं वह हर एक के वश की बात नहीं है। नाटकीय तत्त्वों और शब्दालंकारों के उपादानात्मक प्रयोग में अगर ज़रा भी असावधानी हो तो वह कविता के नाज़ुक तन्तुओं को बिल्कुल सुन्न कर दे सकता है। साही की कविताओं में नाटकीयता और

भाषाई अलंकरण की क़िलाबन्दी नहीं है, कविताओं के पीछे उनकी हल्की छाप या अक्स का लहराता आभास भर रहता है जिसके ऊपर कविता लिखी हुई जान पड़ती है—जिसके नीचे दबी हुई नहीं—न जिसके बगल में ही लिखी हुई। साही की कविताओं में जो एक ख़ास तरह की दृढ़ता है उसका गारा भर क्लासिकल रहता है, लेकिन स्थापत्य साही का बिल्कुल अपना और अपने समय की या जीवन की प्रमुख समस्याओं से रगड़ खाता हुआ।''

'मछलीघर' की भूमिका में साही ने अपनी कविताओं को 'आन्तरिक एकालाप' कहा है। इससे यह भ्रम नहीं होना चाहिए कि साही की कविता में समाज निरपेक्ष होने का किसी तरह का प्रयत्न है। दरअसल, साही की प्रगतिशीलता अलग तरह की है। वे कम्युनिस्ट प्रगतिशीलता के क़ायल नहीं हैं। उनकी प्रगतिशीलता भारतीयता के निषेध से नहीं, बल्कि उसके सकारात्मक दाय से बनती है। कुँवर नारायण के शब्दों में :

''साही का समाजवाद ठीक उन्हीं अर्थों में उदारवादी था जिन अर्थों में उनकी भारतीयता रूढ़िवादी नहीं थी। साही की प्रगतिशीलता भारतीय जीवन-पद्धति का निषेध नहीं है, नये और ज़रूरी को निष्पक्षता से जाँच कर स्वीकार या अस्वीकार करने की सतर्कता है।''

इसलिए उनका यह आन्तरिक एकालाप सामाजिक जीवन की विसंगतियों से पैदा हुई हलचल है। इस अर्थ में साही सहज ही मुक्तिबोध से तुलनीय हैं जिनके यहाँ 'अन्तःकरण' की बात हिन्दी कविता में सबसे अधिक है। मुक्तिबोध का 'अन्तःकरण' और साही का 'आन्तरिक एकालाप' क्या एक ही नहीं हैं?

'साखी' की कविताएँ अपने अलग अन्दाज़ के कारण हिन्दी कविता की एक विशिष्ट उपलब्धि-सी लगती हैं। यहाँ 'आन्तरिक एकालाप' सामाजिक स्थितियों से टकराकर एक नया रूप ग्रहण करता है। 'साखी' की कविताओं को अशोक वाजपेयी ने 'ईमान की साखी' कहा है। ऐसी 'साखी' जो अधिक भरोसे की है। इन कविताओं में नैतिकता और ईमानदारी की ऐसी आभा है जो अन्यत्र शायद ही हो! यहाँ एकालाप तो है लेकिन वह संवादधर्मी है। 'साखी' की कविताओं में जो संवादधर्मिता है वह साही की अपनी विशेषता है। कबीर की कविता, समाज को सम्बोधित करने का उनका तरीक़ा, लौकिक से लेकर अलौकिक तक की उनकी चिन्ता आदि को जैसे साही ने 'साखी' में उपलब्ध किया है, वैसी उपलब्धि उनके सिवा दूसरे के हिस्से शायद ही दर्ज हो! कबीर आधुनिक होकर साही के रूप में मानो हमें सम्बोधित कर रहे हों! 'प्रार्थना : गुरु कबीरदास के लिए' बहु-चर्चित एवं बहु, उद्धृत कविता है जो साही की पहचान बन गयी है। लेकिन इस संग्रह की बहुतेरी कविताएँ ऐसी हैं जो कबीरी अन्दाज़ में आधुनिक ज़मीन पर खड़ी हैं। 'पराजय के बाद' कविता को इस सन्दर्भ में देखना चाहिए—

योद्धाओं की विशाल सेना
जब पराजित होकर लौटी
तो आपस में एक-दूसरे को
लूटती हुई लौटी।

कोई पश्चिम के रेगिस्तान में गया
कोई उत्तर की पहाड़ियों में
कोई पूरब के जंगलों में
कोई दक्खिन के पठारों में।

पराजित सेनाओं का यह लौटना आधुनिक मानव की नक़ली जीत का ऐसा उदाहरण है, जिसमें हम हार कर भी जीत के भ्रम में हैं और अपनी अगली पीढ़ी को नक़ली जीत का प्रतीक सौंप रहे हैं। कविता का अन्त होता है–

इसी बीच आसेतु पृथ्वी पर
बर्बरों का राज्य हो गया
और वे अपने-अपने एकान्त में
जीत और गद्दारी के
पुराण रचते रहे।

सुनो भाई साधो
सब जग अन्धा हो गया है
मैं किसको समझाऊँ

'साधो' को सम्बोधित कविताएँ हों या अन्य कविताएँ सब जगह 'मछलीघर' का 'आन्तरिक एकालाप' अधिक सफ़ाई से संवादधर्मी हो गया है। अशोक वाजपेयी इसे 'कबीर की उक्ति भंगिमाओं का पुनराविष्कार' कहते हैं, तो ठीक ही कहते हैं। कबीर को अपने समय में साधने का यह सबसे कलात्मक और बेलौस अन्दाज़ है जो सिर्फ़ साही के पास है।

कवि कबीर की कविता के प्रति आलोचक साही बहुत सकारात्मक नहीं थे। उन्हें जायसी पसन्द थे। लेकिन साही ने बुनकरों की लड़ाई लड़ी। घूम-घूमकर उनका संगठन बनाया। उनके बीच रहे। बुनकरों के संघर्ष में आकण्ठ धँसे हुए साही के भीतर जुलाहा कबीर उतरते रहे। इसलिए हमें 'साखी' में 'कबीर की उक्ति भंगिमाओं का जो पुनराविष्कार' दिखायी देता है, वह अकारण नहीं है। 'अस्पताल में' शीर्षक कविता में अस्पताल के वातावरण का चित्रण है। बीमार, डॉक्टर, दवा

आदि की चर्चा है। अलग-अलग बीमारियाँ हैं और सभी मरीज़ों की अलग-अलग समस्याएँ हैं। कविता का अन्त होता है—

साधो भाई
इस अस्पताल में
सब सो रहे हैं
सहज समाधि की तरह
सब कराह रहे हैं
अनाहत नाद की तरह।

'साखी' संग्रह की कविताएँ अशोक वाजपेयी के शब्दों में :

> "...ऐसे आदमी को केन्द्र में प्रतिष्ठित करती हैं जिसका खुला-सजग व्यक्तित्व है, जो अपने निर्णय में अकेला भले हो पर अपने समुदाय की नियति और इतिहास से आबद्ध है और जो बहस करने को हरदम तैयार है। व्यक्ति की गरिमा और सामाजिकता में कोई द्वैत नहीं है। अपने समय के प्रश्नों और चिन्ताओं पर कविता के बाहर नहीं, कविता के अन्दर बहस कर साही ने कविता को चिन्तन और विचार की भी एक प्रामाणिक विधा के रूप में जैसे पुनर्जीवित किया है। आज के संवाद-विमुख परिवेश में यह प्रयत्न, उसकी एकान्त साहसिकता और संकल्प-शक्ति एक नया और अद्वितीय विकल्प प्रस्तुत करते हैं।"

साही के यहाँ इतिहास बोध बहुत ही गहरा है। उनकी कविताओं में इतिहास की स्मृतियाँ बार-बार देखी जाती हैं। उन स्मृतियों को रेखांकित करते हुए साही उन्हें वर्तमान के सामने खड़ा कर देते हैं। वे इतिहास के सहारे समकालीन राजनीति और जीवन के यथार्थ से साक्षात्कार करते हैं। उनके लिए इतिहास सिर्फ़ सांस्कृतिक अर्थ नहीं रखता, बल्कि राजनीतिक और सामाजिक अर्थ भी देता है। 'साखी' में उनकी एक कविता है—'सत की परीक्षा', जिसमें हमारे सांस्कृतिक इतिहास की अनुगूँज है। वाल्मीकि रामायण में उल्लेख है कि लंका विजय के बाद राम ने सीता की पवित्रता के सत्यापन के लिए अग्नि-परीक्षा ली थी। अग्नि-परीक्षा में खरी उतरने पर ही उन्होंने सीता को स्वीकार किया था। तब से स्त्री की कई रूपों में अग्नि-परीक्षा होती रही है और आज भी हो रही है। हमारे समय की एक विवाहित स्त्री जिसके चरित्र पर लांछन है, अग्नि-परीक्षा के लिए लोगों के बीच बैठी है। रामायण कालीन सांस्कृतिक सन्दर्भ के साथ साही आज की स्त्री की अग्नि-परीक्षा को उठाते हैं और ऐसा नायाब अर्थ देते हैं जिसे सिर्फ़ कबीरी अर्थ कहा जा सकता है। 'सत की परीक्षा' की स्त्री कहती है—

साधो आज मेरे सत की परीक्षा है
आज मेरे सत की परीक्षा है।

बीच में आग जल रही है
उस पर बहुत बड़ा कड़ाह रखा है
कड़ाह में तेल उबल रहा है
उस तेल में मुझे सब के सामने
हाथ डालना है
साधो आज मेरे सत की परीक्षा है।
एक ओर मेरे ससुराल के लोग हैं।
बड़ी-बड़ी पाग बाँधे
ऊँचे चबूतरे पर बैठे हैं
मूँछे तरेरे हुए
भँवे ताने हुए हैं
नाक ऊँची किये हुए हैं।

आगे वर्णन है, अग्नि के समक्ष बैठा हुआ ससुराल का ब्राह्मण आरोप लगा रहा है कि उसकी छाती पर जो जड़ाऊ हार है, वह उसके कलंकित चरित्र का प्रमाण है। दूसरी ओर बैठे स्त्री के मायके वालों ने कहा कि वह हार एवं उसकी 'लहर लेती चमक' उनके पुरखों की थाती है। लेकिन उनकी बात नहीं सुनी गयी। दस-पाँच गाँव के लोग भी इकट्ठे थे, लेकिन सब चुप थे। ऐसे में स्त्री क्या करे! ससुराल वालों के रवैये को, उनके अधिकार को, परीक्षा के इस ढंग को चुनौती दी जा सकती है। लेकिन वह स्त्री चुनौती नहीं देती उसे लगता है कि यह मायका, ससुराल और सारी बिरादरी के पुरखों की लहर लेती रौशनी के सत की परीक्षा है। वह अपना जो निर्णय सुनाती है वह हिन्दी कविता का स्त्रीगान है—

सुनो भाई साधो सुनो
और कोई रास्ता नहीं है
मुझे अपने दोनों हाथ
इस खौलते कड़ाह में डालने ही हैं
यदि मेरी छाती पर जड़ाऊ हार की तरह चमकता
आन्दोलित प्रकाश
सचमुच मेरे हृदय का वासी हो
तो यह खौलता हुआ कड़ाह

हाथ डालने पर
गंगा जल की तरह ठण्डा हो जाय।

ऐसे ही, साधो, ऐसे ही।

नयी कविता के सन्दर्भ में प्रश्नाकुलता की बड़ी चर्चा होती है। प्रश्नाकुलता को आधुनिकता का आधार माना जाता है। साही के यहाँ अपने समकालीनों की तुलना में प्रश्नों की संख्या अधिक है। वे प्रश्नों पर भी प्रश्न उठाने वाले कवि के रूप में सामने आते हैं। उनका यह कवि रूप सबसे अलग है। 'बहस के बाद' उनकी एक दिलचस्प कविता है–

असली सवाल है कि मुख्यमन्त्री कौन होगा?
नहीं नहीं, असली सवाल है
कि ठाकुरों को इस बार कितने टिकट मिले?
नहीं नहीं, असली सवाल है
कि ज़िले से इस बार कितने मन्त्री होंगे?

इस तरह असली सवालों की लम्बी फ़ेहरिस्त है। तय नहीं है कि असली सवाल क्या है। सब अपने-अपने सवालों को असली मान रहे हैं। ऐसे में सचमुच सवाल है कि असली सवाल क्या है? कविता का अन्त करते हुए साही कहते हैं–

सुनो भाई साधो
असली सवाल है
कि असली सवाल क्या है?

'ज़िन्दगी के साथ गम्भीर हिस्सेदारी' से पैदा होने के कारण साही की कविताओं में यथार्थ की ऊपरी परत के रेखांकन से परहेज है। उनका सक्रिय राजनीतिक जीवन उनकी कविताओं में प्रत्यक्ष रूप से उपस्थित नहीं होता। 'साँप काटे हुए भाई से' उनकी एक बहुत ही अर्थपूर्ण कविता है। एक आदमी को ज़हरीले साँप ने काट लिया है। धीरे-धीरे वह चेतना खो रहा है। कविता की शुरुआत होती है–

मुझे दिख रहा है
दिमाग़ धीरे-धीरे पथराता जा रहा है
अब तो नसों की ऐंठन भी महसूस नहीं हो रही है
और तुम्हें सिर्फ़ एक ऐसी
मुलायम सहलाने वाली रागिनी चाहिए
जो तुम्हें इस भारीपन में आराम दे सके
और तुम्हें हल्की ज़हरीली नींद आ जाये

आगे साँप काटे हुए व्यक्ति को जगाये रखने की तरह-तरह की तरकीबें हैं। साँप का

विष उतारने के लिए लोक जीवन में किये जाने वाले उपायों का जीवन्त वर्णन है। लेकिन कवि को लगता है कि ये सारे उपाय साँप काटे भाई को बचा नहीं पायेंगे। वह उसे सोने देना नहीं चाहता। कवि को उसके जगे रहने पर और उसकी जागती हुई आँखों पर अटूट भरोसा है। उसे लगता है कि अगर ऐसा हुआ तो साँप काटे भाई की चेतना लौट आयेगी—

अगर भरोसा है तो सिर्फ़ तुम्हारे
बहते हुए ख़ून
और जागती हुई आँखों का भरोसा है—
इस ख़ून को जारी रखने के लिए
सोना मत
ओ मेरे भाई सोना मत।

हमारे समय के आदमी को जब असत्य के सर्प ने डस लिया हो, उसकी चेतना मर रही हो तब उसे जिलाये रखने का यह आह्वान कितना विस्मयकारी है!

साही की कविता में निरन्तर एक जिज्ञासा, एक खोज, एक यात्रा और संवाद दिखायी देता है। पुराने के त्याग का आग्रह है तो 'निरुत्तर शान्ति' से परहेज़ भी है। पुराना सब कुछ छोड़ने के पश्चात् कवि के भीतर 'निरुत्तर शान्ति' किरकिराती है। 'मछलीघर' की एक कविता है 'तीर्थ तो है वही...' जिसमें तट पर खड़े कवि को बेताब लहरों का उछलना अच्छा नहीं लगता। पुराने सारे वसन धारा में बह जाते हैं और एक नया मनुष्य जन्म लेता है—

वह जो कुछ हुआ,
अब तो सत्य चाहे मिले
ढालों पर विकम्पित
घने वन की फुनगियों से झाँकता-सा
चोटियों के मौन में
कुण्ड में चुपचाप बहते हुए जल की आर्सी में
बादलों से भरे नभ को देखते ख़ामोश पक्षी में
गुज़रते हुए राही में
अकेले फूल में
पर ओ नदी! अब तुम नहीं हो तीर्थ
तीर्थ तो है बर्फ़ का उजला सरोवर वही
जिसको छोड़कर हम तुम
चले थे साथ।

जो जैसा दीखता है वह वैसा है नहीं। संसार के रिश्ते जैसे उलट-पलट गये हैं। कहा जाता है कुछ और निकलता है कुछ। यह विडम्बना कवि को परेशान करती है। 'साखी' की एक कविता है 'क्या करूँ'। संसार की इस विडम्बना पर कवि के भीतर प्रश्न ही प्रश्न हैं–

या तो मेरी आँखों को कुछ हो गया है
या अब दूर पास के रिश्ते ही उलट गये हैं
जिसके पास जाता हूँ
पहुँचने पर छोटा दिखने लगता है
साधो भाई
अब मैं क्या करूँ?

वह जो दूर से
पृथ्वी की एक दिशा से दूसरी दिशा तक फैला हुआ
हिमालय नाम का नगाधिराज दिखता था
पास पहुँचने पर
बजाज की दुकान का गज निकला

इधर के वर्षों में कबीर का इकहरा पाठ ख़ूब हुआ है। उनके बहु-आयामी कवि व्यक्तित्व से आँख मूँदकर उन्हें एक ही तरह का राजनीतिक अर्थ देने की कोशिशें ख़ूब हुई हैं। कवि कबीर पर आलोचक के रूप में साही विचार करते तो कौन-सा अर्थ सामने होता कहना मुश्किल है। लेकिन 'साखी' की कविताओं के ज़रिये उन्होंने अपने समय में मानो कबीर को खोज लिया है! संग्रह की अन्तिम कविता 'प्रार्थना : गुरु कबीरदास के लिए' में जिस कबीर को वे हमारे सामने रखते हैं, वह नया कबीर है। इधर के वर्षों में वंचित समाज के लिए सहानुभूति की जो बाढ़ है, उसकी जगह साही अन्तहीन सहानुभूति की वाणी विनम्रतापूर्वक बोलना चाहते हैं। वे ऐसे कलेजा की कामना करते हैं जो भूखों के पक्ष में खड़ा हो और निर्भय हो। इसके बाद कवि की गुरु कबीरदास से प्रार्थना है–

दो तो ऐसी निरीहता दो
कि इस दहाड़ते आतंक के बीच
फटकार कर सच बोल सकूँ
और इसकी चिन्ता न हो
कि इस बहुमुखी युद्ध में

मेरे सच का इस्तेमाल
कौन अपने पक्ष में करेगा।

यह भी न दो
तो इतना ही दो
कि बिना मरे चुप रह सकूँ

कोई भी मानेगा कि हिन्दी कविता में यह काव्य-स्वर बिल्कुल निराला और अलग है। यह हिन्दी कविता की उपलब्धि है जो साही के हाथों सम्पन्न होती है।

मात्र अपने दो संग्रहों—'मछलीघर' और 'साखी' के ज़रिये साही हिन्दी कविता का नया विन्यास रचते हैं। उनकी कविता का आन्तरिक एकालाप समाज से भी संवाद है और अपने से भी। 'साखी' में समाज को जो सम्बोधन है वह अपने को भी है। इन कारणों से साही की कविता में एक ऐसी नैतिक आभा है जो कबीर सरीखे कवियों में बड़े पैमाने पर आचरण से पैदा हुई थी। आधुनिक हिन्दी कविता की यह नैतिक आभा अपने विस्तार में कुछ छोटी होने पर भी आधुनिक हिन्दी कविता की मूल्यवान् धरोहर है।

प्रारम्भ में साही गीत लिखा करते थे। जब वे बनारस में थे तो शम्भुनाथ सिंह जैसे गीतकारों के संग-साथ का प्रभाव था कि वे भी गीत लिखते थे। छन्द और पूरे विधान के साथ वे गीत-रचना में संलग्न थे। प्रेम के गीत, समाज को जगाने वाले गीत और प्रकृतिपरक गीतों की रचना उन्होंने नये अन्दाज़ में की। नमूने के तौर पर उनके एक गीत की कुछ पंक्तियाँ देखी जा सकती हैं। 'माघ : दस बजे दिन' शीर्षक गीत में जाड़े की धूप को साही जिस निगाह से देखते हैं उससे उनकी गीत-प्रतिभा का पता चलता है—

यह धूप बहकी बहकी
कि शराब-आसमानी
ये हवाएँ सरसराती
कि अलस भरी जवानी

लो दस बजा सुबह का
झंकार एक आयी—
गति का विलास लहरा
फिर धूप मुस्कुरायी
इस ज्योति के पटल पर
खुलते हुए कमल-सी

उठती हुई जवानी
बलखाई जगमगायी!

साही गीत के साथ कभी-कभी ग़ज़ल भी लिखते थे। चूँकि वे उर्दू-फ़ारसी के जानकार थे, इसलिए उनकी ग़ज़ल में उर्दू की रवानगी और उसका अनुशासन दिखायी देता है। वे 'नज़र' उपनाम से ग़ज़ल लिखते थे। नमूने के तौर पर उनकी एक छोटी-सी ग़ज़ल देखी जा सकती है–

इक उरूजो-ज़वाल देखा है
हमने दुनिया का हाल देखा है
अब सँभलता नहीं किसी के कहे
हमने दिल को सँभाल देखा है
हम उसी को 'नज़र' समझते हैं
जिसने तेरा जमाल देखा है

'सड़क साहित्य' के नाम से भी मन की मौज में साही कविताएँ लिखा करते थे। सड़क पर पैदल चलते हुए दोस्तों से गपशप में ऐसी कविताएँ जन्म लेती थीं। यह एक प्रकार का सहयोगी काव्य-लेखन था जिसमें एक पंक्ति किसी मित्र की होती थी तो दूसरी साही की। सर्वेश्वर तब इलाहाबाद में रहते थे। उनके साथ 'सड़क साहित्य' के नाम पर ऐसी बहुतेरी कविताओं की रचना हुई। सर्वेश्वर का घर गली में था। गली अपेक्षाकृत अच्छी थी। साही का घर सड़क पर था। सड़क टूटी हुई थी। एक दिन उसी सड़क पर शाम के वक़्त चलते हुए सर्वेश्वर का पैर गड्ढ़े में पड़ा। वे गिरते-गिरते बचे। उनके मुँह से एक काव्य पंक्ति फूटी–'गली भली सर्वेश्वरी साही की सड़कें न'। थोड़ी ही देर बाद साही ने अगली पंक्ति जोड़ी–'अक्ल पे पत्थर पड़ गये पथ पर पड़े भले न'। इस तरह दो पंक्ति की यह कविता बनी–

गली भली सर्वेश्वरी साही की सड़कें न,
अक्ल पे पत्थर पड़ गये पथ पर पड़े भले न।

इस तरह की बहुतेरी कविताओं की रचना हुई जो अब तक संकलित न हो पायी हैं।

लेकिन, जैसा कि कहा गया साही की कवि रूप में स्थायी कीर्ति का मूलाधार– 'मछलीघर' और 'साखी' नामक उनके दो काव्य-संग्रह ही हैं।

विजयदेव नारायण साही जितने महत्त्वपूर्ण कवि थे, उतने ही महत्त्वपूर्ण आलोचक भी। अपने आलोचनात्मक लेखन और बहसों के ज़रिये 1950 के बाद के हिन्दी माहौल को वैचारिक रूप से आन्दोलित करने में उन्होंने बड़ी भूमिका निभायी।

आलोचना में उनकी मौलिक समझ और स्थापनाओं ने नयी हलचल पैदा की। जब हिन्दी में प्रगतिशील आलोचना का ज़ोर था, तब साही ने वैकल्पिक प्रगतिशीलता की देशी ज़मीन निर्मित की। उनके तर्कों और स्थापनाओं की अनदेखी किसी के लिए भी सम्भव नहीं थी।

साही ने हिन्दी आलोचना को जितना लिखकर समृद्ध किया, उतना ही अपने व्याख्यानों के ज़रिये बहसधर्मी माहौल बनाया। वे बहुभाषाविद् थे। अँग्रेज़ी, हिन्दी, उर्दू, फ़ारसी आदि भाषाओं के जानकार होने के कारण उन भाषाओं का साहित्य उनके सामने था। अँग्रेज़ी भाषा पर अधिकार के कारण देश-दुनिया में चलने वाली साहित्य सम्बन्धी बहसें उनके सामने थीं। यही कारण है कि उनका आलोचनात्मक लेखन विविध सन्दर्भों से समृद्ध है। लेकिन पुस्तकाकार प्रकाशन के प्रति उनकी लापरवाही इस क्षेत्र में भी दिखायी देती है। जिस आलोचक ने पत्र-पत्रिकाओं में हिन्दी के वैचारिक माहौल को निरन्तर आन्दोलित किया, उसकी कोई भी पुस्तक उसके जीवनकाल में प्रकाशित न हो सकी। निधन के उपरान्त उनके मित्रों और पत्नी के प्रयास से 'जायसी' (1983), 'साहित्य और साहित्यकार का दायित्व' (1983), 'छठवाँ दशक' (1987), 'साहित्य क्यों' (1988) तथा 'वर्धमान और पतनशील' (1991) नामक पुस्तकें प्रकाशित हुईं। लोगों का अनुमान है कि उनका अभी और भी आलोचनात्मक लेखन है, जो पत्र-पत्रिकाओं में बिखरा पड़ा है।

साही आन्दोलनधर्मी साहित्यकार थे। वे समाजवादी आन्दोलन में आपादमस्तक डूबे हुए थे। लेकिन साहित्य के मूल्यांकन में राजनीतिक टूल्स का इस्तेमाल करने से प्रायः परहेज़ करते थे। उनके आलोचनात्मक लेखन का मुख्य आधार भारत का सामान्य मनुष्य और साहित्य की साहित्यिकता थी। वे प्रगतिशीलों की तरह 'साहित्य में राजनीति और राजनीति में साहित्य' की बात करने के क़ायल नहीं थे। उन्होंने साहित्य को कभी राजनीतिक विचारों का उपनिवेश नहीं बनने दिया। मार्क्सवादी आलोचना की कम्युनिस्ट परिणति की वे आलोचना करते रहे। साहित्य का अपना प्रतिरोधी स्वर होता है। साही उसी प्रतिरोधी स्वर को रेखांकित करने का प्रयत्न करते रहे।

सत्य प्रकाश मिश्र ने साही को 'कुजात मार्क्सवादी' कहा है। राममनोहर लोहिया ने गाँधीवादियों की तीन कोटियाँ बनायी थीं—मठी गाँधीवादी, सरकारी गाँधीवादी और कुजात गाँधीवादी। लोहिया के अनुसार कुजात गाँधीवादी वे लोग थे जो गाँधीवाद का रचनात्मक विकास कर रहे थे। साही नरेन्द्रदेव की प्रेरणा से समाजवादी आन्दोलन में गये थे। नरेन्द्रदेव मार्क्सवादी थे। लेकिन उनका मार्क्सवाद लोकतन्त्र की ज़मीन पर खड़ा था। उसमें भारत की परम्पराएँ समाहित थीं। साही ने मार्क्सवाद

के इसी सार तत्त्व को ग्रहण किया था और उसे भारतीय ज़मीन पर प्रतिष्ठित करने का संघर्ष किया था। जब उन्हें 'कुजात मार्क्सवादी' कहा जा रहा है तो उसका आशय यही है।

साही मानते थे कि 'साहित्य का दायित्व' साहित्यकार के दायित्व से अलग नहीं है। वे साहित्यकार और साहित्य के दायित्व में फ़र्क़ नहीं करते थे। वे मानते थे कि जो दायित्व साहित्य का है वही दायित्व साहित्यकार का है। दायित्व का बोध साहित्य के भीतर निहित है। वे यह भी मानते थे कि समाज की ओर से बोलने का दायित्व लेखक का ही है। वे इस दायित्व के भीतर परिवर्तन की माँग करते हैं। अपने प्रसिद्ध व्याख्यान 'साहित्य और साहित्यकार का दायित्व' में वे कहते हैं :

> "...साहित्यकार को इसकी चिन्ता नहीं करनी चाहिए कि वह समाज को संगुम्फित करे। क्योंकि यह जो संगुम्फन की चिन्ता घेरती है तो जस-का-तस बने रहना देना चाहिए यह प्रतीति जागती है।"

इसका सीधा अर्थ है कि साहित्य और साहित्यकार के दायित्व में परिवर्तन निहित है। वे मानते थे कि कोई भी सामाजिक या साहित्यिक मूल्य जब बहुत अधिक चिन्ता का विषय हो जाता है तो वह 'जस-का-तस' बनाये रखने की ओर बढ़ता है। वे कहते हैं :

> "...समाज को जोड़े रहने के लिए हमें अपने जो परम्परागत सांस्कृतिक मूल्य हैं इन सांस्कृतिक मूल्यों का निरन्तर नया-नया आह्वान करने की ज़रूरत है।"

इसी के साथ वे साहित्यकार से सम्पूर्ण चेतना के दायित्व की माँग करते हैं। इस सम्पूर्ण चेतना के अन्तर्गत वे अपनी संस्कृति के प्राणवान मूल्यों और परिवर्तन की चेतना के तनाव की बात करते हैं।

साहित्य के प्रति अपने इसी दायित्व-बोध के साथ साही 'मार्क्सवादी समीक्षा और उसकी कम्युनिस्ट परिणति' निबन्ध में उस दृष्टिकोण की तीख़ी आलोचना करते हैं जिसे वे कम्युनिस्ट आलोचना का नाम देते हैं। वे साहित्य को 'हथियार' बनाये जाने का विरोध करते हैं और साहित्य-चिन्तन को पार्टी लाइन के अनुकूल ढालने का भी।

साही का इतिहास-बोध वैज्ञानिकता और तर्कशीलता पर आधारित है। मानव सभ्यता के विकास को वे सामन्तवाद और पूँजीवाद के रास्ते समाजवाद की ओर अग्रसर होते हुए देखने के हिमायती हैं। इस दृष्टि से उनके प्रसिद्ध निबन्ध 'राजनीति और साहित्य' को देखा जा सकता है। वे मानते हैं कि लम्बे समय तक राजनीति पर धर्म का प्रभुत्व रहा है और उस धर्म आधारित राजनीति ने साहित्य रचना को

नियन्त्रित किया है। पूँजीवाद ने इस व्यवस्था को चुनौती दी और राजनीति तथा धर्म के नियन्त्रण से बहुत हद तक साहित्य को मुक्त किया। लेकिन उनके अनुसार पूँजीवाद एक सीमा तक ही धार्मिक बन्धन को कमज़ोर करता है। उनका मानना है कि धर्म और धार्मिक भावना को तब तक समाप्त नहीं किया जा सकता जब तक वर्ग संघर्ष की स्थिति समाज में है। वे कहते हैं :

> "...शुद्ध वैज्ञानिक मानवीय दर्शन अपने तार्किक सामंजस्य के कारण वर्गहीन समाज का ही दर्शन होगा। अतएव एक वर्ग के द्वारा दूसरे के शोषण और समाज में चलने वाले द्वन्द्व का सामंजस्य कोई भी तार्किक सिद्धान्त या सांस्कृतिक मूल्य नहीं कर सकते। वर्ग-समाज वर्ग-मूल्यों को ही जन्म देगा। और चूँकि वर्ग-मूल्य समस्त समाज को निर्द्वन्द्व आत्मसात् नहीं कर सकते, अतएव अपने अन्तिम रूप में वे कभी भी तार्किक या बुद्धिवादी नहीं हो सकते। इस द्वन्द्व को न्यायपूर्ण सिद्ध करने या इससे पलायन करने, दोनों ही के लिए बुद्धि विरोधी प्रवृत्तियों का सहारा लेना पड़ेगा। इससे स्पष्ट हो जायेगा कि क्यों धर्म को समाज से समूल नष्ट नहीं कर सकता, यद्यपि वह उसे चुनौती दे सकता और कमज़ोर कर सकता है। इससे यह भी स्पष्ट हो जायेगा कि क्यों पूँजीवाद के दार्शनिक बुद्धि का सहारा लेकर चलते हुए भी अन्त में अनिवार्यतः रहस्यवादी और ईश्वरवादी या धर्मवादी हो जाते हैं।"

पूँजीवादी समाज में धर्म और साहित्य की इस सीमा के रेखांकन के साथ साही साहित्य-रचना के लिए किसी भी एकाधिकारवाद को सही नहीं मानते। वे अगर साहित्य रचना में धार्मिक नियन्त्रण की आलोचना करते हैं तो सोवियत संघ में जारी राजनीतिक तानाशाही का भी। उनका मानना था कि तानाशाही पर आधारित सोवियत साहित्य प्रचार का साधन हो सकता है, कलात्मक सौन्दर्य का नहीं। साहित्य सम्बन्धी सही मार्क्सवादी समझ क्या है, यह स्पष्ट करते हुए साही लिखते हैं :

> "मार्क्सवाद साहित्य और कला को वर्ग संघर्ष में केवल प्रचार और शिक्षा का अस्त्र मात्र नहीं मानता, बल्कि वह उसे किसी वर्ग की कलात्मक, सौन्दर्यवान और मानवोचित प्रवृत्तियों की सांस्कृतिक और मानसिक प्रगति का चरम प्रतिफल भी मानता है जिसके कारण मनुष्य के इतिहास में किसी वर्ग अथवा वर्गहीन समाज का मूल्य है। जिस तरह आज राजनीति से साहित्य को अलग रखने का नारा लगाने वाले मध्यवर्गीय कलाकार प्रतिक्रियावादी हैं, उसी तरह राजनीति की तानाशाही में क़ैद करके समस्त साहित्य को पार्टी का अस्त्र

मात्र घोषित करने वाले कला के दुश्मन हैं। मार्क्स साहित्य को इन दोनों संकुचित दृष्टिकोणों से अलग समझता है। वह साहित्य को केवल पार्टी नहीं, पूरे वर्ग के सांस्कृतिक प्रयास की उत्पत्ति मानता है।''

यह कहने के साथ साही सिद्धान्त और मूल्य में फ़र्क़ करते हैं। सिद्धान्त का सम्बन्ध राजनीति से है जबकि मूल्य का सम्बन्ध साहित्य और संस्कृति से हैं। अपने मत पर ज़ोर देने के लिए वे इटली के समाजवादी नेता इग्नेजियो सिलोन के कथन को याद करते हैं :

''सिद्धान्तों के बल पर हम सम्प्रदाय स्थापित कर सकते हैं, परन्तु मूल्यों के आधार पर हम संस्कृति का निर्माण कर सकते हैं। लोकतान्त्रिक समाजवाद इस ऐतिहासिक अनुभव को भुलाकर उत्कृष्ट साहित्य की रचना नहीं कर सकता।''

साहित्य सम्बन्धी अपनी इस समझ को साही 'मार्क्सवादी समीक्षा और उसकी कम्युनिस्ट परिणति' नामक अपने प्रसिद्ध निबन्ध में विस्तार से रखते हैं। उनका मानना है कि मार्क्स और ऐंगल्स की साहित्य-कला सम्बन्धी धारणाएँ अच्छी हैं। लेकिन प्लेखानोव, कॉडवेल आदि ने जो साहित्य सम्बन्धी मार्क्सवादी समझ विकसित की वह मार्क्स की मूल धारणा के विरुद्ध है। साही का विचार है कि कला में सौन्दर्य की चिन्ता छोड़कर 'प्रवृत्ति' की ओर झुकाव पैदा करने का काम बाद के मार्क्सवादी विचारकों ने किया। साही लेनिन, स्टालिन आदि की तुलना में ट्राटस्की की साहित्य सम्बन्धी समझ को ज़्यादा सही मानते हैं। मार्क्सवादी समीक्षा सम्बन्धी अपनी समझ को स्पष्ट करते हुए साही लिखते हैं :

''मार्क्स साहित्य की एक सार्वभौमिकता की कल्पना करता है जो वर्ग हित ही नहीं, सामाजिक युग को भी पार करके नये आनन्द की सृष्टि करता है। यह विशेषाधिकार अर्थशास्त्र, राजनीतिशास्त्र, दर्शन आदि चेतना के अन्य स्तरों को नहीं दिया गया है।''

इसके आगे साही बताते हैं कि साहित्य को 'युग-युग व्यापी शक्ति' प्राप्त है। मार्क्सवादी समीक्षा की कम्युनिस्ट परिणति की आलोचना करते हुए साही लिखते हैं :

''...यह हठ कि साहित्यिक कृतिकार राजनीतिक भूमिका भी ग्रहण करें, राजनीतिक क्रियाशीलता की तुलना में कलाकृतियों को हेय समझा जाये, मार्क्सवादी साहित्यिक दृष्टि की मौलिक अथवा अनिवार्य स्थापना नहीं है। यह घटना बाद में घटी है।''

कला सम्बन्धी अपनी इस समझ के समर्थन में साही ट्राटस्की की रचना 'साहित्य और क्रान्ति' से कई उद्धरण भी देते हैं। एक उद्धरण इस तरह है :

"मार्क्सवादी प्रणाली और कलात्मक प्रणाली एक ही वस्तु नहीं हैं। पार्टी श्रमिक वर्ग का नेतृत्व करती है, इतिहास की विशाल गति का नहीं। कुछ ऐसे क्षेत्र हैं जिनमें पार्टी स्पष्टतः और आदेशात्मक ढंग से नेतृत्व करती है... कला का क्षेत्र वह नहीं है जिसमें पार्टी को आदेश देने की आवश्यकता हो। कला की रक्षा करना और सहायता करना पार्टी का काम है, परन्तु नेतृत्व केवल अव्यक्त रूप से ही हो सकता है।"

साहित्य सम्बन्धी अपनी इस समझ के साथ साही ने हिन्दी रचना-संसार को आलोचना के जिस व्यावहारिक धरातल पर देखा-परखा, वह हिन्दी आलोचना का ऐसा उदाहरण है, जिसके मुक़ाबले दूसरा कोई नाम शायद ही मिले! अपने बहुचर्चित निबन्ध 'लघु मानव के बहाने हिन्दी कविता पर एक बहस' में उन्होंने छायावाद-युग को 'सत्याग्रह युग' की संज्ञा दी और गाँधी को 'हिन्दुस्तान की ज़िन्दगी की लय की अभिव्यक्ति' माना। वे मानते थे कि 'हिन्दी के छायावादी काव्य में सत्याग्रह युग की भारतीय अनुभूति की पूरी कथा' लगभग मौजूद है। साही ने इस तरह छायावाद की जो व्याख्या की वह बहुतेरी अन्य व्याख्याओं से भिन्न है। साही लिखते हैं :

"जिस तरह छायावादी युग की चरम आस्था यह है कि अन्तर्जगत् का सत्य और बहिर्जगत का सत्य एक ही है और दोनों में कभी भी व्यवधान नहीं पैदा हो सकता, उसी तरह उसकी मान्यता की दूसरी आधारशिला यह है कि नैतिक विज़न और कल्पनाशील विज़न दोनों वस्तुतः एक हैं और इन दोनों में कभी भी दरार नहीं पड़ सकती। इस प्रकार महत्त की महत्ता में एक अभूतपूर्व सहज आकर्षण शक्ति उत्पन्न हो जाती है। राष्ट्रीय संघर्ष के स्तर पर नैतिक और कल्पनाजन्य महत्ताएँ राष्ट्रीय नेतृत्व की महत्ताओं में घुल-मिलकर एकाकार हो जाती हैं। छायावाद की हर रचना एक ही साथ नैतिक भी है, कल्पनात्मक भी है और राजनीतिक भी है। इससे काव्य में अर्थ और लय की गूँज-अनुगूँज की सम्भावना बहुत बढ़ जाती है। उदाहरण के लिए, 'प्रसाद' का 'बीती विभावरी जाग री' या निराला का 'राम की शक्तिपूजा' या पन्त का 'धूम धुआँरे काजर कारे' या महादेवी का 'जाग तुझको दूर जाना'...एक साथ ही नैतिक, कल्पनात्मक और राजनीतिक स्तरों पर झंकृत होता है।"

छायावाद का इस व्यापक आधार पर मूल्यांकन करते हुए साही ने उसमें 'दार्शनिक मुद्रा, विराट नाटकीयता और नैतिक तथा कल्पनात्मक स्वप्न लोकों का विशिष्ट अनुपात में सम्मिश्रण' देखते हुए उसकी आलोचना भी की। उनकी मुख्य स्थापना यह है कि इस सबके बावजूद छायावाद महामानव की कविता है। सामान्य मनुष्य या 'लघु मानव' की कविता नयी कविता है। साही मानते हैं कि मनुष्य की हर

परिभाषा मूलतः 'सहज मनुष्य' की परिभाषा है। वे यह भी मानते हैं कि 'बारम्बार मनुष्य को बदलते हुए देश-काल में परिभाषित करना साहित्य की ज़िम्मेदारी है।' साही का यह 'सहज मनुष्य' ही उनका लघु मानव है जो नयी कविता के केन्द्र में है।

इस लघु को अपने समय की कविता में और स्पष्ट करते हुए साही ने लिखा है :

> "छायावाद में उसका रूप लघु की महानता का है, तीसरे दशक में लघु की महिमा का है और उसके बाद की कविता में लघु के 'महत्त्व' का है।"

इसके आगे साही कहते हैं कि नयी कविता के कवि छायावाद के दार्शनिक पथ और बच्चन आदि के भावनात्मक मार्ग से होकर निकले हैं। उनकी समस्या सिर्फ़ दार्शनिक नहीं, मूलतः अनुभूति की है। अज्ञेय इसे सूत्रबद्ध करके पुरानी परम्परा से जोड़ते हैं। 'प्रसाद' को छायावाद के केन्द्र में रखते हुए साही नयी कविता के केन्द्र में अज्ञेय को रखते हैं और लिखते हैं :

> "अज्ञेय का महत्त्व इस बात में है कि उन्होंने 'समरसता का दर्शन' के बजाय 'निर्वैयक्तिक अनुभूति' का प्रश्न पूछकर एक बार फिर दर्शन को अनुभूति में घुला देने की राह निकाली, विवेक और हृदय, संकल्प और विवशता को एक नये 'योग' से बाँधा। इसीलिए, अज्ञेय हिन्दी काव्य की धारा को मोड़ते हुए-से प्रतीत होते हैं।"

साही की आलोचना का उत्कर्ष उनकी 'जायसी' नामक पुस्तक है। यह उनके आलोचनात्मक लेखन की उपलब्धि है। इस पुस्तक के ज़रिये वे नये जायसी को 'डिस्कवर' करते हैं। कवि जायसी की ऐसी सरस और आत्मीय व्याख्या हिन्दी आलोचना में अब तक देखने को न मिली थी। कहा जा सकता है कि 'जायसी' न सिर्फ़ साही की बल्कि 1950 के बाद की सबसे बड़ी आलोचनात्मक उपलब्धि है।

जायसी को सूफ़ी कवि मानने की धारणा हिन्दी आलोचना में व्यापक रूप से फैली हुई थी। साही ने इस धारणा का खण्डन किया और उन्हें कवि के रूप में प्रतिष्ठित किया। इसी के साथ उन्होंने जायसी को हिन्दी का 'पहला विधिवत् कवि' माना। वे लिखते हैं :

> "सबसे पहले जिस बात का अच्छी तरह मन में बैठना ज़रूरी है, वह यह है कि जायसी हिन्दी के पहले विधिवत् वरिष्ठ कवि हैं। कबीरदास श्रेष्ठ हैं : लेकिन विधिवत् कवि भी हैं, ऐसा उनका दावा नहीं है। मूलतः वे सन्त हैं। कवि होना कबीरदास के लिए लक्ष्य नहीं था।"

जायसी को साही हिन्दी का पहला विधिवत् कवि तो मानते ही हैं, वे उन्हें 'आत्म-सजग' कवि भी मानते हैं। साही ने लिखा है :

> "जायसी केवल कवि नहीं हैं, वे आत्म-सजग कवि हैं। अपने कवि का, गुणी होने का उन्हें पूरा भरोसा बल्कि गर्व है। अपने कवि और गुणी होने

का ज़िक्र 'पद्मावत' में जायसी ने आरम्भ, मध्य और अन्त में बार-बार प्रत्यक्षतः या परोक्षतः किया है।"

यह ध्यान देने की बात है कि मध्यकाल के प्रायः सभी कवियों का ज़ोर कवि कहलाने की जगह भक्त कहलाने पर है। जायसी ही हैं जिन्हें अपनी कविता पर गर्व है। साही ने 'पद्मावत' से इस आशय के कई काव्यांश उद्धृत किये हैं। एक दोहे को यहाँ देखा जा सकता है, जिसमें अपने कवि होने पर जायसी गर्व करते हुए दिखायी पड़ते हैं–

मुहमद कबि जो प्रेम का ना तन रकत न माँसु।
जेइं मुँह देखा तेइं हँसा सुना तो आए आँसु।।

हिन्दी के इस पहले विधिवत् और आत्म-सजग कवि को किसी मतवाद के तहत देखे जाने का साही खण्डन करते हैं और उसे मनुष्यता और कविता के धरातल पर देखने का आग्रह करते हैं। साही ने अनेक तरह से जायसी के सूफ़ी होने का खण्डन किया है और उनमें 'स्वाधीन चिन्तन' के साथ 'प्रखर बौद्धिक चेतना' के लक्षण को रेखांकित किया है। साही ने लिखा है :

"जायसी में अपने स्वाधीन चिन्तन और प्रखर बौद्धिक चेतना के लक्षण मिलते हैं जो गद्दियों और सिलसिलों की मीठी या सरकारी नीतियों से अलग है। इस अर्थ में जायसी सूफ़ी हैं तो कुजात सूफ़ी हैं।"

जायसी को साही जब 'कुजात सूफ़ी' कहते हैं तो इसका आशय यह है कि जो किसी मतवाद के आग्रह से बँधा हुआ नहीं है।

साही ने जायसी को सूफ़ी माने जाने की हिन्दी आलोचना में फैली धारणा का खण्डन बहिर्साक्ष्य के आधार पर तो किया ही है, अन्तःसाक्ष्य के आधार पर भी किया है। इससे भी किसी मतवाद में जायसी के बँधे होने की धारणा का खण्डन होता है। साही ने लिखा है :

"पद्मावत में कुछ स्थलों पर जायसी ने अपनी कविता की प्रकृति, या अपने अनुसार कविता-मात्र की प्रकृति का भी संकेत दिया है। वह दोहा, जिसमें जायसी ने कहा है कि लोगों को उनकी कविता सुनकर आँसू आये, पहले उद्धृत किया जा चुका है। इसका सीधा आशय यह है कि कविता की प्रकृति जायसी के लिए भावना के सम्प्रेषण की है। इसी तरह अन्यत्र उन्होंने कहा है कि कवि रस का भरपूर कटोरा है। कविता के अभिप्रेत प्रभाव की उपमा उन्होंने कमल की सुगन्ध से दी है जिसे दूर-दूर से भँवरे आकर प्राप्त करते हैं। ये सभी उक्तियाँ कविता, विशेषतः पद्मावत, के केन्द्र में अनुभूति को स्थापित करती हैं, किसी मतवाद या दार्शनिक सिद्धान्त को नहीं।"

जायसी की ख़ासकर उनके 'पद्मावत' को सूफ़ी मतवाद के भीतर देखने-दिखाने

की जो परम्परा रही है, उसका खण्डन करने के साथ साही 'पद्मावत' में उस 'विषाद दृष्टि' (ट्रैजिक विज़न) को रेखांकित करते हैं जो उसकी रचना के केन्द्र में है। साही मानते हैं कि जायसी के समय में कई तरह के मतवाद थे। उन पर इनका कुछ असर हो सकता है। लेकिन जायसी की चिन्तनशीलता में अनुभूति का आत्मसात् होना ही उसकी विशिष्टता है। साही के शब्दों में :

> "अपने सम्पूर्ण प्रसार में यह चिन्तनशीलता पूरी कथा में एक तरल विषाद-दृष्टि का सृजन करती है जिसमें मानवीय व्यापार के प्रति पीड़ा है, किन्तु अवसाद नहीं है; हल्का वैराग्य है, लेकिन गहरी संसक्ति भी है; तटस्थता है, लेकिन स्पष्ट नैतिक विवेक भी है। यही वह सुगन्ध हैं जो फूल के मरने के बाद भी नहीं मरती।"

साही मानते हैं कि हिन्दी आलोचना में ज़ोर 'पद्मावती' पर है, जबकि ज़ोर 'पद्मावत' पर होना चाहिए। 'पद्मावत' पर ज़ोर का ही नतीजा है कि जायसी साही को '20वीं शताब्दी का कवि' लगते हैं। साही ने लिखा है :

> "जायसी ने लिखा चाहे मध्यकाल में हो, लेकिन वस्तुतः वे 20वीं शताब्दी के कवि हैं। जबकि आचार्य रामचन्द्र शुक्ल ने उन्हें उठाकर तुलसीदास की बग़ल में खड़ा कर दिया।"

20वीं शताब्दी का कवि होने का अर्थ यह है कि जायसी की 'समीक्षा का विषय धर्म नहीं, मनुष्य है'। इसी कारण जायसी के भीतर 'वह गहरा विवेक' है 'जो मनुष्य की आख़िरी पीड़ा' को जानता है और 'मनुष्य प्रेम के बैकुण्ठी' हो जाने की अनुभूति जगाता है। साही के शब्दों में इसीलिए जायसी न समाज सुधारक हैं और न दार्शनिक और न किसी मतवाद के प्रचारक। वे शुद्ध कवि हैं, प्रेम के कवि, ऐसा प्रेम जो संसार को नये रूप में परिभाषित करता है।

'छठवाँ दशक' आलोचक साही के बहसधर्मी रूप का उदाहरण है तो 'जायसी' उनकी रचनात्मक आलोचना का पूर्ण विकास। वे आरम्भ से ही किसी वैचारिक या दार्शनिक एकाधिकारवादी प्रवृत्ति का साहित्य रचना में विरोध करते रहे और अपने आलोचना-कर्म को भी उससे मुक्त रखा। इसका श्रेष्ठ उदाहरण उनकी आलोचनात्मक कृति 'जायसी' है।

इस रचना-संचयन में विजयदेव नारायण साही की कविता और आलोचना के साथ सामाजिक-राजनीतिक विषयों पर लिखे गये उनके कुछ लेख भी दिए गये हैं। इससे उनके सामाजिक चिन्तन की दिशा को समझने में मदद मिलेगी। यह सर्वविदित है कि आचार्य नरेन्द्रदेव के प्रभाव में साही समाजवादी आन्दोलन से जुड़े और आजीवन उससे जुड़े रहे। नरेन्द्रदेव और राममनोहर लोहिया का उनके चिन्तन पर

गहरा प्रभाव है। समाजवादी कार्यकर्ताओं के विचार शिविरों में वैचारिक प्रशिक्षण देने का काम साही करते रहे। जे.पी. आन्दोलन में शामिल होने के कारण उनके सामाजिक चिन्तन को और नया विस्तार मिला। समाजवादी नेता मधुलिमये ने साही में 'नेता और प्रणेता' का रूप देखा है। सामाजिक-राजनीतिक विषयों पर लिखे गयें उनके कुछ निबन्ध यहाँ दिये गये हैं। इनके ज़रिये साही के 'एक्टिविज़्म' को समझने में मदद मिलेगी। आज़ाद भारत में सामाजिक-राजनीतिक आन्दोलनों में आपादमस्तक डूबा हुआ साही सरीखा हिन्दी का कोई दूसरा लेखक नहीं दिखायी देता। समाजवादी समाज की रचना और लोकतन्त्र का विकास साही की सामाजिक चिन्तन धारा की मुख्य विशेषता है।

'विजयदेव नारायण साही : रचना-संचयन' का प्रकाशन 'रज़ा फ़ाउंडेशन' नयी दिल्ली के न्यासी सचिव तथा कवि-आलोचक श्री अशोक वाजपेयी की साही की रचनाशीलता में गहरी दिलचस्पी का परिणाम है। संचयन तैयार करने का दायित्व उन्होंने मुझे दिया, इसके लिए मैं उनका और 'रज़ा फ़ाउण्डेशन' का आभारी हूँ। साही की रचनाएँ आज बहुत कम उपलब्ध हैं। छपने के बावजूद अनुपलब्ध पुस्तकों को उपलब्ध कराने में इलाहाबाद विश्वविद्यालय के प्रो. सन्तोष भदौरिया की बड़ी भूमिका है। मैं उनका आभारी हूँ। साही के साहित्य और जीवन से सम्बन्धित सूचनाएँ और तथ्य जुटाने में 'विजयदेव नारायण साही' (सत्य प्रकाश मिश्र : विनोद तिवारी), 'स्मृतियों का शुक्ल पक्ष' (राम कमल राय), 'कविता का गल्प' (अशोक वाजपेयी) आदि पुस्तकों से मदद मिली। इन पुस्तकों के लेखकों के प्रति मैं आभार प्रकट करता हूँ। संचयन को तैयार करने में 'पूर्वग्रह' (सं. अशोक वाजपेयी) के साही पर केन्द्रित अंक तथा 'अभिप्राय' (सं. राजेन्द्र कुमार) के साही पर केन्द्रित अंक से भी मदद ली गयी है। इन पत्रिकाओं के सम्पादकों एवं उनमें साही पर लिखने वाले लेखकों के प्रति भी मैं आभार प्रकट करता हूँ।

इस संचयन में कविता और आलोचना के साथ सामाजिक विषयों पर लिखे हुए साहीजी के कुछ निबन्ध भी दिये गये हैं। थोड़ा-सा डायरी अंश भी। सूचना मिलती है कि साहीजी ने नाटक, कहानी, ललित निबन्ध आदि विधाओं में भी काम किया था। लेकिन यह संचयन तैयार करते वक़्त इन विधाओं में लिखी उनकी कोई रचना मुझे देखने को नहीं मिली। यह इस संचयन की सीमा है। फिर भी प्रसन्नता है कि साहीजी का जो प्रतिनिधि लेखन है वह इस संचयन के ज़रिये सामने आ रहा है।

गोपेश्वर सिंह

हिन्दी विभाग, दिल्ली विश्वविद्यालय

दिल्ली-110007

कविता

मानव-राग

मैं आज सरल धरती का अभिलाषी।

उठ रहा धुएँ-सा बल खाता शहरों का कोलाहल,
जिसकी ऐंठन में डूब रहे मेरे सपने झलमल,
हर शाम यहाँ मानव-लहरों से भर जातीं सड़कें
हर बूँद अकेली किन्तु, अकेला सबका रंग-महल;
वैभव वाले ये राज-भवन, जगमग सुख के साधन,
ये इन्द्र-धनुष से रंग-भरे जग के अनमोल रतन,
पड़ कहीं न जाये धूल तृषित अरमानों की मेरे—
मेरे ही सपने आज बचाते हैं मुझसे दामन।
मैं मधुर मंज़िलों का शिल्पी
केवल पथ का वासी!

जो कभी न पाये फूट धरा की छाती के छाले—
इतिहास-भरे ये गाँव युगों की मौन जलन वाले,
इन बन्द खँडहरों में मेरी अभिलाषाएँ घुटतीं—
मैं ओढ़ समय की राख सुलगता मन्द अनल पाले;
ये हरे मटर के खेत, प्रवंचक जव की हरियाली,
यह भरी सुधा से ईख, झूमती सरसों मतवाली,
यह बहुत शक्तिमय, बहुत सुघर मेरे श्रम का सपना
पर रन पर मिथ्या अधिकारों की रेखाएँ काली
हैं मुक्ति माँगती शिथिल
भुजाएँ मेरे, अविनाशी।

हिल उठा कभी जो मस्त मलय भूली निश्वासों-सा,
झुक-झुक पड़ता मानव का मन सरपत की साँसों-सा,
मैं कभी देखता किसी कुसुम को चूम रही तितली
रो-रो उठता सुनसान हृदय बिखरे मधुमासों-सा
है नीड़ खोजती, मुक्त कल्पना
मेरी आकाशी!

तीसरा सप्तक से

दर्द की देवापगा

अगर केवल प्यार ही होता
तो उसे कह डालता!

यह अपरिमित ज्वार
जो तन तोड़ता, खिंचता, उमड़ता,
विवश उठता और गिरता
मींजता है परिधि को
केवल सतह है यह
सतह है केवल!
इसके तले
अरे क्या डूबा हुआ है शान्त वह, असहाय,
जो इस महागति में
सिर्फ़ अपनी शान्ति से रह-रह करकता है?
आह, जो रह-रह करकता है
क्या है?

अगर केवल दर्द ही होता
तो उसे सह डालता!

यह अतल आघात से भी तीव्र,
यह अतीन्द्रिय आँधियों से भी अधिक उद्दाम
प्राणदायिनि ज्वाल!
स्वर्ग से जो उतर आयी आज मेरे भाल—
तिरोहाकुल, दुर्नियन्त्रित, लक्ष्यहत, अविराम,
जिसको हर किनारा, अग्निगर्भ
हर कगारा अतल है :

और कब तक धमनियों के अन्ध में धारे रहूँ
यह दर्द की देवापगा?
और कब तक मुक्ति-प्यासी अस्थियों की चीख़
भी सुनता रहूँ?
खोल दो, मेरी शिराएँ खोल दो;
तोड़ दो, मेरी परिधियाँ तोड़ दो;
बहो, बहो,
फूट कर के बहो
मेरे दर्द की देवापगा!

तीसरा सप्तक से

हिमालय के आँसू

हाँ देख रहा हूँ, मैं तब से
जब से इस सूने कमरे में
ढँक ठण्डे हाथों से कुम्हलायी आँखों को
रो रहे विकल तुम फूट-फूट!

ओ दुखी-हृदय,
है सत्य, हिमालय-सा तुमने दिल पाया था,
है सत्य कि तुमको भाल मिला था सूरज-सा,
है सत्य कि छाती थी पठार-सी अन्तहीन,
औ' आज सिर्फ़ भग्नावशेष-
बेस्वाद सान्त्वना, धीरज, ढाढ़स, सब्र, भाग्य,
उजियाले की जड़ हँसी
अँधेरे के आँसू!

मत डरो—
मैं नहीं तुम्हें समझाऊँगा क़िस्से कह कर,
मैं नहीं तुम्हारे प्यारे आँसू पोंछूँगा,
मैं नहीं घटाऊँगा। इस संकट का महत्त्व—
मैं नहीं कहूँगा दर्द घूँट में पीने को।

सच मानो प्रिय,
इन आघातों से टूट-टूट कर रोने में कुछ शर्म नहीं,
कितने कमरों में बन्द हिमालय रोते हैं,
मेज़ों से लग कर सो जाते कितने पठार—
कितने सूरज गल रहे अँधेरे में छिप कर,
हर आँसू कायरता की खीझ नहीं होता!

मैं केवल इतना कहता हूँ
इस सूने कमरे की सिसकन से क्या होगा?
बाहर आओ,
सब साथ-साथ मिल कर रोओ,
आँसू टकरा कर अंगारे बन जाते हैं
फट पड़ते हैं युग-युग के ज्वालामुखी सुप्त,
शायद धरती पर पड़ी दरारें मुँद जायें!

तीसरा सप्तक से

माघ : 10 बजे दिन

यह धूप बहकी-बहकी
कि शराब आसमानी;
ये हवाएँ सरसराती
कि आलस-भरी जवानी।

लो दस बजा सुबह का
झंकार एक आयी–
गति का विलास लहरा
फिर धूप मुसकरायी;
उस ज्योति के पटल पर
खुलते हुए कमल-सी
उठती हुई जवानी
बल खायी जगमगायी।

गुंजार घुँघुरुओं की–
आकाश भर रहा है!
यह लास ज्योतिवाही
यह नृत्य स्वप्नदानी।

मैं देखता धरा को
ले अधखुली निगाहें–
ये बस्तियाँ वसन्ती
रंगीन शाहराहें;
वह दूर खेतियों की
आँचल दुलारती-सी

इस रस भरे नगर की
फैली जवान बाँहें।

ये मद-भरे विहंगम,
गतिवान स्वप्न प्यारे,
मँडरा रहे गगन पर,
पाँखें शिथिल पसारे,
आँखें अतल तुम्हारी
जिनमें प्रभात तिरता—
हरिताभ घाटियों में
उड़ती हुई बहारें।

पहले-पहल उठीं जो
भू का विलास ले कर
वे बिजलियाँ पिघलतीं
अब भी प्रवाहमानी।

लहरा रहा है मुझ पर
किस ज़िन्दगी का आँचल;
जो उठ रहे दृगों में
छवि के हज़ार बादल;
कुछ इस तरह डुबा दो
कि न फिर ख़ुमारी मिटे;
चलता चलूँ जहाँ तक
बजती रहे ये पायल।

हाँ मुसकराये जाओ
ओ धूप-सी कुमारी
यह आख़िरी सफ़र है
यह आख़िरी कहानी!

तीसरा सप्तक से

ख़ामोश धड़कनें

सोन-मछली-सा अँधेरी रात को पीता हुआ
जल रहा है किसी खँडहर के झरोखे पर चिराग़,
एक मद्धिम-सी उदासी, कुछ-न-होने-सी थकन
और दिल की पर्त में सहमा हुआ सुकुमार दाग़।

ज़िन्दगी कुछ इस तरह ख़ामोशियों से भर गयी
खोजता फिरता हूँ दिल का दर्द पर पाता नहीं,
दर्द से जैसे झुकी जाती हैं पलकें बार-बार
और रोने में भी पहले-सा मज़ा आता नहीं।

दिन ढले देहात के बाज़ार से मेला उठा
घण्टियों का गीत वीराने में घुल कर खो गया;
कट गयी जैसे सज़ा एक बिन-किये अपराध की,
राख से उठता हुआ हलका धुआँ गुम हो गया।

एक पहेली-सी चमक कर खो गयी आकाश में
देखता हूँ मैं ठगा बेजान आँखें खोल कर;
टूट कर तारा गिरा अवसाद गाढ़ा हो गया
नींद में जैसे कोई चुप हो गया कुछ बोल कर।

भूल कर जैसे कि दो आँसू दृगों में आ गये
सहम कर सुनसान घर की सर्द पलकें झुक गयीं;
स्तब्ध सहसा हो गयीं रूहें अँधेरे वक्ष की
और दो किरनें मुँडेरी पर उतर कर रुक गयीं।

यह अजब ख़ामोश धड़कन है किसी आवाज़ की
शून्य में भी जो नयी आवाज़ रचती ही गयी;
जिस क़दर लिखता गया उठते गये अनगिन सवाल
लाख सुलझाता गया गुत्थी उलझती ही गयी!

तीसरा सप्तक से

चाँद की चाह

सुनिये जनाब,
मेरी एक दिक़्क़त है,
एक मिनट दीजिए
इतना कष्ट कीजिए—
मुश्किल में जान है—
आप भी इनसान हैं,
सुन तो लीजिए!

बात कुछ ख़ास नहीं
आज-कल
ख़ासी उजियारी चटकीली
रात होती है,
गर्मी के दिन हैं, आँगन में सोता हूँ।

इधर तीन दिनों से
लेटते ही खाट पर
तीव्र इच्छा होती है
शून्य को पकड़ कर
मुट्ठियों में भींच लूँ।
नारंगी से चाँद को,
रसभरी-से तारों को,
केवड़े में बसी हुई किरनों को
पंजों में पकड़ कर
कस कर निचोड़ूँ
सारा रस खींच लूँ।

भरसक उभार कर,
अपनी उँगलियों में ताक़त उतार कर
खोलता हूँ ललक कर,
करता हूँ बन्द फिर–
क्या कहूँ आप से–
अपने ख़याल से
काफ़ी बढ़ाता हूँ दूर तक हाथों को,
दाँतों पर दाँत दबा
पूरी झल्लाहट से,
पूरे उन्माद से,
बन्द करता हूँ;
किन्तु
फिसल जाता शून्य।

गड़ता हथेली में जो
नहीं कुछ बाहरी
केवल मेरी ही उँगलियों का नाख़ून है;
क्या करूँ?
फैले आसमान पर
आँखें ही मीच लूँ?
जी तो करता है मुट्ठियों में भींच लूँ,
सारा रस खींच लूँ!

खुदा के वास्ते
मुँह न बनाइये–
कोई रास्ता बताइये!

तीसरा सप्तक से

बड़ा मुँह छोटी बात

फिर गया था सिर उमर ख़ैयाम का, जिसने कहा,
आज आओ मौज कर लें, कल तो मरना है हमें;
साथियो, इतिहास का सन्देश है बहुजनहिताय :
आज मर लें, मार लें, कल मौज करना है हमें!

तीसरा सप्तक से

आज मैंने फिर

यह निरर्थक शून्य, झूठा दर्द, हलकी प्यास
टूटते, तीखे नशे-सी याद!
आँगन में खड़ी चुपचाप
ताकती अपलक, करुण, असहाय,
किसी लम्बी कथा के आभास-सी यह रात।

आज मैंने फिर तुम्हारा नाम लिख कर,
ख़त्म कर दी बात।

तीसरा सप्तक से

हम सभी बेच कर आये हैं अपने सपने

आओ साथी,
हम सभी बेच कर आये हैं अपने सपने
उस चोटी पर
कल रात जहाँ पर बनजारों का लश्कर था।
कुहराम, शोर, बोलियाँ, दाँव, बेचैन गीत,
वह बड़ी-बड़ी नशीली रात सभी ने देखी है;
हर ख़ेमे में रिन्दों की पागल आवाज़ें,
हर ओर चमकते जादू-सी बेसुध आँखें
हर तरफ़ नाचती ज्वालाएँ तलवारों-सी,
आतिशबाज़ी की तरह हँसी फ़व्वारे,
टूटते हुए प्यालों की घायल झनकारें,
हर नये मुसाफ़िर के कन्धे पर गर्म हाथ,
हर नये अछूते सपने के लिए मान,
सब यों ही था।

लगता था जैसे जीवन का आख़िरी सत्य
जिसको हमने, केवल हमने ही देखा है
जादू बन कर मुट्ठी में आने वाला है :
मन में बिल्कुल ऐसा ही पावन साहस था
पैरों में बिल्कुल यह अनोखी निष्ठा थी
आँखों में कच्चे, निष्कलंक व्याकुल सपने!

जलते माथे पर सूने कुहरे की छाया,
टूटती पसलियों में रीता, गूँजता दर्द,
ख़ाली जेबों में हाथ दिये, सामर्थ्यहीन,
बिल्कुल यों ही,

सब कुछ खो कर
हम सभी उतर कर आये हैं इस घाटी में।

विश्वास करो,
यह सिर्फ़ तुम्हारा दोष नहीं,
यह नहीं कि सिर्फ़ तुम्हारी क़िस्मत झूठी थी
यह नहीं कि केवल तुमसे ही थी चूक हुई;
उस पर्वत का जादू ही ऐसा होता है,
हम सबने उस मदहोशी में—
नक़ली सच्चाई के बदले अनमोल सितारे बेच दिये।

जब हम अपना सब कुछ खो कर
रोते-रोते-से बाहर आ कर खड़े हुए,
बन्दिनी बहन की तरह, सिर्फ़
अपनी हारी आस्थाओं की
रोशनी हमें पहुँचाने बाहर तक आयी,
फिर दरवाज़े हो गये बन्द;
इसके आगे क्या हुआ हमें भी याद नहीं।

बस इसी तरह,
जब आँख खुली
इस घाटी के पीछे से था सूरज निकला।
तिरछी-तिरछी किरनें फूटीं,
नन्ही दूबों की पत्ती पर
बेदाग़ ओस की चटकीली
बूँदों ने, भोले बच्चों-सा
था प्रश्न किया :
'क्या हुआ तुम्हें?'

निःश्वास छोड़
हम सभी रहे थे खड़े कुतरते होठों को।
सचमुच जो कुछ भी हुआ बहुत अनहोना था,
लगता है कुछ जैसे काँटा-सा निकल गया,
बस भरे गले में एक प्रश्न

रह-रह उतराया आता है—
'अब क्या होगा?'

साथी अब सम्भव नहीं पार वापस जाना,
तुम भी इस घाटी में बस कर
नन्हे, फूलों-से सपनों की
छोटी-सी फ़सल उगा लेना।
बेशक, इनमें तूफ़ानों को
मधु-सिंचित करने वाली गन्ध नहीं होगी;
ये सरल स्वप्न
यदि बहुत हुआ
तो सूरज उगने पर अपनी बाँसुरी खोल कर हँस देंगे,
लेकिन इनका सौदा करने
अब कभी न बनजारों का लश्कर आयेगा।

तीसरा सप्तक से

इस घर का यह सूना आँगन

सच बतलाना,
तुमने इस घर का कोना-कोना देख लिया
कुछ नहीं मिला!

सूना आँगन, ख़ाली कमरे
यह बेगानी-सी छत, पसीजती दीवारें
यह धूल उड़ाती हुई चैत की गरम हवा,
सब अजब-अजब लगता होगा!

टूटे चौरे पर तुलसी के सूखे काँटे
बेला की मटमैली डालें,
उस कोने में
अधगिरे घरौंदे पर गेरू से बने हुए
सहमी, शरारती, आँखों से वे गोल-गोल सूरज-चन्दा!
सूखी अशोक की तीन पत्तियाँ ओरी पर
शायद इस घर में कभी किसी ने बन्दनवार लगायी थी—

यह सब का सब
बेहद नीरस, बेहद उदास!
तुम सोच रही होगी, आख़िर
इस घर में क्या है जिसको कोई प्यार करे?
शायद तुमने जो पाया उतना ही सच है।
पर अक्सर काफ़ी रात गये

इस घर का यह सूना आँगन
जाने कैसे स्पन्दन से भर-भर आता है

बेबस आँखों से देखा करता है मुझको,
जैसे कोई ख़ामोश दोस्त,
मजबूर, किन्तु हर दर्द समझने वाला हो!
सच, अक्सर काफ़ी रात गये।

तीसरा सप्तक से

ओ रे पन्थ-बाँकुरे

ओ रे गरवीले,
तू ने आहत अभिमान-पूर्ण
चरणों से झेल लिया पन्थ की पिपासा को।

जब-जब बवण्डरों से
उड़ने को पृथिवी हुई
तू ने हठी साहस से रोप दिये पाँव;
बाँधी वज्र मुट्ठियों से छूटती तृषा की रास
रोक दीं पछाड़ें बन्द होठों के कगारों से;
रुका नहीं,
विक्षत सामर्थ्य की पुकारों पर झुका नहीं
और इस आख़िरी पड़ाव तक
तू ने क्षत चरणों से
आँक दी स्पृहा की रेख कोरी मरुभूमि पर।

ओ रे पन्थ-बाँकुरे,
टूट जाता तू जो इन वैरी अवरोधों से
तो भी मैं दुलारता;
किन्तु इस सीमा पर
तू ने शीश वृक्ष के कबन्ध से टिका लिया
दाग दिये आँसुओं से सूर्य-प्रतिस्पर्धी नैन
केवल इस दर्द से, कि
चूम गयी साधना को एक ज़हरीली साँस
एक शीत स्पर्श तुझे बींध कर चला गया!

वीर, तेरा यन्त्र तो बना था लौह तन्तुओं से,
कौन-सी थी डोर भाग्य ध्रुव की जो टूट गयी?
तेरे शुभ्र भाल पर
कौन-सी थी रेख जो विधाता से छूट गयी!

तीसरा सप्तक से

खोल दिया पिंजरा

तुमने क्या सोच कर
खोल दिया पिंजरा
और मुझे नीले आकाश में उड़ा दिया?

सत्य है कि तुमने इस बार नहीं
काटे मेरे उगे पंख,
कुछ नहीं छोड़ा :
मेरा सब मुझको लौटा दिया,
मन की निर्बन्ध प्यास, ऋद्धियाँ भुजाओं की
पैरों की अथक जलन, वक्ष की उदात्तता,
जो कुछ था मुझमें
सब पहले-सा जोड़ दिया,
और एक आख़िरी उसाँस ले,
तुमने बन्द द्वार की सलाख़ों को तोड़ दिया।
उड़ूँगा मैं;

निर्मम तुम्हारे इस तीखे प्रक्षेप से,
शायद इस शीतल अनन्तता में बिंधा हुआ
ऊर्ध्वगति उल्का-सी
व्योम के असीम शिखरों तक दौड़ जाऊँगा,
नाप लूँगा शायद अछूते नक्षत्रों को।

किन्तु ओ अभिमानी,
आकर गिरूँगा मैं
फिर उसी अंजलि पर,
केवल यह पूछने–
तुमने लौटाये नहीं मेरे वे शब्द
जो तुम्हीं ने सिखाये थे;
क्या किया उनका?
अभिमानी, मेरे उन शब्दों का क्या किया?

तीसरा सप्तक से

दोपहर : नदी-स्नान

यह तुम्हारा छलछलाता, प्रखर, निर्मल प्यार
छिछली नदी-सा :
और मेरा डूब जाने का विफल आवेग,
मन में कसमसाता ज्वार!
दीखता है तल,
परिष्कृत बालुका के स्वच्छ भीगे कण
सरकते
तृप्त पैरों चले।

गुनगुना आलोक मेरे खुले रन्ध्रों से निकल कर दौड़ता है,
और मैं थिर हूँ।
जल-विहग-सी हवा मेरा शीश छू कर भागती है,
और मैं थिर हूँ।
उफनता जल मींजता है आह! मेरा अधखुला अस्तित्व,
और मैं थिर हूँ।

शरद निर्मल धूप, निर्मल हवा, निर्मल दो किनारे
चमकती, स्नेहार्द्र बाँहों से।
आह! जो कुछ मुझे घेरे हैं
सतत आवर्तनों के बीच,
कटि को नीर,
छाती को गगन,
वैजयन्ती से फरकते केश को वातास,
निर्मल है।
स्फटिक है, अमिताभ है, ऋजु है।

किन्तु ओ ममतालु,
दौड़ आया हूँ यहाँ तक
आत्म-विस्मृत, तपःपूत, विभोर,
अपने खुलेपन से ही प्रताड़ित, विद्ध,
चारों ओर उच्छल नीलिमा से घिरी
मेरी डूब जाने की अलौकिक प्यास,
मुख से विकल
स्वर्गिक, मुग्ध औ' असमर्थ बाँहों की विरलता बीच
बिछती जा रही है।
सुनो,
    ओ सलिला,
तुम्हारे हृदय की तल-वासिनी यह रेत
मुट्ठी में उठा
तप्त मस्तक से लगाकर
माँगता हूँ।
    ओ सहेली,
यह तुम्हारी त्वचा पर
किलकारती, मोहित भँवरियाँ
स्थिर हथेली में उठा
रक्ताभ नयनों में लगा कर
माँगता हूँ।

    ओ अनावृत्त सर्पिणी,
यह तुम्हारे खिलखिलाते बुद्बुदों में
क्षार-शोधक अम्ल-सी अवदात विष की बूँद
अपनी शुभ्र अंजलि में उठा
अभिजात अधरों से लगा कर
माँगता हूँ।

दो मुझे
वह वेग
जिससे थाह की यह सालती अनिवार्यता मिट जाय;
वह रोध
जिससे यह उछलता भँवर ठहरे, ठहर कर फट जाय;

दो मुझे
वह मन्त्र
जिससे ये तुम्हारा सरल, पहला ज़हर
तल को काट दे,
गहरा बना दे,
और मुझको सोख ले।

यह तुम्हारा छलछलाता, प्रखर, निर्मल प्यार,
और मेरा डूब जाने को उमगता ज्वार!

तीसरा सप्तक से

लाक्षागृह

हर बार आज तक यही हुआ
युग-युग तक ऐसे ही होगा।
जब-जब असत्य ने छल से, बल से, माया से,
सब कुछ करने को भस्म लाख के भवन रचे
कोई ज्ञानी, धर्मालु, सत्य का अन्वेषी
निष्कपट विदुर आड़े आया—
दे गया दबे शब्दों में सारा कपट-भेद
फिर प्रभु-अनुकम्पा के बल से
जो सच था शिव था सुन्दर था
बे-आँच सुरंगों वाले पथ से बच आया।
निस्संशय ही
होती आयी है, आगे भी
हर बार सत्य की जय होगी।
वे मदोन्मत्त
कुछ जली अस्थियों के भ्रम में
उत्सव करते हैं क्षणभंगुर—वे हैं असत्य।
हम अभय-सिद्ध
जे अब भी अडिग सुरक्षित हैं
इस वन में बैठे हँसते हैं—हम धवल सत्य।

लेकिन राजन्
कल लाक्षागृह के भीतर जो शव पड़े मिले
वे किसके थे!

मछलीघर से

इस नगरी में रात हुई

मन में पैठा चोर अँधेरी तारों की बारात हुई
बिना घुटन के बोल न निकले यह भी कोई बात हुई
धीरे-धीरे तल्ख़ अँधेरा फैल गया, ख़ामोशी है
आओ खुसरो लौट चलें घर इस नगरी में रात हुई।

मछलीघर से

दे दे इस साहसी अकेले को

दे दे रे
दे दे इस साहसी अकेले को
एक बूँद—

ओ सन्ध्या
ओ फ़क़ीर चिड़िया
ओ रुकी हुई हवा
ओ क्रमशः तर होती हुई जाड़े की नर्मी
ओ आसपास झाड़ों-झंखाड़ों पर बैठ रही आत्मीयता

कैसे? इस धूसर परीक्षण में पंख खोल
कैसे जिया जाता है?
कैसे सब हार त्याग
बार-बार जीवन से स्वत्व लिया जाता है?
कैसे, किस अमृत से
सूखते कपाटों को चीर-चीर
मन को निर्बन्ध किया जाता है?
दे दे इस साहसी अकेले को।

मछलीघर से

हिमालय की याद में एक पत्र

(जगदीश गुप्त को)

सुनो
मैं जानता था एक दिन देखे हुए वे
वन नदी पर्वत
बड़ी तर्रार सैलानी हवा में झूमते जंगल
दुपट्टे की तरह उड़ते हुए निर्झर
अनेकों घाटियों के पार से आता हुआ वह स्वर पपीहे का
अभी जो उड़ गया है बेतहाशा बरस कर ओलों भरा बादल
कटोरे की तरह चारों तरफ़ से घेरती वे चोटियाँ तिरछी
ज़रा से रास्ते के लिए सब कुछ तोड़ने वाली नदी की
तेज़ लापरवाह धाराएँ
ढलानों पर तराशी खेतियाँ ऊँची दुकानों-सी
अचानक झोंपड़े, फिर गाँव, फिर कुछ लोग परिचित से
अकेली राह को सहसा जिलाकर छोड़ देता जंगली पाटल
ठहरने के लिए मजबूर करता पत्थरों से फूटता पानी
बरफ़ उजली, बरफ़ नीली
बरफ़ मिट्टी मिली बेताब हाथों में पिघलने को
बरफ़ बेदाग़ ढालों पर लहरियादार पानी-सी
बरफ़ वह आख़िरी-आज़ाद...
ऊँची चोटियों पर दूर मंज़िल-सी
कि जिसको देख कर हम देर तक ख़ामोश बैठे थे...
सभी कुछ याद आयेगा :
कहेगा :
हम अभी भी हैं
जहाँ से तुम छलक कर

बीत कर

ख़ामोश होकर

लौट आये थे
उसी फैले हुए बेलौसपन में हम अभी भी हैं
जिसे तुम कह नहीं सकते
महज़ महसूस करते हो
उन्हीं उलझी हुई अनुभूतियों में हम अभी भी हैं :

अगर यों सिर्फ़ आँखें फेरने से काम चल जाता
तो फिर ऐ दोस्त जी लेना बहुत आसान हो जाता
मगर हम और हम जैसे
कि जिनसे ज़िन्दगी की बात का मतलब निकलता है
महज़ आसान रस्तों में भुलाये जा नहीं सकते
तुम्हें फिर याद आयेंगे।
बहुत बेचैन हैं फिर पैर उस सहरानवर्दी को
तुम्हारे साथ में बीती फ़िज़ाएँ याद आती हैं
कहीं बैठा हुआ मैं फिर तुम्हारी राह तकता हूँ
सुनो फिर बरफ़ में भीगी हवाएँ याद आती हैं।

मछलीघर से

अर्धभस्म देवदारु

बिजली की तरह वह आया
और तुम्हें पुराने देवदारु की तरह
बीच से चीरता हुआ
भूमि में समा गया।
तुम उस विशाल आलोक को देखते रहे।
जो सहसा चारों ओर छा गया था
तुम्हें ध्यान ही नहीं रहा
कि तुम दो टुकड़े हो गये हो।
और अब तुम्हारे पास
वे शब्द भी नहीं हैं
जिनसे तुम
उस कथा की आवृत्ति कर सको
जो तुम्हारा जला हुआ कलेवर माँगता है।

क्या तुम्हारा यह दावा है
कि तुमने झेल लिया
ताकि शेष हरे रह सकें,
कि जो समर्थ हैं
वे हवा में अनगिनत हाथ फैलाते रहें
और जो शिशु हैं
वे कल्ले फोड़ते रहें?
लेकिन तुम इसे किन शब्दों में कहोगे
तुम जो अवाक्, आत्म-विस्मृत, चकाचौंध
रह गये थे?
क्या तुम इस अर्धभस्म कलेवर से

वह गाथा गाओगे
कि किस तरह एक दिन प्रकाश आता है
और सारे जंगल को
नंगा करके चला जाता है
कैसे छिपने के लिए
कोई गुल्म कोई कुंज कोई कोटर नहीं बचता
कोई चारा नहीं रहता
और हमारे स्तूप-से शरीर पर
घनसार आलोक बारिश होती रहती है?

गा सको तो गाओ
लेकिन क्या तुम्हारे पास
अब भी वह बचा हुआ है
जो आक्षितिज छा जाने वाली
तुम्हारी आवाज़ का निर्माण कर सका?
यह जो तुम्हारी चिटख़ी हुई अस्थियों में
बाँसुरी की तरह बजता है
कुछ नहीं, केवल हवा है
जो न जाने किन-किन हिमशीतल प्रदेशों का
सन्देश लिये
तुम्हारे पास से गुज़र रही है।
उस घटना के बाद
तुम बिल्कुल निष्कवच हो गये हो
सृष्टि का हर एक कम्पन
तुम्हें इसी तरह बजा कर चला जाया करेगा
और उस अयाचित संगीत को
तुम कभी भी
पहचान नहीं सकोगे।

गा सको तो गाओ!
क्या तुमने हज़ारों बार
उस गाथा का आरम्भ नहीं किया
जो तुम्हारे हाथ से छूट कर

विश्वव्यापी प्रतिध्वनियों में बदल जाती रही?
और तुम आज तक नहीं जान सके
कि उसका मध्य कैसा है
और अन्त कहाँ है?
क्या हर बार कह चुकने के बाद
तुम्हें आश्चर्य नहीं हुआ
कि यह वह बिल्कुल नहीं है
जिसकी शुरुआत तुमने करनी चाही थी?
गा सको तो गाओ!

मैंने निर्जन तिलिस्म के उद्यान में
निरन्तर चलते हुए फ़ौवारे को देखा है
जो बराबर अपने को
अपने कृत्रिम आकाश की ओर फेंकता रहता है
और उसकी छलछलाती हुई बूँदें
लौट-लौट कर उसे ही नहलाती रहती हैं
नीले आसमान को
जो उसके थाले में अंजन की तरह
प्रतिबिम्बित होता रहता है
वह कभी भी छू नहीं पाता
और मुझे कभी-कभी लगा है
कि तुम शिखर पर उसी फ़ौवारे की तरह
निश्चल खड़े हो
और तुम्हारे चारों ओर पारदर्शी तिलिस्म है।

मैंने वे क्षण भी देखे हैं
जब यह सारा का सारा वन-प्रदेश
अदृश्य हो जाता है
और उस अटूट सन्नाटे में
चमकती हुई मधुमक्खियों की तरह
तुम्हारे भीतर से हज़ारों पत्तियाँ निकलती हैं
मैं तुम्हारी शाखों को एक-एक कर फैलते देखता हूँ
और तुम एक विभोर वैभव की तरह

उमड़ने लगते हो।
उस महारास को मेरे सिवा कोई नहीं जानता।

मैंने यह सब
खिड़की के निर्मल काँच के उस पार
घटित होते देखा है
और यह भी
कि इस महोत्सव को समेट लेने के बाद
कई दिनों तक तुम्हारा कलेवर
रह रह कर थरथराता रहता है
और लताएँ, पेड़, शिलाएँ, पर्वत श्रेणियाँ
आश्चर्य और भय के साथ
तुम्हारी ओर देखती हैं।

मछलीघर से

वसुन्धरा

कौन जादूगर
मेरी काया में प्रवेश कर गया है
जो मुझे द्युलोक से परे
अनन्त चमकीले ब्रह्माण्डों का
दर्शन करा रहा है?
हज़ारों आदित्यों का निर्झर
इन लोकोत्तर छवियों पर बरस रहा है
और उनकी रोशनी में
प्रसन्न बच्चों की तरह
सारे नक्षत्र किलकारी मारते
दौड़ रहे हैं।

यह कौन महादानी है
जो दोनों हाथों से सागर उलीच रहा है
और किनारे खड़ी
असंख्य प्यासी भीड़ को
नहलाता चला जा रहा है
ये कौन लोग हैं
जिनके बलवान पुट्ठे
धुले हुए सेबों की तरह चमक रहे हैं?
उनके चेहरों पर
असीम तृप्ति का उल्लास है
और सुख के कारण
उनकी आवाज़
गले में अटक-अटक कर
रह जाती है।

बेतहाशा कुहराम के बीच
यह कैसी सुरीली रागिनी
सौन्दर्य के बेक़रार टुकड़ों की तरह
रह रह कर सुनाई पड़ती है?
जैसे देवताओं से छूटी हुई कलाएँ
आन्दोलित समुद्र में
शरीर धारण करने के लिए
दौड़ रही हैं
और मरमरीं वीनस का जन्म हो रहा है।

जादूगर,
मेरा रच-रच कर बाँधा हुआ कवच
न जाने कब का
तार तार होकर
महीन काग़ज़ की पर्चियों की तरह
चारों ओर उड़ गया है
और अब इन बेपनाह थपेड़ों की मार से
मेरी अरक्षित पसलियाँ
हिंडोले की तरह
काँप रही हैं।
जादूगर,
मैं सरे बाज़ार नंगा हो गया हूँ
मेरे पास छिपाने को
कुछ भी शेष नहीं रह गया है
असंख्य बूँदें मेरे ऊपर बरस रही हैं
और मेरी अधडूबी चेतना में
अभ्रक की तरह तुम्हारी झिलमिलाती आवाज़
आ रही है :
लो, देखो, सामना करो।
अभी मैं इस महादर्शन से
तृप्त नहीं हुआ हूँ
मैं उड़कर उन अपरिमित आवेगों को
अपनी उँगलियों पर गुज़रते हुए
छूना चाहता हूँ

मैं इस दहाड़ते निर्झर के प्रवाह में
अपना हाथ डालना चाहता हूँ
ओ जादूगर,
तुम मुझे वहाँ ले चलो
जहाँ मेरे हाथ
उस धारा के पास तक पहुँच सकें।

अभी मैंने उन अन्तरिक्षों की
यात्रा नहीं की है
जिधर से ये सारे द्युलोक के नागरिक
अलौकिक तीर्थों के लिए जाते हैं
यह सारा का सारा पथ
उनकी चटकीली ध्वजाओं से
हिल्लोलित हो रहा है
और उनके कण्ठ की आवाज़ें
धूप में तितलियों की तरह
प्रसन्न आकाश में फैल गयी हैं–
कब से यह महोत्सव मनाया जा रहा है
जहाँ मुझे आज लाकर खड़ा कर दिया गया है?

अब मुझे अपने उस छूटे हुए कलेवर की
याद भी नहीं आ रही है
जो यहाँ से
निर्जीव सर्प की तरह
किसी कोने में पड़ा दिखता है
जादूगर,
तुम कब तक मुझे
इस ऐश्वर्य के किनारे खड़ा रख सकते हो?
तुम चाहो तो उस केंचुल को
समुद्र के हवाले कर देना
और मुझे
इन गूँजती हुई चट्टियों में
खो जाने के लिए छोड़ देना।

मछलीघर से

बीच का बसन्त

बीते हुए कुंचित कुतूहल औ'
आने वाले तप्त आलिंगन के
बीच हम तुम जैसे
प्यास सहलाती मीठी ममता में बहते हैं
वैसे ही
कुहराये शीत और उष्णवायु आतप के
बीचोबीच कसा यह
मौसम गुलाबी है।

शुभ हो बसन्त तुम्हें
शुभ्र, परितृप्त, मन्द-मन्द हिलकोरता।

ऊपर से बहती है सूखी मँडराती हवा
भीतर से न्योता विलास गदराता है
ऊपर से झरते हैं कोटि-कोटि सूखे पात
भीतर से नीर कोपलों को उकसाता है
ऊपर से फटे से हैं सीठे अधजगे होठ
भीतर से रस का कटोरा भरा आता है
बीच का बसन्त यह
वैभव है अद्वितीय
डूब-डूब जीना इसे
मन में सँजोना
यहीं लौट-लौट आना, वह जाना, सींच देना प्राण
इतना कि रग-रग में ममता-सा बस जाय।
जीवन में कभी भी जो

प्यार का यह आदिम प्रकाश-पुंज
कटुता से, संशय से, आतुर हताशा से
मद्धिम पड़ जायेगा—
तब यह जिलायेगा :
शुभ हो बसन्त तुम्हें
भेंटता पवित्र, मन्द मन्द हिलकोरता।

मछलीघर से

एक और बसन्त

बन्धु, तुम आ गये?
सद्यःस्नात, रंगारंग, खिले हुए
सब कुछ समझती हुई आँखों में वही प्रश्न!
ओ परिचित क्या कहूँ?

मैंने यदि तुम्हें कभी
खुले हुए मन से पुकारा हो
तो तुम फिर आना बन्धु :
    आना फिर इसी तरह
    स्नेहभरे उजले कुतूहल से देखना
    भीतर तक पैठती निगाहों से आर-पार!
शायद वह कातर निवेदन न दे सकूँ
किन्तु उस क्षण भर में
पिघल-पिघल मन में सलोना बन जाऊँगा :

देखना कि मुँदी हुई पलकों में, काँपती बरुनियों में
अनायास होठों में
वीणा-सी बजती भुजाओं में
आत्मा में, अंगों में, मन में, रोम-रोम में,
अब भी वही हूँ मैं—
फ़र्क़ बस इतना है
अन्तर को मथ कर उमड़ते हुए
शब्दों से डरता हूँ :
            शब्द अभिचारी हैं
            कुछ दिन चमकने पर ओछे पड़ जाते हैं।

बावले बसन्त तुम आये कोंपलों के साथ
वही धूल, वही हवा, वही किलकारियाँ!
मैंने यदि यह सब कृतार्थ हो
खुले हुए कक्ष के झरोखों से
गुज़र जाने दिया हो
तो तुम फिर आना,
फिर आना, फिर आना तुम!

मछलीघर से

अयाचित झोंका

हो गया कम्पित शरद के शान्त, झीने ताल-सा
तन
आह, करुणा का अयाचित एक झोंका
सान्त्वना की तरह मन की सतह पर लहरा गया
कहाँ से उपजा?
कहाँ को गया?

मछलीघर से

एक अर्ध-विस्मृत मित्र के नाम

लो मैं तुम्हें फिर यह ताज़ा खंजर देता हूँ
मैं जो तुम्हारे चारों ओर लिपटा हुआ मर गया हूँ
मुझे काट कर निकाल दो
और नया जन्म लो :
    इस बार स्रोत पर ही वार करना
    ताकि मैं फिर न उग आऊँ।

तुम्हारे हाथ क्यों काँप जाते हैं?
इसके पहले न जाने कितनी बार
तुम मुझे टुकड़े-टुकड़े कर चुके हो
लेकिन हर बार तुम्हें यही क्यों लगता है
कि जब तक मैं उग न आऊँ
तुम भी मृतप्राय रहोगे?

    तुम पहले नहीं हो
    जिसने दर्पणों से घिर कर
    यह ज्ञान खो दिया
    कि कौन-सी दिशा आगे है
    कौन-सी पीछे :
    और हैरान हो कर कभी तुम
    अपनी छाया को मुँह चिढ़ाते हो
    कभी फूट-फूट कर रोते हो।

दोष न तुम्हारा है
न आईनों का
दोष उस प्रकाश का है

जो आईनों से टकरा-टकरा कर
तुम्हारी पुतलियों की ओर दौड़ता है

लो मैं तुम्हें फिर यह खंजर देता हूँ
मुझे नहीं
उस प्रकाश को ही काट कर निकाल दो
जो तुम्हारे चारों ओर लिपटा हुआ मर गया है।

पिछले पड़ाव पर
जिसको तुम गाड़ आये हो
उसका दिल अब भी धड़कता है
और वही तुम्हें अपने पीछे आती हुई
पैरों की आहट की तरह सुनायी पड़ता है :

इस गुमनाम सफ़र में
तुम्हारे साथ मैं नहीं हूँ
अकेले तुम्हीं हो।

सामने ज्योतिर्मय स्वप्न-गोलक के बीचोबीच
वह जो मुझ जैसी काली आकृति
निस्पृह धब्बे-सी खड़ी दिखती है
वह मैं नहीं हूँ
वह तुम्हारी आँखों में पड़े हुए निशानों का प्रतिरूप है
जिन्हें तुम अभी तक निकाल नहीं पाये
क्योंकि उनके बिना तुम देख ही नहीं सकते।

तुमने चारों ओर के जीवित आकारों को
इन चमत्कारी आँखों से घूर-घूर कर
पत्थर के पुतलों में बदल डाला
और अब तुम निर्भय होकर
इस सुनसान रास्ते से गुज़र सकते हो
तुम्हें कोई नहीं रोकेगा।

विश्वास करो
मैं बहुत पीछे छूट गया हूँ
तुम्हारे पास केवल निशानेदार चमत्कारी आँखें हैं
जो सिर्फ़ तुम्हारी हैं।

जब तुम अपने ही शिलालेखों से घिरे हुए
उस नये स्वर्ण-नगर में पहुँचोगे
तो मैं वहाँ तुम्हारा स्वागत करने नहीं दूँगा
ताकि तुम मेरी मुस्कराहट को व्यंग्य न समझो।
फिर तुम्हें यदि यह लगे
कि तुम तुम न रह कर
सिर्फ़ एक सार्वजनिक घटना बन गये हो
तो तुम दुखी न होना
क्योंकि तुमसे पहले भी लोग
इस शरण देने वाली शराब में
अपने को डुबो चुके हैं
सिर्फ़ तुम्हें अकेलेपन की आदत छोड़नी होगी।

अकेलापन!
वह अनावश्यक रोशनी
जो अब भी तुम्हारे शयनकक्ष में जलती है
जिसके सहारे न वसीयतनामे लिखे जा सकते हैं
न दस्तावेज़ें पढ़ी जा सकती हैं
न पासे फेंके जा सकते हैं
न पैमाने लबरेज़ किये जा सकते हैं
न शक्लें पहचानी जा सकती हैं,
जो खिड़की से निकल कर
बाहर के लोगों को सिर्फ़ इतना-सा आभास देती है
कि शायद इस मकान में
लोग अब भी जी रहे हैं।

बेशक अन्धकार का अभ्यास पड़ जाने के बाद
तुम्हें लगेगा कि तुम बीच-बीच में

तिरोहित हो जाते हो
लेकिन इस थोड़े समय की मृत्यु-अनुभूति के बदले
दिन में तुम्हारे चारों ओर
चकाचौंध कुन्दन की रोशनी होगी
जिसमें तुम बेदाग़ कटार की तरह तैरोगे।
तुम देखोगे
कि इस तरह टुकड़ों-टुकड़ों में जीना
बहुत कठिन नहीं है
और इसका नशा वे सब जानते हैं
जो अपने-अपने स्वर्ण-नगरों में पहुँच कर
सार्वजनिक घटना बन गये हैं।

तुमने अच्छा किया कि इस उलझी हुई ग्रन्थि को
समय के हवाले कर दिया।

रोज़ सुबह जब तुम
पतिव्रता गृहिणी की तरह सदा खिली हुई
अपनी मेज़ पर
तारीख़ें बदलते हो
तो भविष्य कितना उजला दिखलाई पड़ता है
एक क्षण को लगता है कि तुम नागपाश को तोड़कर
बाहर आ गये हो—

चमकदार सड़कों पर बहता हुआ जन समुदाय
रंग-बिरंगे मकानों की चिरस्थायी क़तारें
और रोज़ाना एक-सी आवाज़ों की धड़कन
यह सब तुम्हारे हाथ के एक स्पर्श से
रोज़-रोज़ जीवित होता है।

कितना आरामदेह है
यह तारीख़ों के सहारे जीना!
खिड़की से देखने वाले
इस नये, आत्मीय समय-प्रवाह में

न तो नीली, अथाह दरारें हैं
जो एकान्त साहसी आवाज़ों की माँग करती हैं
और न उन दरारों में से
वे लावारिस सवाल जन्म लेते हैं
जिनका काम महज़ सियाह रातों में
निरुद्देश्य भटकते रहना है।

अच्छा किया तुमने कि दरवाज़े खोल दिये
और अपने घर की सजावट
पेशेवर ठेकेदारों को सौंप दी
अब तुम्हारे घर में
ऐसी कोई तसवीर न होगी
जिसके लिए तुम्हें लोगों के सामने
जवाबदेह होने की ज़रूरत पड़े।

तुमने बहुत अच्छा किया कि लावारिस सवालों को
विजेता, महाबली समय के हवाले कर दिया।

मैं उन सिरफिरों की बात नहीं करता
जो ग़लत अँधेरी सुरंगों में
आबेहयात की तलाश में चले गये :
तुमने ठीक ही सुना है
कि इस विचित्र दुस्साहस के पहले
उनमें पागल सैलानियों की तरह उत्साह था
उनके हाथों में रंग-बिरंगे गुब्बारे थे
वे सीटियाँ बजा रहे थे
और ज़ोर-ज़ोर से चिल्लाकर
अन्धकार के मुख से लौटती हुई
अपनी ही प्रतिध्वनियाँ सुन रहे थे।

किसी को ख़याल न था
कि वे सचमुच चले जायेंगे
क्योंकि उन्हें बारम्बार बताया जा चुका था
कि युगों से अनन्वेषित इस सुरंग में

ज़हरीली गैस है जिसमें मशालें बुझ जाती हैं
और पुरानी किताबों में भी
किसी के वापस लौटने का ज़िक्र नहीं है
और ज़्यादातर लोगों का विश्वास है
कि आबेहयात जैसी कोई चीज़ नहीं है।

बेशक हमने उनके वापस आने का इन्तज़ार किये बग़ैर
उस रास्ते के मुहाने पर
ईंटें चुनवा दीं
कि फिर इस तरह की दुर्घटना न हो जाय
और अब इस पुरानी इमारत के चारों ओर
खुशनुमा बाग़ लगा दिये गये हैं
जहाँ लोग उद्यान-गोष्ठियाँ करते हैं
एक दूसरे की तसवीरें खींचते हैं
और कहकहे लगाते हैं।

जब कभी तुम यहाँ आओगे
तो देखोगे
कि ज़माना सचमुच कितना बदल गया है।

मछलीघर से

अँधेरे मुसाफ़िरखाने में

कहीं से कोई तेज़ टार्च की रोशनी फेंकता है
और कोई न कोई चेहरा प्रकाशित हो जाता है
थोड़ी देर के लिए
एक पूरे शरीर की ऐंठन
बेचैन करवटों का पेचोखम
दिखलाई पड़ता है—
जैसे ज़ख़्मी साँप छटपटाता है—

मैं नहीं जानता था
कि अँधेरे मुसाफ़िरखाने में
जहाँ टार्च की रोशनी में
सिर्फ़ एक तमतमाया हुआ चेहरा दिखता है
इतनी अनासक्त बैरागी आवाज़ें हैं।

कहाँ चले जाते हैं लोग
थोड़ी देर के लिए
आदिम पीड़ाओं की झलक दिखला कर
थोड़ी देर के लिए
आदिम वैराग्य की खुशबू छोड़ कर।

हर बार जब एक नया चेहरा दिखता है
भजन किसी और कोने से आता है
और बैरागी की आवाज़ भी
बदल जाती है
थोड़ी देर के लिए लगता है

कि अँधेरा एक फैला हुआ सुनसान है
जिसमें एक निर्विकार ठहराव
थमी हुई लौ की तरह
ऊपर उठ रहा है
फिर कोई और...
फिर कोई और...

वे लोग जो गाड़ी आने के बाद
सपाट, मुर्दा शक्लें लिये
पहले तो झाग की तरह
इधर-उधर दौड़ते हैं
फिर निढाल, गुमसुम सफ़र के लिए
बैठ जाते हैं
क्या ये वही हैं
जो मुसाफ़िरखाने में इन्तज़ार कर रहे थे
तमतमाये हुए, वीतराग?

साखी से

चमत्कार की प्रतीक्षा

क्या अब भी कोई चमत्कार घटित होगा?
जैसे कि ऊपर से गुज़रती हुई हवा
तुम्हारे सामने साकार खड़ी हो जाय
और तुम्हारा हाथ पकड़ कर कहे
तुम्हारे वास्ते ही यहाँ तक आयी थी
अब कहीं नहीं जाऊँगी।

या यह दोपहर ही
जो, हर पत्ती, हर डाल, हर फूल पर लिपटी हुई
धीरे-धीरे कपूर की तरह
बीत रही है
सहसा कुण्डली से फन उठाकर कहे—
        मुझे नचाओ
        मैं तुम्हारी बीन पर
        नाचने आयी हूँ।

या यह उदास नदी
जो न जाने कितने इतिहासों को बटोरती
समुद्र की ओर बहती जा रही है
अचानक मुड़ कर कहे—
        मुझे अपनी अँजलि में उठा लो
        मैं तुम्हारी अस्थियों को
        मुक्त करने आयी हूँ।

या इन सबसे बड़ा चमत्कार
हवा जैसे गुज़रती है गुज़र जाय
दोपहर जैसे बीतती है बीत जाय
नदी जैसे बहती है बह जाय
सिर्फ़ तुम
जैसे गुज़र रहे हो गुज़रना बन्द कर दो
जैसे बीत रहे हो बीतना बन्द कर दो
जैसे बह रहे हो बहना बन्द कर दो।

साखी से

कुएँ में कोई गिर गया है

अजीब बात है
इस पूरे दयार में
एक भी गोताखोर नहीं है।
धीरे-धीरे लोगों ने यह पेशा ही छोड़ दिया,
अब लोग या तो समतल पगडण्डियों पर चलते हैं
या ख़बरें पहुँचाते हैं,
या मुआयना करते हैं।
लेकिन कोई कुएँ में उतरने को तैयार नहीं होता,
न जाने भीतर क्या मिले!

कुएँ में कोई गिर गया है।
पता नहीं लगता
आदमी है, या मवेशी है
या कोई बच्चा या कोई औरत।
पानी बहुत गहरा है
और ऊपर घना पेड़ होने के कारण
साफ़ दिखायी भी नहीं पड़ता।
लेकिन बहुत गौर से देखने पर
अधडूबी कोई चीज़
उतराती दिखती है।
अजीब बात है–
ठीक पता लगाने का कोई
ज़रिया भी नहीं रह गया है।

बहुत मजमा यहाँ इकट्ठा हो गया था
लेकिन 'कौन गिरा, कौन गिरा'

एक-दूसरे से पूछ कर
आख़िरकार लोग छँट गये।
रस्सी गिराई गयी
नीचे से किसी ज़िन्दा या मुर्दा उँगली ने
उसे नहीं पकड़ा।
कँटिया डाली गयी
सड़ती हुई पत्तियों के अलावा
कुछ भी ऊपर नहीं आया।

यहाँ तक कि कुछ मसखरों ने
कुएँ में मुँह झुका कर आवाज़ भी दी
इतना ही मालूम हुआ
कि कुआँ आवाज़ पा कर
जैसा हमेशा गूँजता था
वैसा ही अब भी गूँजता है।
अजीब बात है–
आसपास कोई गोताखोर नहीं।

सारे सवाल पूछे जा चुके
सारे अनुमान लगाये जा चुके
अब कोई इक्का-दुक्का ही यहाँ आता है
और झाँक कर चला जाता है।
घने बरगद पर
इस तीसरे पहर न जाने कितनी
चिड़ियाँ बोल रही हैं-
आसमान पर सफ़ेद बादल ठहरे हुए हैं,
कुएँ के चबूतरे पर निवास करने वाला
बैरागी
लकड़ियाँ जला कर
हाँडी चढ़ाने के फिराक में है।
चारों ओर शान्ति विराजमान है।
लेकिन अजीब बात है
कुएँ में कोई गिर गया है।

सच तो यह है
कि किसी को कुछ भी मालूम नहीं है
यहाँ लोगों ने
दिल की तसल्ली के लिए
मरदुमशुमारी की एक आदत डाल ली है
हर वारदात के बाद
वे अपने समूचे वंश को
कहीं एकान्त में खड़ा करते हैं
और गिन डालते हैं।
जब कोई कम नहीं मिलता
तो वे जान जाते हैं
कि वारदात ने
उनके लिए चर्चा का
एक और अवसर दिया है
जिस पर वे तब तक अटकलें लगाते रहेंगे
जब तक कोई दूसरी वारदात न हो जाय।

न जाने कौन कोई एक
कुएँ में गिर गया है।

साखी से

कौन पुकारता है?

इतनी रात को कौन पुकारता है?
यह वह वक़्त है
कि सड़क की सीटियाँ भी बन्द हो गयी हैं।
पास के दफ़्तर का चौकीदार
आख़िरी बार आवाज़ दे कर
कब का चुप हो गया है
कभी-कभी किसी सन्दिग्ध दिशा में
ट्रेन के चलने का स्वर भी सुनायी पड़ जाता है
शेष सब सन्नाटा है।

न जाने किसके दरवाज़े पर
बेतहाशा दस्तक पड़ रही है
और रह-रह कर
एक हताश-सी पुकार—
'दरवाज़ा खोलो'।

न जाने किसको पुकारा जा रहा है
क्या यह निमन्त्रण सबके लिए है
कि उठें और दरवाज़े खोल दें?
क्या मेरे लिए भी पुकार हो रही है
कि उठूँ और दरवाज़ा खोल दूँ?

इतनी रात को कौन वापस आया है?
वापस आया है
या शरण खोजता है

या एक नये पहचान की शुरुआत करना
चाहता है?
किसे पुकारता है?

आवाज़ थोड़ी देर के लिए बन्द हो गयी–
और मैं तरह-तरह के अनुमान लगाता हूँ
शायद कोई चारपाई से उठा होगा
शायद कोई जाग कर सोच रहा होगा
वक़्त बेवक़्त दरवाज़ा खोलना ठीक नहीं
या शायद किसी ने
जैसे तहख़ाने के भीतर से गूँजता हुआ जवाब
दिया होगा–
–'ठहरो, हम आते हैं।'
या शायद पुकारने वाला
हताश होकर
बाहर गली में टहलने लगा होगा।

लेकिन यह सब कुछ नहीं होता
थोड़ी देर के सन्नाटे के बाद
फिर वही दरवाज़े की साँकल का
पीटना–
और कुछ थकी कुछ व्याकुल-सी
आवाज़–
दरवाज़ा खोलो।

और मैं पड़ा-पड़ा सोचता हूँ–
कब से यह प्रथा चली है
कि लोग दरवाज़े बन्द कर लें
और जो छूट गये
वे दस्तकें देते रहें?

मैं इस मुहल्ले के अधिकांश लोगों को
जानता हूँ
कौन दुकानें बन्द करके लौटता है।

कौन हौली से लड़खड़ाता आता है
कौन अक्सर आधी रात ट्रेन से
वापस आता है
कौन तीसरी पाली में काम करता है
लेकिन यह वक़्त तो इन में से
किसी का नहीं है
उनमें जो आने थे—आ चुके
इतनी रात गये कौन पुकारता है?

साखी से

संगमरमर

लाख चाँदनियों, लाख बरसातों, लाख हवाओं
से धीरे-धीरे चिकना होता है
संगमरमर
छू कर देखो।
यह ठण्डा स्पर्श तुम्हारे हाथों में फफोले छोड़ जायेगा।

साखी से

साक्षात्कार

उसने दोनों हाथों से मेरे कन्धे पकड़ लिये
और मुझे पेड़ की डाल की तरह हिलाया
मुझे याद है
मैं बेहोश नहीं था,
मैंने कोई प्रतिरोध नहीं किया
लेकिन मैंने कुछ कहा भी नहीं।
तब उसने निर्लिप्त खुली हुई
मेरी आँखों में पढ़ने की कोशिश की
तब जब मैं स्मृति में खोया हुआ था।
लेकिन उसने इतना तो जान लिया
कि मैं मरा नहीं, ज़िन्दा था।

साखी से

लय

किसी दिन
सुबह का सुहाना जादू-चिराग़ कोई रगड़ देता है
और ख़बरों का विशालकाय जिन्न
प्रकट होने लगता है।
जिस तरह सैकड़ों चिमनियों से
एक-सा धुआँ निकलता है
और शहर पर छा जाता है
उसी तरह दोस्तों, मुसाफ़िरों, प्रवक्ताओं, सभापतियों
सब के मुँह से
सिर्फ़ उस जिन्न का शरीर प्रकट होता है
और सड़कों, रेलगाड़ियों, दफ़्तरों
पूरे नगर, पूरे प्रान्त, पूरे देश पर
फैलता जाता है।

फिर एक दिन
जैसे बाज़ीगर ठाठ समेट लेता है
यह सारा धुआँ
चिमन्नियों में वापस चला जाता है
फिर लोग पान की दुकानों पर
पान खाते हैं, ख़बरें नहीं सुनते,

दफ़्तरों में महँगाई भत्ते
और तरक़्क़ी की बातें करते हैं
कहवाघरों में भविष्यवाणियाँ करते हैं
और अपनी सनसनी
अपने आप पैदा करने की कोशिश करते हैं।

क्या तुमने भी हर आवृत्ति से
दो-चार दास्तानें जमा कर ली हैं
जिन्हें कृतज्ञ हो कर
तुम बार-बार उलटते-पलटते हो
और उनके बीच
अपने चेहरे को पहचानने की कोशिश करते हो?

साखी से

साँप काटे हुए भाई से

मुझे दिख रहा है
दिमाग़ धीरे-धीरे पथराता जा रहा है
अब तो नसों की ऐंठन भी महसूस नहीं हो रही है
और तुम्हें सिर्फ़ एक ऐसी
मुलायम सहलाने वाली रागिनी चाहिए
जो तुम्हें इस भारीपन में आराम दे सके
और तुम्हें हल्की ज़हरीली नींद आ जाये।

लेकिन मेरे भाई मैं तुम्हें सोने नहीं दूँगा
क्योंकि अगर तुम सो गये
तो साँप का यह ज़हर
तुम्हारे सारे शरीर में फैल जायेगा
फिर कुछ लहरें आयेंगी
और क़िस्सा ख़त्म हो जायेगा।

सोना मत, हरगिज़ सोना मत।
देखो जहाँ तुम्हें साँप ने काट खाया था
वहाँ मैंने नश्तर लगा दिया है
उस ज़ख़्म से अभी भी रुक-रुक कर
धड़क-धड़क कर
ख़ून बह रहा है।

घण्टे घड़ियाल तुरहियों की कर्कश
आवाज़ों के साथ
तुम्हें जगाये रखने के लिए
बेहद शोर किया जा रहा है

सारा क़बीला चींटियों की क़तार की तरह
बेचैन हो कर इधर-उधर दौड़ रहा है।
सोना मत।
ओ मेरे साँप काटे भाई
सोना मत।

नशा चढ़ रहा है
गले में साँस की जगह खराश आ रही है
आँखें झपी जा रही हैं
लेकिन जहाँ-जहाँ मैंने तुम्हारी नसें चीर दी हैं
वहाँ से कितना काला
ख़ून उमड़ रहा है
नहीं मेरे भाई
इससे यह नहीं साबित होता
कि मैं तुम्हारे ख़ून का प्यासा हूँ
बल्कि यही कि तुम्हारी ज़िन्दगी ही
तुम्हारे ख़ून की प्यासी है
तमाम ज़हर के बावजूद
तुम्हारा दिल अभी भी धड़क रहा है
इसलिए मेरे भाई
सोना मत। सोना मत।

यह जो झूम-झूम कर तूँबी बजा रहा है
और यह जो मन्तर पढ़ कर
सिर को झटका देता है
यह जो बार-बार लकीर पर
लाठी पटक रहा है
यह जो छाती पीट कर रो रहा है
यह जो तुम्हारे पाले हुए साँप ने
तुम्हीं को काटा :
इस पर व्यंग्य बोल रहा है
यह जो सारे क़बीले को कोस रहा है
ये सब तुम्हें रोकने में असमर्थ हैं।

अगर भरोसा है तो सिर्फ़ तुम्हारे
बहते हुए ख़ून
और जागती हुई आँखों का भरोसा है–
इस ख़ून को जारी रखने के लिए
सोना मत।
ओ मेरे भाई सोना मत।

साखी से

अभी नहीं

ठहरो अभी तुम्हारे मरने का वक़्त नहीं आया है
गले में फँसी हुई रस्सी को खोल दो

देखो, अभी भी खिड़की के बाहर
खुली हुई हवा है
इसमें और कुछ नहीं
तो गहरी साँस तो ली ही जा सकती है

अभी नहीं—
अभी तो तुम्हारे ज़िन्दा रहने की
बहुत तरह की ज़रूरतें हैं
मसलन तुम्हारे जिन दोस्तों को
जादू से भेड़ बना दिया गया था
वे अभी तक भेड़ बने मिमिया रहे हैं

तुम्हारे जिन शागिर्दों को
ज़िन्दा ताबूत में बन्द कर दिया गया था
वे बौखलाये हुए
चोर दरवाज़े खुलने के लिए
छटपटा रहे हैं।

तुम्हारे जिन बुज़ुर्गों की आत्माओं को
शरीर से नारंगी के रस की तरह निचोड़ कर
दक्खिनी सूरज के साथ उड़ा दिया गया था
वे अभी भी अन्तरिक्ष में
उल्टा सिर किये लटके हुए हैं।

मेरे मस्तक से
झल्लायी हुई किरनें फूट रही हैं
और मैं कुछ नहीं कर पाता
जिस तरह जलते जंगल से
चिनगारियाँ फूटती हैं
और जंगल कुछ नहीं कर पाता

मेरी वाणी से
रह रह कर शब्दों के ढूह
आते-जाते यात्रियों पर
बरस पड़ते हैं
जिस तरह धसकते पहाड़ से
पत्थर धूल और चट्टानें बरसती हैं।

साखी से

सारा का सारा हेमन्त

सारा का सारा हेमन्त
इसी तरह बीत गया
खिड़की के बाहर देखते
या बरोसी के सामने हाथ सेंकते।

दरवाज़े से
जब चाहे बाहर जाया जा सकता है
और हर बार कुछ न कुछ नया पाया जा सकता है
डण्ठल पर टिका हुआ कोई नये क़िस्म का कीड़ा,
या बादल की कोई नयी शक्ल
या नयी धारियों वाला पत्थर
या कोई नये कटाव की पत्ती ही...

या कभी आकाश से
उल्का पिण्ड भी गिर सकता है
तेज़, लपलपाता हुआ
एक क्षण के लिए
रोशनी करता
यहाँ ऐसी घटनाएँ अक्सर हो जाती हैं।

आश्चर्य है
मैंने बरसों से
अपनी आवाज़ नहीं सुनी।

सारा का सारा हेमन्त
इसी तरह बीत गया।

साखी से

सुवर्ण रेखा नदी

मैं नहीं भूल पाता सुवर्ण रेखा तुमको
न तुम्हारे प्रपात से उमड़ते हुए शोर को
न आँखों के सामने खिंची हुई लाल लकीर को
न सुनसान में निरन्तर गूँजती हुई प्रतिध्वनि को
न इस महाकाय अन्तराल को जरासन्ध की तरह
बीच से चीर कर निर्जीव फेंक देने वाली
तुम्हारी अनिवार्य क्षमता को।

वैसे यह हमेशा सम्भव है
कि हम जहाँ चाहें रुक कर
थोड़ी देर के लिए पिण्डलियाँ सीधी कर लें
सड़क के किनारे बैठ कर
धूल में रेखायें खींचे
दिमाग़ को खुला छोड़ दें
और याददाश्त में कुछ भी घना होने से पहले
फिर सफ़र शुरू कर दें।
लेकिन कभी न कभी हम गिरफ़्तार हो जाते हैं अनायास
जब भी तेज़ हवा आती है
फाड़ कर फेंकी हुई तस्वीर की चिन्दियाँ
तितलियों की तरह माथे के चारों ओर उड़ने लगती हैं
मैं नहीं भूल पाता सुवर्ण रेखा तुमको।

देखो देखो दौड़ती आती है
जंगल की फुनगियों पर
मूसलाधार की धुन्ध

बढ़े हुए काल की तरह
निगल जाती है समूचे वर्तमान को
पेड़ों की पत्तियाँ धुँधली हो गयी हैं
और जंगल कुहरे की तरह सपाट
एक साथ हिल रहा है
मेरे कमरे के मज़बूत किवाड़
इस विशाल प्रत्यावर्तन के सामने
रह-रह कर थरथरा उठते हैं
और बन्द चटखनी से आवाज़ आ रही है।

इस तेज़ आँधी को
मैं आदमी न हो कर पेड़ होता
तो जिस तरह झेलता
उसी तरह झेल रहा हूँ
जंगल पागल हो गया है
कोई फ़र्क़ नहीं रह गया है
एक पेड़ और दूसरे पेड़ में
एक आवाज़ और दूसरी आवाज़ में
एक अन्धकार और दूसरे अन्धकार में।

घाटी में सुवर्ण रेखा
अभी भी बह रही है
ज्यों की त्यों
सुनहली। चमकती।
भीतर की ओर देखती
और मैं खिड़की के शीशे से चिपका हुआ
देख रहा हूँ सुवर्ण रेखा को
डरा हुआ। उबलता।
रस्सी से बँधी हुई नाव की तरह।
बढ़ती जाती है मूसलधार
और ढँकती जाती है
आसमान को
जंगल को
नदी को।

न जाने कितने घुमावों से निकल कर आया हूँ मैं
हर घुमाव के बाद एक चौराहा है
और हर चौराहे पर थोड़ी देर के लिए
एक नया आसमान
प्रतिच्छायित होता है
और फिर उसके बाद रास्ता
जो हर हालत में घर पहुँचाता है
चाहे हम जिधर से चलना शुरू करें।

देखो प्रपात से कुछ दूर हट कर अभी भी एक शिला है
घाटी के ऊपर निकली हुई।
शिला पर खड़ा हुआ मैं
एक पत्थर का टुकड़ा फेंकता हूँ
जो शान्त चक्राकार जाता है
नीचे कुण्ड में।
पानी रास्ता दे देता है
फिर ढक लेता है उसे ज्यों का त्यों।
यहाँ, यहाँ, अभी मैंने हमेशा के लिए
कुछ जोड़ दिया है।

मैं लौट कर नीचे झाँकता हूँ
मेरा चेहरा पानी में प्रतिबिम्बित नहीं होता
लेकिन थोड़ी देर के लिए
बहुत दूर चला जाता है प्रपात का कुहराम
नीचे सिर्फ़ जलाशय रह जाता है
जिसमें से निकलकर जाती है
सुनहली, चमकती, सीधी लकीर-सी सुवर्ण रेखा।
कहीं-न-कहीं बचा है विलुप्त पत्थर का टुकड़ा
जिसे भूल नहीं पाऊँगा।

यह सारा इतिहास खेत में खड़ी फ़सल की तरह सूखता रहा
सरे आम। तब किसी ने नहीं कहा
कि एक नियम के उदाहरण से अधिक
इसका कोई उपयोग है और यह था कि

पकता रहा सुनहली बालियों के साथ,
उलझता रहा हवाओं के साथ, और सनसनाता रहा।
न जाने किन विभोरताओं के साथ,
सरे आम।

शायद कोई अर्थ नहीं होता
पानी में कुछ भी डुबो देने को।
देखो, मैं कॉफ़ी के प्याले में
सिक्का डुबोता हूँ
कोई अर्थ नहीं पैदा होता।
हवा और गुबार के साथ
पुराने अख़बार उड़ते हैं
सड़क की इस पटरी से
उस पटरी तक।
गुनगुने सूरज की तरह
चमकते शीशों की बन्द दुकानें
पुरानी चहारदीवारियाँ
और चारों ओर जाती सड़कें
आदिम अतीत के कबन्ध के भीतर से
बेदाग़ निकल आयी हैं।

यहाँ से मैं कहाँ जाऊँगा?
क्या मैं यहाँ से कहीं जाऊँगा?

फिर आती है प्रपात की अटूट एकरस ध्वनि
हरे जंगलों से ढँकी हुई
बहती है एक सुवर्ण रेखा
बराबर।

साखी से

पहाड़ियाँ, जंगल और एक आदमी

ये पहाड़ियाँ और उन पर उगे हुए जंगल
इतने पुराने हैं
कि उन पर रोज़ एक जैसी सुबह होती है
और एक ही तरह से सूरज डूबता है
मगर यहाँ दिलचस्पी की चीज़
यह मन्दिर और उसका हिस्सा
वह आदमी ही है
जिसे तुमने कुछ देर पहले
नदी की ओर जाते देखा है।

इसके पहले कि मैं इस समूचे गोरखधन्धे की
तसवीर तुम्हारे सामने रक्खूँ
अच्छा होगा
कि तुम इस मन्दिर की ईंट, ईंट, दीवारें, गवाक्ष,
कोठरी के भीतर की मूर्ति
चपक कर बन्द होने वाले दरवाज़े
अच्छी तरह देख लो।

दिये की टिमटिमाती रोशनी में
रोज़ इस मूर्ति में से
एक आदमक़द आकृति प्रकट होती है
जो शायद इसमें रहने वाली देवी होगी,
और कर्कश आवाज़ में
इस आदमी से उसका सिर माँगती है,
वह न जाने किस सिद्धि की उम्मीद में

या शायद आदतन
खाँड़े से अपना सिर काटता है
और प्रस्तुत कर देता है।

यह लगभग उसी वक़्त होता है
जब बाहर बिल्कुल अँधेरा हो जाता है
और आँखों पर बहुत ज़ोर डालने पर भी
मीलों फैली इन नरम पहाड़ियों, घाटियों या जंगलों के होने का
कोई सबूत नहीं मिलता,
मेरा अनुमान है
कि एक ऐसा क्षण आता है
जब इन पर से बीतते हुए
सूर्योदय और सूर्यास्त का क्रम
बीच से टूट जाता है
और बिल्कुल खला में
इस मन्दिर के भीतर का अँधेरा और उसमें टिमटिमाता दिया
उग आता है।

बहरहाल,
जैसा कि स्वाभाविक है
रात ढलते दिया बुझ जाता है
और फिर अन्दर कुछ दिखायी नहीं पड़ता
सुबह फिर
वह सालिम और समूचा
दरवाज़ा खोलता है
और मन्दिर से नदी की ओर जाता है,
जैसा तुमने देखा।

शायद तुम उसे टटोल कर देखना चाहोगे
कि सचमुच उसका बदन
तुम्हारी उँगलियों में रुकावट पैदा करता है या नहीं
या वह सिर्फ़ एक हवा है
जो हमारी आँखों को धोखा देने के लिए
घनी हो गयी हैं।

तुम उससे बातें कर के देखो
वह निहायत बेवकूफ़ और जाहिल क़िस्म का आदमी है
और उसे मालूम भी नहीं
कि हर रात उससे यह कर्म घटित होता है।

कहते हैं कि पहाड़ियों, घाटियों और जंगलों का यह टुकड़ा
ज़मीन पर आदमी के आने से भी पहले का है
हो सकता है। मगर जहाँ तक इस आदमी का सवाल है
बहुत कोशिश करके भी मैं
उसकी उम्र या इतिहास के बारे में
कुछ भी न जान सका।
न उसे भूख लगती है
न इन्सानों के बीच वापस जाने की
ज़रूरत महसूस होती है।
उसका ख़याल है
कि वह आज सुबह ही यहाँ आया है
और उसने अभी सोचा भी नहीं है
कि उसे यहाँ किस बात की शुरुआत करनी है।

उसके दिमाग़ की जो बनावट है
उससे किसी और जवाब की उम्मीद करना फ़िजूल है
ज़्यादा गहरे सवाल पूछने पर
वह गिरे हुए पेड़ की तरह देखता है
जैसे तुमसे अपने अस्तित्व की भीख माँगता हो।
मैंने अब यहाँ से वापस जाने का फ़ैसला कर लिया है
अब यहाँ रुकना बेकार है
क्योंकि लाख सिर खपाने पर भी
इस गुत्थी का खुलना असम्भव है
मगर मुझे यह अजीब सा अन्दाज़ ज़रूर होता है
कि हमारे तुम्हारे चले जाने के बाद भी
ये पहाड़ियाँ, घाटियाँ, जंगल
इसी तरह हर सुबह उगते रहेंगे

और हर शाम ग़ायब होते रहेंगे
और उनके साथ-साथ वह भी
रोज़ सुबह जागता है
और रोज़ शाम अपना सिर काटता रहेगा
हज़ारों बरसों तक।

साखी से

जलते हुए जंगल के पास

फिर हम उस सुनसान में पहुँचे
जहाँ बरसों से एक जंगल जल रहा था
जिसे बुझाने का कोई उपाय नहीं था।
लोग वहाँ कभी नहीं बसे
जानवर कब के भाग कर
नदी पार चले गये थे
चिड़ियों के लिए भी
कोलाहल का कोई कारण नहीं रह गया था
लेकिन अब भी वह जल रहा था
धुआँ देता
चरमराता।

हमारे दोनों ओर ढलान थी
और हवा बेतरतीब थपेड़े देती हुई आ रही थी
ज़्यादातर सर्द, एकाध झोंके गर्म।
जहाँ तक आँख जाती थी
कोई रुकावट नहीं थी।
हमने पूछा, क्या हम यहाँ रुकेंगे!
उसने कहा, नहीं। यहाँ हम अपने साथ लायी हुई
प्रेत-घटनाओं को विसर्जित करेंगे।

फिर हमने
सुलगती हुई दिशा की ओर मुँह करके
आवाज़ दी।
इस पर जो कुछ हुआ

उसे ठीक-ठीक प्रतिध्वनि भी नहीं कह सकते
क्योंकि हमने देखा
कि हमारी अपनी ही आवाज़
बीच से दो फाँकों में बँट कर
दूर तक बजती चली गयी।
इस प्रकार वह घटित हुआ
जो पहले ही कहा जा चुका था।

यह सब समाप्त हो जाने के बाद
हमने पूछा, हम यहाँ से क्या ले जायेंगे?
उसने कहा, यहाँ से कोई
कुछ नहीं ले जाता
इसके बाद
आदमी मितभाषी हो जाता है।

इस पर हममें सन्नाटा छा गया
जो देर तक बना रहा।
आधा दिन चलने के बाद
हमने पूछा,
हममें से कौन मितभाषी हो जायेगा?
उसने कोई उत्तर नहीं दिया
और चुपचाप चलता रहा।

साखी से

मेरे साथ कौन आता है

मेरे साथ कौन आता है?
मैं फिर उन कान्तारों की यात्रा करने जा रहा हूँ
जहाँ बरसों मैं भटक चुका हूँ।
मैं मानता हूँ कि वहाँ मेरे पदचिह्नों के अलावा
कुछ नहीं मिलेगा।
लड़खड़ाते हुए मैंने जिस चट्टान पर हाथ टेका था
वहाँ मेरी ज़ख़्मी उँगलियों की छाप
अभी भी होगी
और वह पगडण्डी भी
जो कहीं ले नहीं जाती
सिर्फ़ जिसे हम जानते हैं
उससे परिचय थोड़ा और घना कर देती है।

मेरे साथ कौन आता है?

यह चुनौती नहीं है।
क्योंकि चुनौती की भाषा अब मुझसे बोली नहीं जाती।
मैं इतने दिनों तक निस्तब्ध सोचता रहा हूँ
कि मेरी आवाज़ भारी हो गयी है
और मुझमें सिवाय विनय के
कोई दूसरी बेपाखण्ड मुद्रा बाक़ी नहीं रह गयी है।
इसलिए मैं भरसक साधारण आवाज़ में पूछता हूँ
मेरे साथ कौन आता है?

हम वहाँ फिर उस खुले आकाश का साक्षात्कार करेंगे
जो हमें उस सबकी याद दिलायेगा

जिसे हम भूल चुके हैं।
और उस हवा से हमारी भेंट होगी
जिसका स्पर्श
हताश भटकते पाँवों की गति को
तीर्थ यात्रा में बदल देता है
और जिसकी पारदर्शिता में
ज़ख़्मी उँगलियों की छाप
चट्टानों के माथे पर
अभिषेक की तरह चमकती है।

मेरे साथ कौन आता है?

मैं देख रहा हूँ
अभी सूरज चमक रहा है
तेज़ और थकाने वाला
लेकिन तीसरे पहर
बादल घिरेंगे
बारिश होगी और ओले गिरेंगे
मैं नहीं जानता
कि उस समय मैं हाथों में पकड़ कर
पैरों को आगे बढ़ाता
रास्ते में हूँगा
या उस मंज़िल पर
जहाँ पीछे छूटा हुआ विघ्न
एक सामान्य-सी यादगार मालूम पड़ता है।

मेरे साथ कौन आता है?

वहाँ चलते वक़्त
इसका ख़याल करना कि हम कितनी दूर निकल आये
सम्भव नहीं होता।
उस वक़्त तो सिर्फ़ रानों और पिण्डलियों की ऐंठन ही
पहली और आख़िरी अनुभूति होती है।

रास्ते का ख़याल तो
थक कर बैठ जाने पर ही आता है
हो सकता है कि हम पहाड़ की छाया में सो जायें
पास से एक पतली धारा बह रही हो
जिसकी तरी के कारण
स्रोत पर जीवित घास और हरी पत्तियाँ
उग आयी हों—
हो सकता है कि झाड़ी से निकल कर
गेहुँअन हमारे मस्तक पर
छाया करे।

मेरे साथ कौन आता है?

ऐसा नहीं है
कि वहाँ लोग नहीं होंगे!
हमें सोता देख कर वे आयेंगे
और जागने पर हालचाल पूछेंगे;
हम उनसे कहेंगे
कि हम भी उनके साथ कान्तारों में
गुमनाम होने के लिए आये हैं
वे खुल कर हँसेंगे
और हमारी इस विचित्र आकांक्षा का मतलब
नहीं समझ सकेंगे।
क्योंकि उन्होंने अपने देश के बारे में
वह सब नहीं सुन रखा है
जो हमने सुना है।

मेरे साथ कौन आता है?
हाँ, मैंने अच्छी तरह तौल लिया है।
एक बार तय कर लेने के बाद
गुमनाम हो जाना उतना डरावना नहीं लगता
जितना हमने समझ रखा है।
आख़िरकार यह हमेशा सम्भव है
कि हम अब तक के तमाम कोलाहल को

एक झटके के साथ त्याग दें
और खड़े होकर कहें
हाँ, हमने माना कि एक ज़िन्दगी हमने
ग़लत परिणामों को सिद्ध करने में गुज़ार दी।
अब हमें नयी शुरुआत के लिए
नये सिरे से गुमनामी चाहिए।

•

भरी सभा में एक ही सवाल है
मेरे साथ कौन आता है?

साखी से

बहस के बाद

असली सवाल है कि मुख्यमन्त्री कौन होगा?
नहीं नहीं, असली सवाल है
कि ठाकुरों को इस बार कितने टिकट मिले?
नहीं नहीं, असली सवाल है
कि ज़िले से इस बार कितने मन्त्री होंगे?
नहीं नहीं, असली सवाल है
कि गफूर का पत्ता कैसे कटा?
नहीं नहीं, असली सवाल है
कि जीप में पीछे कौन बैठा था?
नहीं नहीं, असली सवाल है
कि तराजू वाला कितना वोट काटेगा?
नहीं नहीं, असली सवाल है
कि मन्त्री को राजदूत बनाना अपमान है या नहीं?
नहीं नहीं, असली सवाल है
कि मेरी साइकिल कौन ले गया?
नहीं नहीं, असली सवाल है
कि खूसट बुड्ढों को कब तक बरदाश्त किया जायेगा?
नहीं नहीं, असली सवाल है
कि दरबार में किसने चुग़ली खायी?
नहीं नहीं, असली सवाल है
कि गैस कब तक मिलेगी?
नहीं नहीं, असली सवाल है
कि अमरीका की सिट्टी पिट्टी क्यों गुम है?
नहीं नहीं, असली सवाल है
कि मेरी आँखों से दिखायी क्यों नहीं पाड़ता?
नहीं नहीं, असली सवाल है

कि मुरलीधर बनता है
या सचमुच उसकी पहुँच ऊपर तक है?
नहीं नहीं, असली सवाल है
कि पण्डित जी का अब क्या होगा?
नहीं नहीं, असली सवाल है
कि सूखे का क्या हाल है?
नहीं नहीं, असली सवाल है
कि फ़ौज क्या करेगी?
नहीं नहीं, असली सवाल है
कि क्या दाम नीचे आयेंगे?
नहीं नहीं, असली सवाल है
कि मैं किस को पुकारूँ?
नहीं नहीं, असली सवाल है
कि क्या यादवों में फूट पड़ेगी?
नहीं नहीं, असली सवाल है
कि शहर के ग्यारह अफ़सर
भूमिहार क्यों हो गये हैं?
नहीं नहीं, असली सवाल है
कि बलात्कार के पीछे किसका हाथ था?
नहीं नहीं, असली सवाल है
कि इस बार शराब का ठेका किसे मिलेगा?
नहीं नहीं, असली सवाल है
कि दुश्मन नम्बर एक कौन है?
नहीं नहीं, असली सवाल है
कि भुखमरी हुई या यह केवल प्रचार है?
नहीं नहीं, असली सवाल है
कि सभा में कितने आदमी थे?
नहीं नहीं, असली सवाल है
कि मेरे बच्चे चुप क्यों हो गये?
नहीं नहीं, असली सवाल है...

सुनो भाई साधो
असली सवाल है
कि असली सवाल क्या है?

साखी से

अन्त में सूत्रधार का वक्तव्य

देखा आप ने?
अभी-अभी आपके सामने से एक औरत गुज़री
उसने छत की ओर अपनी मुट्ठियाँ उछालीं
कठपुतलियों की डोरियाँ खींचने की तरह
उसने उँगलियाँ नचायीं
और इस बीच उसके मुँह से लगातार
कड़वे और शर्मनाक शब्दों की धारा बहती रही
हम आप सब इस तमाशे को देखते रहे
हममें से किसी ने न कुछ कहा
न उसकी ज़बान पकड़ी—
आख़िर ऐसा क्यों हुआ?

> गहरी नफ़रत में शायद सम्मोहन का जादू होता है
> जब तक वह बोलती रही
> हम उसी सम्मोहन में डूबे रहे
> जैसे उसने हमें एक ऐसी दुनिया में पहुँचा
> दिया हो
> जहाँ पहुँचना हमारे लिए ज़रूरी हो
> आख़िर ऐसा क्यों हुआ?

आप अपनी बाँहों की रोमावली को छू कर देखें
क्या आप में कोई फ़र्क़ तो नहीं पैदा हो गया है?
आप अँगड़ाई लेकर देखें
आँखों को सहलायें
खड़े हो कर आस्तीनों की गर्द झाड़ दें

आपकी आस्तीनें साफ़ हैं
त्वचा नर्म है
रोमावली मुलायम है
जैसी हर शरीफ़ आदमी की होनी चाहिए
सम्मोहन टूटने के बाद आप सोच रहे हैं
कि आप वही हैं
जो आप घर से चले थे
अपकी तरफ़ से कोई और
नफ़रत की उस आकर्षक दुनिया में चला
गया था—
आख़िर ऐसा क्या हुआ?

एक और बात शायद आपने देखी होगी
मेरा इशारा उसी औरत की ओर है,
जो अभी आपके सामने से गुज़री
आख़िरी गालियाँ बकते-बकते
उसकी आँखें सूज गयी थीं
उसके होंठ टेढ़े हो गये थे
लेकिन धीरे-धीरे उसका शरीर
निराकार होता गया :
पहले उसके पैर ग़ायब हुए फिर
हाथ फिर धड़
यहाँ तक कि कुछ देर वह
केवल पसलियों और मुँह के सहारे
इस तमाम माहौल को कोसती रही
आख़िरकार सब कुछ क़ाफूर की तरह
उड़ गया
सूजी हुई आँखें भी ग़ायब हो गयीं।

देखा आपने?
इतने बड़े विशाल कक्ष में
इतनी देर तक सूई गिरने की आवाज़ भी नहीं हुई
आप सब बुत की तरह देखते रहे
चारों ओर दहशत भरा सन्नाटा छा गया।

साखी से

वह, तुम, मैं

वह अभी भी उन्हीं अवशेषों के बीच
घूमता रहता है
जिनमें उस थरथराहट का जन्म हुआ था
जिसे न वह सह सका था, न तुम, न मैं।
तुम्हें याद होगा
कि हमारे शरीर के अणु-अणु
पागल हो कर नाचने लगे थे
और इतना बड़ा सौभाग्य
हमारे बूते के बाहर हो गया था।
कितनी प्यास के साथ
हमने अपने नाख़ून एक-दूसरे के गोश्त में गड़ा दिये
और एक-दूसरे का गला घोंटने की कोशिश की।

उस ज़मीन पर
अब तक उस उन्माद के निशान हैं
जिन्हें वह पहचानता है।
वे लोग जो वहाँ बस गये हैं
उसे नहीं छेड़ते
जिस तरह पेड़, पहाड़ या नदी को कोई नहीं छेड़ता।

असल में हुआ क्या
उसे समझने के लिए एक ज़िन्दगी चाहिए
और उसने लौट कर
ज़िन्दगी लगा दी है।

उसने उस तमाम घटनाक्रम का एक नक़्शा तैयार किया है।
जहाँ गड़गड़ाहट की शुरुआत हुई
जहाँ शिखर सबसे पहले टूट कर गिरा
जहाँ ज़मीन फटी
जहाँ पानी निकला
और वह स्थान भी
जहाँ यह सारा बुख़ार
हमारे शरीरों में समाने लगा।
लेकिन उस ब्यौरे में
उस स्थल पर बड़ा-सा ख़ाली वृत्त है
जहाँ यह सब
पैशाचिक जिघांसा में बदल गया,
उस वृत्त के भीतर उसने
एक फूटती हुई ऊर्जा की तस्वीर बनाने की कोशिश की है
जो उसके लिए
अज्ञात रहस्य का प्रतीक है।

उसने मुझे वह नक़्शा दिखलाया
लेकिन मुझसे कुछ पूछा नहीं।

मैं नक़्शे से ज़्यादा उसे देखता रहा
और सोचता रहा
यह किस फन्दे में गिरफ़्तार हो गया है।
मैंने उससे कहा
'तुम क्यों नहीं इस भँवर से बाहर निकल आते?'
जिस पर उसने दाँत भींच कर
मेरी ओर घूमना शुरू कर दिया
उसकी आँखों से चिनगारियाँ निकलने लगीं
और मुझे लगा
कि वह मेरा गला फिर घोंटने की कोशिश करेगा।
मैं डर गया
और मैंने फौरन अपने शब्द वापस लिये

जिस पर वह ऋषि-सा मुलायम पड़ गया
और मैंने पहली बार लक्ष्य किया
कि उसके बाल सन की तरह सफ़ेद हो गये हैं
और उसके पंजे की पुश्त पर
झुर्रियाँ पड़ गयी हैं।

साखी से

पराजय के बाद

योद्धाओं की विशाल सेना
जब पराजित हो कर लौटी
तो आपस में एक-दूसरे को
लूटती हुई लौटी।

कोई पच्छिम के रेगिस्तान में गया
कोई उत्तर की पहाड़ियों में
कोई पूरब के जंगलों में
कोई दक्खिन के पठारों में।

उन्होंने रेगिस्तान में, पहाड़ियों में,
जंगलों में, पठारों में
छोटे-छोटे क़बीले बनाये।

किसी के पास टूटे हुए प्रतीक थे
उन्होंने अपनी सन्तानों को दे कर कहा
यह हमारी विजय का निशान है।
सन्तानों ने कहा
हमने दुनिया जीत ली है।

किसी के पास तार-तार झण्डा था
उन्होंने अपने अनुयायियों को दे कर कहा
यह हमारी दुर्दमनीय पताका है
अनुयायियों ने कहा
हमारे आगे कोई नहीं टिका।

किसी के पास फूटा हुआ नगाड़ा था
उन्होंने अपने सम्प्रदाय को दे कर कहा
यह हमारा तुमुल नाद है
सम्प्रदाय ने कहा
हमारी दुन्दुभी बज रही है।

किसी के पास बन्दूक़ की नली का टुकड़ा था
उन्होंने उसे गाँव के बीचोबीच गाड़ते हुए कहा
देखो इसकी नोक पर हमारी
शक्ति जगमगाती है
गाँव ने कहा
हमसे बड़ा कोई नहीं है।

इसी बीच आसेतु पृथ्वी पर
बर्बरों का राज्य हो गया
और वे अपने-अपने एकान्त में
जीत और गद्दारी के
पुराण रचते रहे।

सुनो भाई साधो
सब जग अन्धा हो गया है
मैं किसको समझाऊँ?

साखी से

अस्पताल में

बग़ल के कमरे में कोई घायल है
जो रात भर कराहता है
इस अस्पताल में दिन तो किसी तरह
कट जाता है
कभी डॉक्टर आते हैं कभी नर्सें आती हैं
कभी जमादार आ कर झाड़ू दे जाता है
और नहीं तो अपनी सुविधानुसार
दोस्त कुटुम्बी आते हैं
हाल-चाल पूछ जाते हैं।

दिन तो किसी तरह कट जाता है
लेकिन रात नहीं कटती
जब सब चहल-पहल बन्द हो जाती है
तो यह बग़ल का घायल
रह रह कर कराहता है।

शिकारी और सूरमा तो बहुत देखे
उनसे बात करने का ढंग भी
मुझे बहुत पहले सिखा दिया गया
उनको झेलने का तरीक़ा भी
मुझे कुछ न कुछ मालूम है
लेकिन इस कराहते घायल को कैसे झेलूँ?

मैंने डॉक्टर से पूछा
क्या इसको यहाँ से हटाया नहीं जा सकता?

डॉक्टर ने मुस्करा कर कहा
किस-किस मरीज़ को हम यहाँ से हटा दें?

मैंने पूछा
इसे क्या मर्ज़ है
डॉक्टर ने मुस्करा कर कहा
हम किसी मरीज़ को मर्ज़ नहीं बताते
सिर्फ़ दवा देते हैं।

मैंने कातर हो कर पूछा
आख़िर यह कब तक कराहता रहेगा

मेरे लिए रात काटनी मुश्किल हो गयी है।
डॉक्टर ने मुस्करा कर कहा
यह अस्पताल है
यहाँ हम किसी का कराहना कैसे रोक सकते हैं?
आपको असुविधा हो
तो आप स्वस्थ हो कर यहाँ से चले जाइये
मैंने दुखी हो कर कहा
स्वस्थ हो जाना क्या मेरे वश की बात है?
डॉक्टर ने मुस्करा कर कहा
नहीं, आपके वश की बात नहीं है
न आपके पड़ोसी के वश की बात है।

अब मेरे झल्लाने की बारी थी।
भरसक मैंने झल्ला कर कहा
आप समझते क्यों नहीं?
मुझे रात भर नींद नहीं आती।
डॉक्टर के मुस्कराने की बारी थी।

उसने भरसक मुस्करा कर कहा
आपके पड़ोसी की बीमारी उसकी है
कि वह कराहता है।

आपकी बीमारी आप की है
कि आपको नींद नहीं आती।

दोनों बीमारियाँ अलग-अलग हैं
उनमें कोई सम्बन्ध नहीं है
मैं दवा लिखे देता हूँ
ले लें।
आपको नींद आ जायगी।

मैंने दवा खायी
रात भर आराम से सोया।
तीसरे दिन डॉक्टर फिर आया
प्रसन्न चेहरा लिए हुए
पूछा, क्या हाल है
मैंने कहा, ठीक हो रहा हूँ।

डॉक्टर ने मुस्करा कर कहा
आपको मालूम है?
अप रात भर कराहते हैं।
मैंने कहा, नहीं तो
मैं तो आपकी दवा खा कर चैन से सोता हूँ।
उसने मुस्करा कर कहा
मुझे मालूम है
आप सोते भी हैं और कराहते भी हैं
आपके पड़ोसी को शिकायत है।

मैंने पूछा, क्या वही पड़ोसी
जो रात भर कराहता था
डॉक्टर ने कहा, नहीं वह चला गया।
आप समझ सकते हैं
कि यह बात डॉक्टर ने मुस्करा कर कही।
मैंने पूछा, वह कहाँ गया?
डॉक्टर ने—मुस्करा कर—कहा

यह डॉक्टर के धर्म के विरुद्ध है
कि वह जानने की कोशिश करे
कि अस्पताल से छूटने के बाद
मरीज़ कहाँ जाते हैं
बगल के कमरे में नया मरीज़ आया है
वही शिकायत करता है।

मैंने पूछा—तब मैं क्या करूँ?

डॉक्टर ने मुस्करा कर कहा,
आप को कुछ नहीं करना है।
आपकी बीमारी अलग है
कि आप कराहते हैं
उसकी बीमरी अलग है
कि उसे नींद नहीं आती।
मैंने उसे दवा दे दी।
अब वह सोयेगा। आपकी ही तरह।

साधो भाई
इस अस्पताल में
सब सो रहे हैं
सहज समाधि की तरह
सब कराह रहे हैं
अनाहत नाद की तरह।

साखी से

इसी शताब्दी के सामने

इसी शताब्दी के सामने
तुम जितने चालाक होते जाते हो
उतना ही मैं लाजवाब होता जाता हूँ
देखूँ पहले कौन चीख़ता है।

अभी तुमने एक घातदार वार किया
और मैं तुम्हारे सामने
मोतियों की तरह बिखर गया
अब तुम सोच रहे हो
मैं कितना चतुर हूँ
और मैं सोच रहा हूँ
तुम कितने बेचारे हो।

इसी तरह हम तुम
रोज़ एक-दूसरे के साथ दाँव खेलेंगे
और हमारे तुम्हारे बीच यह शताब्दी
ऐंठती जायेगी :
देखूँ, कब तक!

तुमने उन सारे घरों में
मुहरे बैठा दिये हैं
जिधर से हो कर
मेरे आने की गुंज़ाइश है।
यह व्यूह रचना तुम्हें युग ने सिखायी है।
तुम्हारे सामने

क़तार-दर-क़तार
हथियारबन्द प्यादे
और तिरछे चलने वाले वज़ीर
खड़े हैं।
तुमने अड़दब और मात के
हज़ारों नियमों की सूची तैयार कर ली है
जिसके ज़रिये तुम मेरी हर चाल पर
रोक लगा चुके हो :
बेशक बिसात के ऊपर
तुमने मुझे बिल्कुल अपनी
गिरफ़्त में ले लिया है।
चारों ओर तुम्हारे अचूक शिकंजे की
जयजयकार हो रही है।

लेकिन मैं तुम्हारे सारे नियमों के विरुद्ध
बिसात से नीचे उतर कर
तुम्हारे मर्म में प्रवेश करता हूँ
देखूँ मुझे कौन रोकता है
यह नितान्त नियमहीनता भी
मुझे युग ने सिखायी है।

तुम्हारे गुमाश्तों ने बढ़-चढ़ कर बोलियाँ बोलीं
और सारे बाज़ार को ख़रीद लिया
मैं निहत्था आगे बढ़ा
और अपने को मुफ़्त लुटा दिया,
हम दोनों ही
इसी शताब्दी की उपज हैं
तुम जितनी बार
आदमी की क़ीमत लगाते हो
मैं उतनी ही बार
अपने को मुफ़्त लुटा देता हूँ
देखूँ पहले कौन दीवालिया होता है?

हर रोज़
हड्डियों जैसा एक नया शकटार
निकलता है ज़मीन तोड़ कर
आकाश की ओर उँगलियाँ चटका कर
कसमें खाता है नन्दवंश के विनाश की
तुम हज़ारों कमन्दें फेंक कर
उसे गिरफ़्तार करते हो
और फिर ज़मीन में दफ़नाते हो
और मुझे देखो
मैं सिर्फ़ शब्दों के सहारे
भविष्यवाणियाँ कर रहा हूँ

इसी शताब्दी ने
मुझे तुम्हें दोनों को
गम्भीर शब्दों वाली वाणी दी है
देखता हूँ पहले कौन चीख़ता है?

साखी से

क्या करूँ

या तो मेरी आँखों को कुछ हो गया है
या अब दूर पास के रिश्ते ही उलट गये हैं
जिसके पास जाता हूँ
पहुँचने पर छोटा दिखने लगता है
साधो भाई
अब मैं क्या करूँ?

वह जो दूर से
पृथ्वी की एक दिशा से दूसरी दिशा तक फैला हुआ
हिमालय नाम का नगाधिराज दिखता था
पास पहुँचने पर
बजाज की दुकन का गज निकला

काशी का जुलाहा कहता है
कालिदास भाई
अब मैं क्या करूँ?

वह जो दूर से
विशाल काल प्रवाह में
जन्म लेते लय होते
वीर्यवान उत्तमोजा, सात्यकि, भीष्म
कर्ण तथा अन्यान्य वैसे ही
योधवीर दिखते थे
पास पहुँचने पर
भाई भतीजे लड़के दामाद निकले

लात खाया सन्त कहता है
वेद व्यास भाई
अब मैं क्या करूँ?

वे जो दूर से
रघुवीर के अमोघ बाण की तरह
समुद्र को फँलागते
आकाशमार्ग से दहाड़ते हुए
जाते दिखते थे
पास पहुँचने पर
अति लघु रूप होकर सुरसा के मुँह में
प्रविष्ट हो गये
फिर बाहर नहीं आये।

दास कबीर कहता है
भाई तुलसीदास
अब मैं क्या करूँ

साखी से

सत की परीक्षा

साधो आज मेरे सत की परीक्षा है
आज मेरे सत की परीक्षा है।

बीच में आग जल रही है
उस पर बहुत बड़ा कड़ाह रखा है
कड़ाह में तेल उबल रहा है
उस तेल में मुझे सब के सामने
हाथ डालना है
साधो आज मेरे सत की परीक्षा है।

एक ओर मेरे ससुराल के लोग हैं।
बड़ी-बड़ी पाग बाँध
ऊँचे चबूतरे पर बैठे हैं
मूँछें तरेरे हुए
भँवें ताने हुए हैं
नाक ऊँची किये हुए।

ससुराल का ब्राह्मण
ऊँचे गरजते स्वर में
बेलाग आरोप सुना कर चुप हो गया है
कि यह जो मेरी छाती पर जड़ाऊ हार है,
बहुत छिपाने पर भी
जिसकी आभा बीच-बीच में लहर लेती है
जिसकी रोशनी से
मेरे ससुराल वालों की आँखें झपक जाती हैं

पराये का दिया है
मेरे कलंक का प्रमाण है।

मेरे कलंक का प्रमाण है।
दूसरी ओर मेरे मायके के लोग
बाबा भैया और सारे नातेदार बैठे हैं
ज़मीन पर टाट बिछा,
नंगे सिर गर्दन झुकाये।
उनकी मूँछें नीची हैं
उन्हें मेरी ओर देखने का
कलेजा भी नहीं रह गया है।
मेरे सातों भाइयों ने
बहुत कातर स्वर में
आरोप का उत्तर दे दिया है
कि यह लहर लेती चमक
मेरे पुरखों की थाती है
जो कभी-कभी दिख जाती है
लेकिन ऊँची नाक वालों ने कुछ नहीं सुना
साधो आज मेरे सत की परीक्षा है।

दस पाँच गाँवों के लोग
आज मेरी चौपाल में इकट्ठा हो गये हैं
अब तो सबने आरोप भी सुन लिये।
चारों ओर चुप्पी है
हज़ार आँखें मेरी ओर एकटक देख रही हैं
कड़ाह के नीचे जलती लकड़ी से
चिनगारी फूटने की आवाज़ सुनायी पड़ रही है।

आज मेरे सत की परीक्षा है।
कौन-सा साहस करूँ, साधो,
मैं कौन-सा साहस करूँ?

हज़ार तर्क दिये जा सकते हैं
यहाँ से लौट जाने के लिए।
जिन्होंने आरोप लगाये हैं
उनके अधिकार को चुनौती दी जा सकती है।
परीक्षा के इस ढंग को
अनुचित ठहराया जा सकता है।
इसी भरी पूरी मूँछ-मरोड़ ससुराल पर
थूका जा सकता है।
पूछा जा सकता है
कि सारी बिरादरी में कौन है ऐसा
जिसके मुँह पर कालिख न हो।
धरती से फट जाने की प्रार्थना की जा सकती है
आकाश मार्ग से
अलोप हो जाया जा सकता है।

इनमें से कौन-सा साहस करूँ, साधो
मायके और ससुराल और सारी बिरादरी के सामने
मैं कौन-सा साहस करूँ?

लेकिन साधो ये सारे साहस
आज ओछे पड़ गये हैं
मेरा मन इनमें से किसी की गवाही नहीं देता।
क्योंकि आज मेरे साथ ही साथ
मेरे मायके, ससुराल और सारी बिरादरी के
पुरखों की लहर लेती रोशनी के
सत की परीक्षा है।

सुनो भाई साधो सुनो
और कोई रास्ता नहीं है
मुझे अपने दोनों हाथ
इस खौलते कड़ाह में डालने ही हैं
यदि मेरी छाती पर जड़ाऊ हार की तरह चमकता
आन्दोलित प्रकाश

सचमुच मेरे हृदय का वासी हो
तो यह खौलता हुआ कड़ाह
हाथ डालने पर
गंगाजल की तरह ठण्डा हो जाय।

ऐसे ही, साधो, ऐसे ही...

साखी से

सूरज

साधो तुमको विश्वास नहीं होगा
रोज़ सबेरे अभी भी सूरज निकलता है
गोल गोल लाल लाल
उसकी बड़ी-बड़ी आँखें हैं
फूले फूले गाल
और भोला-सा मुँह
मेरे जी में आता है
उसे गोद में ले लूँ
और स्याही से उसकी मूँछें बनाऊँ।

सारी दुनिया तो उसके ताप से
जल रही है
साधो भाई
मैं अपना यह वत्सल भाव
किसको सुनाऊँ?

साखी से

अब

वे बाज़ार में लुकाठी लिये खड़े हैं
मेरा घर भी जलाते हैं
और मुझे साथ भी पकड़ ले जाते हैं
अब?

वे बाज़ार लूटते हैं।
और रमैया की जोरू की इज़्ज़त भी
नर भी। नारी भी। देवता भी। राक्षस भी।
उन्होंने हाहाकार मचा दिया है
अब?

मैंने जो प्रेम का घर बसाया था
ठीक उसके सामने
उन्होंने मेरा सर उतारा
और भूमि पर रख दिया
फिर मेरे घर में पैठ गये
जैसे यह उनकी खाला का घर हो।
अब?

सबसे पहले यह चक्की है
जिसके द्वारा
संसार पीस खाता है
क्या सचमुच सबसे भली यह चक्की है
जिसके दो पाटों के बीच में
कोई साबुत नहीं बचता?
अब?

साखी से

प्रार्थना : गुरु कबीरदास के लिए

परम गुरु
दो तो ऐसी विनम्रता दो
कि अन्तहीन सहानुभूति की वाणी बोल सकूँ
और यह अन्तहीन सहानुभूति
पाखण्ड न लगे।

दो तो ऐसा कलेजा दो
कि अपमान, महत्त्वाकांक्षा और भूख
की गाँठों में मरोड़े हुए
उन लोगों का माथा सहला सकूँ
और इसका डर न लगे
कि कोई हाथ ही काट खायेगा।

दो तो ऐसी निरीहता दो
कि इस दहाड़ते आतंक के बीच
फटकार कर सच बोल सकूँ
और इसकी चिन्ता न हो
कि इस बहुमुखी युद्ध में
मेरे सच का इस्तेमाल
कौन अपने पक्ष में करेगा।

यह भी न दो
तो इतना ही दो
कि बिना मरे चुप रह सकूँ।

साखी से

इलाहाबाद—आधी रात

घुल रही है रात।
दिन भर शिशिर की धूप में
झिलमिलाती, सरसराती पत्तियों की
लास मय अँगड़ाइयाँ ख़ामोश हैं!
दूर तक फैले हुए मैदान में
कुनमुनाते झोंपड़ों की
धूल-सी परछाइयाँ ख़ामोश हैं!
घुल रही है रात
घुलती जा रही है रात!

रात के विकराल तम में
दूर गंगा पार से भी दीखता,
रोशनी का भँवर वह बेचैन
जो तिमिर के अतल जबड़ों में समाता जा रहा है।
वह इलाहाबाद है,
शहर है।

जबकि धरती की सुकोमल गोद में
सिमट कर चुपचाप
सो जाते हज़ारों गाँव
खण्डहर, खेत औ' खलिहान,
स्वप्न बन जाते न जाने किस तरह
दर्द औ' अरमान के उलझे हुए अवशेष
तब शहर यह जागता है :
उठती हैं अजब बेताब आवाज़ें—

रोशनी के भँवर में
तैरते हैं रात भर बेचैन रागों के चमकते साँप।

ज़िन्दगी की मौन काली भट्ठियों में
क़ैद, जलता आग का तूफ़ान,
और ऊपर चिमनियों से
लहराता, तनता, बिखरता,
गूँजता हर रात ध्वनियों का धुआँ।

बढ़ रही है जो अँधेरे को भुलाती
दूर जंक्शन से हहर कर छूटती है रेल :
खिंचे तारों पर तिमिर के
दौड़ते, बेकल, सुलगते अजगरों का विकल हाहकार।

रात दिन ये झूलते सन्दूक़
कंकड़ों से भरे जिनमें शिथिल इन्सान।

खुरदरे कंकड़, अँधेरे स्टेशनों से आ समाते
अजगरों के पेट में,
उगल जाते और, रोशन प्लेटफ़ार्मों पर,
झूलते हैं तब तलक
जब तक न हो जाते सुडौल, समान,
शहर की सुकुमार सड़कों की तरह।

ज़िन्दगी के पालनों का यह मचलता गीत है।

थपकियाँ देती अँधेरी रात को

बह रही हैं बैण्ड की आवाज़ की लहरें—
उस नशे की प्यास-सी
जो शराबी की तनी औ' सनसनाती धमनियों में
झूमती है पेचोख़म खाती हुई।

यह रुपहले रंग महलों का छलकता गीत है।

रोशनी के खुश्क फूलों पर जहाँ
नाचती हैं प्लास्टिक की तितलियाँ रंगीन!

और तम के पार से
पालनों की गुनगुनाहट से मधुर
रंगमहलों की खनक से भी नशीली,
दृढ़, अनवरत, मन्द, धुँधली,
सृजन के पहले, अनियमित स्वप्न-सी सुकुमार
आ रही है एक अन्य पुकार।

ध्यान से इसको सुनो,
फ़ैक्टरी की बन्द दाढ़ों से निकलता है मधुर संगीत।

हर निशा में
यह सुनहली, झिलमिलाती रागिनी,
कल्पना के देश में
जादुओं वाले पहाड़ों की अँधेरी कन्दरा में
बाँसुरी की तान-सी
गूँजती है रात भर आकाश में।

और,
कोसों दूर जाकर गाँव में
व्यथित, अनमन, भूमिहीन
किसान बेटे को जगाती,
है बुलाती स्वर्ग-स्वप्नों के कुटिल संकेत से।

"आओ पास मेरे! पास आओ!"

काँप उठती गाँव की दुल्हन नवेली,
क्योंकि यह आवाज़ है
बंगाल की उन अप्सराओं की
कि जिनके पाश में बँधकर
गाँव फिर आता नहीं
परदेसिया।

संवाद तुमसे से

सावन की दोपहर-1

लग रहा जैसे कि झोंकों से उलझ
बज रही है सहस्र तारों-सी खिली रोमावली।

झनझना उठता हवा की सरहदों में पीर-सा
राग यह, जो उड़ रहा है एक हल्के चीर-सा,
और ख़ुशबू की तरह बहकी हुई शब्दावली।

छोर से उमड़ी घटा गिरि घाटियों में कस गयी
पत्थरों के बीच सोंधी बास आकर बस गयी।

भोर से ही गा रही हैं ये हवाएँ बावली।
रस्सियों की गाँठ-सा जैसे बँधा मन खुल गया,
मस्तियों-सा खो गया मैं गूँज सा मैं घुल गया।

स्वरों की, बेसुध स्वरों की दोपहर यह साँवली।

संवाद तुमसे से

सावन की दोपहर-2

कुछ सजल, कुछ शीत सावन की दुपहरी
भर गया हूँ आज मैं।
बादलों का स्पर्श पा
भीगी हुई पागल हवा,
मन उझकते पाल-सा निर्बाध उड़ता जा रहा।
धुएँ की धारा मती, आनन्द लहरी—
भर गया हूँ आज मैं।
काँप उठता है हृदय
सुख से विकल झंकारमय।
खो गया जैसे मरुत के वेग में जीवन-निलय।
औ' विह्वल व्योम की यह प्यास गहरी—
भर गया हूँ आज मैं।
मद भरी श्यामल धरा
यौवनमयी, चिर उर्वरा,
वक्ष पर फैला हुआ यह अधखुला आँचल हरा।
डोलती-सी छाँह की चादर इकहरी—
भर गया हूँ आज मैं।

संवाद तुमसे रो

मौन

जिस तरह कुसुम्भी आसमान को, पहले से
कुछ ज़्यादा डूबा हुआ और निःशब्द छोड़
रंगीन धनुष मिट जाता है,
विश्वास नहीं पड़ता सहसा
लगता है जैसे यहीं कहीं होगा, होगा—
कुछ उसी तरह
इस अन्तर को बाँधे था जो आक्षितिज पाश
वह छीज गया, रिसते बालू सा चिन्तन क्रम
हे शेष, समय की खिंची हुई सीमाओं को
जो कीड़े-सा दिन-रात कुतरता जाता है।

हो गयी रिक्त आँखों की विषमय व्याकुलता,
चुक गया गरम माथे में चुभता हुआ प्यार,
हो गये सर्द
ये चाँद और सूरज से जलते हुए अधर;
डूबती जा रहीं अभी-अभी बीती बातें।

यह मौन मुझे लगता है कुछ पहचाना-सा
पर इसमें परिचित क्या है, जान नहीं पता।

संवाद तुमसे से

कहाँ तक जाओगे?

कहाँ तक जाओगे?
जाने को क्या है, आगे जो पहाड़ देखते हो
वहाँ तक भी जा सकते हो
फिर उसके आगे भी पहाड़ लगता है
चाहो तो वहाँ तक भी पहाड़ है
फिर एक दर्रा है
फिर सरोवर है
फिर उसके आगे विदेश है
फिर पठार है
फिर विदेश का भी विदेश है
कहाँ तक बताऊँ।
अपनी कहो
कहाँ तक जाओगे?

मेरी क्या पूछते हो सा'ब।
मैं तो यहीं रात में झोंपड़ी बनाकर
रहता हूँ
सिगड़ी जलाकर चाय बनाता हूँ
पीता हूँ पिलाता हूँ
गुज़र करता हूँ।
कहीं नहीं जाता।

पहले गया बहुत दूर-दूर तक
फिर लौट लौट कर अपनी झोंपड़ी
में ही आना हुआ।

न गया होता तो कैसे बतलाता?
कि पहाड़ है, विदेश है, विदेश का भी विदेश है—
सब देखा है
लेकिन लौटकर अपनी झोंपड़ी में
आना ही हुआ।

मेरी छोड़ो।
अपनी कहो कहाँ तक जाओगे?

क़ैमरे से फ़ोटो लेना चाहते हो
तो बहुत दूर क्यों जाओगे?
उस पहाड़ से मुड़कर
आगे तस्वीरें खींच लेना
बहुत तस्वीरें मिलेंगी
और घर लौटकर दिखाने को भी रहेगा
कि मैं कितना पहाड़ पार कर
आया
अख़बार में लिखोगे?
ज़रूर लिखना।
बहुत लोग इतना ही पहाड़
जानते हैं।

संवाद तुमसे से

हिरन

हिरन को घेर लिया गया है
हर तरफ़ बरछियाँ हैं लाल-लाल फालों वाली
हिरन चौंककर खड़ा हो गया है
गरदन पीछे की ओर तन गयी है
किसी तरफ़ से निकलने का रास्ता नहीं है।

वे क्रूर नहीं हैं
उसे मारेंगे नहीं, सिर्फ़ गिरफ़्तार करेंगे।
उसे सहलायेंगे
मुलायम पत्तियाँ खिलायेंगे
पालतू बनायेंगे।

और वह गिरा हुआ,
अचकचाया,
देखता है,
पैरों में अभी छलाँग लगाने का दम है—
लेकिन चारों ओर बरछियाँ हैं
निकलने का कोई रास्ता नहीं है।

संवाद तुमसे से

मुझे नहीं मालूम था

मुझे भी नहीं मालूम था
कि पेड़ों पर टँगी हुई
ये खोपड़ियाँ सचमुच इस तरह बोलने लगेंगी।
मैंने सोचा था
नगर के चोर दरवाज़े से
शीश झुकाये
मैं चुपचाप वन की ओर निकल जाऊँगा।
मेरे महाप्रस्थान को कोई न देखेगा
लेकिन पहले पेड़ से आगे बढ़ते ही
इन कपालों ने आवाज़ दी–
मेरे पैर ठिठक गये
और लगा कि मेरे अंग-अंग को
चीरता हुआ
वही लहू फिर प्रवाहित होने लगा
जिसकी वंशावली को याद करने से
मैंने इनकार कर दिया था
देर तक आवाज़ें आती रहीं
तड़कती हुई और सुस्पष्ट
और मैंने दोनों हथेलियों से
अपना मुँह छिपा लिया।
आवाज़ें रुकने के बाद
मैंने मुँह उठाया
मैं उनसे पूछना चाहता था
उन तमाम सवालों के उत्तर

जिन्हें मैं महाप्रस्थान के पहले
अँधेरी सन्दूकों में बन्द कर आया था।
लेकिन वे सिर्फ़ मरी हुई
लटकी खोपड़ियाँ थीं
फिर न बोलीं, बोलीं।

संवाद तुमसे से

शब्द का आखेट आज हमने फिर किया है

जहाँ मैंने सिर उठाया कहा मैं भी हूँ
व्यवस्था टूटती-सी दिखी
जहाँ मैंने कहा मेरा नहीं झुकता माथ
आहत हो गया समुदाय :
हाय रे यह मोम जैसे लोग
हाय रे यह निपट कच्चे काँच के गुम्बद सरीखा राष्ट्र।

नहीं थे ऐसे अनोखे सव्यसाची हम
कि जिनके लक्ष्य चूके नहीं
नहीं थे हम इस तरह के क्रुद्ध पैग़म्बर
कि जिनके शाप से
इतिहास भर
ये जेहोवा के ख़ास प्यारे भटकते रह जायँ
सिर्फ़ हमने किया था निष्काम अस्वीकार
आहत हो गया समुदाय।

हुआ होगा विद्ध
शायद सुलभ वाहन सुत तुम्हारा
रहा होगा कहीं हम में ही हलाहल
क्योंकि अपनी मौन मुद्रा में
महज़ विद्रोह के दोषी नहीं थे हम
हमने किया था परित्याग
जिसने ज्योति दी
उस ज्योति को दी अवज्ञा
उस अवज्ञा को प्रश्नवाचक तीर
तीर जैसी

एक ज़हरीली किरन
उस कलश से टकरा गयी होगी
उठी होगी चीरती कोई अपरिचित लपट
जगी होगी, ज़िन्दगी के लाख बन्धन तोड़ती सी
हठी जिज्ञासा, निरुत्तर शान्ति, अन्तिम साँस
किन्तु जब मैं पुनः आऊँगा, तुम्हारे पास
उसका शव लिये
मत मुझे देना फिर पुराना शाप
यह कहना :
ओ हठी, तुमको अवज्ञा ही मिले, प्रतिकार अब की बार
आह जब इस थके युग की नपुंसकता
मानती है वहन करना ही पराक्रम प्रथम
तभी हमको मिला
पौरुष का किनारे तोड़ता वरदान
बिना हर्ष विषाद केवल शिथिल आज्ञाबद्ध
जब सब जा रहे हैं घेरे तापस वेश
हमको मिली
मन को चीरती यह प्रश्नवाचक धार-सी आवाज़
आज तक जिसने तुम्हारे शाप के वश
बिना हर्ष विषाद
काटे गहन चौदह वर्ष
उसने लौट कर
अपनी नयी सन्तान को फिर
उसी मन से बिना हर्ष विषाद
गर्भ में ही दे दिया वनवास!
सुनो बूढ़े राष्ट्र ओ अन्धे तपस्वी
आज हमने फिर किया है शब्द का आखेट
मत हमें देना पुराना शाप
कब तलक अन्धे तपस्वी कब तलक
कब तलक यह पूर्वजों से मिली प्रतिहिंसा
अजन्मी पीढ़ियों पर?
कब तलक नत शीश कन्धों पर चढ़ा यह तीर्थ संचय?
कब तलक यह हर नयी आवाज़ का वनवास?

संवाद तुमसे से

न जाने बारिश कब आयेगी

दीवार पर बसन्त की दी हुई
मालायें सूख रही हैं
अभी तो जेठ तप रहा है
न जाने बारिश कब आयेगी।
नीम के पेड़ पर
एक अकेली पताका
तेज़ लू में फड़फड़ाती है
चुपचाप कौआ उसकी ओर कौतूहल से देख रहा है।

अभी तो जेठ तप रहा है
न जाने बारिश कब आयेगी।
जिन सड़कों पर सारे लोग
रातोरात मशालें लेकर निकल आये थे
और सारे शहर ने लुटेरों को मार कर
भगा दिया था
उन सड़कों पर तलवों को जलाने वाला
कोलतार पिघल रहा है
लोग हिम्मत करके एक छाँह से दूसरी छाँह तक
चलते हैं, फिर थक कर ठहर जाते हैं
अभी तो जेठ तप रहा है
न जाने बारिश कब आयेगी।

बवण्डर पास से गुज़रता है
मैं उसे पकड़ने की कोशिश करता हूँ
शायद इसके सहारे

अगली छाया तक पहुँच जाऊँगा
लेकिन हवा ने किसको सहारा दिया है
एक हवा आती है
चली जाती है
दूसरी आती है
चली जाती है।

संवाद तुमसे से

बहुत दिनों के बाद

तुम बहुत दिनों के बाद यहाँ आये यात्री,
इस घर के वे रहने वाले
अपने अज्ञात अपरिचय भर की छाप छोड़
सब चले गये

तब से हैं बन्द पड़े ये सूने दरवाज़े
फिर नहीं रहा कोई आकार।
कहते हैं इन कमरों से अब भी कभी-कभी
गंगा-जमुनी संगीत सुनायी पड़ता है,
ईश्वर जाने इसमें कितनी सच्चाई है...

ना, किसे पता होगा आख़िर?
जो लोग यहाँ हैं, उन्हें ज्ञात भी होगा क्या
इस घर में कभी फ़रिश्तों जैसे लोग इकट्ठा होते थे?
सच पूछो तो—
यह सारी बस्ती की बस्ती ही बदल गयी।

कुछ दिनों तलक
आया करता था रोज़ डाक का हरकारा,
दरवाज़े पर
बस सुबह-शाम झूठी दस्तक दे जाता था।
जाने कैसा ज़िद्दी ख़त था...

थे अजब लोग
जब तलक रहे बेहद मस्ती के साथ रहे
अब भला कहाँ आते हैं ऐसे लोग यहाँ...
अब जहाँ कहीं भी हों...
बेशक, ख़ुश ही होंगे।

संवाद तुमसे से

प्रार्थना की एक मुद्रा

प्रमथ मेरे
क्या नहीं तुम देखते ये शुभ्र लपटें
उठ रहीं जो गात से मेरे–
औ' तुम्हें अंकवारती असहाय?

क्या तुम्हें ये परसती हैं?
क्या तुम्हें ये पहुँचती हैं?
क्या तुम्हें ये दाहती हैं?

जमी इच्छा के दृगों से देखता हूँ मैं
कि ये उठतीं, फहरतीं
औ' तुम्हारे मुक्त उज्ज्वल कपोलों तक पहुँच
बँट जातीं दुधारी
थरथराती कुन्तलों के पास
और अन्तिम बार फिर आलोक देकर
अवश खो जातीं अँधेरे शून्य में उस पार।

और तुम हो देखते सस्नेह, पीड़ित दृगों से
नर्म हाथों को बढ़ाये हुए मेरी ओर–
आ सकूँगा मैं वहाँ तक...?
आह मेरे प्रमथ, मेरे करुण, मेरे दूर, मेरे सत्य
क्यों ये निष्कलुष लपटें जलाती जा रही हैं मुझे
तुम तक पहुँचने के पूर्व?
वह सभी कुछ
जिसे मैंने सदा जीवन-मूल्य माना

रोमावली की जड़ों को झंकार देता जल रहा है–
शायद यही तो है खरा होना।

किन्तु कुछ भी नहीं छूता तुम्हें,
यह जलना, पिघलना, खरा होना–
सामने है अभी भी
निस्संग, निर्मम मौन सी यह तुम्हारी शीतल हथेली
और मेरे दृगों में
यह टकटकी बाँधे हुए, हारी हुई, असहाय, विह्वल शान्ति।

संवाद तुमसे से

एक कथा

हर रात हवा के साथ उसाँसें आती थीं
जैसे कोई घायल विषधर
बेमौत दर्द से ऐंठ पछाड़ें खाता हो,
ममतामय आँखों को खोले
सोचा करती थी सपनों वाली शहज़ादी
सूने आँगन में कौन अभागा रोता है...

उस रोज़ यहीं पर आकर थी रुक गयी कथा
फिर नींद आ गयी तुम्हें और
मुझको भी ऐसा हुआ कि मैं
फिर आगे तुमसे कह न सका
है बहुत दिनों की बात, तुम्हें
शायद यह घटना भी जब बिल्कुल याद न हो

उद्देश्य नहीं है मेरा याद दिलाने का,
पर, यों ही शायद कभी याद आ जाने
बेकार कुतूहल से मन में व्याघात न हो।
इसलिए सिर्फ़
मैं इतना कहने आया हूँ—
इसके आगे अब कुछ भी कहना शेष नहीं।

यह अजब कथा बस हो जाती है ख़त्म यहीं,
उस जंगल से

अब नहीं उसाँसें आती हैं
वह रोने वाला कहाँ गया कुछ पता नहीं।

सपनों वाली शहज़ादी को
शायद यह घटना भी अब बिल्कुल याद न हो।

संवाद तुमसे से

सिद्धार्थ और छन्दर

कुल मैंने इतना देखा
        कि नदी के किनारे तक
        दो काली छायाएँ आयीं :
हवा तेज़ थी : वह जो पालों में भर जाती है,
सितारे थे—लेकिन बहुत मद्धिम।
कुछ देर तक दोनों ने एक-दूसरे को देखा
        एक ने असमर्थ याचना के साथ
        दूसरा जैसे बड़े स्नेह से
        लहर पर दीप छोड़ता हो

        फिर उन्होंने कपड़े बदले :
        एक ने शायद झुक कर चरण छूना चाहा
        किन्तु रोक दिया गया
        और तब धीरे-धीरे वापस चला गया
        घाट के ऊपर
        सड़क के पत्थरों पर
        रथ के पहियों की आवाज़
        और घोड़ों की हिनहिनाहट
        आयी—विलीन हो गयी।
दूसरा मुड़ा
        रेती पर अकेला—
        और उसने अपनी आँखें
        ऊपर चमकते तारों
और नदी के रहस्यमय पानी
के बीच कहीं शून्य में टिका दीं

अँधेरा जहाँ सबसे घना था।
और अन्धकार में
अदृश्य पानी के बहने की आवाज़ें आती रहीं।
सबेरे की हवा में

नदी किनारे उसे नहीं पाया
सिर्फ़ मिले जुले चरण चिह्न
जिन पर वह धूल की तरह
धीरे-धीरे बालू की चादर डालती रही।

संवाद तुमसे से

वीरान सराय और घुड़सवार

जब-जब हम इस वीरान सराय के
बाहर झाँकते हैं
इस घुमावदार पहाड़ी की सड़क पर
नीचे घुड़सवार आता दिखता है।
हमने तीन बरस से अधिक इसी इन्तज़ार में
काट दिये
कि घुड़सवार आ रहा है
आख़िरकार हमारे लिए सन्देश लेकर।

घुड़सवार की रफ़्तार बहुत तेज़ है
और उसकी बरछी पर लगी हुई लाल पताका
बहुत तेज़ी से फरफराती हुई
चमकती बिजली का आभास देती है
निश्चय ही जो सन्देश वह ला रहा है
बहुत आह्लादकारी होगा।

सारी प्रतीक्षा के बावजूद
घुड़सवार पहुँचता नहीं
बस सड़क जहाँ निगाहों से
ओझल हो जाती है
वहीं आता दिखता है।
हर बार।

लेकिन वह घुड़सवार तीस बरसों से
सिर्फ़ आ रहा है

पहुँचता नहीं
सड़क जहाँ निगाहों से ओझल हो जाती है
वहीं आता दिखता है
बार-बार।

अब तो हमने अपनी वीरान सराय के लिए
यही पहचान मान ली है
लोगों से बताने के लिए
कि यहाँ चारों ओर सुनसान है
कभी कुछ घटित नहीं होता
लेकिन पहाड़ी के नीचे से
एक घुड़सवार आता दिखता है
रंग-बिरंगी पताका लहराता।

संवाद तुमसे से

नीले बयाबान में

साँस सुनायी पड़ी थी
जैसे किसी ने
अब कर साँस छोड़ दी हो—
अच्छा होता कि कोई सामने आकर
खड़ा हो जाता
हमें ललकारता
और हमारी डोरियों की ओर
झपटता—
लेकिन मेरी बात मानो
कोई देख रहा है।

क्या वह पूछेगा?
दख़ल देगा?
ग़लत या सही फ़ैसला करेगा?
हाथ बटायेगा?
सृष्टि के ओर बोर तक
अफ़वाहें फैलायेगा?
हमारी तरक़ीब उतनी ख़ुफ़िया
नहीं है
जितनी हम समझते थे
थोड़ा ध्यान लगा कर सुनो
कोई हमें देख रहा है?

लोगों ने खिड़कियाँ खोल दी हैं
और गरदनें उचका कर

झक्कड़ की ओर झाँक रहे हैं
मजमा दिखता है
इकट्ठा होता हुआ भी
बिखरता हुआ भी
लेकिन कुछ दिखायी नहीं पड़ता।

कोई घायल हुआ?
कोई लुटा?
आग लगी?
किसी अभागे को फिर पकड़कर
ले गये?
कोई दुर्घटना हुई?
बच्चा पहिये के नीचे आ गया?
लोग उचक-उचक कर देख रहे हैं?

लगता है पुलिस आ गयी–
सीटियाँ बज रही हैं
अब खिड़की का खुला रखना ठीक नहीं है
अगर गोली चली
तो तमाशबीन को पहले लगेगी
दुर्घटना की गवाही होना है
कम-से-कम
पुलिस की दृष्टि से।

संवाद तुमसे से

मुस्करा दो प्राण मेरी कल्पना में

मुस्करा दो प्राण मेरी कल्पना में मुस्करा दो!
रूप के मंजुल चरण पर
प्यार के मधु जागरण पर
जो चढ़ाये मिट गये वे
फूल से सपने मनोहर
आ गया हूँ आज खिंचते आँसुओं कहार लेकर
मुस्करा दो प्राण मेरी अर्चना में मुस्करा दो!

तरकों के हीर कचन
से सजे थे स्वप्न बन्धन
चाँदनी के आवरण में
खो गये वे ज्योति के कण
आ गया हूँ आज तम के देश का उपहार लेकर
मुस्करा दो प्राण मेरी वेदना में मुस्करा दो।

जब खिले थे स्नेह अंकुर
भर गया पतझाड़ से उर
खोजता जग में फिरा मैं
एक सुख की बूँद आतुर
आ गया हूँ आज मैं फिर प्यार की मनुहार लेकर
मुस्करा दो प्राण मेरी साधना में मुस्करा दो!

आवाज़ हमारी जायेगी से

कल्पना मेरी जगा दो

कल्पना मेरी जगा दो

शून्य में बन्दी क्षितिज की तोड़ कारा
ज्योति के मृदु स्पन्दनों में दूर से किसने पुकारा
आज सोयी-सी युगों की साधना मेरी जगा दो

कल्पना मेरी जगा दो।

गान में हो जायँ मुखरित बिसुध सी जीवन कथाएँ
बादलों की छाँह-सी चल करवटें लेतीं व्यथाएँ
ढुल पड़े सौरभ स्वरों का भावना मेरी जगा दो

कल्पना मेरी जगा दो।

उड़ चलें स्वर के सुनहले हंस मलयानिल लहर पर
मौन का इंगित बुलाता व्योम की नीरव डगर पर
प्राण छूकर करुण कर से वेदना मेरी जगा दो

कल्पना मेरी जगा दो।

आवाज़ हमारी जायेगी से

पास हो तुम दूर बनकर

पास हो तुम दूर बनकर
देखता है पथ तुम्हारा व्योम का विस्तार सूना
क्या भुला देगा तुम्हें यह स्वार्थ में संसार भूला
प्राण जाओ आज मेरे बन्धनों से क्रूर बनकर
पास रहो तुम दूर बनकर
मुकुल में बन्दी सुरभि को कब प्रभंजन खोल पाया
साधना ही थी मुखर कब सिद्धि का स्वर बोल पाया
जी उठेगा सत्य मेरा स्वप्न में भरपूर बनकर
पास हो तुम दूर बनकर
स्निग्ध नयनों को हुई जब प्यार की पहचान पहली
ले अरुण अनुराग आयीं रश्मियाँ नभ से सुनहली
भाल पर शोभित रहेगा स्नेह वह सिन्दूर बनकर
पास हो तुम दूर बनकर

आवाज़ हमारी जायेगी से

कितने मधुमय दिन बीत गये

कितने मधुमय दिन बीत गये
रंजित किशोर का पट छूटा
यौवन सरिता का तट छूटा
पगड़ी की लहरों सी चंचल
मुस्कानों का जमघट छूटा
अब भी सागर से ध्वनि आती
क्या वे मधुमय दिन बीत गये।
मैंने कितना देखा जाना
जग का कैसा ताना बाना
अब तक आँखों ने दो नयनों
के डोरों को ही पहचाना।
अब भी आँसू का प्रश्न यही
क्या सच मधुमय दिन बीत गये।
नभ में जितने ज्योतित सारे
उतने मेरे वे दिन तारे
उड़ गये क्षितिज की सीमा तक
मैं देख रहा मन को मारे
लेकिन तारों में गूँज यही
क्या सब मधुमय दिन बीत गये?

आवाज़ हमारी जायेगी से

प्रिय वह चाँदनी की रात

गगन में शशि मुस्कराया
धुल गयी थी विश्व काया
सो रही थी शान्त जल की गोद
में जलजात छाया
ओर थम थम कर सिहर कर बह रही थी बात!
मौन ये जलजात
प्रिय वह चाँदनी की रात!

तारकों के हार कचन
से सजे थे स्वप्न बन्धन
प्रिय, तुम्हारे रूप में
साकार थे वे ज्योतिर्मय क्षण
चाँदनी के आवरण में चिर मिलन की बात
प्यार की बरसात
प्रिय वह चाँदनी रात!

अब कहाँ सुख की कथाएँ
शून्य में उड़ती सुरभि-सी
करवटें लेती व्यथाएँ
मैं अकेला और कुछ सुधियाँ सुधा से स्नात
पन्थ है अज्ञात!

आवाज़ हमारी जायेगी से

राष्ट्र के नव जागरण स्वागत तुम्हारा

मौन प्राची की खुली पलकें शिथिल विश्वास जागा
स्वप्न में खोये जनों की शक्ति का इतिहास जागा
मानवों की ज्योति की पहली किरण स्वागत तुम्हारा
झूमता चेतन समीरण में धरा का पर रँगीला
रँग गया अरुणिम विभा से भाल अम्बर का सजीला
विश्व के सिन्दूरमय नव आभरण स्वागत तुम्हारा
शृंखलाएँ चूर हैं लो बन्धनों के द्वार टूटे
पन्थ के अवरोधकारी क्रूर कारागार टूटे
कोटि जन गण के अचल मंगल चरण स्वागत तुम्हारा
तुम प्रगति चिर नियन्ता ओ धरा के क्रान्तिवाही
देखना अब पथ न रोकें साथ के अनजान राही
मुक्ति के शिल्पी अनवरत संचरण स्वागत तुम्हारा
15 अगस्त, 1947

आवाज़ हमारी जायेगी से

मैं जवानी पूजता हूँ

मैं जवानी पूजता हूँ
है गगनचुम्बी पहाड़ों सा अडिग विश्वास मेरा
खेलता जिसके शिखर पर रहा आशा का सवेरा
क्या धरा के पत्थरों से मैं भला तोलूँ कलेजा
मौत की भीषण बलाएँ आसमानी पूजता हूँ
सृष्टि जिसके ताप से व्यक्तित्व अपना नापती है
दौड़ जिसकी देखकर तक़दीर भय से काँपती है
रँग उठे संसार जिसकी चार बूँदों में सिमटकर
उस उबलते ख़ून की उठती जवानी पूजता हूँ
वृद्ध कायरता जवानी को समझती खेल केवल
मानता हूँ खेल ही है यह उमंगों का रणस्थल
पर जवानी खेलती है आग की चिनगारियों से
ज़िन्दगी के खेल की जलती निशानी पूजता हूँ
मैं जवानी पूजता हूँ

आवाज़ हमारी जायेगी से

उषा

ले रही सुनहली उषा अलसती अँगड़ाई
रेशम की साड़ी से कंचन के कण झरते!

मुँद गये नयन उठ गयी भुजाएँ मृदुल मृदुल
जागो सपनों की शैया पर कम्पन मंजुल
माथे पर बिन्दी लाल लाल खिसकी खिसकी
अलकों पर फैला लहराया सिन्दूर विपुल

कटि की बेसुध माया में खुलता नियति नियम
विस्तार विकल अंगों में जीवन का सम्भ्रम
छू दी उठती बाँहों ने नभ की सीमाएँ
पल भर को सहसा ठहर-सा गया कल्पों का क्रम

खिंचते अंगों की आग भरी लय तरल तरल
झीने बन्धों में रुक न सकी अथाह विकल
कस गया वसन के पाशों में तन्मय यौवन
रत्नों के बन्धन टूट पड़े सुख से पागल

हो गये लजाकर अरुण उषा के गाल अमल
हँस पड़ी गुलाबों पर उड़ती परियाँ चंचल
प्राची ने हँसकर छिड़क दिया कुंकुम मुख पर
किरनों ने झुक कर चूम लिया उड़ता अंचल

अभिसार वधू की प्रात प्रथम यह बड़भागी
मंगल मन्त्रों की ज्योतित सुषमा सी जागी

भर गयी गगन की काया में पावन पुलक
हो गयीं निछावर दूर दिशाएँ अनुरागी

फूटे प्राची के आँगन में छवि के निर्झर
बहता आता वसुधा पर रस मन्थर मन्थर
वरदान बरसते हैं अरुणिम आभा बन बन
अंजलि बाँधे खड़े धरा के शैल शिखर

भर गया बसन्ती सपनों से भू का आँगन
अम्बर की साँसों से जीवन के कण झरते!

आवाज़ हमारी जायेगी से

प्रभात

धरा खोलती है मदिर मौन पलकें
कहीं गा रहा दूर कोई प्रभाती।
विभा ने क्षितिज के अरुण द्वार खोले
प्रभा ने खिलाये कनक पुष्प भोले,
मलयवात की रेशमी डोरियों पर
मचल से उठे कल्पना के हिंडोले,
सुरभि पल्लवित हो गगन मुस्कराया,
चलीं रश्मियाँ ज्योति से जगमगाती।
कहीं दूर से बादलों के सहारे
उड़े आ रहे हैं दिवास्वप्न न्यारे
खिंचे चित्र बीते दिनों के गगन में
जड़े हैं कि नभ में उषा के सितारे।
ठहर सी गयी शून्य में दृष्टि मेरी
उठी चेतना ओस सी झिलमिलाती!
तरल मोतियों में पिघलता सवेरा
सजा आँसुओं से मधुर प्यार मेरा
भरी रंग सुधि तूलिका काँपती है
विकल हो उठा भावना का चितेरा।
नये रंग भरने चली कामनाएँ
जगी वेदना साध के गीत गाती!
भरे लोचनों की शिथिल नीलिमा सी
थके प्राण पर छा गयी है उदासी,
व्यथा की मृदुल गोद में शीश धरकर
विवश सो गयी कल्पना हाय प्यासी।

दिये छेड़ किसने खिंचे तार उर के
गगन में तृषित गूँज-सी थरथराती।
हुई काल की क्षीण सिन्दूर वेला
रजत तारकों का मिटा स्वप्न मेला
नयन कोर पर काँपते अश्रु कण में
उलझता हुआ भग्न उर है अकेला
रुँधे कण्ठ में खो गयी हूक मेरी
कसक ने जला दी बुझी प्रेम बाती।

आवाज़ हमारी जायेगी से

सन्ध्या

तिमिर घुल गया साँझ की लालिमा में
क्षितिज पर सघन हो गयी वृक्षमाला!

दिवा के अरुण स्वप्न वरदान डूबे
सुनहले गगन के किरण यान डूबे
विजय व्योम में मौन अवसाद वाही
बिछुड़ते खगों के विदा गान डूबे
खड़ा दूर तट से निरखता प्रतीची
उमड़ती निशा डूबता है उजाला!

उधर कुंज में दीपिका टिमटिमायी
तले पेड़ के ज्योति किसने जगाई?
विश्व देवता की अमर ज्योति जागी
किसी की सरल साधना मुस्कराई
लिये मौन वरदान उर में सलोने
पुलकती चली आ रही ग्राम बाला!

बिछी खेत पर रंगिमा-सी बरसती
उदासी लिये डूबती साँझ हँसती
चरागाह के ढोर लौटे घरों को
उनींदी डगर पर उड़ी धूल रसती।
झलकते कनक से शिथिल धूल के कण
घुली जा रही विश्व की चित्रशाला

धुआँ उड़ रहा दूर टूटे घरों से
तिमिर छन रहा फूस के छप्परों से
न आये अभी भी चरण लौट किसके?
वधू गा रही गान खोये स्वरों से
मुखर हो गयी मौन प्रिय की प्रतीक्षा
दृगों में सजल हो गयी प्रेम ज्वाला।

आवाज़ हमारी जायेगी से

सिन्धु की लहरें

सिन्धु की लहरें न रुकतीं
छूटता जाता किनारा।

मैं विजन का फूल
तुमने तोड़ नयनों से लगाया
राग भीने पात
चूमे, रंगिमाओं से सजाया
हाय झंझा के झकोरे
छूट कर जल में गिरा मैं
बह रहा हूँ थरथराता
कौन जीवन का सहारा?

तीर पर दो अश्रु–
भीगे दीखते असहय लोचन
सुन रहा हूँ, प्रिय
तुम्हारे प्यार का निरुपाय कम्पन
उग्र सागर के थपेड़े
और सूखे पात मेरे
मोड़ पाऊँगा भला क्या
विश्व की अविराम धारा?

पर्वतों सी दाढ़
खोलें, क्षार की लहरें उमड़तीं
फूल की सूखी
सहमती भावनाएँ चीख़ पड़तीं

रँग दिये तुमने सुनहले
प्यार से थे पात जिसके
आज इस विकराल जल में
पल रहा जीवन बिचारा!

ढल गया लो सूर्य
तट पर धूम्र बढ़ती जा रही है
स्वर्ण सन्ध्या पर
अमा का रंग चढ़ता जा रहा;
तीर पर अब भी तुम्हारे
दीप से दृग झिलमिलाते,
मैं विवश बन्दी तिमिर का
उर्मियों की क्रूर कारा!

दूर तक निस्सीम जल पर
तम भरा आँचल बिछाये,
काल सी होती तरंगित,
व्योम की सूनी दिशायें
और कब तक सह सकूँगा
ये कठिन आघात निष्ठुर?

डूबने की राह तकता सिन्धु का विस्तार सारा!

आवाज़ हमारी जायेगी से

फागुन

धरती का बेसुध नव यौवन!

गन्धर्व पुरी के द्वार खुले
उस ओर गगन की सीमा पर,
सुर बालाओं का स्वर आया
मलयानिल लहरों में बहकर
श्यामल खेतों से गीत उठा
झूमी सरसों पीली पीली
कोसों तक पीत तरंगों में
लहराया मरकत का सागर!

फूलों का रसमय आमन्त्रण
छलका पड़ता सौरभ बनकर
पागल तितली नाचा करती
जिसके मादक संकेतों पर
रह रह कर कस जाते दोनों
रस के लोभी आलिंगन में
उड़ती तितली के पंखों से
झर झर पड़ता कुंकुम केसर

मैं देख रहा मधु से भीगा
कितना सुरभित है जगजीवन!
यह धुले धुले उजले बादल
भूले भूले अरमानों से
किन परियों ने हैं टाक दिये

मारुत के शिथिल विमानों से?
किरनें उलझी पड़तीं बरबस
घन झुक जाते सम्भार लिये
भोली पलकें नत हो जातीं
ज्यों सपनों की मुस्कानों से
अम्बर में उड़ते बादल ने
छाया के मृदु वरदानों से
छू दिया धरा का उर निर्मल
अनजान प्रणय के गानों से
टीलों पर सोयी धूप हँसी
हो गये गुलाबी गाल सरल
जो दबा रहा वह दब न सका
रस फूट पड़ा पाषाणों से!

मैं देख रहा मद में खोया
कितना स्वप्निल है जगजीवन!
किस कवि का वैभव उमड़ पड़ा
कोकिल की स्वरमय साँसों में
आ गयी प्रकृति को सुधि किसकी
यौवन के इन परिहासों में?
आशाओं के सन्देश मधुर
जीवन व्यापी उल्लासों में;

युग युग से जीवन को सींच रहे
इन ज्योतिर्मय मधुमासों में
कब हुआ गगन का प्यार शिथिल
कब धरती का उन्माद झुका?
निस्सीम सुधा की धार छिपी
कण-कण के अमर विलासों में
मैं देख रहा रस में डूबा
कितना सुखमय है जगजीवन!

धरती का बेसुध नव यौवन!

आवाज़ हमारी जायेगी से

पाशों में

मैं मुक्त पवन-सा लहराता चलता भू पर
रजनीगन्धा न मुझे पाशों में बाँधो!
गिरि गहर कंटक वन से जो टकराती
सुनसान सदा यह मेरी घायल छाती
मत रोको मेरी अमित डगर मत रोको
उल्लास भरी ओ कुसुम लता मदमाती!
मैं पतझड़ का तूफ़ान खण्डहरों का राही
मुझको न प्रिये सुरभित साँसों में बाँधो।
ओ इन्द्रधनुष-सी ज्योति भरी सुकुमारी
मैं बहुत तुम्हारा हूँ सचमुच आभारी
पर कितना पथ आलोकित कर पायेंगी
बिजली की बूँदों सी आँखें कजरारी?
बिखरे बादल-सा मैं नभ का स्वच्छन्द व्रती
मुझको न नयन के आकाशों में बाँधो।
तुमने निज कोमल हाथों से सहलाया
बरसों का सूखा मेरा उर भर आया
पर मेरा हाहाकार न जिसकी सीमा
तुम रंग न सकोगी इसकी चंचल छाया

मैं अमित काल-सा चिर चंचल बनता मिटता
मुझको न स्वप्न के अभिलाषों में बाँधो!
    लेकर गिरि का सन्देश किनारा टूटा
    पाषाणों का भी किन्तु सहारा छूटा
    रुक सका न तब से मैं अब तक गतिवाही
    जिस जगह रुका बस वही कगारा टूटा
मैं गति की पागल लहरों-सा व्याकुल प्रतिपल
मुझको न तीर के मधुमासों में बाँधो!

आवाज़ हमारी जायेगी से

ग़ज़ल-1

इक उरूजो-ज़वाल[1] देखा है
हमने दुनिया का हाल देखा है

अब सँभलता नहीं किसी के कहे
हमने दिल को सँभाल देखा है

हम उसी को 'नज़र' समझते हैं
जिसने तेरा जमाल[2] देखा है

आवाज़ हमारी जायेगी से

---

1. उत्थान-पतन
2. सौन्दर्य

ग़ज़ल-2

हुआ ये हाल है उनके करम[1] से
गिरा करते हैं क़तरे[2] चश्मे-नम[3] से

अगर नज़रे-करम ने मार डाला
बचेगा कौन फिर उनके सितम से

नहीं कोई भी हम-सा इस जहाँ में
हमीं बस हैं 'नज़र' दुनिया में हम से

आवाज़ हमारी जायेगी से

---

1. कृपा
2. आँसू के बूँद
3. भीगी हुई आँखें

ग़ज़ल-3

शबे-विसाल[1] का अब तक ख़ुमार बाक़ी है
तुम्हारे मक्र[2] का कुछ इन्तज़ार बाक़ी है

तुम्हारी ज़ुल्फ़ें हैं बिखरी तुम्हारे आरिज़[3] पर
ये पिछली रात कुछ-कुछ सिंगार बाक़ी है

है दिल तो लुट गया, पर दर्द अभी है सीने में
चमन उजड़ गया लेकिन बहार बाक़ी है

आवाज़ हमारी जायेगी से

---

1. मिलन की रात
2. धोखा
3. गाल

ग़ज़ल-4

ये सच है आपने सीखा नहीं है प्यार अभी
मगर न आप को आयेगा एतबार अभी

गुनाह ये है कि आँखें हैं शर्मसार[1] अभी
अवाम आएँगे धोके में बार-बार अभी

मगर हुज़ूर का होता तो मुद्दुआ[2] मालूम
ये क्या कहा है मेरा दिल गुनहगार अभी

मुझे ये फ़िक्र नहीं है कि दिल गया मेरा
ये ख़ौफ़ है तुम्हें कर दे न बेक़रार अभी।

आवाज़ हमारी जायेगी से

1. लज्जित
2. इच्छा

ग़ज़ल-5

अब हमारी ज़िन्दगी यूँ ही बसर होने को है
हो चुका है हादसा लेकिन ख़बर होने को है

रात भर गिरती रहीं अर्ज़ो-समा[1] पर बिजलियाँ
और हम समझा किये शायद सहर होने को है

दुख रहा है कुछ कहीं गहराइयों में बार-बार
फिर किसी दरया का इक क़तरा गहर[2] होने को है

आवाज़ हमारी जायेगी से

1. ज़मीन-आसमान
2. मोती

ग़ज़ल-6

तय करके अर्जे-कौनो-मकाँ[1] आ चुके हैं हम
ऐ गर्दिशे-हयात[2] कहाँ आ चुके हैं हम

साहिल से इल्तजा-ए-बला[3] पर न मुझको छोड़
थोड़ा ठहर ऐ मौजे-रवाँ[4] आ चुके हैं हम

सहरा[5] से आयी अपनी सदाओं[6] की बाज़गश्त[7]
किसने कहा ये हमसे यहाँ आ चुके हैं हम

अब उनके दर[8] प पुर्सिशे-दरबाँ[9] प क्या कहें
बाक़ी कहाँ है नामो-निशाँ आ चुके हैं हम

गुल हो गये चराग़ सवालो-जवाब के
तारीकी-ए-ख़ला[10] है जहाँ आ चुके हैं हम

---

1. दिशा और काल का विस्तार
2. जीवन-चक्र, काल-चक्र
3. दुखमय निवेदन
4. लहराती हुई मौजें
5. जंगल, वीराना
6. आवाज़
7. प्रतिध्वनि
8. दरवाज़ा
9. दरबान के पूछने पर
10. अन्तरिक्ष का अँधेरा

लौटे भी तो कहाँ के लिए इस दयार[1] से
देकर हिसाबे-सूदो-ज़ेयाँ[2] आ चुके हैं हम

शायद इसी सियाह जमीं पर बरस पड़ें
ले करके अब्रे-अश्क-फ़शाँ[3] आ चुके हम

आवाज़ हमारी जायेगी से

---

1. जगह
2. हानि-लाभ का हिसाब
3. आँसू बरसी हुई आँखों के बादल

ग़ज़ल-7

निकलेंगे नये पत्ते कोमल, फूलों में नयी बास आयेगी
इक शाख़ निहाले-नौ[1] बनकर फिर गुलशन में लहरायेगी

एक और चमन आबाद हुआ, इक बालो-पर[2] आज़ाद हुआ
एक और खुले आकाश तले हम सबकी दुआ मँडरायेगी

इस मोड़ प हम क्या दें तुमको, अलफ़ाज़े-खुलूसो-हक़[3] के सिवा
ले जाओ हमारी वुस्अते-दिल[4] दौलत न इसे छू पायेगी

पहले के बुज़ुर्गों ने हमको एक मिशअले-खुद्दारी[5] दी थी
इस लौ को लिये आगे बढ़ना, ये राह तुम्हें दिखलायेगी

इस बादे-हवादस[6] में हमने रक्खे हैं क़दम सच्चाई के
घिर जाओगे जब तूफ़ानों से साबित-क़दमों[7] याद आयेगी

1. नया पौधा
2. बाल-पंख, हाथ-पाँव
3. स्नेही एवं सत्यवादी शब्दों
4. हृदय की उदारता
5. आत्मसम्मान की मशाल
6. घटनाओं भरी हवाएँ
7. स्थिरता, संकल्प

ठोकर में रहेगा मुस्तक़बिल[1] और साथ रहेगी शफ़क़ते-दिल[2]
जो धूल उड़ेगी पैरों से परचम की तरह लहरायेगी

हम होंगे न होंगे मंज़िल तक पर वुस्अते-दिल हमराह रहे
जाओगे जहाँ तक लख़्ते-जिगर आवाज़ हमारी जायेगी

आवाज़ हमारी जायेगी से

---

1. भविष्य
2. हार्दिक स्नेह

आलोचना

कविता : आस्था के पच्चीस शील

मेरी कविता का आधार आस्था है। इस आस्था के पच्चीस शील हैं जो नीचे लिखे जाते हैं।

पहला शील : मैं बहुत अक़्लमन्द आदमी हूँ। मुझ-जैसे और भी हैं। बहुत-से ऐसे हैं जो न मुझ-जैसे हैं, न मुझ-जैसों-जैसे हैं। इसको छिपाने से कोई लाभ नहीं है, न छिपाने में कोई हानि नहीं है; छिपाने से हानि है, न छिपाने से लाभ है।

दूसरा शील : मैं परम स्वतन्त्र हूँ। मेरे सिर पर कोई नहीं है। अर्थात् अपने किये के लिए मैं शत-प्रतिशत ज़िम्मेदार हूँ। अर्थात् मेरे लिए नैतिक होना सम्भव है।

तीसरा शील : मैं संसार का सबसे महत्त्वपूर्ण प्राणी हूँ। यदि नहीं हूँ तो आत्म-हत्या के अतिरिक्त कोई रास्ता नहीं है। यही दशा आप की भी है।

चौथा शील : नितान्त अव्यावहारिक होना नितान्त ईमानदारी और अक़्लमन्दी का लक्षण है। समाज में सब तो नहीं, पर काफ़ी लोग ऐसे होने चाहिए। जिस समाज में नितान्त अव्यावहारिक कोई नहीं रह जाता, वह समाज रसातल को चला जाता है।

पाँचवाँ शील : मैं अपने को बहुत नहीं सेटता, क्योंकि यह मेरा कर्तव्य नहीं है। लेकिन आपका कर्तव्य है कि मुझे सेटें। इसका प्रतिलोम भी सत्य है।

छठा शील : सर्वोत्तम समाज वह है जिसमें व्यक्ति के केवल अधिकार ही अधिकार हों, कर्तव्य कोई नहीं। अर्थात् जो भी मैं चाहूँ वह मुझे मिल जाये, लेकिन जो मैं देना न चाहूँ वह मुझे देना न पड़े।

सातवाँ शील : कविता के क्षेत्र में केवल एक आर्य-सत्य है : दुःख है। शेष तीन राजनीति के भीतर आते हैं।

आठवाँ शील : कविता को राजनीति में नहीं घुसना चाहिए। क्योंकि इससे कविता का तो कुछ नहीं बिगड़ेगा, राजनीति के अनिष्ट की सम्भावना है।

नवाँ शील : शेली महान् क्रान्तिकारी कवि था, इसलिए उसको चाहता हूँ; लेकिन उसके नेतृत्व में क्रान्तिकारी होना नहीं चाहता। बाबा तुलसीदास महान्

सन्त कवि थे, लेकिन वह संसद के चुनाव में खड़े हों तो उन्हें वोट नहीं दूँगा। नीत्शे का 'जरथुस्त्र उवाच' सामाजिक यथार्थ की दृष्टि से जला देने लायक़ है, पर कविता की दृष्टि से महान् कृतियों में से एक है। उसकी एक प्रति पास रखता हूँ और आप से भी सिफ़ारिश करता हूँ।

दसवाँ शील : कवि अनिर्वाचित मन्त्रदाता हो सकता है। निर्वाचित मन्त्री हो जाने से कवि का हित और जनता का अहित होने की आशंका है। दोनों ही अवांछनीय सम्भावनाएँ हैं।

ग्यारहवाँ शील : कविता से समाज का उद्धार नहीं हो सकता। यदि सचमुच समाज का उद्धार करना चाहते हैं तो देश का प्रधानमन्त्री बनने या बनाने की चेष्टा कीजिए। बाक़ी सब लग़ो है।

बारहवाँ शील : इससे पहले कि आलोचक मुझसे पूछे कि समाज का नागरिक होने के नाते आप ऐसा क्यों लिखते हैं, वैसा क्यों नहीं लिखते, मैं आलोचक से पूछता हूँ कि पहले यह सिद्ध कीजिए समाज का नागरिक होने के नाते कविता लिखना भी मेरा कर्तव्य है।

तेरहवाँ शील : कवि अ-कवियों से अधिक संवेदनशील या अनुभूतिशील नहीं होता। जो कवि इसके विपरीत कहते हैं उनका विश्वास मत कीजिए; वे अकवियों पर रंग जमाने के लिए ऐसा कहते हैं। यह सम्भव है कि कवि की संवेदना का क्षेत्र अ-कवि से कम हो। प्रायः यही होता है।

चौदहवाँ शील : जो मैंने भोगा है वह सब मेरी कविता का विषय नहीं है। कविता का विषय वह होता है जो अब तक की भोगने की प्रणाली में नहीं बैठ पाता। हर कलाकृति ठोस, विशिष्ट अनुभूति से उपजती है और उसका उद्देश्य अनुभूति की सामान्य कोटियों को नये सिरे से परिभाषित करना होता है। परिभाषा विशिष्ट और सामान्य में सामंजस्य का नाम है। बिना सामंजस्य के भोगने में समर्थ होना असम्भव है।

पन्द्रहवाँ शील : अ-कवि अपनी विशिष्ट अनुभूति और अब तक उपलब्ध सामान्य परिभाषा में असामंजस्य नहीं देखता। कभी दीख भी जाता है तो थोड़ी-सी बेचैनी के बाद वह अनुभूति को ज़बर्दस्ती बदल कर परिभाषा में बैठा लेता है। यह अ-कवि का सौभाग्य है।

सोलहवाँ शील : कवि अभागा है। वह विशिष्ट अनुभूति को बदल नहीं पाता। तब तक बेचैन रहता है जब तक परिभाषा को बदल नहीं लेता। असामंजस्य देखने का काम बुद्धि करती है। परिभाषा बदलने का काम कल्पना करती है। शब्दों की अभिव्यक्ति अभ्यास के द्वारा होती है। यह सब एक निमिष में हो सकता है, इसको एक युग भी लग सकता है; कवि कवि पर निर्भर है।

सत्रहवाँ शील : कवि की अमरता ग़लतफ़हमी पर निर्भर करती है। जिस कवि में ग़लत समझे जाने का जितना अधिक सामर्थ्य होता है वह उतना ही दीर्घजीवी होता है।

अठारहवाँ शील : सार्थकता बराबर तप नहीं, शब्दाडम्बर बराबर पाप।

उन्नीसवाँ शील : वस्तु-स्थिति यह है कि मेरे बाबा ने जो कहा था वह न मेरे पिता कहते हैं और न मैं कहता हूँ। लेकिन जब मेरे पिता मुझसे कहते हैं कि मेरे बाबा ने क्या कहा था तो वह परम्परा है। जब मैं स्वयं कहता हूँ कि मेरे बाबा ने क्या-क्या कहा था तो यह प्रयोग है। यदि मैं कुछ नहीं कह पाता तो न परम्परा है न प्रयोग।

बीसवाँ शील : पश्चिम से छूटना असम्भव दीखता है। अध्यात्म के बिना निस्तार नहीं है, यह भी पश्चिम ने कहा है और यह बासी है। अध्यात्म और भौतिकवाद में समन्वय होना चाहिए यह भी पश्चिम ने कहा है और यह भी बासी है। केवल भौतिकवाद में निस्तार है यह भी पश्चिम ने कहा है लेकिन नया है।

इक्कीसवाँ शील : कविता राग है। राग माया है। माया और अध्यात्म में वैर है। अतः आध्यात्मिक कविता असम्भव है। जो इसमें दुविधा करते हैं उन्हें न माया मिलती है न राम। जैसा हाल छायावादियों का हुआ। इससे शिक्षा लेनी चाहिए।

बाईसवाँ शील : मुझसे पहले की पीढ़ी में जो अक़्लमन्द थे, वे गूँगे थे। जो वाचाल थे, वे अक़्लमन्द नहीं थे। अंग्रेज़ी ने अक़्लमन्द बनाया लेकिन गूँगा कर के छोड़ा। गाँधीजी ने आवाज़ तो दी लेकिन अक़्ल बन्धक रखवा ली। बड़ा क्रोध आता है। यह मेरा दुर्भाग्य है।

तेईसवाँ शील : सोचने का काम क्यों सारे देश में सिर्फ़ एक आदमी पर छोड़ दिया और स्वयं शरणागत होकर 'मा शुचः' का पाठ करने लगा? उस आदमी ने भी शरणागतों को 'अटेंशन' और 'स्टैंड-एट-ईज़' के निर्देश तो दिये, पर यह नहीं बताया कि कब 'अटेंशन' कहना चाहिए और कब 'स्टैंड-एट-ईज़'। वह हमारी आकांक्षा को विराट् और विवेक को बौना छोड़कर चला गया। जो बचे हैं वे अटकल से 'कॉशन' बोलते हैं जिससे परेड तो हो सकती है लेकिन लड़ाई नहीं जीती जा सकती।

चौबीसवाँ शील : पचास से ऊपर वय हो जाना अपने-आप में अक़्लमन्दी का प्रमाण नहीं है। प्रमाण-पत्र मैं दूँगा।

पचीसवाँ शील : अवज्ञा परमो धर्मः।

तीसरा सप्तक में कवि का वक्तव्य

राजनीति और साहित्य

कहा जाता है कि अरब शहंशाहों में से एक विजय करता हुआ मिस्र के अलेक्ज़ेन्ड्रिया नगर में पहुँचा। यहाँ एक बहुत बड़ा पुस्तकालय था जिसमें दुनिया की तत्कालीन और पुरानी बड़ी नायाब किताबें इकट्ठा थीं। बादशाह ने हुक्म दिया कि इस पुस्तकालय को जला डालो। उसके धर्मान्ध अनुयायियों को भी इस हुक्म को पूरा करने में एक बार हिचक हुई। उन्होंने बादशाह के सामने अदब से एक बार कुछ तर्क उपस्थित करने की कोशिश की। बादशाह ने अधिक ज़ोरदार तर्क से उनका मुँह बन्द करते हुए कहा, "अगर इन किताबों में वे चीज़ें लिखी हैं जो क़ुरान से मेल नहीं खातीं तो निश्चय ही वे कुफ़्र हैं और इसलिए जला डालने के क़ाबिल हैं, और अगर इनकी बातें वही हैं जो क़ुरान में लिखी जा चुकी हैं तो ये सब किताबें फ़िज़ूल हैं और इनके जला डालने से कोई नुक़सान न होगा।" अतएव अलेक्ज़ेण्ड्रिया का पुस्तकालय जला डाला गया।

हो सकता है कि उपर्युक्त घटना केवल कपोल-कल्पित हो। हो सकता है कि वह अलेक्ज़ेण्ड्रिया के पुस्तकालय के बारे में न होकर, नालन्दा या किसी अन्य पुस्तकालय के बारे में हो। बहस इससे नहीं है। यह कथा पुस्तकों और साहित्य के बारे में एक ऐसे दृष्टिकोण का प्रतीक है जो जीवन और सत्य की एक व्याख्या को मानने के बाद अपने कट्टर विश्वास में इतना अन्धा हो जाता है कि किसी अन्य दृष्टिकोण को एक क्षण के लिए भी बरदाश्त नहीं कर सकता। केवल इतना ही नहीं, इसमें सारे सामाजिक जीवन को केवल एक दर्शन और संस्था विशेष के ढाँचे में कसकर परिचालित करने का उत्कट उत्साह भी निहित है।

दुनिया की सभी सभ्यताओं में एक ऐसा युग रहा है जब उनके जीवन-दर्शन, नैतिक मूल्य, महत्त्वाकांक्षाएँ, विनाश और निर्माण की उथल-पुथल, यानी सारा सामाजिक ढाँचा धर्म और उसकी संस्थाओं से परिचालित था। जिस अनुपात में धार्मिक संस्थाओं और उनके प्रतिनिधियों का आधिपत्य समाज और उसकी शक्तियों पर रहा है, उसी अनुपात में विचार, कला और विज्ञान पर धार्मिक

मान्यताओं और पौराणिक रीतियों का आधिपत्य रहा है। प्रारम्भ में तो अधिकतर ऐसा था। दर्शन, राजनीति, अर्थशास्त्र, आचारशास्त्र आदि सामाजिक विज्ञानों की कौन कहे भौतिक विज्ञान भी, जैसे रसायन, गणित, ज्योतिष आदि भी धर्म से इतने मिले-जुले हुए थे कि उन्हें अलग करना मुश्किल था।

धर्म के इस आधिपत्य के दो कारण थे। एक तो यह कि प्राकृतिक परिस्थितियों के विषय में मनुष्य का ज्ञान इतना थोड़ा था कि सामान्य तर्क से वह उनका विश्लेषण करने में असमर्थ था। अतएव सामान्य दैनिक अनुभवों के लिए भी उसे तर्क के अतिरिक्त अन्य रागात्मक अथवा रहस्यात्मक प्रवृत्तियों का सहारा लेना पड़ता था—इस प्रकार श्रद्धा, विश्वास, दैविक प्रेरणा, भय, भक्ति आदि के द्वारा धर्म को प्राधान्य मिला। यह बिल्कुल स्वाभाविक प्रवृत्ति है। मनुष्य अपने वातावरण से सम्बन्ध स्थापित किये बिना नहीं रह सकता क्योंकि यही प्रकृति-पुरुष सम्बन्ध उसके जीवन की अनिवार्य द्वन्द्वात्मक गति है। जब तक यह सम्बन्ध सामान्य बुद्धि या तर्क से अनुभूत नहीं हो जाता तब तक के लिए उसे कुछ-न-कुछ, अन्धविश्वास ही सही, चाहिए। जिस तरह बच्चा जब तक चन्द्रमा के कलंक को अपने सामान्य अनुभवों से सिद्ध नहीं कर पाता तब तक उसके लिए चन्द्रमा में बैठी हुई चर्खा कातने वाली बुढ़िया की कल्पना ही काफ़ी है। बौद्धिक विश्लेषण से बाहर धार्मिक घोषणाओं पर आधारित सत्यों की मान्यता शुरू में निर्विवाद थी। गड़बड़ी तब शुरू हुई जब मनुष्य की तर्क-शक्ति ने धीरे-धीरे जाग्रत होकर बुद्धिगम्य अनुभवों की घोषणा की और इन अनुभवों और धार्मिक अनुभवों में विरोध पैदा हुआ। मान्य-मूल्यों की नयी व्याख्या की आवश्यकता पड़ी और प्रश्न उठा कि नयी और पुरानी घोषणाओं में से किसे सुधारा जाय। निर्णय अन्ततः उन वर्गों की पारस्परिक शक्ति के आधार पर हुआ जो इन दो प्रकार के अनुभवों के प्रतिष्ठाता रहे हैं।

समाज के जीवन और उसके दर्शन में धर्म के प्राधान्य का एक दूसरा कारण भी था। वह था धार्मिक संस्थाओं और पुरोहित वर्गों का उदय और समाज के अन्य वर्गों पर उनके अधिकार और सत्ता के विस्तार की सीमा। समाज पर धर्म के एकाधिकार के दो मुख्य युग हैं। एक वह युग जिसे एंगेल्स ने बर्बर काल कहा है। जब इससे आगे चलकर कृषि और उसके साथ-साथ दास-स्वामियों का समाज पर अधिकार हुआ, तब नये वर्ग ने पुरानी मान्यताओं के विरुद्ध अपने संघर्ष में नयी तार्किक जिज्ञासा को जन्म दिया। इस प्रकार प्रारम्भ में धर्म से अलग या उसके समानान्तर साहित्य और दर्शन की रीति सामने आयी। अधिकतर सभ्यताओं में कला और साहित्यिक रचनाओं का यह प्राथमिक विस्फोट है। यह याद रखना

चाहिए कि विचार-विमर्श पूर्णतया धर्म का विद्रोही होकर नहीं आया, क्योंकि उस समय की प्रगति इतनी आगे नहीं हुई थी। फिर भी धर्म का एकछत्र साम्राज्य नहीं था और स्वतन्त्र विचारों की सम्भावना थी। धर्म केवल इन नये विचारों के स्रोत या पुष्टि के लिए प्रयुक्त था, ठीक उसी प्रकार जैसे पुराने धार्मिक पुरोहितों में से कुछ ने नये दास-स्वामियों के महत्त्व को स्वीकार किया और अपने ही वर्ग के एकाधिकार के विरुद्ध इनका समर्थन किया। इस परिस्थिति का अच्छा उदाहरण हम ग्रीस की प्रारम्भिक रचनाओं में पाते हैं। उस समय के महाकाव्यों, नाटकों या दर्शन में मूलतः धार्मिक मान्यताएँ या गाथाएँ हैं लेकिन वे अधिकतर रूढ़िगत धर्म के बाह्याचार में परिवर्तन या परिमार्जन करने के लिए प्रयुक्त हुई हैं। भारत में भी महाकाव्यों, विशेषतः महाभारत और उपनिषत्पूत सिद्धान्तों की प्रवृत्ति से पता चलता है कि पुराने पुरोहित-वर्ग के एकाधिपत्य को चुनौती देने के लिए धर्म की मान्यताओं का नया तार्किक विश्लेषण करने की आवश्यकता पड़ी। इस प्रकार विचारों में उदारता की नीति दिखलायी पड़ी।

ग्रीस और रोम के दास-स्वामी समाज के विनाश के पश्चात् सामन्तशाही के युग में योरोप में दूसरी बार धर्म के एकाधिकार का बोल-वाला दिखलायी पड़ता है। योरोपीय इतिहास में लगभग एक सहस्र वर्ष का सामन्तवादी युग, जिसे मध्यकाल और 'डार्क एज' 'अन्धकाल' भी कहते हैं, कई प्रकार से एक दिलचस्प युग है। सन्त पीटर का ईसाई चर्च अपने पूरे अधिकार के साथ समस्त समाज पर छा गया और नये सामन्त वर्ग का पोषक, और एक प्रकार से स्वामी बन कर, राज्य करने लगा। इस नये चर्च के पास ज़बर्दस्त धारणाएँ थीं और अपनी सत्यता तथा उज्ज्वल भविष्य के सम्बन्ध में अडिग विश्वास था। अतएव इसके विस्तार के साथ-साथ धर्मान्धता अपने अत्यन्त उग्र रूप में आयी और जिस तरह उसने पुराने दास-स्वामियों का विनाश किया, उसी तरह उसने रोम और ग्रीस के उदार और जिज्ञासा-मूलक अनुसन्धानों और साहित्य को भी जड़ से उखाड़ फेंका। होमर, अफलातून, अरस्तू, सिसरो और सिनेका इतिहास के पर्दे से इस तरह ग़ायब हुए जैसे उनका कभी अस्तित्व ही न रहा हो। पुरानी किताबें खोज-खोज कर नष्ट की गयीं और मनुष्य की जिज्ञासाओं के ज़बर्दस्त शाहकार हज़ारों वर्षों तक अज्ञात कन्दराओं की धूल फाँकते रहे। इस युग का प्रमुख साहित्य केवल धार्मिक साहित्य है। लिखने का अधिकार केवल पादरियों को रह गया और यदि अन्य कोई लिखता भी था तो उस पर चर्च का ज़बर्दस्त अनुशासन और सेंसर काम करता था। अपने इस सेंसर के अधिकार का प्रयोग चर्च के अधिकारी काफ़ी अच्छी तरह करते रहे ताकि कहीं से एक वाक्य भी कुफ़्र का न आ पहुँचे।

प्रारम्भ के चर्च-साहित्य में, जब वह नये विकास का द्योतक था, गौरव और मिशन की भावनाएँ हैं जो निश्चय ही समाज को बल और गति प्रदान करती रही होंगी। लेकिन आगे चलकर वह केवल क्रूर और जड़ निषेधों का रूप धारण करने लगीं।

इस्लाम के उदय के समय, पश्चिमी एशिया में भी इसी प्रकार नये समाज का दार्शनिक अस्त्र पूर्ण रूप से नया धर्म हुआ। इस्लाम ने अरब जातियों को अपनी सर्वनाशी बर्बरता से सहसा जगाकर किस तरह उनमें नयी मान्यताओं और नये समाज के निर्माण के प्रति एक अदम्य लालसा और विश्वास पैदा कर दिया, यह विश्व की महान् क्रान्तिकारी घटनाओं में से एक है। लेकिन ध्यान रखने की बात यह है कि इसके साथ भी धर्म का वह एकाधिकार था जो समाज में अपने अतिरिक्त किसी भी प्रकार की जिज्ञासा को समूल नष्ट कर देना बेहद ज़रूरी समझता है। इसलिए यदि इस्लाम के उग्र विस्तार के युग में ऐसी घटनाएँ जिनका ज़िक्र हमने शुरू में किया है, घटी हों तो कोई आश्चर्य की बात नहीं है।

मध्यकालीन योरोप और इस्लाम के सामन्तवादी साम्राज्य के आर्थिक संगठन में विभिन्नता होते हुए भी मौलिक रूप से हम कई प्रकार की समानता पाते हैं। और इसी प्रकार उन दोनों की दार्शनिक व्यवस्थाओं को, जिन्हें उन्होंने जन्म दिया, पुष्ट किया, सांस्कृतिक और जीवन के मूल्यों का आधार बनाया तथा अपने वर्ग के आधिपत्य के लिए दार्शनिक हथियार की तरह प्रयुक्त किया, हम कई गुणों में समान पाते हैं। पहले तो यह कि दोनों का ही दार्शनिक आधार-स्तम्भ धर्म है। इसकी मूल प्रवृत्ति उन्हें बर्बर (जर्मनी, अरब) अथवा दास-स्वामी समाज (रोम) से विरासत में मिली थी। इसका अर्थ यह था कि मनुष्य की तार्किक और भौतिक-वैज्ञानिक जिज्ञासाओं ने अब तक जो खोज की थी, वह बहुत ही थोड़ी बल्कि नगण्य थी और इन खोजों के आधार पर विश्व और प्रकृति का कोई ऐसा तार्किक रेखाचित्र भी तैयार नहीं किया जा सकता था जो समन्वित हो और श्रद्धा-विश्वास पर आधारित आध्यात्मिक या पारलौकिक परम्परा से पुष्ट विश्व-दर्शन को चुनौती दे सके। संक्षेप में अभी तक वह ऐतिहासिक परिस्थिति नहीं उत्पन्न हुई थी जो तर्क और धर्मनिरपेक्षता को शासक वर्ग का दर्शन बना सकती।

दूसरे यह कि दोनों का उत्थान विचारों में ज़बर्दस्त एकाधिकार—अर्थात् टोटैलिटेरियन ढंग के साथ हुआ। इस एकाधिकार के दो लक्षण हैं। एक तो यह कि विचार, दर्शन, साहित्य आदि के प्रसार, परिवर्तन और परिवर्धन आदि का अधिकार अधिकांश ही नहीं, बल्कि पूर्णतया केवल एक विशेष वर्ग के हाथ में रहा जो सख़्त दमन और कभी-कभी तो मृत्यु-दण्ड के साथ अधिकार को उपयोग में लाता रहा। योरोप में यह विशिष्ट वर्ग पादरियों का और दक्षिण-पश्चिमी एशिया

में मौलवियों का था। दूसरी ध्यान रखने की बात यह है कि विचारों को प्रकट करने वाले सभी शास्त्र, और विशेषतः साहित्य एवं कला, एक मौलिक दर्शन अर्थात् धर्म के सिद्धान्तों के साथ इस तरह जकड़ दिये गये कि उनका सीधा सम्बन्ध चिरन्तन-प्रवाहयुक्त जन-जीवन के साथ न होकर उस धर्म-दर्शन से हुआ जो स्वयं जीवन न होकर जीवन की दार्शनिक व्यवस्था मात्र था। मार्क्स ने कहा है कि जनजीवन यदि बुनियादी ढाँचा है तो धर्म, विचार, शास्त्र, कला आदि बाह्य ढाँचे हैं। इस प्रकार साहित्य स्वयं एक अपने नियमों से परिचालित होने वाला बाह्य ढाँचा न रह कर, अन्य बाह्य ढाँचे का बाह्य ढाँचा बनने के लिए विवश हो गया। और इस पर विचार करने की बात यह है कि धर्म की विचार-धारा 'भौतिक जीवन से सबसे अधिक दूर है और उससे बिल्कुल असम्बद्ध मालूम पड़ती है।' (फ्रेडरिक एंगेल्स, 'लुडविग फ़ायरबाख़')

जर्मन सामन्तवाद को अपने प्रभुत्व को बनाये रखने के लिए ऐसा क्यों करना पड़ा? इसके उत्तर में हम उसके स्रोत को याद करें।

> "जो कुछ भी स्फूर्ति और जीवनदायिनी शक्ति रोमन संसार में जर्मनों ने डाली, वह 'बर्बरता' थी। सत्य तो यह है कि केवल बर्बर ही एक मृण्मय सभ्यता के चंगुल में कराहती हुई दुनिया को नया जीवन प्रदान करने में सफल होते हैं। और बर्बरता का वह उत्तर-काल, जिसमें जर्मन पहुँच चुके थे, इस सन्तरण के लिए सबसे अधिक अनुकूल था। यह बात सब कुछ स्पष्ट कर देती है।" (फ्रेडरिक एंगेल्स, 'परिवार, राज्य आदि का आरम्भ')

जैसा स्वयं एंगेल्स ने कहा है, इस सिद्धान्त से सारी शंका का समाधान हो जाता है। उस ऐतिहासिक समय में जर्मनों को केवल अपनी सहज वीरता और फ़ौजी उत्साह के बल पर, जो उनके उत्तर बर्बर काल की निशानी थी, एक ऐसे समाज का विनाश करना पड़ा जो भौतिक रूप से अन्दर-अन्दर बिखर चुका था, पतन के गर्त में जा रहा था, लेकिन जिसकी सांस्कृतिक प्रगति बर्बर जर्मनों से कई युग आगे की थी। विजित समाज को पुनर्निर्मित करने का, और उसे भविष्य का रास्ता बताने का काम ऐसे विजेताओं के ऊपर पड़ा जो विजितों से पिछड़े हुए थे। ऐसी दशा में यदि भौतिक शक्ति और वर्ग शक्ति के आधार पर विजेता रहते भी तो भी उन्हें संस्कृति में दासता स्वीकार करनी पड़ती, क्योंकि उनके पास स्वयं ऐसा कुछ नहीं था जिससे वे पुरानी संस्कृति को परिमार्जित करके अपने हित में प्रयुक्त करने में सफल होते। फलतः उस ज़बर्दस्त एकाधिकार का जन्म हुआ जिसका ऊपर वर्णन किया गया है।

एंगेल्स ने जर्मन-रोम-संघर्ष और योरोपीय सामन्तवादी संस्कृति की जो व्याख्या

की है, और बर्बरता के उत्थान का जो ऐतिहासिक सिद्धान्त प्रतिपादित किया है, वह बहुत कुछ अरब-ईरान-संघर्ष, इस्लामी संस्कृति और अरबों के उत्थान में भी दर्शित होता है। कुछ अर्थों में तो हम यह भी कह सकते हैं कि इस्लाम-पूर्व अरब जर्मनों से कहीं अधिक बर्बरता की अवस्था में थे। मैं 'बर्बरता' का प्रयोग उसी अर्थ में कर रहा हूँ जिस अर्थ में एंगेल्स ने प्रयुक्त किया। मुहम्मद के आगमन के समय, ईरान अपनी संस्कृति और सभ्यता के चरम पुष्प इतिहास को अर्पित कर चुका था और अब लगभग उसी अवस्था में था जिसमें ईसा की चौथी शताब्दी में पतनोन्मुख रोम था। पश्चिमी एशिया की फ़ौजी और भौतिक शक्ति अरबों के फ़ौजी वर्ग के हाथ में आयी, लेकिन ईरान की उच्च सांस्कृतिक परम्परा के रहते अरब के लिए पश्चिमी एशिया का नेतृत्व करना असम्भव था। फलतः बग़दाद और अदन की सभ्यता पारसियों की संस्कृति के मूलोच्छेदन पर क़ायम हुई। यहाँ भी हम उन्हीं कारणों से धर्म और धार्मिक वर्ग के एकाधिकार को कला और साहित्य पर देखते हैं। बल्कि प्रारम्भिक इस्लाम तो कला और साहित्य का इतना ज़बर्दस्त दुश्मन होकर आया कि कविता, मूर्तिकला, संगीत आदि तो बिल्कुल अवैध घोषित हो गयीं।

इस टोटैलिटेरियनिज़्म धर्म का जीवन के प्रत्येक क्षेत्र में एकमात्र, निरंकुश एवं व्यापक अधिकार का परिणाम साहित्य और कला पर क्या पड़ा? योरोपीय सामन्तवाद का युग सांस्कृतिक दृष्टिकोण से भी अन्धकार का युग कहलाता है। ग्रीस और रोम की साहित्यिक परम्परा, जिससे ही 15वीं शताब्दी के बाद सम्पूर्ण योरोप और फलस्वरूप दुनिया को गति मिलने वाली थी, लुप्त प्राय हो गयी। कठोर धर्म और धार्मिक वर्ग के दास हो जाने के कारण कविता, और गद्य, सभी धर्म के लिए प्रचार का साधन मात्र रह गये। प्रथम 300 वर्षों तक तो नाटक की परम्परा ही समाप्तप्राय रही, क्योंकि चर्च अभिनय को पसन्द नहीं करता था। तेरहवीं शताब्दी तक आते-आते एक प्रकार के जन-नाट्य का उदय हुआ। परन्तु ये जन-नाट्य भी केवल ईसा मसीह और सन्तों के जीवन के आधिकारिक उद्धरण मात्र रहते थे। उन पर पादरियों की सख़्त पहरेदारी रहती थी ताकि स्वीकृत धर्म के विरुद्ध कोई भी भावना उनमें न आ जाय। संगीत, शिल्प आदि जो कुछ भी थोड़ा-बहुत था, वह चर्च के भीतर सीमित हो गया और धर्म की आवश्यकताओं की पूर्ति का साधन भर रह गया। इसी प्रकार अरब और उसके द्वारा विजित सभाओं का भी हाल हुआ। यह कहना ग़लत होगा कि सामन्तवाद के निर्माता, मध्यकालीन साम्राज्यों के विस्तारक इन टोटैलिटेरियन वर्गों ने केवल विनाश का ही कार्य किया, निर्माण कुछ नहीं किया। परन्तु वह निर्माण आर्थिक

एवं समाज-संघटन आदि अन्य क्षेत्रों में है। साहित्य के क्षेत्रों में वे नेतृत्व नहीं दे सके क्योंकि साहित्य के निर्माण के लिए जो ऐतिहासिक उदारता अपेक्षित है, वह उनके लिए सम्भव नहीं थी। और इसीलिए प्रारम्भिक ग्रीस, रोम, ईरान के दास-स्वामी-वर्ग ने वह कुछ कर दिखलाया जो मध्यकालीन ईसाई या इस्लाम नहीं कर सकता था।

इस्लाम के अन्तर्गत ईरानी साहित्य की गति को हम दो युगों में बाँट सकते हैं। एक तो अरबों के उदयकाल में ख़लीफ़ाओं का युग जबकि धार्मिक वर्ग का विशेष प्रभुत्व था। प्रारम्भ की इन चार शताब्दियों तक हम साहित्य-निर्माण का कार्य लगभग शून्य पाते हैं। सातवीं शताब्दी से लेकर दसवीं शताब्दी के अन्त तक जो कुछ भी थोड़ी-बहुत शायरी हुई है, वह केवल ईश्वर या मुहम्मद की प्रशंसा तक सीमित है और इसे भी क़ुरानी परम्परा के अनुकूल ही रखना पड़ता था। अतएव इसमें अधिक मौलिकता की गुंजाइश नहीं थी। धर्म के अन्तर्गत ही सही, लेकिन यदि कोई अधिकृत व्याख्या के अतिरिक्त किन्हीं अन्य विचारों का समावेश अपने काव्य में करने का साहस भी करता तो उसका परिणाम भी वही होता जो 'अनलहक़' कहने वाले मंसूर का हुआ।

इस्लामी साहित्य का दूसरा युग दसवीं शताब्दी और उसके बाद का है। एंगेल्स ने जर्मनों द्वारा स्थापित योरोपीय सामन्तवाद की चर्चा करते समय यह दिखलाया है कि पतनोन्मुख रोमन सभ्यता की तुलना में सामन्तशाही में जो अधिक लोकवादिता आयी, और दासों को अर्ध-दासता की अवस्था प्राप्त हुई, इस सुधार का आधार जर्मनों की वही बर्बरता थी जो आदिम समाज से निकट होने के कारण ही दास-स्वामी समाज से अधिक प्रजातान्त्रिक होती है। हम पहले संकेत कर चुके हैं कि अरबों की अवस्था जर्मनों की बर्बरता की अपेक्षा अधिक पिछड़ी हुई थी। अन्य कारणों के साथ, जिनका विस्तृत उल्लेख करने की यहाँ कोई ज़रूरत नहीं है, यह भी एक महत्त्वपूर्ण कारण है जिसके फलस्वरूप इस्लामी सामन्तवाद योरोपीय सामन्तवाद से कहीं अधिक प्रजातान्त्रिक रहा। एंगेल्स का वही सिद्धान्त इस्लामी और योरोपीय सामन्तवाद की आन्तरिक भिन्नताओं को स्पष्ट करता है। इस्लाम की प्रजातान्त्रिक चेतना के कारण ही मौलवी-वर्ग और चर्च की वह सुगठित सामन्तशाही न स्थापित हो सकी जैसी योरोप में सम्भव हुई। दूसरे, इस्लाम की दूसरी ही शताब्दी में इस्लाम में वह विद्रोह और विस्फोट प्रारम्भ हो गया जो ईसाई धर्म में पन्द्रहवीं और सोलहवीं शताब्दी में हुआ। इस्लाम उमैय्यद और अब्बासी ख़लीफ़ाओं के बाद ही दो शिविरों में बँट गया। पुरानी परम्परा वाले सुन्नी कहलाये और अली के अनुगतों ने शिया सम्प्रदाय की

स्थापना की। शिया सम्प्रदाय का अधिक प्रसार ईरान में हुआ जिसके लिए यह नया सम्प्रदाय अरब की दासता से मुक्ति, या कम-से-कम उसके विरुद्ध विद्रोह का सन्देश लेकर आया। इस प्रकार एक बार फिर ईरान को सांस्कृतिक नेतृत्व का अवसर मिला। धार्मिक टोटैलिटेरियनिज़्म को चुनौती मिली और साहित्य और कला का अवरुद्ध स्रोत फूटा।

इस प्रकार दसवीं शताब्दी से ईरान के नेतृत्व में इस्लाम के साहित्यिक और सांस्कृतिक पुनर्जागरण का युग प्रारम्भ होता है। जो काम एकाधिकार में बँधा हुआ अरब नहीं कर सका, वह विद्रोही ईरान ने किया। इस नये युग के प्रारम्भिक दो कवियों का उल्लेख करना आवश्यक है। एक फ़िरदौसी और दूसरे अबूसैद अबू ख़ैर। ये दोनों ही महमूद ग़ज़नवी के समकालीन थे। फ़िरदौसी का शाहनामा विश्वविदित है। विशेष रूप से ध्यान में रखने की बात यह है कि कट्टर मुसलमान महमूद ग़ज़नवी द्वारा प्रेरित और पोषित ईरानी साहित्य की विशाल धारा का यह पहला निर्झर, ईरान की राष्ट्रीयता का गौरव और उठते हुए ईरान के उल्लास और उत्साह का यह महाकाव्य ईरान के उन पुराने वीरों का इतिहास है जब इस्लाम का कहीं नाम-निशान भी नहीं था। यह तो नहीं कहा जा सकता कि 'शाहनामा' पर तत्कालीन इस्लामी दर्शन का कोई प्रभाव नहीं है। महत्त्वपूर्ण बात यह है कि 'शाहनामा' आधिकारिक इस्लाम-दर्शन के एकाधिकार से मुक्त है। उसकी प्रेरणा का स्रोत बिल्कुल दूसरा है। आख़िर क्या कारण है कि जब योरोप में चर्च का और अरब की प्रथम चार शताब्दियों में इस्लाम धर्म का समस्त कला और साहित्य पर सम्पूर्ण और निरंकुश शासन था, तब 'शाहनामा' जैसा शाहकार नहीं लिखा जा सका?

ईरान के इस्लामी साहित्य की एक प्रमुख धारा सूफ़ी साहित्य है जिसके उन्नायक अबूसैद अबू ख़ैर हैं। यद्यपि सूफ़ी मत साधारण धार्मिक भावना की ही एक धारा है, और 'शाहनामा' की तरह धर्मनिरपेक्ष नहीं है, परन्तु मुख्यतः वह स्वीकृत इस्लाम धर्म से भिन्न है। विद्वानों का कहना है कि इस्लाम की दूसरी शताब्दी में ही सूफ़ीवाद के अंकुर निकलने प्रारम्भ हो गये थे। ठीक है, परन्तु यह सूफ़ीवाद उच्च साहित्य-रचना का आधार दो सौ वर्षों तक नहीं बन सका क्योंकि मौलवियों का सांस्कृतिक एकाधिकार दसवीं शताब्दी तक अच्छी तरह नहीं टूट सका था। नये ईरान में यह एकाधिकार नहीं था। इसलिए अबूसैद अबू ख़ैर सूफ़ीवाद के युगनिर्माता थे। उनकी रुबाइयों में नये स्वर निकले। मौलवियों ने उनकी ओर सन्देह की दृष्टि से देखा, बाद में उनके विचारों को इस्लाम-विरोधी भी कहा गया और उनके विरुद्ध बहुत प्रचार किया गया। लेकिन तब तक मौलवियों

की तानाशाही समाप्त हो चुकी थी और वे अबूसैद अबू ख़ैर को उस अंजाम तक नहीं पहुँचा सकते थे जहाँ उन्होंने मंसूर को पहुँचाया था। इस तरह सारा फ़ारसी साहित्य मौलवी, शेख़ और धार्मिक महन्तों के विरुद्ध व्यंग्य, परिहास, उपहास, रोष, विद्रोह से भरा पड़ा है। साहित्य और साहित्यकार को जब एक निश्चित विश्व-दर्शन के चंगुल से छुटकारा मिला और वह मुक्त होकर उसी दर्शन या किसी अन्य दर्शन का साक्षात्कार जनजीवन में अपनी चेतना से कर सका, तभी उसका विकास सम्भव हो सका। योरोप के सामन्त-काल में, या इस्लाम में प्रथम चार सौ वर्षों में, जब चारों ओर सेंसर का राज्य था, रौद की, फ़िरदौसी, मौलाना रूम, हाफ़िज़, उमरखय्याम की कल्पना भी नहीं की जा सकती।

पन्द्रहवीं शताब्दी में योरोप में एक नयी धारा बही। एक नये युग के अंकुर फूटे। इसे रिनेसेंस या पुनर्जागरण का काल कहते हैं। इसके फलस्वरूप कई शताब्दियों का लम्बा अन्धकार-काल समाप्त हुआ और हम देखते हैं कि कुछ ही वर्षों के अन्दर इटली, फ्रांस और इंग्लैण्ड के नेतृत्व में एक ऐसी नयी संस्कृति, नये साहित्य और कला का निर्माण हुआ जो मात्र और गुण दोनों ही में मध्यकालीन वातावरण के बिल्कुल भिन्न है। इस नये प्रकाश का वाहक था उठता हुआ मध्यम वर्ग जिसने सामन्त युग का विनाश किया, राष्ट्रीयता को जन्म दिया और पूँजीवाद की स्थापना की। इस नये मध्यम वर्ग ने विश्व-दर्शन, सांस्कृतिक मूल्यों, और साहित्य तथा कला के क्षेत्र में ऐसी उथल-पुथल मचायी कि पुरानी परम्पराओं और मान्यताओं का सारा महल ढह गया।

पहले जब जर्मन सामन्तवाद ने रोमन सभ्यता का विनाश किया था, तो उस समय भी एक सामाजिक क्रान्ति हुई थी। समाज का आधिपत्य एक नये वर्ग के हाथ में गया था। और अन्य वर्गों की अवस्था में भी परिवर्तन हुए थे। जैसा हम पहले कह चुके हैं कि प्रत्येक अधिकारी वर्ग अपने आधिपत्य को बनाये रखने के लिए एक विशेष विश्व-दर्शन को जन्म देता है। इस विश्व-दर्शन का स्वरूप एकाधिकारमूलक (टोटैलिटेरियन) या उदारतामूलक होता है। यह स्वरूप विजित वर्ग की अपेक्षा, विजेता वर्ग की सांस्कृतिक स्थिति पर बहुत कुछ निर्भर करता है। दास-स्वामी समाज की तरह सामन्तवादी समाज को भी अपने विश्व-दर्शन को धर्म का ही स्वरूप देना पड़ा क्योंकि तार्किक जिज्ञासा तब तक बहुत पिछड़ी हुई थी।

परन्तु पूँजीवादी मध्यम वर्ग ने विश्व के इतिहास में धर्म—और उसके मूल आधार श्रद्धा और विश्वास को पहली बार सच्चे अर्थों में चुनौती दी। विचारों का जो यह नया संघर्ष शुरू हुआ, वह केवल रूढ़िग्रस्त धार्मिक परम्पराओं को अधिक उदार बनाने के लिए ही नहीं था, धर्म में संशोधन कर शिया और सुन्नी

सम्प्रदाय स्थापित करने का ही नहीं था, बल्कि स्वयं धर्म को उसके सार्वभौम उच्चासन से हटा कर उसकी जगह पर एक दूसरे दर्शन को स्थापित करने के लिए था। ज्ञान का यह नया आधार था भौतिक विज्ञान और तार्किक जिज्ञासा। सोलहवीं शताब्दी तक विज्ञान ने इतनी उन्नति कर ली थी कि वह एक रेखाचित्र की भाँति विश्व को एक नया दर्शन दे सकता था जो तर्क और बुद्धिगम्य हो और जिसे स्वीकार करने के लिए पोप और पादरियों की मुहर की ज़रूरत न पड़े। गैलीलियो को पादरियों ने मरवा डाला परन्तु गैलीलियो ही नये युग की भावना का प्रतीक बना। विज्ञान और उसके अनुसन्धानों ने इस तरह मध्यम वर्ग के हाथ में न केवल उत्पादन के नये साधन दिये जिससे वे समाज के अन्य वर्गों पर अपना आधिपत्य स्थापित कर सकें, बल्कि एक विश्व-दर्शन भी दिया जिससे ये धर्म की सांस्कृतिक दासता से मुक्त हो सकें।

इस प्रकार पूँजीवादी वर्ग के लिए राज्य और शासन की सत्ता के लिए ईश्वर-प्रदत्त अधिकारों की आवश्यकता नहीं रह गयी और राज्य एवं शासन के लिए एक अलग विज्ञान-शास्त्र की उत्पत्ति हुई जिसका नाम राजनीति है। इस नये विज्ञान की आधारशिलाएँ तर्क, बौद्धिक अनुभव और सामाजिक आवश्यकता थी। नवयुग के प्रथम राजनीतिशास्त्री मैकियावेल्ही ने राज्य की सत्ता को सर्वोपरि घोषित करते हुए चर्च के लुप्त प्राय अधिकारों का फ़ातिहा पढ़ डाला। धीरे-धीरे राजनीति और राजनीतिक आवश्यकताओं ने अपना एक अलग अस्तित्व बना लिया।

सांस्कृतिक दृष्टि से नया पूँजीवादी मध्यम वर्ग अपनी ऐतिहासिक ज़िम्मेदारी को निभाने के लिए अच्छी तरह समर्थ था क्योंकि उसके तर्क और बुद्धि के अस्त्र स्वभावतः रूढ़ियों और पुरातन विश्वासों की अपील से कहीं ज़्यादा मज़बूत पड़ते थे। ख़ासतौर से उस समय जब इन रूढ़ियों की दुहाई देने वाले वर्ग की ताक़त टूट चुकी हो और वह समाज के नेतृत्व से च्युत हो चुका हो। पूँजीवाद मुक्त प्रतियोगिता का वाद है। इसी मुक्त प्रतियोगिता के बल पर उसने सामन्तों को भी परास्त किया और इसी के बल पर उसने सामन्तवादी मूल्यों को भी स्थानच्युत किया। अतएव स्पष्ट है कि पूँजीवाद के लिए उस सांस्कृतिक एकाधिकारवाद की कोई ज़रूरत नहीं थी जो चर्मन या अरब बर्बरों के लिए अनिवार्य थी।

इसके अतिरिक्त एक बात और है। यद्यपि तर्क की नयी लहर ने धार्मिक विश्वासों की जड़ इस तरह हिला दी थीं कि उसका स्वामित्व हमेशा के लिए समाप्त हो गया, लेकिन धर्म द्वारा प्रचारित विश्व-दर्शन का स्थान लेने के लिए उतना ही विशद और असन्दिग्ध विश्व-दर्शन देने की सामर्थ्य अभी विज्ञान में नहीं हुई थी। सत्य तो यह है कि धर्म और धार्मिक भावना तब तक पूर्णरूपेण समाज से

विनष्ट नहीं हो सकती जब तक वर्ग-संघर्ष समाज में चलेगा। कारण यह है कि शुद्ध वैज्ञानिक मानवीय दर्शन अपने तार्किक सामंजस्य के कारण वर्गहीन समाज का ही दर्शन होगा। अतएव एक वर्ग द्वारा दूसरे वर्ग के शोषण, और समाज में चलने वाले द्वन्द्व का सामंजस्य कोई भी तार्किक सिद्धान्त या सांस्कृतिक मूल्य नहीं कर सकते। वर्ग-समाज वर्ग-मूल्यों को ही जन्म देगा। और चूँकि वर्ग-मूल्य समस्त समाज को निर्द्वन्द्व आत्मसात् नहीं कर सकते, अतएव अपने अन्तिम रूप में वे कभी भी तार्किक या बुद्धिवादी नहीं हो सकते। इस द्वन्द्व को न्यायपूर्ण सिद्ध करने या इससे पलायन करने, दोनों ही के लिए बुद्धिविरोधी प्रवृत्तियों का सहारा लेना पड़ेगा। इससे स्पष्ट हो जायेगा कि पूँजीवाद क्यों धर्म को समाज से समूल नष्ट नहीं कर सकता, यद्यपि वह उसे चुनौती दे सकता और कमज़ोर कर सकता है। इससे यह भी स्पष्ट हो जायेगा कि क्यों पूँजीवाद के दार्शनिक बुद्धि का सहारा लेकर चलते हुए भी अन्त में अनिवार्यतः रहस्यवादी और ईश्वरवादी या धर्मवादी हो जाते हैं।

अस्तु, विज्ञान ने धर्म के मुक़ाबले में उतना ही पूर्ण दर्शन पुनर्जागरण के समय में प्रस्तुत नहीं किया, परन्तु रेखाचित्र अवश्य प्रस्तुत कर दिया। इस रेखाचित्र में इतनी सम्भावनाएँ थीं कि समस्त वैज्ञानिक और विचारक एक बार आशा और उत्साह से आन्दोलित हो उठे। जिसे जहाँ समझ में आया, अपनी बुद्धि के अनुरूप चारों ओर दौड़ पड़ा उन रंगों को खोजने और अपनी तूलिका में प्रयोग करने के लिए जिनसे पूरा चित्र तैयार हो सके। चूँकि ख़ाली जगह बहुत पड़ी थी, अतएव कहीं कोई रोक नहीं थी। ग्रीस-रोम एक बार फिर जीवित हुए। अनुसन्धान और आलोचना की धूम मची।

अतः संस्कृति और विचारधारा के क्षेत्र में उठते हुए पूँजीवादी मध्यम वर्ग ने जिन मूल्यों को प्रतिष्ठापित किया, वे संक्षेप में ये हैं : एक, धर्म की जगह ज्ञान की तर्कपूर्ण और बुद्धिवादी धारा ने ले ली। अधिकारी वर्ग के शासन का शास्त्र अब धर्म न होकर राजनीतिशास्त्र हो गया। दूसरे, विचारों की स्वतन्त्रता और उनकी मुक्त प्रतियोगिता का दौर शुरू हुआ। टोटैलिटेरियन सेंसर का पतन हुआ। तीसरे, अनुसन्धान, आलोचना और अन्वेषण की प्रवृत्ति जागरित हुई। चौथे, कोई ऐसा निर्विवाद विश्व-दर्शन या शास्त्र न रह गया जो विचारों की समस्त धाराओं को आत्मसात् कर ले। अतएव इस युग के मूल्य का मापदण्ड केवल व्यक्तिवाद ही है। सब मिलाकर पूँजीवाद को अपने उज्ज्वल भविष्य और सांस्कृतिक उत्तमता में इतना अधिक आत्मविश्वास था कि उसके लिए टोटैलिटेरियनिज़्म की आवश्यकता नहीं रह गयी।

इन मूल्यों के चलते साहित्य की वो सर्वमुखी उन्नति हुई, उसका विस्तृत विश्लेषण करने की यहाँ कोई आवश्यकता नहीं जान पड़ती। पूँजीवादी योरोप की विश्व-साहित्य में जो देन है, वह हमारे लिए निकट की चीज़ है। मध्यमवर्गीय प्रजातन्त्र और प्रजातान्त्रिक भावना के साथ साहित्य के इस विस्तार को देखकर, अवश्य ही तुलना में यूनानी प्रजातन्त्र और ईरान के उदार युग की साहित्यिक प्रगति, और विरोधाभास-स्वरूप मध्यकाल का समस्त अन्धकार याद आ जाता है। हम यहाँ धर्म को चुनौती देने वाली उस नयी शक्ति की चर्चा करेंगे जिसे हमने राजनीति कहा है और जो धीरे-धीरे विज्ञान की सहायता से अपना एक पूर्ण विश्व-दर्शन प्राप्त करने का प्रयास करती रही है।

सत्रहवीं शताब्दी के मध्य तक, पूँजीवाद के प्रारम्भिक युग में अंग्रेज़ी साहित्य राजनीति या उसकी आवश्यकताओं से अधिकतर मुक्त रहा है। इसका अर्थ है कि बुर्ज़ुआ वर्ग का वह भाग भी राजनीति के सीधे सम्पर्क में था, तब तक उस वर्ग की आशाओं का प्रधान केन्द्र नहीं बना था। वे व्यक्तिवादी मूल्य, जिन पर समस्त बूर्ज़ुआ संस्कृति के उत्तम से उत्तम रूप आधारित हैं, जीवन के अन्य स्रोतों में भी प्रतिष्ठित होते रहे। साहित्य के इतिहासकारों के लिए शेक्सपीयर की राजनीतिक या सामाजिक धारणाएँ अभी भी रहस्य और विवाद का विषय बनी हुई हैं। यह बात केवल शेक्सपीयर के ही सम्बन्ध में नहीं, बल्कि कम-वेश एलिज़ाबेथ और उसके बाद के काल के सभी साहित्यों पर लागू होती है। शायद एक बेकन को छोड़कर—यद्यपि मैं नहीं समझता कि बेकन ने भी अपनी साहित्यिक रचनाओं को सीधे राजनीतिक आवश्यकताओं के लिए प्रयोग किया। परन्तु इतना निर्विवाद है कि कई दृष्टिकोणों से सोलहवीं शताब्दी के उत्तरार्ध और सत्रहवीं का पूर्वार्ध इंग्लैण्ड के साहित्यिक इतिहास-रचना, कलात्मक कल्पना और पथ-प्रदर्शन का सबसे महान् युग है।

लेकिन पूँजीवाद के विस्तार के साथ समाज में राज्य और उसकी सत्ता को धारण करने वालों का प्रभुत्व बढ़ना आवश्यक है। सामन्तशाही के अन्तर्गत पुरोहितों का एक विशेष अभिजात वर्ग सांस्कृतिक नेतृत्व के लिए अलग होता है और जैसा हमने देखा कि प्रारम्भ में यह वर्ग राजसत्ताधारी आभिजात्यों से अधिक प्रभाववान था। बाद में धीरे-धीरे राजसत्ताधारी पुरोहितों के ऊपर हावी हो गये और जैसा राजा वैसा धर्म, का सिद्धान्त प्रतिपादित हुआ। पूँजीवाद के अन्तर्गत पूँजीपति 'वर्ग स्वयं सीधे-सीधे अपने हाथ में सत्ता ग्रहण नहीं करता, जैसा सामन्तों ने किया, बल्कि इस कार्य के लिए वह अपने ही वर्ग के विद्वानों का एक समूह 'बुद्धिजीवियों' का पोषण करता है। इस समूह पर पूँजीपतियों की

ओर से राज का भार सँभालने और सांस्कृतिक नेतृत्व करने, दोनों कार्यों का भार पड़ता है। इस प्रकार एक ही समूह के अन्तर्गत होने के कारण राजनीति और साहित्य के परस्पर सम्बद्ध हो जाने के बीज पूँजीवादी वर्ग-व्यवस्था के अन्तर्गत ही मौजूद हैं। यह सम्बन्ध किस अंश तक किस स्वरूप में होगा, यह पूँजीवादी व्यवस्था के क्रमिक विकास पर निर्भर है। जैसे-जैसे राज्य का क्षेत्र व्यापक होता गया, राजनीतिक आवश्यकताएँ विचार और दर्शन की अन्य शैलियों पर छाती गयीं, और सांस्कृतिक नेतृत्व राज के केन्द्र की ओर खिंचता गया।

मिल्टन (सत्रहवीं शताब्दी, उत्तरार्ध) इंग्लैण्ड का पहला महत्त्वपूर्ण साहित्यिक है जिसने तत्कालीन दलगत राजनीति में क्रियाशील भाग लिया। कुछ आलोचकों का कहना है कि मिल्टन ने वह सब केवल एक दल को दे डाला जो मानवता के लिए अभीष्ट था। फिर भी यह सत्य है कि मिल्टन की रचनाओं का एक बड़ा भाग ऐसा है जो राजनीतिक आवश्यकताओं द्वारा सीधे-सीधे नियमित नहीं है। एलिज़ाबेथ के समय के साहित्यकारों की तरह मुख्यतः उसकी रचनाओं का उद्देश्य राजनीतिक प्रचार की जगह मध्यम वर्ग के मानवीय मूल्यों पर ज़ोर देना ज़्यादा है।

इसके विपरीत अठारहवीं शताब्दी का साहित्य ड्राइडन से लेकर जॉनसन तक तत्कालीन राजनीतिक प्रचार और उसकी दलबन्दियों से सीधा जुड़ा हुआ है।

> "सारा राष्ट्र जैसे दो दलों में विभक्त हो गया था। लगभग सभी लेखक ख़रीदे जा सकते थे। कुछ एक अपवादों को छोड़कर अच्छे से अच्छे लेखक भी किसी न किसी राजनीतिक दल के आर्थिक संरक्षण में थे। साहित्य राजनीति और कूटनीति का सेवक बन गया।" (वायट—अंग्रेज़ी साहित्य का इतिहास)

गद्य को पत्रकारिता से, जिसका उदय उसी समय हुआ था, विशेष बल प्राप्त हुआ। और पत्रकारिता साहित्य का वह अंग है जो राजनीति के सबसे निकट है। इसके अतिरिक्त काव्य में भी राजनीतिक व्यंग्य का ही प्राधान्य रहा।

उन्नीसवीं शताब्दी में एक तरफ़ फ्रांस की क्रान्ति और दूसरी तरफ़ पूँजीवादी वर्ग के भीतर विरोधाभास की सम्भावनाओं के उदय, और मज़दूर वर्ग के प्राथमिक आन्दोलन के साथ हम बूर्जुआ साहित्य और राजनीति में कुछ परिवर्तन पाते हैं। फ्रांस की क्रान्ति ने योरोप के मध्यम वर्ग को फिर आदर्शों से आन्दोलित कर दिया, दूसरी ओर इंग्लैण्ड में पूँजीवाद के आर्थिक दुष्परिणामों ने बहुतों को चिन्तित भी किया। इन दो कारणों से मध्यमवर्गीय व्यक्तिवादी मूल्यों के ऊपर ज़ोर अधिक बढ़ गया और अठारहवीं शताब्दी की दलगत साहित्यिक धारा कुछ मन्द पड़ गयी। रोमाण्टिक कवियों को एलिज़ाबेथ-युगीन साहित्य अधिक निकट

मालूम पड़ने लगा। लेकिन यह ध्यान देने योग्य है कि उन्नीसवीं शतब्दी का रोमाण्टिक साहित्य दार्शनिक मूल्यों पर ज़ोर देने के बावजूद भी एलिज़ाबेथ-युगीन प्रारम्भिक पूँजीवादी साहित्य की तरह राजनीति से असम्पृक्त नहीं है। वर्ड्सवर्थ, शेली, बायरन, आदि समस्त साहित्यिक अपने युग के क्रियाशील क्रान्तिकारियों में से रहे हैं। वायवी वातावरण में विचरण करने वाला शेली भी मुख्यतः अपने को राजनीतिक कार्यकर्ता ही समझता है। फ्रांस और जर्मनी के रोमाण्टिक साहित्यकारों के ऊपर रूसो और हेगेल की सीधी छाप है जो मुख्यतः राजनीतिक समस्याओं के दार्शनिक हैं। बल्कि फ्रांस और जर्मनी के रोमाण्टिक साहित्यकार तो तत्कालीन राजनीतिक दलों के साथ-साथ चलने वाले रहे हैं। राज्य का विस्तार समाज पर कुछ इस तरह हो गया था कि उन्नीसवीं शताब्दी के साहित्यकारों के लिए उसे भुलाकर एलिज़ाबेथ के युग की पुनरावृत्ति करना असम्भव था।

उन्नीसवीं शताब्दी का उत्तरार्द्ध पूँजीवाद के आन्तरिक संकट का युग है। पूँजीवाद के भीतर छिपे हुए विरोधाभास ने धीरे-धीरे उत्कट रूप धारण किया और स्वयं मध्यम वर्ग की पुरानी सत्ता को चुनौती देने के लिए मज़दूरों के नेतृत्व में नयी शक्तियों का उदय हो गया। शासक वर्ग की राजनीति का आदर्श और उसकी प्रेरक स्फूर्ति बदल कर अपने दमनात्मक और प्रतिक्रियावादी स्वरूप में दिखलायी पड़ने लगी। योरोपीय पूँजीवादी के लिए तो साम्राज्यवाद के अतिरिक्त जीवित रहने का और कोई साधन ही नहीं रह गया। दूसरी ओर वे ही स्वतन्त्रता, समता और भ्रातृत्व के मानव-मूल्य मज़दूरों द्वारा घोषित किये जाने पर स्वयं मध्यम वर्ग के अस्तित्व के लिए ख़तरा बन गये।

इंग्लैण्ड के पूँजीवादी युग के लम्बे युग पर विहंगम दृष्टि डालने पर दो बातें दिखायी पड़ती हैं। एक, धर्म का स्थान धीरे-धीरे राजनीति ने ले लिया और जैसे-जैसे समय बीतता गया, समाज और विज्ञान की वृद्धि होती गयी तथा राजनीति का विस्तार अधिक होता गया। दूसरे, राजनीति और साहित्य का सम्बन्ध स्वतन्त्र प्रभाव का सम्बन्ध रहा है। कभी भी वह मध्यकाल की भाँति टोटैलिटेरियन नहीं रहा है। और ग्रीस तथा ईरान की कला-स्वतन्त्रता को ध्यान में रखने के बाद यह परिणाम निकलता है कि कला और साहित्य में कुछ ऐसा तत्त्व है जो एकाधिकार से कुण्ठित हो जाता है और साहित्य के स्वरूप, शैली और उसके सांस्कृतिक स्तर के विकास और उत्कर्ष के लिए स्वतन्त्र और स्वानुभव का वातावरण बहुत ही अधिक मौजूँ है।

1923 के बाद रूस के कम्युनिज़्म और इटली तथा जर्मनी के फ़ासिज़्म ने सहसा साहित्य और राजनीति के धीरे-धीरे बढ़ते हुए स्वतन्त्र सम्बन्ध को आन्दोलित कर

दिया और एक नये प्रकार के सम्बन्ध की घोषणा की। हमारी आँखों के सामने मध्यकालीन टोटैलिटेरियन स्वरूप की पुनरावृत्ति-सी होती हुई दिखलायी पड़ी।

फ़ासिज़्म ने कभी अपने को केवल एक राजनीतिक कार्यक्रम नहीं कहा। बल्कि फ़ासिस्ट अपने को मुख्यतः एक सांस्कृतिक आन्दोलनकारी ही कहते रहे। इस सांस्कृतिक उत्थान का माध्यम राज माना गया। एक दल खड़ा हुआ जिसने अपनी आवश्यकताओं को राज की और राज की आवश्यकताओं को समस्त राष्ट्र की आवश्यकता घोषित किया। और इसके पीछे वही मध्ययुगीन ईसाई चर्च की तरह अपने पक्ष में अखण्ड विश्वास और किंचित् विरोध को भी न बरदाश्त करने की भावना थी। डॉ. गोयबेल्स ने कहा,

> "चूँकि हम नेशनल सोशलिस्टों का विश्वास है कि जो कुछ हम कहते हैं, वही पक्ष ठीक है, अतएव हम किसी ऐसे दूसरे को बरदाश्त नहीं कर सकते हैं जो अपने को ठीक कहता हो। क्योंकि यदि दूसरा भी ठीक है तो वह अवश्य नेशनल सोशलिस्ट होगा और यदि वह नेशनल सोशलिस्ट नहीं है तो सीधी बात है कि वह ठीक नहीं हो सकता।"

हमने ऊपर संकेत किया है कि पूँजीवाद के आन्तरिक संकट के कारण कला का मानवीय पक्ष स्वभावतः शोषक वर्ग का विरोधी हो गया। अतएव जिस प्रकार पूँजीवाद ने अपनी ढहती हुई इमारत को फ़ासिज़्म के ज़रिये बचाने की कोशिश की, उसी प्रकार उसने कला और साहित्य को राजनीति की दासी बनाकर उसकी मानवोचित आत्मा का हनन करने की ठानी। साहित्य केवल पत्रकारिता या प्रचार का ही दूसरा नाम रह गया। अठारहवीं शताब्दी के इंगलैण्ड में भी साहित्य राजनीति का सेवक बना था। लेकिन उस समय यह सम्बन्ध टोटैलिटेरियन नहीं था, इसीलिए विचारों और अनुभवों की गहराई में तो उस काल के कलाकार नहीं जा सके, लेकिन कम-से-कम उन्होंने कला के एक पक्ष—उसकी शैली और स्वरूप को बहुत निखारा। लेकिन फ़ासिज़्म ने विचारों में तो साहित्य को अवरुद्ध किया ही, साथ-ही-साथ उसके स्वरूप को भी इतना बिगाड़ा कि स्वयं पूँजीवादी कला की सारी परम्परा जैसे लुप्त हो गयी।

राजनीतिक तानाशाही का दूसरा रूप सोवियत रूस में दिखलायी पड़ता है। अन्वेषण के एक विभाग, भाषाविज्ञान की दशा देखिये :

> 'सोवियत रूस में भाषाविज्ञान के क्षेत्र में भी तथाकथित नयी शिक्षा योजना की हल्की से हल्की आलोचना करने वालों को उत्पीड़न का शिकार बनाया गया और भाषाविज्ञान के अधिकारी वर्ग ने आलोचना को बिल्कुल ख़त्म कर दिया। एन.वाई. मार की शिक्षा के प्रति ज़रा भी आलोचनात्मक दृष्टिकोण

रखने के कारण, उसके प्रति थोड़ी भी असहमति व्यक्त करने के कारण, भाषाविज्ञान के अनुसन्धान में लगे हुए बहुत से अनुभवी कार्यकर्ता तथा अन्य लोग अपने पदों से अलग कर दिये गये या नीचे गिराये गये। इस क्षेत्र में लोग उच्चतम पदों पर अपनी वैज्ञानिक प्रतिभा के कारण नहीं, बल्कि एन.वाई. मार के सिद्धान्तों की बिना शर्त पुष्टि के बल पर प्रतिष्ठित किये गये हैं।'

लगता है कि ऊपर के शब्द सोवियत-विरोधी किसी अमेरिकन के लिखे हुए हैं। वस्तुतः ये शब्द सोवियत के भाग्य-विधाता स्टालिन के हैं। और यह भी किसी पुरानी दशा का चित्र नहीं है। यह अवस्था 20 जून, 1950 के प्रावदा द्वारा प्रकाशित की गयी है और उस समय की है जब सोवियत रूस स्टालिन के शब्दों में सोशलिज़्म से कम्युनिज़्म की ओर बढ़ रहा है। स्टालिन को इस पर आश्चर्य है कि वैज्ञानिकों ने सही बात के पक्ष में अपनी आवाज़ तब तक नहीं उठायी जब तक प्रावदा की ओर से इस विषय पर बहस का निमन्त्रण नहीं दिया गया। हमें भी आश्चर्य है कि ऐसा क्यों और क्यों कर होता है, यद्यपि हम जानते हैं कि सोवियत रूस में यह कोई ग़ैर-मामूली बात नहीं है।

स्टालिन ने स्वीकार किया है कि ऐसी दशा में विज्ञान का विकास असम्भव है। जब भाषाविज्ञान ऐसे विशुद्ध ऐतिहासिक विज्ञान के विषय में तानाशाही, एक दल और उसकी धारणाओं का एकछत्र प्रभुत्व है तो कला और साहित्य के क्षेत्र में जो सामाजिक जीवन से कहीं अधिक निकट है, तानाशाही और उसके दुष्परिणामों का अन्दाज़ लगाया जा सकता है।

जर्मन साहित्यकार और कम्युनिस्ट पार्टी के भूतपूर्व सहगामी आर्थर कोस्टर ने 'दि गाड दैट फेल्ड' में विशद् वर्णनों तथा उदाहरणों द्वारा बताया है कि किस प्रकार कम्युनिस्ट पार्टी को राजनीतिक आवश्यकताओं के लिए नित्य एक फटेहाल लेखक को महान् कलाकार, और अरसे से जमे हुए साहित्यकार को शब्दों का भिखारी बनाने की क्रिया होती रहती है।

तानाशाही पर आधारित सोवियत साहित्य प्रचार का अच्छा साधन हो सकता है, सम्भवतः वह स्टालिन के भाषण या कम्युनिस्ट पार्टी की थीसिस की तरह लाखों कम्युनिस्टों को कर्मठ क्रियाशीलता के लिए भी तैयार कर सके, परन्तु उसमें वह कलात्मक सौन्दर्य कहाँ है जो शब्दों के एक समूह को साहित्य की संज्ञा प्रदान करता है और उसे पैदा करने वाले वर्ग की संस्कृति को मानव-इतिहास में मूल्यवान बनाता है? उत्कट शोषण पर अपना वर्गराज तो दास-स्वामी ग्रीकों ने भी चलाया, और सामन्तशाही जर्मनों ने भी, लेकिन जहाँ ग्रीक और रोमन संस्कृति

विश्व-इतिहास में अमूल्य और मनुष्य की परम्परागत विजयों का उज्ज्वल प्रतीक है, वहाँ सामन्तशाही संस्कृति केवल अन्धकार का युग है, मूल्यहीन, प्रभावहीन।

मार्क्सवाद साहित्य और कला को वर्ग-संघर्ष में केवल प्रचार और शिक्षा का अस्त्र मात्र नहीं मानता, बल्कि वह उसे किसी वर्ग की कलात्मक, सौन्दर्यवान और मानवोचित प्रवृत्तियों की सांस्कृतिक और मानसिक प्रगति का चरम प्रतिफल भी मानता है जिसके कारण मनुष्य के इतिहास में किसी वर्ग अथवा वर्गहीन समाज का मूल्य है। जिस तरह आज राजनीति से साहित्य को अलग रखने का नारा लगाने वाले मध्यमवर्गीय कलाकार प्रतिक्रियावादी हैं, उसी तरह राजनीति की तानाशाही में क़ैद करके समस्त साहित्य को पार्टी का अस्त्र मात्र घोषित करने वाले कला के दुश्मन हैं। मार्क्स साहित्य को इन दोनों संकुचित दृष्टिकोणों से अलग समझता है। वह साहित्य को केवल पार्टी नहीं, पूरे वर्ग के सांस्कृतिक प्रयास की उत्पत्ति मानता है। पार्टी के महत्त्व को समझते हुए भी मार्क्सबाद कभी भी पार्टी और वर्ग को एक नहीं मानता। वह साहित्य को उसकी ऐतिहासिक पृष्ठभूमि में परखता है, उसके उन आन्तरिक नियमों की घोषणा करता है जिनसे आज तक वह नियमित होता आया है। और इन्हीं ऐतिहासिक नियमों के आधार पर वह नयी संस्कृति के निर्माण का प्रयास करता है। जो मज़दूर-किसान को जाग्रत करे और मनुष्यता के चरम उत्कर्ष का संकेत दे। मार्क्सवादी साहित्यकार किसानों-मज़दूरों के संघर्ष का सचेत गायक होता है। यह उसका तात्कालिक राजनीतिक पहलू है। साथ-साथ वह जनता की कलात्मक प्रवृत्तियों का उत्थान कर नयी संस्कृति का पथ प्रशस्त करता है। यह उसका स्थायी मूल्यों पर आधारित मानवोचित पहलू है।

साहित्यकारों के सम्मुख आज यह प्रश्न है कि राजनीति और साहित्य का सम्बन्ध क्या हो? एक बार इस समस्त ऐतिहासिक पृष्ठभूमि के स्पष्ट हो जाने पर इस प्रश्न का उत्तर भी अपने आप स्पष्ट हो जाता है। उठती हुई जनता का साहित्य अनिवार्यतः बड़े अंश में राजनीति से प्रभावित होगा, इसलिए कि राजनीति जनता के उत्थान का आवश्यक माध्यम है। परन्तु यह प्रभाव टोटैलिटेरियन स्वरूप नहीं ग्रहण करेगा क्योंकि आदिकाल से साहित्य मुक्त वातावरण में ही पुष्पित होता आया है। इसके अतिरिक्त आज जनता की शक्ति इतनी बढ़ गयी है और उसकी सांस्कृतिक चेतना, उसका विश्व-दर्शन इतना पुष्ट हो चुका है कि सहज ही वह पूँजीवादी पतनोन्मुख संस्कृति को मुक्त बौद्धिक प्रतियोगिता में ही पछाड़ सकती है, ठीक उसी तरह जैसे पूँजीवाद ने बिना साहित्यिक तानाशाही के सामन्तवादी मूल्यों को विनष्ट कर डाला।

मार्क्सवादी साहित्यकार के दो उपर्युक्त पहलुओं को ध्यान में रखते हुए हम आज के साहित्य को दो हिस्सों में बाँट सकते हैं। एक तो वह साहित्य जो तात्कालिक और विशुद्ध राजनीतिक है। यह राजनीतिक साहित्य घोर प्रतिक्रियावादी और जनवादी दोनों प्रकार का हो सकता है। और ऐसे राजनीतिक साहित्य की ऐतिहासिक भूमिका को परखने का साधन केवल राजनीतिक दृष्टिकोण हो सकता है।

परन्तु तात्कालिक राजनीतिक साहित्य के अतिरिक्त एक बड़ा हिस्सा ऐसा भी है जो कला और संस्कृति के अन्य मूल्यों पर अधिक महत्त्व देता है। किसी भी वर्ग के साहित्य की रचना में केवल अपने तात्कालिक संघर्ष या राजनीतिक उत्थान-पतन पर ही ज़ोर नहीं दिया गया। इतिहास साक्षी है कि राजनीति के अतिरिक्त अपने वर्ग की कलात्मक और मानवीय दृष्टि को भी पुष्ट करना वर्ग-साहित्य की बड़ी ज़िम्मेदारी रही है। जो आलोचक मार्क्सवाद के नाम पर साहित्य के प्रत्येक उतार-चढ़ाव को तात्कालिक राजनीतिक या आर्थिक परिस्थिति से ही सम्बद्ध करते हैं, वे मार्क्सवाद को यान्त्रिक बनाकर उसे बिगाड़ते हैं। वे इसे भूल जाते हैं कि साहित्य के विकास के अपने भी नियम हैं जिन पर उसका कलात्मक पहलू बहुत कुछ आधारित होता है।

पार्टी और साहित्यकार में स्वतन्त्र या प्रजातान्त्रिक सम्बन्ध रहने पर अवश्य ही यह पहलू विकसित होगा। ऐसे साहित्य की आलोचना का आधार पार्टी द्वारा किये जाने वाले वर्ग-संघर्ष की सामरिक अवस्था न होकर विश्व-इतिहास में जनता की नयी ऐतिहासिक भूमिका होगी। पहली कसौटी यदि राजनीतिक है तो दूसरी कसौटी मानव-मूल्यों की है। आचार्य नरेन्द्रदेव के शब्दों में, 'भारतवर्ष की नयी संस्कृति के साहित्यकार के सामने ये मूल्य हैं—लोकतन्त्र, अन्तरराष्ट्रीयता और सामाजिक प्रगति।' इटली के समाजवादी नेता इग्नेजियो सिलोन के शब्दों में,

> 'सिद्धान्तों के बल पर हम सम्प्रदाय स्थापित कर सकते हैं, परन्तु मूल्यों के आधार पर हम संस्कृति का निर्माण कर सकते हैं। लोकतान्त्रिक समाजवाद इस ऐतिहासिक अनुभव को भुलाकर उत्कृष्ट साहित्य की रचना नहीं कर सकता।'

अगस्त, 1950 *छठवाँ दशक से*

मार्क्सवादी समीक्षा और उसकी कम्युनिस्ट परिणति

मार्क्स और एंगेल्स मूलतः आर्थिक-राजनीतिक विचारक हैं। मार्क्स और एंगेल्स की साहित्य में गहरी दिलचस्पी थी और कहा जाता है कि मार्क्स ने बालज़ाक की विस्तृत समीक्षा लिखने का विचार भी किया था, परन्तु राजनीतिक व्यस्तताओं के कारण यह संकल्प पूरा न हो सका। यदि यह संकल्प पूरा होता तो बहुत शुभ होता, क्योंकि तब हमें मार्क्स की प्रणाली का विस्तृत रूप समझने को मिलता। मार्क्स के ऐतिहासिक भौतिकवाद की पद्धति में कला, विशेषतः साहित्य का क्या स्थान है, इसे जानने के लिए आज हमारे पास मार्क्स की साधारण विचारधारा, सामाजिक-आर्थिक ग्रन्थों में आये हुए कला अथवा साहित्य-सम्बन्धी छिट-पुट उल्लेख तथा पत्रों और सामयिक समीक्षाओं में साहित्यिक कृतियों अथवा साहित्यकारों पर प्रकट किये हुए संक्षिप्त विचार, इतनी सामग्री ही उपलब्ध है। स्पष्ट है कि साहित्य और सौन्दर्य जैसे विशिष्ट विषय की समीक्षा के लिए, जिसमें मात्र एवं आग्रह-मात्र के भेद से पद्धति और विश्लेषण में भारी अन्तर पड़ जाने की सम्भावना रहती है, इतनी सामग्री पर्याप्त नहीं है। इसलिए मान्यताओं की स्थापना थोड़ी सावधानी बरतने की आवश्यकता है।

सबसे पहले मार्क्स की मानव-चेतना-सम्बन्धी साधारण विचारधारा को ही लें। इस सम्बन्ध में उनके आधार और प्रासाद वाले रूपक से सभी परिचित हैं। आजकल अधिकतर कम्युनिस्ट समालोचना में इस उदाहरण की ही बाढ़ दिखलाई पड़ती है। मार्क्स ने इस सिद्धान्त को 'क्रिटिक ऑफ़ पॉलिटिकल इकोनॉमी' में व्यक्त किया है :

> "उत्पादन-सम्बन्धों के कुल जोड़ से समाज का आर्थिक ढाँचा बनता है जो असली आधार है और उसी के ऊपर क़ानूनी और राजनीतिक प्रासाद खड़ा होता है जिसके अनुरूप सामाजिक चेतना के निश्चित स्वरूप बनते हैं। भौतिक जीवन से उत्पादन की प्रणाली ही सामान्यतः सामाजिक, राजनीतिक और बौद्धिक जीवन की प्रक्रियाओं का नियमन करती है। लोगों की चेतना

> उनकी अवस्था का नियमन नहीं करती, बल्कि उनकी सामाजिक अवस्था ही उनकी चेतना का नियमन करती है।"

लेकिन यह 'नियमन' करने की क्रिया मार्क्सीय पद्धति में उतनी आसान और सीधी नहीं है जैसा कि साधारणतः समझा जाता है। साधारण ढंग से हम यों कह सकते हैं : राजनीति, विधान, धर्म, दर्शन, साहित्य और कला आदि उच्च मानसिक क्षेत्रों में हम समाज के नक़्शे की छाप देख सकते हैं। यह छाप कहीं सीधी है तो कहीं इतनी धुँधली और अपरिचित कि पहचानना कठिन हो जाता है। फिर ये बौद्धिक या मानसिक प्रक्रियाएँ बराबर अपनी सामाजिक जड़ों से दूर होती जाती हैं, अपना अलग वर्ग स्थापित करती हैं, अपने स्वतः विकासमान नियम बनाती हैं और स्वयं सामाजिक आधार को प्रभावित करती हैं। इस प्रकार सामाजिक संगठन की छाप में भारी अन्तर पड़ जाता है। ऐसी दशा में मार्क्स का विशेष आग्रह इस बात पर है कि हर बौद्धिक प्रवाह या प्रक्रिया की गति को 'हर दृष्टान्त में अलग-अलग व्यावहारिक और प्रयोगशील अनुशीलन के आधार पर, बिना किसी रहस्यात्मकता या दिमाग़ी उड़ान के' समझा और देखा जाय।

चेतना-प्रक्रिया के कुछ स्वरूप आधार के अधिक निकट होते हैं और कुछ दूर।

> "जिस क्षेत्र का हम अनुशीलन कर रहे हैं, वह आर्थिक जगत् से जितनी ही दूर और शुद्ध कल्पनात्मक विचारधारा के जितना ही निकट होगा, उतना ही उसके विकास में हमें आकस्मिक घटनाओं का आधिक्य दिखलायी पड़ेगा, उतने ही उसकी रेखा में हमें घुमाव-फिराव नज़र आयेंगे।"[1]

इस प्रकार सामाजिक प्रभाव की दृष्टि से बौद्धिक प्रक्रिया के स्वरूपों के एक सोपान की कल्पना की गयी है। इस बात का याद रखना अत्यन्त आवश्यक है, क्योंकि जैसा हम आगे चलकर देखेंगे, मार्क्सवाद के उत्तराधिकारियों ने धीरे-धीरे इन सोपानों के अंजर-पंजर ढीले कर दिये और प्रगतिवाद तथा सामाजिक यथार्थ के नाम पर ऊँची उड़ानों को ज़मीन पर रेंगने के लिए विवश कर दिया।

'लुडविग फ़ायरबाख़' में एंगेल्स की यह सोपानमूलक कल्पना स्पष्ट है। इसके अनुसार विधान और राजनीति-शास्त्र के क्षेत्र 'आधार' के सबसे निकट है। इनसे भी "ऊँची उड़ने वाली विचारधाराएँ, अर्थात् वे जो आर्थिक आधार से और भी दूर हैं, धर्म और दर्शन का रूप ग्रहण करती हैं।" अथवा "धर्म भौतिक जीवन से सबसे अधिक दूर है और उससे सबसे अधिक अलग मालूम पड़ता है।"[2] धर्म की विवेचना में एंगेल्स ने दो मार्के की बातें कही हैं। जहाँ तक

---

1. फ्रेडरिक एंगेल्स : हान्ज स्टार्केनवर्ग के नाम पत्र, 25 जनवरी, 1895।
2. एंगेल्स : 'लुडविग फ़ायरवाख़'।

"विचारधारा के उन स्वरूपों का सम्बन्ध है जो हवा में और ऊँची उड़ान भरते हैं, जैसे धर्म, दर्शन आदि, इनके पीछे एक प्रागैतिहासिक पूँजी होती है, जिसे हम आज निरर्थक कल्पना ही कह सकते हैं और यह पूँजी ऐतिहासिक युग में भी चालू रहती है।... इस तमाम आदिकालीन ऊल-जलूल के लिए आर्थिक कारण खोजना या उसमें सिर खपाना निस्सन्देह पाण्डित्य-प्रदर्शन की सीमा होगी।"[1]

दूसरी बात यह कि

"इसलिए : एक बार जब धर्म बन जाता है तो उसमें हमेशा रूढ़िगत तत्त्व उपस्थित रहते हैं, जिस तरह सभी चेतना क्षेत्रें में रूढ़ि एक ज़बर्दस्त परम्परावादी शक्ति का काम करती है।"[2] साहित्य और कला के इतिहास में 'धर्म और दर्शन' तथा रूढ़ियों की परम्परावादी शक्ति' का कितना हाथ है, यह 'व्यावहारिक और प्रयोगशील अनुशीलन' का विषय है, 'दिमाग़ी उड़ान' का नहीं।

इस सोपान में कला और साहित्य का स्थान कहाँ है? ग्रीक कला का विवेचन करते हुए मार्क्स ने कहा है :

"ग्रीक कला, ग्रीक पुराण को पहले मानकर ही चलती है। ...यह तथ्य सर्वविदित है कि ग्रीक-पुराण न केवल ग्रीक-कला का कोष था बल्कि वह धरती थी जिससे वह निकली और फली-फूली।"[3]

यह याद रखने की बात है कि यह धर्म अथवा पुराण वही 'ऊल-जलूल' है जिसकी हर सूरत के लिए 'आर्थिक कारण' नहीं खोजा जा सकता और जो आर्थिक आधार से बहुत दूर क्या 'सबसे अधिक दूर' है।

इस प्रकार हम देखते हैं कि कविता धर्म से भी एक सीढ़ी ऊपर है। प्लेख़ानोव और कॉडवेल ने भी इसको माना है, यद्यपि उनके रास्ते अलग-अलग हैं। यहाँ कॉडवेल के विश्लेषण के एक पहलू का ज़िक्र करना दिलचस्प होगा। कॉडवेल ने पुराण के दो युग माने हैं। एक भेदहीन आदिकालीन साम्यवादी समाज का युग : इसमें पुराण जीवित रहता है अर्थात् हर नये अनुभव के साथ उसमें नये देवी-देवता, नयी अलौकिक लीलाएँ जुड़ती चलती हैं। कॉडवेल के अनुसार वहाँ पुराण और काव्य एक दूसरे से एकात्म होते हैं। दूसरा युग वह है जब समाज वर्गों में बँट जाता है। यहाँ पुराण जड़ हो जाता है।

---

1. मार्क्स : 'क्रिटिक ऑफ़ पोलिटिकल इकोनॉमी'।
2. एंगेल्स : कानराड श्मिट, को पत्र, 27 अक्तूबर, 1890।
3. एंगेल्स : 'लुडविग फ़ायरबाख़'।

नये देवी-देवता अब उसमें नहीं जुड़ सकते और पुराने देवताओं या लीलाओं के लिए भी एक सचेत-प्रक्रिया 'विश्वास' या 'आस्था' की आवश्यकता हो जाती है, जिसका आधार शासकवर्ग की शक्ति होती है। यहाँ से कविता और पुराण के रास्ते अलग हो जाते हैं। भारतीय समाज का इतिहास योरोप के तथाकथित मार्क्सवादियों को किस प्रकार पग-पग पर झुठलाता है इसका यह एक अच्छा उदाहरण है। कॉडवेल ने शायद यह कभी सुना भी न होगा कि भारत नाम के इस विचित्र देश में अठारह पुराणों का जन्म वर्ग-समाज के अन्दर हुआ, तैंतीस करोड़ देवता बने (और एक से एक काव्यमय), गौतम बुद्ध ईश्वर के अवतार हो गये, जयचन्द, विद्यापति और सूरदास-जैसे कवियों ने मिलकर राधा नाम की एक नयी देवी की स्थापना कर दी, तुलसीदास ने 'मानस' में एक नया ही पुराण बनाकर खड़ा कर दिया। और न जाने कितनी और ऐसी रंग-बिरंगी कल्पनाएँ उभरीं, चमकीं और जनता के गले का हार बन गयीं—और इस सबके लिए न तो किसी शासकवर्ग की आवश्यकता पड़ी, न किसी केन्द्रित चर्च-संगठन की, न ऊपर से लादे हुए 'विश्वास' की।

भारत के पूरे इतिहास में अंग्रेज़ों के जड़ ज़माने के पहले जीवन्त पौराणिक आख्यानों के निर्माण का काम कभी बन्द नहीं हुआ। साथ ही, आदिम जातियों के समाज की तरह पुराण और काव्य में पूरा एकात्म भी नहीं रहा। दोनों काव्यमय हैं, जीवन्त हैं। घुल-मिल भी जाते हैं। साथ ही अलग-अलग भी प्रवाहित होते हैं। परन्तु शुद्ध काव्य और पुराण में कालान्तर नहीं है।

इस्लाम के अभ्युदय और मध्यकालीन फ़ारसी काव्य में इन दोनों से अलग एक दूसरा ही दृश्य दिखलाई पड़ता है। यहाँ एक सिरे से पौराणिकता है ही नहीं, या है भी तो केवल स्वाद चखने-भर को। फ़िरदौसी ने 'शाहनामा' में कुछ मिलती-जुलती चीज़ खड़ी भी की, जो नमूना बनकर रह गयी।

यह कहना कि साहित्य समाज पर आधारित है एक बात है, कि साहित्य समाज की अनुकृति है, दूसरी बात है, और साहित्य सामाजिक यथार्थवाद है तीसरी और बिल्कुल भिन्न बात है। पहला निष्कर्ष यह है कि मार्क्स और एंगेल्स के विचार से साहित्य समाज पर आधारित है; उसे हम उसकी छाया भी कह सकते हैं, लेकिन यह बहुत ही बिगड़ी हुई, शायद चेतना के अन्य स्तरों की अपेक्षा सबसे अधिक बिगड़ी हुई छाया है और आर्थिक विकास से उसकी समानान्तरता उतनी ही स्पष्ट होगी "जितना लम्बा युग और जितना चौड़ा क्षेत्र हम अध्ययन के लिए लें।"[1]

---

1. एंगेल्स : स्टार्केनवर्ब को पत्र, 25 जनवरी, 1994।

साहित्यिक प्रतिच्छाया में यह परिवर्तन, विकृति या बिगाड़ क्यों पैदा होता है? साहित्य ही क्यों, चेतना के अन्य स्वरूपों में भी यह विकृति क्यों उत्पन्न होती है? मार्क्स और एंगेल्स का उत्तर स्पष्ट है। इसलिए कि चेतना के विकास की दिशा का निरूपण उसके विकास के नियम भी करते हैं। जितने वेग और स्वच्छन्दता के साथ ये नियम काम करते हैं उतना ही छाया में अन्तर पड़ता जाता है और जितना ही चेतना का स्वरूप 'ऊँची उड़ानें' लेगा, उतनी ही इन नियमों की क्रियाशीलता बढ़ती जायेगी। क़ानून के क्षेत्र में भी, जो एंगेल्स के अनुसार सामाजिक आधार के सर्वाधिक निकट है, यह विकृति पैदा होती है।

> "आधुनिक राज्य में क़ानून को न केवल सामान्य आर्थिक अवस्था का अनुसरण और उसकी अभिव्यक्ति करना पड़ता है, बल्कि उसे एक ऐसी अभिव्यक्ति भी होना पड़ता है जो 'अपने में तर्कसंगत' (ज़ोर एंगेल्स का) हो और जो अपने अन्तर्विरोधों के कारण स्पष्टतः असंगत न मालूम पड़े और इस संगति को प्राप्त करने के लिए आर्थिक स्थितियों की प्रतिपछाया में अधिक-से-अधिक काँट-छाँट होती जाती है।"[1] 'यह अपने में तर्कसंगत' अगर स्वतःसिद्ध नियम नहीं है तो क्या है?

आर्थिक विकास के अतिरिक्त, उसके बावजूद, और उसके साथ साहित्य में काम करने वाले ये अन्य नियम क्या हैं? यहीं पर इसका ख़याल आता है कि अगर मार्क्स बालज़ाक पर पुस्तक लिखने का संकल्प पूरा करता तो बड़ा ही शुभ होता क्योंकि यह अध्ययन और अनुशीलन का एक अलग ही क्षेत्र है। लेकिन फिर भी मार्क्स-एंगेल्स का दृष्टिकोण उस सम्बन्ध में स्पष्ट है। स्वयं आर्थिक-उत्पादन के क्षेत्र में मार्क्स का कहना है :

> "जानवर सिर्फ़ अपनी जाति की माप और आवश्यकता के अनुसार निर्माण करते हैं, जबकि आदमी हर जाति की माप के अनुसार निर्माण करता है और हर जगह तद्विषयक अन्तर्वर्ती माप प्रस्तुत कर सकता है। इसलिए आदमी सौन्दर्य के नियमों के अनुसार भी निर्माण करता है।"[2]

ये सौन्दर्य के नियम जो आर्थिक क्षेत्र में भी दिखलाई पड़ रहे हैं, हज़ारगुने वेग से साहित्य के क्षेत्र में काम करते हैं। मार्क्सवादी आलोचक का यह महान् उत्तरदायित्व है कि उनका अध्ययन और अनुशीलन करे और उनके आधार पर साहित्य के इतिहास को समझे और आज तथा भविष्य में साहित्य की दिशा तथा

---

1. एंगेल्स : कानराड शिमट को पत्र, 27 अक्टूबर, 1890।
2. मार्क्स : 'इकोनॉमिक फ़िलसफ़िक मेनुस्क्रिप्ट'।

उत्तरदायित्व के सम्बन्ध में मत व्यक्त करे; क्योंकि ये नियम ही साहित्य को साहित्यिकता प्रदान करते हैं; उसे अन्य मानसिक अभिव्यक्तियों से विशिष्टता प्रदान करते हैं—ये ही नियम, जिनका सारा ज़ोर सामाजिक प्रतिच्छाया को बिगाड़कर बदल देने ही में लगता है।

साहित्य में प्रवृत्तिवाद के सम्बन्ध में एंगेल्स का मत छाया के परिवर्तन के महत्त्व को और भी स्पष्ट कर देता है। 'प्रवृत्ति' अपने शुद्ध रूप में वह सामाजिक सत्य की सीधी छाया ही है, जो कम्युनिस्ट आलोचकों को बहुत प्यारी है। एंगेल्स की साफ़ राय है कि 'प्रवृत्ति' की स्पष्टता साहित्य के लिए अहितकर है।

> "तुम्हारे उपन्यास के दोष की जड़, उसी उपन्यास में ही है। साफ़ लगता है कि तुम्हें लोगों के बीच अपने सिद्धान्तों की घोषणा करने की आवश्यकता महसूस हो रही है।...मैं प्रवृत्तिमूलक काव्य का विरोध नहीं कर रहा हूँ... लेकिन मेरी समझ में यह प्रवृत्ति अपने-आप परिस्थितियों और घटनाओं से प्रवाहित होनी चाहिए। बिना किसी विशिष्ट संकेत के; और लेखक के लिए यह आवश्यक नहीं है कि चित्रित सामाजिक संघर्षों के भावी ऐतिहासिक समाधानों को भी पाठक के ऊपर लाद दे।"[1]

एंगेल्स ने यहाँ एक साधारण सिद्धान्त और आलोचनात्मक दृष्टिकोण की व्याख्या की है। प्रवृत्तिवाद का 'विरोध न करना' एक बात है और प्रकृतिवाद को ही साहित्यिक आलोचना का आधार और निर्णयात्मक मानदण्ड मानना बिल्कुल दूसरी बात है। यह प्रवृत्तिवाद, प्रगतिवाद का नक़ाब लगाये, या 'सामाजिक यथार्थ' का जामा पहने, जब भी साहित्य के अपने नियमों के विरुद्ध सीधी प्रतिच्छाया का आग्रह करेगा, साहित्य की शक्ति और श्रेष्ठता को आघात ही पहुँचायगा। यह वर्तुल अथवा वक्र रेखा को ज़बर्दस्ती साँचे में कसकर सीधी रेखा बनाने का प्रयास है। वर्तुल रेखा, जो साहित्यकार का सत्य है, सीधी रेखा के, जो तथाकथित क्रान्तिकारी के दिमाग़ में उपजती है, इस दबाव के विरुद्ध विद्रोह करती है। साहित्यकार चिल्लाकर पुकारता है : " 'साहित्य' को प्रचार मत बनाओ!" कमिसार सर्द शब्दों में उत्तर देता है : "मेरी सीधी रेखा इतिहास की अनिवार्यता है; इस अनिवार्यता को पहचानो, यही सबसे बड़ी स्वतन्त्रता है।" और ताकि साहित्यकार अनिवार्यता के महत्त्व को भली-भाँति समझ जाय। कमिसार 'सेंसर', जेल और यातना की ओर एक इशारा कर देता है। साहित्यकार अगर अक़्लमन्द हुआ तो उसके लिए यह काफ़ी होता है।

---

1. एंगेल्स : मीना काउट्स्की को पत्र, 26 नवम्बर, 1885।

छाया का यह परिवर्तन साहित्य के लिए मूलभूत प्रश्न है—वह प्रश्न जो साहित्य की साहित्यिकता का प्राण है—इस तथ्य की स्वीकृति मार्क्स के दृष्टिकोण का अविभाज्य अंग है। यह परिवर्तन विषय-वस्तु और रूप-विधान का मात्र यान्त्रिक सम्बन्ध नहीं है, जिसके अनुसार रूप-विधान विषय-वस्तु का दास बनाकर रख दिया गया है। अपने आगे आने वाले उत्तराधिकारियों के लिए चेतावनी की तरह मार्क्स पूछता है :

> "कठिनाई इसे समझने में नहीं है कि ग्रीक-कला और काव्य सामाजिक विकास के कुछ स्वरूपों से सम्बद्ध हैं। जानने की बात यह है कि आज भी हमारे लिए वह कुछ सूरतों में सौन्दर्यात्मक आनन्द के स्रोत, तथा असाध्य आदर्श और नमूने क्यों बने हुए हैं?"

मार्क्स के उत्तराधिकारियों में से किसी ने शायद जैक लिण्डसे के अतिरिक्त इस अर्थपूर्ण और गागर में सागर भरने वाले प्रश्न का उत्तर तो नहीं ही दिया, कभी इतनी ईमानदारी और आग्रह के साथ इस प्रश्न को दुहराया भी नहीं। मार्क्स साहित्य की एक सार्वभौमिकता की कल्पना करता है जो वर्ग हित ही नहीं, सामाजिक युग को भी पार करके नये आनन्द की सृष्टि करता है। यह विशेषाधिकार अर्थशास्त्र, राजनीतिशास्त्र, दर्शन आदि चेतना के अन्य स्तरों को नहीं दिया गया है। किसलिए साहित्य को यह युग-युग-व्यापी शक्ति मिलती है? क्या केवल इसलिए कि साहित्य शासकवर्ग का हथियार है, या तत्कालीन समाज की अनुकृति है या इसलिए कि यह इसके अतिरिक्त, इसके बावजूद कुछ और है। उत्तर स्पष्ट है। साथ ही साहित्य के आलोचक के लिए दूसरा सवाल भी स्पष्ट है। वह 'कुछ और' क्या है?

यह सार्वभौमिकता और सौन्दर्य अथवा अनुभूति की गहराई, केवल विषय-वस्तु को पाठक तक पहुँचाने का स्वरूप या माध्यम नहीं है। वह साहित्यिक या कलात्मक उपलब्धि का चरम आदर्श है, उसकी अनिवार्य बातें हैं। इसलिए वह आलोचक के अनुशीलन का क्षेत्र है, कृतिकार का प्राण है, साहित्य की सफलता उसकी उत्तेजक शक्ति तक सीमित नहीं है। आलोचक चाहे सामाजिक विकास के नियम से कितनी ही अच्छी तरह परिचित क्यों न हो, सिर्फ़ इतना ही उसके लिए काफ़ी नहीं है। लासाल के नाटक 'सिकिंगेन', पर अपने विचार व्यक्त करते हुए एंगेल्स कहता है :

> "तुम्हारे राष्ट्रीय जर्मन नाटक को पहली और दूसरी बार पढ़ने के बाद, मैं विषय-वस्तु तथा उसके उपयोग दोनों के विचार से, कुछ इस ज़ोर के साथ प्रभावित हुआ कि विवश होकर मुझे उसे कुछ देर के लिए उठाकर अलग रख देना पड़ा; विशेषतः, इसलिए और भी कि इन दिनों की साहित्यिक

निर्धनता ने मेरी रुचि को कुछ इस तरह भदेस बना दिया है। (शर्म की बात है, लेकिन मानूँगा अवश्य) कि दो कौड़ी की चीज़ें भी पहली बार पढ़ने पर मुझे प्रभावित कर देती हैं। इसलिए एक बिल्कुल तटस्थ, पूर्णतः 'समीक्षात्मक' दृष्टि प्राप्त करने के लिए मैंने सिकिंगेन को अलग कर दिया।"

काश पोलितब्यूरो के सदस्यगण इससे आधी भी विनम्रता का प्रदर्शन करते। मार्क्स ने स्पष्ट कहा है :

"कला का आनन्द उठाने के लिए आवश्यक है कि आदमी कलात्मक रूप से सुसंस्कृत हो।"[1]

अब हम अपने पहले निष्कर्ष में आवश्यक बातें जोड़ लें : जिन कारणों से साहित्यिक प्रतिच्छाया में विकृति उत्पन्न होती है, उनके पीछे साहित्य और सौन्दर्य के अपने नियम हैं, जो सामाजिक आवश्यकता के बावजूद काम करते हैं। इन नियमों की क्रियाशीलता के कारण ही साहित्य ऊँची उड़ानें भरता है और उसमें सार्वभौमिकता एवं श्रेष्ठता उत्पन्न होती है। आलोचना के सामने असली सवाल सामाजिक यथार्थ का नहीं है, बल्कि उस यथार्थ की विकृतियों के अध्ययन का है। इसीलिए आलोचक के लिए आवश्यक है कि वह कलात्मक रूप से सुसंस्कृत हो और छाया में इस परिवर्तन का आनन्द ले सके।

साहित्य में सामाजिक सत्य के पहले मसीहा प्लेटो का सिर भी इस अनिवार्य विकृति की दीवार से जा टकराया था और उसने झुँझलाकर कहा था : "ये सारे कवि केवल ऐन्द्रजालिक और झूठे हैं, इनको कान पकड़कर निकाल बाहर कर दो।" इतना तो मानना ही पड़ेगा कि प्लेटो उन लोगों से अधिक ईमानदार है जो बेचारे कवि को मानव-आत्मा का शिल्पी कहते हैं, लेकिन काम वही करते हैं।

अन्त में यह कहना आवश्यक है कि मार्क्स के द्वन्द्वात्मक भौतिकवाद में हीगेल के अद्वैतात्मक नियतिवाद का अंश काफ़ी हद तक मौजूद है, विशेषतः उन स्थानों पर जहाँ मार्क्स आँकड़ों से न बूझकर शुद्ध दार्शनिक खण्डन-मण्डन में व्यस्त हो जाता है। भेद आग्रह का है परन्तु नियतिवाद और प्रयोगात्मक प्रयास, दोनों की शाखाएँ छूटती हुई दिखलाई पड़ती हैं। परवर्ती मार्क्सवादियों में इस आग्रह-भेद से परस्पर विरोधी विचार-धाराओं और राजनीतियों की टकराहट इतिहास-विदित है। लेकिन यह हठ कि साहित्यिक कृतिकार राजनीतिक भूमिका भी ग्रहण करे, राजनीतिक क्रियाशीलता की तुलना में कलाकृतियों को हेय समझा जाये, मार्क्सवादी साहित्यिक दृष्टि की मौलिक अथवा अनिवार्य स्थापना नहीं है।

1. मार्क्स : 'इकोनॉमिक फ़िलसॉफ़िक मैनुस्क्रिप्ट, 1844।'

यह घटना बाद में घटी है। प्रवृत्ति की अनिवार्यता की सूझ जर्मनी, फ्रांस और इंग्लैण्ड की मार्क्सवादी त्रिवेणी में रूस की एक नयी धारा के सम्मिश्रण का परिणाम है और यहाँ हम प्लेख़ानोव की छाया-तले पहुँच जाते हैं। मार्क्सवादी समीक्षा की दूसरी मंज़िल आरम्भ होती है।

पुश्किन और चेखव से लेकर रूसी क्रान्ति तक हम यह देखते हैं कि हर साहित्यिक कृति में एक गूढ़ प्रवृत्तिमूलक राजनीतिक संकेत छिपा हुआ है। ज़ार के निरंकुश, एकछत्र और जनतन्त्रहीन राज्य में अनिवार्य था कि हर सामाजिक आलोचना एक राजनीतिक स्वरूप ग्रहण कर ले। जितनी तीव्रता से ज़ार का सेंसर काम करता था, उतनी ही राजनीतिक प्रवृत्ति की यह कला मँजती जाती थी। रूसी साहित्य की यह विशेषता मार्क्सवाद के आगमन के पूर्व ही वहाँ काम कर रही थी। जिस प्रकार ताल्स्तॉय ने अपने लेख 'कला क्या है' में अपने नैतिक आग्रह के कारण शेक्सपीयर को, यहाँ तक कि स्वयं अपने लिखे हुए बहुत-से उपन्यासों को उठाकर फेंक दिया, वह सब जानते हैं। लेकिन ताल्स्तॉय का यह साहसिक कार्य कोई नया जादू नहीं था जो सिर चढ़कर बोला। इसका आवाहन शताब्दी के प्रारम्भ में बेलिन्स्की और शर्नीशेव्स्की के समय से ही हो रहा था।

यह उत्तराधिकार प्लेख़ानोव को मिला। मार्क्सवादी साहित्यिक आलोचना के क्षेत्र में 'प्रगतिशील' शब्द का सबसे पहले प्रयोग शायद प्लेख़ानोव ने ही किया।[1] प्लेख़ानोव ने साहित्य को वर्गों की, विशेषतः शासक-वर्ग की, अभिव्यक्ति कहकर एक कड़ी और जोड़ी। इस आलोचनात्मक दृष्टि ने मार्क्स की साधारण विचारधारा का फन्दा साहित्य के ऊपर डाला और सोपान-मूलक कल्पना पर पहला आघात किया। प्लेख़ानोव कहता है :

> "हुईमाँ का दृष्टान्त एक बार फिर यह सिद्ध करता है कि कला का काम सैद्धान्तिक विषय-वस्तु के बिना नहीं चल सकता। लेकिन जब कलाकार अपने समय की महत्त्वपूर्ण सामाजिक प्रवृत्तियों की ओर से आँखें मूँद लेता है, उसकी कृतियों में व्यक्त किये गये विचारों का मूल्य काफ़ी घट जाता है। परिणाम यह होता है कि स्वयं कृतियों को क्षति पहुँचती है। यह तथ्य कला और साहित्य के इतिहास के लिए इतना महत्त्वपूर्ण है कि इसका निरीक्षण हर पहलू से होना चाहिए।"[2]

---

1. इस सम्बन्ध में मैं पूरे विश्वास के साथ नहीं कह सकता। यदि कोई सज्जन इस पर प्रकाश डाल सकें तो मैं कृतज्ञ हूँगा।
2. प्लेख़ानोव : 'कला और सामाजिक जीवन।'

इसकी तुलना एंगेल्स से कीजिए :

"अन्तिम दो अंकों से यह स्पष्ट है कि तुम बिना कठिनाई के कथोपकथन को सजीव और प्रवाहयुक्त बना सकते हो और चूँकि यह बात प्रथम तीन अंकों में भी पैदा की जा सकती है, कुछ दृश्यों के अतिरिक्त (जो हर नाटक में होते हैं), अतः मुझे इसमें सन्देह नहीं है कि अपने नाटक को रंगमंच के लिए प्रस्तुत करते समय तुम इसका ध्यान रखोगे। निस्सन्देह इससे सैद्धान्तिक विषयवस्तु को क्षति पहुँचेगी, पर यह अनिवार्य है।...मेरी राय में सैद्धान्तिक तत्त्वों के लिए सजीव यथार्थ को नहीं छोड़ना चाहिए। शिलर के लिए शेक्सपीयर को भूलना नहीं चाहिए।"[1]

प्लेख़ानोव बड़ी दृढ़ता के साथ घोषित करता है :

"जिस प्रकार सेब के पेड़ से सेब ही पैदा होगा और नाशपाती के पेड़ से नाशपाती ही, उसी प्रकार जो भी कलाकार मध्यमवर्गीय दृष्टिकोण ग्रहण करेगा, अनिवार्यतः श्रमिक आन्दोलन के विरुद्ध हो जायगा।"

"ह्रास के युगों में कला अनिवार्यतः ह्रासोन्मुख ही होगी।"[2]

फिर भी मार्क्सवाद का अनुभव है :

"यह सर्वविदित है कि कला के सर्वोच्च विकास के कुछ युगों का कोई भी स्पष्ट सम्बन्ध न तो समाज के साधारण विकास के साथ और न भौतिक आधार अथवा उसकी व्यवस्था के ढाँचे के साथ ही मालूम पड़ता है। आज के राष्ट्रों या शेक्सपीयर की भी तुलना में ग्रीक-कला का दृष्टान्त इसका साक्षी है।"[3]

इसी तरह अन्य कई उद्धरण दिये जा सकते हैं। प्लेख़ानोव का आग्रह मार्क्स से भिन्न है यह स्पष्ट दिखलाई पड़ रहा है। साहित्य-सम्बन्धी मार्क्सीय सिद्धान्तों में कौन-सा परिवर्तन आ गया है? आग्रह का यह भेद साहित्यदर्शन में किस अन्तर का द्योतक है?

प्लेख़ानोव ने समाज के आर्थिक आधार और कला में कार्य-कारण-सम्बन्ध स्थापित किया। वह पूछता है :

"क्या यह सम्भव है और किन स्तरों पर, कि स्थिति और चेतना के बीच, एक ओर समाज की अर्थनीति और टेकनीक तथा दूसरी ओर उसकी कला के बीच कार्य-कारण-सम्बन्ध का निरीक्षण किया जा सके?"[4]

---

1. एंगेल्स : लासाल को पत्र, 18 मई, 1859।
2. प्लेख़ानोव : 'कला और सामाजिक जीवन।'
3. मार्क्स : 'क्रिटिक ऑफ़ पोलिटिकल इकोनॉमी' की भूमिका।
4. प्लेख़ानोव : 'समाजशास्त्रीय दृष्टि से अठारहवीं शताब्दी का फ्रेंच साहित्य और चित्रकला।'

उसका उत्तर है :

> "कला के विकास का उत्पादक-शक्तियों के साथ कार्य-कारण-सम्बन्ध है, चाहे यह सम्बन्ध सदा सीधा न हो।"[1]

आदिम साम्यवाद से समाज के वर्ग-विभाजन-युग में पदार्पण करने के पश्चात् इस कार्य-कारण में मध्यन्तर-मात्र पड़ जाता है :

> "कलात्मक-सृजन अनिवार्यता द्वारा सभ्य समाज में आदिम समाज से किसी दशा में कम बाधित नहीं है। अन्तर केवल इतना है कि सभ्य समाज में उत्पादन-प्रणाली और टैकनीक पर कला की सीधी निर्भरता समाप्त हो जाती है।"[2]

मार्क्स-एंगेल्स समाज और साहित्य के इस सम्बन्ध को व्यक्त करने के लिए दूसरे शब्दों—प्रभावित, नियमित, आबद्ध, आदि का प्रयोग करते हैं। उनके लिए समाज सीमाएँ निर्धारित करता है, परन्तु साहित्य की हर गति का कारण नहीं बनता। "जो तथ्य", मार्क्स लिखता है,

> "उन लेखकों को निम्न मध्यमवर्ग का प्रतिनिधि बनाता है वह यह है कि अपने मस्तिष्क में वे उन सीमाओं का अतिक्रमण नहीं कर पाते, जिनका अतिक्रमण निम्न-मध्यमवर्ग अपने जीवन में नहीं कर पाता; कि बराबर वे सैद्धान्तिक रूप से उन्हीं प्रश्नों और समाधानों की ओर दौड़ते हैं जिस ओर व्यावहारिक रूप से भौतिक स्वार्थ और सामाजिक मर्यादा उस वर्ग को ढकेलती है। साधारणतः किसी वर्ग के राजनीतिक और साहित्यिक प्रतिनिधियों और मूल वर्ग के बीच यही सम्बन्ध रहता है।"[3]

रूपक की भाषा में हम यों कह सकते हैं कि मार्क्स के अनुसार पतंग भूमि से डोर द्वारा बँधी हुई है। उसकी ऊँचाई की सीमा का निर्धारण डोर की लम्बाई करेगी। लेकिन आकाश में वह किस वेग से उड़ेगी, कैसे-कैसे चक्कर खायेगी, कौन-सी अदाएँ दिखलायेगी। यह सब आकाश के ऊपर हवा की गति से नियन्त्रित होगा। प्लेख़ानोव के अनुसार हवा के वेग द्वारा केवल इतना ही तय होगा कि पतंग की पूँछ ऊपर रहेगी या उसकी नोक। उड़ने का कारण तो डोर ही है।

इसके अतिरिक्त प्लेख़ानोव मात्र इस उड़ाने वाली डोर से ही सन्तुष्ट नहीं हैं। उस भूमि को भी वह स्पष्टतः बता देना चाहता है, जो डोर को नियन्त्रण करती है। अतः प्लेख़ानोव का दावा है :

---

1. प्लेख़ानोव : 'कला और उपयोगिता।'
2. प्लेख़ानोव : 'ऐतिहासिक भौतिकवाद और कला।'
3. मार्क्स—एटीन्थ ब्रूमेर ऑफ़ लूई बोनापार्ट।

"यदि यह सही भी हो कि कला, साहित्य की भाँति, जीवन की प्रतिछाया है, तो भी यह वक्तव्य बड़ा अस्पष्ट है। यह जानने के लिए कि कला किस प्रकार जीवन को प्रतिबिम्बित करती है, जीवन की मशीनरी को समझना पड़ेगा।[1] सभ्य-समाजों में इस मशीनरी का मुख्य यन्त्र वर्ग-संघर्ष है और यदि हम केवल इस मुख्य यन्त्र की परीक्षा करें, वर्ग-संघर्ष का लेखा-जोखा रखें और उसके विभिन्न बहुमुखी पहलुओं का निरीक्षण करें, तो ही हम किसी प्रकार सन्तोषप्रद रूप में सभ्य-समाज के 'आध्यात्मिक' इतिहास की गुत्थी सुलझाने में समर्थ हो सकते हैं। विचारों का 'अभियान' वर्गों के इतिहास और उनके पारस्परिक संघर्षों का प्रतिबिम्ब है।"[2]

क्या मनोरम द्वन्द्वन्याय है। इसमें बस इतना और जोड़ दीजिए : जिस तरह सेब-से-सेब, नाशपाती-से-नाशपाती... आदि...उसी तरह हर साहित्यकार एक वर्ग और केवल एक वर्ग का 'हथियार' होता है। आलोचना का उत्तरदायित्व समाप्त हो गया। दूध-का-दूध और पानी-का-पानी कर दिया गया।

प्लेख़ानोव ने आलोचनात्मक दृष्टिकोण के वे दो भ्रामक और प्रसिद्ध विभाजन किये जो आज कम्युनिस्ट-आलोचना का अन्त बनकर रह गये हैं। 'कला-कला के लिए' अथवा 'कला समाज के लिए' लेकिन प्लेख़ानोव के पक्ष में इतना कहना पड़ेगा कि इस प्रश्न को एक तथाकथित समाधानहीन विरोधाभास के रूप में रखने के साथ ही उसे यह अनुभव भी हो रहा था कि यह विरोधाभास उतना अबाधित नहीं है, जैसा समझा जा सकता है। इसीलिए उसने एक ओर यह कहा कि 'कला कला के लिए' का सिद्धान्त कुछ अवस्थाओं में सामाजिक सड़ाँध से कवि को उबारने और इसके विरुद्ध विद्रोह करने में सहायक भी हो सकता है। दूसरी ओर उसने यह भी कहा कि हर विचार जो समाज के लिए शुभ है कला में अभिव्यक्त नहीं हो सकता। लेकिन प्लेख़ानोव का यह अनुभव क्षीण ही है। बाद की कम्युनिस्ट आलोचना में प्रवृत्तिवाद के प्रवेग ने इन कमज़ोर खपच्चियों को तिनकों की तरह बहा दिया। यह प्रश्न तोते की तरह रटा जाने लगा, विरोधाभास की कल्पना अधिक-से-अधिक अबाधित होती गयी। रेनेसांस की परम्परा की अन्तिम बूँदें भी—जो राफ़इल, शेक्सपीयर और गेटे के बीच से प्रवाहित होती आयी थीं, इस मरुस्थल में आकर सूख गयी। हंगरी के विश्वविद्यालय में सौन्दर्यशास्त्र के आचार्य लूकाक्स की क़लम से निकल गया। पूँजीवादी समाज की कुरूपता

1. यहाँ ध्यान देने की बात है कि इसके लिए कला की मशीनरी को समझने की आवश्यकता समझी ही नहीं गयी है। यहीं से कम्युनिस्ट-आलोचना की नयी शाख फूटती है।

2. प्लेख़ानोव—अठारहवीं शताब्दी में फ्रेंच-साहित्य और चित्रकला।

और चरित्रहीनता के विरुद्ध विशुद्ध कला का विद्रोह कभी प्रगतिशील हो सकता है, कभी प्रतिक्रियावादी, यह इस पर निर्भर करता है कि वह किसके विरुद्ध और कितनी तीव्रता के साथ व्यक्त किया गया है।"[1] इस पर क़मिसार जोजेफ़ रेवाई ने डाँटते हुए कहा :

> "'विशुद्ध कला' की यह 'समझ' मार्क्सवादी सौन्दर्यशास्त्र के दृष्टिकोण से प्रयाण है और 'लेखक के समाज के ऊपर खड़े होने की भ्रामक प्रवंचना' के विरुद्ध लूकाक्स के अन्य कथनों को व्यवहारतः निरर्थक बना डालती है। नहीं, यह 'हाथी दाँत के मीनारों वाला जीवन-दर्शन' न कभी प्रगतिशील था और न हो सकता है। आवश्यकता इसको 'समझने' या इसके लिए बहाने खोजने की नहीं है, इसके विरुद्ध युद्ध करने की है।"[2]

इस तथाकथित विरोधाभास के अबाधित बना देने में जो अहितकर दबाव वर्तमान है उसे देखते हुए ही प्लेख़ानोव ने गोर्की की 'माँ' की आलोचना की। उसने गोर्की का यह कहकर विरोध किया कि 'मार्क्सवादी विचारों का प्रचारक'-मात्र बन गया है। उसने गोर्की को सलाह दी,

> "मुख्यतः संगत तर्क की भाषा में बात करना कृतिकार के लिए ठीक नहीं है, उस कृतिकार के लिए जो मुख्यतः चित्रों की भाषा में बात करता है।"

प्लेख़ानोव का कहना था कि 'तर्क की भाषा' का स्थान आलोचना में है जिसे 'भौतिक विज्ञान की भाँति वस्तुपरक' होना चाहिए। आलोचक का कार्यमात्र यह नहीं है कि उन लेखकों की प्रशंसा करे जो उसकी रुचि की सामाजिक प्रवृत्तियों की अभिव्यक्ति करें और उनकी निन्दा करें जो उसकी रुचि के विरुद्ध हों।

सैद्धान्तिक रूप से लेनिन और प्लेख़ानोव की साहित्यिक दृष्टि में बहुत अन्तर नहीं है। परन्तु धारा को जिस ओर प्लेख़ानोव ने मोड़ा था उसका उसी दिशा में बढ़ता हुआ प्रवाह अवश्य दिखलाई पड़ता है। लेनिन के साहित्य-सम्बन्धी कुछ थोड़े-से वक्तव्यों और लेखों में हम 'प्रतिच्छाया' वाले सिद्धान्त की सीधी अभिव्यक्ति पाते हैं। वस्तुतः प्रवृत्तिवाद के मूर्त स्वरूप का आग्रह लेनिन में है, परन्तु उसके मन में कला के साधारण, 'सार्वभौमिक' महत्त्व का आदर कम नहीं है। कमिसार जोज़ेफ रेवाई का कहना है :

> "लेनिन का 'पार्टी-साहित्य' वही वस्तु नहीं है जो एंगेल्स का 'प्रवृत्तिवादी साहित्य' है। लेनिन का कहना है कि 'साहित्यिक कार्य पूर्णतः मज़दूर-कार्य का अंश बन जाना चाहिए। उसे एक वृहत एवं समवेत सोशल डिमोक्रेटिक

---

1. 2. जोज़फ रेवाई : 'लूकाक्स और समाजवादी यथार्थवाद', 1950।

मशीन का पुरजा बन जाना चाहिए जिसका परिचालन समस्त मज़दूर-वर्ग का जागरूक हरावल करे'...यह स्पष्ट है कि पार्टी साहित्य-सम्बन्धी लेनिन के विचार एंगेल्स के दृष्टि बिन्दु से कई क़दम आगे है।"[1]

लेकिन कमिसार रेवाई अपने इस विद्वत्तापूर्ण लेख में इसका ज़िक्र नहीं करते कि उसी लेख[2] में लेनिन यह भी कहता है कि इस मशीन और पुरजे के रूपक को बहुत शाब्दिक अर्थ नहीं दिया जाना चाहिए। वह तुरन्त स्पष्टीकरण करता है :

> "इसमें तो कोई सन्देह हो ही नहीं सकता कि इस विषय में अपेक्षाकृत अधिक व्यक्तिगत पहल, व्यक्तिगत रुचि, विचार-क्षेत्र और कल्पना, रूप-विधान और विषय-वस्तु की स्वतन्त्रता की गारण्टी अत्यन्त ही आवश्यक है।"[3]

लेनिन के अनुसार सोशलिस्टों का काम मध्यवर्गीय साहित्य के विरुद्ध एक ऐसा साहित्य प्रस्तुत करना है जो 'श्रमिक वर्ग से स्पष्टतः जुड़ा हुआ' हो तथा जिसका आधार 'श्रमिकों के प्रति सहानुभूति' हो। वह आगे कहता है :

> "हमारा यह तात्पर्य बिल्कुल ही नहीं है कि किसी प्रकार की एकरूप व्यवस्था, या समस्या का समाधान ऊपरी आदेशों द्वारा लादा जाय।"

लेकिन यह 1905 की बात है। 1946 में सोवियत रूस की कम्युनिस्ट पार्टी की केन्द्रीय समिति के इस आज्ञा-पत्र पर विचार कीजिए, और दाँतों तले उँगली दबाइये :

> "चूँकि जनता की कम्युनिस्ट शिक्षा के माध्यम के रूप में रंगमंच का अत्यधिक महत्त्व है इसलिए केन्द्रीय समिति कला-समिति तथा सोवियत लेखक-संघ की परिषद् को आदेश देती है कि समकालीन सोवियत-जीवन पर नाटक-रचना की ओर अपना ध्यान केन्द्रित करे।"[4]

शिकायत की वजह यह थी कि सोवियत लेखकगण ऐतिहासिक नाटक बहुत लिखने लग गये थे।

स्पष्ट है कि लेनिन की कल्पना में साहित्य अभी वर्ग से पूरी तरह तादात्म्य स्थापित नहीं कर सका है, यद्यपि दोनों की दूरी बहुत-कुछ कम हो गयी है। लेनिन कला की श्रेष्ठता का क़ायल था, यद्यपि उसे अपने 'वर्ग-हित' से छुट्टी कम मिलती थी। गोर्की एक घटना का ज़िक्र करता है। लेनिन बीथोवेन का कोई संगीत सुनकर बोला :

---

1. जोज़फ रेवाई : 'लूकाक्स और समाजवादी यथार्थवाद', 1950।
2. लेनिन—'पार्टी-संगठन और पार्टी-साहित्य'।
3. वही।
4. सोवियत नाटक पर केन्द्रीय समिति का प्रस्ताव; 26 अगस्त, 1946।

> "जी तो करता है इसे प्रतिदिन सुनूँ; क्या चमत्कारपूर्ण मानवोपरि संगीत है—सोच-सोचकर गर्व से भर जाता हूँ... आदमी क्या-क्या कमाल कर सकता है।" फिर आँखें ज़रा खिंच गयीं, एक उदास मुस्कराहट के साथ उसने आगे कहा : "लेकिन मैं अक्सर संगीत नहीं सुन सकता। इससे मन पर प्रभाव पड़ता है। जी चाहता है कि भोली, मीठी बातें करूँ और उन लोगों की पीठ ठोंकूँ, जिन्होंने इस नरक में रहते हुए भी इतना सौन्दर्य उपजाया है। और भाई, आजकल किसी की पीठ नहीं ठोंकना चाहिए, ख़तरा है कि लोग कहीं तुम्हारा हाथ ही न काट खाएँ।"[1]

लेनिन की दृष्टि में अभी साहित्य और कला ने 'हथियार' का रूप धारण नहीं किया है। कम्युनिस्ट पार्टी भी अभी पूरे ज़ोर के साथ मैदान में नहीं आयी है। परन्तु तात्कालिकता का आग्रह, जो बाद में चलकर कम्युनिष्ट आलोचना का अपरिहार्य अंग हो गया, दिखलाई पड़ता है। स्पष्ट है कि लेनिन के संकेत के पश्चात् इस प्रश्न का अपने पूरे वेग से उठना अनिवार्य था। 1917 की रूसी-क्रान्ति के पश्चात् आलोचना के क्षेत्र में इन नये सवालों की बाढ़ दिखलाई पड़ती है। मायकोव्स्की ने जो मज़दूर-संस्कृति का ज़बर्दस्त हल्ला बोला, चारों तरफ़ छाती पीट-पीटकर क्रान्ति का रुख़ देखने वाली जो भीड़ उठी, उसने मार्क्सवादी आलोचना के सामने कम्युनिस्ट पार्टी को बड़ा भारी प्रश्न-चिह्न बनाकर खड़ा कर दिया।

1925 में जिस व्यक्ति ने इस प्रश्न का उत्तर देने की चेष्टा की, वह ट्राट्स्की था। वह उस समय क्रान्तिकारी रूस में युद्ध मन्त्री था। रिले के अन्तिम दौड़ने वाले की तरह हाँफता हुआ ट्राट्स्की कहता है :

> मार्क्सवादी पद्धति नयी कला के विकास का मूल्यांकन करने का अवसर उपस्थित करती है, उसके समस्त स्रोतों को खोजती है, आलोचनात्मक प्रकाश द्वारा पथ को उजागर करके सर्वाधिक प्रगतिशील प्रवृत्तियों को सहायता पहुँचाती है, लेकिन इससे अधिक, कुछ भी नहीं करती। कला को अपने माध्यमों द्वारा ही अपनी राह बनानी पड़ेगी। मार्क्सवादी प्रणाली और कलात्मक प्रणाली एक ही वस्तु नहीं है। पार्टी श्रमिक वर्ग का नेतृत्व करती है, इतिहास की विशाल गति का नहीं। कुछ ऐसे क्षेत्र हैं, जिसमें पार्टी स्पष्टतः और आदेशात्मक ढंग से नेतृत्व करती है। कुछ ऐसे क्षेत्र हैं जिनमें वह सहायता करती है और कुछ ऐसे क्षेत्र हैं जिनमें वह केवल अपना नया विन्यास करती है। कला का क्षेत्र वह नहीं है जिसमें पार्टी को आदेश देने

---

1. एडमण्ड विल्सन : 'मार्क्सवाद और साहित्य' नामक लेख में उल्लिखित।

> की आवश्यकता हो। कला की रक्षा करना और सहायता करना पार्टी का काम है, परन्तु नेतृत्व केवल अव्यक्त रूप से ही हो सकता है।"[1]

ट्राट्स्की ने क्रान्तिकारी साहित्य को दो भागों में बाँटा। एक वह जो स्पष्टतः क्रान्ति के विषय में, उसके आग्रहपूर्वक समर्थन में हो। दूसरा वह जो क्रान्ति के विषय में न होकर 'क्रान्ति का साहित्य हो' अर्थात् उस व्यक्ति की साधारण भावनाओं का साहित्य हो जो क्रान्ति के बीच से निकला है, क्रान्ति का पुत्र है। दोनों ही संक्रमणकालीन हैं। परन्तु पहला अनिवार्य रूप से 'मज़दूर वर्ग की तानाशाही' का परिणाम है और उसके साथ समाप्त हो जायगा। दूसरे में ही भविष्य के बीज छिपे हुए हैं। यही आगे चलकर 'समाजवादी साहित्य' का आधार बनेगा। यह साहित्य संकुचित अर्थों में उपयोगितावादी नहीं है, यह मानवीय भावनाओं का सहज साहित्य है जो एक विशिष्ट अर्थ में गहरी, सार्थक और सम्पूर्ण हो गयी हैं। मगन होकर ट्राट्स्की समाजवादी-साहित्य का सपना देखता है।

> "यह नयी समाजवादी कला कॉमेडी को जीवित करेगी, क्योंकि भावी मानव हँसना चाहेगा। वह उपन्यास को नया जीवन देगी। वह गीतों को सम्पूर्ण अधिकार प्रदान करेगी, क्योंकि नया आदमी पुराने लोगों से बेहतर और अधिक शक्तिशाली ढंग से प्यार करेगा, वह जीवन और मृत्यु के प्रश्नों पर विचार करेगा। नयी कला उन समस्त पुराने स्वरूपों को पुनर्जीवित करेगी, जो सृजनात्मक आत्मा के विकास में प्रतिफलित हुए उन स्वरूपों का ह्रास और पतन आत्यन्तिक नहीं है, अर्थात् यह नहीं समझना चाहिए कि वे स्वरूप नये युग की आत्मा से बिल्कुल ही मेल नहीं खा सकते। नये युग के कवि के लिए कुल इतना आवश्यक है कि वह मानव-जाति के विचारों को फिर से विचारे, उसकी अनुभूतियों का फिर से अनुभव करे!"[2]

स्पष्ट प्रवृत्तिवाद और साधारण मानवीय भावना के बीच कम्युनिस्ट आलोचना का अन्तर्विरोध अपने परम रूप में ट्राट्स्की के सामने आया। ट्राट्स्की थोड़ी देर हिचकिचाया, पर अन्त में उसने अपना वोट साधारण भावना के डिब्बे में छोड़ दिया। लेकिन वह उस डिब्बे में वोट डालने वाला अन्तिम व्यक्ति था।

समाजवादी यथार्थवाद के आगमन के साथ मार्क्सवादी आलोचना का तीसरा अर्थात् कम्युनिस्ट युग प्रारम्भ होता है जिसके फ़िक़रों, ध्वनियों, शब्दावली और गद्य से हम पूरी तरह परिचित हैं। लेनिन, ट्राट्स्की, लूनाकार्स्की और गोर्की के बाद की कम्युनिस्ट आलोचना का इतिहास साहित्य में कम्युनिस्ट पार्टी के अभ्युदय

---

1. 2. ट्राट्स्की : 'साहित्य और क्रान्ति'।

और सम्पूर्ण प्रभुत्व की एकस्वर कहानी है। साहित्य अब पूरे तौर से हथियार हो गया है और साहित्यकार समाज का प्रतिबिम्ब न होकर अब 'मानव आत्मा का शिल्पी' हो गया है। यह मानव आत्मा के ऊपर पच्चीकारी क्योंकर होती है? 'समाजवादी' साहित्य के बीच से खड़े होकर साथी ज़दानोव ट्राट्स्की की क़ब्र पर फ़ातिहा पढ़ते हैं :

> "सोवियत लेखकों की बड़ी भारी पाँत सोवियत शक्ति और पार्टी से घुल-मिलकर एकाकार हो गयी है और उसे पार्टी-नेतृत्व, केन्द्रीय समिति की दैनन्दिन देख-रेख और सहायता तथा साथी स्तालिन का अथक सहयोग प्राप्त हो गया है।" ..."कलात्मक बिम्ब की सत्यता और यथार्थता सैद्धान्तिक परिशोधन, श्रमिक जनता को समाजवाद की मनोवृत्ति में दीक्षित करने, के काम से जुड़ जानी चाहिए। इसी पद्धति को हम उपन्यास एवं साहित्यिक आलोचना में समाजवादी यथार्थ कहते हैं।" ..."इसी कारण ऐसा है कि अपने को दीक्षित करने और अपने सैद्धान्तिक हथियारों को समाजवादी मनोवृत्ति के अनुसार समुन्नत करने का अथक परिश्रम वे अपरिहार्य शर्तें हैं जिनके बिना सोवियत लेखकगण अपने पाठकों के दिमाग़ को बदल नहीं सकते और इस प्रकार मानव-आत्मा के शिल्पी नहीं हो सकते।"[1]

इस सैद्धान्तिक परिशोधन का निचोड़ कमिसार रेवाई के शब्दों में यह है :

> "जीवन को प्रतिबिम्बित करने और श्रेष्ठ साहित्य के सम्बन्ध में कम्युनिस्ट-विश्व-दर्शन की स्वीकृति, जिसके अनुसार लेखक का काम यह है कि जोश के साथ उठ खड़ा हो और हंगरी के जीवन में कम्युनिस्ट पार्टी के नेतृत्व में जो महान् परिवर्तन हो रहा है उसके लिए पुकारकर कहे, वाह! वाह! बहुत ठीक।"[2]

आचार्य हजारीप्रसाद द्विवेदी प्रगतिवादियों के विषय में कहते हैं कि इनके सिद्धान्त और उद्देश्य बहुत सुन्दर हैं, लेकिन ये लोग कम्युनिस्ट पार्टी के साथ जुड़े हुए हैं, यही ज़रा खटकता है। अगर ये लोग दल द्वारा परिचालित होना छोड़ दें तो सब ठीक हो जाय। निस्सन्देह अपने इस आग्रह में द्विवेदी जी व्यापक लोक-मंगल की भावना और उदार मानवतावाद से प्रेरित हैं, परन्तु हम विनम्रतापूर्वक निवेदन करना चाहते हैं कि वे असम्भव की माँग कर रहे हैं। कम्युनिस्ट पार्टी ही तो 'प्रगतिवाद' का सम्पूर्ण सिद्धान्त और उद्देश्य है। रूस की पार्टी की केन्द्रीय समिति का प्रस्ताव है :

---

1. ज़दानोव : अखिल रूसी लेखक संघ में भाषण, 1934।
2. जोज़ेफ रेवाई : 'लूकाक्स और समाजवादी यथार्थवादी', 1950।

"सोवियत साहित्य की, जो संसार का सबसे प्रगतिशील साहित्य है, प्राण-शक्ति इसी में है कि उसके लिए जनता और राज्य के हितों के अतिरिक्त न कोई उद्देश्य है और न हो सकता है।"[1]

'राज्य' का अर्थ तो स्पष्ट है। इस 'जनता' का अर्थ समझने में कोई भ्रम न हो जाये, इसलिए एक बार फिर कमिसार रेवाई का स्पष्टीकरण प्रस्तुत है :

"पार्टी के नेतृत्व के द्वारा ही यह सम्भव है कि जनता की माँगे, आवश्यकताएँ और आलोचनाएँ लेखकों के पास पहुँचायी जायें; श्रमिक जनता के जीवन के अनुसार साहित्य को सज्जित कर दिया जाये जिससे वह शताब्दियों के प्रवाह में अलग हो गया था और साहित्य को समाजवादी निर्माण और सामाजिक दीक्षा का सेवक बना दिया जाय।"[2]

एक ओर धीरे-धीरे साहित्य को प्रतिबिम्ब, फिर वर्ग का प्रतिबिम्ब, फिर मज़दूर वर्ग का प्रतिबिम्ब बनाया गया; दूसरी ओर जनता को समेट कर मज़दूर वर्ग, फिर मज़दूर वर्ग को कम्युनिस्ट पार्टी और कम्युनिस्ट पार्टी को भी पार्टी-नेतृत्व में केन्द्रित कर दिया गया। इस अप्रत्यक्ष परन्तु निश्चित परिणति को इसलिए गति और भी मिली कि इससे आलोचना का कार्य अत्यधिक सरल और लचीला हो गया जो एक 'हथियार' के लिए आवश्यक है।

सम्भवतः इसी कारण समकालीन कम्युनिस्ट आलोचकगण प्रगतिशील साहित्य के सार्थक अन्वेषण के लिए साहित्य के विशाल इतिहास में डुबकी लगाने की आवश्यकता नहीं समझते। एक थका देने वाली एकरसता के साथ कम्युनिस्ट आलोचक लेखक के सम्मुख केवल इतना प्रश्न रखना ही पर्याप्त समझते हैं : कला कला के लिए है अथवा समाज के लिए। यह विरोधाभास कितना भ्रामक है, इसका संकेत हम पहले कर चुके हैं। लेखक स्पष्टतः यह मानता है कि कला समाज के लिए है। इसके पश्चात् आलोचना का पूरा कर्तव्य इतना ही सिद्ध करना रह जाता है कि समाज का सच्चा हित, कम्युनिस्ट पार्टी की विजय, उसके राज्य की स्थापना और उसके आदर्शों का पालन करने में ही है। साहित्यालोचन से अधिक इन तर्कों का क्षेत्र राजनीति से भी अधिक अन्ध-श्रद्धा और अन्ध-विश्वास के बीच है। अमेरिका के कम्युनिस्ट-लेखक हॉवर्ड फ़ॉस्ट एक धार्मिक विश्वास के रूप में दुहराते हैं :

"मार्क्सवादियों का विश्वास है कि समस्त लिखित इतिहास सभ्यता के प्रभात से आज तक वर्ग-संघर्ष का इतिहास है। यह वर्ग-संघर्ष दास-सभ्यता,

1. केन्द्रीय समिति का प्रस्ताव, 14 अगस्त, 1946।
2. जोज़ेफ रेवाई : 'लूकाक्स और समाजवादी यथार्थवाद', 1950।

सामन्तवाद और पूँजीवाद की मंज़िलों से गुज़र चुका है। अब पूँजीवाद के विरुद्ध श्रमिकों का संघर्ष समाजवाद की स्थापना करेगा...शोषण का अन्त हो जायगा...मार्क्सवादियों का विश्वास है कि इस अन्तिम परिवर्तन, एंगेल्स के शब्दों में मानवपूर्व इतिहास की यह समाप्ति संसार के प्रत्येक देश में कम्युनिस्ट पार्टी, मज़दूरों की पार्टी, के नेतृत्व में होगी।"[1]

टीटो के अनुभव के पश्चात् इसमें इतना ही जोड़ना और बाक़ी है, "और कम्युनिस्ट पार्टी भी वह, जिसे सोवियत यूनियन मान्यता प्रदान करे।"

पार्टी की कार्य-प्रणाली के अनुसार आलोचक पार्टी के सांस्कृतिक मोर्चे का सक्रिय कार्यकर्ता भी होता है। उसका कार्य है बुद्धिजीवियों में पार्टी का प्रचार। अतः कौशल की वेदी पर उसे साहित्यिक दृष्टि का बलिदान भी करना पड़ता है। लेखक का साहित्य कुछ भी हो, किन्तु यदि वह सोवियत यूनियन का बौद्धिक अनुशासन स्वीकार करता है तो...उसे 'मित्र' लेखकों में शामिल कर लिया जायगा। यदि यह बात उसके गले नहीं उतरी तो उसे 'शत्रु' लेखक मान लिया जायगा; और जो कुछ ढुल-मुल दिखलायी पड़ा तो उसे 'सहयात्री या सम्भावित सहयात्री' की कोटि में रख दिया जायगा। अब इसके बाद आलोचक का काम इतना ही है कि समझाकर, फुसलाकर, लालच देकर, धमकाकर और गाली देकर इन ढुल-मुल सहयात्रियों को गोल में शामिल करने योग्य बनाकर 'पक्का' कर दिया जाय। अगर सहयात्री-लेखक 'मार्क्सवाद' या 'पार्टी-नेतृत्व' के नाम से घबराता है तो अमरीकी लेखक अल्बर्ट माल्ट्ज़ के शब्दों में लेखक के मौलिक अधिकारों की घोषणा कीजिए :

> "मैं ग़लत रास्ते पर क़ायम रहने का अधिकार चाहता हूँ। मैं स्पष्टतः कहता हूँ कि मैंने ऐसी कहानियाँ लिखी हैं जिनके कारण मैं कलापक्ष के विचार से और ऐसे लेख जिनके लिए मैं सैद्धान्तिक रूप से लज्जित हूँ। परन्तु उनके ऊपर यह निर्णय मेरा है और मैं यह बरदाश्त करने के लिए तैयार नहीं हूँ कि उन्हें छापने या न छापने का अधिकार किसी ऐसे दलाल के हाथ में सौंप दिया जाये जो किसी केन्द्रीय समिति का अध्यक्ष बन बैठा हो। मैं यह समझने के लिए उससे अपने को बिल्कुल बराबर मानता हूँ कि मुझे किस उम्मीदवार को वोट देना चाहिए, किस संगठन का सदस्य बनना चाहिए और क्या लिखना चाहिए!"[2]

आप भ्रम से श्री अल्बर्ट माल्ट्ज़ को एक टुटपुँजिया निम्न मध्यमवर्गीय 'बुद्धि-विलासी' न समझ बैठें। श्री अल्बर्ट माल्ट्ज़ अमेरिका के 'कम्युनिस्ट लेखक' हैं जिनकी कहानियाँ सोवियत यूनियन के कहानी-संग्रह में छप चुकी हैं।

---

1. हॉवर्ड फ़ास्ट : 'साहित्य और यथार्थ', 1950।
2. अल्बर्ट माल्ट्ज़ : 'नागरिक लेखक'।

साहित्य तो 'हथियार' बना ही, आलोचना तो हथियार बनी ही, अब मार्क्सवाद भी एक 'हथियार' बन गया है जिसे अवसर देखकर निकालिए; यदि अवसर ठीक न हो तो अलग रख दीजिए और दूसरे हथियारों से काम लीजिए। उद्देश्य एकमात्र है, 'सहयात्रियों' की तलाश और उनकी मालिश और पालिश!

इस आपा-धापी में 'सहयात्रियों' की दशा सबसे दयनीय है। वे एक विचित्र असमंजस के शिकार हैं। अपनी पूरी ईमानदारी के साथ वे अपने कुछ बचे हुए विश्वासों को, जो मुख्यतः साहित्यिक विश्वास हैं, पकड़े रहते हैं और मन में कहते हैं : "मैं कम्युनिस्टों से भिन्न हूँ। मुझे अपने विश्वास प्यारे हैं, लेकिन कम्युनिस्ट पार्टी में उदार लोगों की कमी नहीं है। ईश्वर करे, इनकी शक्ति बढ़े। ये लोग मेरे प्यारे विश्वासों को मुझसे नहीं छीनेंगे। मैं इसी तरह बना रहूँगा।" लेकिन वास्तविकता कुछ और ही है। सत्ता प्राप्त करने के बाद कमिसार रेवाई की घोषणा है :

> "जो लोग ज़माने के साथ क़दम मिलाकर नहीं चल सकते, उन्हें अपने को ही दोष देना चाहिए। हम पर यह आरोप कोई नहीं लगा सकता कि इन समस्त लम्बे वर्षों में हमने उन लोगों के लिए अपनी परिधि को विस्तृत नहीं किया जिन्हें हमने समझाने का प्रयास किया, अक्सर फुसलाया भी, ताकि वे अपने अतीत को भूल जायें और 'जनता के जनतन्त्र' में शामिल हो जायें। यह हमारा दोष नहीं है कि कई लोगों ने ऐसा नहीं किया...सहयोगी या सहयात्री लेखकों को ख़ूब अच्छी तरह समझ लेना चाहिए कि सहयोगी या सहयात्री होना केवल एक संक्रमणकालीन स्थिति है, एक ऐसा स्थान है जहाँ वे क़ायम नहीं रह सकते।"

कुछ लेखक ऐसे भी हैं जिन्हें इस नये शब्द 'जनता के जनतन्त्र' के सम्बन्ध में भ्रम हो जाता है कि यह कोई नयी वस्तु है। लूकाक्स को भी भ्रम हो गया था। इसलिए कमिसार रेवाई स्पष्ट करता है :

> "हमारे 'जनता के जन-तन्त्र' के श्रमिक वर्ग की तानाशाही में परिणत हो जाने पर आवश्यक हो गया है कि सैद्धान्तिक दृष्टि में सुधार कर लिए जायें और कुछ पुराने और अस्पष्ट विचारों का संशोधन अथवा त्याग कर दिया जाय; उदाहरणतः वे विचार अथवा वृत्तियाँ जिनकी सम्मति में अपने प्रथम उल्लास में भी जनता का जन-तन्त्र पूँजीवाद और समाजवाद के बीच कोई विशेष अथवा तीसरा रास्ता है।"[1]

1. जोजेफ़ रेवाई : 'लूकाक्स और सामाजिक यथार्थवाद', 1950।

और स्तालिन के अनुसार श्रमिकवर्ग की तानाशाही की परिभाषा यह है :

> "श्रमिक वर्ग की तानाशाही तभी सम्पूर्ण होती है जब वह केवल एक पार्टी, कम्युनिस्ट पार्टी, द्वारा परिचालित हो, जो नेतृत्व में किसी दूसरी पार्टी के साथ बँटवारा नहीं करती है और न उसे करना ही चाहिए।"[1]

तात्कालिकता के इस विशाल अभियान के बीच कुछेक ऐसे भी सिरफिरे आलोचक होते हैं जो कभी-कभी भटककर पुराने साहित्य और इतिहास की वाटिका में चले जाते हैं। यदि उसका प्रभाव उन पर पड़ गया तो फ़ौरन 'कुत्सित समाजशास्त्रीयता' की छाप उन पर लग जाती है। इस 'कुत्सित समाजशास्त्रीयता' का क्या अर्थ होता है, इसे समझने के लिए ऐंजोल फ़्लोरेंस द्वारा सम्पादित 'साहित्य और मार्क्सवाद : एक सोवियत साहित्यिक वाद-विवाद' बड़ी रोचक पुस्तक है। इसमें तीन-चार प्रकार के आलोचक हैं। सभी एक दूसरे को कुत्सित समाजशास्त्री कहते हैं। प्रश्न है : 'पुराने महान् साहित्यकारों की महानता का क्या रहस्य है?' साहित्य को 'वर्ग-स्वार्थ का प्रतिबिम्ब' से लेकर 'पीड़ित मानवता की युग-युग की पुकार' तक कहा गया है। इसमें सबसे उदार 'पीड़ित मानवता की पुकार'-वादी श्री माइखेल लीफ़शित्स हैं और इस पुस्तकं में छपे उनके चार लेखों के पश्चात् उनका निष्कर्ष यह है :

> "श्रमिकवर्ग की तानाशाही की तैयारी जनता के लम्बे और हठी संघर्ष द्वारा हुई है, उस संघर्ष द्वारा जिसका प्रारम्भ समाज में असमानता के द्वारा हुआ और जो समस्त इतिहास के वर्ग-संघर्ष की प्रमुख स्थापना है।"[2]

साहित्य युग-युग से इसी तैयारी का प्रतिबिम्ब है। अब सारी गुत्थी सुलझ गयी। अफ़सोस इसी बात का है कि बेचारे होमर, शेक्सपीयर, वाल्मीकि, कालिदास, तुलसीदास को अपने इस सौभाग्य की जानकारी नहीं हो सकी कि इतने मनोयोग से वे इस बीसवीं शताब्दी में कम्युनिस्ट पार्टी के एकछत्र राज्य की तैयारी कर रहे थे।

समकालीन कम्युनिस्ट आलोचना की एक पकड़ इसी बात में है कि वह साहस के साथ मानवता के महान् अतीत साहित्य की ओर नहीं ताक सकती। छोटे-छोटे लेख ही उसका अन्त हैं। एक भी कम्युनिस्ट आलोचक ऐसा नहीं है जो साहित्य का सम्पूर्ण इतिहास लिखने का साहस कर सके और अन्त में कॉडवेल और लूकाक्स की भाँति 'असंगतियों का भण्डार', 'विरोधाभासों का कोष' अथवा

---

1. वही।
2. माइखेल लीफ़शित्स : 'साहित्य और वर्ग-संघर्ष'।

'कुत्सित समाजशास्त्री' बनकर न निकले। इतनी एकांगी कसौटी को लेकर सारे साहित्य को कसने के लिए दौड़ पड़ने वाले सचमुच प्रतिभाशाली समीक्षक कॉडवेल और लूकाक्स के आँसू पोंछने के लिए हम केवल इतना ही कह सकते हैं, "क्या करोगे भाई, दोष तुम्हारा नहीं है। दोष उस साहित्य का ही है जिससे तुम अनायास ही उलझ पड़े।"

अक्टूबर, 1953 *छठवाँ दशक* से

साहित्यकार और उसका परिवेश

सम्भवतः भविष्य के इतिहासकार कहेंगे कि हम ऐसे युग में पैदा हुए जब भारतवासी एक रहस्यवादी आस्था, वेदना और शायद विनाशभय की मिली-जुली भावनाओं के साथ, अपने ऐतिहासिक व्यक्तित्व के अन्वेषण में लगे हुए थे। इसके पहले हमने इतिहास को केवल मुर्द्रों की कथा के रूप में पढ़ा था। कभी-कभी हमने असहाय अपने ऊपर इतिहास की प्रक्रिया का भी अनुभव किया था। किन्तु स्वतन्त्रता के बाद, योरोप और अमेरिका के बढ़ते हुए तनाव के बीच हठात् हमने अनुभव किया कि इतिहास के कारवाँ की घंटियाँ हमारे लिए भी बज रही हैं। इसका युग नहीं रह गया कि इतिहास हम पर अमल करे; समय की चकाचौंध करने वाली माँग थी कि हम इतिहास पर अमल करें। एक चुनौती, और सम्भवतः आत्मरक्षा की आवश्यकता ने हमें चौंका दिया कि केवल मुर्द्रों के लिए ही 'ऐतिहासिक' होना यथेष्ट नहीं है। इतिहास ने हमें आत्मसात् कर लिया। जिस वस्तु का हम स्पर्श करते थे, जिस हवा में हम साँस लेते थे, जिन पृष्ठों को हम पढ़ते-लिखते थे, जिन शब्दों को हम गढ़ते थे, सबमें एक ही प्रश्न व्याप्त हो गया—हमारा ऐतिहासिक व्यक्तित्व क्या है?

बीसवीं शताब्दी के द्वितीय अर्धांश के आरम्भ होते ही हमारे विचारों से यह प्रश्न बड़े वेग से टकराया। यह नहीं कि यह प्रश्न नया था। घुमा-फिरा कर हर युग अपने विचारकों और साहित्यकारों से यही प्रश्न पूछता है। परन्तु हर युग में उसका स्वरूप भिन्न होता है। साहित्यकार के लिए उस प्रश्न का रूप खोज निकालना और उसका उत्तर देना, यही सबसे बड़ा उत्तरदायित्व होता है। हो सकता है कि उसका सारा जीवन अनपूछे प्रश्न का ही उत्तर देने में समाप्त हो जाय—इस दशा में साहित्यकार के समकालीन उसे समझ ही नहीं पाते। कभी-कभी कोई महान् प्रतिभा ऐसी भी जन्म लेती है कि उसका उत्तर शताब्दियों तक सही और गूँजने वाला बना रहता है। ऐसा इतना कम होता है कि साधारणतः इसकी आशा करना या इसके लिए तैयारी करना व्यर्थ ही होता है। यह भी असम्भव

नहीं है कि कोई साहित्यकार अपना सारा जीदन केवल इसी अन्वेषण में बिता दे कि प्रश्न असल में क्या है और किस रूप में पूछा जा रहा है। शायद हम ऐसे ही युग से गुज़र रहे हैं। एक ओर तो अप्रत्याशा और स्पष्टता के साथ तीखी अनिवार्यता है : युग के प्रश्न को वाणी देनी ही होगी। दूसरी ओर मन को पथरा देने वाला यह अनुभव, कि कभी भी हमारे लिए यह प्रश्न और उसका उत्तर इतना घुमावदार, धुँधला और अनिश्चित नहीं था।

हिन्दी और अन्य प्रान्तीय भाषाओं में छोटे साहित्यकारों की भारी भीड़, जो अपना मार्ग टटोलती हुई-सी दीखती है, इसी स्थिति का कारण और परिणाम दोनों ही है। प्रश्न का स्वरूप स्थिर करने में हम सफल होंगे या नहीं, या हमारा उत्तर सटीक होगा या नहीं, केवल इस कसौटी पर आज के साहित्यकार को कसना ग़लत होगा। क्योंकि समस्या सारे देश की है, और उसके कारण संसार-भर में व्याप्त हैं। हमारे समकालीन साहित्य की निर्णयात्मक कसौटी इस बात में है कि कितने साहस और ईमानदारी के साथ हमारे साथ हमारे साहित्यकारों ने प्रश्न को पूछने की चेष्टा की है।

ईमानदारी और साहस—क्योंकि वस्तुतः हमारे साहित्यकारों में अभाव ईमानदारी का नहीं है, देखना यह है कि क्या हमारा साहस भी ईमानदारी के बराबर है? क्या हमारे लेखक अपने को, अपनी शक्ति, अपनी ख्याति, सम्मान, सम्भवतः अपने विवेक को भी, हमारे चारों ओर घिरने वाले अन्धकार को भेदने के लिए दाँव पर लगाने को तैयार हैं, ताकि वे उस प्रश्न का स्वरूप देख सकें जिसका उत्तर हमें देना है? और उससे भी आगे इसका पता लगा सकें कि कोई उत्तर दिया भी जा सकता है या नहीं? आज के लेखक ने अंपने गहन उत्तरदायित्व को किस हद तक निभाया है और कहाँ तक उसने हिम्मत हार दी है, इस पर निर्णय देने के पूर्व हमें उस परिवेश को भी देखना होगा जिसका पाश उसके चारों ओर है। साथ ही हमें समाज के उन अंगों को भी ध्यान में रखना होगा जिनके ऊपर आज युग के नेतृत्व का भार है। युग के अभिशाप अथवा वरदान को लेखक सबके साथ मिलकर ही झेलता है, इसमें सन्देह नहीं।

योरोप के लेखकों के सामने जो प्रश्न है, उसका स्वरूप बहुत तीखा और दर्दनाक है। दूसरे महायुद्ध के पहले, स्पेनिश गृहयुद्ध के समय ऐसा लगा कि सभी कठिनाइयों का अन्तिम हल निकल रहा है। वाम और दक्षिण, उग्र और उदार के बीच की सीमारेखा टूटती-सी मालूम पड़ी। उत्साह और आशा के प्रवाह में जीवन के मूल्यों में समन्वय होता-सा जान पड़ा। प्रश्न सीधा और सरल हो गया : जनतन्त्र बनाम तानाशाही। यह एक महान् अनुभव था, किन्तु दूसरे महायुद्ध ने

यह सिद्ध कर दिया कि यह क्षणिक समन्वय इन्द्रजाल ही था। आज योरोप के लेखक के सामने स्वतन्त्रता के प्रश्न से भी अधिक आदिम, अधिक गहरी और अधिक उलझी हुई समस्या है, एक भयंकर चेतावनी है : क्या मानव जियेगा—क्या वह जी भी सकेगा या नहीं? यह सत्य है कि योरोप के लेखक के उस दर्द का अनुभव हमने नहीं किया है। क्योंकि जिस तरह उसके सपने एक-एक करके टूटे हैं, जिस तरह उसके एक-एक मूल्यों में विघटन हुआ है, वह हमारे लिए कल्पनातीत है। भारत का अधिकांश विचारशील वर्ग इस पक्ष में होगा कि योरोप के लेखक की समस्या उसकी अपनी है। उसके हल करने का प्रथम उतरदायित्व भी उसी के ऊपर है। किन्तु यह भी सत्य है कि हम उसके निरपेक्ष अथवा असहाय दर्शक-मात्र भी नहीं रह सकते, जैसा कि स्वतन्त्रता-प्राप्ति के पहले सम्भव था। योरोप का दर्द हमारे सामूहिक अनुभव का कोष है। योरोप ने उत्थान के काल में अपने वैभव का बँटवारा समूची मानवता के साथ नहीं किया था; पतन के काल में विनाश का बँटवारा समूची मानवता के साथ न करे, इसे देखने का ख़तरनाक उत्तरदायित्व हम पर आ पड़ा है। यह हमारी राष्ट्रीय भूमिका है। इसी सन्दर्भ में आज का ऐतिहासिक व्यक्तित्व निर्मित हो रहा है। क्या हमारे लेखक इस योग्य हैं, या उनके सामने इतना अवसर, इतनी सुविधा है कि वे इस उत्तरदायित्व को वहन कर सकें? क्या हमारे पास मानव-मूल्यों का कोष है जिससे हम इस तिमिर को प्रकाशित कर सकें? क्या हम उन मूल्यों का निर्माण कर रहे हैं? और यदि इतना कुछ भी सम्भव नहीं, तो कम-से-कम क्या हम उसके प्रति जागरूक हैं?

यह कहना कि हमारे साहित्यकारों ने युद्धोत्तर काल में ऐतिहासिक स्थिति के बराबर क्षमता का प्रदर्शन किया है, अतिशयोक्ति होगी; लेकिन यह बात ज़ोर देकर कही जा सकती है कि हमारे अधिकांश साहित्यकारों ने इतिहास के कारवाँ की घण्टियाँ सुनी हैं। निश्चयपूर्वक उन्होंने उसके स्वर को समझने का प्रयत्न किया है, लालसा, आवेग और छटपटाहट के साथ। वे शत-प्रतिशत सफल नहीं हो सके हैं, इसका कारण यह नहीं है कि वे आत्मनिष्ठ, पलायनवादी या दिग्भ्रमित हैं, बल्कि इसलिए कि प्रश्न असाधारण, और बहुत पेचीदा है। उनकी मुक्ति और घुटन, विद्रूप और उत्साह, तीखापन और रोमांस के जिस विचित्र सम्मिश्रण को स्वतन्त्रता के बाद के हिन्दी साहित्य की संज्ञा दी जाती है, वह स्वाद में पहले से बहुत भिन्न है, इतना निर्विवाद है। प्रायः जिस वस्तु पर बल कम दिया जाता है, वह यह है कि एक अपरिचित और अप्रत्याशित स्थिति में आज का साहित्यकार बराबर अपनी औसत प्रतिक्रिया का मार्ग खोज रहा है। उपलब्धियों और पराक्रमों से उसका मूल्यांकन करना जल्दबाज़ी होगी; देखने की बात यह है कि उसका

प्रयास सच्चा है या नहीं। जैसा परिवेश हमारे चारों ओर है, उसमें साहित्यकार का अतिवादी हो जाना असम्भव नहीं। अब भी अधिकांश साहित्यकार अतिवादी नहीं हैं, यह इस बात का सबूत है कि मूलतः हमारा साहित्यिक मानस स्वस्थ और संयत है। विरोधाभास साहित्यकार के मानस में नहीं है, विरोधाभास हमारे उस भावनात्मक परिवेश में है जिससे साहित्यकार को जूझना पड़ रहा है। इसका मूल हमारी राष्ट्रीय और अन्तरराष्ट्रीय स्थिति में है। उचित होगा कि स्वतन्त्रता-प्राप्ति के बाद हम अपनी राष्ट्रीय भूमिका के भावनात्मक परिणामों की ओर दृष्टिपात कर लें।

सम्भवतः यह कहना सच होगा कि 1947 की आज़ादी हमारे लिए एक अप्रत्याशित आयात के रूप में आयी। कम-से-कम इतनी बड़ी आज़ादी के साथ जो भावनात्मक समानुपात होना चाहिए था, वह न हो सका। आज़ादी के तुरन्त बाद ही तीव्र गति से जो घटनाएँ घटीं और जिनकी परिणति महात्मा गाँधी की हत्या में हुई, उन्होंने भी न केवल भावनात्मक सामंजस्य को कुण्ठित किया, बल्कि एक दर्दनाक ढंग से उसकी सम्भावना को भी थोड़ी देर के लिए अविचारणीय बना दिया। दो-तीन वर्षों के बाद जब हम सोचने की स्थिति में हुए तो हमने देखा कि इस ऐतिहासिक संक्रमण में न हम विजेता हुए, न शहीद; न हम किसी के विरुद्ध तीख़ी घृणा कर सके और न किसी के सहयोग के लिए उत्कट धन्यवाद ही दे सके। यह नहीं कि इस आज़ादी में वे तत्त्व नहीं थे जो हमें आकर्षित करते। असल में भावनात्मक अनुभव की प्रक्रिया पूरी नहीं हुई। हर क्रान्ति के साथ भावनाओं के एक वृहद् कोष का विस्फोट होता है जो पिछले सम्बन्धों के टूटने के बाद नये सम्बन्धों के लिए घृणा, द्वेष, प्रेम, भय, आक्रोश, धैर्य, निष्ठा आदि को नयी दिशाएँ, झटके के साथ नया आवेग, देता है। 1947 की आज़ादी ने यह नहीं किया। संसार की यह सबसे अधिक पूर्णग्रहहीन क्रान्ति थी।

किसी राष्ट्र के लिए पूर्वग्रहहीन होना शायद सबसे ख़तरनाक स्थिति होती है, क्योंकि अक्सर इसकी परिणति अनास्था, अविश्वास और कुण्ठा के लांछनों में होती है। पहले के युगों में सम्भवतः इन भ्रान्त लांछनों के पीछे ईमानदारी होती थी। दुर्भाग्य से आज के युग में इनके पीछे बेईमानी की ही मात्र अधिक है।

हमारे चारों ओर का अन्तरराष्ट्रीय वातावरण बहुत ही उलझा हुआ है। इतिहास ने हमें जिस भूमिका में काम करने को विवश किया है, यह किसी राष्ट्र के लिए ईर्ष्या की वस्तु नहीं हो सकती। इतना स्पष्ट है कि हमारा उद्‌भव एक विशिष्टता के साथ हुआ है। परम्परागत चौखटे में कसे जाने से हमारी पूर्वग्रहहीनता ही हमें रोकती है : पूर्वग्रहहीनता, अर्थात् द्वेषहीनता, जो आज की

दुनिया में एक अकल्पनीय दोष बन गयी है। इतिहास में पहली बार हमें वह मादक और गौरवपूर्ण अनुभव हो रहा है जब संसार की आँखें हमारी ओर लगी हुई हैं, आशापूर्ण, शायद उससे भी अधिक कुतूहलपूर्ण। हम यह सोचना पसन्द करेंगे कि इन आँखों में आशा ही है कि पश्चिम ने सचमुच अपने से हार मानकर हमारा महत्त्व स्वीकार कर लिया है, लेकिन सबसे अद्‌भुत और वेदनापूर्ण अनुभव यह है कि आज भी इन उत्तेजित शक्तियों की सभ्यता में जिन मूल्यों का महत्त्व है, उनमें से एक भी हमारे पास नहीं है। न शक्ति है, न सैन्य है, न विश्व-विजय की आकांक्षा, न अर्थ और न शायद बौद्धिक चमक-दमक ही। कहाँ है वह हमारा ऐतिहासिक व्यक्तित्व जो धूमकेतु की भाँति हमारे इस उन्मादक अभियान की सार्थकता सिद्ध कर सके? यही वह प्रश्न है जो आज भारत के बुद्धिजीवी-वर्ग की सबसे बड़ी पहेली है। एक विचित्र विरोधाभास है: मृत्युपाश में गुँथी हुई दो विस्फोटक शक्तियों के छोर पर खड़े होकर सीटी बजाने का अभूतपूर्व अनुभव है। हमारा आदर किया जाता है, लेकिन सत्कार की आँखों में तुच्छता की छाया नहीं छिपती। हमारी बात ध्यान से सुनी जाती है, परन्तु सलाह मानने के उद्देश्य से नहीं। हिन्दुस्तान की तूती बोल रही है, लेकिन दुनिया के नक़्क़ारख़ाने में।

भावनात्मक रूप से हम इस वातावरण से दूर हैं। न तो हम उनकी आत्मघाती छटपटाहट की सार्थकता या अनिवार्यता ही समझते हैं और न वे हमारी पूर्वग्रहहीनता की भाषा को ही। किन्तु भौतिक रूप से हम उसमें उलझे हुए हैं। यह सम्पर्क भी एक विचित्र विरोधाभास को जन्म देता है। हमारा देश नया, कमज़ोर और आकांक्षाओं से भरा हुआ है। इस 'ठण्डे युद्ध' में हमारे लिए तो दोनों ओर से ख़तरा है। इस 'ठण्डे युद्ध' की समाप्ति शायद तभी सम्भव है जब इन विरोधी शक्तियों में दुनिया के बँटवारे के लिए कोई समझौता हो जाय। और यदि हुआ तो हम इसे कैसे रोक सकेंगे कि हम भी उस 'बँटी हुई सम्पत्ति' में से एक न हो जावें? दूसरी ओर यदि इन शक्तियों का विरोध-विग्रह बढ़ते-बढ़ते विस्फोट का रूप धारण करता है, तो उसकी एक चिनगारी भी हमें जलाकर राख कर देने के लिए पर्याप्त होगी। यह हमारा भाग्य है कि इन शक्तियों में एक सन्तुलन है : लेकिन कितना ख़तरनाक और अनिश्चित! हम एक 'टाइम-बम' की छाया में रह रहे हैं।

यह हमारी ऐतिहासिक स्थिति है, मुक्ति और घुटन, विद्रूप और उत्साह, तीखेपन और रोमांस से भरी हुई। इतिहास के साथ हमारा पहला यथार्थवादी सम्पर्क है। आज सारे राष्ट्र की भावना और स्पृहा का निर्माण इसी वातावरण में होता है। हमारे हर साहित्यकार की आकांक्षाओं में इसकी छाप पड़ती है, इसकी प्रतिक्रिया होती है।

आज से लगभग चार दशक पहले नये युग के उत्थान के साथ हमारे ऐतिहासिक व्यक्तित्व के प्रश्न को अपने सबसे अनगढ़ रूप में मैथिलीशरण गुप्त ने पूछा था, लेकिन जिस आघात की यह प्रतिक्रिया थी, वह आधात वास्तविक था। 'भारत-भारती' का आरम्भ इसी प्रश्न से होता है :

हम कौन हैं, क्या हो गये थे,
और क्या होंगे अभी।
आओ विचारे आज मिलकर
ये समस्याएँ सभी।।
यद्यपि हमें इतिहास अपना
प्राप्त पूरा है नहीं।
हम कौन थे इस ज्ञान को
फिर भी अधूरा है नहीं।।

'हमारा' 'इतिहास' के साथ यह पहला स्पर्श नसों में बिजली की तरह दौड़ गया। परन्तु युग का यह प्रथम प्रयास था। इसलिए इसमें आश्चर्य ही क्या कि प्रश्न भी अनगढ़ था और उसका उत्तर भी अनगढ़ ही। 'भारत-भारती' का 'हम' एक संकुचित हम है और उसका इतिहास भी 'ऐतिहासिक अतीत'-मात्र।

लेकिन जैसे ताल में कंकड़ पड़ने से वृत्तों का फैलना प्रारम्भ होता है जो किनारे पर पहुँचकर ही दम लेते हैं, उसी प्रकार इस 'हम' का विस्तार भी अनिवार्य था। छायावाद के आते-आते यह 'हम' फैलकर सारे राष्ट्र से एकात्म हो जाता है। सत्याग्रह-युग (1920-45) का साहित्यकार प्रश्न को कुछ और गहराई से पकड़ना चाहता है। वह कुछ गहन-गम्भीर प्रश्न पूछने का अभिलाषी है—क्योंकि उसका 'हम' विस्तृत है। लेकिन मूलतः साहित्यकार की वृत्ति एक उदार भावुकता पर ही आधारित रही जो हमारे स्वतन्त्रता-संघर्ष की रचनात्मक देन थी। इसलिए गम्भीरता के बावजूद प्रश्न अब भी सरल ही था, और उत्तर देने में कठिनाई नहीं पड़ी। सारे राष्ट्र की भावनाओं का एक नया 'महत्तम समापवर्तक' खोज निकालने के बाद ऐतिहासिक व्यक्तित्व का प्रश्न पूर्व-बनाम-पश्चिम अर्थात् आध्यात्मिक-बनाम-भौतिकता के रूप में पूछा जाने लगा। इस विरोधाभास को पकड़ने में सबसे बड़ी आसानी यह थी कि हमें अपने स्थान पर स्थायित्व तो प्राप्त हो ही जाता था, साथ ही सोचने की प्रखर पीड़ा सहने की आवश्यकता भी नहीं पड़ती थी। यह गुलामी और गुलाम बनाने वालों के प्रति एक उदात्त क्रोध का युग था। कितना आसान और सन्तोषप्रद था यह समझ लेना कि वह सब जो हमें गुलाम बनाये हुए है, भौतिक है, अतः हेय है, और हम जो कि गुलाम हैं,

आध्यत्मिक हैं, अतः श्रेय हैं। इस धारणा से शक्ति मिलती थी, विश्वास मिलता था और अपने को पहचानने और विशिष्टता स्थापित करने का आसान गुर हाथ में आ जाता था। सत्याग्रह-युग के उपन्यासकारों की सरल भावुकता, कवियों का उदात्तीकरण, समालोचकों की संस्कृति-निष्ठा, सबमें इसी भावनात्मक परिवेश का रंग झलकता है।

इस युग का प्रश्न उतना अनगढ़ नहीं है। वह सुथरा और अधिक आकर्षक बन गया। और उत्तर भी उसी मात्र में सुथरा और सीधा दिया गया। लेकिन यह बराबर लगता है जैसे 'शार्ट-कट' का प्रयोग किया जा रहा हो। प्रेमचन्द भी इसके अपवाद नहीं हैं। यह 'शार्ट-कट' तभी तक उपादेय और प्रयोजनीय रहा जब तक आज़ादी की लड़ाई में हमें किसी भी प्रकार का ऐतिहासिक व्यक्तित्व अपने ऊपर ओढ़ लेने की जल्दी थी। इससे मिला हुआ सन्तोष इस कारण नहीं था कि लबादा हमारे डील-डौल के अनुसार बिल्कुल ठीक था। उसका गौरव कुछ उस ख़ानदानी कोट की भाँति था जो बिगड़ी हालत में भी रईसों की मर्यादा-रक्षा का काम दे जाता है।

पुनर्जागरण-युग का 'हम' सीमित था। सत्याग्रह-युग में 'हम' समूचे राष्ट्र में फैल गया। लेकिन दुनिया के बीच एक स्वतन्त्र राष्ट्र के रूप में खड़े होते ही इस 'हम' का एक अत्यन्त त्रसद रूप हमारे सामने आया। धक्के के साथ हमारी कल्पना में एक व्यापक स्वप्न झलका : इस 'हम' का अर्थ सारी मानवता भी हो सकती है। इस आकस्मिक अनुभूति के साथ आज की मानवता की अपराध-भावना भी हमारी चेतना में कौंध गयी। व्यापकता का स्वप्न जितना दिव्य था, उतना ही तीख़ा और क्लेशपूर्ण भी। हमारे नये सन्दर्भ ने पुराने स्वरूपों को अनावश्यक बना दिया। अपने भविष्य के प्रति एक उत्साह, धुँधला, अस्पष्ट-सा आभास तो मिला, लेकिन उससे अधिक कुछ नहीं। केवल आध्यात्मिकता-बनाम-भौतिकता अथवा पूर्व-बनाम-पश्चिम का प्रश्न स्पष्टतः अधूरा, बासी और बंजर हो गया। वर्तमान उत्तेजक तो था, परन्तु भविष्य की दिशा निर्मित करने में अशक्य।

इसकी पहली प्रतिक्रिया भय और आतंक में हुई। पश्चिम का मृत्यु-पाश एक भयानक द्वन्द्व था, इसमें सन्देह नहीं। इस दृष्टि से देखने पर समकालीन साहित्यकारों के उस वर्ग की घबराहट और आकुलता स्वाभाविक ज्ञात होती है जिन्होंने हताश होकर हिम्मत हार दी और नारा लगाया, 'हमें दो में से एक गुटों में शामिल हो जाना चाहिए।' एक घबराहट की चीख़ थी जिन्हें उन विचारकों और शक्तियों से भी सहयोग मिला जिनका इस नारे से आर्थिक एवं राजनीतिक लाभ भी था। भावनात्मक रूप से इस नारे से वे सभी समस्याएँ दूर हो गयीं जिनमें सोचने की प्रखर पीड़ा की सम्भावना थी। नयी भावभूमि में फिर उसी 'शार्ट-कट'

का जादू खोजने का प्रयास था जो प्रेमचन्द और उनके समकालीन साहित्यकार कर चुके थे। इसीलिए इस नये वर्ग ने बड़े ज़ोर-शोर से सत्याग्रह-युग की परम्परा को अपनाने का अभिनय किया। परन्तु ध्यान इस बात का रखा कि 'परम्परा' के अन्तर्गत 'शार्ट-कट' का ही समावेश हो, उस युग की गहराई और चिन्तनशीलता का नहीं। प्रश्न को इस प्रकार झुठलाकर आत्मबोध की क्षणिक उत्तेजना तो हुई। परन्तु जितने शीघ्र इस हताश चीख़ का वितान छिन्न-भिन्न हुआ, उससे स्पष्ट हो गया कि हमारे ऐतिहासिक व्यक्तित्व में अब 'शार्ट-कट' का युग नहीं रह गया।

लेकिन वह वर्ग बहुत छोटा-सा था। हमारे अधिकतर साहित्यकारों ने सचाई और विश्वास के साथ ही एक नया रास्ता निकालने का बोझिल उत्तरदायित्व झेलने का निश्चय किया। उन्होंने स्वीकार किया कि अब इस विराट् विवाद को स्थगित नहीं किया जा सकता। और यही उनका सबसे शक्तिशाली तथा आश्चर्यजनक गुण है जो उनके प्रति हमारे विश्वास को दृढ़ करता है। इसी गुण ने उनको इतनी प्रेरणा दी है कि वह तमाम लांछनों और आरोपों के बावजूद सीधी रीढ़ के साथ खड़े हो सकें। क्योंकि हमारे अभियान की सीमा नहीं है, चाहे हमारा पहला प्रयास विफल ही क्यों न हो।

इस भँवर का सामना हमारे उदार मानववादी साहित्यकारों ने सब-कुछ की स्वीकृति करके दिया। एक ओर भारत के परिवेश में मानव-प्रगति-सम्बन्धी आदर्श के प्रति आस्था, और दूसरी ओर उन्हीं मूल्यों का पश्चिम में विघटन। चूँकि दोनों में से किसी का अनुभव अयथार्थ और झूठा नहीं है, इसीलिए बड़ी गम्भीरता के साथ भारत का कवि असम्भव छोरों को भी मिलाने की बात कह आता है :

> "संक्षेप में मैंने मार्क्सवाद के लोक-संगठन-रूपी व्यापक आदर्शवाद और भारतीय दर्शन के चेतनात्मक ऊर्ध्व आदर्शवाद, दोनों का संश्लेषण करने का प्रयत्न किया है। भारतीय विचारधारा भी सत्य, त्रेता, द्वापर, कलियुग के नामों से प्रादुर्भाव, निर्माण, विकास और ह्रास के द्वन्द्व संचरणों पर विश्वास रखती है। अतः नवीन युग की भावना केवल कपोल-कल्पना नहीं है। पद और चेतना को मैंने दो किनारों की तरह माना है जिनके भीतर जीवन का लोकोत्तर सत्य प्रवाहित एवं विकसित होता है।"[1]

भारत के ऐतिहासिक व्यक्तित्व की वह एक आतुर खोज है जिसे आज के योरोप में 'गोल घेरे के अन्दर चौकोर खूँटी गाड़ने' का असम्भव प्रयास कहकर उड़ा दिया जाता। फ़ायरबाख़ ने भी कुछ ऐसा प्रयत्न किया था और मार्क्स ने उसका निषेध किया।

---

1. पन्त—'युगवाणी'।

मानववादी परम्परा की इस व्यापक युद्धोत्तर स्थिति के सबसे सटीक उदाहरण पन्त जी हैं। मानववादी अनिवार्य रूप से आस्थावान होता है, कभी-कभी कट्टर आस्थावान। यदि यह आस्थाशीलता कट्टर हुई तो जैसे-जैसे यथार्थ की चोट पड़ती है, वह रहस्यात्मक रूप धारण करती जाती है। ईसा मसीह की वापसी की आस्था की तरह, मानववादी का मन अखण्ड विश्वास के साथ कहता है कि कोई-न-कोई ऐसा करिश्मा होगा कि सब ठीक हो जायगा। पन्त जी के साथ यही हुआ है। और इसी दृष्टि से वह इस परम्परा के सबसे बोलते हुए उदाहरण हैं। अपने संर्वोत्कृष्ट क्षणों में इलाचन्द्र जोशी, जैनेन्द्र, महादेवी आदि सभी यहीं पहुँचते हैं :

'ऐसे मरणोन्मुख जग को कहता मेरा मन
और कौन दे सकता नवजीवन आश्वासन
शान्ति, तृप्ति—निज अन्तर्जीवन के प्रवाह से
भारत के अतिरिक्त आज—जो शाश्वत अक्षर
अन्तर ऐश्वर्यों का ईश्वर है वसुधा पर
कहता मेरा मन, भारत के ही मंगल में
भू मंगल, जन मंगल, देवों का मंगल है!'[1]

यह स्वर कभी-कभी इंग्लैण्ड के विक्टोरियन आशावादियों की याद दिलाता है। लेकिन दोनों में कितना बड़ा फ़र्क़ है। विक्टोरियनों के लिए यह समृद्धि और तुष्टि की भावना का विलास था। आज के भारतीय कवि के लिए यह जीवन-राग है जिसके भीतर कितनी करुणा, कितना दर्द गूँज रहा है।

इस 'गुडविल-मिशन' में कहीं कोई गड़बड़ी नहीं है, सिवा इसके कि यह मन में उतरती नहीं। इस अभाव का अनुभव सबसे अधिक अन्तिम पीढ़ी के उन लेखकों और साहित्यकारों ने किया है जिनकी रचनाओं को किसी बेहतर नाम के अभाव में 'नयी कविता' या 'नया साहित्य' कहंकर पुकारा जाता है। इतिहास का सारा आघात सीधे उन्हीं के सीनों पर आ पड़ा। सबसे बड़ा ख़तरा भी उन्हीं का था, क्योंकि बे ही इस वात्याचक्र की उपज थे। किन्तु जो आश्चर्यजनक बात इन साहित्यकारों के प्रति विश्वास जगाती है, वह यह है कि इस सबके बावबूद भी उन्होंने दृढ़तापूर्वक अतिवादिता से अपनी रक्षा की है। इसमें सन्देह नहीं कि उनके सामने समस्या बड़ी गहन है, परन्तु एक तर्क जो उनके पक्ष में सबसे प्रबल है, वह यह कि उन्होंने ईमानदारी के साथ अपनी समूची आत्मशक्ति को दाँव पर लगाया है। वह आत्मशक्ति स्वयं कितनी बड़ी है, इसका उत्तरदायित्व

---

1. पन्त—कवीन्द्र रवीन्द्र के प्रति।

सारे समाज पर है। किन्तु इतना सत्य है कि हमारी जनवादी आस्था और साथ ही विश्व-मानव की पीड़ा—इसके बीच न तो आज के साहित्यकार ने आँख मूँदने का प्रयास किया है और न सीधा सरल समन्वय निकालकर ही सन्तोष किया है। इसमें सन्देह नहीं कि अक्सर आज के 'जीवन के दबाव की अभिव्यंजना का मार्ग उसे नहीं दीखता।' लेकिन इसके लिए वह 'शार्ट-कट' का आकांक्षी भी नहीं बनना चाहता। बार-बार वह पूछता है :

कौन-सा पथ है?
मार्ग में आकुल अधीरातुर बटोही ने पुकारा—
कौन सा पथ है?[1]

'भारत-भारती' से 'नयी कविता' तक एक बड़ा सफ़र है जिसमें न जाने कितनी मंज़िलें पड़ी हैं। एक युग था जब मैथिलीशरण गुप्त के लिए यह प्रश्न काव्य की प्रथम पंक्ति थी। आज का कवि वहाँ अपनी कविता समाप्त करता है जहाँ पहले कवि ने आरम्भ किया था। इससे इनकार नहीं किया जा सकता कि उसने हमारे इस अन्वेषण में पूरी सफलता नहीं प्राप्त की है, परन्तु उस पर निषेध का आरोप भी नहीं किया जा सकता—क्योंकि वह सही प्रश्न पूछ रहा है।

जैसा हम ऊपर कह आये हैं, इस अन्धकार को भेदने के लिए साहस की आवश्यकता है जो सम्भवतः सम्मान और विवेक को भी दाँव पर लगाने को तैयार हो। नये लेखक ने आरम्भ दृढ़ता के साथ किया है। क्या वह इतने ही साहस के साथ इस अन्वेषण को जारी रख सकेगा। हमें निराश होने का कोई कारण नहीं दीखता। नये लेखक ने एक बार अतिवाद का सामना करने का परिचय दिया है, वह आगे भी उसी दृढ़ता के साथ बढ़ सकता है।

अप्रैल, 1954 *छठवाँ दशक* से

1. भारतभूषण अग्रवाल।

'जनवादी' साहित्य-1

साहित्य और समाज में गहरा सम्बन्ध है, इस विषय में कोई मतभेद सम्भव नहीं। परन्तु जैसे ही हम एक क़दम आगे बढ़कर इस सम्बन्ध की विशेष छानबीन करने लगते हैं, कठिनाई उत्पन्न होने लगती है। कई प्रश्न खड़े होते हैं। यह सम्बन्ध किस प्रकार का है? 'समाज' से क्या अर्थ लिया जाय? और सबसे गहन यह कि यह सम्बन्ध किन स्तरों पर और किन रूपों में साहित्य में अभिव्यक्त होता है? अन्त में उस अभिव्यक्ति की भूमिका किसी कृति अथवा कृतिकार की श्रेष्ठता एवं महत्ता सिद्ध करने में क्या होती है? आज तक साहित्य में सामाजिक सम्बन्धों का अनुशीलन करने वाले जो आलोचकगण रहे हैं, उन्होंने अधिकतर इस सम्बन्ध को कभी कम और कभी अधिक अभिव्यक्ति का अन्वेषण-मात्र करके सन्तोष किया है अथवा उपपत्तियों के रूप में कुछ विशिष्ट प्रवृत्तियों की ओर संकेत किया है, जिन्हें निष्पक्षजा के कारण आत्यन्तिक अथवा सर्वव्यापी मानने से उन्हें स्वयं संकोच होता रहा है। इस संकोच के एकमात्र अपवाद मार्क्स के वे अनुयायी हैं जिनका न्यस्त स्वार्थ किसी राजनीतिक दल अथवा राजसत्ता से सम्बद्ध है।

उनके अनुसार इस समस्या का अन्तिम हल उन्हें प्राप्त हो गया है। यह हल क्या है, इस सम्बन्ध में अब मतभेद की सम्भावना नहीं है। साहित्यकार अथवा समीक्षक के लिए काम सिर्फ़ इतना रह गया है कि वह इस हल के पक्ष में शीघ्रातिशीघ्र कमर कस कर तैयार हो जाये और जो भी इस हल के विरुद्ध हैं, उनका विनाश कर डाले। एक ऐसा पत्थर हाथ लग गया है जो कसौटी और पारस, दोनों का काम देता है। प्राचीन साहित्य का पुनर्मूल्यांकन भी हो जाता है और भविष्य के लिए सेना भी सज्जित हो जाती है। इसमें दूसरा कार्य अधिक आवश्यक है और इस सेना की सज्जा में सत्य को छिपाने, घटाने, बढ़ाने, सब प्रकार के प्रयोग क्षम्य हैं। कम्युनिस्ट आलोचक वी. जे. जेरोम के शब्दों में :

> "मार्क्सवादी सिद्धान्त का अस्तित्व इसलिए नहीं है कि मार्क्सवादी लोग 'जन' से अलग हो जायें, बल्कि इसलिए कि वे 'जन' के साथ जुड़ जायें।

अपने वर्ग के शत्रुओं के साथ मार्क्सवादी अपने मत-वैषम्य को सामने रखते हैं; जो साथी हैं, अथवा हो सकते हैं, उनके साथ मत-साम्य को आगे रखते हैं।"[1]

इस कसौटी को आजकल 'जनवाद' का नाम दिया जाता है और यह साहित्यिक दृष्टि 'जनवादी' साहित्यिक दृष्टि कहकर पुकारी जाती है। चूँकि इस 'जनवादी' दृष्टिकोण के दावे बहुत विशाल हैं और सामयिक हिन्दी आलोचना में इस विषय में उलझन और अस्पष्टता है, अतः इसकी छानबीन करना आवश्यक है। अनेक बार 'जन' शब्द के समान 'जनवादी साहित्य' को अत्यन्त व्यापक अर्थ में लिया जाने लगता है और उस समय सामान्य जनता के लोक-साहित्य के रूप में इसे स्वीकार करने का भ्रम किया जाता है। दूसरी सीमा अव्याप्ति दोष की भी है जहाँ कुछ विचारक साहित्य में प्राचीन आचार्यों के साधारणीकरण की व्याख्या इस रूप में करने का प्रयत्न करते हैं।

कुछ दिन पहले तक इस 'जनवादी' शब्द से हिन्दी के पाठक अपरिचित थे। अंग्रेज़ी या अन्य योरोपीय भाषाओं में भी इसका या इसके पर्यायवाची शब्द का प्रचार बहुत पुराना हो, ऐसा नहीं है। स्पेनिश गृहयुद्ध के आसपास साहित्य में 'पॉपुलर फ्रण्ट' की जो लहर आयी, उसमें ही पहले-पहल इस जनवादी नारे का असली शोर सुनायी पड़ा। अधिकतर रिवाज अपने को 'प्रोग्रेसिव' या 'प्रगतिशील' कहने का था। कभी-कभी जनवादी का भी नाम आ जाता था। ये 'प्रगतिशील' साहित्यकार भी बड़े आँके-बाँके सजीले नौजवान थे। इन्होंने बड़े-बड़े सपने देखे, आतंककारी दैत्य खड़े किये, एक-एक इश्तिहार पर हज़ारों वर्ष तक आने वाली मानवता का क्रय-विक्रय किया, एक कविता या कहानी पर पुरानी मित्रताएँ बिगाड़ दीं, एक वक्तव्य पर परम्परागत शत्रुताएँ भुला दीं और गम्भीरता के साथ मानवता की रक्षा करने पर तुल गये। वे ईमानदार थे, साहसी थे और सचमुच भविष्य के सम्बन्ध में जी-जान से चिन्तित थे। उनमें से कितनों ने स्पेनिश प्रजातन्त्र की रक्षा के लिए अपने प्राण होम किये, कितनों ने कविता लिखना बन्द कर गुप्त पुलिस में नौकरी की, अन्तरराष्ट्रीय ब्रिगेड में शामिल हुए, जो न हो सके, उन्होंने चीख़-पुकार भरे पैम्फ़लेट ही लिखकर सन्तोष किया और और कुछ ऐसे भी थे जो इन सब के बीच, आने वाले द्वितीय विश्वयुद्ध के लिए, सोवियत रूस के समर्थक एकत्र करते रहे, जो वी.जे. जेरोम के अनुसार ज़्यादा ठोस काम था।

यह सब ऐतिहासिक नाटक सरीखा लगता है जिसकी यवनिका रूस-जर्मनी पैक्ट ने गिरायी। इस ज्वर से आक्रान्त होकर जिन लेखकों की विभूति युद्धग्रस्त

1. वी.जे. जेरोम : कल्चर इन ए चेंजिंग वर्ल्ड, पृ. 78।

साहसिकता या अख़बारी कलाबाज़ी से कुण्ठित होने से बच रही, उनमें से कुछ तो आज तक स्पेण्डर, ऑडेन या कोस्लर की तरह तीखे दर्द से छटपटा रहे हैं; कुछ शायद शान्ति-सम्मेलनों या अन्तरराष्ट्रीय सचिवालयों में दिखाई पड़ेंगे और कुछ शायद फार्मोसा या कोरिया में अपनी उस 'जनवादी' शिक्षा का दाय चुकता कर रहे होंगे जो उन्होंने स्पेनिश गृहयुद्ध में सीखा था। गृहयुद्धों के प्रेमी इन 'जनवादी' कलाकारों से उलझें, तो वे बड़े-बड़े तर्क उपस्थित करेंगे। पर इतना निश्चित है कि उनके तीन-चौथाई तर्क समान होंगे, चाहे वे बीसवीं देशान्तर रेखा के उत्तर में पाये जायें अथवा दक्षिण में।

द्वितीय विश्वयुद्ध के बाद 'प्रगतिशील' या 'समाजवादी यथार्थवाद' जैसे शब्दों का चलन कुछ कम हो गया है। चीन की 'पीपुल्स डेमोक्रेसी' के उदय के बाद हिन्दी में नये आवेश के साथ 'जनवादी साहित्य' का रिवाज़ चला है, यद्यपि भारतवर्ष की नयी-पुरानी मिली-जुली मुद्रा की भाँति पुराने सिक्के बाज़ार से बिल्कुल ग़ायब नहीं हुए हैं। शब्द चूँकि नया है, अतः उसका स्वाद भी नया है और कभी-कभी तो हमारे सम्मान्य आलोचक भी भूल कर जाते हैं कि शब्द बदल देने से वी.जे. जेरोम की स्थापना में कोई अन्तर नहीं पड़ता।

सबसे पहला प्रश्न इस 'जन' शब्द को ही लेकर उठता है, क्योंकि इन्द्रजाल का एक बड़ा भाग इस जन के ही तात्पर्य में निहित है। रूसो ने जब बड़े ज़ोर-शोर से दार्शनिक एवं सामाजिक चिन्तन-धारा में इस 'जनसाधारण' की अवतारणा की, तभी उसमें रहस्यवाद के कण मौजूद थे, इतना तो मार्क्स और उनके अनुयायी भी स्वीकार करते हैं। बाद में चलकर, कम-से-कम योरोप में, यह 'जन' दो स्पष्ट वर्गों में बँट गया। मार्क्स ने स्पष्टीकरण के नाम पर सर्वहारा वर्ग और उसके 'जन' होने की घोषणा की। यह सर्वहारा वर्ग 'जन' क्यों है—इसका प्रमुख कारण मार्क्स ने उसकी बहुसंख्या नहीं बतलाया, यद्यपि स्थान-स्थान पर वह बहुसंख्या का संकेत भी करता है। मार्क्स के अनुसार कतिपय ऐतिहासिक नियम, जिनकी विवेचना मूलतः दार्शनिक है, सर्वहारा वर्ग के सिर पर 'जन' का सेहरा बाँधने के लिए ज़िम्मेदार हैं। इन नियमों के अनुसार सर्वहारा समस्त जन के 'ऐतिहासिक उत्तरदायित्व' का वहन करता हुआ 'जन' का प्रतीक बन जाता है। आगे चलकर मार्क्स के कम्युनिस्ट अनुयायियों ने यह भी जोड़ा कि सर्वहारा स्वयं उस ऐतिहासिक उत्तरदायित्व का वहन कर, 'जनत्व' को प्राप्त होने में अक्षम है। इस 'दार्शनिक-ऐतिहासिक' भूमिका को सम्पन्न करने का कार्य कम्युनिस्ट पार्टी ही कर सकती है जो दार्शनिक-ऐतिहासिक नियम की जानकारी से सन्नद्ध है। यह भी, कि यह 'जनत्व' को प्राप्त कराने वाला मन्त्र हर कोई नहीं जानता।

जो जानता है, वह कम्युनिस्ट हो जायगा; यदि नहीं होगा तो नहीं जानता। दर्शन तक तो बात ठीक थी, किन्तु कार्यक्षेत्र में अवतरित होने पर स्पष्टीकरण का यह प्रयास इस तरह गुरुमुखापेक्षी और रहस्यवादी हो गया कि रूसो की स्थापना इससे कुछ अधिक स्पष्ट जान पड़ती है। आज आवश्यकतानुसार इस 'जन' का अर्थ सर्वहारा, किसान वर्ग, निम्न-मध्यम वर्ग, राष्ट्रीय पूँजीपति और अब तो हर उस व्यक्ति, वर्ग अथवा संस्था से लिया जाने लगा है जो कम्युनिस्ट पार्टी और सोवियत रूस के पक्ष में है।

हिन्दी की सामयिक आलोचना के क्षेत्र में यह दावा किया जाता है कि 'जनवादी' साहित्य अथवा साहित्यिक दर्शन सूक्ष्म, भ्रान्तिबहुल और अस्पष्ट अनिर्वचनीयता के विरुद्ध साहित्यिक उद्देश्य के रूप में एक ठोस, प्रत्यक्ष और पकड़ में आने वाला मानदण्ड प्रस्तुत करता है। इस ठोस मानदण्ड की स्थापना डॉ. रामविलास शर्मा इन शब्दों में करते हैं :

> "प्रगतिशील साहित्य से मतलब उस साहित्य से है जो समाज को आगे बढ़ाता है, मनुष्य के विकास में सहायक होता है।"

यदि हम इस महान् सूत्र की चकित कर देने वाली गहराई और नवीनता पर ध्यान न भी दें तो भी इसमें ठोसपन कहाँ है, यह प्रश्न बना ही रहेगा। इसको ठोस बनाना हमारे 'जनवादी' आलोचक चाहते भी नहीं। वे किसान-मज़दूर 'संघर्ष' की बात करते हैं, प्रगतिशील 'ताक़तों' का हवाला देते हैं, ह्रासोन्मुख 'शक्तियों' का भय दिखाते हैं और साहित्यकार एवं समीक्षक से माँग करते हैं कि वह इन्हें पहचाने और साहित्य-रचना प्रारम्भ कर दे। हमारे पिछले सम्पादकीय पर कृपादृष्टि करते हुए सहयोगी कम्युनिस्ट मासिक पत्र ने लिखा है–

> "शोषित पीड़ित जनता की आत्मोपलब्धि की संवेदना से तादात्म्य स्थापित करना, समाज की कुत्सा की आलोचना करना, समाज को परिवर्तित करने वाली समाज-चेतना को संगठित होने में सहायता देना–आज के उपन्यासकार ने अपने लिए यही कर्तव्य निर्धारित किये हैं?"

प्रश्न उठता है कि आप समाज को बदलने वाले मज़दूरों के किस संगठन की बात कर रहे हैं, आई.एन.टी.यू.सी. हिन्द मज़दूर सभा, या आई.ए.टी.यू.सी. की? जिस शोषित-पीड़ित जनता की ओर आपका संकेत है, वह कौन-सी है? जिसने आन्ध्र के चुनाव में कम्युनिस्ट पार्टी को वोट दिये, या कांग्रेस को या सोशलिस्ट पार्टी को? हम अपने गम्भीर एवं साहित्यिक पाठकों से क्षमा चाहते हुए कहना चाहते हैं कि ये प्रश्न चिन्तन की इस स्थिति में स्वाभाविक और आवश्यक हैं, क्योंकि 'जनवादी' साहित्य के चरम उद्देश्य एवं श्रेष्ठता की समस्या इनके उत्तर पर

ही निर्भर करती है, क्योंकि वर्ग-संघर्ष, पूँजीवाद, जनशक्ति, द्वन्द्वात्मक भौतिकवाद, इन सबका अर्थ तभी निकलेगा जब उसकी कड़ी वर्तमान, प्रत्यक्ष 'जनजीवन' के साथ जोड़ दी जायेगी और क्योंकि हमारे 'जनवादी' बन्धुगण जान-बूझकर स्पष्टतः इन बातों का उत्तर नहीं देना चाहते।

रहस्यवाद दो प्रकार का होता है। एक तो वह जिसमें साधक को सचमुच ज्ञात नहीं होता कि उसका प्रेय है क्या। वह केवल उसका आभास मात्र पाता है और भक्ति करता है। ऐसे रहस्यवादी हमारे सन्त थे। यह ऋजु रहस्यवाद है। दूसरा रहस्यवाद वह होता है जिसमें साधक खूब अच्छी तरह जानता है कि वह क्या चाहता है, किन्तु उसे साफ़-साफ़ कहना शर्म या ख़तरे की बात समझकर शब्दों का आडम्बर खड़ा करता है। हिन्दी में 'जनवाद' के प्रणेता, ये सामाजिक रहस्यवादी, इसी श्रेणी में आते हैं। यह किस कोटि का रहस्यवाद है, इसका उल्लेख करने की हम आवश्यकता नहीं समझते।

'जनवादी' आलोचकों के समस्त ग्रन्थों एवं वक्तव्यों का मनन करने के बाद हम इस निष्कर्ष पर पहुँचने में नितान्त असफल रहे हैं कि हिन्दी साहित्यकार अथवा साहित्य की एकमात्र कसौटी यही है कि वह कहाँ तक भारतीय कम्युनिस्ट पार्टी को आगे बढ़ाता है, उसके विकास में सहायक होता है।

सैद्धान्तिक विवेचना के सिलसिले में 'जनवादी' आलोचकों के तर्कों का प्रारम्भ कला की उपयोगिता से होता है। वे कला के दो परस्पर-विरोधी शिविर स्थापित करते हैं जिनमें, उनके अनुसार, इतना वैषम्य है कि किसी भी प्रकार का सामंजस्य सम्भव नहीं। एक तो वे हैं जो 'कला कला के लिए' मानते हैं, दूसरे कला को जन के लिए, समाज के लिए। 'कला कला के लिए' मान लेना ही उनकी दृष्टि में प्रतिक्रियावाद, जन-विरोध, फलतः विनाश का लक्षण है। साथ ही यह भी कि कला की उपयोगितावादी दृष्टि 'जनवादी' साहित्य की विशेषता है। ऊपर हम संकेत कर चुके हैं कि जिस 'जन' के लिए कला को उपादेय बनाया जा रहा है, वह स्वयं सामाजिक रहस्यवाद के कुहासे में लिपटा हुआ है। अब उपयोगितावादी तलवार की विशेषता एवं इतिहास में किन व्यक्तियों के हाथ से चलाई जा चुकी है, उसको भी देख लिया जाय। इस सम्बन्ध में हम प्लेख़ानोव का एक उद्धरण देने का लोभ नहीं संवरण कर सकते।

> "मैं यह जोड़ना चाहता हूँ कि प्रत्येक राजसत्ता, जहाँ तक उसकी कुछ भी दिलचस्पी कला में होती है, सदा कला की उपयोगितावादी दृष्टि के ही पक्ष में होती है और यह बात समझ में भी आती है; यह तो उसके स्वार्थ में ही है कि सभी विचारधाराएँ उस उद्देश्य को सिद्ध करें जिसकी सिद्धि

में वह स्वयं संलग्न है। और चूँकि राजनीतिक सत्ता, जो कभी क्रान्तिकारी होती है, अधिकतर रूढ़िवादी बल्कि प्रतिक्रियात्मक होती है, अतः यह मानकर चलना बहुत ही ग़लत होगा कि कला की उपयोगितावादी दृष्टि क्रान्तिकारियों अथवा अग्रगामी विचारकों की अनोखी विशिष्टता है। रूसी साहित्य का इतिहास चित्र की भाँति इस तथ्य को स्पष्ट कर देता है कि हमारे साम्राज्यवादी 'अभिभावकगण' इस कलात्मक दृष्टि के विरुद्ध बिल्कुल नहीं थे। इसमें से कुछ उदाहरण यहाँ दिये जाते हैं :

सन् 1814 ई. में वी. टी. नेरेज्नी के उपन्यास 'रूसी गिलब्लास' के प्रथम तीन खण्ड प्रकाशित हुए। इस उपन्यास को फ़ौरन शिक्षा-मन्त्री राजुयोवस्की की आज्ञा से ज़ब्त कर लिया गया और इन महानुभाव ने इस अवसर पर जीवन तथा साहित्य के सम्बन्ध पर इन शब्दों में अपने उद्‌गार व्यक्त किये :

'ऐसा अक्सर होता है कि उपन्यास-लेखकगण दुराचारों का प्रतिरोध करते हुए भी उनका चित्रण ऐसे रंगों में करते हैं या उन्हें इतने विस्तार से वर्णन करते हैं कि नवयुवक इन दुराचारों के प्रति आकर्षित हो जाते हैं विनका वर्णन न करना ही बेहतर था। किसी उपन्यास के साहित्यिक गुण जो भी हों, उनका प्रकाशन तभी होना चाहिए जब उसका कोई नैतिक उद्देश्य हो।' "[1]

यह प्रश्न आज भी महत्त्वपूर्ण है। हिन्दी के सम्मान्य आलोचकों में से कितने हैं जो ज़ार के शिक्षा-मन्त्री के इन पवित्र विचारों से सहमत हैं? और यह निर्णायक अधिकार वर्तमान या भविष्य के किसी ज़ार के शिक्षा-मन्त्री को देने के लिए तैयार हैं? इसके विपरीत एक वक्तव्य यह है कि किसी उपन्यास की नैतिक, सामाजिक अथवा राजनीतिक स्थापना जो कुछ भी हो, भ्रष्टता के उच्छृंखल उदाहरणों के अतिरिक्त उसके प्रकाशन को रोकने का अधिकार तो किसी शिक्षा-मन्त्री को होना ही नहीं चाहिए। हम सशक्त जनमत में विश्वास करते हैं और अपने नवयुवकों अथवा जनसाधारण को दुश्चरित्रता के लिए इतना लालायित नहीं मानते कि एक उपन्यास प्रकाशित हुआ और उनका आचरण बिगड़ा, अथवा उनका मतिभ्रम हुआ। इसके साथ ही हम समाज के कल्याणकारी लेखकों और विचारकों से इस बात की पूरी आशा रखते हैं कि वे अपने प्रभाववान उदाहरणों से इन कुत्सित पुस्तकों को नगण्य बना दें। परन्तु इस भय से हम किसी भी मन्त्री के हाथ में इतना ख़तरनाक हथियार सौंपने के लिए तैयार नहीं हैं। कितने साहित्यकार एवं समीक्षक हैं जो इस वक्तव्य से सहमत हैं?

---

1. प्लेख़ानोव--कला और सामाजिक जीवन, पृ. 178।

स्पष्ट है कि उपयोगितावाद का तर्क अपने में पूर्ण नहीं है, बल्कि निरर्थक भी है। उसी प्रकार हम निवेदन करना चाहते हैं कि 'कला कला के लिए' की निष्पत्ति भी साहित्य अथवा साहित्यकार की समूल व्यर्थता सिद्ध करने के लिए प्रामाणिक नहीं है। योरोप के साहित्य में जर्मनी, फ्रांस, इंगलैण्ड आदि में कभी भी उपयोगितावाद का इतना आग्रह नहीं था। यह धारा रूस से आयी है, इसलिए कि रूस को कभी भी मुक्त विचारों की प्रतिद्वन्द्विता का स्वाद नहीं मिला। सोवियत क्रान्ति के बाद यह परम्परागत पूर्वग्रह और भी प्रबल हो गया। इसी तरह प्राचीन संस्कृत आचार्यों अथवा मध्यकालीन भारतीय सन्तों को कभी भी 'स्वान्तः सुखाय' और 'सुरसरि सम सब कहँ हित होई' में इतना घोर विरोधाभास नहीं दिखाई पड़ा। फ़ारसी साहित्य में तो, लगता है, निष्प्रयोजन अथवा रहस्य-दर्शन के निमित्त लिखने वाले कवि ही अधिक लोकप्रिय और जनता के निकट हुए हैं। उपयोगितावादी तो अधिकतर दरबारों में ही पाये जाते थे जो कभी अनवरी की तरह प्रतिष्ठा का अमृतपान करते थे और कभी फ़िरदौसी की भाँति अपमान और ग्लानि में प्राण भी दे देते थे। परन्तु रूस ने ज़ार या कमिसार की नैतिक पराकाष्ठा द्वारा कोई ऐसा लक्ष्यवेध किया हो जो योरोप, भारत अथवा ईरान के आचार्यों के बस की बात न रही हो, ऐसा अभी तक तो नहीं सिद्ध हो सका है।

इस विश्लेषण से कुछ आवश्यक निष्कर्ष निकलते हैं। प्रथम तो यह कि प्रचलित अथवा प्रचालित अर्थ में 'जन' शब्द अत्यन्त भ्रामक, अस्पष्ट और अन्तर्विरोधपूर्ण है; द्वितीय यह कि उस 'जन' की उपयोगिता सामान्य नैतिकता अथवा सामान्य मानव-संवेदना या सहानुभूति से किस प्रकार भिन्न होगी, यह अस्पष्ट है; और इसीलिए उपयोगितावाद का सारा इन्द्रजाल ही थोथा है; कम-से-कम समीक्षात्मक अन्वेषण को पहले से अधिक प्रत्यक्ष नहीं बनाता। तृतीय, 'जनवादी' सिद्धान्तशास्त्रियों के पास इसका निर्णय देने की कोई कसौटी नहीं है कि इस उपयोगिता की अभिव्यक्ति साहित्य में, अन्य वैचारिक माध्यमों से अलग, किस आधार पर होगी और वह आधार साधारणीकरण, प्रभविष्णुता, सौन्दर्य अथवा अन्य प्रचलित कसौटियों से किस प्रकार भिन्न है। स्पष्ट शब्दों में वह क्या है जो साहित्य को साहित्य बनाता है, श्रेष्ठ साहित्य बनाता है, इस प्रश्न का कोई भी उत्तर 'जनवादी' समीक्षकों के पास नहीं है। सच तो यह है कि वे इस प्रयास में कोई रुचि रखते भी नहीं—केवल रहस्यवादी वाग्जाल खड़ा करके अपने 'जनवाद' और 'श्रेष्ठता' के मानदण्डों को गड्डमड्ड कर देना चाहते हैं। काम जिगरे का है, इसमें सन्देह नहीं क्योंकि शास्त्रार्थ द्वारा सिद्ध करना है कि जो कम्युनिस्ट पार्टी

के पक्ष में है, वह श्रेष्ठ है; कम-से-कम जो पक्ष में नहीं है, या विरोध में है, वह अश्रेष्ठ तो है ही। इसके लिए सामाजिक रहस्यवाद में एक और गहरी डुबकी लगाने की आवश्यकता पड़ती है।

वस्तुतः यदि 'जनवादी' साहित्य के प्रणेतागण अपने को एक साहित्यिक धारामात्र मानकर सन्तोष कर लेते, उसी प्रकार जैसे साहित्य में रोमाण्टिक, क्लासिकल, छायावादी अथवा रीतिकालीन धाराएँ होती हैं तो सिद्धान्तों की इतनी विसंगतियाँ न उत्पन्न होतीं। किन्तु 'जनवादी' का प्रयोग साहित्य-विशेष की अक्षुण्ण श्रेष्ठता का मान स्थापित करने के लिए होता है। जैसा हमने ऊपर कहा है, काम जिगरे का है, इसलिए अधिकतर यह संकेत अव्यक्त रहता है। इस दुहरी धारा का सबसे उत्साहपूर्ण उपयोग सामयिक साहित्यकारों के कण्ठ पर विभिन्न प्रकार की छुरियाँ चलाने और मालाएँ पहनाने के लिए किया गया जिससे हिन्दी के पिछले दस वर्षों के पाठक भली-भाँति परिचित होंगे। किन्तु इस सम्बन्ध में सबसे अधिक कष्टप्रद प्राचीन आचार्य सिद्ध होते हैं। न उनसे अनचाहा वक्तव्य दिलाया जा सकता है, न उनकी श्रेष्ठता से इनकार किया जा सकता है। परिणाम यह है कि 'जनवादी' आलोचना प्राचीनों के सम्बन्ध में प्रश्न से पलायन, अन्तर्विरोध एवं रहस्यवाद का कोष बन गयी है। इस सम्बन्ध में सब एक से हैं, चाहे वह शब्दाडम्बर के बीच एक दूसरे को कितना ही 'कुत्सित समाजशास्त्री' क्यों न कहें।

डॉक्टर रामविलास शर्मा इस प्रश्न से सीधे कतरा कर निकल जाते हैं। उनके मत में इस प्रकार के प्रश्न पूछे ही नहीं जाने चाहिए, शायद इसलिए कि इनका उत्तर देने में इन्हें कठिनाई पड़ती है। उनका निर्णय है :

> "प्रगतिशील होने से ही क्या साहित्य श्रेष्ठ हो जाता है, यह प्रश्न भ्रामक है। इसी तरह श्रेष्ठ साहित्य सदा प्रगतिशील रहता है, इस धारणा का शुद्ध कला वाला आधार भी भ्रामक है।"

उसी प्रकार श्री शिवदान सिंह चौहान की समीक्षा-पद्धति का आत्म-साक्षात्कार इन शब्दों में होता है :

> "दूसरा प्रश्न है कि क्या वह प्राचीन साहित्य (बीते काल में रचे गये साहित्य) का सही मूल्यांकन कर सकती है? प्राचीन साहित्य के मूल्यांकन में यह प्रश्न गौण है कि अमुक रचना में स्थायित्व के गुण हैं अथवा नहीं हैं। इस प्रश्न का उत्तर तो समय ही दे चुका होता है। कालिदास को महान् लेखक और उनकी रचनाओं को स्थायी साहित्य सिद्ध करने की चेष्टा निरर्थक है।"

श्री चौहान जी से हम विनम्रतापूर्वक निवेदन करना चाहते हैं कि आपका वचन मृषा है। कालिदास को महान् लेखक और उनकी रचनाओं को स्थायी सिद्ध करने का मूल्यवान कार्य उन आपके 'प्रतिक्रियावादी' आलोचकों ने किया है जिनकी अथक सौन्दर्य-तृष्णा पुरानी और भूली हुई हस्तलिखित प्रतियों की खोज में उन्हें देश-विदेश घुमाती है और यह साहस प्रदान करती है कि मानवता की समस्त सांस्कृतिक उपलब्धि का वे मूल्यांकन करें। हम आलोचक का दायित्व इससे कहीं अधिक मानते हैं कि उत्सव के बाद हर प्राचीन महान् कलाकार से अपने 'जनवाद' का नेग माँगने के लिए उपस्थित हो जायँ।

जब 'जनवादी' आलोचक प्राचीनों के विषय में समय का हवाला देते हैं, अथवा प्रश्न से कतराते हैं, तो उनका तात्पर्य या तो यह होता है कि आलोचक एक रहस्यवादी ऐतिहासिकता के पक्ष में हथियार डाल दें, या फिर वे अपने को समसामयिक कलाकारों के लिए उस ब्रह्म जैसे अनिर्वचनीय समय का ठेकेदार मानते हैं, क्योंकि इसका कोई प्रमाण नहीं प्रस्तुत किया गया है कि समय की यह रहस्यवादी कसौटी जो आज तक के कलाकारों पर लागू होती आयी है, आज के या भविष्य के कलाकारों पर लागू नहीं होगी। और यदि ऐसा नहीं है तो श्रेयस्कर हो कि ये 'जनवादी' आलोचक तब तक ख़ामोश रहें जब तक समय अपना निर्णय हम सब के विषय में न दे दे। इस बीच कम्युनिस्ट पार्टी के सहायतार्थ पचासों अधिक महत्त्वपूर्ण कार्य वे कर सकते हैं और साहित्य का वातावरण भी कुछ अधिक निर्मल हो जायेगा।

वस्तुतः जनहित के उद्देश्य को कोई भी विवेकपूर्ण कलाकार अपनी कला से बहिष्कृत नहीं कर सकता। परन्तु जनहित के इस उद्देश्य में सामयिक संघर्ष में विरोधी लगने वाली विचारधाराओं का समावेश अनिवार्य होगा। दूसरे, जनहित में काम करने वाली अन्य सामाजिक शक्तियों से, विशेषतः राज्य से, जो सम्प्रति इसका सशक्त माध्यम है या हो सकता है, साहित्य के 'जनहित' के आदर्श को पृथक् रखना होगा। इसलिए नहीं कि राज्य द्वारा अभीप्सित जनहित और साहित्य के जनहित में पस्पर विरोध है। परन्तु दोनों के क्षेत्र, प्रेरणास्रोत, आग्रह एवं कार्यविधि में इतना अन्तर है कि आज तक विश्व में जहाँ कहीं भी सीमाओं का अतिक्रमण हुआ है, वहाँ अनिष्ट ही अधिक हुआ है। फलतः साहित्य को इस प्रकार की केन्द्रित शक्तियों से आघात ही पहुँचा है, चाहे इसका प्रतिपादन प्लेटो, कैथोलिक चर्च, फ़ासिज़्म, मार्क्स अथवा किसी अन्य के नाम पर किया गया हो। तीसरे, जनहित की कल्पना लेखक की गहराई, आत्म-साक्षात्कार और दृष्टि-विस्तार द्वारा भी नियोजित होगी। यह सब-का-सब इतना ही निश्चित कर सकता है कि

एक प्रवृत्ति, संयमन, आशंसा, जागरूकता—व्यापक मानवीय संवेदना—के रूप में यह 'जनहित' साहित्यकार के मानस में विद्यमान रहे। हम जानते हैं कि इतना बड़ा दायरा रखने पर 'जन-अहित' अथवा सम्प्रति जन-अहित दीखने वाली वस्तु भी इसमें आ सकती है। किन्तु दायरे को छोटा, ठोस और नियामक बना देने पर अधिक अनिष्ट की सम्भावना है और यह अत्यन्त विवादग्रस्त वस्तु सारी समीक्षा का इति-अन्त तो नहीं ही बन सकती।

जनवरी, 1955 *छठवाँ दशक* से

'जनवादी' साहित्य-2

पिछले अंक के सम्पादकीय में विवेचन के उपरान्त हमने देखा कि जनवाद और जनहित की धारणा केवल अप्रत्यक्ष आशंसा के रूप में ही साहित्यकार के मानस में वर्तमान रह सकती है, उसका कोई ठोस और निश्चित आधार नहीं बनाया जा सकता, या कोई ऐसी कसौटी नहीं प्रस्तुत की जा सकती जिस पर निस्संशय होकर हर कृति को कसा जा सके। इस जनहित का स्रोत साहित्यकार के मन के भीतर ही है, वस्तुपरक ऐतिहासिक स्थिति उसका संकेत-मात्र दे सकती है। यहाँ तक कि कभी-कभी हमें अपनी व्यापक धारणा में जनहित अथवा जन-अहित लगने वाली वस्तुओं का समावेश करना भी आवश्यक होगा। साहित्य एवं कला की गति ही ऐसी है। इस दृष्टि और योरोपीय उपयोगितावाद में, जो जनवाद का प्रथम तर्क है, ज़मीन-आसमान का अन्तर है।

गाँधीवादी विनोबा भावे ने भी यह बात स्वीकार की है। गाँधी और विनोबा के उपयोगितावादी होने में कोई सन्देह नहीं कर सकता। उन्होंने शिक्षा और संस्कृति सभी के लिए पहला प्रश्न यही पूछा है : इसकी उपयोगिता क्या है? कम लोग होंगे जो विनोबा की विचारधारा और उनके भूदान आन्दोलन को जनहित के विरुद्ध अथवा जनहित-निरपेक्ष समझते होंगे। गत मार्च में पुरी के सर्वोदय सम्मेलन में विनोबा ने कहा :

> "...जिस बोध से अनेकविध तात्पर्य निकलते हैं, वही साहित्य-बोध है।... गीता उत्तम साहित्य है, रामायण उत्तम साहित्य है, क्योंकि उनके तात्पर्य के विषय में मतभेद हैं। जिस साहित्य के तात्पर्य के विषय में मतभेद न हो और तात्पर्य निश्चित कहा जा सके, तो उसमें साहित्य-शक्ति कम प्रकट होती है...। ईश्वर के बारे में भक्तजन कहते हैं कि वह प्रेम अहेतुक होता है, उसमें हेतु नहीं होता। प्रेम करना ईश्वर का स्वभाव है। वैसे ही साहित्य में भी कोई हेतु नहीं होता। साहित्य एक स्वयंभू वस्तु है। लेकिन हेतु रखने से जो नहीं सध सकता, वह साहित्य में बिना हेतु रखकर सधता है, यह ख़ूबी है।"

हमने संकेत किया था कि मध्यकालीन भारतीय सन्तों ने स्वान्तःसुखाय और जनहिताय में कोई भेद स्वीकार नहीं किया। विनोबा का दृष्टिकोण भी वही है। उन्नीसवीं शताब्दी तक योरोप में भी ऐसा आत्यन्तिक विभाजन नहीं हुआ था। वस्तुतः योरोपीय साहित्य के समकालीन ह्रास का कारण इस समन्वित, सुनियोजित दृष्टि का विभाजन है।

प्रेमचन्द ने कहा था कि प्रगतिशील साहित्य, यह शब्द ही ग़लत है। क्योंकि श्रेष्ठ साहित्य सदा प्रगतिशील होता है। इसका तात्पर्य यही हो सकता है कि श्रेष्ठता पर हमारा आग्रह बना रहे। साहित्य की साहित्यिक शक्ति प्रमुख पूँजी है। उसे क्षीण न होने देना चाहिए। प्रेमचन्द की उक्ति जनवादी शब्द पर भी लागू होती है, क्योंकि जनवादी और प्रगतिशील समानार्थी शब्द हैं। कम-से-कम साहित्यिक आन्दोलन की विशेष शब्दावली में, उनका प्रयोग एक ही अर्थ में होता है।

आचार्य हजारीप्रसाद द्विवेदी ने एक निराला पथ अपनाकर प्रगतिशील और प्रगतिवादी दो प्रकार के साहित्यों की कल्पना की है। प्रेमचन्द की भाँति वे प्रगतिशील शब्द को ग़लत नहीं समझते। उनके अनुसार :

> "हमारे साहित्यकार ने निश्चित रूप से मनुष्य की महिमा स्वीकार कर ली है। अगला क़दम सामूहिक मुक्ति का है। सब प्रकार के शोषणों से मुक्ति का। अगली मानवीय संस्कृति मनुष्य की समता और सामूहिक मुक्ति की भूमिका पर खड़ी होगी। इतिहास के अनुभव इसी की सिद्धि के साधन बनकर कल्याणकर और जीवनप्रद सिद्ध हो सकते हैं। इस प्रकार हमारी चित्तगत उन्मुक्तता पर एक नया अंकुश और बैठ रहा है—व्यक्ति मानव के स्थान पर समष्टि मानव का प्राधान्य। परन्तु साथ ही उसने मनुष्य को अधिक व्यापक आदर्श और अधिक प्रभावोत्पादक उत्साह दिया है। जब-जब ऐसे बड़े आदर्श के साथ मनुष्य का योग होता है तब-तब साहित्य नये काव्य-रूपों की उद्भावना करता है। इस बार भी ऐसा ही हुआ। उसी नवीन आदर्श से चालित साहित्य का नाम 'प्रगतिशील' साहित्य है। इसी की एक निश्चित तत्त्ववाद पर आश्रित शाखा 'प्रगतिवादी' साहित्य है। 'प्रगतिशील' शब्द व्यापक है, किन्तु 'प्रगतिवाद' एक निश्चित तत्त्ववाद को सूचित करता है।"[1]

इस प्रकार द्विवेदीजी प्रेमचन्द से सहमत नहीं हैं कि प्रगतिशील शब्द ग़लत है और किसी ऐसी विशेषता को सूचित नहीं करता जो श्रेष्ठ साहित्य के अन्तर्गत उपस्थित न हो। आवश्यक है कि द्विवेदीजी की स्थापना की छानबीन की जाय।

---

1. हिन्दी साहित्य, पृ. 495।

आचार्य हजारीप्रसाद द्विवेदी की साहित्यिक धाराओं के पुनर्विभाजन तथा पुनर्नामकरण की क्षमता विख्यात है। किन्तु आश्चर्य है कि 'प्रगतिशील' और 'प्रगतिवादी' इन दोनों विभावनों का न तो उन्होंने स्पष्टीकरण ही किया है और न इसके लिए प्रमाण ही दिये हैं। इतना ही नहीं, द्विवेदीजी आगे चलकर 'प्रगतिवादी' साहित्यकारों के भी दो वर्ग बनाते हैं। एक जो कम्युनिस्ट पार्टी साबद्ध हैं और उनके अंगुलि-निर्देश पर लिखते हैं और दूसरे 'जो पार्टी से सम्बन्धित नहीं हैं, पर इन विचारों को मानते और तदनुसार यत्न करते हैं।' इनमें भी कुछ सम्प्रदायवादी हैं जिनके सम्प्रदायवाद से द्विवेदीजी को शिकायत है। शेष, द्विवेदीजी की आशा एवं प्रशंसा के पात्र हैं।

यह प्रगतिशील साहित्य 'एक नवीन आदर्श से चालित है।' 'नवीन' का एक ही अर्थ हो सकता है : यह आदर्श सन्तों में नहीं था, भारतेन्दु-युग में नहीं था, द्विवेदी-युग में नहीं था, छायावाद में नहीं या। योरोप में भी शायद यह शेक्सपीयर, बालज़ाक, गेटे में नहीं था। पोप और ड्राइडन में तो शायद नहीं ही था। न केवल नवीन ही, बल्कि इसने एक 'अधिक व्यापक और अधिक प्रभावोत्पादक उत्साह' दिया है। किसकी तुलना में? एक अर्थ तो यह हो सकता है कि आज तक के समस्त साहित्य की तुलना में। दूसरा शायद यह है कि खड़ीबोली के आधुनिक साहित्य की तुलना में। और तीसरा शायद छायावादी और तदुपरान्त नये साहित्य की तुलना में। हम तीसरा अर्थ, जो सबसे सीमित है, उसे ही मानें, तब भी विचारणीय है कि ऐसा कौन-सा आदर्श 'प्रगतिशील' साहित्यकारों ने प्रस्तुत कर दिया है जो समकालीन वे साहित्यकार नहीं प्रस्तुत कर सके हैं जो प्रगतिशील नहीं कहे जाते, या कहलाया जाना पसन्द नहीं करते।

'अगली मानवीय संस्कृति मनुष्य की क्षमता और सामूहिक मुक्ति की भूमिका पर खड़ी होगी'—शायद यही वाक्य उस अभूतपूर्व व्यापक आदर्श को सूचित करता है। किन्तु इसमें नवीन क्या है? क्या कोई ऐसा श्रेष्ठ साहित्य है जो मनुष्य की क्षमता और मुक्ति में विश्वास न रखता हो? योरोप की उन्नीसवीं शताब्दी में तो यह धारणा सर्वव्यापी थी और संसार के समस्त मानववादी चिन्तकों, स्वप्न-द्रष्टाओं तथा कलाकारों की मूल प्रेरणा रही है। हिन्दी के आधुनिक सन्दर्भ में भी इस दृष्टि का एकाधिकार एक विशेष धारा को ही प्राप्त हो, ऐसा मानने का कोई कारण नहीं दीखता। परोक्षतः इसका यह अर्थ है कि 'प्रगतिशीलों' के अतिरिक्त जो लोग लिख रहे हैं, वे इसके विपरीत हैं, जो सत्य नहीं होगा। यदि द्विवेदीजी का तात्पर्य समसामयिक समस्त हिन्दी-धारा से है जिसमें सभी साहित्यकार आते हैं, तो इसका अर्थ यह हुआ कि वे इस

पूरे युग को प्रगतिशील कहना चाहते हैं। यह बड़ा दावा है, और अन्ततः हम प्रेमचन्द के ही निष्कर्ष पर पहुँचेंगे कि यदि 'प्रगतिशील' में इलाचन्द्र जोशी, भगवतीचरण वर्मा, जैनेन्द्र, अज्ञेय और वे सभी सम्मिलित हैं जो आज लिख रहे हैं तो फिर इस 'प्रगतिशील' शब्द को रखने से क्या लाभ? अच्छा यही हो कि युग के नामकरण का उत्तरदायित्व आने वाली पीढ़ियों पर ही छोड़ दिया जाय। अब तक तो यही होता आया है; यों द्विवेदीजी आचार्य हैं। 'प्रगतिशील' शब्द चाहे जितना भी व्यापक हो, एक विशेष अर्थ में संकुचित हो चुका है। यही बात 'जनवादी' के सम्बन्ध में भी कही जा सकती है।

'प्रगतिशील' लेखकों को 'प्रगतिवादियों' से द्विवेदीजी ने अलग किया है। पर इनमें कौन-कौन हैं जो 'महान् आदर्श से चालित और निश्चित तत्त्ववाद से अलग' हैं, इसे उन्होंने नहीं गिनाया। नाम गिनाना उन्हें अभीष्ट न हो, ऐसा भी नहीं, क्योंकि प्रगतिवाद के दस नाम उन्होंने दिये हैं। यह महत्त्वपूर्ण बात (या बात का अभाव) है। हम देखेंगे कि 'प्रगतिवादी' और 'प्रगतिशील' दो भिन्न प्रकार नहीं हैं। द्विवेदीजी ने खाह-म-खाह बाल की खाल निकाली है। सम्प्रति हम विवश होकर यही मानते हैं कि 'प्रगतिशील साहित्य' एक ऐसे 'महान् आदर्श से परिचालित' साहित्य है जिसके एक भी लेखक का नाम हमें ज्ञात नहीं है।

किन्तु द्विवेदीजी ने मुक्ति के पहले 'सामूहिक' विशेषण लगाया। यह 'नवीन' जान पड़ता है। इस 'सामूहिक' के लिए वे एक सूत्र देते हैं 'व्यक्ति-मानव के स्थान पर समष्टि-मानव का प्राधान्य'। यह जानना कठिन है कि यह प्राधान्य किस प्रकार सिद्ध होता है और इसके क्या लक्षण हैं। कम्युनिस्ट विचारधारा में तो इस सूत्र की एक विशेष रूप से व्याख्या की गयी है और मार्क्स के नाम पर इसका प्रयोग पार्टी की तानाशाही के लिए किया जाता है। बेचारे मार्क्स का इसमें कहाँ तक अपराध है, इस पर हम आगे विचार करेंगे। किन्तु उस व्याख्या को तो द्विवेदीजी तत्त्ववाद पर आश्रित सम्प्रदाय-मात्र मानते हैं। अतः यह उनके 'प्रगतिशील' की सम्यक् परिभाषा नहीं है। इसके उपरान्त तो यह सूत्र फ़ासिज़्म, गाँधीवाद, कम्युनिज़्म, रूसो, हीगेल, नीत्शे या स्पैंग्लर सब पर समान रूप से लागू किया जा सकता है। यहाँ तक कि सूत्र का कोई अर्थ ही नहीं रह जाता। शायद अमेरिका का 'सामूहिक सुरक्षा' का तर्क भी इससे सिद्ध किया जा सकता है।

विवश होकर हम दूसरे निष्कर्ष पर पहुँचते हैं कि द्विवेदीजी का 'प्रगतिशील' साहित्य एक ऐसे महान् आदर्श से चालित है जिसके सिद्धान्तों का हमें पता नहीं। शायद मूल्यों का भी पता नहीं है, क्योंकि उस ओर भी द्विवेदीजी ने कोई संकेत नहीं किया है।

इसके बाद 'प्रगतिवादी' बचते हैं। ये शायद वही हैं जिस पर हमने पिछले अंक के सम्पादकीय में विचार किया है। इनमें कहीं-कहीं सम्प्रदायवाद की गन्ध द्विवेदीजी को महसूस होती है। किन्तु सम्प्रदायवाद की परिभाषा विचित्र हैं। द्विवेदीजी ने कुछ सूत्र गिनाये हैं। इन सूत्रों से, लगता है, उनका कोई मतभेद नहीं है। शिकायत यह है कि इन सूत्रों का प्रयोग खरे-खोटे की पहचान के लिए किया जाता है। इसी से सम्प्रदायवाद का जन्म होता है। 'फ़ारमूला का प्रयोग किया जाये तो प्रसादजी प्रतिगामी होंगे, महादेवी अप्रगतिशील बन जायेंगी और राहुल सांकृत्यायन को भी जाति-बहिष्कृत होना पड़ेगा।' इसलिए सिद्ध हुआ कि फ़ारमूला ग़लत नहीं है फ़ारमूले का प्रयोग ग़लत है!

किन्तु द्विवेदीजी का सबसे निरर्थक और अयथार्थ विभाजन उन प्रगतिवादियों के बीच है जो कम्युनिस्ट पार्टी से सम्बद्ध हैं तथा वे जो नहीं हैं; किन्तु उसके 'विचारों को मानते और तदनुसार यत्न करते हैं।' सम्बद्ध से आशय यदि सदस्यता से है तो ध्यान में रखना होगा कि कम्युनिस्ट पार्टी की सदस्यता लेखक की नहीं, वरन् पार्टी की इच्छा पर निर्भर करती है। फिर इस भेद से साहित्य में क्या अन्तर पड़ता है यदि सभी लेखक पार्टी के 'विचारों को मानते और तदनुसार यत्न करते रहें?' क्या सदस्यों से इससे अधिक की आशा की जाती है? यहाँ तक अंगुलि-निर्देश का प्रश्न है, वह कम्युनिस्ट विचारधारा का केन्द्रीय सिद्धान्त है। द्विवेदीजी ने आशा व्यक्त की है कि कम्युनिस्ट पार्टी अपने अंकुश और अंगुलि-निर्देश को उठा लेगी। जिस दिन पार्टी ऐसा करेगी, वह कम्युनिस्ट न रह जायेगी, स्तालिन, ज़दानोव और माओत्से-तुंग से विरत हो जायेगी। अ-सदस्य प्रतिवादियों से शायद द्विवेदीजी का तात्पर्य उन लेखकों से है जो कम्युनिस्ट शब्दावली में फ़ेलो-ट्रेवलर्स, सहगामी, कहलाते हैं। ज्ञातव्य है कि इनकी कोई स्वतन्त्र सत्ता, साहित्यिक उद्देश्य अथवा व्यवहार के क्षेत्र में, संसार की कोई कम्युनिस्ट पार्टी नहीं स्वीकार करती। उनकी तुलनात्मक स्वतन्त्रता कम्युनिस्ट पार्टी की दुर्बलता पर निर्भर करती है। इस सिद्धान्त को पार्टी स्वयं स्वीकार करती है। उनकी अन्तिम परिणति या तो पार्टी के प्रति सम्पूर्ण समर्पण, अथवा लेखक वर्ग से बहिष्करण में है। इस मूल सिद्धान्त पर माओ-त्से-तुंग, रेवाई, ज़्दानोव या स्तालिन में कोई मतभेद नहीं है।

अंगुलि-निर्देश अथवा पार्टी के प्रति सम्पूर्ण समर्पण का आग्रह कम्युनिस्ट पार्टी की किसी वामपक्षी या दक्षिणपक्षी ग़लत धारा का परिणाम नहीं है। वह उसी मूल सूत्र से उपजता है जिसे द्विवेदीजी इस जनवादी आन्दोलन का महान् आदर्श बतलाते हैं : 'व्यक्ति-मानव के स्थान पर समष्टि-मानव का प्राधान्य'। क्योंकि बेचारा लेखक व्यक्ति-मानव है और कम्युनिस्ट पार्टी समष्टि-मानव।

छाप पड़ने से होता है। जितनी निकटता व्यक्ति और उत्पादित वस्तु में होगी, उतनी ही उपलब्धि प्रखर होगी। जितनी दूरी होगी उतना ही व्यक्तित्व खण्डित होगा और कार्य-प्रणाली नीरस होती जायेगी। इस व्यक्तित्व का आधार सम्पत्ति नहीं, बल्कि मानव-मन की नैसर्गिक वृत्तियाँ हैं। अन्त में, अणुओं का गन्तव्य समग्र पूर्णत्व में एकाकार हो जाना नहीं है, बल्कि अपनी अणुता, अपने व्यक्तित्व को अधिक-से-अधिक निखारने का अवसर प्राप्त करना है—व्यक्तिगत सम्पत्ति जिसके मार्ग में अवरोध बनकर आ खड़ी हुई है।

समस्या यह नहीं है कि व्यक्ति-मानव के स्थान पर समष्टि-मानव को प्रतिष्ठित किया जाय, बल्कि किस प्रकार उसे पुनः स्थापित किया जाय। अतः स्पष्ट है कि जो भी समष्टिगत प्रयास उस स्वाभाविक मानव-व्यक्तित्व के विकास को रोकता है, उस सीमा तक वह ह्रासशील और प्रतिक्रियावादी है। और ऐसा कोई भी प्रयास जो व्यक्ति-मानव या मानव-व्यक्तित्व के विकास में सहायता पहुँचाता है, अर्थात् उत्पादक और उत्पादित वस्तु की निकटता और 'व्यक्तिगत चरित्र' को अक्षुण्ण रखता है, मार्क्सीय समाजवाद के विरुद्ध नहीं हो सकता।

व्यक्तित्व की इस परिकल्पना में कलाकार का स्थान कहाँ है? एंगेल्स ने पूँजीवादी समाज में व्यक्तित्व के खण्डित होने का उदाहरण आलपीन के उत्पादन से दिया था। एक आलपीन के बनाने में हज़ारों मज़दूरों के हाथ लगते हैं, तो स्पष्ट है कि कोई मज़दूर उस पर अपनी, केवल अपनी, छाप नहीं देख सकता। अतः मशीन तथा श्रम-विभाजन उत्पादित वस्तु और उस्पादक के बीच एक दूरी स्थापित करता है। इसके पुनस्संयोजन का उपाय यही है कि समाजीकरण द्वारा आलपीन पुनः अपने उत्पादकों के पास लौट आये न कि किसी एक की सम्पत्ति हो जाय।

किन्तु कलाकृति के उत्पादन में सबसे बड़ी विशेषता यह है कि बड़ी-से-बड़ी मशीनरी के आविष्कार के उपरान्त भी उसका सामूहिक उत्पादन नहीं हो सकता। यह एकमात्र प्रक्रिया है जिसमें अन्न-विभाजन सम्भव नहीं। हम भविष्य में किसी ऐसे युग की कल्पना नहीं कर सकते जिसमें कोई उपन्यास दस हज़ार उपन्यासकारों द्वारा इस प्रकार लिखा जाये कि कोई भी न कह सके कि उस पर किसकी छाप है। साथ ही, कलाकृति में 'व्यक्तिगत चरित्र' की अभिव्यक्ति अन्य उत्पादन-सामग्रियों में सबसे अधिक होती है। अन्य वस्तुओं का उत्पादन सामूहिक श्रम द्वारा होता है और उनका उपभोग व्यक्तिगत। इसके ठीक विपरीत कलाकृति का उत्पादन, एक व्यक्ति करता है और समूह उसका उपभोग करता है। अतः कलाकार की वैयक्तिक सत्ता, अपनी कृति के सम्बन्ध में अक्षुण्ण है,

अप्रतिहत है। उसकी अभिव्यक्ति और उसका विकास किसी प्रकार प्रगति का बाधक नहीं बन सकता।

तब क्या कलाकार का व्यक्तित्व खण्डित नहीं होता? होता है, दो प्रकार से। एक तो समाज के अंग के रूप में शोषण-उत्पीड़न आदि की अनिवार्य विकृतियाँ उसे मजबूर करती हैं। वस्तुतः उसका कलात्मक प्रयास इस कलाहीन विच्छिन्नता से ऊपर उठने का चमत्कारपूर्ण प्रयास है; लेनिन के शब्दों में नरक के बीच स्वर्ग का निर्माण करने का प्रयास है। जितनी बड़ी प्रतिभा उसके पास होती है, उतना ही यह उसके ऊपर उठकर हमें पूर्णता की दृष्टि प्रदान करता है। यह पूर्णता की उपलब्धि किस स्तर पर होगी, यह प्रतिभा के अतिरिक्त अन्य कारणों पर भी निर्भर करता है जिनका विवेचन करने की यहाँ आवश्यकता नहीं है।

दूसरे, कलाकार का व्यक्तित्व तब खण्डित होता है जब उसके अन्तस् से अननुभूत कोई बाह्याचार, शैली, विचारधारा, जीवनदृष्टि अथक प्रचारात्मक पक्षधरता उसके ऊपर लाद दी जाती है, जब वह उन्मुक्त होकर यह नहीं कह सकता कि इस कृति का सृजन मैंने, केवल मैंने, किया है, इस पर आदि से अन्त तक मेरी, केवल मेरी, छाप है।

जो भी सामाजिक संगठन कलाकार की इस उन्मुक्तता पर आघात करता है, उतने अंश तक वह अन्यायपूर्ण और साहित्य-विरोधी होता है। प्रसिद्ध समाजवादी स्वप्नद्रष्टा सेंट साइमन ने, जिसका प्रभाव मार्क्स पर अत्यधिक है, मरते समय अपने शिष्यों से कहा था :

> "मेरा सारा जीवन केवल एक सूत्र में व्यक्त किया जा सकता है : प्रत्येक व्यक्ति को अपनी-अपनी स्वाभाविक प्रवृत्तियों के मुक्ततम विकास करने का आश्वासन मिलना चाहिए।"

यही समस्या मार्क्स के जीवन का भी केन्द्र रही है।

यहाँ व्यक्तित्व और व्यक्तिवाद में अन्तर करना आवश्यक है। इसलिए कि व्यक्तिवाद एक विशेष अर्थ में रूढ़ हो गया है जिसमें सम्पति-सम्बन्धों की कल्पना अवश्यम्भावी है। फिर भी, 'प्रत्येक व्यक्ति के स्वाभाविक विकास' की माँग को यदि कोई व्यक्तिवाद कहे तो हमें उस व्यक्तिवाद पर आपत्ति नहीं है और उसे हम समष्टि-मानव के विरुद्ध नहीं मानते।

मार्क्स के व्यक्ति-सम्बन्धी इस दृष्टिकोण को ध्यान में रखना अत्यन्त आवश्यक है, क्योंकि जनवादी साहित्य के अन्तर्गत मार्क्स का नाम लेकर अक्सर साहित्य के समाजीकरण की माँग भी की जाती है। 'व्यक्ति-मानव पर समष्टि-मानव के प्राधान्य' का अर्थ सर्वोच्च रूसी चिन्तकों या कमिस्सारों ने यह लगाया है कि

समष्टि-मानव की आवाज़ बुलन्द करने वाला एक माध्यम हो—(जो राज्य या पार्टी ही हो सकती है) और उसका प्राधान्य व्यक्ति-मानव अर्थात् कलाकार के ऊपर स्थापित किया जाय।

साहित्यकार की वैयक्तिक सत्ता पर आक्रमण करने के लिए चार प्रकार के अस्त्रों का प्रयोग होता है। जनवादी साहित्य के नमूने के लिए आदिकालीन जंगली अथवा बर्बर जातियों की कला की बात सबसे अधिक की जाती है—इस उद्देश्य से कि कला अथवा साहित्य सामूहिक उत्पादन की वस्तु है। लोकगीतों को आवश्यकता से अधिक महत्त्व दिया जाता है : सचेत कलाकार के सामने अक्सर महान साहित्य के नमूने के रूप में भी प्रस्तुत किया जाता है—शायद इस उद्देश्य से कि यह सब भी सामूहिक उत्पादन की वस्तु है। कहा जाता है कि पूँजीवादी समाज की बढ़ी हुई मशीनों के कारण साहित्य के उत्पादन में प्रेस, मशीनें, मज़दूर आदि लाखों व्यक्तियों तथा सामाजिक शक्तियों का बहुत बड़ा योगदान हो गया है—शायद इस उद्देश्य से कि इस युग में साहित्य को वैयक्तिक उत्पादन की वस्तु मानना सम्भव नहीं है! और चौथे, यह कि साहित्यकार सामाजिक उत्तरदायित्व से सीमित है, उसके विचार स्वतन्त्र नहीं हैं। यदि वह अपनी बात कहना चाहता है तो पलायनवादी है अथवा प्रतिक्रियात्मक है। शायद इस उद्देश्य से कि उसका कोई अपना निर्णायक विवेक भी नहीं है।

ये सभी तर्क साहित्यकार के व्यक्तित्व के क्षरण और नैतिक रूप से उसे जर्जर एवं आत्म-विश्वासहीन बनाने के लिए उपस्थित किये जाते हैं। सतही तौर से देखने वाला भी समझ सकता है कि बर्बर जातियों का उदाहरण आधुनिक सन्दर्भ में बिल्कुल अनावश्यक और प्रमाणहीन है। मानव-व्यक्तित्व के आज तक के विकास को झुठलाया नहीं जा सकता। आज उन परिस्थितियों में लौट जाना असम्भव है। कला का विशेषीकरण मानव-जाति की प्रगति और प्रौढ़ता का चिह्न है। इस्के अतिरिक्त आधुनिकतम समाजशास्त्रीय अन्वेषणों के प्रकार में कला की आदिम सामूहिकता भी सन्दिग्ध है। उसी प्रकार लोकसाहित्य का एक बहुत बड़ा भाग ऐसा है जो सामूहिक केवल इस कारण लगता है कि उसे लिखा नहीं गया, उसके लेखक लुप्त हो गये। जो कुछ युगों के प्रवाह में गढ़ा गया है वह उस पत्थर की भाँति है जो समुद्र की लहरों द्वारा सुडौल होता है। एक कलाकार से उस प्रकार की कृति उत्पन्न करने की आशा करना अयथार्थ है। फिर, लोक-साहित्य की सीमाएँ हैं जिनको याद रखना आवश्यक है। सामाजिक उत्तरदायित्व का प्रश्न 'जनहित' से सम्बद्ध है। इस पर हम अपने पिछले लेख में विचार कर चुके हैं।

कला के सृजनात्मक स्रोत तथा पूर्ण होने पर सामाजिक उपभोग, इन दोनों सन्दर्भों में हमने 'जनवादी साहित्य' की प्रमुख स्थापनाओं पर विचार किया। इस निष्कर्ष पर पहुँचे बिना रहा नहीं जा सकता कि हिन्दी में प्रचलित 'जनवादी साहित्य' का दृष्टिकोण मार्क्सीय नहीं है, वैज्ञानिक भी नहीं है, समाज को आगे बढ़ाने वाला तो नहीं ही है, कम्युनिस्ट भले ही हो।

अन्त में हम फिर प्रेमचन्द की उक्ति की ओर आपका ध्यान आकर्षित करना चाहेंगे—प्रगतिशील साहित्य, यह शब्द ही ग़लत है।

अप्रैल, 1955 *छठवाँ दशक* से

नितान्त समसामयिकता का नैतिक दायित्व-1

(1)

साधारणतः आधुनिकता के प्रति हमारा रुख़ आशंका का रहा है। जो कुछ नया है, आधुनिक है, समसामयिक है, उसे सतही, जनजीवन से विच्छिन्न और देशद्रोही समझने के अभ्यासी हम रहे हैं। यही नहीं, समसामयिक समस्याओं को भी जब तक हम युग-युग की समस्या का रूप नहीं दे लेते, तब तक हमें सन्तोष नहीं होता। हम अस्वीकार करते हैं कि हम एक चिरन्तन गतिशील समसामयिक जगत् में रहते हैं जहाँ परिवर्तन का क्रम न केवल नयी दिशाएँ, नये संकेत देता है, बल्कि पहले के पूछे गये प्रश्नों को फिर से पूछने के लिए बाध्य करता है। हम नहीं मानते कि हर नया गवाह न केवल नये विवाद प्रस्तुत करता है, बल्कि पुराने विवादों के सम्बन्ध में हमारे निर्णय को भी चुनौती देता है। ऐसी स्थिति में समसामयिकता को नैतिक दायित्व के रूप में प्रस्तुत करने वाला व्यक्ति दुस्साहसी या धृष्ट समझा जाये तो क्या आश्चर्य?

भावुक प्रतिक्रिया का जो दाय हमें हिन्दी की पिछली पीढ़ी से मिला है, उसमें तो यह आशंका उग्रतम रूप में दिखलायी पड़ती है। आक्रोश का स्वर विशेष है। जब पण्डित पद्मसिंह शर्मा पन्तजी के बारे में लिखते हैं : "आज श्री सुमित्रानन्दन पन्त मिले। देखने में आदमी काफ़ी 'जेंटिलमैन' हैं", तो वे मात्र चुटकी नहीं ले रहे हैं। वे उस मस्तिष्क का भी विरोध कर रहे हैं जो उस जेंटिलमैन' पहनावे के भीतर नयी समस्याओं से जूझ रहा है, नये प्रश्न उठा रहा है, समसामयिक यथार्थ से सम्बन्ध स्थापित करना चाह रहा है। आज भी हिन्दी की नयी पीढ़ी पर अन्यथा शीलवान एवं तर्क-बहुल आचार्यों द्वारा जो सम्मेलनों, लेखों एवं ग्रन्थों में मर्मवेधी शस्त्रवर्षा होती रहती है, उसका एक प्रमुख आयुध है : "तुम सब परम्परा से च्युत हो गये हो। फ़ैशन के नाम पर तुमने भारतीय आत्मा को बेच दिया है।"

सच पूछिए तो इस 'जलते प्रश्न' को बुझाने का असली दायित्व छायावाद के 'जेंटिलमैन' कवियों तथा आचार्यों का ही था। यदि वे इस गाढ़े रण में चढ़े होते तो

हमारा काम आसान हो गया होता। किन्तु उनके सौभाग्य से और हमारे दुर्भाग्य से उस समय की बहस न केवल स्थगित हो गयी, बल्कि उसकी धारा ही दूसरी ओर मुड़ गयी। पर्याप्त कोलाहल के साथ आर्य समाज-बनाम-सनातन धर्म की भाँति विवाद इस पर आ टिका कि नये और पुराने में प्रामाणिक परम्परावादी कौन है। फिर तो अपने काव्य को सीधे-सीधे उपनिषद्, गीता, पुराण और गुप्त-साम्राज्य से प्रमाणित करने की विद्वत्तापूर्ण, किन्तु भेड़ियाधसान आतुरता की बाढ़ आ गयी। इसके लिए कारण थे। आवश्यक था कि समूचे देश को एक प्रामाणिक व्यक्तित्व देकर योरोप के प्रतिनिधि इंग्लैंड के सामने ला खड़ा किया जाये। इसका एक परिणाम हुआ कि योरोप को भौतिकवादी घोषित किया गया और उसके विरुद्ध भारत की संस्कृति को आध्यात्मिक मानकर श्रेष्ठता के लिए तार्किक आधार खोज लिया गया। यह योरोप और भारत दोनों के ही प्रति अन्याय था। लेकिन इससे स्वतन्त्रता-संग्राम के 'नैतिक प्रभामण्डल' को बड़ी ज्योति मिली। जादू ने उस समय तो अचूक काम किया ही। इसकी ओर अपने पिछले लेख 'हाथीदाँत की मीनारें' में डॉ. धर्मवीर भारती संकेत कर चुके हैं।

लेखकों एवं विचारकों में समसामयिकता के प्रति जो यह भावुक आक्रोश एवं अस्वीकार की प्रवृत्ति है, उसका आधार क्या है? अल्पमत में पड़ जाने का डर तो है ही। लेकिन समसामयिकता से आमना-सामना मुख्यतः हमें बेचैन और तिलमिलाया हुआ छोड़ जाता है। यथार्थ से हमारा सीधा साक्षात्कार होता है। जीवन की गहरी वास्तविकताओं के बीच, परस्पर विरोधी भावनाओं के बीच, सीमित परिस्थितियों के बीच मानव-मूल्यों का प्रश्न पूरी विराटता के साथ हमारे सामने आकर खड़ा हो जाता है। अर्जुन की भाँति हम डरकर आँखें मूँद लेते हैं—नहीं, नहीं, हमें सत्य का वही चतुर्भुज सौम्य रूप ही चाहिए। समसामयिकता एक असुविधाजनक चुनौती है जो हमें ठोस, सार्थक शब्दों में सोचने को बाध्य करती है, आदर्श और यथार्थ के बीच उग्र सार्थकता का सम्बन्ध स्थापित करने की माँग रखती है और हमारी निर्लिप्त आत्मतुष्टि की नींव को हिला देती है। नैतिकता और मानव-मूल्य निर्जीव, सुभाषित वाक्य मात्र नहीं रह जाते, बल्कि वे जीवन्त प्रश्न बन जाते हैं। इसीलिए यह हमारे लिए दायित्व ही नहीं, नैतिक दायित्व है।

अनुभूति की नितान्त समसामयिकता बिना किसी पूर्वग्रह के जीवन को उसकी समग्रता, तात्कालिकता एवं आग्रह के साथ ग्रहण करती है। इसका अर्थ है कि हमारे साथ के मानव जिन समस्याओं से जूझ रहे हैं, वे समान हैं। बजाय इसके कि हम चिन्तन और अनुभूति को अन्त में तिरोहित कर दें और इस प्रकार मानव-मूल्यों को अनन्त और यथार्थ के दो स्तरों में विभाजित करके अनैतिकता या उदासीनता

को जन्म दें, हम यह स्वीकार करते हैं कि अनुभूति को आज के सन्दर्भ में साकार करना पावन कर्तव्य है। हम चिन्तन एवं क्रिया की तात्कालिकता की कसौटी पर बराबर कसते रहने का आग्रह करते रहते हैं, इसलिए खोज निरन्तर जारी रहती है। एक ओर हम समग्र मानवता के बन्धुत्व के प्रति विनय के साथ उन्मुख होते हैं, दूसरी ओर चिर सतर्कता हमको तेजस्विता प्रदान करती है। साध्य के साथ–बल्कि साध्य से अधिक–साधन की पवित्रता जो स्वतन्त्र आचरण की पहली शर्त है, समसामयिकता की नैतिक आधारभूमि है और सबसे बढ़कर समसामयिकता ही प्रेषणीयता को सम्भव बनाती है। अनावश्यक अतीत से छूटकर हम वर्तमान में फैल जाते हैं और जीवित मानवता के साथ समन्वित हो जाते हैं।

जो लोग समसामयिकता के दायित्व को अस्वीकार करते हैं, उनकी मुख्य आपत्ति यह है कि यह हमें स्थायी मूल से विच्छिन्न करके क्षिप्रगति भँवर में बहने के लिए निराधार छोड़ देती है। इसलिए हम आरोप के रूप में चौंकाने की प्रवृत्ति, फ़ैशन, प्रवंचक नयापन, संस्कारहीनता आदि शब्द आये दिन सुनते रहते हैं। एक दृष्टि यह भी है कि विश्व में कभी नया कुछ घटता ही नहीं; कोई नया प्रश्न नहीं पूछा जाता। जो प्रश्न पूछे जाने थे, वे पूछे जा चुके; जो उत्तर दिये जाने थे, वे दिये जा चुके हैं। हमें केवल उन्हें याद कर लेना है और विश्व को सन्देश देने निकल पड़ना है। अभी संसार शक्ति में उन्मत्त हो रहा है और हम दुर्बल हैं। अतः कोई हमारा सन्देश सुनने को तैयार नहीं है। ख़ैर, कोई बात नहीं, कभी हम भी शक्तिवान होंगे, तब देख लेंगे कौन हमारा सन्देश नहीं सुनता।

स्थायित्व और उत्तेजक व्यक्तित्व प्रदान करने के लिए समसामयिकता के विरुद्ध अतीत एवं परम्परा को लाकर खड़ा किया जाता है। परम्परा के साथ जुड़ते ही हमारा अपना कथ्य नैतिक आलोक से मण्डित हो जाता है। यह समझा जाता है कि परम्परा स्वतःसिद्ध प्रमाण है; वह विवेक का स्थान ले लेती है। परम्परा की चेतना एक आत्मिक शक्ति, अडिग निष्ठा अवश्य प्रदान करती है। समस्या का समाधान हो या न हो, किन्तु इच्छाशक्ति को अपूर्ण दृढ़ता अवश्य प्राप्त हो जाती है। जीवन की यथार्थ स्थितियों पर हम झल्लाते हैं, उन्हें कोसते हैं जैसे वे प्रेत हों, और महावीर की भाँति अतुलित शौर्य से भरकर पर्वत को ही उखाड़ ले चलने पर तुल जाते हैं। लेकिन जीवन की स्थितियाँ प्रेत नहीं हैं। वे स्थितियाँ हैं।

(2)

सेंट ऑगस्टीन ने कहा है,

"जिसे हम ईसाई धर्म कहते हैं, यह प्राचीन लोगों में भी विद्यमान था।

उस धर्म का अस्तित्व मानव जाति के आदि से स्वयं ईसा के आगमन तक कभी भी खण्डित नहीं हुआ। पहले से ही विद्यमान उसी सत्य धर्म को लोग ईसाई धर्म कहने लगे।”

कुछ इसी भाँति अनादि सनातन धर्म की कल्पना को पुष्ट करते हुए कृष्ण ने भी कहा है कि जब वह ग्लानि को प्राप्त होने लगता है, तो भगवान् अवतार लेकर उसका पुनः संस्थापन करते हैं।

जो आज कहा जा रहा है, उसे पहले से ही विद्यमान करने का यह अद्भुत और रोमांचकारी आग्रह विभिन्न देश एवं काल के विचारकों, प्रचारकों और जनसाधारण में इतनी अधिक मात्रा में दिखलाई पड़ता है कि इसे हम मनुष्य-मात्र की सामान्य प्रवृत्ति मान सकते हैं। एक तरह से यह जीवनदायिनी प्रवृत्ति भी है, बशर्ते कि हम इसकी सीमाओं को भली प्रकार ध्यान में रखें और विवेक को हाथ से न जाने दें। इतना स्पष्ट है कि सेंट ऑगस्टीन का आशय यह कदापि नहीं है कि ईसा का धर्म पुनरुक्ति-मात्र है, अथवा जिन लोगों ने उसको ईसाई धर्म कहा, उन्होंने ग़लती की।

आज जो कहा, लिखा, सोचा, समझा, खोजा या सिरजा गया है, उसे जब हम परम्परा से प्रमाणित करते हैं तो इसके तीन तात्पर्य हो सकते हैं : (1) यह कथ्य अथवा कृति हू-ब-हू वही है जो पहले थी, दोनों में तिल-मात्र भी अन्तर नहीं है; (2) यह कथ्य अथवा कृति रूप में भिन्न है, परन्तु अर्थ में पहले के समान है; तथा (3) यह कथ्य अथवा कृति रूप एवं अर्थ, दोनों में भिन्न है, केवल परिप्रेक्ष्य लक्ष्य, ऐषणा की सूक्ष्म समानता देखी जा सकती है। अल्प चिन्तन से ही स्पष्ट हो जायेगा कि इन तीनों तात्पर्यों में आकाश-पाताल का अन्तर है, परस्पर-विरोध भी है। होता यह है कि हम इस अन्तर्विरोध को सुलझाये बिना सुविधानुसार इन तीनों तात्पर्यों का प्रयोग करते हैं और इस प्रकार तर्क-दुष्टता एवं कुटिलता को जन्म देते हैं।

परम्परा का पहला तात्पर्य मात्र पुनरुक्ति को प्रमाणित करता है जिसकी कोई सार्थकता इतिहास, चिन्तन अथवा कलात्मक सृजन के क्षेत्रों में नहीं है। दूसरा आशय स्पष्ट है और परम्परा के असली रूप, अर्थात् वर्तमान में हमारा अस्तित्व अतीत से परिभाषित और निर्मित होना चाहिए, इस मन्तव्य को प्रकाशित करता है। इस अर्थ का विश्लेषण हम बाद में करेंगे। पहले हम तीसरे तात्पर्य की जाँच करें जो इतना सूक्ष्म और वायवी है कि आज के किसी कथ्य और कृति का सम्बन्ध इस कसौटी पर किसी भी देश या सभ्यता से जोड़ा जा सकता है।

पण्डित नेहरू ‘डिस्कवरी ऑफ़ इण्डिया’ में अतीत के अविस्मरणीय मूल्यों को गिनाते हुए कहते हैं :

"भारतीय जन के युग-युग व्यापी मनोहर स्वप्न, पूर्वजों की बुद्धिमत्ता, हमारे पुरखों की उमंगती हुई स्फूर्ति तथा जीवन एवं प्रकृति के प्रति उनका प्रेम, कुतूहल एवं बौद्धिक पराक्रम की वृत्ति, उनके विचारों का विक्रम...सत्य, सौन्दर्य एवं स्वातन्त्र्य के प्रति उनका आकर्षण...जीवन के रहस्यमय व्यापारों की समझ, अपने से भिन्न पन्थों के प्रति सहिष्णुता, अपनी एवं अन्य जातियों की सांस्कृतिक उपलब्धियों को आत्मसात करने की क्षमता (आदि आदि)...यदि भारत इन सबको भूल जायेगा, तो वह भारत नहीं रह जायेगा।"

तीसरे तात्पर्य में गुणों की सूची यहाँ संक्षिप्त है। किन्तु इस ढंग से बिना खटके हम इस सूची को बढ़ाते-बढ़ाते विशाल ग्रन्थ का रूप दे सकते हैं। कोई यह नहीं कह सकेगा कि हम झूठ बोल रहे हैं।

प्रश्न यह है कि क्या यह व्याख्या परम्परा की ओर से किये गये दावे को पूरा करने अर्थात् भारत को भारत के रूप में (चीन, जापान, फ्रांस या रूस से भिन्न) परिभाषित करने में सफल होती है? और क्या इससे हमें ऐसा कुछ मिलता है जो आज मानव-मूल्यों की खोज में हमें दूसरों से विशिष्ट स्थायित्व प्रदान कर सके? क्या यही वह चमत्कारपूर्ण, गुह्य, भारत का सांस्कृतिक सन्देश है जिसको संसार ने अब तक न सुना है, न अनुभव किया है? कौन ऐसा देश है, कौन ऐसी जाति है ज़िसके पुरखों में ये गुण न हों, या जो मानने को तैयार हो जाये कि उसके पुरखों में ये गुण नहीं थे। कौन ऐसा समसामयिक कथ्य, कलात्मक सृजन या प्रचार है जो इस अर्थ में भारतीय परम्परा के बाहर पड़ता हो? क्या भारतीय परम्परा की ऐसी परिभाषा सम्भव है जिसमें एक साथ कालिदास, चाणक्य, अजन्ता, बिहारीलाल, सुमित्रानन्दन पन्त और गुरु गोलवलकर तो आ जायें, परन्तु दान्ते, शेक्सपीयर, पिकासो, बर्नार्ड शॉ और मुसोलिनी छूट जायें? और अन्त में, भारत यदि भारत न रहकर फ्रांस हो जाये (यदि ऐसा अजूबा सम्भव हो) तो ऊपर की सूची में से फ्रांस की परम्परा के अनुसार कौन-सा गुण हमें छोड़ना पड़ेगा?

पण्डित नेहरू चले तो भारत की खोज करने, लेकिन पहुँचे मानवता की सार्वभौम संस्कृति के पास—जिसका सम्बन्ध समसामयिकता से अधिक है, परम्परा से कम। इसमें सन्देह नहीं कि वे सही स्थान पर पहुँचे हैं, फिर भी इसे 'परम्परा' मानने का लोभ नहीं छोड़ पाते। न जाने क्यों? सच तो यह है कि मूल्यों, आदर्शों, प्रतिमानों का निर्धारण हम आज अपनी समसामयिक स्थिति में करते हैं और जैसे रूसो अपनी आदर्श नारी की कल्पना एक के बाद दूसरी प्रेयसी पर आरोपित करके स्वयं आकर्षित होता था, वैसे ही हम आज के मूल्यों को प्रायः अतीत पर आरोपित करते हैं। यथार्थ का यह आदर्शीकरण मनुष्य का, विशेषतः आधुनिक

मनुष्य का, गहन अभिशाप है। कभी हम किसी वर्तमान देश या समाज-व्यवस्था को आदर्श मानकर मरने-मारने को तैयार हो जाते हैं, कभी किसी विशेष अतीत पीड़ा को। नारी के सत्य से साक्षात्कार होने पर रूसो को जो गहन पीड़ा होती थी, अतीत के सत्य के उभर आने पर होने वाली पीड़ा उससे कहीं अधिक व्यापक है।

मैं यह नहीं कहता कि परम्परा नाम की वस्तु है ही नहीं। परम्परा केवल एक है, मानव-मात्र की सार्वभौम परम्परा, जो समसामयिकता से नियमित होती है। आक्षेप किया जा सकता है कि यह दृष्टि राष्ट्रीयता को निराधार कर देती है। कुछ अंश तक मैं यह आक्षेप स्वीकार करता हूँ। जो लोग 'योरोपीय परम्परा' के घोर राष्ट्रीयतावादी हैं, वे भी अब राष्ट्रवाद को 'किन्तु परन्तु' से विशेषित करके रखने लगे हैं। मेरी कोशिश तो सिर्फ़ इन परस्पर-विरोधी परन्तु को, हो सके तो, 'निष्परन्तु' वाक्य में समन्वित करने की है। अगर समान अतीत की चेतना और समान वर्तमान की चेतना में मुझे चुनाव करना हो तो मैं निश्चय ही वर्तमान को चुनूँगा। यदि हम ध्यानपूर्वक देखें तो एशिया में राष्ट्रीय जागरण इस रूप में योरोप से अलग भी है। एशियाई राष्ट्रीयता के इतिहास में हम एशिया और राष्ट्रीयता में से किसके प्रति अधिक आस्थावान हैं, कहना कठिन है। हमारा एशियापन समान वर्तमान की चेतना है, हमारी राष्ट्रीयता समान अतीत की। उन्नीसवीं शताब्दी के योरोप के प्रभाव में हमने जो समान अतीत की खोज पर राष्ट्रीयता का महल बनाना शुरू किया, वह अन्त तक खण्डित ही रह गया। हमने भरसक समझा कि 'भारत-भारती' का अतीत पर्व और मुसद्दस-हाली का अतीत पर्व एक ही वस्तुएँ हैं, लेकिन एक बृहद् विवाद खड़ा हो गया। यहाँ तक कि लोग समान वर्तमान को भूल गये और तब अतीत ने अपना बदला लिया। आज भी पाकिस्तान की आन्दोलनकारी शक्ति समान अतीत की उग्र चेतना ही है जो समान वर्तमान को हठपूर्वक खण्डित करने के लिए विचित्र रूपों में प्रकट होती है। समसामयिकता का नैतिक दायित्व पाकिस्तान के चिन्तक को समझाना (यदि वहाँ इस दिशा में विचार करने वाले हों) अत्यन्त कठिन होगा। सौभाग्य से इतनी कठिनाई भारत में नहीं है। लेकिन हमारी जो बन्धुत्व-भावना मित्र के प्रति है, उसमें समान अतीत की नहीं, समान वर्तमान की ही चेतना है। इसकी ओर कितनों की तार्किक दृष्टि जाती है?

वे जो परम्परा का उपयोग दूसरे अर्थ में करते हैं, ज़्यादा स्पष्ट और दृढ़ बात करते हैं। वे अतीत को निराधार नहीं बनाते, किन्तु वर्तमान को उसी के शिकंजे में कस देना चाहते हैं। उनके अनुसार भारतीय परम्परा में यदि कालिदास और बिहारीलाल राजाश्रय में कविता लिखते थे तो आज के कवि को मन्त्रियों के

दरबार में प्रशस्ति लिखनी चाहिए। वर्तमान जीवन की जो समस्या, जो प्रश्न, जो दुरूहता अतीत के चौखटे में नहीं आती, वह अशिव है, त्याज्य है, गर्हित है। वे जीवन को सरल रेखाओं में बाँट देते हैं और इस प्रकार जो है, उसे विकृत करते हैं। स्वभावतः यह दृष्टि व्यक्तित्व को खण्डित कर देती है, आत्मा की आवाज़ को सुला देती है, मानवीय दुखों के प्रति उदासीनता या उपेक्षा को जन्म देती है, और हमें सदा के लिए मध्ययुगीन बनाकर छोड़ देती है। हम समस्त मानवता से पृथक् हो जाते हैं। यहाँ विस्तृत विवेचन सम्भव नहीं है, परन्तु इतना संकेत किया जा सकता है कि तार्किक विश्लेषण के उपरान्त इसकी परिणति नैतिकता की उस कुख्यात कसौटी में होती है कि जो जितना पुराना है, उतना ही शुभ है; जो जितना नया है उतना ही अशुभ है। शायद ऐसी ही विडम्बना में पड़कर आज से ढाई हज़ार वर्ष पूर्व गौतम ने विद्रोह का झण्डा उठाया था। इतने दिनों तक उस दर्शन को बिल्कुल भूल जाने के बाद इस बीसवीं शताब्दी में आज फिर हम उस ओर वेग से आकर्षित हो रहे हैं, क्योंकि गौतम के चिन्तन का ढंग समसामयिक है, नितान्त समसामयिक है, इतना कि बिल्कुल हमारा अपना लगता है। नयी पीढ़ी के कवि कुँवर नारायण के शब्दों में :

> उदार दार्शनिक
> तुम्हारे दर्शन में अपनी विकलता पाता हूँ
> अपनी विकलता में तुम्हारा दर्शन पा सकूँगा या नहीं।

यदि हम ध्यान से देखें तो परम्परा का यह अर्थ भी समसामयिकता से मुक्ति दिलाने में असमर्थ है। चाहे हम सेंट ऑगस्टीन के प्रमाण को अक्षरशः क्यों न मानें, लेकिन उन लोगों को ग़लत नहीं सिद्ध कर सकेंगे जिन्होंने ईसाई धर्म का नामकरण किया। क्योंकि प्रश्न तब भी उठता है कि हम यदि बात वही कह रहे हैं, तो भी उस परिवर्तन की, जिसे हम रूप-परिवर्तन मात्र कह रहे हैं, क्या आवश्यकता है। यह प्रश्न नगण्य इसलिए नहीं है कि इतना ही तो हमारा योगदान है, उसे हम आवश्यक नहीं सिद्ध कर लेंगे तो हमारा सार्थकता क्या रह जायेगी? जैसे ही हम इस प्रश्न का उत्तर देना आरम्भ करेंगे, हमें समसामयिकता से जूझना पड़ेगा। यह अलग बात है कि हम यथार्थ को केवल विकृत करने में ही सफल हों। फिर हर अनुभूति, चिन्तन अथवा दृष्टि अखण्ड, सम्पूर्ण-प्रभुत्व-सम्पन्न होती है। अतीत की अनुभूति को जब हम कलेवर और आत्मा, रूप और अर्थ, नगण्य और महत्त्वपूर्ण की कोटियों में बाँटते हैं तो जाने-अनजाने यहाँ भी हमारी कसौटी समसामयिक ही होती है। सिर्फ़ वह सुचिन्तित विवेक के स्थान पर भावुक पूर्वग्रह की कसौटी होती है।

एक बात और। यह दृष्टि एक बड़े पैमाने पर अतीत का आकलन करने में भी असमर्थ होती है। परम्परा के साग्रह आवेश के बावजूद भी, यह समस्त

अतीत को 'तत्त्वों' का एक महाकोष बना देती है। बैंक बैलेंस की तरह संस्कृति के यह बहुत से विच्छिन्न और असमन्वित तत्त्व हमारी जातीय स्मृति में पड़े रहते हैं जिन्हें हम समय-समय पर निकालकर पेश करते रहते हैं। धीरे-धीरे जीवन का समस्त व्यापार धुरीहीनता, अवसरवाद, अनैतिकता और दयनीय निरर्थकता का गोरखधन्धा बन जाता है। इसलिए समसामयिकता के धरातल पर नये मूल्यों का अवगाहन करने और उनके प्रति प्रतिश्रुत होने के पक्ष में हम हैं नहीं, और अतीत के मूल्य हमारे लिए 'तत्त्व' मात्र हैं। अतीत को इच्छानुसार बदलकर सामयिक स्थिति में प्रयुक्त कर लेने का लोभ छूटे नहीं छूटता। कौन है जो आज तुलसीदास की भावभूमि पर काव्य लिखना चाहेगा? लेकिन तुलसीदास की परम्परा में खड़े होने का दावा सब का है। परम्परा एक बहुमुखी मार का अस्त्र है। हर वाक्य में इसका अर्थ बदलता है। और अनैतिकता की पहली शर्त है—पल-पल पर 'नरो वा कुंजरो' का पारायण। यह नहीं अतीत इस दुष्ट प्रयोग का प्रतिशोध नहीं लेता। जिस पीढ़ी से पराक्रमी अतीत प्रतिशोध लेता है वह भगीरथ की भाँति हज़ार वर्ष तक केवल एक अँगूठे पर खड़ी हठयोग करती रह जाती है। इस बीच राजा सगर का राज्य छिन्न-भिन्न हो जाता है। भाग्यवान थे हमारे पूर्वज, विचारक और कृतिकार कि उनके लिए आज एक ही साथ ग़लत और सही दोनों होना सम्भव है। हम समसामयिक विचारकों, कलाकारों को इतनी छूट कौन देता है?

इस विवेचन से क्या निष्कर्ष निकलता है? तर्कशः अपने साकार अतीत के साथ सह-अस्तित्व के अलावा और कोई सार्थक एवं ऋजु सम्बन्ध नहीं स्थापित किया जा सकता। और 'सह-अस्तित्व' के महत्त्वपूर्ण शील हैं दोनों की अखण्ड प्रभुता की स्वीकृति और परस्पर अतिक्रमण का निषेध। इतिहास से आँख बचा लेना सम्भव नहीं है और इतिहास एक अनिरुद्ध गति है। किन्तु इस गति का अर्थ मात्र प्रवाह नहीं है। वह एक रासायनिक प्रक्रिया है जो निरन्तर तत्त्वों को घुलाती रहती है और सर्वथा नवीन तत्त्वों को जन्म देती रहती है। इसीलिए इतिहास की स्वीकृति समसामयिकता की स्वीकृति है। या तो हम अधूरेपन और पूर्वग्रह के कारण उस स्वीकृति को अनैतिक और अयथार्थ बना दें या नितान्त समसामयिकता के नैतिक दायित्व को मानें, चाहे इसमें कितनी ही पीड़ा हो। इतिहास के साथ हमारा उलझाव तो हर हालत में अनिवार्य है। यही नहीं, हमने इसे स्वीकार भी कर लिया है और काफ़ी हद तक यह विवाद का विषय नहीं रह गया है।

(3)

भारतीय जीवन और परिस्थिति की ओर एक सतही दृष्टि डालने से भी स्पष्ट हो जायेगा कि इतिहास के साथ हमारा 'उलझाव' केवल दो-चार अधकचरे लोगों के

मस्तिष्क की कुण्ठाग्रस्त कल्पना नहीं, बल्कि वास्तविकता है। इस परिचित तथ्य को दुहराना अनावश्यक प्रतीत होता है कि आधुनिक युग की उपलब्धियाँ राजनीति, विज्ञान, विभिन्न विद्याओं तथा अन्य सभी क्षेत्रों में हमारे जीवन का अंग बन गयी हैं। वे हमारे सामने जीवन्त सुविधा और समस्या के रूप में खड़ी हैं। लेकिन प्रायः इस बात की ओर हमारा ध्यान नहीं जाता कि जैसे-जैसे समय बीतता जायेगा, इतिहास के साथ हमारा यह उलझाव गहन होता जायेगा। परिवर्तन और गति की यथार्थता मात्र को अस्वीकार करने वाले हमारे प्राचीन तार्किक चिन्तकों ने बिल्कुल ठीक समझा था कि गति को अंशतः मान लेने के बाद फिर 'बस यहीं तक, आगे नहीं।' कहने की गुंजाइश तर्क में नहीं रह जाती।

वे जो संस्कृति को सतही दृष्टि से न देखकर गहरे डूबने के अभ्यासी हैं, कहते हैं कि पाश्चात्य संस्कृति की आत्मा है गति और पूर्व की आत्मा है शान्ति। यदि हम इस विभाजन को मान भी लें, तो भी इतना निर्विवाद है कि पूर्व ने बड़े वेग से गति को स्वीकार कर लिया है। भारत में कौन है जो हरिनाम की भाँति दिन-रात प्रगति का जाप न करता हो? और चीन ने तो डंके की चोट पर शान्ति को जाति-बहिष्कृत कर दिया है। पूर्व के दो महारथी गिर गये तो आध्यामिक शान्ति का गढ़ लंका बने अथवा अण्डमान-निकोबार, हमारे चिन्तन की समस्या तो उससे हल नहीं होगी। तार्किक ऋषियों की सन्तान भारतवासियों को रह-रहकर असम्भव वांछाएँ धर दबाती हैं। हम उन तार्किकों के तर्कों को तो नहीं मानना चाहते, किन्तु उनके निष्कर्षों से चिपटे रहना चाहते हैं। हम पुनर्जन्म और कर्मफल को तो अन्धविश्वास कहकर टालना चाहते हैं, लेकिन कला के क्षेत्र में प्राचीनों की तरह कट्टर 'पोएटिक जस्टिस' की माँग करते हैं। हमारे कर्मों के बावजूद भी दुख होता है और उसको सहनीय तथा निवारणीय बनाने के लिए नये मूल्यों, नयी अनुभूतियों की आवश्यकता है, इसे हमारा कर्मफल-संस्कारी मन मानने को तैयार नहीं होता। जब नया लेखक आस्था की नींव हिला देने वाले इस उग्र नैतिक प्रश्न को उठाता है तो हम शिकायत करते हैं : इसने हमें चौंका दिया। जब गौतम ने आरम्भ किया होगा : 'दुख है...' तब भी लोग इसी तरह चौंक गये होंगे।

दो महायुद्धों के बीच भारत के दो प्रमुख चिन्तकों के नाम मैं लेना चाहता हूँ मानवेन्द्रनाथ राय और योगी अरविन्द। दोनों ही चिन्तन के दूरतम ध्रुवान्तों पर हैं। लेकिन अपने-अपने स्थान से दोनों एक ही समस्या—गति—का ही समाधान निकालने में व्यस्त हैं। दोनों के लिए विकास, गति, प्रगति एक सार्थक वास्तविकता है जिसकी स्वीकारोक्ति के बाद ही चिन्तन की क्रिया आरम्भ होती है।

जो इन ध्रुवान्तों के विषय में सत्य है, वह बीच के कटिबन्धों के विषय में भी सत्य है।

गति को मान लेने के बाद हमारे लिए 'ऐतिहासिक परिवर्तन', 'युग-भावना' 'सामाजिक संकट' जैसे शब्दों को समझना और मानना आसान हो जाता है। साहित्य और कला एक ओर अपने युग की समूची चेतना-प्रक्रिया का और दूसरी ओर युगों-युगों से प्रवाहित रासायनिक प्रक्रिया का अंग बन जाते हैं। इतना तो शायद सभी मान लेंगे। लेकिन मेरी समझ में इससे कुछ और भी नतीजे निकलते हैं। हमें यह मानना पड़ेगा कि पुराने विचार और मूल्यों के मानदण्ड स्थायी नहीं हैं। वे नाकाफ़ी साबित हुए और झूठे पड़ गये। हमें यह भी मानना पड़ेगा कि आज हम जिन मूल्यों का आग्रह कर रहे हैं, वे भी आगे चलकर नाकाफ़ी साबित होंगे और झूठे पड़ जायेंगे। फिर भी हमें आज की स्थिति को अर्थ तो देना ही है। बेशक यह एक विडम्बना है, लेकिन इस विडम्बना से छूटने का रास्ता कहाँ है? हमारा सारा अस्तित्व सहसा एक विशाल प्रवाह में पहुँच जाता है? क्या हम इस प्रवाह को कोई दिशा दे सकते हैं? क्या हम इसकी दिशा का संकेत पा सकते हैं? ये दार्शनिक प्रश्न हैं, लेकिन दर्शन से अधिक कलाकार की अनुभूति उनका साक्षात्कार करती है। व्यास ने अर्जुन को जो विराट् रूप दिखलाया, उसमें केवल गति है, केवल गति। तुलसीदास के काकभुशुण्डि ने जो रूप देखा, वह भिन्न है—उसमें सारी गति के बावजूद एक राम हैं जो सर्वत्र समान हैं; जो स्थिर हैं, स्थायी हैं। इसीलिए काकभुशुण्डि को डर नहीं लगता, लेकिन अर्जुन रोमांचित, भयभीत एवं विनीत होकर आँखें मूँद लेता है। वह स्थायी सत्य, वह राम, हमें इस लोक में कौन देगा? यदि हम इतिहास, गति, समसामयिकता को आधे हृदय से अपनाते हैं तो अच्छा हो कि हम तुलसीदास की भावभूमि और सामाजिक चेतना की ओर लौट जायें, नहीं तो दूसरा नैतिक रास्ता केवल यह है कि हम समसामयिकता को नितान्त बना डालें। रोमांच और त्रास को मानकर चलें। स्थायी सत्य के बजाय अनुभूति की सार्थकता को लक्ष्य मान लें। जहाँ तक हमारा विवेक हमें ले जाता है, आस्था को हम वहीं तक सीमित रखें।

इसीलिए समसामयिक कलाकार मानव-मूल्यों के प्रश्न को सतत खोज और तात्कालिक सार्थकता के रूप में ग्रहण करता है। उसका अस्त्र विवेक होता है, श्रद्धा नहीं। उसके लिए मानवतावाद का केवल एक ही अर्थ होता है : सबके ऊपर मनुष्य ही सत्य है। उसके ऊपर कुछ भी नहीं है। मनुष्य ही समूचे सत्य का मानदण्ड है, कोई दिव्य सत्ता नहीं। मनुष्य सत्य को नापता है, सत्य मनुष्य को नहीं नापता। मूल्यों की इस समसामयिक खोज की सीमारेखाएँ ये हैं : जिस मनुष्य की

बात हम कर रहे हैं, वह कल्पना की वस्तु नहीं हैं; हम, आप, लघु परिवेश के लघु मनुष्य हैं; सत्य की व्याख्या सम्पूर्ण नहीं होती, केवल कम-से-कम एकांगी बनायी जा सकती है; अनुभूति की सार्थकता का उद्देश्य है कि जो वास्तविक यथार्थ है, उसे हम कम-से-कम बहिष्कृत और अधिक-से-अधिक आत्मसात करें। हम आप जितना शुभ है, उसके भागीदार हैं; जितना अशुभ है, उसके भी भागीदार हैं; हमारे प्रतिमान वर्तमान में सार्थक होने चाहिए, न सुदूर अतीत में, न सुदूर भविष्य में।

इतिहास के साथ हमारे 'उलझाव' को काफ़ी हद तक बीसवीं शताब्दी में हिन्दी के साहित्यकारों ने स्वीकार कर लिया है। हमें अपने को जानने के लिए इतिहास की ओर जाना पड़ेगा, इसी अनुभूति से भारत-भारती का आरम्भ होता है। लेकिन पुनर्जागरण काल में इतिहास की भावना समान अतीत की खोज तक सीमित है। इसीलिए भारत-भारती का 'हम' संकुचित है। छायावाद-सत्याग्रह-युग में अतीत पर समान वर्तमान की छाया पड़ने लगती है और हमारा 'हम' फैलकर सारे राष्ट्र से एकात्म हो जाता है। "लेकिन दुनिया के बीच एक स्वतन्त्र राष्ट्र के रूप में खड़े होते ही इस 'हम' का एक अत्यन्त त्रासद रूप हमारे सामने आया। धक्के के साथ हमारी कल्पना में एक व्यापक स्वप्न झलका : इस 'हम' का अर्थ सारी मानवता भी हो सकती है। इस आकस्मिक अनुभूति के साथ आज की मानवता की अपराध-भावना भी हमारी चेतना में कौंध गयी।" (इसके व्यापक विवेचन के लिए देखिए 'आलोचना' 11 अप्रैल, 1954 का सम्पादकीय, 'साहित्यकार और उसका परिवेश।') समान अतीत और समान वर्तमान के बीच चुनाव करने की समस्या हमारे सामने आज बिल्कुल स्पष्ट है। इस जलते प्रश्न को टाला नहीं जा सकता।

हिन्दी के प्रगतिवादी आलोचकों और साहित्यकारों ने पहली बार समसामयिकता के प्रश्न को सशक्त रूप में यथेष्ट आग्रह के साथ उठाया। लेकिन प्रश्न से अधिक उनकी रुचि उस उत्तर में थी जो उनके पास बना-बनाया मौजूद था। उसका विवेचन हम आगे करेंगे। लेकिन उनके इस महान् योगदान को भुलाया नहीं जा सकता कि जिस समय छायावाद सिर्फ़ प्रामाणिक परम्परा की बहस में उलझा हुआ था, उस समय उन्होंने वर्तमान यथार्थ को सामने लाकर खडा कर दिया। चूँकि छायावाद परोक्षतः वर्तमान को मान ही चुका था, इसलिए उसे आत्म-समर्पण करते देर नहीं लगी। यह कहा जा सकता है कि 1930 के आसपास सारे देश, और फलतः हिन्दी के सभी साहित्यकारों में समसामयिकता की ओर महत्त्वपूर्ण किन्तु अप्रत्यक्ष उन्मेप दिखलाई पड़ता है। लेकिन प्रगतिवादियों ने इस उन्मेष को जाग्रत और तेजस्वी स्वरूप दिया, इससे इन्कार नहीं किया जा सकता।

लुई मैकनीस ने कहा है कि,

"कवि को शरीर से चाक-चौबन्द, बहस में रस लेने वाला, अख़बार पढ़ने वाला, करुणा और मुक्तहास्य में समर्थ, अर्थशास्त्र से परिचित, स्त्रियों का प्रशंसक, व्यक्तिगत सम्बन्धों में उलझा हुआ, राजनीति में सक्रिय रुचि रखने वाला और भौतिक प्रभावों को ग्रहण करने के योग्य होना चाहिए!"

इस कवि को देखकर पं. पद्मसिंह शर्मा तो चौंकेंगे ही, बड़े बाल वाले छायावादी कवि को भी घबराहट महसूस होगी। वे उसके उन गुणों की सूची में से कुछ को अवश्य छोड़ देने की सुविधा चाहेंगे। लेकिन मैं समझता हूँ कि प्रगतिवादी, और नयी पीढ़ी के अन्य लेखकों के लिए यह कवि परिचित मित्र है। उसके साथ वे दिन-रात उठते-बैठते हैं। इतना ही नहीं, वे यह भी समझते हैं कि अन्य सभी चेहरों के बीच वही मानवता के प्रति सबसे अधिक गम्भीर और ईमानदार है। शेष केवल अपने को या औरों को धोखा देते हैं।

लेकिन समसामयिक होना ही काफ़ी नहीं है, अगर हम ईमानदारी बनाये रखना चाहते हैं तो हमें नितान्त समसामयिक होना पड़ेगा। हमें एक दूसरे ख़तरे से भी सचेत होना पड़ेगा। जिस वर्तमान का दबाव हमारे ऊपर है उसकी नैतिकता की बलि एक दूसरी वेदी पर भी दी जाती है। वह वेदी है भविष्य की। और तब विचारों में रोटी-बनाम-स्वतन्त्रता, शक्ति-बनाम संस्कृति, पुरुषार्थ-बनाम-नियतवाद, साधन-बनाम-साध्य आदि के भटकाने वाले अन्तर्विरोध पैदा हो जाते हैं। इतने ही तक होता है, तो यह केवल नैयायिकों-दार्शनिकों के सिर खपाने की चीज़ होती। हमारी-आपकी अनुभूति के लिए इसके प्रति सतर्कता आवश्यक न होती। लेकिन कल्पित भविष्य की साधना में हम आज जितने मानवीय दुखों को नज़रअन्दाज़ कर जाते हैं, जितने अन्यायों को चुपचाप स्वीकार कर लेते हैं, जितना असत्य और आडम्बर बरदाश्त कर लेते हैं, यही नहीं, हम स्वयं जितनी अमानुषिक क्रूरता, हिंसा, और बर्बरता पर उतर आते हैं, वह अब केवल तार्किकों-दार्शनिकों की वस्तु नहीं रह गयी है।

हो सकता है कि हमारा भविष्य नियत हो, लेकिन प्रश्न यह है कि क्या हम नियति के इस रहस्य का उद्घाटन व्यावहारिक निश्चय के साथ कर सकते हैं? ज्ञान का हर कण अज्ञान के साथ जुड़ा हुआ है। यह नहीं कि ज्ञान का विस्तार नहीं होता; या भौतिक जगत् का जो हमारा ज्ञान है, उससे मनुष्य की स्थिति में अन्तर नहीं आता। लेकिन ज्ञान के अनन्त विस्तार के बाद भी पूर्ण ज्ञान की सुन्दर सम्भावना की आशा करना निर्मूल है। यदि हम भविष्य को निरपेक्ष, सम्पूर्ण और आदर्श नियति मानकर चलेंगे तो हमारी आज की स्थिति इतनी सापेक्ष हो जायेगी कि उसे अर्थ देना असम्भव हो जायेगा। परिणाम यह होगा कि हमारे

सोचने का ढंग हो जाएगा : 'पहले हम रोटी की समस्या हल कर लें, तब फिर स्वतन्त्रता का प्रश्न उठायेंगे। जब तक हम आर्थिक प्रश्नों को सुलझा नहीं लेंगे तब तक संस्कृति-निर्माण का काम बन्द रहेगा; हमें केवल क्रान्ति और क्रिया के पक्षपात, आग्रहपूर्वक समर्थन में ही अपना दायित्व निभाना है, जिन मूल्यों के लिए हम क्रान्ति कर रहे हैं, जिस मुक्त अखण्ड व्यक्तित्व की उपलब्धि के लिए हमने समाज को चुनौती दे रखी है, उसकी चर्चा आज करना अनावश्यक है।' संस्कृति और स्वतन्त्रता को एक बार स्थगित कर देने से, मात्र क्रिया के प्रति पक्षधर हो जाने से एक तरह की अन्ध आस्था और दृढ़ता हमें मिल जाती है। लेकिन यह क्रिया भक्ति संस्कृति को हमेशा के लिए स्थगित कर देती है। हर क़दम पर भविष्य टलता जाता है। दूर खड़ा हुआ पूर्ण सत्य हमें भटकाता रहता है। स्वतन्त्रता के नाम पर हम दासत्व को स्वीकार कर लेते हैं, भावी भौतिक सुख के नाम पर हम आज के भौतिक सुखों को भी तिलांजलि देते हैं, बाईसवीं शताब्दी के सुख के लिए हम आज की पीढ़ी की कमर तोड़ देते हैं। जनतन्त्र के लिए हमारा संघर्ष फ़ौजी तानाशाही में बदल जाता है। और फिर जिसे हमने अस्थायी रूप में अपनाया था, यह चिरन्तन हो जाता है। शक्ति के विकेन्द्रित होने के, राज्य के मुरझाकर गिर जाने के कोई लक्षण नहीं दिखलाई पड़ते। नैतिकता अनैतिकता बन जाती है।

यह सब हमारे लिए परिचित परिस्थितियाँ हैं। हमको दूसरे उपाय खोजने ही होंगे। अब से हज़ार साल बाद आने वाले पूर्ण ज्ञान के आसरे हम बैठे नहीं रह सकते। मनुष्य को नित्य अपूर्ण वर्तमान में ही पूर्णता के बोध और अनुभूति का कोई मार्ग ढूँढ़ना होगा। बेशक अस्तित्व में क्रिया न्यस्त है, लेकिन सब प्रकार की क्रिया के मूल में अस्तित्व ही है। प्रत्येक क्षण एक ही साथ काल का निःसीम स्रोत भी है और अखण्ड इकाई भी। क्षण की इस दुहरी चेतना के आधार पर ही हम अपनी ईमानदारी, और गहराई के साथ क्रियाशीलता भी क़ायम रख सकते हैं। इस सतत प्रवाहशील जगत् में हम केवल अस्थायी साम्प्रतिक आस्था को ही सार्थकता दे सकते हैं। समसामयिकता का तत्त्व इसी साम्प्रतिकता, तात्कालिकता में है। मैं मानता हूँ कि यह स्थिति अधूरी, दुखभरी और अनिश्चयात्मक है, लेकिन ईमानदारी के लिए दूसरा रास्ता नहीं है। विवेक इससे आगे अन्धकार को नहीं भेदता। क्षण और अनुभूति की दुहरी चेतना हमारे लिए अनिवार्य है। यही स्थिति हमें न केवल समसामयिक, बल्कि नितान्त समसामयिक होने के लिए बाध्य करती है। हमको भान होता है कि हम एक ही साथ साध्य भी हैं, साधन भी। हम छोटे हैं और हमें जितना दीखता है, वह अन्धकार से घिरा है। लेकिन अपनी दृश्य परिधि को ही हमें दिशा मानकर चलना होगा।

हिन्दी की नयी कविता ने काफ़ी हद तक इस समसामयिकता को अनुभूत किया है जो सार्थक काव्य की पहली शर्त है। धर्मवीर भारती के शब्दों में :

बौना जिसको केवल दो पग देख रहा है
दो पग आगे
दो पग पीछे
दो पग ऊपर
दो पग नीचे
दो पग की ही केवल जिसकी ज्ञान-परिधि है!
कहाँ पड़ेगा ग़लत क़दम
औ' मीलों लम्बी घाटी उसको खा जायेगी?

हारो मत, साहस मत छोड़ो
मैं भी हूँ बौना, वामन हूँ
किन्तु तीन पग माँगे हैं मैंने धरती से
दो पग तुमको दीख रहा है
उसे पार कर बढ़ो—
तीसरा पग तो मुझमें सार्थक होगा
मुझ पर छोड़ो
—हर मनुष्य बौना है
लेकिन मैं बौनों में बौना ही बनकर रहता हूँ
हारो मत, साहस मत छोड़ो
इससे भी अथाह शून्य में
बौनों ने ही तीन पगों में धरती नापी!

यह कहा जा सकता है कि क्षण की यह दुहरी चेतना अत्यन्त अनिश्चयकारी है। यह बिना पूर्ण दिशा का बोध हुए ही हमें चलने का बाध्य करती है। वस्तुतः यदि विवेक हमें पूर्ण निश्चित दिशा का बोध नहीं देता, तो हमें आस्था के लिए अन्य मार्ग अपनाने चाहिए। ऐसा कहा भी गया है। बल्कि आज के योरोपीय चिन्तन में विवेक-विरोधी स्वर निश्चय की प्राप्ति और संशय के विनाश के पक्ष में सबसे प्रमुख है। विवेक पर अनास्था, कुण्ठा, अनिश्चय, आत्मलीनता के आरोप लगाये जाते हैं। मैं कोई कारण नहीं देखता कि विवेक की बलि देने से यदि हमें निश्चय, दृढ़ता, संशयहीनता, विराटता और व्यापक सत्य प्राप्त हो जाये तो क्यों

हम विवेक के बौने मार्गदर्शन से चिपटे रहें? बेशक हमें अवश्य ऐसा देवता चाहिए जो हम में बौना बनकर न रहे, देखते-देखते विराट् हो जाये और हमें निश्चयपूर्वक दिशा का बोध करा सके। अनिश्चय और निश्चय के बीच कोई भी समझदार आदमी निश्चय को चुनना पसन्द करेगा।

लेकिन प्रश्न यह है कि विवेक को तलाक़ दे देने पर क्या हमें निश्चय की प्राप्ति हो जाती है?

यहाँ योरोप के समसामयिक चिन्तन में उन निश्चयवादी धारणाओं की छानबीन करना समीचीन होगा जो बहुत सशक्त स्वरों में विवेक को अनिश्चयात्मक कहकर चुनौती दे रहे हैं। क्या वे अपने दावे में सफल हो सके हैं? वस्तुतः यह प्रश्न केवल योरोप के लेखकों और विचारकों के सामने ही नहीं, भारत के लेखकों और विचारकों के सामने भी प्रमुख है :

You know, my Friends,
how long since in my House
For a new marriage I did make Carouse!
Divorced old barren Reason from my Bed
And took the Daughter of the Vine to Spouse.

ÑFITZGERALD

अक्टूबर, 1956 *छठवाँ दशक से*

नितान्त समसामयिकता का नैतिक दायित्व-2

(1)

अनिश्चय के स्थान पर निश्चय, संशय के स्थान पर अडिग आस्था, त्रास के स्थान पर सम्पूर्ण निष्ठा का आश्वासन देने वाली दो विचार-पद्धतियाँ इस समय योरोपीय चिन्तन में प्रमुख हैं : कम्युनिस्ट और कैथोलिक। इन्हें विचार-पद्धतियाँ न कहकर कर्म-पद्धतियाँ कहना ही अधिक उपयुक्त होगा। क्योंकि संशयहीनता की स्वाभाविक परिणति उग्र और निःसंकोच कर्म में होती है। चूँकि ये पद्धतियाँ पहली स्वीकृति के उपरान्त हर प्रकार की जिज्ञासाओं और शंकाओं के शमन का दावा करती हैं, इसीलिए इनका आकर्षण भी मोहक है। वे जो योरोप में उदारपन्थी मानववादी कहलाते हैं, इन दो पद्धतियों द्वारा घोर आक्रमण के शिकार हुए हैं। इस आक्रमण का प्रमुख आरोप यही है कि मानववादी अनिश्चय में पड़ा हुआ, फूँक-फूँककर क़दम रखने की बात करता है, आज की परिस्थिति में उलझाव महसूस करता है, जबकि आवश्यकता इस बात की है कि इस उलझाव के बीच सत्य और असत्य की स्पष्ट सीमारेखा खींचकर मनुष्य को आगे की राह ठीक-ठीक दिखला दी जाय। कम्युनिस्ट और कैथोलिक दोनों ही पद्धतियाँ, अपने-अपने ढंग से भविष्य में आने वाली नैसर्गिक व्यवस्था का स्वप्न देखती हैं। यहीं तक होता तो कोई विशेष बात नहीं थी। उनका विश्वास है कि यह नैसर्गिक व्यवस्था तो आकर रहेगी। और हमारी आज की नैतिकता इससे निश्चित होती है कि हम कितनी उग्रता या आग्रह के साथ उस आने वाले स्वप्न के पक्ष में अपने को प्रतिश्रुत कर दें। वर्तमान की सार्थकता मात्र इसमें है कि वह कितनी पूर्णता के साथ भविष्य का साध्य बन सकता है। जो कुछ हमारे लिए नैसर्गिक है, आदर्श है, श्रेय अथवा प्रयोजनीय है, वह भविष्य में आयेगा। आज हमारे लिए इतना ही कर्तव्य है कि उस आने वाले के लिए हरसम्भव उपाय से हम तैयारी करें। आज स्वयं सीमित घेरे में उस आदर्श या आदर्श के आभास को चरितार्थ करने की चेष्टा करना भटकावा-मात्र है। भविष्य का यह स्वप्न अत्यन्त निर्भय होकर आवाहन करता है :

सर्व धर्मान् परित्यज्य मामेकं शरणम् व्रज।
अहं त्वां सर्वणपेभ्यो मोक्षयिष्यामि मा शुचः।।

शरणागत हो जाओ और सोचना बन्द कर दो। क्योंकि सोचने से संशय उपजता है। और 'संशयात्मा विनश्यति।' नैतिकता और आस्था का सार है—मा शुच।

सबसे पहले हम कम्युनिस्ट चिन्तक को लें। इसकी आधारशिला मार्क्सवाद है। कहा जाता है कि मार्क्स ने समाजवाद को 'यूटोपिया (Utopia) से विज्ञान तक पहुँचाया और कम्युनिस्टों ने इसको विज्ञान से कर्म तक पहुँचा दिया (From Utopia to Science and from Science to Action), अर्थात् आज की कम्युनिस्ट पद्धति मात्र मार्क्सवाद नहीं है। वह मार्क्सवाद से भी आगे कुछ है। वस्तुतः कम्युनिज़्म में मार्क्सवाद से आगे जो कुछ है, उसे यदि न माना जाये तो कम्युनिज़्म की निस्संशय नैतिकता वर्तमान के तमाच्छादित कुहासे को भेदने वाली तीख़ी ज्योति निराधार होकर रह जाती है। वह और कुछ क्या है?

मार्क्स ने इतिहास—सामाजिक परिवर्तन की एक व्याख्या प्रस्तुत की है। उसने इस परिवर्तन के कुछ नियम खोजकर निकाले और उनके आधार पर कुछ भविष्यवाणियाँ कीं। इन नियमों को उसने प्रगति का एकमात्र माध्यम बतलाया। यह हो सकता है कि मार्क्स ने जो नियम खोजे, वे पूर्णतः सत्य न हों; या उसने जो भविष्यवाणियाँ कीं, वे सभी, या उनमें से अधिकांश, या महत्त्वपूर्ण कुछ ग़लत साबित हुई हों। लेकिन इससे इन्कार नहीं किया जा सकता कि मार्क्स की प्रणाली मूलतः मानव-विवेकी प्रणाली है और वर्तमान में कर्तव्य-अकर्तव्य का निर्णय करने, के लिए सहायक हो सकती है। यह एक बात है कि आगे के वैज्ञानिकों ने नये साक्ष्य के आधार पर न्यूटन के सिद्धान्तों को ग़लत साबित कर दिया हो। किन्तु इससे न तो यह सिद्ध होता है कि न्यूटन की पद्धति वैज्ञानिक नहीं थी और न यही कि वैज्ञानिक पद्धति हमें केवल भ्रम की ओर ले जाती है। चाहे हम इतिहास की विवेचना से नये-नये निष्कर्ष निकालें (और नये साक्ष्य के आधार पर नयी विवेचना अनिवार्य है), परन्तु हमें यदि वर्तमान में जीना है तो निष्कर्ष निकालने की प्रक्रिया से हम नहीं बच सकते। इस प्रकार समसामयिक दृष्टि में 'प्रगति' की कल्पना अवश्यम्भावी है। किन्तु प्रगति की यह दृष्टि वर्तमान व्याख्या को केवल कल्पित प्रतिज्ञा (Hypothesis) मानकर चलती है, वह भविष्य को पूर्ण सत्य नहीं मानकर चलती जिसके परिप्रेक्ष्य में वर्तमान केवल सापेक्ष्य साध्य बनकर रह जाये।

कम्युनिस्ट चिन्तन में इतिहास परिवर्तन की एक गतिशील रासायनिक प्रक्रिया मात्र नहीं है, विज्ञान से कर्म की ओर संचरण करते हुए कम्युनिस्ट चिन्तन इस प्रक्रिया को एक मूर्त रूप भी देता है। यह मूर्त रूप कम्युनिस्ट पार्टी है जो इतिहास

के अस्त्र (Instrument of History) के रूप में उपलब्ध होती है। इस तथ्य को हृदयंगम करना आवश्यक है। कम्युनिस्ट चिन्तन में पार्टी मात्र ऐसे व्यक्तियों का समुदाय नहीं है जो एक विशेष दिशा में सामाजिक परिवर्तन की कामना रखते हैं, जिस तरह से अन्य समाजवादी पार्टियाँ होती हैं। कम्युनिस्ट पार्टी व्यक्तियों और उनके समुदायों से ऊपर एक दार्शनिक तत्त्व है जिसमें 'इतिहास स्वज्ञ हो गया है', (History has become conscious of itself)। इस तरह कम्युनिस्ट होने के लिए केवल इतना ही मानना काफ़ी नहीं है कि समाज में परिवर्तन होता है या प्रयास करके लाया जा सकता है, बल्कि यह भी कि उस परिवर्तन का एकमात्र अस्त्र कम्युनिस्ट पार्टी है। कम्युनिस्ट पार्टी के अतिरिक्त इतिहास का एक और अस्त्र है—वह है सोवियत रूस। चूँकि ये दोनों वर्तमान में पूर्ण भविष्य की जाग्रत प्रकाश-रेखाएँ हैं, अतः वर्तमान की सारी नैतिकता, कर्म-प्रणाली और सार्थकता इनकी सफलता और शक्ति पर निर्भर करती है। जो इनके पक्ष में है, वह प्रगतिशील और नैतिक है; जो नहीं है, वह इसके विपरीत है।

यह बिल्कुल स्पष्ट है कि मार्क्स के वैज्ञानिक विश्लेषण को मानना एक बात है—और सोवियत तथा कम्युनिस्ट पार्टी को इतिहास का अस्त्र मानना बिल्कुल दूसरी बात है। पहली मान्यता में हम वैज्ञानिक विवेक का दामन नहीं छोड़ते। लेकिन हम कितना भी वैज्ञानिक दृष्टि से सम्पन्न क्यों न हो जायें, या हमारा विश्लेषण कितना भी सम्पूर्ण क्यों न हो जाये, हम किसी तरह इस नतीजे पर नहीं पहुँच सकते कि अमुक पार्टी भी राज्य-दार्शनिक अर्थों में इतिहास का अस्त्र है। यह काम विवेक का नहीं—बल्कि धार्मिक प्रकार की श्रद्धा, भक्ति, आस्था, समर्पण, शरणागति —जो भी कह लीजिए, उसका है। क्योंकि इस आस्था का परिणाम है कि हम अपने स्वकीय चिन्तन को एक कल्पित सामुदायिक आत्मा के ऊपर भेंट चढ़ा दें।

एक तरह से यह श्रद्धा और आत्म-समर्पण उस अनिश्चय के शमन के लिए जिससे बुद्धिवादी बचना चाहता है, अनिवार्य भी है। क्योंकि निश्चय की खोज का तात्पर्य ही यही है कि हम इस सतत गतिशीलता में ऐसी दृढ़ता पर जायें जो औरों को तो हिला दे, लेकिन स्वयं न हिले। जिसकी अपेक्षा में औरों की सार्थकता जाँची जा सके, परन्तु स्वयं उसकी सार्थकता स्वसम्पूर्ण हो। वस्तुतः कम्युनिस्ट चिन्तन में इस (Unmoved mover) की कल्पना आवश्यक है, नहीं तो निश्चयात्मकता की प्राप्ति कैसे हो? इस तरह कम्युनिस्ट पार्टी और सोवियत की भविष्य की स्वीकृति है जो वर्तमान की कसौटी है। हमें विवेक को छोड़ने के लिए नियन्त्रित किया जाता है, ताकि संशय से छुटकारा मिल जाये।

लेकिन प्रश्न यह है कि क्या हमें सचमुच निश्चय, संशयहीनता की प्राप्ति हो पाती है? इतना बड़ा मूल्य चुकाने के बाद हमें मिलता क्या है? कम्युनिस्ट पार्टी का भीषण अन्तर्विरोध। अब केवल अटकल या गुप्त सूचनाओं की बात नहीं रह गयी है। जिस संशय को कम्युनिस्ट पार्टी बाहर भेदती है, वह दुहरी ताक़त के साथ पार्टी के भीतर आ जमता है। इतिहास का यह अस्त्र कम्युनिस्ट पार्टी परस्पर सन्देह, आतंक, त्रास और निरंकुश सत्ता का गढ़ बन जाती है। जितना ही कम्युनिस्ट भक्त पार्टी की मानवेतर बुद्धि के प्रति समर्पित होता जाता है, उतनी ही पार्टी की कार्य-प्रणाली उसकी समझ और सामर्थ्य के बाहर होती जाती है। यहाँ तक कि ख़ुश्चेव-जैसा प्रमुख व्यक्ति भी अपने को इस योग्य नहीं पाता कि चारों तरफ़ फैले हुए सन्देह, आतंक, झूठ, कपट, चारित्रिक ह्रास और पतन को भेद सके। और आज भी कौन जानता है कि कितना झूठ पल रहा है जिसका उद्धरण भविष्य में आने वाले ख़ुश्चेव करेंगे।

इसके अतिरिक्त स्वयं कम्युनिस्ट पार्टी एक विश्वव्यापी सत्य नहीं है। प्रश्न यह है कि जहाँ कम्युनिस्ट पार्टी नहीं है अथवा जहाँ कम्युनिस्ट पार्टी निष्क्रिय या ग़लत है (यदि ऐसा सम्भव हो तो), वहाँ वर्तमान की सार्थकता किसकी पक्षधरता में है? कहा जा सकता है कि विश्वव्यापी रूप में सोवियत रूस एक ध्रुव और निश्चित भविष्यवादी संकेत है। कम-से-कम उसकी सापेक्षता में हम आज का स्वरूप निश्चित कर सकते हैं। परन्तु यहाँ भी उद्धरण देकर समझाने की आवश्यकता नहीं रह गयी है कि इतिहास की प्रक्रिया में अब सोवियत रूस भी Unmoved mover नहीं रह गया है। उसकी दशा स्वयं सापेक्ष होती जा रही है। मज़ा यह है कि जो कम्युनिस्ट इस सापेक्षता को स्वीकार नहीं कर पाते, उनसे अधिक दयनीय स्थिति और किसी की नहीं है। क्योंकि दुनिया की कम्युनिस्ट पार्टियों में भी यह प्रश्न बड़े ज़ोर-शोर से पूछा जाने लगा है कि रूस को कहाँ तक वर्तमान की कसौटी मानना उचित होगा? जैसे ही हम इस 'कहाँ तक' की छानबीन करने लगते हैं, हमें एक और कसौटी की आवश्यकता पड़ती है और हम फिर समसामयिक गतिशीलता में पहुँच जाते हैं।

(2)

कैथोलिक चिन्तन कम्युनिज़्म का प्रतिवाद उसे धर्म मानकर ही करता है। संक्षेप में उसका तर्क यह है कि धार्मिक प्रकार की आस्था अथवा समर्पण से छुटकारा सम्भव नहीं है। सम्भव केवल यह है कि या तो हम सच्चे ईश्वर के प्रति आस्था रखें, या शैतान के प्रति। भाव-विवेक अधूरा और बंजर है। कैथोलिक चिन्तन

अठारहवीं-उन्नीसवीं शताब्दी के योरोपीय विवेकवाादियों की ही ख़ासी ख़बर लेता है। उसका कहना है कि मानव-विवेक को स्वतः सम्पूर्ण मानने वाले पुराने मानववादियों ने ही कम्युनिज़्म के विराट् धर्मचक्र-प्रवर्तन के लिए रास्ता साफ़ किया है। उसी के फलस्वरूप हम आज सामाजिक अनाचार और अन्तरराष्ट्रिय संघर्ष से गुज़र रहे हैं, और स्वयं मनुष्य का अस्तित्व भी इस पृथ्वी पर ख़तरे में पड़ गया है। मनुष्य के लिए अब एकमात्र रास्ता है कि वह फिर ईसा और ईश्वर की शरण में लौटे और संसार में धर्मराज्य का आदर्श स्थापित करे। यह तभी हो सकता है जब संसार के राज्य फिर चर्च की छाया में वापस आ जायें। यह छत्रछाया मध्ययुग से भिन्न होगी, क्योंकि इस बीच राज्य का अपना विकास काफ़ी हो चुका है। लेकिन चर्च की सत्ता मनुष्य की पूर्णता के लिए केन्द्रीय मानना अनिवार्य होता है।

कैथोलिक चिन्तक जैक मैरिटेन (Jacques Maritain) के अनुसार सेक्युलर राज्य के स्थान पर ईसाई धर्मराज्य (Christendom) की स्थापना के तीन पहलू हैं : एक तो राज्य और चर्च के बीच परोक्ष सहायता। इसका तात्पर्य यह है कि एक ओर राज्य जनता की समृद्धि में दत्तचित हों, दूसरी ओर नैतिकता और सदाचार की व्यवस्था स्थापित करने में संलग्न हों।[1] दूसरा पहलू है कि राज्य स्पष्टतः ईश्वर की सत्ता में विश्वास की घोषणा करे। क्योंकि नैतिकता और आचार तथा मानव-मुक्ति का स्रोत ईश्वर ही है और बिना इस स्रोत को माने, हम फिर उसी भटकाने वाले संशय में पहुँच जायेंगे। तीसरा पहलू है कि चर्च और राज्य में प्रत्यक्ष सहयोग हो। अर्थात्, चर्च का जो आध्यात्मिक उद्देश्य है, उसकी पूर्ति के लिए राज्य सुविधाएँ प्रस्तुत करे। इन सुविधाओं का लाजमी नतीजा यह नहीं है कि चर्च के अधिकारियों को विशेषाधिकार दिये जायें, लेकिन यह अवश्य है कि चर्च को मान्यता दी जाये। ईसाई धर्म के केन्द्रीय सिद्धान्त समाज में घोषित हों और राज्य उन्हें स्वीकार करें। चूँकि आदर्श स्थिति—अर्थात् यह कि समस्त मानवता एकमात्र सच्चे धर्म को स्वीकार करें—आज नहीं है। अतः सभी धर्मों को स्वतन्त्रता दी जानी चाहिए। परन्तु स्वतन्त्रता का अर्थ यह नहीं है कि सभी धर्मों को राज्य एक ही जैसा पसन्द भी करें।

आस्था और धर्मराज्य की इस परिकल्पना से मनुष्य की नैतिक और गौरवपूर्ण सत्ता की पुनर्स्थापना हो जायेगी, ऐसा विश्वास है। आज के योरोपीय चिन्तन में बहुत से लेखकों, कलाकारों और बुद्धिजीवियों को कैथोलिक विचारों ने आकृष्ट किया है। संक्षेप में यह देखा जा सकता है कि इन विचारों का मुख्य आक्रमण धर्मनिरपेक्ष—सेक्युलर—राज्य के ऊपर है और योरोप के घबराये हुए

विचारक पिछले चार सौ वर्षों की धर्मनिपेक्षता को ही सारी बुराइयों की जड़ समझकर इसकी ओर आकर्षित होते हैं। साहस देखने पर लग भी सकता है कि अन्तरराष्ट्रीय द्वन्द्व के इस युग में, जबकि राष्ट्रों की निरंकुश और आचारहीन उच्छृंखलता मानवता के लिए घातक सिद्ध हो रही है—सबको शान्ति की छाया में बुलाने वाले चर्च की शरण में गये बिना मानवता का निस्तार नहीं हो सकता है। कैथोलिक पुकार उनके लिए सबसे अधिक मोहक है जो सेक्युलरिज़्म से ऊब चुके है। यहाँ कम-से-कम एक शरण-स्थल दिखता है जहाँ तूफ़ान नहीं उठते, जहाँ शान्ति की बंसी बज रही है, जहाँ दुराचारी कलह नहीं है, जहाँ सत्ता की मदोन्मत्त उच्छृंखलता नहीं है, जहाँ मनुष्य का भ्रातृत्व पनपता दिखलायी पड़ता है—काफ़ी मोहक और निश्चयात्मक सपना है।

कैथोलिक चिन्तन के इस संक्षिप्त वर्णन से ज्ञात हो गया होगा कि धर्मराज्य या धार्मिक राज्य का सपना भारत में जो लोग देखते हैं, उनके सोचने का ढंग कुछ इसी तरह का है। यह ध्यान में रखना इसलिए और भी आवश्यक है कि धर्मराज्य के भारतीय प्रचारक गला फाड़कर चिल्लाते हैं कि यह उनकी 'भारतीय परम्परा' की अनोखी सूझ है जिसका पता भी भौतिकवादी योरोप को अभी तक नहीं लग पाया है। अन्य समस्त चिन्तन-धाराओं को म्लेच्छ के अर्थ में पाश्चात्य बताते हुए वे कहते हैं कि यह विशुद्ध भारतीय सूझ है। उदाहरण के लिए, श्री रामधारी सिंह 'दिनकर' का 'संस्कृति के चार अध्याय' दृष्टव्य है।

किन्तु कैथोलिक चिन्तन भी निश्चयात्मक दृढ़ता की उपलब्धि में असमर्थ है। क्योंकि भविष्य के नाम पर किया गया वादा तभी हमें निश्चित सत्य उपलब्ध कँरा सकता है जब उसकी विश्व-व्यापकता असन्दिग्ध हो। जैक मैरिटेन की सारी विचारधारा अधिक-से-अधिक ईसाई राज्यों पर लागू होती है और वहाँ भी आन्तरिक विश्वास यह है कि धीरे-धीरे कैथोलिक चर्च की ओर सभी ईसाई लौट आयेंगे। लेकिन जो भविष्यत्‌वादी दृष्टि संसार की विशाल ग़ैर-ईसाई मानवता को अनिश्चित काल के लिए सत्यविहीन और अन्धकारग्रस्त छोड़ दे, उसकी पूर्णता अपने आप ही संशयग्रस्त है। कहा जाता है कि शेष मानवता के लिए भी आदर्शराह—ईसाई चर्च को स्वीकार कर लेने की—खुली हुई है। यदि हम सभी नहीं पहुँच पाते तो शान्ति की उपलब्धि अपने आप हो जायेगी। लेकिन यह बात तो हर विचारधारा के लिए कही जा सकती है। झगड़ा तो यही है कि सब एक पूर्ण सत्य के बारे में सहमत नहीं हैं।

वैज्ञानिक विवेक पर आक्रमण करते हुए धर्मराज्य के स्वप्नद्रष्टा एक बात भूल जाते हैं। योरोप ने मात्र इसलिए सेक्यूलर राज्य को स्वीकार नहीं किया कि

विज्ञान ने धर्म की जड़ को हिला दिया था। वस्तुतः विज्ञान का धर्म पर वास्तविक आक्रमण तो बाद की वस्तु है। धर्मनिरपेक्षता का दूसरा और सशक्त कारण यह था कि सभी धर्म या सम्प्रदाय पूर्ण सत्य के विषय में सहमत नहीं थे। धर्मयुद्धों से ऊबकर धर्मनिरपेक्षता की राह मनुष्य ने अपनायी। विज्ञान ने तो उसके लिए तार्किक आधार प्रस्तुत कर दिया। हम तो भारत के निवासी हैं, अपनी सारी प्रत्यक्ष विरासत को छोड़कर मात्र एक सेक्युलर राज्य के लिए क्यों कृतसंकल्प हो गये? और वह भी तब, जब महात्मा गाँधी की सारी राजनीतिक शिक्षा की नींव ही धर्म थी? इसलिए नहीं कि अणुबम के विस्फोट ने सहसा भारतीय जनता के मन में से ईश्वर-पूजा की भावना का विनाश कर दिया बल्कि इसलिए कि धार्मिक कलह और धर्मयुद्धों का छोटा-मोटा संस्करण जो हमने देखा था, वह हमें आतंकित कर देने के लिए काफ़ी था।

जैक मैरिटेन के धर्मराज्य की कल्पना यदि हम ईसाई धर्म के बाहर करें तो वह बहुत कुछ पाकिस्तान जैसी होगी वहाँ का विधान जनता द्वारा नहीं, बल्कि 'अल्लाह की कृपा' के फलस्वरूप बनाया गया है। काफ़ी हद तक पाकिस्तान की 'इस्लामिक डेमोक्रेसी' जैक मैरिटेन के आदर्श से मेल खाती होगी। शायद भारत को भी इसी तरह हिन्दू डिमाक्रेसी बना देने पर इस कल्पना को बल मिले। यह हमारे वर्तमान अन्याय एवं अनाचार को कल्पित गौरव से मण्डित भले ही कर दे, हमें निश्चय और दृढ़ता किस भाँति प्रदान करेगा, यह बात समझ में नहीं आती। कहा जा सकता है कि धर्मराज्य सब धर्मों को समान मान्यता प्रदान करें और किसी के प्रति निरपेक्ष न हों। पहले तो यह समानता व्यवहार में सम्भव नहीं है। दूसरे यदि तटस्थ मान ही ली गयी, तब फिर आदर्श सत्य के प्रति प्रतिश्रुत होकर संशय से छूटने की बात कहाँ रह जायेगी। तीसरे, यह स्थिति क्या जापान-जैसी नहीं हो जायेगी जहाँ धार्मिक सम्प्रदायों को मान्यता प्रदान करने के लिए एक अलग मन्त्री होता है और पिछले चार वर्षों से जहाँ नित नये धार्मिक सम्प्रदाय उठ खड़े हो रहे हैं और हरेक अपने मानने वालों की संख्या अधिक-से-अधिक बढ़ाकर रजिस्टर करवाने में संलग्न हैं।

(3)

कम्युनिस्ट पद्धति हो या कैथोलिक, दोनों ही सुदूर भविष्य के विश्वव्यापी स्वप्न की ओर देखते हैं। उनकी आस्था है कि एक दिन यह स्वप्न साकार होगा। हमें समाज को परिवर्तित करके उस ओर ले जाना है। इसके लिए हमारे पास सामाजिक परिवर्तन के अस्त्र मौजूद हैं? एक के अनुसार यह मात्र कम्युनिस्ट पार्टी है,

दूसरे के अनुसार वह अस्त्र चर्च है। एक इतिहास की इच्छा की रहस्यमय दार्शनिक अभिव्यक्ति है, दूसरी ईश्वर की इच्छा की। वर्तमान क्षण में हमारा कर्तव्य मात्र इतना है कि हम आँख मूँदकर इस रहस्यमय अस्त्र के पक्षधर हो जायें। इसके लिए हमें हर प्रकार के त्याग, बलिदान, आत्मोत्सर्ग और बौद्धिक समर्पण के लिंए तैयार होना चाहिए। यदि आज की संघर्षकालीन स्थिति में हमें उस सबको छोड़ना भी पड़े जिसे हम स्वतन्त्रता, मानव-गौरव और स्वयं आदर्श स्वप्न का अनिवार्य अंग मानते हैं तो हमें उसे यह समझकर छोड़ देना चाहिए कि इससे भविष्य का पथ प्रशस्त हो रहा है। हमें आज केवल बोना ही बोना है—फ़सल काटने वालों की पीढ़ी बाद में आयेग़ी इक्कीसवीं शताब्दी में, बाईसवीं में, पचीसवीं में, तीसवीं में...

यही वह भविष्य की वेदी है जिस पर वर्तमान का बलिदान किया जाता है। हम इसकी विपत्तियों से भली-भाँति परिचित हैं। योरोप के उन्नीसवीं शताब्दी के विचारकों के सम्मुख प्रगति की यह कल्पना नहीं थी। उनकी' कल्पना में प्रगति का अर्थ था मनुष्य की सांस्कृतिक और भौतिक दृष्टि से उत्तरोत्तर वृद्धि। हर अगला क़दम संस्कृति और सुविधा, दोनों दृष्टियों से स्वतन्त्रता की दिशा में एक क़दम आगे होना चाहिए था। हम उन विचारकों की आलोचना आज इसलिए नहीं करते कि उनकी कल्पना में खोट थी, बल्कि इसलिए कि वस्तुतः उन्होंने केवल एक संकुचित अंश की समृद्धि को ही सबकी समृद्धि मान लिया। वे भूल गये कि योरोप के पूँजीवादी विकास का अर्थ है एशिया और अफ्रीका की जनता का अधिकाधिक शोषण। यह कल्पना कि योरोप का पूँजीवाद अपने भीतर के सर्वहारा वर्ग के शोषण से पनपा है, अधूरी और असत्य है। मार्क्स ने भी आन्तरिक शोषण को ही पूँजीवादी विकास की मूल शक्ति मानने में केवल योरोपीय मस्तिष्क का परिचय दिया। वस्तुतः साम्राज्यवाद पूँजीवाद की अन्तिम नहीं, आरम्भिक कड़ी है।

यदि हम आज प्रगति की कल्पना को सही दिशा देना चाहते हैं तो हमें प्रगति के समसामयिक आधार को ध्यान में रखना होगा। समसामयिक विचारक प्रगति की सम्भावना को अस्वीकार नहीं करता। वह उसको झूठ और भविष्यवादी फ़रेब से मुक्त करना चाहता है। इसलिए वह प्रगति को निरन्तर संघर्ष के रूप में स्वीकार करता है। हर दीवार को जो किसी तरफ़ से हमारी स्वतन्त्रता की राह रोकती है, वह तोड़ना अपना धर्म समझता है। हर अन्याय को, हर असमानता को, हर विषमता को, चाहे वह भविष्यवादी योजना के नाम पर हो, चाहे आदर्श स्वप्न के नाम पर, वह पूरी शक्ति से चुनौती देता है। जहाँ भी उसे सामाजिक कपट, छल या मिथ्याचार दिखलायी पड़ता है—चाहे वह प्रगति के ख़ेमे में हो

या प्रतिक्रिया के ख़ेमे में—वहाँ वह कसकर आघात करता है। क्योंकि प्रगति की उसके पास एकमात्र कसौटी है—वर्तमान में फैले हुए अन्याय और अनाचार का प्रतिरोध इससे कहाँ तक होता है। सामाजिक प्रगति में—अन्याय के विरोध के मार्ग में—योजनाबद्ध टैकटिक्स नाम की कोई चीज़ नहीं है। यह कहना कि आज हम कुछ अन्यायों से लड़ने के लिए दूसरे अनाचारों से समझौता कर लें, असत्य और अधर्म का मार्ग है।

(4)

अतीत और भविष्य, दोनों की मरीचिकाओं से छूटकर आज का कलाकार अपनी उपलब्धि और अपने दायित्व, दोनों का वाहक बन सकता है। हम जो अपने युग को वाणी देते हैं, इस युग को बीते युग अथवा आने वाले किसी युग के लिए गिरवी रखने के लिए तैयार नहीं हैं। हर युग केवल अन्य युगों के लिए माध्यम मात्र नहीं है। वह अपने आप में मानवता की उपलब्धि भी है। इस दृष्टि से देखने पर समाज और संस्कृति का सम्बन्ध एक नये परिप्रेक्ष्य में उभरता है। यह बात तो बहुत कही जा चुकी है कि संस्कृति की परख इसमें है कि, वह समाज को कहाँ तक आगे बढ़ाती है। आवश्यकता यह कहने की है कि समाज की परख इसमें है कि वह संस्कृति को कहाँ तक आगे बढ़ाता है। इतिहास इसके अनेक दृष्टान्त प्रस्तुत करता है कि हर आने वाला युग बीते हुए युग के मुक़ाबले में अधिक सुसंस्कृत हो, यह आवश्यक नहीं है। उत्तर योरोप की अर्ध-सभ्य जातियों ने ग्रीस और रोम की सभ्यता का विनाश करके युग-परिवर्तन कर दिया। बेशक यह दासप्रथा से सामन्तशाही की ओर एक प्रगतिशील क़दम था। लेकिन मानव-उपलब्धियों के इतिहास में फ़्यूडल योरोप की देन ग्रीस और रोम की तुलना में कहीं छोटी हैं, इसे याद रखना ज़रूरी है। समसामयिक दृष्टि हमें, हर युग को, और उसको वाणी देने वाले हर कलाकार को, चुनौती देती है कि मानवता के इस विशाल इतिहास को आँखों से ओझल न होने दे। बिना इसके न हम ईमानदारी निभा सकते हैं और न साहस के साथ अपना दायित्व पूरा कर सकते हैं।

समाज की गति को यदि हम केवल सत्ता के हस्तान्तरण के रूप में देखेंगे, तो उपलब्धि की दिशा हमसे छूट जायेगी। यदि हम हर प्रकार की विचारधारा को वर्ग-स्थितिजन्य और वर्गहितार्थ भी मानें तो हमें याद रखना पड़ेगा कि विचारधारा न केवल समाज के आन्तरिक संघर्ष की छाया है, बल्कि साथ ही पूरी सामाजिक इकाई की सांस्कृतिक उपलब्धि भी है जो एकता को स्थापित करती है, एक युग को दूसरे युग से जोड़ती है और इस प्रकार मानवता का सांस्कृतिक इतिहास सम्भव बनाती है।

ईमानदारी की पहली शर्त यह है कि हम केवल आगे आने वालों का रास्ता ही न साफ़ करें, बल्कि इसका लेखा-जोखा भी छोड़ जायें कि स्वयं अपने अन्धकार के बीच हमने अपना रास्ता कहाँ तक साफ़ किया। हम दाँत पर दाँत भींचकर केवल यह प्रयास न करें कि भावी युग के हँसने में जो रुकावटें हैं, वे दूर हो जायें। यदि हम ऐसा करेंगे तो अनन्त काल तक हर आने वाला युग केवल दाँत भींचे ही रह जायेगा। हमें हर क्षण में मानवता की हँसी को चरितार्थ भी करते रहना चाहिए। निश्चय यह काम तलवार की धार पर धावने के समान है। लेकिन हम यह मानकर चलते हैं कि आज के युग में कलाकार होना, साहित्यकार होना, विचारक होना जोख़म का काम है। यहाँ तक कि हम यह कह सकते हैं कि किसी आदमी की कलाकारिता पर विश्वास करने के पहले शायद यह पूछना ज़रूरी हो गया है कि वह कहाँ तक अपने को जोख़म में डालने के लिए तैयार है? कितने हैं जो आज जोख़म का साहस रखते हैं?

समसामयिक विचारक एवं कलाकार अन्धकार से घिरा हुआ होता है, लेकिन साहस से परिपूर्ण; अनिश्चयशीलता में विवश होता है, किन्तु प्रयास में अपराजित; उत्तरहीन प्रश्नों से ग्रस्त होता है, किन्तु झूठे उत्तरों का प्रतिरोधी; साम्प्रतिक सत्य से सीमित होता है किन्तु आडम्बर का विरोधी; त्रास और दुख का अस्तित्व स्वीकार करता है, किन्तु स्वतन्त्रता का सैनिक होता है। उसका विवेक उसकी आस्था है, उसका संशय उसकी ईमानदारी है; उसका साहस उसके व्यक्तित्व की पूर्णता है और उसकी लघुता उसकी सार्थकता है। नैतिकता के लिए इससे अधिक कौन-सा आधार चाहिए?

नवम्बर, 1956 *छठवाँ दशक* से

शमशेर की काव्यानुभूति की बनावट

शमशेर की कविता के बारे में बातें करने में मैं एक कठिनाई महसूस करता हूँ। मैं निश्चय नहीं कर पा रहा हूँ कि चर्चा को किस पहलू से उठाया जाय। मैं महसूस करता हूँ कि शायद बहुत से आरम्भिक सवाल भी शमशेर की कविता को लेकर होंगे। इस स्तर पर शायद लोग यह भी प्रश्न उठाने की ज़रूरत समझें कि जो कुछ शमशेर ने अब तक लिखा है या प्रकाशित कराया है, वह कविता है भी या नहीं। लिखने को तो शमशेर ने ग़ज़लें भी लिखी हैं, 'निन्दिया सतावे मोहे सजनी' जैसे गाने भी लिखे हैं, मुसद्दसनुमा एक पत्राचार भी उनके संग्रह में है। लेकिन शमशेर की कविता का वह केन्द्रीय भाग, जो उनका ख़ास रंग है, बहुतों के लिए सन्देह-भरी भ्रू-भंगिमा का अवसर-भर हो सकता है। इस प्रश्न का जवाब देने के लिए नयी कविता को लेकर चलने वाली पिछले बीस बरसों की बहस को फिर से उधेड़ना पड़ेगा जो शायद बहुतों को पिष्टपेषण लगेगा। फिर शमशेर की कविताओं की दुरूहता का प्रश्न है। इसमें शक नहीं कि हिन्दी में शमशेर से ज़्यादा दुरूह कविताएँ किसी और ने नहीं लिखी हैं। शमशेर के बारे में बात करने वाले व्यक्ति से शायद एक उम्मीद की जा सकती है कि वह बहुत कुछ व्याख्याता का काम करे। यह काम अपने में ही इतना दिलचस्प है कि शायद पूरी बातचीत इसी तक सीमित रह जाय। मगर अनुभवी और जागरूक साहित्य-रसिकों की इस गोष्ठी में व्याख्या करने का साहस करना न सिर्फ़ ख़तरनाक है, बल्कि कोरा दम्भ भी लग सकता है। इससे भी आगे, शिल्प और प्रयोग का एक पहलू है और इससे मिला-जुला इन कविताओं के 'नयेपन' का भी सवाल है। शमशेर ने कविता के छन्द, लय, शब्दावली सब में बहुत से नये प्रयोग किये हैं। उन्होंने ऐसे नये प्रतीकों और बिम्बों का सृजन किया है जो कविता के अभ्यस्त पाठकों और श्रोताओं को अक्सर चुनौती की तरह लग सकते हैं।

लेकिन इन आरम्भिक सवालों को मैं एक और कारण से उत्तरित मानकर चलने की इजाज़त चाहूँगा। इन सवालों के विभिन्न पहलुओं में उलझने में ख़तरा

यह है कि बात शमशेर की कविता पर न होकर शमशेर की कविताओं जैसी कविता पर हो जायेगी। और इस तरह शायद कवि शमशेर के साम हम न्याय नहीं कर सकेंगे। क्योंकि नयी कविता की सामान्य विवेचना के लिए शमशेर को उदाहरण की तरह इस्तेमाल करना एक बात है, और कवि शमशेर का जो अपना निजी स्वतःसम्पूर्ण काव्यजगत् है, उसमें प्रवेश करना दूसरी बात है। दोनों तरह की चर्चाएँ महत्त्वपूर्ण और आवश्यक हैं, लेकिन उनके अभिप्राय अलग-अलग हैं। पहले प्रकार की चर्चा तो काफ़ी हो चुकी है। इसलिए भी दूसरे ढंग से विचार करने की उपयोगिता कुछ अधिक दिखती है। इसके अलावा यदि हम सीधे शमशेर की मनोभूमि में प्रवेश करने की कोशिश करेंगे तो शायद आरम्भिक शंकाओं का उत्तर भी एक हद तक मिल जायेगा।

नयी कविता की बहसों में यह मान्यता अन्तर्भुक्त रही है कि न सिर्फ़ कविता का ऊपरी कलेवर बदला है, या नये प्रतीकों या बिम्बों या शब्दावली की तलाश हुई है, बल्कि गहरे स्तर पर काव्यानुभूति की बनावट में ही परिवर्तन आ गया है। लेकिन बहस में इस पर बल कम दिया गया है। चेतना के जो तत्त्व काव्यानुभूति के आवश्यक अंग दिखते थे, उनमें से कुछ अनुपयोगी या असार्थक दिखने लगे, कुछ अन्य जो पहले अनावश्यक या विरोधी लगते थे, काव्यानुभूति के केन्द्र में आ गये। और कुल मिलाकर काव्यानुभूति और जीवन की काव्येतर अनुभूतियों में जो रिश्ता दिखता था, वह रिश्ता भी बदल गया। इसलिए मैं शमशेर के काव्य में अनुभूति की इस बनावट की ओर आपका ध्यान आकृष्ट करना चाहूँगा।

कवि मालार्मे ने कहा है :

> "अपाहिजत्व की देवी ओ आधुनिक कल्पने! मैं तुझे अपने जीवन की ये थोड़ी-सी पंक्तियाँ समर्पित करता हूँ जो कृपा के उन क्षणों में लिखी गयी हैं जब तूने मेरे भीतर सृष्टि के प्रति नफ़रत और नितान्त न कुछ के प्रति बंजर प्रेम का स्फुरण नहीं किया।"

शायद ही आज का कोई कवि हो जिसे अपने ढंग से इस मालार्मीय विडम्बना का सामना कभी-न-कभी न करना पड़ा हो। आख़िर यह सृजन-कर्म किसलिए? इस सारे कल्पना-विलास का क्या मतलब है? मालार्मे की ही तरह आज का हर कवि एक न एक बार अपने ऊपर पलायनवादी होने का आरोप लगाता है। और अगर वह ख़ुद नहीं लगाता तो और लोग उस पर लगाते हैं, क्योंकि अपनी प्रकृति से ही कविता यह प्रश्न उठाती है : जहाँ हम हैं, वहाँ से कहाँ चलें? किस ओर? काव्यानुभूति अपने आप में एक तरह का अतिक्रमण है। लेकिन किसका,

अतिक्रमण और किस दिशा में? एक समय उत्तर बहुत आसान था। यह अतिक्रमण तमस् से ज्योति की ओर, असत् से सत् की ओर, मृत्यु से अमरत्व की ओर था।

हमारे चारों ओर रोज़मर्रा का एक जीवन है। इसी का अतिक्रमण करने की कोशिश कविता करती है। इस रोज़मर्रा के जीवन को हम चाहें तो तमस् कह लें, मध्यवर्गीय कुण्ठाएँ कह लें, कोल्हू के बैल का अन्धा चक्कर कह लें, वस्तुओं का शिकंजा कह लें, लोलुपता और फ़ैशन कह लें, या विज्ञान की जड़, यान्त्रिक दुनिया कह लें—लेकिन क्या हम उसे उसी निपट आत्मविश्वास के साथ 'असत्य' कह सकते हैं जिस तरह 'प्राकृत-जन' के गुणगान को तुलसीदास ने एक चौपाई में कह डाला था? अगर चारों ओर का प्राकृत जीवन सत्य है तो फिर क्या सचमुच हम सत्य का ही अतिक्रमण नहीं करते? किस ओर? सत् से असत् की ओर? यही काव्यानुभूति की मालार्मीय विडम्बना है। जितने गहरे मालार्मे को यह विश्वास जकड़ता जाता था कि चारों ओर के भौतिक, जड़ जीवन के अतिरिक्त और कुछ भी सत्य नहीं है, उतना ही काव्यानुभूति के लिए आवश्यक अतिक्रमण उसे असम्भव दिखता था। सृजन-प्रक्रिया स्वयं में ही एक विशाल व्यर्थता का प्रतीक लगती थी। मालार्मे के पास इस अपाहिज विडम्बना का एक ही हल था : लिखा ही न जाय। 'सृष्टि के प्रति नफ़रत और नितान्त न-कुछ का बंजर प्रेम।' कविता के जन्म में ही निषेध का तीर बिंधा हुआ है।

मालार्मे की तरह कवि-जीवन में शमशेर किन-किन संघर्षों से गुज़रे हैं, इसकी पूरी जानकारी हमारे पास नहीं है। शायद कभी हो। लेकिन कुछ संकेत शायद उन्होंने दिये हैं। निषेध के तीर ने कितनी काव्यानुभूतियों को जन्म लेने के समय ही बींध दिया? यह आकस्मिक नहीं है कि इतने लम्बे जीवन में उनके दो संग्रह प्रकाशित हुए और उनका नाम रखा गया 'कुछ कविताएँ', (1956), फिर 'कुछ और कविताएँ' (1961)। मालार्मीय विडम्बना एक संकोच के रूप में काव्यानुभूति को विद्ध करती है। संकोच के शाब्दिक अर्थ की ओर भी मैं ध्यान आकृष्ट करना चाहूँगा—सिमटना, अपने कोष में वापस चला जाना। कविता सिर्फ़ जन्म ही नहीं लेती, वह कवि से अलग होकर एक सार्वजनिक अस्तित्व ग्रहण करती है। जन्म और अस्तित्व, काल-क्षण और काल-प्रवाह के बीच एक दरार है। शून्य से, नितान्त न कुछ से, कविता का जन्म होता है—इस गति में शायद रुकावट नहीं है, लेकिन जन्म लेते ही एक प्रतिगति भी सक्रिय होती है। शमशेर की कविता में एक प्रतिगति है, उसी शून्य, उसी न कुछ में वापस चले जाने की। गति और प्रतिगति—अभिव्यक्ति और संकोच के इस तनाव में एक तरह की स्थिरता, सन्तुलन पैदा होता है। यह स्थिरता, यह अटकाव, यह स्थिति अनस्तित्व

और अस्तित्व के बीच एक अन्तराल है—विशुद्ध सम्भावना का क्षण है। यह वह मनोभूमि है जहाँ कविता अपने अर्थ से आलोकित होती है।

विश्लेषण की यह शब्दावली दुरूह या रहस्यवादी न हो जाय, इसलिए मैं बात को बीच में रोककर शमशेर की एक छोटी-सी कविता प्रस्तुत करूँगा जो उनकी अन्य कविताओं के मुक़ाबले में ज़्यादा विश्रुत है। इसका शीर्षक है : एक पीली शाम।

एक पीली शाम
पतझर का ज़रा अटका हुआ पत्ता
शान्त
मेरी भावनाओं में तुम्हारा मुखकमल
कृश म्लान हारा-सा
(कि मैं हूँ वह मौन दर्पण में तुम्हारे कहीं?)
वासना डूबी
शिथिल काजल में
लिए अद्‌भुत रूप-कोमलता
अब गिरा अब गिरा वह अटका हुआ आँसू
सान्ध्य तारक-सा
अतल में।

अतल में गिरने के पहले संकोच का, अटकाव का, एक क्षण है जिसमें आँसू अपनी जीवितता ग्रहण करता है। वह सृजन के रूप में शुद्ध सम्भावना के एक झिलमिलाते हुए अन्तराल में अटका हुआ है। यह वह क्षण है जहाँ आँसू अनस्तित्व-गर्भ से अलग होकर जन्म लेता है। जन्म लेना अलग होना है, अनस्तित्व-गर्भ से अतल की ओर जाना है। निजी और बिल्कुल पराये के बीच एक और क्षण है—जहाँ आँसू निजी है भी और नहीं भी है; पराया है भी और नहीं भी है। न तो वह बिल्कुल आत्मपरक है, और न बिल्कुल वस्तुपरक। वह अभिव्यक्ति भी है और संकोच भी है।

अपने दूसरे संग्रह 'कुछ और कविताएँ' की भूमिका में शमशेर कहते हैं :

> **"मेरी अक्सर कविताओं के, जो सन् 40-41 के आसपास की थीं, प्रकाशन का समय दस-बारह साल बाद आया, या शायद तब भी नहीं आया।"... "मैं जितना महत्त्व ऐसी अभिव्यक्ति को देता हूँ—कवि के जीने मात्र के लिए मैं उसे जितना महत्त्वपूर्ण समझता हूँ—उतना उसके प्रकाशन को नहीं। कला के 'प्रकाशन' को वास्तव में मैं कोई महत्त्व नहीं देता। कला कैलेण्डर**

की चीज़ नहीं है। वह कलाकार की अपनी बहुत निजी चीज़ है...वह 'अपने आप' प्रकाशित होगी। और कवि के लिए वह सदैव कहीं-न-कहीं प्रकाशित है।"

आगे चलकर उसी भूमिका में वे फिर लिखते हैं,

"यह चयन मैंने काफ़ी ऑब्जेक्टिव दृष्टिकोण रखकर किया है—जहाँ तक सम्भव था। प्रायः ऐसी ही कविताएँ लीं, जो या तो पहले ही किसी अच्छी या सुथरी माने जाने वाली रुचि के चुनाव में आ चुकी थीं या जिनके बारे में परस्पर भिन्न रुचि के कुछ पाठक या श्रोता अपनी पसन्द का इज़हार कर चुके थे।" ..."तीन और कविताएँ भी ज़रूर ऐसी हैं जो मुझे जी से पसन्द हैं, और जो सुर्रियलिस्ट पेंटिंग हैं और जिन्हें इसीलिए मैं अपने इस चयन में शामिल न करता"... "शिला का ख़ून पीती थी वह जड़, पर छायावादी युग के एक प्रतिनिधि कवि-विचारक प्रस्तुत संग्रह पर कुछ सुझावों के सन्दर्भ में टिक लगा चुके थे—'मैं उनका हृदय से आभारी हूँ—अतः सुर्रियलिज़्म से अपने सैद्धान्तिक विरोध को सिद्धान्त के ताक़ पर रखा और इस रचना को संग्रह में शामिल कर लिया।'

इन ऐंठे हुए उद्धरणों को यदि हम सिर्फ़ एक वाज़िबी विनयशीलता तक ही सीमित मानेंगे, तो शमशेर की वास्तविक समस्या को नहीं देख पायेंगे। व्यक्तिशः विनयशीलता और रवादारी शमशेर में बहुत है, और जिन लोगों का उनसे सम्पर्क हुआ है, उनके लिए यह अपने आप में एक अनुभव रहा है। यह भी नहीं है कि आज के युग में कविता के प्रकाशन में प्रस्तुत कठिनाइयों और बाधाओं से उत्पन्न यह शमशेर का युक्तिवाद है। हो सकता है कि सतह पर विनयशीलता और युक्तिवाद भी हो। लेकिन इस संकोच की जड़ें गहरी हैं और काव्यानुभूति के अस्तित्व को ही स्पर्श करती हैं। मालार्मीय विडम्बना का सामना करने का शमशेर का यह अपना ढंग है। एक तरफ़ यह कहना कि प्रकाशन को कवि बिल्कुल महत्त्व नहीं देता, दूसरी तरफ़ प्रकाशन के समय इतनी सतर्कता और भिन्न रुचि द्वारा लगायी हुई 'टिक' की इतनी कृतज्ञ तलाश, इन दोनों में अन्तर्विरोध दिख सकता है। यह संकोच रची हुई सृष्टि को ऊपर आने से रोकता है, उसकी अर्थवत्ता या सार्थकता पर प्रश्नचिह्न लगाता है। इसका प्रभाव यहाँ तक हो सकता है कि लिखी हुई कविताएँ प्रकाश में न आयें और 'कहीं-न-कहीं' के सन्दिग्ध अन्तराल में अटकी रह जायें, सिर्फ़ एक 'टिक' के अभाव में। यह लगभग ऐसा है जैसे मालार्मे ने हल यह निकाला हो कि कविता लिख तो ली जाये, लेकिन उसे प्रकाशित न कराया जाये।

शमशेर का वक्तव्य है कि कविता में हम अपनी भावनाओं की सच्चाई खोजते हैं। आशा करता हूँ कि ऊपर दिये गये संकेतों से इस वक्तव्य की मार्मिकता स्पष्ट हो जायेगी। अर्थात् हम आत्मपरकता की वस्तुपरकता की तलाश करते हैं, तलाश की यह मुद्रा वस्तुपरकता या सच्चाई की अनुपस्थिति को मानकर चलती है। या तलाश इस बाहर से आते हुए 'टिक' निशान की तलाश है। लिखा सो सही।

हम एक ऐसी सृष्टि की कल्पना करें जिसमें जन्म देने वाले ब्रह्मा तो हैं, लेकिन उस सृष्टि को धारण करने वाले, उसे निरन्तर अस्तित्व प्रदान करने वाले—सही लगाने वाले विष्णु का अभाव है। सच्चाई की तलाश इसी विष्णु तत्त्व की तलाश है। देवताओं के इन प्रतीकों का प्रयोग मैं जानबूझकर कर रहा हूँ। क्योंकि एक तरह की वैष्णव भावना, अर्पित निरीहता शमशेर की कविता में बराबर मौजूद है। वही है जो उनके काव्यजगत् को धारण करती है। मालार्मे के काव्यजगत् में तो रचने वाले ब्रह्मा का ही अभाव है, लेकिन शमशेर की समस्या विष्णु तत्त्व को स्थापित करने की है:

मैं सकाज तो नहीं, न मैं कुल
जीवन;
कण समूह में हूँ मैं केवल
एक कण!
—कौन सहारा
मेरा कौन सहारा!

चीज़ें जन्म लेती हैं, लेकिन वे अपनी गति से निरन्तर अस्तित्व में स्थापित नहीं होतीं। इस निरन्तर अस्तित्व के लिए एक बाहरी प्रमाण की आवश्यकता पड़ती है, उसी तरह जैसे विष्णु तत्त्व जीव को अपनी अंजुिल में धारण करके सार्थकता देता है। यही शमशेर की काव्यानुभूति का आरम्भ-स्थल है। भारतीय दर्शन की शब्दावली में कहें तो यह रहस्यवाद नहीं है, पुष्टिमार्ग की तलाश है।

इस चर्चा को यहीं छोड़कर अब मैं एक दूसरे तत्त्व की ओर इशारा करूँगा। आज से लगभग पन्द्रह वर्ष पहले, 'दूसरा सप्तक' में अपनी संगृहीत कविताओं पर वक्तव्य में शमशेर ने अपनी कविता की परिभाषा यों दी थी :

> "सुन्दरता का अवतार हमारे सामने पल-छिन होता रहता है। अब यह हम पर है कि हम अपने सामने और चारों ओर की इस अनन्त और अपार लीला को कितना अपने अन्दर घुला सकते हैं।"

इस सूत्र की लगभग हू-ब-हू वैष्णव शब्दावली अवश्य ही आपका ध्यान आकर्षित करेगी। यह आकस्मिक नहीं है। 1959 में प्रकाशित 'कुछ कविताएँ' के आवरण-पृष्ठ

पर इस सूत्र को फिर दुहराया गया है। बहरहाल, मैं 'अवतार', 'लीला' और 'अपने अन्दर घुलाना' इन शब्दों पर ज़ोर न देकर 'सुन्दरता' की चर्चा करना चाहूँगा। क्योंकि तात्त्विक रूप में शमशेर की काव्यानुभूति सौन्दर्य की ही अनुभूति है। जिन लोगों का ख़्याल है कि छायावाद के बाद हिन्दी कविता ने सौन्दर्य का दामन छोड़ दिया है, उन्होंने शायद शमशेर की कविताओं का आस्वादन करने का कष्ट कभी नहीं किया। मैं एक क़दम और आगे बढ़कर कहना चाहूँगा कि आज तक हिन्दी में विशुद्ध सौन्दर्य का कवि यदि कोई हुआ है, तो वह शमशेर हैं। और इस 'आज तक' में मैं हिन्दी के सब कवियों को शामिल करके कह रहा हूँ।

अपने उसी वक्तव्य में आगे चलकर शमशेर कहते हैं :

> "तस्वीर, इमारत, मूर्ति, नाच, गाना और कविता—इन सब में बहुत कुछ एक ही बात अपने-अपने ढंग से खोलकर या छिपाकर या कुछ खोलकर या कुछ छिपाकर कही जाती है।"

इतने बड़े पैमाने पर यह बात सच है या नहीं, इस झगड़े में न पड़कर हम इस कथन को शमशेर की कविताओं के लिए अवश्य प्रयुक्त कर सकते हैं—एक ही बात है जो अपने ढंग से खोलकर या छिपाकर या कुछ खोलकर या कुछ छिपाकर इन तमाम कविताओं में कही गयी है। चाहे हाशिये पर 'चीन' का नाम लिखा हो, या 'अल्ज़ीरियाई वीरों' का, या 'सौन्दर्य' का, या 'सींग और नाख़ून' का। और वह एक बात वही है जिसे शमशेर ने पहले कहा है—'सुन्दरता का अवतार हमारे सामने पल-छिन होता रहता है।'

सुन्दरता के इस 'अवतार' की निरन्तर प्रक्रिया में ही सब कुछ समाया हुआ दिखता है। इस अनुभव की व्यापकता दिखलाने के लिए मैं आपके सामने दो कविताएँ प्रस्तुत करूँगा। इन कविताओं के शीर्षक हैं लेकिन पहले आप बिना शीर्षक के उन्हें देखें :

मैंने
क्षितिज के बीचोबीच
खिला हुआ देखा
कितना बड़ा फूल!
देखकर
गम्भीर शपथ की एक
तलवार सीधी अपने सीने पर
रखी और प्रण लिया
कि :
वह आकाश की माँग का फूल

जब तक मैं चूम न लूँगा
चैन से न बैठूँगा
और महान् सन्देश लिए
दौड़ता हुआ सन्देशवाहक हो जैसे—
मैं दौड़ा :
चार दिशाओं का आलोक
सिर पर धारे
पाँवों में उत्साह के पर औ'
अक्षुण्ण गति के तीर
बाँधे।
और पहुँचकर वहीं
अपने प्रेम की
बाँहों में बाँहें डाल दीं मैंने
और इस सीमा के ऊपर खड़े हुए
हम दोनों प्रसन्न थे।
अमर सौन्दर्य का
कोई इशारा-सा
एक तीर—
दिशाओं की चौकोर दुनिया के बराबर
सन्तुलित
सधा हुआ
निशाने पर
छूटने-छूटने को था

(हमारा अन्तर
एक बहुत बड़ी विजय का
आलोकचिह्न
है।)

दूसरी कविता :

एक अन्धकार के चमकीले निर्झर में
तुम्हारे स्वर चमकते हैं :

एक इन्तज़ार के झुरमुट में
यह फल है
जिसका अन्तर एक तीखी पुकार है
उस आकाश में तुम्हारी गूँज
कि जैसे ख़ून बजता हो हवा में
कि जैसे मुक्त जीवन का प्रवाह बजता हो
सौन्दर्य जो त्वचा में नहीं
थिरकते रक्त में नहीं
मस्तिष्क में
नहीं : कहीं इनके पार से
बरसता है अणु-अणु, पल-पल में
बदन में दृष्टि में
शब्द में : और उसके पार से
कहीं शब्द के अर्थ में
दुख-सा, मौन-सा
अपरिमित सुख की चेतना में
मथता है,
मथता है
ओ स्पर्श
मुझे क्षमा करना
कि तुम मुझी में होकर मुझी से परे हो
ओ माध्यम
क्षमा करना
कि मैं तुम्हारे पार जाना चाहता रहा हूँ
वह जो तुम्हारे हृदय में बज रहा है
मैं उस साज़ में एक चाँद
देखता हूँ
उसको पकड़ना चाहता रहा हूँ
मेरी अपनी इस चाह के अलावा मैं कुछ नहीं
कुछ नहीं
तुम कि एक सितारे की झलक आँसू में :
उस आँसू की झलक में एक किरण

मैं हूँ
और कुछ नहीं
कुछ नहीं
वह न होता मेरा, जो तुम्हें मेरे ही लिए
प्रिय है
मैं उसी के हित हूँ।
काश कि मैं न होऊँ
न होऊँ
तो कितना अधिक विस्तार
किसी पावन विशेष सौन्दर्य का
अवतरित हो!
पावन विशेष सौन्दर्य का
कितना अधिक विस्तार
अवतरित हो
यदि मैं न होऊँ।

बेशक दूसरी कविता में झिलमिलापन और भावों की उमड़न पहली कविता के मुक़ाबिले अधिक है। लेकिन क्या आप कल्पना कर सकते हैं कि पहली कविता का शीर्षक 'चीन' है और वह 'चीनी' जनता का लोकसत्तात्मक गणतन्त्र राज्य के चीनी अक्षरों को चित्र-पहेली की तरह इस्तेमाल करके रची गयी है और दूसरी कविता का शीर्षक 'सौन्दर्य' है। सच तो यह है कि शमशेर की सारी कविताएँ यदि शीर्षकहीन छपें, या उन सब का एक ही शीर्षक हो 'सौन्दर्य' शुद्ध सौन्दर्य, तो कोई अन्तर नहीं पड़ेगा। शमशेर ने किसी विषय पर कविताएँ नहीं लिखी हैं। उन्होंने कविताएँ, सिर्फ़ कविताएँ लिखी हैं, या यों कहें कि एक ही कविता बार-बार लिखी है। शमशेर इस पल-छिन अवतार लेते हुए सौन्दर्य के गवाह हैं—ऐसे गवाह जिसने इस अवतार के हर रंग और हर विस्तार को उसके 'अनन्त लीला' रूप में स्पृहा के माध्यम से ठीक-ठीक स्वायत्त करने की शपथ ली हो। यह स्पृहामय साक्षी भाव शमशेर की काव्यानुभूति का दूसरा तत्त्व है।

इन दोनों तत्त्वों को समन्वित करने के पहले एक और तत्व को भी हम देख लें। वह है हमारे ऐतिहासिक परिवेश का। पिछले बीस-पच्चीस बरसों की हिन्दी कविता में जो एक व्यक्त या अव्यक्त संघर्ष काव्य के आदर्श को लेकर रहा है, स्थूलतः प्रगतिवाद बनाम-प्रयोगवाद का, क्या उसका हल शमशेर ने निकाल

लिया है? सतही तौर पर कहा जा सकता है कि शायद ऐसा है। सामाजिक दृष्टि से रामविलास शर्मा और अज्ञेय दोनों को एक साथ साधने का 'सौभाग्यशाली' और असम्भव पराक्रम शमशेर ने कर दिखलाया है। बेशक इसमें उनकी अद्‌भुत विनयशीलता और संकोची स्वभाव का भारी योगदान है। मैं पहले संकेत कर चुका हूँ कि इस विनयशीलता और संकोच की जड़ें गहरी हैं, लेकिन कुछ ऐसा भी है जो इसको अच्छे-ख़ासे कमाल का रूप भी देता है। वक्तव्य उन्होंने सारे प्रगतिवाद के पक्ष में दिये, कविताएँ उन्होंने बराबर वह लिखीं जो प्रगतिवाद की कसौटी पर खरी न उतरतीं। मार्के की बात यह है कि इनमें से कोई भी पहलू दिखावा नहीं है। ये दोनों ही मुद्राएँ उनमें निजीपन की वास्तविक आवश्यकता से ही उपजती हैं। उनकी कविताएँ तो उनके लिए नितान्त निजी हैं ही, प्रगतिवाद से उनका उलझाव भी कम निजी नहीं है। शमशेर से ज़्यादा इससे और कौन अवगत है कि इन दोनों के बीच में एक खाई है जिसे वे भर नहीं पाते? जितनी बार वे प्रगतिवाद के आदर्श की चर्चा करते हैं, उतनी ही बार वे 'ऊँचे रुचि और मति' तक पहुँच पाने की अपनी असमर्थता का भी बलपूर्वक उद्‌घोष करते हैं। 1951 में जब उन्होंने 'दूसरा सप्तक' का वक्तव्य लिखा, तब भी यही स्थिति थी; और 1961 में 'कुछ और कविताएँ' की भूमिका लिखते समय भी लगभग यही स्थिति है। आग्रह में थोड़ा-सा अन्तर अवश्य हुआ है जिसके संकेतों का ज़िक्र हम आगे करेंगे।

मनोविश्लेषण को ही काव्य-विश्लेषण का पर्याय मानने वाले इस स्थिति को विभाजित व्यक्तित्व का सटीक उदाहरण समझकर सन्तुष्ट हो जायेंगे। लेकिन मनोविश्लेषण आदमी के व्यक्तित्व के बारे में जो कुछ भी बतलाता है, कविता के बारे में कुछ नहीं बतलाता। क्योंकि कविता का आधार यह निजीपन है, मनोविश्लेषण का 'अहं' जिसके आगे सतही मालूम पड़ता है।

प्रगतिवाद और प्रयोगवाद के विवाद जब आज पुराने पड़ चुके हैं तो शमशेर की एक दुविधाग्रस्त स्थिति के अवशेष उनके दोनों संग्रहों में एक रोचक ढंग से दिखलायी पड़ते हैं। हमने आपके सम्मुख चीन पर लिखी उनकी पुरानी कविता रखी। अगर कविता के साथ छपी टिप्पणी और हाशिये के चीनी अक्षरों का ज़िक्र न किया जाये तो कविता में अपने आप में प्रगतिवाद का कोई अवशेष नहीं रह जाता, यह हमने देखा। इसी तरह 'माई', 'का. भारद्वाज', 'ये शाम है', 'हमारे दिल सुलगते हैं' आदि कविताओं का प्रगतिवाद भी उन कविताओं में उतना नहीं जितना इन कविताओं के साथ जुड़ी हुई टिप्पणियों में। यह निष्कर्ष निकालने का लोभ होता है कि शमशेर का प्रगतिवाद उनकी कविता के हाशिये तक सीमित

रह गया। क्या इस निष्कर्ष से शमशेर की काव्यानुभूति के केन्द्र तक पहुँचने में सहायता मिलती है?

शायद! क्योंकि प्रगतिवाद शमशेर के लिए मात्र वह नहीं है जो वह है, बल्कि वह है जो उनकी निजी ज़रूरत को पूरा करता है। उनकी काव्यानुभूति की बनावट का अंग बनकर प्रस्तुत होता है। इसी अर्थ में वह उनके लिए अभिनय नहीं है, वास्तविकता है। 'कुछ और कविताएँ' की भूमिका में शमशेर लिखते हैं :

> 1. "कवि का कर्म अपनी भावनाओं में, अपनी प्रेरणाओं में, अपने आन्तरिक संस्कारों में समाज-सत्य के मर्म को ढालना—उसमें अपने को पाना है, और उस पाने को अपनी पूरी कलात्मक क्षमता से, पूरी सच्चाई के साथ व्यक्त करना है, जहाँ तक वह कर सकता हो। मैं जितना महत्त्व ऐसी अभिव्यक्ति को देता हूँ—कवि के जीने मात्र के लिए मैं उसे जितना महत्त्वपूर्ण समझता हूँ—उतना उसके प्रकाशन को नहीं..."
>
> 2. "एक दौर था जब मैं ऐसी चीज़ें लिखने के लिए अधिक उत्सुक था, उसके लिए अपने अन्दर काफ़ी प्रेरणा महसूस करता था। पर अपेक्षित स्तर मुझे सदा अपने कवि-व्यक्तित्व की पहुँच से ऊँचा और असम्भव-सा महसूस होता। फिर भी मैंने अपनी प्रेरणाओं को कुछ ऐतिहासिक सत्यों से जोड़ने की, उनके मर्म को अपनी धड़कन के साथ व्यक्त करने की कोशिश की... फिर भी मैं दोहरा कर कहना चाहूँगा कि जहाँ तक वह मेरी निजी उपलब्धि हैं, वहीं तक मैं उन्हें दूसरों के लिए भी मूल्यवान् समझता हूँ।"

सबसे पहले मैं कवि के जीने मात्र पर बल देना चाहूँगा। स्थूल रूप में कविता किसी के जीने मात्र के लिए जैविक आवश्यकता की तरह महत्त्वपूर्ण नहीं होती। शमशेर के लिए यह स्तर मनोवैज्ञानिक जीवन का भी नहीं है। ऐसा नहीं है कि कवि कविता न लिखे तो पागल हो जाये। कविता और जीवन की अभिन्नता अनुभूति के स्तर पर है। काव्यानुभूति और जीवनाभूति एक ही वस्तु है।

इस प्राथमिक स्थिति को अच्छी तरह समझ लेने के बाद मैं उद्धरण के अन्तिम वाक्य की ओर आपका ध्यान आकृष्ट करूँगा। 'जहाँ तक वह मेरी निजी उपलब्धि है, वहीं तक मैं उन्हें दूसरों के लिए भी मूल्यवान् समझता हूँ।' इसमें 'जहाँ तक' और 'वहीं तक' पर बल खुद शमशेर का दिया हुआ है। शमशेर का मार्क्सवाद आरम्भ से ही इसे 'जहाँ तक—वहाँ तक' की बारीक छन्नी से छाना हुआ मार्क्सवाद है।

'दूसरा सप्तक' के वक्तव्य में शमशेर 'समाज-सत्य' को आग्रहपूर्वक 'मार्क्सवाद' का पर्याय घोषित करना ज़रूरी समझते हैं। 1961 तक जो चीज़

मार्क्सवाद थी, वह 'समाज' सत्य का 'मर्म' हो गयी। बेशक इन दस वर्षों में परिवर्तन हुआ है, कम-से कम आग्रह का। कम-से-कम शमशेर के लिए एक लाभ इसमें अवश्य दिखता है कि 'अपनी भावनाओं में', 'अपनी प्रेरणाओं में', 'अपने संस्कारों में'—'समाज-सत्य के मर्म' को ढालना और उसमें अपने को पाना उतना कठिन नहीं है जितना वह जिसे वे मार्क्सवाद के नाम से अभिहित करते हैं।

केन्द्रीय शब्द 'निजी उपलब्धि' है। सत्य की निजी उपलब्धि की यह प्रक्रिया क्या है? समाज-सत्य वह है जो हमारे निजत्व के बाहर है। मूलतः यह वह 'अतल' है जिसमें 'अटका हुआ आँसू' गिरता है। इस बाहर के सत्य को अपने भीतर खींच लाने की प्रक्रिया ही 'निजी उपलब्धि' है। बाहर का सत्य इस भीतर खींचने की प्रक्रिया का प्रतिरोध करता है, इसीलिए वह अनुभूति में 'जहाँ तक' 'वहीं तक' की कशमकश वाली शब्दावली में अभिव्यंजित होता है। मैंने आरम्भ में उस गति की चर्चा की थी जो आत्मपरकता में वस्तुपरकता की तलाश करती है। निजी उपलब्धि की यह दूसरी गति उसका विलोम है—वस्तुपरकता की आत्मपरकता की तलाश है। वह अतल का यह प्रक्षेप है वो आँख की कोर पर अटके हुए आँसू को शून्यगर्भ से पृथकत्व का जीवित क्षण प्रदान करता है। बाह्य यथार्थ, सामाजिक सत्य, वस्तुजगत्, भिन्न रुचि, अथवा अतल वह है जो आन्तरिकता पर, कविता पर, जीवनानुभूति पर 'टिक' लगाता है, उसकी पुष्टि करता है :

मैं मींचकर आँखें
कि जैसे क्षितिज
तुमका खोजता हूँ।
ओ हमारे साँस के सूर्य!
साँस की गंगा
अनवरत बह रही है
तुम कहाँ डूबे हुए हो?

समाज सत्य को निजी उपलब्धि बनाना, उसे आत्मसात् करना या उपयोग में लाना है। लेकिन शमशेर के लिए काव्यानुभूति के केन्द्र में, उसके साथ सायुज्य में उसकी सत्ता नहीं है। प्रगतिवाद से उलझाव के दौर में भी वह एक तरह से हाशिये पर स्थित है। वह काव्यानुभूति की पहुँच के बाहर, एक क्षितिज, एक अतल, एक काव्येतर अनुभूति की तरह अस्तित्व ग्रहण करता है। काव्यानुभूति के साथ इस ख़ास रिश्ते में जुड़ना ही उसका एक साथ निजी उपलब्धि भी होना है, 'पहुँच के बाहर' भी होना है। जहाँ तक उसकी यह अवस्था शमशेर के काव्य में है,

वहीं तक वह औरों के लिए भी उपयोगी है। आजकल की शब्दावली में कहें तो काव्यानुभूति और प्रगतिवाद एक तरह के सह-अस्तित्व में आमने-सामने दर्पण की तरह रखे हुए हैं—कविता और हाशिये पर की लिखावट की तरह। लेकिन यह निरपेक्षता नहीं है, साक्षात्कार है। रिश्ते का अभाव नहीं है, रिश्ते की सम्भावना है। वस्तुतः सम्भावना ही वह आधारभूमि है जिसमें आत्म और वस्तु दोनों का अस्तित्व होता है इस सम्भावना को सिर्फ़ दिमाग़ी कौल की तरह नहीं, बल्कि सीधी, माध्यमहीन, जीवन की धड़कन की तरह अनुभूत करना ही काव्यानुभूति है।

मैंने इस ओर संकेत किया है कि आरम्भ में जिसे शमशेर मार्क्सवाद कहते थे उसके लिए दस वर्ष बाद कुछ अधिक ढीली शब्दावली 'समाज सत्य' या उससे भी अधिक ढीली शब्दावली 'समाज-सत्य का मर्म', 'इतिहास की धड़कन' आदि का प्रयोग करते हैं। शायद यह हाशिये की लिखावट को कुछ और सूक्ष्म, या धुँधला बनाने की कोशिश है। इस अर्थ में यह अनुभूति की मुख्य बनावट में थोड़े से परिवर्तन का सूचक है। बाहरी आकार से मर्म की ओर जाने का यह आग्रह इस निजी उपलब्धि को काव्येतर अनुभूति से अलग एक स्वायत्तता देने का उपक्रम है। लेकिन अभी भी इसका रूप आत्मपरक और वस्तुपरक, चित् और अचित् के सायुज्य का नहीं है। एक तरह से शमशेर की प्रकृति हमेशा वस्तुपरकता को उसके शुद्ध रूप, या उन्हीं के शब्दों में उसके 'मर्म-रूप' में पकड़ने की रही है। इसीलिए 'उस दौर' में भी जब वह वास्तविकता के बाहरी आकारों की ओर बहुत आकर्षित थे, तब भी उनके लिए मार्क्सवाद शुद्ध वस्तुपरकता का ही दूसरा नाम था। लगता यह है कि बाद की शब्दावली एक अनावश्यक शब्दभार को हटाने भर की कोशिश है—जो कुछ हमेशा था, उसे ही ठीक तौर पर कहने का आग्रह है। इसीलिए मार्क्सवाद का छूटता हुआ दामन, उनके लिए मोहभंग का रूप नहीं लेता, बल्कि केंचुल छोड़कर चुपचाप आगे बढ़ जाने की अनुभूति देता है। आज भी उनकी काव्यानुभूति में वस्तुता अपनी शुद्ध स्थिति में अभेद्य किन्तु सूक्ष्म क्षितिज की तरह मौजूद है—और पहले भी मार्क्सवाद इससे अधिक क्या था?

इस प्रकार शमशेर मालार्मीय विडम्बना का हल अपने ढंग से निकालते हैं, वस्तुपरकता के मर्म में आत्मपरकता का, और आत्मपरकता के मर्म में वस्तुपरकता का आविष्कार करके। चित् और अचित् एक दूसरे का निषेध नहीं करते, बल्कि एक दूसरे को प्रतिबिम्बित करते हैं। तात्त्विक दृष्टि से यह स्थिति छायावाद से भिन्न है जिसमें चेतना के ही दो दर्पण इस पार और उस पार रखे हुए हैं और बीच का अचित् ब्रह्माण्ड उनकी परस्पर छाया की तरह आभासित होता है।

यह दृष्टि मार्क्स के अद्वैतात्मक भौतिकवाद से भी भिन्न है जिसमें प्रकृति और पुरुष के दोनों दर्पण अचित् के ही हैं और चेतना भौतिकता के ही दर्पण में भौतिकता की पड़ती हुई छाया की तरह आभासित होती है।

कविता दर्शन नहीं है। क्योंकि कवि अपनी मान्यताओं का चुनाव जिस तरह करता है, उस तरह दार्शनिक नहीं। दार्शनिक अपनी मान्यताओं में उनकी अपनी परस्पर संगति खोजता है, जबकि कवि के पास मान्यताओं के लिए एक ही संगति है—जीने की ज़रूरत से ही उनकी संगति। इसलिए शमशेर की काव्यानुभूति की बनावट की इस व्याख्या को आप उनके दर्शन के रूप में नहीं, बल्कि दृष्टि के रूप में, अहसास के रूप में ग्रहण करें। उसके रूप में जिसकी गवाही वे देते हैं—'सुन्दरता का अवतार हमारे सामने पल-छिन होता रहता है।'

मैंने सुविधा के लिए चेतना को वस्तुपरकता और आत्मपरकता के दो छोरों में बाँटकर विश्लेषण किया और उनकी दो गतियों को आपके सामने रखा। लेकिन काव्यानुभूति के क्षण में यह सारी स्थिति इस तरह अलग-अलग नहीं प्रस्तुत होती। उसकी प्रतीति एक समूची इकाई की तरह होती है। यह इकाई यथार्थ की इकाई है।

इस प्रकार देशकाल बँधे हुए यथार्थ के मर्म में ही एक दरार, फाँक या रिक्तता है जहाँ देश न वैसा देश है जिसे हम साधारणतः जानते हैं और न काल घटनाओं की न लौटने वाली गति है जिसे घड़ी नापती है।

ये लहरें घेर लेती हैं
ये लहरें...
उभरकर अर्द्ध द्वितीया
टूट जाता है...
अन्तरिक्ष में
ठहरा एक
दीर्घ समतल मौन
दूर...उत्तर पूर्व तक
तीन
ब्रह्माण्ड
टूटे हुए मिले चले गये हैं
अगिन व्यथा भर सहसा
कौन भाव
बिखर गया इन सब पर।

इसी तरह एक दूसरी कविता है :

एक आदमी दो पहाड़ों को कुहनियों से ठेलता
पूरब से पच्छिम को एक क़दम से नापता
बढ़ रहा है
कितनी ऊँची घासें चान्द-तारों को छूने को हैं
जिनमें घुटनों को निकालता वह बढ़ रहा है
अपनी शाम को सुबह से मिलाता हुआ
फिर क्यों
दो बादलों के तार
उसे महज़ उलझा रहे हैं?

देश की ही तरह काल में भी फाँक है। यों शमशेर की कल्पना काल को भी देश की ही तरह अनुभूत करती है, एक विशाल विस्तार की तरह जिसमें पौर्वापर्य की बाध्यता नहीं है। देश के रूप में काल की अनुभूति, या यों कहें कि काल की वह सरहद जहाँ वह देश से अभिन्न दिखता है, अस्तित्व की किस अवस्था का सूचक है, यह विवेचना की अलग दिशा है, और मेरे लिए बहुत आकर्षक भी है। लेकिन यह विस्तार की बात है। बहरहाल, इस सिलसिले में मैं उनकी 'अमन का राग' और हाल ही में 'कल्पना' में प्रकाशित 'गिन्सबर्ग के नाम' कविताओं का ज़िक्र करूँगा जहाँ काल देश में परिवर्तित होकर 'यूटोपिया' का निर्माण करता है। यह इतिहास को इतिहास के भीतर देखने की कोशिश है। शमशेर के लिए यूटोपिया का अस्तित्व भविष्य की भविष्यता में नहीं, भविष्य की वर्तमानता में है, बल्कि अतीत और भविष्य दोनों की वर्तमानता में है। इसीलिए वह इतिहास की सरहद पर नहीं ऐतिहासिक क्षण के मर्म में उसकी धड़कन में विद्यमान है। नैरन्तर्य या पौर्वार्य नहीं है, बल्कि निस्सीमता है।

ख़ैर, इस प्रसंग को छोड़कर, मैं आपका ध्यान दूसरी कविता की ओर आकृष्ट करूँगा जिसमें दो पहाड़ों को ठेलकर उभरते हुए आदमी का बिम्ब है। ठेले जाते हुए पहाड़ देश में, और सुबह और शाम काल में दरार या रिक्तता की स्थापना करते हैं, इतना तो स्पष्ट होगा। यह फाँक वही है जो पहली कविता में 'अन्तरिक्ष में ठहरे हुए एक दीर्घ समतल मौन' से व्यक्त होती है :

1. आसमान में गंगा की रेत आईने की तरह हिल रही है।
मैं उसी में कीचड़ की तरह सो रहा हूँ।
और चमक रहा हूँ कहीं
न जाने कहाँ।

2. सोने के सागर में ठाहरह
एक नाव है
(नाव वह मेरी है)
...
ओ मन ओ
तू एक नाव है
(और नाव वह हमारी है)

यथार्थ के मर्म में जो फाँक है, वह कुछ नहीं है, कवि के मर्म की ही फाँक है। चेतना के अन्तरिक्ष में ही इस अभाव का, न-कुछ का, दीर्घ समतल मौन का जन्म होता है। इस तरह जैसे पानी की सतह पर फैले हुए तेल की झिल्ली, फैलने की प्रक्रिया में ही बीच में फट जाती है, और पानी की सतह पर एक शुद्ध अभाव छोड़ जाती है। इस अन्तर्वर्ती शुद्ध विस्तार के उस पार आईने में जो दिखता है, वह और कोई नहीं है कवि स्वयं है। ब्रह्माण्ड चेतना के उस पार नहीं है, बल्कि चेतना के भीतर अन्तर्वर्ती विस्तार के उस पार है।

लेकिन इस 'बेठोस नीले आईने' में, बर्फ़ की इस पारदर्शी पोली परत में, वह जो अपने को ही देखता है–उसका प्रतिबिम्ब हू-ब-हू वैसा ही नहीं है, जैसा वह है। और न वह बिल्कुल दूसरा, बिल्कुल भिन्न ही है, न तो वह प्रतिच्छवि ही है और न छायाभास ही है–वह इन दोनों के बीच की स्थिति अर्थात् बिम्ब है। देखने की क्रिया ही बिम्ब देखना है। बिम्बों का सृजन ही काव्यानुभूति की वह नैसर्गिक अवस्था है, जहाँ वह जीवन की अनुभूति से एकाकार होती है। बिम्ब आत्म की वस्तुता और वस्तु की आत्मता की तलाश है। इस स्थिति को मैं 'ऑपटिक्स' के उदाहरण से स्पष्ट कर सकता हूँ–जिस तरह वर्तुल आईने में देखने पर प्रतिबिम्ब आईने और देखने वाले के बीच अन्तर्वर्ती विस्तार में अटका हुआ मालूम पड़ता है–उसी तरह चित् और अचित् के दोनों दर्पण बीच में एक बिम्बलोक का निर्माण करते हैं। यथार्थ के दो नहीं, तीन लोक हैं :

तीन
ब्रह्माण्ड
टूटे हुए मिले चले गये हैं।

यथार्थ के मर्म में, अथवा चेतना के मर्म में जो फाँक है, क्या उसे पाटना सम्भव है? काव्यानुभूति का क्षण जो एक साथ ही अन्तर्वर्ती विस्तार के दो कोरों पर रखे हुए आईनों के साक्षात्कार का और इसीलिए अपने को ही दो हिस्सों में विभाजित

पाने का क्षण है, काँपते हुए, डरे हुए, पिघलते हुए प्रश्न का भी क्षण है। यह तथ्य कि काव्यानुभूति के तल में प्रश्न है, उत्तर नहीं; शमशेर को छायावाद के निकट ले जाता है—विशेषतः महादेवी के, जिनमें भी काव्यानुभूति मुख्यतः प्रश्न का रूप लेती है। लेकिन महादेवी का प्रश्न शुद्ध प्रश्न है—वह शुद्ध मैं का शुद्ध तू के प्रति फेंका हुआ तीर है। दूसरी तरफ़ शमशेर का प्रश्न प्रश्न की शुद्धावस्था नहीं है, वह मैं का ऐसे तू के प्रति फेंका हुआ तीर है जो प्रश्न के पहुँचते-पहुँचते मैं में ही परिवर्तित हो जाता है। शमशेर के प्रश्न के कोर पर उत्तर की सम्भावना झिलमिलाती है। वस्तुतः वह प्रश्न नहीं है, उत्तर भी नहीं है : उत्तर की सम्भावना है। मेरे लिए यहाँ उदाहरण देना सम्भव नहीं है, लेकिन मैं आप विद्वज्जनों से प्रार्थना करूँगा कि जहाँ-जहाँ शमशेर की कविताओं में 'कौन', 'न जाने कौन?' आदि प्रश्नवाची व्यंजनाएँ प्रयुक्त हुई हैं, उनकी आप महादेवी के 'कौन', 'न जाने कौन' आदि से तुलना करें तो समानता और अन्तर दोनों स्पष्ट होगा। महादेवी का 'कौन' भी असीम की स्थापना करता है, लेकिन वह असीम घिरा हुआ असीम है। आशा करता हूँ कि 'घिरे हुए असीम' की कल्पना सिर्फ़ शाब्दिक उलटबाँसी नहीं लगेगी, लेकिन आप देखेंगे कि यह वही है जिसे पहले दरार, फाँक या अन्तर्वर्ती विस्तार का नाम दिया गया।

प्रश्न के कोर पर उत्तर की जो सम्भावना झिलमिलाती है, वही बिम्बलोक है। यह सम्भावना मालार्मीय विडम्बना के बीच कल्पना के अनुग्रह की दुर्लभ घड़ियों की तरह आती है। कभी-कभी ऐसा होता है कि बिम्बलोक दरार को पूरा-का-पूरा भर देता है। सुन्दरता का अहैतुक अवतार, अनन्त और अपरम्पार लीला होने लगती है। यह यूटोपिया का वह क्षण है जिसमें पूरा-का-पूरा काल देश में परिवर्तित हो जाता है। अत्यधिक उल्लास, और चमकते हुए उत्साह के साथ, परिपूर्ति का यह अनुभव एक नये तरह की निस्सीमता, बन्धन-मुक्ति और स्वतन्त्रता की निस्सीमता से कवि का साक्षात्कार कराता है, क्योंकि यह सिर्फ़ उल्लास और आवेग का नहीं बल्कि एक बहुत बड़ी विजय का भी क्षण है। यह पाश टूटना, उस संकोच और प्रतिरोध के पाश का टूटना है जो आत्म और वस्तु की परस्पर उन्मुख गतियों को परस्पर विपरीत गतियों में बदलता रहता है। परिपूर्ति की यह धारासार बारिश, जो लगता है कि कोई भी ख़ाली जगह नहीं छोड़ती, शमशेर की यूटोपियन कविताओं में व्यक्त हुई है। मैं पहले कह चुका हूँ कि यूटोपिया भविष्य की भविष्यता नहीं, बल्कि उसकी वर्तमानता है, अर्थात् यूटोपियन दृष्टि वर्तमान का निषेध नहीं करती, भविष्य और वर्तमान के बीच जो अन्तराल है, उसका निषेध करती है। तब उस 'घिरे हुए असीम' का क्या

होता है? क्या वह घिरा हुआ या असीम नहीं रह जाता? घिरा हुआ असीम वह तब भी रहता है; फ़र्क़ इतना ही है कि जो कुछ पहले अभाव या रिक्तता की तरह लगता था, वह सहसा भाव या परिपूर्ति में बदल जाता है। शून्य अवस्था धन अवस्था में बदल जाती है। क्या इस रिक्तता को जो अलग करती दिखती थी, इस तरह नहीं देखा जा सकता है कि वह दोनों आईनों को जोड़ती हुई दिखे? शमशेर की यूटोपियन कविताओं में ही उनके बिम्ब सर्वाधिक सघन, ठोस, और अपारदर्शी मालूम पड़ते हैं, या यों कहें कि वे कम-से-कम बिम्ब रह बाते हैं और अधिक-से-अधिक प्रतिच्छवि मालूम पड़ने लगते हैं। उनकी वह गहराई जो उन्हें एक बिम्बलौकिक चमक देती है, विलीन होने लगती है। यूटोपिया की तलाश हाशिये की लिखावट की तलाश है। अर्थात् जैसे-जैसे कवि यूटोपिया की ओर बढ़ता है वह अपनी मृत्यु की ओर बढ़ता है। क्योंकि यूटोपिया की अन्तिम परिणति मार्क्सवाद है (कम-से-कम शमशेर के लिए अब तक रही है), और मार्क्सवाद वह हिस्सा है जो काव्यानुभूति के बाहर पड़ता है। यह शुद्ध वस्तुपरकता है जहाँ कवि मर जाता है कवि ही क्यों यथार्थ भी मर जाता है, हाथ आता है सिर्फ़ एक मरा हुआ वर्तमान और मरा हुआ भविष्य।

आख़िरकार यूटोपिया का मतलब क्या है? वह लोक जिसका अस्तित्व नहीं है। इस तरह उसके अस्तित्व में ही अनस्तित्व का आवरण है। उसका संकल्प जितना शुद्ध, जितना उन्मुक्त होगा, उतना ही वह निषिद्ध एवं वर्जित होता जायेगा, इसी कारण वह बिम्बलोक है। सरहद के पार यूटोपिया की स्पृहा अपने अन्तिम रूप में मृत्यु की स्पृहा की तरह महसूस होती है :

आईनो, रोशनाई में घुल जाओ और आसमान में
मुझे लिखो और मुझे पढ़ो।
आइनो, मुस्कराओ और मुझे मार डालो।
आइनो, मैं तुम्हारी ज़िन्दगी हूँ।

लेकिन शमशेर की कविता के हाशिये पर सिर्फ़ मार्क्सवाद का नाम नहीं लिखा है। दूसरी तरफ़ एक और हाशिया है जिस पर एक और इबारत है जो एकदूसरे अर्थ में वर्जित है। उस इबारत का नाम शमशेर देते है—सुर्रियलिज़्म या अतियथार्थवाद। यह पहली इबारत की ठीक उलटी इबारत है। धन का ऋण पक्ष है। अतियथार्थ वस्तुतः इतिहास में क्या था या क्या है, यह उतना प्रासंगिक नहीं है जितना यह कि उसका निजी इस्तेमाल शमशेर करते हैं। उनके लिए अतियथार्थवाद शुद्ध आत्मपरकता है जिस तरह मार्क्सवाद शुद्ध वस्तुपरकता है। रेखाचित्रों की शक्ल में वह 'कुछ कविताएँ' नामक संग्रह में 'घनीभूत पीड़ा'

शीर्षक कविता में हाशिये पर मौजूद है और ये चित्र 'चीन' नामक कविता के चीनी अक्षरों की भाँति कविता की 'पहुँच के बाहर' होते हुए भी कविता के 'अभिन्न अंग' हैं। बहरहाल, मुख्य बात यह है कि दोनों हाशियों की तरफ़ कवि का रुख़ एक-जैसा नहीं है। मार्क्सवाद या वस्तुपरकता वह है जिसका कवि क़ायल है, लेकिन जिसे वह काव्यानुभूति में ला नहीं पाता। अतियथार्थवाद वह है जो बरबस काव्यानुभूति में फूटा पड़ता है, लेकिन कवि जिसका क़ायल नहीं है और जिसे दबाकर, निकालकर कविताओं में से अलग कर देना चाहता है। एक तरफ़ अपने को वायवी बनाकर असम्भव ऊँचाई को छू लेने की स्पृहा है, दूसरी तरफ़ अपने को पत्थर की तरह ठोस बनाकर उमड़ती हुई वायवीयता को दबा देने की कोशिश है। इन दोनों हाशियों के बीच शमशेर की काव्यानुभूति एक व्याकुल शान्ति की तरह स्थिर है। मूलतः वह जिसे हम जीवन कहते हैं, दो अतियों अथवा सीमान्तों के बीच गति गौर प्रतिगति का एक झीना, झिलमिलाता हुआ और बेचैन सन्तुलन है।

मार्क्सवाद की तरह अतियथार्थ भी एक यूटोपिया की सृष्टि करता है। यह यूटोपिया एक तरह की निषेधात्मक यूटोपिया है। धन बिम्बलोक के मुक़ाबले में ऋण बिम्बलोक है। 'कुछ और कविताएँ' में दी हुई दो कविताएँ 'सींग और नाख़ून' तथा 'शिला का ख़ून पीती थी' इस निषेधात्मक या यों कहें, निषिद्ध यूटोपिया का चित्र प्रस्तुत करती हैं। यहाँ भी काल पूर्णतः देश में समाहित हो जाता है—जैसे समय का प्रवाह पत्थर होकर रुक गया हो। इसके आगे राह नहीं है। अर्थात् घिरा हुआ असीम यहाँ भी पूरा-का-पूरा भर गया-सा लगता है :

> शिला का ख़ून पीती थी
> वह जड़
> जो कि पत्थर थी स्वयं
> सीढ़ियाँ भी बादलों को झूलती
> टहनियों-सी
> और वह पक्का चबूतरा
> ढाल में चिकना :
> सुतल था
> आत्मा के कल्पतरु का?

आप देखेंगे कि यह बेचैन छटपटाहट जो गति और प्रतिगति के बीच सन्तुलन खोजती हुई 'अमन का राग' में उन्मुक्त हो गयी थी, यहाँ आकर ठोस, बिल्कुल जड़ हो गयी है। इन कविताओं के बिम्ब भी उतने ही सघन, ठोस और अपारदर्शी हैं।

लेकिन इस ध्रुवान्त पर वे सबसे अधिक दुरूह लगते हैं। 'अमन का राग' या 'चीन' में अर्थ जो शब्दों की सतह पर तैरता दिखता है, यहाँ आकर 'गुम' हो गया है। पूरी कविता के भीतर एक विशाल अनुपस्थिति की व्यंजना होती है। इस निषिद्ध यूटोपिया के पास पहुँचने पर भी बिम्ब अपनी बिम्बलौकिकता खोने लगते हैं, वे बिम्ब नहीं रह जाते : वे प्रतीक हो जाते हैं। ये प्रतीक किसके प्रतीक हैं? ये प्रतीक हैं—कुछ-नहीं के। अक्षरशः कुछ-नहीं के। यह पीड़ा की वह अवस्था है जहाँ उसमें से स्पृहा, उच्छ्वास, तड़प, बेचैनी सब कुछ अनुपस्थित हो जाता है और दर्द संगमरमर की एक जड़ चट्टान की तरह जम जाता है। हाशिये की इस ऋण दिशा में भी कविता जैसे-जैसे बढ़ती है, अपनी मृत्यु की ओर बढ़ती है। इसलिए कि इसके आगे पागलपन, मानसिक विक्षिप्तता की स्थिति है जो चेतना की मृत्यु का पर्याय है। घबरा-घबराकर शमशेर इस प्रतीकात्मक अतियथार्थ से यदि वापस लौटते हैं तो कोई आश्चर्य नहीं, वह अपने होशोहवास की दुरुस्ती को बनाये रखने के लिए ही संघर्ष करते हैं।

सीमान्तों तक जाकर इस खाई को नहीं पाटा जा सकता। फिर आदमी क्या करे? हारकर, हताश कातरता के साथ शमशेर उस घिरे हुए असीम के बीच में सन्तुलन की तलाश करते हैं। यह मध्यता एक फाँस, अटकाव, की तरह महसूस होती है, जैसे कुछ ऐसा है जो हमेशा के लिए चंगुल में फँस गया हो। मध्य का यह फाँसदार सन्तुलन निष्क्रिय नहीं है। वह मुख्यतः गति है—'ओ सुदूरपन, ओ केवल लयगति।'

लेकिन मध्य का यह सन्तुलन विधेयक, सक्रिय, स्वयंभू उत्स की तरह नहीं जन्म लेता, जैसा कि अज्ञेय के काव्य में है। इसके विपरीत यह सन्तुलन दो निषेधों के आपसी निषेध से पैदा होता है। शमशेर मूलतः अतिवादी हैं, ऐसे अतिवादी जो अपने ही अतिवाद से सहमकर वापस लौटने की चिरन्तन मुद्रा में गिरफ़्तार हो गये हैं। यही है जो उलझी हुई भावनाओं का रूप ग्रहण करता है। दो पहाड़ों को ठेल कर उभरते हुए आदमी वाली कविता में भी, जो उनकी दूसरी कविताओं के मुक़ाबले इस सन्तुलन को अधिक-से-अधिक विधेयक रूप देती दिखती है—अन्त में बादलों के दो-चार निषेध करने वाली दो गतियों की तरह उस फाँस की याद दिला ही देते हैं।

इस प्रकार यथार्थ की तह में निषेध है—जो बिम्बलोक को जन्म देता है। यह निषेध मालार्मे की तरह सिर्फ़ रिक्तता की सृष्टि न करे, इसलिए इसको ज्यों-त्यों आत्मसात् करना सम्भव नहीं है। दूसरी तरफ़ इसकी सत्ता से इन्कार करना धन या ऋण यूटोपिया में पहुँचना है जो मृत्यु का ही दूसरा नाम है। अतः इसके प्रति

सहमा हुआ-सा, कातर, निरीह, वैष्णव भाव ही एकमात्र उपाय है। जैसे ही यह भाव उदित होता है, बिम्बलोक एक बेचैन सन्तुलन की भाँति जन्म लेता है।

शायद अब आप देखेंगे कि शमशेर सचमुच कितनी साँसत में हैं। उनकी स्पृहा की समस्या इस निषेध को विधेय रूप में आत्मसात् करने की है। बिना तट पर पहुँचे हुए ही तटस्थ होने की है। चेतना के सीमान्तों को चेतना के मध्य में महसूस करने की है। इसी कारण इतनी ऐंठन, इतना उलझाव, इतना पेचोख़म है और उनके ऊपर तैरती हुई निरीह, मौन, आर्द्र सरलता है। ख़ास बात यह है कि यह मुख्य स्थिति भाव या वस्तुओं के तमाम रूपों में छिपकर अलग-अलग नहीं आभासित होती, बल्कि भावों या वस्तुओं के मर्म में मौजूद यह एक ही स्थिति दिखती है। इसको शमशेर बारम्बार घुलना या घुलाना कहते हैं—और इसीलिए काव्यानुभूति यथार्थ के जिस हिस्से को पकड़ती है, शीर्षकों के बावजूद एक ही कविता का निर्माण करती दिखती है।

'घिरे हुए असीम' के निषेधों की यह भावभूमि बारम्बार उन बिम्बों को जन्म देती है जो अपनी विविधता के बावजूद एक ही हैं :

1. रह गया-सा एक सीधा बिम्ब
   चल रहा है जो
   शान्त इंगित-सा
   न जाने किधर।
2. मैं सुनूँगा तेरी आवाज़
   पैरती बर्फ़ की सतहों में तीर-सी
3. एक दरिया उमड़कर पीले गुलाबों का
   चूमता है बादलों के झिलमिलाते
   स्वप्न-जैसे पाँव
4. मौन आहों में बुझी तलवार
5. कठिन प्रस्तर में अगिन सूराख़
6. ग़रीब के हृदय
   टँगे हुए
7. सुर्मई गहराइयाँ
   भाव में स्थिर
8. पूरा आसमान का आसमान है/एक इन्द्रधनुषी-ताल
9. मोह मीन गगन लोक में बिछल रही
10. मैं खुले आकाश के मस्तिष्क में हूँ

11. कई धाराएँ सड़ी हैं स्तम्भवत् गति में
12. उषा के जल में सूर्य का स्तम्भ/हिल रहा है
13. धुँधली बादल रेखा पर टिका हुआ आसमान
14. क्षितिज के बीचोबीच खिला हुआ फूल
15. अन्धकार के चमकीले निर्झर में
तुम्हारे स्वर चमकते हैं
16. ख़ून बजता है हवा में
आदि-आदि।

ये सारे बिम्ब निषेध की प्रक्रिया में सन्तुलित हैं। उनका अस्तित्व लगभग घुलकर रिक्त होते जाने के क्षण में है। उनकी चमक, उनकी पारदर्शिता और उनकी गत्यामकता इसी से उपजती है। इसके अलावा वे उसी घिरे हुए असीम में अटके हुए हैं; अन्धकार का चमकीला निर्झर उस असीम में गिर रहा है, लेकिन उसमें चमकता हुआ स्वर उसे पूरा का पूरा नहीं भरता। इस सन्तुलन में एक थरथराहट है। यह थरथराहट एक गति में फँसी हुई प्रतिगति है। बिम्ब न सही, तो थरथराहट, झिलमिलापन उस असीम को भरता हुआ दिखता है। घिरे हुए असीम को भरती दिखती हुई बिम्बों के साथ की थरथराहट या चमक ही उनकी बिम्बलौकिकता है। इस बेचैन, छीजते हुए सन्तुलन को हम पदार्थों की रेडियो-प्रक्रिया के दृष्टान्त से समझ सकते हैं।

मैंने 'बिम्बलोक' शब्द का प्रयोग किया है। बिम्ब और बिम्बलोक के अन्तर को स्पष्ट करना यहाँ आवश्यक है। यह लगभग उसी तरह का अन्तर है जो विष्णु और विष्णुलोक में है। विष्णुतत्त्व और विष्णुलोक में अन्तर है। उसी तरह बिम्ब के बिम्बतत्त्व और बिम्बलौकिकता में अन्तर है। शमशेर की कविता में घिरे हुए असीम को बिम्ब की बिम्बात्मकता नहीं, उसकी बिम्बलौकिकता भरती है। अन्तिम रूप में शमशेर की काव्यानुभूति बिम्ब की नहीं, बिम्बलोक की अनुभूति है। इसी का निर्माण वे बार-बार करते हैं और विविध बिम्बों के बावजूद एक ही कविता लिखते हैं। अन्ततः इस बिम्बलोक में बिम्ब का भी पर्यवसान हो जाता है। लेकिन बिम्ब का पर्यवसान उस लोक का भी पर्यवसान है।

निषेध का अन्त नहीं है। विधेय-रूप में निषेध को आत्मसात् करने पर भी वह निषेध ही बना रहता है, उसका अन्त नहीं होता। निषेध का अन्त वहाँ है जहाँ से विधेयकता का आरम्भ होता है। शमशेर का बिम्बलोक कब तक इस निषेधात्मक यूटोपिया से घिरा रहेगा? अवतार को लीला-रूप में देखने की कोशिश तात्त्विक दृष्टि से घटित होने को केवल होने के रूप में देखना है। आप देखेंगे

कि यही समस्या भक्तिकाल की भी दार्शनिक समस्या है। योरोप के अस्तित्ववादी दार्शनिक यास्पर्स ने कहा है कि असली प्रश्न यह है कि क्या नास्तिक सन्त होना सम्भव है? यास्पर्स का दर्शन इस प्रश्न का उत्तर देने की कोशिश है।

शमशेर की काव्यानुभूति के मौन विस्तार में भी यही प्रश्न मँडराता रहता है।

काव्यानुभूति की इस बनावट का शिल्प के स्तर पर एक नतीजा यह निकलता है कि शब्द जो जड़ थे, सहसा पोले पड़ने लगते हैं। शब्द की जड़ अवस्था वह है जो उनको रूढ़ अर्थों के पाश में बाँधती है। शब्द और अर्थ का सम्बन्ध एक अचल स्थिरता की तरह परिभाषाबद्ध हो जाता है। उनके पोले पड़ने का मतलब है कि अर्थ को परिभाषा के तात्त्विक कैवल्य की भाँति नहीं, बल्कि प्रक्रिया की तरह देखा जाये। तब शब्द के पाश टूटने लगते हैं और वे परिभाषा का अर्थ नहीं, जीवन की अनुभूति का अर्थ देने लगते हैं। शब्द की अर्थशक्ति में इतना बड़ा परिवर्तन हिन्दुस्तान में एक बार और हो चुका है जब गुमनाम ध्वनिकार ने व्यंजना शक्ति का आविष्कार किया। उस समय शब्दों के पाश टूटने की अनुभूति हुई होगी। ध्वनि-सिद्धान्त तत्त्वतः घटित को अस्तित्व की तरह फैलता हुआ देखने का प्रयास है। क्या ध्वनि-सिद्धान्त और बाद में विकसित होने वाले विशिष्टाद्वैत और शुद्धाद्वैत में कोई असंलक्ष्यक्रम रिश्ता है? आप विद्वज्जनों के सम्मुख मैं इस ख़तरनाक क्षेत्र में प्रवेश करने की मूर्खता नहीं करूँगा। इस गुत्थी को बोलना समर्थ व्यक्तियों का काम है। मैं केवल इतना कहना चाहता हूँ कि शब्दों के प्रति शमशेर की और समूची नयी कविता की दृष्टि हिन्दुस्तान की पुरानी उपलब्धियों से अलग नहीं है; बल्कि ठेठ उनके मध्य में स्थापित है। आज की कविता की समस्या लगभग उसी शक्ल में सामने आती है जिस तरह वह ध्वनिकार के सामने आयी थी। उसमें पहले की सभी दृष्टियों का समाहार हो गया। शमशेर की कविता या समूची नयी कविता को ठीक-ठीक देखने के लिए नयी कविता के प्रतिगान की ज़रूरत नहीं है, बल्कि कविता के नये प्रतिगान की ज़रूरत है :

"जो कि सिकुड़ा हुआ बैठा था, वो पत्थर
सजग-सा होकर पसरने लगा
आप से आप।"

ऐसी अवस्था में ऐसे शब्द साथ-साथ आने लगते हैं जिनके साहचर्य की कल्पना पहले नहीं की गयी थी और 'साँस की गंगा', 'हलकी मीठी चा-सा दिन', 'हँसी का फूल', 'मौत के रंगीन पहाड़', 'अगोरती विभा', 'काग़ज़ी विस्मय', 'सुलगता हुआ पहरा', 'मोतियों को चबाता हुआ गुल' जैसे प्रयोग सिर्फ़ चौंकाने

वाले करिश्मे नहीं लगते, बल्कि गूँजते हुए अर्थ से भर जाते हैं। कविता शब्दों और शब्दों के संयोग से नहीं बनती, बल्कि शब्दों का जाल जो यथार्थ पर फेंका जाता है, उससे बनती है। यह फेंका हुआ जाल ही अर्थ है। और अगर यथार्थ स्थिरता नहीं, गत्यात्मक प्रक्रिया है, तो शब्दार्थ को भी गत्यात्मक प्रक्रिया होना पड़ेगा। यही, शमशेर के शिल्प की समस्या है।

मैंने आपके सम्मुख काव्यानुभूति की बनावट प्रस्तुत की। ऐसे बहुत से सवाल हैं जो मैंने छोड़ दिये हैं। इस बनावट से कवि का जो स्पृहात्मक सम्बन्ध है, उसकी प्रकृति क्या है? यह सौन्दर्य की तरह क्यों आभासित होता है? इस समूचे अस्तित्व का हमारे रोज़मर्रा के जीवन से क्या सम्बन्ध है? छायावाद या हिन्दी-काव्य की परम्परा से इसका किस तरह का रिश्ता है? सबसे बढ़कर वह भावनात्मक अवस्था जो इस बनावट को ऐन्द्रिकता देती है, उसका व्यापार किस तरह का है, यह सब मैंने छोड़ दिया है। इनमें से कुछ प्रश्न तो ढाँचे की इस विवेचना के बाहर हैं, और कुछ का उत्तर देना शमशेर के ही शब्दों में मुझसे ज़्यादा 'ऊँची रुचि और मति' वाले विद्वानों का काम है।

इसलिए शायद आपको लगे कि काव्यानुभूति की बनावट की इस विवेचना में मैंने शमशेर की कविता के रेशे-रेशे बिखेरकर रख दिये और कविता की इहलीला समाप्त हो गयी। आख़िरकार विश्लेषण कविता की जगह तो नहीं ले सकता। क्षमायाचना के रूप में मैं आपके सामने शमशेर की दो बहुत मार्मिक कविताएँ 'सागर तट' तथा 'लौट आ ओ धार' रखकर इस विवेचना को समाप्त करूँगा। इन कविताओं में जो अवतरित होता हुआ सौन्दर्य है, यथार्थ पर थपेड़े मारता हुआ 'चेतना' का जो स्पन्दन है, यदि उसकी धड़कन को कुछ अधिक गहराई के साथ आप महसूस कर सकेंगे, तो मैं अपने इस प्रयास को सफल समझूँगा : आप के प्रति भी और कवि शमशेर के प्रति भी।

(इलाहाबाद की विवेचना गोष्ठी में पठित, 1964) *छठवाँ दशक* से

लघुमानव के बहाने हिन्दी कविता पर एक बहस (छायावाद से अज्ञेय तक)

क्या 'लघुमानव' की मृत्यु हो गयी? कुछ दिनों तक पक्ष-विपक्ष में 'लघुमानव' की चर्चा सुनायी पड़ी। अब नहीं सुन पड़ती। क्या 'लघुमानव' की कल्पना ने आज के साहित्यिक कृतित्व की रूपरेखा समझने में कोई मदद की, या सिर्फ़ यह एक कौतूहलपूर्ण आग्रह बनकर रह गया? बहुत कुछ ये सारे प्रश्न शव-परीक्षा जैसे लगते हैं। किन्तु यदि लघुमानव की मृत्यु हो भी गयी हो तो भी शव-परीक्षा एक दृष्टि से उपयोगी होगी।

जो लोग साहित्य को मूलतः मानव-मूल्यों से (अर्थात् मानवेतर मूल्यों से नहीं) जुड़ा हुआ मानते हैं और इसी में साहित्य की सार्थकता देखते हैं, उनके ऊपर एक सैद्धान्तिक या दृष्टिपरक ज़िम्मेदारी होती है। वह यह कि मनुष्य की परिभाषा क्या है, इस प्रश्न से साहित्य की मूल्यवत्ता को जोड़ते चलें। इस दृष्टि में यह भी स्वीकृति अनिवार्य है कि सम्पूर्ण मनुष्य को ग्रहण कर पाना सर्वदा असम्भव है। मनुष्य में अखण्ड आस्था, और उसको 'सबार ऊपर सत्य' अनुभव करने का एक अवश्यम्भावी नतीजा यह है कि मनुष्य को हम उपलब्धि और सम्भावना, दोनों का ऐसा सम्मिश्रण जानें जो पकड़ में आते-आते भी हाथ से छूट जाता है। सम्भावना को हम सत्य और सृष्टि दोनों ही रूपों में देख सकते हैं। देशकाल-विपन्न प्रतिक्षण सर्जित-विसर्जित मानववादी भी मनुष्य के उस 'अनन्त' को, जो सम्भावना का विस्तार है, कम-से-कम भविष्य में फैला हुआ देखता है। और जो मनुष्य को मूलतः देशकालातीत 'सत्य' मानते हैं वह तो उसकी पकड़ में न आने वाली अनन्तता का ढिंढोरा पीटते ही हैं।

हिन्दुस्तान कभी भी योरोप की तरह मनुष्य को सिर्फ़ देशकाल-निबद्ध प्रतिक्षण सर्जित-विसर्जित सृष्टि मानने को तैयार होगा या नहीं, या उसका इस तरह मानने को तैयार हो जाना विश्व-सभ्यता के लिए शुभ होगा या अशुभ, इस अटकल में न पड़कर हम इतना तो अवश्य ही मानकर चल सकते हैं कि भारतेन्दु हरिश्चन्द्र

के ज़माने से होकर आज तक मनुष्य को उसकी चिरन्तन परिवर्तनशीलता में समझने का ज़िम्मा हिन्दी साहित्य ने उठा लिया है, और अभी इस ज़िम्मेदारी से निकल भागने की कोई ख़ास आतुरता नहीं दिखलाई पड़ रही है। अगर यह सत्य है, तो हमें यह भी स्वीकार करना होगा कि बारम्बार मनुष्य को बदलते हुए देशकाल में परिभाषित करना साहित्य की ज़िम्मेदारी है। बल्कि हम यह भी कहें कि साहित्य तो यह काम करने के लिए अपनी प्रकृति से मजबूर है; आलोचना और दर्शन इस समस्त उपलब्धि को व्यवस्थित करके चेतना को अगली चढ़ान के लिए तैयार कर रहे हैं या नहीं, यह सन्दिग्ध हो सकता है। क्योंकि कविता की सृष्टि करना यह तो मनुष्य की आदिम प्रतिभा है जो शायद पाषाणकाल में भी रही होगी। परिभाषा देना और विचारों के कटघरे बनाना-बिगाड़ना, यह सभ्यता की बहुत बाद की देन है। और आज भी दुनिया में ऐसी जातियाँ मिल जायेंगी जो जंगलों में बसी हुई कविता ही में जीती-मरती हैं, लेकिन आलोचना, दर्शन और परिभाषा के 'निरर्थक' कटघरों में जूझने की ज़रूरत उनको पड़ी ही नहीं।

मेरी समझ में आलोचना का काम साहित्यिक कृति की संवेदना को ज़बर्दस्ती खींचकर पाठक तक पहुँचाना नहीं है। आलोचना सिर्फ़ इतना कर सकती है कि पाठक के जो भी वैचारिक या धारणात्मक पूर्वग्रह, जाने या अनजाने, अपनी उपस्थिति या अनुपस्थिति के कारण, पाठक को उस ओर उन्मुख होने से रोक रहे हैं जहाँ से काव्य का 'प्रभाव' प्रवाहित हो रहा है, उन्हें विनष्ट करके पाठक को एक उचित तत्परता की अवस्था में छोड़ दे। यन्त्र-जगत् की एक स्थू उपमा के द्वारा हम यों कह सकते हैं कि रेडियो की सूई को उचित लहर-मान पर लाकर लगा भर देना आलोचना का काम है; बाक़ी ट्रांसमीटर से आता हुआ गायन तो रेडियो सेट स्वयं पकड़ेगा। अब अगर वहाँ से गायन आ ही न रहा हो, या आवाज़ में गड़बड़ी हो, तो आलोचक गाने वाले के स्वर से स्वर मिलाकर गा नहीं सकता।

मनुष्य की हर परिभाषा मूलतः 'सहज मनुष्य' की परिभाषा है। चाहे हम मनुष्य की उस परिभाषा को कितना भी विकृत या अयथार्थ क्यों न समझें। अगर वह 'सहज मनुष्य' की न हुई तो उसे परिभाषा कहना ही व्यर्थ है। यह कहना कि 'मनुष्य एक सामाजिक प्राणी है' मूलतः यह कहना है कि 'अपने सहज रूप में मनुष्य एक सामाजिक प्राणी है।' यह नहीं कि वह असामाजिक नहीं हो सकता। चाहे तो वह हो सकता है, लेकिन उस हालत में वह सहज नहीं होगा, वक्र या कुटिल हो जायेगा। इसी तरह 'मनुष्य एक बौद्धिक प्राणी है' या 'मनुष्य एक भावुक प्राणी है', इसमें उसके अन्य गुणों के केन्द्र में, या उसके अन्य गुणों को व्यवस्थित करने वाले इस या उस 'सहज-स्वरूप' या 'निजी-स्वरूप' की ओर

ही इशारा है जिसे उपलब्ध करने का आग्रह था, जिसमें लय हो जाने की ज़रूरत हम महसूस करते हैं।

मनुष्य की कोई भी परिभाषा उसके सहज रूप को पूर्णतः पकड़ सकेगी, ऐसा मानववादी कभी मान ही नहीं सकता, जैसा ऊपर कहा गया। इसीलिए मनुष्य की परिभाषा वैज्ञानिक न होकर सृजनात्मक होती है। लेकिन इसका मतलब यह नहीं है कि उसे परिभाषित किया ही न जाय। निस्सीम होना हमारी विवशता है। लेकिन उस निस्सीम को बराबर सीमित जाल में फँसाते रहना और उसमें निरन्तर सफल-असफल होते रहना, यह हमारी सबसे बड़ी उपलब्धि है, सृष्टि है। इसलिए साहित्य कभी सहज मनुष्य को नहीं पकड़ता—वह केवल उस केन्द्रित-कालबद्ध, जाल में फँसी हुई सीमित झलक को पकड़ता है जहाँ से वह सहज आभासित होता है। कुछ दिनों तक—युग परिवर्तन की एक मुद्रा में सहजता का यह आभास सजीव और मर्मग्राही लगता है। हमें लगता है, अन्तिम पूर्ण सत्य को हम पा गये हैं। फिर धीरे-धीरे युग-परिवर्तन की दूसरी मुद्रा आने तक, सत्य की यह प्रतीति विनष्ट होने लगती है, हमें लगता है कि हमारी पकड़ में तो सिर्फ़ दो-चार तत्त्व ही आये। मनुष्य की सजीवता और मनुष्य का मर्म तो फिर भी छूट गया। और दूसरा जाल फेंकने की तैयारियाँ होने लगती हैं। आदमी को कटघरों में बाँधकर कौन रख सका है? लेकिन सिवा आदमी के इस कोशिश में लगा भी कौन?

इसलिए मुझे यह कहना कि लघुमानव 'सहज मानव' का विरोधी है, कुछ जँचता नहीं। और यह भी आग्रह मुझे काम का नहीं लगता कि हम 'सहज-मानव' या 'मानव' ही क्यों न कहें। क्योंकि 'सहज-मानव' या 'मानव' की किस झलक को हम देख रहे हैं और उस असीम की कितनी सजीवता हमारी पकड़ में आ रही है, इसी को समझने के लिए तो यह सारी खोजबीन है। अगर हम सिर्फ़ ऐसी शब्दावली का व्यवहार करें जिससे पाठक के मन में मनुष्य के एक पहलू और दूसरे पहलू में विवेक न जाग्रत होकर, उसके पूर्वग्रह ही पुष्ट होते रहें, तो हम पाठक की चापलूसी भले ही कर लें, साहित्य के प्रति अपने भाव-यन्त्र को अधिक उन्मुख, अधिक सूक्ष्म और अधिक स्पन्दनशील बनाने से रहे।

साहित्य के बारे में सोचने का यह ढंग उन्हें नहीं रुचेगा जो मनुष्य को देशकालातीत आत्मस्थ सत्व के रूप में सुनने या बताये जाने के अभ्यासी रहे हैं। उनसे बहस भी नहीं है, क्योंकि उनसे साहित्य की चर्चा ही क्या? आख़िरकार शंकराचार्य की कोई दिलचस्पी कालिदास में भी रही हो, इसका प्रमाण अभी तक तो नहीं ही मिला है। काश मिलता!

लघु-मानव के प्रति एक आपत्ति यह भी है कि कल्पना मनुष्य की महत्ता या महानता का निषेध करती है; मनुष्य का जो सर्वश्रेष्ठ हैं, सबसे विराट् है, उससे हमारे सम्बन्ध को तोड़ देती है। मुझे इसमें शाब्दिक चमत्कार ज़्यादा दिखलायी पड़ता है, तत्त्व कम। क्योंकि सत्य यही है कि लघु-महत् में वैसी दुश्मनी नहीं है, जैसा कि शब्दकोश बतलाता है। इस सम्बन्ध में मैं प्रसाद जी की सूक्ष्म दृष्टि का हवाला दूँगा जहाँ उन्होंने यथार्थ को लघु से और आदर्श को महत् से सम्बद्ध किया है : और यथार्थ और आदर्श दोनों को समन्वित दृष्टि से देखने की कोशिश की है। लघु और महत् दोनों कहीं-न-कहीं वैसे ही मिलते हैं जैसे यथार्थ और आदर्श। यह कोई नयी उपलब्धि नहीं है। प्रसाद जी ही क्यों, सारे 'छायावाद-युग' की कोशिश इन दोनों के भेद को मिटाने की ही रही है। 'यथार्थोन्मुख आदर्शवाद', 'आदर्शोन्मुख यथार्थवाद' या उसी वज़न पर अगर हम बना सकें : 'लघुन्मुख-महत्वाद' या 'महदुन्मुख-लघुवाद' (जो कुछ भी इन सारगर्भित शब्दान्वयों का मतलब हो!) इस क़िस्म की शब्दावली छायावाद-युग की है, लक्ष्मीकान्त वर्मा की नहीं।

इसलिए अच्छा हो कि हम मानकर ही चलें कि लघु की कल्पना मनुष्य में जो 'महत्' है, उसका निषेध नहीं करती। साहित्य की समीक्षा को एक पश्चिमी आलोचक ने 'कॉमन-परसूट'—एक सहयोगी प्रयास—कहा है। साहित्य को समझने और आत्मसात् करने में उत्पन्न बाधाओं को दूर करने का यह सहयोगी प्रयास बहुत-कुछ सुगम हो जाये, अगर चर्चा अथवा विश्लेषण करने वाले कम-से-कम इस पर सहमत हो जायें कि जिन बातों पर आज से एक पीढ़ी पहले बहस हो चुकी है, उन्हें फिर से नहीं उठायेंगे या उठायेंगे तो उन उत्तरों काम ध्यान रखेंगे जो पहले दिये जा चुके हैं। फ़िज़ूल की बकवास तो इससे बन्द ही हो जायेगी। कम-से-कम इतना तो हो ही जायेगा कि मतभेद अगर प्रसाद जी से है, तो उसका गुबार लक्ष्मीकान्त वर्मा पर नहीं उतरेगा।

बहस इस पर हो सकती है, और है भी कि लघु और महत्, यथार्थ और आदर्श जहाँ मिलते हैं, उस मनोभूमि की अनुभूति कैसी है—दोनों के पारस्परिक सम्बन्ध की प्रकृति क्या है। साहित्य, चूँकि उस अनुभूति का साक्षात् अनुभव करता है, इसलिए उसके लिए यह ज़रूरी नहीं है कि वह दर्शन की तरह हर एक को टुकड़े-टुकड़े में बाँटकर परखे, मिलाये और फिर उत्तर दे। किन्तु इसका मतलब यह नहीं है कि साहित्य के उत्तर में बौद्धिक गम्भीरता या औचित्य की कमी हो। आलोचना साहित्य का दर्शनशास्त्र है और उसका एक काम यह भी है कि वह संश्लिष्ट उत्तर का विश्लेषण करके उसकी सीमारेखा को सुस्पष्ट और तीक्ष्ण बनाये। नहीं तो जीवन के प्रति साहित्य का स्पर्श गूँगे के गुड़ की तरह

होकर रह जायेगा। रीतिकाल की कविता और मनोभूमि में कितना फ़र्क़ पड़ जाता, अगर रीतिकालीन कवियों के पास काव्य के बारे में विवेकसम्मत दार्शनिकता की भी एक परिपाटी होती।

यथार्थ-आदर्श की मिश्रित मनोभूमि का 'स्पर्श' कैसा है, इसके बारे में पिछले चालीस वर्षों में हिन्दी साहित्य ने क्या उत्तर दिये हैं? किसी हद तक हम इसे यों रख सकते हैं : छायावाद-युग के लिए आदर्श यथार्थ का ध्येय या लक्ष्य है। इसलिए दोनों के सम्बन्ध का चित्र परस्पर 'उन्मुखता' से खींचा जाता है। यह 'उन्मुखता' काल में भी है, कालातीत भी। इसमें सब एक-जैसे नहीं हैं। प्रेमचन्द में तो निश्चय ही यह 'उन्मुखता' कालबद्ध ही है। जो अपने को रहस्यवादी नहीं कहते, वे कवि भी काल में ही 'उन्मुख' हैं। यों 'रहस्यवादी' भी काल का अतिक्रमण मूलतः नहीं करते। सूक्ष्म विवेचना से यह दिखलाया जा सकता है। स्थिति—कालान्तर गति— लक्ष्य : यथार्थ-आदर्श, या लघु-महत् के सम्बन्ध का यह ढाँचा सिर्फ़ छायावादी कवियों या प्रेमचन्द में हो, ऐसा नहीं है। जो कुछ थोड़ी जानकारी मुझ जैसे व्यक्ति को हिन्दी के अतिरिक्त भी हिन्दुस्तान के साहित्य की हो सकती है (दुर्भाग्य से कुल मिलाकर बहुत कम है), उसके भरोसे यह कहने का साहस करूँ कि सारे हिन्दुस्तान के साहित्य की मनोभूमि इतिहास के उस चरण में ऐसी ही रही है? और अगर हम साहित्य के बाहर सारे देश की मनोभूमि पर निगाह डालें तो यह स्वाभाविक भी लगता है। गुलामी की स्थिति यथार्थ और लघुता की स्थिति थी। और दूर कहीं पर, किन्तु निश्चित या अनिश्चित काल के भीतर ही आज़ादी का लक्ष्य आदर्श और महत्ता का लक्ष्य था। सारा देश उस लक्ष्य की ओर बढ़ रहा था। यह बढ़ना, यह 'उन्मुखता', एक स्थितिजन्य सत्य थी और उन लोगों की मनोभूमि के लिए भी ढाँचा तैयार करती थी जिन्हें आज़ादी की लड़ाई में सीधी दिलचस्पी नहीं थी।

यह वर्णन बहुत सरल और आपत्तिजनक न लगे, इसलिए कुछ और संकेत ज़रूरी हैं। एक तो यह कि सम्बन्धों की रूपरेखा प्रस्तुत करने का मतलब यह नहीं है कि हमने उसके समस्त रंग, सारे उतार-चढ़ाव भी निबटा दिये। स्तरभिन्नता के कारण, उसी सम्बन्ध के भीतर ही बड़ी विभिन्नता दिख सकती है। अनुभूति केवल एक ढाँचे या मनोभूमि में ही चक्कर नहीं काटती, उसमें अपनी ख़ुद की विविधता अथवा एकरसता; सम्पन्नता अथवा दरिद्रता; विस्फोट अथवा सन्तुलन; निविड़ता अथवा रुक्षता होती है। नहीं तो एक ही मनोभूमि पर अभिव्यक्त होने वाले सभी लेखक एक ही जैसा लिखने लगें। या एक ही मनोभूमि पर विचरण करने वाले दो देशों या युगों की लय-सम्पन्नता एक-जैसी होती। लेकिन हम देख

सकते हैं कि रोमाण्टिक मनोभूमि इंग्लैण्ड में जितनी समृद्ध और पल्लवित हुई, उतनी फ्रांस में नहीं; उसी तरह तथाकथित 'क्षयग्रस्त' मनोभूमि या उसके बाद 'आधुनिक' मनोभूमि, फ्रांस में जितनी पल्लवित हुई, उतनी इंग्लैण्ड में नहीं। पेड़ तो सभी आम के होते हैं, लेकिन सभी न एक जैसे छतनार होते हैं, न सब में एक जैसी मंजरियाँ ही आती हैं, न फलों में स्वाद ही एक जैसा होता है। इसलिए इस सामान्य ढाँचे में हिन्दी, बाङ्ला, मराठी, गुजराती, उर्दू आदि में अलग-अलग कैसा पल्लवन हुआ, इसका लेखा-जोखा कोई बहुभाषाविद् हमारे सामने रखता तो मुझ जैसे बहुत से अन्धकारग्रस्त लोगों को अपने देश को कुछ ज़्यादा निकट से पहचानना सम्भव होता। अभी तो अपना हिन्दी का गाँव ही समूचा भारत लगता है। शेष सारे गाँव परदेश ही हैं।

'उन्मुखता' के विषय में दो बातें और। यह सब जानते हैं कि 'छायावाद' के कवि 'परिवर्तनवादी' हैं, लेकिन मेटाफ़िज़िक्स, मनुष्य देशकालातीत अनन्त सत्य के प्रभावमण्डल का दामन नहीं छोड़ते। मेटाफ़िज़िक्स छायावाद के लिए चिन्तन या अनुभव की विद्या उतनी नहीं है जितनी कि एक काव्यात्मक मुद्रा। इससे छायावादी काव्य में एक तरफ़ तो 'आदर्श', 'महत्' की झलकियाँ मिलती रहती हैं, दूसरी ओर गम्भीरता की दृष्टि भी होती है। इस गम्भीरता को परम्परा से जुड़कर पुष्ट होने का अहसास भी होता रहता है। क्योंकि छायावाद युग की प्रचलित धारणा है कि मेटाफ़िज़िकल होना ही 'भारतीय' परम्परा और संस्कृति से जुड़ जाना है। इसके अतिरिक्त होता भी क्या, जब उन्नीसवीं सदी में 'भारतीय संस्कृति' की पहली सड़क कपिल, कणाद, पतंजलि, वशिष्ठ, अश्वघोष, नागार्जुन, शंकर जैसे बाल की खाल निकालने वाले दर्शनशास्त्रियों के मुहल्ले में से होकर निकाली गयी थी। इस सड़क को निकालने में अंग्रेज़ों और हिन्दुस्तानियों ने मदद की थी, यद्यपि दोनों के उद्देश्य भिन्न थे। सड़क काफ़ी चौड़ी थी और उन दिनों इस पर ट्रैफ़िक बड़ा ज़बर्दस्त था। आगे हम देखेंगे कि छायावाद के दूसरे दौर में बच्चन, भगवतीचरण वर्मा, दिनकर, नवीन आदि गद्य तथा काव्य-लेखकों ने किस प्रकार छायावाद का बाक़ी सब बदस्तूर रखते हुए, मेटाफ़िज़िकल दार्शनिक मुद्रा और तज्जनित 'गम्भीरता' को नमस्कार किया और इससे कौन से नये 'मोड़' पैदा हुए—क्योंकि यही समय 'प्रगतिवाद' के उद्भव का भी है। अभी तो इतना द्रष्टव्य है कि इस मेटाफ़िज़िकल तत्त्व ने लघु-गति-महत्, अथवा यथार्थ-परिवर्तन-आदर्श के फ़ार्मूले में स्पष्टतः कुछ नये संवादी स्वर जोड़ दिये।

आध्यात्मिक तत्त्ववाद परिवर्तन के बिल्कुल विरुद्ध हो, ऐसा नहीं। हिन्दुस्तान का आध्यात्मिक तत्त्ववाद भी नहीं। परन्तु आध्यात्मिक तत्त्ववाद का परिवर्तन केवल

एक बार घटित होता है। उसके बाद परिवर्तन का 'संसार' ख़त्म हो जाता है। इसलिए इसका रूप काल से कालातीत, अज्ञान से ज्ञान, अविद्या से विद्या, मोह से निज-स्वरूप में लय होने, असत्य से सत्य, तमस् से ज्योति, मृत्यु से अमरता, गुलामी से आज़ादी, क्षितिज के इस पार से उस पार, अंग्रेज़ी राज से हिन्दुस्तानी राज, वेश्यावृत्ति से आश्रम, शराब से खद्दर, यथार्थ से आदर्श, लघु से महत् तक ही चुक जाता है। क्षितिज के उस पार कुछ ऐसा है जो विद्युत्-चुम्बक की तरह यों खींचता है कि निराला की सुदृढ़ मांसपेशियाँ और महादेवी के कोमल भावतन्तु एक सरीखे चरमराते दिखते हैं, लेकिन बारम्बार टकराने के बावजूद भी न क्षितिज ही टूटता है, और न यही उत्तर मिलता है कि उस पार है क्या आख़िर। 'कौन तम के पार, रे कह?' 'तोड़ दो यह क्षितिज, मैं भी देख लूँ, उस पार क्या है!' 'इस पार प्रिये तुम हो मधु है, उस पार न जाने क्या होगा।' और अन्त में :

फिर ये आये।
ये जो दीवारों के बाहर के वासी थे;
....
परिचय स्वागत की जब विधियाँ ख़तम हो गयीं
तब ये बोले :
यहाँ कहीं कुछ नया नहीं है।

उत्तर तो एक ही था : जैसा इस पार है, वैसा ही उस पार भी है; और उस पार के बाद भी एक क्षितिज है; और उसके पार भी एक उस पार है...और इसी तरह निरन्तर...लेकिन यह उत्तर 1947 के पहले नहीं दिया जा सकता था; यों 1947 आते-आते कुछ लोगों ने दीवाल पर चढ़कर उस पार की ताक-झाँक शुरू कर दी थी। लेकिन यह आगे का विकास है। अभी हम छायावाद पर थोड़ी और दृष्टि डालें।

आज हम परिवर्तन को सहज ही एक शृंखला के रूप में देखते हैं। इस शृंखला की कड़ियाँ काल में क्रम से जुड़ी हुई दिखलायी देती हैं। और प्रायः इस शृंखला का छोर कहीं नहीं दिखता। विचारकों का कहना है कि जो परिप्रेक्ष्य हमें बहिर्जगत् में देखने पर मिलता है, अन्तर्मन में भी देखने पर वैसा ही स्वरूप अपनी आत्मा का दिखता है। कम-से-कम यह परस्परापेक्षिता तो बहुत कुछ सामान्यतः स्वीकृत और बहुकथित तथ्य है, इसका दार्शनिक आधार जो हो, बहिर्जगत् को अन्तर्जगत् जन्म देता है या अन्तर्जगत् बहिर्जगत् को, या कोई तीसरा ही इन दोनों को। लेकिन यह अनुभूति कि हमारे मन में परत पर परत की एक शृंखला है, प्याज़ के छिलके की तरह, और हर परत पहली से कुछ भिन्न दिखलायी पड़ती है—

हमें बाहर जगत् में मंज़िल पर मंज़िल परिवर्तन के परिप्रेक्ष्य जैसी ही लगती है। ये दोनों ही नये परिप्रेक्ष्य हैं जिनके बीज तो छायावाद में खोजने पर मिलेंगे लेकिन जिसकी अनुभूति आज़ादी के बाद साहित्य की अपनी है। ये दोनों ही भीतर और बाहर के परिप्रेक्ष्य मेटाफ़िज़िकल चश्मे को त्याग कर परिवर्तन की शृंखला की ओर देखने के नतीजे हैं। क्योंकि छायावाद के बाद का न सिर्फ़ बहिर्जगत् अध्यात्म विहीन है, बल्कि अन्तर्जगत् भी 'आध्यात्मिक' नहीं है। नये कवियों में से बहुतों में काफ़ी दूर तक अन्तर्मन के महाद्वीप या महासागर में कोलम्बस-जैसी अन्वेषण यात्राएँ की हैं, कभी-कभी छायावादियों से ज़्यादा भी, लेकिन हिन्दुस्तान के इतिहास में पहली बार यह घटित हुआ कि भीतर बैठने पर 'आत्मा' के दर्शन नहीं हुए। मिला कुछ और ही। नयी कविता की 'आन्तरिकता' उस अर्थ में आध्यात्मिक नहीं है जिस अर्थ में छायावाद की 'आन्तरिकता' आध्यात्मिक या अर्ध-आध्यात्मिक है। इस 'आध्यात्मिक मुद्रा' का विनाश किसने किया? पहले पापियों में आज के नये कवि या नये कहानीकार या नये उपन्यासकार नहीं आयेंगे। जड़ खोदने का काम तो दिनकर, बच्चन, भगवतीचरण वर्मा आदि ने ही शुरू किया था। अज्ञेय और उनके साथ या बाद वालों ने तो सिर्फ़ मट्ठा डाला है।

वस्तुतः मेटाफ़िज़िकल तत्त्व तो गाँधी जी ही की शैली में वर्तमान हैं। सत्याग्रह-युग के साहित्य के दो विशाल आच्छादन हैं, गाँधी जी और रवीन्द्रनाथ। ये दोनों उस मनोभूमि के निर्माता हैं, या ख़ुद भी औरों की तरह अभिव्यक्ति मात्र, यह बहुत कुछ जिस दृष्टि से हम उस युग के परस्पर सम्बन्धों का अध्ययन करना चाहें, उस पर निर्भर करता है। गाँधी जी ने सत्य और स्वाधीनता की कुछ परिभाषाएँ दीं और उन तक पहुँचने का रास्ता बताया। यहाँ हमारे विवेचन का सम्बन्ध उन परिभाषाओं और मुद्राओं के मानसिक परिणामों से है। गाँधी जी की 'स्वाधीनता' का एक आयाम इतिहास के बाहर, देशकाल से परे भी है। उनकी स्वाधीनता उस सत्याग्रही को सहज ही उपलब्ध हो जाती है जो उस आन्तरिक परिवर्तन की सीमारेखा को पार कर जाता है जो उसे गुलाम बनाये हुए है। फिर इतिहास के चौखटे में वह गुलाम है, इसका कोई मतलब ही नहीं रह जाता। क्योंकि उसका एक आयाम उस चौखटे के बाहर है और ज़रूरत पड़ने पर चौखटे के बाहर वाला आयाम ही सब कुछ माना जा सकता है। उपन्यासकार की कलाकृति की तरह गाँधी जी का मनुष्य इतिहास के भीतर भी है, इतिहास के बाहर भी, कालबद्ध भी है, कालातीत भी। (क्या इसी कारण गाँधीवाद का सबसे सीधा और सबसे सशक्त प्रतिफलन उपन्यासों और कहानियों में ही हुआ है। काव्य और नाटक पर रवीन्द्रनाथ कुछ ज़्यादा छाये हुए हैं?) इसका प्रमाण तो

गाँधी जी के सम्पूर्ण चिन्तन, कर्म और व्यक्तित्व में विद्यमान है; यहाँ आश्वासन भर के लिए कोई-सा भी एक उद्धरण देता हूँ :

> "Everyone of you should, from this very moment consider yourself a free man or woman and even act as if you are free and no longer under the heel of this imperialism. This is no make-believe. You have to cultivate the spirit of freedom before it comes physically. The chains of a slave are broken the moment he considers himself a free man."

ÑSelections by Nirmal Kumar Bose, p. 208.

सत्य को अन्तर्ध्वनित होते हुए पकड़ना, यह शैली भी गाँधी जी की विशेषतः विख्यात है। सत्य को उसके मूल चारुत्व में आत्मा की संकल्पात्मक अनुभूति से ग्रहण कर लेना लगभग वैसी ही शैली है। अधिक विशिष्ट बात यह है कि अन्तर्ध्वनित यह सत्य, जो बारम्बार देशकाल के बाहर से आता हुआ अनुभूत होता है, उसी अनुपात में इतिहास का सत्य भी बन जाता है। यह चरम विश्वास कि दोनों में कभी व्यवधान होगा ही नहीं, सत्याग्रह-युग मानवीय आस्था की रीढ़ है। बेशक, इस अखण्ड, असन्दिग्ध आस्था पर हताश शंका प्रकट की बच्चन आदि ने, मुँह चिढ़ाया प्रगतिवाद ने। उसके बाद तो इन्द्रजाल टूटता ही गया। आज के साहित्य की मनोभूमि की प्रथम अनुभूति यही है कि अन्तःसत्य और बहिर्सत्य के बीच एक विशाल खाई है जो पाटे नहीं पटती।

इस प्रकार हम देखते हैं कि परिवर्तन की व्यापक कल्पना उस युग में अध्यात्म के सिर्फ़ एक बार घटित होने वाले परिवर्तन की मनोभूमि से जुड़ गयी थी। फिर भी हम इसे संवादी स्वर ही इसलिए कहेंगे कि इसकी भूमिका मूलतः भारतीय परिवर्तन को अधिक केन्द्रित करने की, और आज़ादी के बाद क्या होगा—इस परेशान और एकता को क्षीण करने वाली चिन्ता से मुक्त करने की थी। क्योंकि राष्ट्रीय आन्दोलन की मुख्यधारा से अलग गा भिन्न जितनी धाराएँ थीं—मुस्लिम लीग से लेकर कम्युनिस्ट पार्टी तक—उनका आरम्भ ही यहाँ से होता था : परिवर्तन तो ठीक है, लेकिन आज़ादी के बाद क्या होगा, इसका निबटारा अभी से ही कर लिया जाये। प्रामाणिक भारतीय मानस का एक ही उत्तर था : इस तरह के प्रश्न नहीं पूछने चाहिए; क्षितिज के पार क्या है, इसका हमें विश्लेषण नहीं करना चाहिए; आओ, हम सिर्फ़ उसका स्वप्न देखें और वेग से आकर्षित होते जायें। इससे ज़्यादा ऊहापोह शैतान का काम है। इस उत्तर के पीछे प्रत्यक्ष अनुभव यह था कि इन ऊहापोहात्मक धाराओं से एकता को बार-बार धक्का पहुँचता था। आज़ादी के बाद आज हम सोचते हैं

कि काश हिन्दुस्तान ने आज़ादी के बाद ऊहापोह की मानसिक तैयारी कुछ अधिक की होती।

परिवर्तन, जो सिर्फ़ एक बार घटित होता है : लघु से महत्, यथार्थ से आदर्श गुलामी से आज़ादी की ओर, स्वाभाविक है कि शृंखलाबद्ध परिवर्तन से अधिक आमूलक, अधिक नाटकीय, अधिक चमत्कारपूर्ण होगा। सत्याग्रह-युग विराट् नाटकीयता का युग है। उस युग के बारे में पढ़कर ही हम रोमांचित होने लगते हैं, फिर उस समय ज़िन्दा होना और उसकी लय को महसूस करना स्वर्ग में रहने के बराबर ही रहा होगा! क्या आश्चर्य है कि उस युग के बचे हुए अवशेष आज भी तृषित प्रेतात्माओं की तरह वैसा ही उतार-चढ़ाव, वैसा ही झँझा-झकोर, वैसी ही सिर को चक्कर देने वाली पेंगे, वैसी ही नाटकीय झंझार और इतिहास की वैसी ही उत्ताल तरंगों में फुफकारती हुई गति तलाश करते घूमते हों! वह ऐसा समय था जब इलाहाबाद की सड़कों पर स्त्रियों के एक छोटे से जुलूस के निकलने की ख़बर पाकर जवाहरलाल नेहरू जैसे आदमी को भी लगता था, जैसे इतिहास ने ज़बर्दस्त अँगड़ाई ली हो और तेज़ी से छूटते हुए अग्निबाण की तरह आकाश में दौड़ चला हो और हमारा युग है कि न्यूयार्क में दुनिया के सभी देशों के प्रधानमन्त्री और अध्यक्ष इकट्ठा होते हैं, मेज़ों पर घूसे बरसते हैं, रेडियो, टेलीविज़न, अख़बार चीख़ते हैं और महफ़िल ख़त्म होने के बाद लगता है कि इतिहास नहीं बढ़ता; बिल्कुल नहीं बढ़ता; कुछ भी तो नहीं घटित होता! कहाँ है वह युग, जब एक सटीक शेर पर दिल्ली का क़त्लेआम बन्द हो जाता था; जब एक राखी की याद पर सल्तनतें लुट जाती थीं; जब एक लाठी की मार पर अंग्रेज़ अफ़सर ऑफ़िस क्लर्क को तरक़्क़ी दे देता था; जब एक लड़कपन की याद पर गुण्डा आख़िरी गोली तक जीवित रहने की प्रतिज्ञा करता था; जब एक झोंपड़ी की दृढ़ता पाण्डेपुर की सिगरेट-फ़ैक्टरी को चुनौती देती अडिग खड़ी हो जाती थी? लघु और महत् की यह नाटकीय विराटता कहाँ है? इतिहास-रथ की उड़ी हुई धूल में पीछे, बहुत पीछे!

यह नाटकीयता सिर्फ़ छायावादी काव्य ही नहीं, प्रसाद और प्रेमचन्द के आसपास के गद्य को भी सम्पन्न करती चलती है। इसमें इतनी शक्ति थी कि बग़ैर स्टेज के भी प्रसाद को नाटकीय नाटक लिखना सम्भव हो गया। अगर प्रसाद को स्टेज की कोई जीवित परम्परा मिली होती तो उनकी अपनी प्रतिभा और युग की लय दोनों मिलकर हिन्दी नाटक में कैसी विशाल छवियाँ उत्पन्न करतीं, यह कल्पना करने की चीज़ है। रंगमंच के अभाव में हुआ यही कि प्रसाद के नाटकों की नाटकीयता कमज़ोर स्ट्रक्चर में भरी नहीं रह पाती, उबल-उबलकर

गिर पड़ती है। लगता है कि झीनी चादर पर ऑरोरा बोरियालिस के रंगों की चमत्कृत करने वाली भागदौड़ हो रही है और चादर इस सारे उत्सव को सँभाल न पा रही हो। वस्तुतः शिल्प की यह कठिनाई छायावादी युग के साहित्य की सर्वांगीण कठिनाई है। उस साहित्य का हुलास शिल्प के कटोरे में नाप-तौलकर भरा-पूरा न रहकर बार-बार छलक पड़ता है। कविता में भी और उपन्यास में भी। प्रेमचन्द ने दोनों की मैत्री की भरसक कोशिश की—और बहुत कुछ सफल हुए, लेकिन कहाँ तक? उनके आरम्भिक उपन्यासों में भीतर का अमृत कटोरे में समा नहीं रहा है, इसकी कठिनाई स्पष्ट है। आगे चलकर यह कठिनाई सुलझती दिखती है। मगर प्रेमचन्द के शिल्प का विस्तृत विश्लेषण करना यहाँ उद्धिष्ट नहीं है। ध्यान में रखने की बात सिर्फ़ यह है कि इस नाटकीय, ओतप्रोत, अतिक्रान्त मनोभूमि ने काव्य-शैली में फ़ॉर्म-कंटेंट, भाषा-अर्थ, शिल्प-अभिव्यक्ति आदि की विशिष्ट समस्याएँ पैदा कीं, और आगे चलकर बच्चन-भगवतीचरण वर्मा, तथा आज़ादी के बाद नये काव्य और नये उपन्यास-कहानी ने इन सब के लिए सन्तुलित ढाँचा निकालने की कोशिश की। परिणाम यह हुआ कि उन समस्याओं को लेकर विचार करने का ढंग बदल गया। लगता है कि जैसे कांग्रेस के झीने संगठन में राष्ट्रीयता की सम्पूर्ण भावधारा न प्रवाहित हो पाती हो, और बार-बार तमाम तरह की, सहयोगी, असहयोगी संस्थाओं में किनारे तोड़कर जा मिलती हो, और ख़ुद कांग्रेस के आन्तरिक संगठन में तरह-तरह के रिक्त या अर्द्धरिक्त खाई-गढ़ छोड़ती चलती हो।

नाटकीयता उस युग का दूसरा संवादी स्वर है। इसे भी हम प्रमुख स्वर न मानकर सहायक ही इसलिए मानेंगे कि सबके बावजूद भी परिवर्तन की मुद्रा में एक तरतीबवार गति की अन्तःसलिला प्रवाहित है। उस अन्तःसलिला की सतह पर तूफ़ान पछाड़ें खाता है, लेकिन गहरे कहीं भारतीय मानस आँवे की तरह ही पकता जाता है। गाँधी का नेतृत्व परिवर्तनकारी ही नहीं, क्रान्तिकारी भी था—लेकिन कहीं उसमें धीरे-धीरे बदलने वाली गति भी मौजूद है। हिन्दी के तत्कालीन साहित्य में यह दोनों ही गतियाँ दिखती हैं। रक्तचाप की नाप करने वाले डॉक्टर ब्लड प्रेशर की अधिकतम और न्यूनतम दोनों ही गतियाँ देखकर सम्पूर्ण वेग का अन्दाज़ लगाते हैं। उस समय की मनोभूमि के व्यक्त और अव्यक्त दोनों स्तरों की धड़कनों के अनुमान के लिए गाँधी जी का एक उद्धरण दूँगा जो रूपक की तरह हिन्दी काव्य पर भी लागू होता है :

> "The nations have progressed both by evolution and revolution. The one is necessary as the other. Death which is an eternal verity,

is revolution as birth and after is slow and steady evolution. Death is as necessary for man's growth as life itself. God is the greatest Revolutionist the world has ever known or will know. He sends deluges. He sends storms where a moment ago there was calm. He levels down mountains which he builds with exquisite care and infinite patience. I do watch the sky and it fills me with awe and wonder. In the serene blue sky, both of India and England, I have seen clouds gathering and bursting with a fury which has struck me dumb. History is more a record of wonderful revolutions than the so-called ordered progressÑno history more so then the English. And I beg to inform the correspondent that I have seen people trudging slowly up mountains and have also seen men shooting up the air through great heights."

इन शब्दों की राजनीति पर नहीं, इन शब्दों में जो काव्य है, उस पर ध्यान केन्द्रित कीजिए, और आपको निराला, प्रसाद, प्रेमचन्द इन सबके लहू की धड़कन सुनायी पड़ेगी। जीवन और मृत्यु, क्रान्तिकारी ईश्वर, प्रलय-प्रवाह, शान्त वातावरण में बराबर आ जाने वाला तूफ़ान, टूटते हुए पहाड़, विकृत आकाश, विकराल प्रलय-मेघ, धीरे-धीरे चढ़ता हुआ पर्वतारोही, और छूटते हुए उल्कापिण्ड-चढ़ता—सरीखा मनुष्य : ये सारे चित्र तत्कालीन साहित्य में निरन्तर मँडराते रहते हैं। ऐसे युग की कल्पना कीजिए जब इन शब्दों का आशय बुद्धि द्वारा गृहीत अर्थवत्ता नहीं थी, साधारण जीवन में प्रतिफलित होने वाली प्राणों की लय थी : और आपको छायावाद-युग का स्पन्दन कुछ-कुछ स्पर्श करता हुआ प्रतीत होगा।

गाँधी जी हिन्दुस्तान के लिए गाँधी इसलिए नहीं थे कि वे हमारे विचारों या आदर्शों के प्रवक्ता थे, उनका जोड़ देश के साथ कहीं और भी गहरा था, वे हिन्दुस्तान की ज़िन्दगी के rhythm की अभिव्यक्ति थे; इतनी पूर्णता के साथ, जो उस युग में किसी और को प्राप्त नहीं थी : और आगे भी किसी को हो सकेगी, कहना कठिन है।

लघु-महत्, यथार्थ-आदर्श की इस 'उन्मुखता' के सन्दर्भ में हम एक और प्रश्न पूछ सकते हैं। यह एक दृष्टि से महत्त्वपूर्ण भी है, क्योंकि मेरी समझ में इस प्रश्न का उत्तर हिन्दी के 'छायावाद युग' ने—जिसे हम अखिल भारतीय दृष्टि से सत्याग्रह-युग कह सकते हैं—और भाषाओं के साहित्य से कुछ भिन्न ढंग से दिया। हिन्दी-क्षेत्र की परम्परा और ऐतिहासिक अनुभव जिस हद तक हिन्दुस्तान की दूसरी भाषाओं से भिन्न थे, उस हद तक हिन्दी के एक विशिष्ट 'व्यक्तित्व'

का निर्माण उस युग में हुआ। इस सम्बन्ध में, कम-से-कम, हिन्दुस्तान की अन्य भाषाओं के टेम्पर—मिज़ाज से तुलना करने से हमारे सार्वदेशिक ऐतिहासिक व्यक्तित्व के बारे में स्पष्ट और उपयोगी नतीजे निकाले जा सकते हैं। आज की जानकारी—या जानकारी के अभाव— में सत्य का एक सीमित पहलू ही देखकर सन्तोष करने के अतिरिक्त क्या चारा है? अस्तु, प्रश्न यह है कि आदर्श जिस तरह यथार्थ को आकर्षित करता है, उस आकर्षण का प्रमुख रूप क्या है?

उत्तर प्रदेश वह सूबा है जहाँ बंगाल की पुरवैया भी आती है और पश्चिम की पछुआ भी। पुरवैया तो तीन ही चार महीने चलती है, लेकिन जाड़ों में अधरों पर पपड़ियाँ छोड़ जाती है और गरमियों में लू चलकर झुलसाकर रख देती है। बंगाल की पुरवैया शरत्चन्द्र और रवीन्द्रनाथ को लाती है और पछुआ दयानन्द सरस्वती को। और कुल मिलाकर आठ महीने पछुआ का ही राज्य रहता है—रूखा, या तप से संयमित। उत्तर प्रदेश की—या साधारणतः हिन्दी भाषा की—प्रकृति कुल मिलाकर संयम की अधिक है, वेग के साथ बन्धन को तोड़कर वहाँ ले जाने की कम। शायद कालिदास से हिन्दी ने यही सीखा है : गहरी से गहरी शराब के बावजूद भी, कल्पना की सम्पन्न से सम्पन्न उड़ानों के बावजूद भी, और विलास के बन्धनहीन अवसरों में भी कालिदास की आँख नहीं झपकती। कालिदास की आँखों का वह निर्धूम, निष्कम्प, निश्चल प्रकाश जो मालवा की पहाड़ियों, उछलती हुई नदियों, मथुरा की गम्भीर जमुना, फूलों को पानी देती हुई वन-कन्या, धूल उड़ाते हुए रथ, सौंधी मिट्टी पर बरसते हुए पानी—यहाँ तक कि मानदण्ड की तरह फैले हुए समूचे हिमालय पर—एक सरीखा, नवम्बर की धूप की तरह नरम, लेकिन तटस्थ पड़ता है, उसका कोई महत्त्वपूर्ण अंश शायद हिन्दी को उत्तराधिकार के रूप में मिला है। ऐसा नहीं है कि इस बीसवीं सदी में ही महावीर प्रसाद द्विवेदी, मैथिलीशरण गुप्त, रामचन्द्र शुबल जैसे ऊपर से रूखे और भीतर से अंकुर की तरह मुलायम लोग हुए हों। तुलसीदास तो मध्ययुग के दयानन्द सरस्वती हैं ही; विभोरावस्था को पहुँचे हुए सूरदास भी कालिदास की तरह कृष्ण-लीला को सिर्फ़ देखते ही हैं, चैतन्य की तरह आत्मविस्मृत नहीं हो जाते। सूरदास की तन्मयता जितनी गहरी होती जाती है, आँखें उतना ही साफ़ देखती हैं—और उस देखने में जयदेव या विद्यापति की तरह महकते हुए फूलों से धूम-नशीले, अल्पना और अंगराग से लहकते हुए कुंज कुटीर कम हैं, ज़्यादातर- तो उलूखल, मूसल, कछौटी, हरे बाँस की बे-सँवारी वंशी, बिल्कुल ही अनएस्थिटिक ढंग से फैलाया हुआ मक्खन ही है! हिन्दी की कल्पना चेरापूँजी की जल-थल करने वाली वर्षा से उद्भूत कल्पना नहीं है, उसका सौंधापन आषाढ़ के पहले दिन तप्त धरती पर

पड़ी हुई बूँद-जैसा है। जिन राष्ट्रीय परिस्थितियों ने बंगाल में शरत्चन्द्र को जन्म दिया, उन्होंने हिन्दी में प्रेमचन्द को। कहने में जैसा भी विरोधाभास लगे—लेकिन प्रेमचन्द की आँखें कालिदास के अधिक निकट हैं। होशोहवास की दुरुस्ती की एक सीमा है जिसके बाहर छायावादी कवि—निराला और प्रसाद भी क़दम नहीं रखना चाहते। शरत् बाबू के 'देवदास' की तरह प्रसाद के कंकाल का 'विजय' भी, आदिम भावनाओं द्वारा ग्रस्त है, लेकिन भावना के उन तिमिराच्छन्न प्रदेशों का सफ़र नहीं करता जहाँ से बंगाल के लेखक की यात्रा शुरू होती है।

महत् के आकर्षण की प्रकृति की खोज करते समय इस सीमा को ध्यान में रखना ज़रूरी है, यद्यपि इसे बहुत स्थूल नहीं समझना चाहिए। इस संकेत का मतलब सिर्फ़ हिन्दी की आत्मा की हल्की-सी ढलान की पहचान है। यह नहीं कि हिन्दी में बुद्धि और हृदय; मर्यादा और स्वच्छन्दता; आवेग और संयम; कल्पना और रीति; शक्ति और नैतिकता का द्वन्द्व सारे संसार की तरह नहीं हुआ या नहीं होता। देखने की बात यह है कि यह द्वन्द्व चेतना के किस स्तर पर और किन चौहद्दियों के भीतर घटित होता है।

जैसा कि उस युग में स्वाभाविक था, महत् का आकर्षण, आज़ादी के आकर्षण की तरह दो धाराओं में होकर बहता था : नैतिक और शाक्त। इतिहास के विचित्र संयोगों में से यह भी है कि इन दोनों विद्युत् तरंगों के परस्पर सन्तुलन का नाटक भी आधुनिक हिन्दी के जन्म-केन्द्र वाराणसी में खेला गया, और उसके प्रतीकात्मक पात्र थे प्रेमचन्द और प्रसाद। इन दोनों की भिन्नता और समानता; वक्रोक्तियाँ और प्रशंसाएँ; अलगाव और सम्मेलन; दोनों के पीछे समर्थकों और प्रशंसकों का जमघट और बिखराव; धारणाओं और व्यवहार के ठोस और तरल तत्त्व—यह सब मिलकर उस विशिष्ट वातावरण का निर्माण करते हैं जिसे फ्रेंच आलोचक टेन ने 'मिलियू' कहा है। दुर्भाग्य से उस 'मिलियू' अथवा युगभूमि की कहानी अभी कही नहीं गयी है और हिन्दी आलोचना की दशा अगर ऐसी ही रही तो शायद कभी कही भी नहीं जायेगी। साहित्य में भावनाओं, धारणाओं, विचारों, आदर्शों, उद्देश्यों, मन्तव्यों, अनुभूतियों, व्यवहारों, प्रणालियों आदि के मिले-जुले, प्रतिक्षण सर्जित-विसर्जित प्रवाह जिसको मनोभूमि (या अगर यह बहुत गतिहीन रूपक लगे तो 'मनःप्रवाह') कहते हैं; उसे सजीव और सशक्त रूप में देखने और समझने की अभ्यासी हिन्दी आलोचना नहीं हुई है।

प्रसाद-प्रेमचन्द की युगभूमि को मैंने संघर्ष या द्वन्द्व न कहकर सन्तुलन का नाटक इसलिए कहा है कि वस्तुतः यह चरम द्वन्द्व था भी नहीं, और उस युग की मानसिक अवस्था में हो भी नहीं सकता था। आख़िरकार हिन्दी साहित्य के दूसरे

केन्द्र इलाहाबाद में दोनों धाराएँ बिल्कुल मिली-जुली दिखती हैं। यहाँ उतना भी पृथक्करण नहीं हुआ। निराला और महादेवी का गद्य और काव्य अप्रत्यक्ष रूप से एक धारा से निकलकर दूसरे में प्रवाहित होता रहता है।

आज़ादी का संघर्ष किसी भी देश के लिए नैतिक भी होता है और शक्तिपरक भी। स्वातन्त्र्य न सिर्फ़ हमारी नैतिकता की आधारभूमि होती है, बल्कि हमारी प्रभुत्व-सम्पन्नता भी। इसीलिए आज़ादी की कोई भी माँग हमारे नैतिक मन को तो अपील करती ही है, हमारी कल्पना को भी उत्तेजित करती है। मानवीय कर्तव्य और अधिकार दोनों की ही धाराएँ स्वाधीनता के चरम आकर्षण की धाराएँ बनीं, जैसा हर क्रान्ति में होता है।

छायावाद की चर्चा में अक्सर योरोप के रोमांटिसिज़्म का नाम चिपका दिया जाता है। मैंने भरसक हिन्दी के सत्याग्रह-युग के साहित्य पर रोमाण्टिक विशेषण लगाने से परहेज़ किया है। क्योंकि योरोप की अट्ठारहवीं सदी के अन्त और उन्नीसवीं सदी के पूर्वार्ध में—फ्रेंच क्रान्ति की गोद में—जिस मानसिक उद्वेलन को आज़ादी मिली, उसके स्वप्नों का केन्द्र प्रधानतः प्रभुत्वसम्पन्न, शाक्त या सत्ताभिलाषी है। यह सही है कि हर क्रान्ति, जैसा ऊपर कहा गया, नैतिक और शाक्त, दोनों तत्त्वों के सम्मिश्रण की भूमि होती है। लेकिन योरोप की क्रान्ति—फ्रेंच और रूसी दोनों ही—प्रधानतः शक्ति के अजस्र स्रोत के विशाल विस्फोट की ही चकाचौंध करने वाली ज्योति है। ट्राट्स्की कहता है कि क्रान्ति एक ऐसी विस्फोटक ज्वाला है जिसकी उद्दाम ज्योति के आगे नैतिकता-अनैतिकता के प्रश्न छोटे और छिछले मालूम पड़ने लगते हैं। अगर हम सत्याग्रह-युग के मानसिक उत्तर को शब्दबद्ध करें तो कह सकते हैं कि नैतिकता का उदात्तीकरण एक ऐसा विराट् प्रभामण्डल है जिसके आगे सत्ता और शक्ति, क्रान्ति अथवा क्रमिक विकास के प्रश्न गौण हो जाते हैं। ऊपर हमने गाँधी जी का जो कथात्मक उद्धरण दिया, उसका आन्तरिक आशय यही है। योरोपीय रोमाण्टिक कवियों ने मानवीय शक्ति के विस्फोट में नैतिकता के विलयन में स्थूलतम से लेकर सूक्ष्मतम क्षणों को पकड़ने की कोशिश की है। हिन्दी के छायावादी काव्य में सत्याग्रह युग की भारतीय अनुभूति की पूरी कथा हो, ऐसा तो नहीं है। लेकिन जो कुछ भी कहा जा सका है, वह प्रधानतः नैतिकता में शक्ति के विलयन की ही कथा है। निराला, पन्त, महादेवी मुख्यतः नैतिकता में ही शक्ति का होम करते हैं, यह तो स्पष्ट ही है। सबसे अधिक शाक्त जयशंकर प्रसाद भी योरोपीय अर्थ में रोमाण्टिक नहीं हैं। मेरी कल्पना में इस समय प्रसाद के चरित्र आ रहे हैं : स्कन्दगुप्त, चाणक्य, मनु...ये सब नैतिक प्रत्यंचा पर चढ़े हुए शक्तिबाण ही तो हैं। रोमांटिसिज़्म और छायावाद का साम्य

उन एनर्जी में है जो मॉरल विज़न और इमेजिनेटिव विज़न के साथ-साथ भभक उठने से पैदा होती है, लेकिन दोनों तत्त्वों का अनुपात इन दोनों मनोभूमियों में बहुत भिन्न है, बल्कि हम कह सकते हैं कि परस्पर विलोम भी है। इसलिए दोनों का प्रकाश भिन्न है। इस भिन्नता को ध्यान में रखकर ही हम रोमांटिसिज़्म की शब्दावली का व्यवहार छायावाद के सन्दर्भ में कर सकते हैं।

जिस तरह छायावाद युग की चरम आस्था यह है कि अन्तर्जगत् का सत्य और बहिर्जगत् का सत्य एक ही है और दोनों में कभी भी व्यवधान नहीं पैदा हो सकता, उसी तरह उसकी मान्यता की दूसरी आधारशिला यह है कि नैतिक विज़न और कल्पनाशील विज़न दोनों वस्तुतः एक हैं और इन दोनों में कभी भी दरार नहीं पड़ सकती। इस प्रकार महत् की महत्ता में एक अभूतपूर्व सहज आकर्षण शक्ति उत्पन्न हो जाती है। राष्ट्रीय संघर्ष के स्तर पर नैतिक और कल्पनाजन्य महत्ताएँ राष्ट्रीय नेतृत्व की महत्ता में घुल-मिलकर एकाकार हो जाती हैं। छायावाद की हर रचना एक ही साथ नैतिक भी है, कल्पनात्मक भी है और राजनीतिक भी है। इससे काव्य में अर्थ और लय की गूँज-अनुगूँज की सम्भावना बहुत बढ़ जाती है। उदाहरण के लिए, प्रसाद का 'बीती विभावरी जाग री' या निराला का 'राम की शक्तिपूजा' या पन्त का 'धूम धुँआरे, काजर कारे' या महादेवी का 'जाग तुझको दूर जाना'...एक साथ ही नैतिक, कल्पनात्मक और राजनीतिक स्तरों पर झंकृत होता है। यही दशा प्रेमचन्द के उपन्यासों की, विशेषतः 'रंगभूमि' और 'कर्मभूमि' की है। लेकिन नैतिक और कल्पनात्मक तत्त्वों की यह मैत्री अपने सम्मिलित बोझ को एक ही झंकार में बहुत दूर तक नहीं सँभाल पा रही है, इसका संकेत तो प्रसाद-प्रेमचन्द कटाक्षगाथा में ही मिलने लगता है। पछुआ और पुरवैया दोनों को मिलाकर कब तक आषाढ़ का पहला दिन रहेगा? ये अनुभूतियाँ खण्डित भी हुईं, और उन्हें फिर से समन्वित करने का प्रयास भी आज हो रहा है, लेकिन इस बीच में मनुष्य की परिभाषा—या यों कहें कि सहज मनुष्य की परिभाषा—को बदल देने की ज़रूरत पैदा हो गयी। एक नया समन्वय नये स्तर पर ही सम्भव हो सकता है।

दार्शनिक मुद्रा, विराट् नाटकीयता, और नैतिक तथा कल्पनात्मक स्वप्नलोकों का विशिष्ट अनुपात में सम्मिश्रण, इन तीनों तत्त्वों के अतिरिक्त दो अन्य तत्त्व भी हैं जो उस युग की मनोभूमि का निर्माण करते हैं। ये दोनों हिन्दी की अपनी विशिष्ट स्थिति से उपजते हैं। एक तो यह है कि हिन्दी की जिस भाषा को काव्य-मुखर करने का संकल्प छायावाद-युग ने किया था, उसे अपना तोतलापन छोड़े हुए बहुत दिन नहीं हुए थे। ब्रजभाषा और उर्दू, दोनों ही से समान विद्रोह

करके ही इस साहित्य का जन्म हो रहा था। दूसरे, हिन्दी का स्वयं का एक 'संसार' था। यह 'संसार' इस रूप में समूचे भारत से छोटा था कि हिन्दी का साहित्य भारत का एकमात्र साहित्य नहीं था। इसमें तो हिन्दी की गति बाङ्ला, मराठी आदि के समान थी। लेकिन एक अर्थ में हिन्दी का 'संसारत्व' अन्य भाषाओं से कुछ अधिक कठिन दबाव महसूस कर रहा था। स्वयं हिन्दीभाषी प्रदेश में हिन्दी के अतिरिक्त दो सांस्कृतिक 'संसार' और थे : एक तो उर्दू का और दूसरा अंग्रेज़ी शिक्षितों या रुचि-सम्पन्नों का। ये दोनों 'संसार' समाज के शासक वर्ग में से थे और इनका 'प्रेशर' हिन्दी के विरुद्ध ही पड़ता था। यह ऐसी स्थिति थी जो बाङ्ला, मराठी या तमिल में नहीं थी। दोनों ही तत्त्व अत्यन्त महत्त्वपूर्ण हैं और इनका प्रभाव हिन्दी की मनोभूमि पर क्या पड़ा, यह अलग विश्लेषण का विषय है। आशा है इस ओर आलोचकों का ध्यान जायेगा। हमारे सामने जो प्रश्न है उसमें हम इतना नतीजा जोड़ सकते हैं कि इनमें से पहला तत्त्व—भाषा की समस्या, जो मूलतः एक टेक्निकल समस्या है—संस्कृत शब्दावली के माध्यम से मनोभूमि को क्लासिकल और एब्स्ट्रैक्ट बनाती है; दूसरा तत्त्व—हिन्दी के संसारत्व की सीमा—उस 'विद्रोही' स्वर को जन्म देता है जो उसे रोमांटिसिज़्म के निकट लाता है। कुल मिलाकर पूरे देश की अनुभूति के समस्त उतार-चढ़ावों को ग्रहण करने और भाषा में व्यक्त करने की क्षमता में कमी आती है। प्रौढ़ भाषा की अवस्था में उस समय की अनुभूति की अभिव्यक्ति ज़्यादा सूक्ष्म, ज़्यादा विविध, ज़्यादा जटिल होती और इतना अधिक ऊबड़-खाबड़ रिक्त स्थान भी न छूटता। जैसी स्थिति है, उसमें अनुभूति के सरलीकरण की प्रवृत्ति अधिक है—जटिलता और विविधता अपरिचित और अजनबी मालूम पड़ती है। आज जब हिन्दी का पाट बहुत बढ़ गया है, तब भी हिन्दी के लेखकों में 'बिरादरीपन' का अभाव खटकने की शिकायत कभी-कभी सुनायी पड़ जाती है। हिन्दी का 'संसारत्व' अभी भी पूरी तरह नहीं टूटा है। कहने को मनोभूमि 'आधुनिक' हो गयी है। नयी कविता की तथाकथित 'आधुनिकता' में हिन्दी के 'संसारत्व' का दबाव कौन-कौन से 'म्यूटेशन्स' (संशोधन) पैदा करता है? जहाँ तक छायावाद का सवाल है, उसने एक तरह की शिशु-आस्था का आयाम जोड़ा जो एब्स्ट्रैक्ट संस्कृत शब्दावली से पुष्ट हो गया। इससे अधिक विश्लेषण इस लेख में सम्भव नहीं है।

ये सारे तत्त्व मिलकर यथार्थ और आदर्श—लघु और महत्—के सम्बन्ध के प्रति, एक विशेष दृष्टि को जन्म देते हैं। कहा गया है कि छायावाद ने यथार्थ का तिरस्कार करके हवाई या स्वप्नदर्शी उड़ान में निकल भागना चाहा। इसको 'पलायनवादी' दृष्टि भी कहा गया है। इस ढंग से कभी-कभी कवियों की तुलना में प्रेमचन्द को यथार्थवादी या यथार्थ के निकट कहा गया है। वस्तुतः प्रेमचन्द,

प्रसाद और दूसरे छायावादी कवि समान मनोभूमि पर स्थित हैं। इनके वर्ण्य विषय अलग-अलग हैं, और होना स्वाभाविक भी है। वे यथार्थ का तिरस्कार नहीं करते। यथार्थ के प्रति उनकी एक दृष्टि है। वे यथार्थ को मूलतः अपरिभाषित, निर्माणातुर, अविरोधी, कच्ची और गीली मिट्टी की तरह देखते हैं जिस पर आदर्श की कोई मुहर लगायी जा सकती है, जिसको किसी भी शक्ल या रूप-रंगत में मोड़ा जा सकता है। जिस तरह अन्तर्जगत् का सत्य बिल्कुल अपने हाथ का है, उसे हम जिस स्वप्न के आकार का चाहें गढ़ सकते हैं, उसी तरह बहिर्जगत् का सत्य भी है, एक ही जादू दोनों को मन-मुताबिक़ गढ़ता चलता है। संक्षेप में, कटु यथार्थ, कठोर यथार्थ, ऐसा यथार्थ जिसके आगे हमें अपनी इच्छाओं को दबाना पड़े, या जो हमारे आन्तरिक सत्य के आगे अभेद्य अड़चन-सा बनकर खड़ा हो जाये जिससे हमें 'समझौता' करना पड़े—इस तरह के यथार्थ की कल्पना न छायावादी काव्य में ही है, न आरम्भिक प्रेमचन्द में ही है। या है भी तो बहुत गौण। एक बार जब नैतिक या कल्पनात्मक 'विज़न' की आँच पड़ती है तो यथार्थ में एक नाटकीय परिवर्तन होता है—और वह रेशे-रेशे, कण-कण में व्याप्त हो जाता है—इस तरह कि यथार्थ की यथार्थता का एक चिह्न भी शेष नहीं रह जाता; जिस तरह एक बार आश्रम खुल जाने पर वेश्या के वेश्यात्व का कोई निशान भी बाक़ी नहीं बचता। काव्य में तो नैतिक या कल्पनात्मक 'विज़न' की सम्पूर्ण प्रभुत्व-सम्पन्नता स्वयंसिद्ध है ही, स्वयं प्रेमचन्द में यथार्थ की मिट्टी कितनी गीली है और कितने असम्भव रूपों तक में ढल सकती है, इसका अनोखा उदाहरण उनका वह अद्भुत उपन्यास 'कायाकल्प' है जो शिशु-आस्था का एक अप्रत्याशित दृश्य ही हमारे सामने प्रस्तुत कर देता है।

इसलिए छायावादी युग का लघु प्रतिक्षण महत् में विसर्जित या विलीन हो जाने को आतुर है। या हम यों कहें कि छायावादी दृष्टि उसे उस आतुरता के क्षण में ही पकड़ती है। उससे पहले, या उसके तले, वह देखती ही नहीं। उसके लिए 'लघु' का कोई साकार, ठोस, प्रतिरोधी रूप प्रस्तुत ही नहीं होता। मानव या तो महामानव है, या है ही नहीं। चाहे यह महामानव प्रधानतः नैतिक हो या कल्पनात्मक। इसमें शक नहीं कि छायावादी दृष्टि में एनर्जी और अनुगूँज है, क्योंकि हर तरह का विसर्जन एनर्जी को जन्म देता है। लेकिन मनुष्य की प्राणशक्ति का यही एकमात्र दिग्दर्शन नहीं है।

मैं यह नहीं कहता कि लघु-महत् के सम्बन्ध की यह दृष्टि असम्भव है, या गौण है। मनुष्य के ऊपर जो कुछ गुज़रा, जिसने भी उसके आकार की सृष्टि की, वह छोटा से छोटा भी न असम्भव है, न गौण है। लेकिन क्या यह कहने की

ज़रूरत है कि इस दृष्टि के अलावा भी दृष्टियाँ हो सकती हैं कि मनुष्य उल्का पिण्ड की तरह मात्र भस्मसात् होता हुआ पुतला मात्र ही नहीं है? हम यह भी देख सकते हैं कि छायावादी दृष्टि की विशेषता एक युग से उपजी थी, उसके अन्दर हमको आकर्षित करने वाली मुद्रा उस युग से ही मिली थी। साहित्य या कला का पहला काम यह है कि वह हमें यह आश्वस्त करे कि वह जो कुछ कह रही है, वह सत्य है 'सत्यता' का यह आभास हम मात्र ऊपरी आवरण की छानबीन से नहीं कर पाते। उसमें हम वह बनाम, अपरिभाषिकीय वस्तु भी शामिल करते हैं जिसे आवाज़ की मुद्रा कहते हैं—जिस तरह ज़िन्दगी में भी हम आदमी के कहने के ढंग से अनुमान करते हैं कि वह सच कह रहा है या झूठ। इस 'टोन' की उत्पत्ति युग से ही होती है। ज़िद करके उस टोन को नहीं पकड़ा जा सकता और टोन बदल जाने पर वे बातें सत्य भी नहीं लगतीं जो पहले टोन में सत्य मालूम पड़ती थीं। यह विश्लेषण करना सम्भव है कि लघु-महत् के सम्बन्ध में, न सिर्फ़ हिन्दी में युग-परिवर्तन हुआ, बल्कि उसी तरह हिन्दी काव्य का टोन भी बदला और हिन्दी साहित्य ने नये ढंग से उस सम्बन्ध को देखने की कोशिश की। इस दृष्टि से नयी कविता और छायावाद के बीच की भी एक मंज़िल है जिसके प्रमुख स्वर बच्चन, भगवतीचरण वर्मा और दिनकर आदि हैं जिन्हें बीसवीं सदी के तीसरे दशक की अभिव्यक्ति मान सकते हैं।

> Was it for this that our people had behaved so gallantly for a year? Were all our brave words and deeds to end in this? The independence resolution of the Congress, the pledge of Jan '26, so often repeated? So I lay and pondered on that March night, and in my heart there was a great emptiness as of something precious gone, almost beyond recall.
>
> "This is the way the world ends
> Not with a bang, but a whimper."
>
> ÑJawaharlal Nehru : Autobiography

पण्डित नेहरू के इन शब्दों के साथ हिन्दुस्तान में बीसवीं सदी का तीसरा दशक शुरू होता है। मार्च की रात—5 मार्च, 1931 की रात है और यह प्रतिक्रिया है दिल्ली में इसके एक दिन पहले हुए गाँधी-इरविन समझौते की। ऊपर से सब कुछ वैसा ही था, वैसा ही रूप-रंग, वैसी ही तरंगें, वैसा ही संघर्ष, वैसे ही लोग, वैसे ही शब्द, लेकिन पण्डित नेहरू के शब्दों में, मन में एक विराट् रिक्तता आ गयी, जैसे कुछ बहुत मूल्यवान् हमेशा-हमेशा के लिए चला गया। इस मनःस्थिति की अभिव्यक्ति के लिए इलियट की प्रसिद्ध पंक्तियों का उद्धृत किया जाना आज

एक विचित्र-सा प्रभाव मन पर छोड़ता है। मेरे देखने में इलियट का यह पहला उल्लेख है। (इलियट का उल्लेख हिन्दुस्तान में सबसे पहले कब और कहाँ हुआ? कोई विद्वान् अन्वेषक इस पर प्रकाश डालेंगे? पण्डित नेहरू की आत्मकथा 1936 की लिखित है।) हिन्दुस्तान के किस विशिष्ट मानस का साम्य इलियट से बैठा? आगे चलकर इस कवि का नाम सिर्फ़ हिन्दी ही नहीं, भारत की सभी भाषाओं में साहित्यिक विवादों के केन्द्र में स्थापित हो गया जिसकी प्रतिध्वनियाँ अभी कुछ दिन पहले तक सुनायी पड़ती रहीं। भारतीय मानस अथवा हिन्दी मानस ने इलियट का क्या उपयोग किया?

हमारा उद्देश्य यहाँ हिन्दी में इलियट की कल्पित या अर्धकल्पित मूर्ति के उपयोग की छानबीन करना नहीं है, इसलिए इस रोचक प्रसंग को छोड़कर हम हिन्दी के तीसरे दशक की ओर ही ध्यान केन्द्रित करें, जहाँ ऊपरी ढाँचा वैसा ही रहते हुए भी, भीतर से मनोभूमि में परिवर्तन आ गया। भगवतीचरण वर्मा, बच्चन, दिनकर, नवीन, माखनलाल चतुर्वेदी, नरेन्द्र शर्मा आदि ने वह आरम्भ किया जिसे आलोचकों ने छायावाद का दूसरा दौर कहा है। इसे हम छायावाद का शेषांग भी कह सकते हैं या 'नयी कविता' का आरम्भ भी। यह सही है कि यदि हम इन कवियों और लेखकों को ध्यान से देखेंगे तो छायावाद और 'नयी कविता' के बीच दुर्लंघ्य खाई के बजाय एक क्रमशः विकसित होती हुई परम्परा दिखलायी पड़ेगी और छायावाद के 'महामानव' और आज के 'लघुमानव' के बीच इतने सख्त फ़ौजदारी होती हुई भी नहीं मालूम पड़ेगी।

सुविधा के लिए हम चाहें तो तीसरे दशक द्वारा परिभाषित मानव का भी नाम रख सकते हैं। वस्तुतः उसके आशय को व्यक्त करने की शब्दावली उस युग ने खुद ही चलायी थी। बच्चन की मधुशाला में जाने वाला यात्री, भगवतीचरण वर्मा का बीजगुप्त या दिनकर का कभी रस खोजने वाला, कभी अंगारों पर चलने वाला आदमी —ये सब एक विशेष अर्थ में 'साधारण' आदमी हैं। उस समय के बहुप्रचलित शब्द को लें तो 'जनसाधारण' हैं। जिन्हें पारिभाषिक और आग्रहपूर्ण शब्दों से प्रेम हो, वे 'महामानव' और 'लघुमानव', के वज़न पर 'साधारण-मानव' का नामकरण कर सकते हैं। मैं थोड़ी ढीली शब्दावली में बड़े परिवेश में बड़े आदमी की कविता, छोटे परिवेश में छोटे आदमी की कविता, साधारण परिवेश में साधारण आदमी की कविता कहना पसन्द करूँगा। क्योंकि जैसा मैंने पहले ही कहा है, ये कल्पना-चित्र मूलतः आलोचना और विश्लेषण के औज़ार हैं, कृतिकारों के आदर्श और उद्देश्य नहीं। उनकी कसौटी यही है कि वे जीवन और साहित्य के विराट् और प्रमथित कर देने वाले उतार-चढ़ाव में कोई पैटर्न, कोई डिज़ाइन,

कोई तारतम्य या संगति देखने में मदद कर सकते हैं या नहीं। उनकी सच्चाई इस कारण होती है कि जाने या अनजाने, अधिकतर अनजाने, कृतिकार मनुष्य को परिभाषित करता चलता है—सहज मनुष्य की अपनी विशेष छवि देखने के लिए वह तब तक बाध्य है जब तक उसकी कल्पना और अनुभूति का केन्द्र मनुष्य है।

साधारणता के साथ बच्चन और उनके समकालीन कवि 'सहजता' का ख़ासतौर से आभास देते हैं। एक बहुत दुहराया हुआ फ़िक़रा यह है कि 'मनुष्य की अपनी सीमाएँ होती हैं।' इन सीमाओं के साथ या वस्तुतः इन सीमाओं के कारण ही उस युग के कृतिकार सहज आदमी का रूप खड़ा करते हैं जो दूसरे दशक के रूप से भिन्न है। बच्चन का पीने वाला सहज इसलिए है कि किसी को पीड़ा नहीं देता, बढ़-बढ़ कर बातें नहीं करता, जिन पर अपना अधिकार नहीं, उन बातों की चर्चा नहीं करता, उसका सबसे बड़ा शत्रु उसका छलरहित व्यवहार है, लोग उसे ग़लत समझते हैं, लेकिन दिल से वह ईमानदार और हमदर्द है। उसी तरह बीजगुप्त भी एक विशेष ढंग से 'सहज' आदमी है। उसकी सहजता की प्रतीति का कारण भी उसकी आडम्बरहीनता, निश्छलता, ईमानदारी और हमदर्दी है जो उसकी सारी सीमाओं के बावजूद, या यों कहें कि उन सीमाओं के कारण हैं। उसे भी बच्चन के पीने वाले की तरह ग़लत समझा जाता है। 'चित्रलेखा' उपन्यास की बहस भोग और योग को लेकर है। भोग में एक सहजता है—क्योंकि वह साधारण मनुष्य का अनिवार्य धर्म है—इसी कारण जहाँ कुमारगारि के चरित्र में ऐंठन अथवा तनाव दिखता है, वहाँ बीजगुप्त सीधा और सहज जान पड़ता है।

यह तस्वीर सतही है और मैं आशा करता हूँ कि विचारवान पाठक को ठीक भी मालूम पड़ेगी। लेकिन छायावाद-युग के जो लक्षण हमने पहले अन्वेषित किये, उससे इस तस्वीर का जोड़ किस तरह बैठता है? लघु और महत्, यथार्थ और आदर्श, परिवर्तन और नाटकीयता, शिशु-आस्था और दार्शनिक मुद्रा—इन सब का स्वरूप और सम्बन्ध किस प्रकार इस नये चित्र में प्रतिफलित होता है? इसके लिए हमें थोड़ा और गहरे प्रवेश करना पड़ेगा।

लेकिन इस विवेचन के पूर्व ग़लतफ़हमी दूर करने के लिए दो-एक बातें ध्यान में रखना आवश्यक है। इस संक्षिप्त लेख में उस युग के सभी कवियों या गद्य-लेखकों का विश्लेषण करना सम्भव नहीं है। केवल विषय से सम्बन्धित मनोभूमि की मौलिक बनावट के सामान्य रूप ही हम देखेंगे। इसलिए उदाहरण के लिए हम प्रायः दो लेखकों को लेंगे : बच्चन और भगवतीचरण वर्मा। दोनों ही 'लोकप्रियता' में बेजोड़ हैं। कहते हैं कि किसी समय देवकीनन्दन खत्री ने 'चन्द्रकान्ता-सन्तति' लिखकर हज़ारों (या लाखों?) लोगों को उर्दू छोड़कर हिन्दी

पढ़ने को विवश कर दिया था। कविता में यदि उस क्रान्ति का कोई जोड़ है तो वह बच्चन की 'मधुशाला' है। अधिक-से-अधिक पाठकों को सामयिक कविता का चस्का लगाने का श्रेय जितना अकेले बच्चन को है, उतना किसी अन्य कवि को नहीं, इसमें तनिक भी सन्देह नहीं। उसी अनुपात में पिछले अस्सी वर्षों में कविता का जितना व्यापक शौक़ तीसरे दशक ने पैदा किया, उतना शायद किसी अन्य युग में सम्भव नहीं हुआ। गद्य के क्षेत्र में आज भी भगवतीचरण वर्मा की 'चित्रलेखा' अपराजित है। इसलिए, युग की प्रधान रुचि और मानव-सम्बन्धी कल्पना की रूपरेखा हमें इन लेखकों में मिल जायेगी। स्थूलतः बच्चन और भगवतीचरण वर्मा में हमारी दृष्टि से वे सभी उपलब्धियाँ और अभाव, विस्तार और सीमाएँ मौजूद हैं जो तीसरे दशक की अपनी हैं। बेशक, इस विशिष्ट रूपरेखा के अनगिनत रंगारंग हैं जो अलग-अलग कवियों में हैं। मनुष्य कभी परिभाषाओं में बाँधा नहीं जा सकता। किन्तु जहाँ तक कोई भी युग उसे परिभाषित कर सकता है, वहाँ तक वे सारे रंगारंग उसी केन्द्रीय चित्र के चारों ओर दिखलायी पड़ते हैं।

दूसरे, हमारा उद्देश्य कवियों की श्रेष्ठता की छानबीन करना नहीं है, बल्कि कृतियों के तल में काम करती हुई मनोभूमि का विश्लेषण करना है। दुख है कि हिन्दी आलोचना ने साहित्यकार को समझने से ज़्यादा महत्त्वपूर्ण उसकी प्रशंसा-निन्दा करना समझा है। अधिकांश पाठकों की आदत कम-से-कम कुछ ऐसा ही सुनने की पड़ गयी है। परिणाम यह है कि प्रशंसा-वन्दना तो हम कर सकते हैं, लेकिन काव्य की सीमारेखा निर्धारित करने से हम कतराते हैं। भारतमाता की जितनी प्रशंसा-वन्दना हमने सीखी, उतनी जागरूकता हमें हिन्दुस्तान की चौहद्दी के प्रति भी होती तो शायद आज की बहुत-सी समस्याएँ हमें नींद में सहसा आघात लगने जैसी न मालूम होतीं। जगबीती नहीं तो आपबीती से ही इतिहास सिखलाता है। हमारी श्रद्धा-भक्ति का एक महत्त्वपूर्ण अंग सीमारेखा की सचेत जागरूकता (frontier-consciousness) भी है, शायद आज इसे आग्रहपूर्वक सिद्ध करने की ज़रूरत नहीं है। इसकी पीड़ामय चेतना आज किसको नहीं है। देश और साहित्य की यह परस्पर समानता हम सिर्फ़ तर्क-चमत्कार के लिए नहीं दिखला रहे हैं। वस्तुतः सीमारेखा की जीवन्त जागरूकता (frontier-consciousness) मन और बुद्धि के संघटन के एक विशेष स्तर की माँग करती है जो प्रशंसा-वन्दना के स्तर से भिन्न है, चाहे इस संघटन का उपयोग देश की कल्पना में हो, या तर्क में, या दर्शन में या आलोचना में, या काव्य-बिम्बों में। दुर्भाग्य से हिन्दी का 'सीमा' शब्द संकोच या अभाव सूचित करता है, जबकि उसका अंग्रेज़ी पर्याय frontier विस्तार-सूचक है। विचारों की सीमा, कल्पना की सीमा, बिम्बों की सीमा,

मनोभूमि की सीमा, संस्कृति की सीमा (frontiers of thought, concepts, images, sensibility, culture) आदि से हमारा तात्पर्य सिर्फ़ इतना ही नहीं होता कि इनमें क्या चीज़ें शामिल नहीं हैं, बल्कि साथ-ही-साथ यह भी कि इनका फैलाव कहाँ तक है। कहने की शैली हमारी जो भी हो, बहुत गम्भीर अर्थ में किसी कृतिकार या युग को 'समझना' उसकी वन्दना करने से ज़्यादा बड़ा काम है और सचमुच बड़ा लेखक, अगर उसमें कुछ भी दम है तो अभिनन्दित होने से अधिक 'समझा जाना' पसन्द करेगा। अभिनन्दन की प्यास दिमाग़ी दुकड़ेपन की द्योतक है। कहने की ज़रूरत नहीं कि 'समझने' की एक (एकमात्र नहीं) अनिवार्य प्रक्रिया सीमारेखा का निर्धारण है।

इस भूमिका के साथ हम मन में महसूस होने वाली उस विराट् रिक्तता की ओर देखें जिसका अहसास पण्डित नेहरू को हुआ था। क्योंकि यह विराट् रिक्तता सिर्फ़ नेहरू की नहीं, उस युग में पूरे देश की केन्द्रीय समस्या है जिसका उत्तर देने की, या जिस पर भावनात्मक विजय प्राप्त करने की कोशिश उस युग की हिन्दी कविता करती है और जिस प्रयास में 'साधारण मानव' का रूप निर्मित होता है। बच्चन के मधुपायी में वह रिक्तता है, भगवतीचरण के बीजगुप्त में भी वह रिक्तता है, प्रगतिवादी चीख़ में भी वह रिक्तता है; इतना ही नहीं, उसी युग में लिखी गयी प्रसाद की 'कामायनी' के मनु में भी वही रिक्तता है जो कहीं गहरे गुंजलक मार कर बैठी है। 'कामायनी' का पूरा दर्शन, पूरा विराट् फैलाव उस एक रिक्तता को दार्शनिक, और कल्पनात्मक कंचन से भर देने की कोशिश है। यह रिक्तता ही प्रेमचन्द के 'गोदान' को ट्रेजेडी नहीं, बल्कि एक धुँधले प्रश्नचिह्न में विलीन कर देती है। बेशक प्रसाद, प्रेमचन्द, निराला और पन्त इस रिक्तता का समाधान अन्य कवियों से अलग ढंग पर खोजते हैं। उनकी पूँजी वही है जो उन्हें दूसरे दशक में मिली थी। आगे चलकर वह रिक्तता बढ़ती गयी और कवियों का स्वर बदलता गया, जैसा आजकल है। दुर्भाग्य या सौभाग्य से प्रसाद, प्रेमचन्द या निराला की पुरानी मनोभूमि से इस नयी अनुभूति का सामना करने की ज़रूरत बहुत नहीं पड़ी। हम नहीं जानते कि यदि काल ने उन्हें अवसर दिया होता तो वे काव्य या कला के, और साथ ही मनुष्य के कौन से नये स्तर उद्घाटित करते। समय ने इसका दायित्व पन्त जी पर छोड़ा। और तीसरे दशक के बाद से लेकर आज तक पन्त जी का काव्य छायावादी मनोभूमि में नयी अनुभूति को 'फ़िट' करने का एक विराट्–हीरोइक–प्रयास है। हम उनकी इस शक्तिशाली वीरता की तारीफ़ किये बिना रह सकते; लेकिन उनके भीष्म-संग्राम की छवि करुण भी है; इसलिए भी कि इस संग्राम का रूप अन्तर्द्वन्द्व का है। विशेषतः इसलिए

कि इस लड़ाई में जब उन्हें अपनी आस्था और कविता इन दोनों में से एक को तिलांजलि देनी पड़ी तो उन्होंने काव्य को ही छोड़ देना स्वीकार किया, आस्था को नहीं। पन्त जी के परवर्ती काव्य में आस्था जितनी हठी होती गयी है, 'कविता' उतनी ही क्षीण; इस ओर आलोचकों ने ध्यान अक्सर आकर्षित किया है, यद्यपि इस अद्भुत अन्तर्विरोध की जड़ में जाने की कोशिश कम की गयी है। पन्त जी के आरम्भिक काव्य के आधार पर उनकी तुलना अंग्रेज़ी कवि वर्ड्सवर्थ से कभी-कभी की गयी है। इतिहास के अद्भुत चमत्कारों में से क्या यह भी है कि यह समानता पन्त की बाद की कविताओं और वर्ड्सवर्थ की बाद की कविताओं में भी स्थापित होती चली जायेगी?...ऐसा क्यों हुआ? छायावादी मनोभूमि उस आन्तरिक रिक्तता के इनकार पर खड़ी होती है। विपरीत युग में, पन्त जी का सारा प्रयास कभी हताश, कभी प्रार्थना स्वरों में उस रिक्तता का सामना करने के बजाय, उसकी सत्ता से इनकार करने का है। वह उसे हिरण्य मन्त्रों से भर देना चाहते हैं। लेकिन वह रिक्तता उतनी ही विराटता के साथ उनके काव्य के चारों ओर व्याप्त हो जाती है। यही उत्तर वर्ड्सवर्थ के साथ हुआ, जो अन्त तक बदले हुए युग से पुराने आयुधों से लड़ता रहा। यह विडम्बना उत्तर पन्त की भी है। वैभवपूर्ण अतीत और हठी वर्तमान। कल्पना-शिशु राजयोगी बना और राजयोगी धीरे-धीरे हठयोगी बनता गया। प्रकृति से अरविन्द और अरविन्द से काष्ठमौनी बाबा...

> "...and in my heart there was a great emptiness as of something precious gone, almost beyond recall."

इस नयी परिस्थिति का प्रतिफलन दूसरे दशक के अन्य लेखकों, विशेषतः प्रसाद और प्रेमचन्द में किस प्रकार हुआ? संकेततः यहाँ हम इतना कह सकते हैं कि प्रसाद जी इस रिक्तता को ज्ञान, क्रिया, इच्छा की भिन्नता के रूप में देखते हैं। क्या यह बिल्कुल ठीक विश्लेषण है। क्या मनु की आन्तरिक रिक्तता का उत्तर समरसता का दर्शन है, या श्रद्धा है या एक नयी सृजनात्मक पीड़ा है? सबके बाद क्या प्रसाद जी 'कामायनी' में काव्यात्मक अनुभूति को दार्शनिक-रिक्तता से बचाने में सफल हुए हैं जिसने वर्ड्सवर्थ और पन्त से बारम्बार बदला लिया? इन प्रश्नों का उत्तर हम पाठकों पर छोड़ते हैं। शायद इस नयी परिस्थिति का सबसे सार्थक मुक़ाबला, सृजनात्मक प्रतिभा द्वारा, पुरानों में प्रेमचन्द ने किया जिसका प्रमाण 'गोदान' है। क्या यह इस कारण था कि उनकी मनोभूमि गाँधी के अधिक निकट थी? एक तरह से स्वयं गाँधी जी ने अपने सत्यान्वेषण की प्रणाली से नये युग का सामना तो किया ही। कहते हैं कि वे अक्सर घोषित

करते थे कि मैं अपने चारों ओर अन्धकार देख रहा हूँ। प्रकाश देखने के लिए, आँखों में अन्धकार देखने की भी शक्ति होनी चाहिए। वस्तुतः छायावाद-युग के अन्तर्ध्वनित सत्य के दो प्रकाश-स्तम्भों—रवीन्द्रनाथ और गाँधी जी—में यही अन्तर था : रवीन्द्रनाथ की आँखें आत्मा का प्रकाश तो देख सकती थीं, परन्तु अन्धकार नहीं, जबकि गाँधी जी अन्धकार से भी आँखें मिला सकते थे। सम्पूर्णतः हिन्दी कविता पुरवैया के अधिक निकट है और हिन्दी गद्य पछुआ के, ऐसा रूपक हमने पहले बाँधा है। जो भी हो, 'गोदान' में प्रेमचन्द की प्रकाश-अभ्यस्त आँखें हिम्मत करके अन्धकार को देखने की कोशिश कर रही हैं और यह एक ऐसी अनुभूति है। जिसे छायावादी कवियों ने स्पष्टतः स्वीकार नहीं किया, 'कामायनी' के प्रसाद ने तो बिल्कुल नहीं। प्रेमचन्द-प्रसाद विवाद में इस दृष्टि-विपर्यय का क्या योगदान था? काश, हम जान सकते!

छायावादी शेष चिह्नों को छोड़कर हम तीसरे दशक के इन कवियों की ओर आकृष्ट हों जो इस युग के मानस-पुत्र थे। ऊपर हमने छायावादी मनोभूमि की तन्मय एकाग्रता और एक साथ ही कई स्तरों—आध्यात्मिक, नैतिक, कल्पनाशील, राजनीतिक पर ध्वनित होने की शक्ति का उल्लेख किया है। एक वाक्य में हम अगर कहना चाहें तो रिक्तता का मतलब यह था कि मनोभूमि की यह तन्मय एकाग्रता खण्डित हो गयी। जो लहर पूरे कसाव और उन्माद के साथ पिछले दस-बारह वर्षों से उत्तरोत्तर बढ़ती हुई गति से उठी थी, यह जैसे अपनी चरमता पर पहुँचकर किसी चट्टान से टकरायी और छितरा गयी। तनाव ढीला हो गया और बूँदें बिखर गयीं। इन बिखरी हुई बूँदों में चमकता हुआ इन्द्रधनुष बच्चन, भगवतीचरण वर्मा, दिनकर, नवीन, सुभद्राकुमारी, नरेन्द्र शर्मा, अंचल, शिवमंगलसिंह सुमन आदि का ख़ुमारी और जवानी का काव्य है।

इस खण्डित लहर के कुछ टुकड़े तो साफ़ दिखते हैं। 'राजनीतिक' और 'कल्पनाशील' में एक तनाव पैदा हो गया और इनके बीच की 'नैतिक' कड़ी आधी इधर आधी उधर विलीन हो गयी। आध्यात्मिक मुद्रा लापता हो गयी। एक तरफ़ बच्चन जैसे कवि हैं जो जानबूझकर राजनीतिक तमाशों से कतराते हैं; दूसरी तरफ़ ऐसे प्रगतिवादियों का जन्म होता है जो सप्रयास सजग राजनैतिकता के आगे प्रेम और मधु के कल्पनाशील तमाशों को पलायनवादी समझते हैं। इस पर दोनों ही सहमत हैं कि ये दो नावें हैं जिन पर एक साथ नहीं चला जा सकता। मज़ा यह है कि समुन्दर-पार से नवयुग ले आने के चक्कर में बच्चन प्रगतिवादियों से कम नहीं हैं। बच्चन इस परिवर्तन को शुष्क जड़ता से सरस चैतन्यता तक देखते हैं, प्रगतिवादी इतिहास के शिकंजे से कल्पना की मुक्ति की शक्ल में।

यह बँटवारा मकानों के आँगन से होकर गुज़रने वाली ज़िला-रेखाओं की तरह बाज़ कवियों के भीतर से होकर निकल गया। इसके अच्छे उदाहरण नवीन हैं जिनके काव्य में दार्शनिक, राजनीतिक, और कल्पनाशील रचनाएँ पत्थर के शिलाखण्डों की तरह अलग-अलग दिखलायी पड़ती हैं, लेकिन जिनमें वह रासायनिक मिश्रण नहीं उत्पन्न हो पाता, जो आरम्भिक पन्त, प्रसाद, निराला को सहज उपलब्ध है। दिनकर के काव्य में भी ये पृथक् समूह दिखलायी पड़ेंगे, यद्यपि उनका विभाजन उतना बिखरा हुआ नहीं है जितना नवीन में।

दार्शनिक या आध्यात्मिक मुद्रा को, जो छायावादी अनुभूति की विशेषता थी, तीसरे दशक ने लबादे की तरह उतार फेंका, उसी के साथ उस गम्भीरता को भी, जो उसमें निहित थी। जो गम्भीरता को नहीं छोड़ सके, उनमें दार्शनिक मुद्रा या अनुभूति का स्थान दर्शनशास्त्र ने ले लिया। नवीन जब गम्भीर होना चाहते हैं तो 'काऽहं', 'कोऽहं', 'साऽहं', 'सोऽहं' का आवर्तन करते हैं। हमने देखा कि दर्शनशास्त्र का आग्रह पुराने छायावादियों में भी आ गया। प्रगतिवादी भी जब बहुत गम्भीर होते हैं तो मार्क्सवादी दर्शन को रचनाओं द्वारा उदाहृत करने की कोशिश करते हैं। लेकिन दार्शनिक काव्यानुभूति में और दर्शनशास्त्र में अन्तर है। गम्भीर होकर तीसरा दशक दार्शनिक की तरह बोलता है, कवि की तरह नहीं। कवि को कवि नहीं, डार्शनिक होना चाहिए, यह मान्यता काफ़ी प्रचलित हुई और आलोचकों ने अपनी सुविधा के लिए इसको काफ़ी बढ़ावा दिया—क्योंकि काव्य में उदाहृत दर्शनशास्त्र पर आस्फालन करना आसान काम है, काव्यानुभूति की छानबीन में ग़लती हो जाने की गुंजाइश ज़्यादा है।

न सिर्फ़ आध्यात्मिक मुद्रा लापता है, बल्कि उस नैतिक 'विज़न' का भी विघटन हो गया जो आरम्भिक छायावाद की विशेषता थी। बच्चन, भगवतीचरण, दिनकर, नरेन्द्र शर्मा आदि उस अर्थ में नैतिक प्रभामण्डल का आभास नहीं देते, जिस अर्थ में पन्त, प्रसाद या निराला देते हैं। इस काव्य का प्रमुख आकर्षण कल्पनात्मक 'विज़न' है, यदि बच्चन आदि के ख़ुमार को 'विज़न' की संज्ञा से विभूषित किया जा सके। वस्तुतः उनके पास एक स्वप्निल शक्तिप्रवाह है। नैतिक विज़न का विलयन इस शक्ति-प्रवाह में हो जाता है। यहाँ मुझे बच्चन के 'मधुकलश' के कई काव्य-चित्र याद आ रहे हैं 'इन्द्रधनु पर शीश धरकर बादलों की सेज-सुख पर...'नेत्र मेरे आज सहसा तम-मटल के पार जाकर—देखते हैं रत्न सीपी से बना प्रासाद सुन्दर।' न जाने क्यों बच्चन के 'मधुकलश' की चर्चा उतनी नहीं हुई जितनी उनकी 'मधुशाला', 'निशा निमन्त्रण' और 'एकान्त संगीत' की। न सिर्फ़ उस पुस्तक में उस युग की काव्यात्मक अनुभूति का काफ़ी बड़ा ख़ज़ाना है बल्कि

उस काल की प्रधान काव्यात्मक समस्याओं की कुंजी भी है जिसके बग़ैर उस युग को नहीं समझा जा सकता। यों भी, मेरी समझ में हिन्दी की लम्बी कविताओं में—जिनमें शुरू से आख़िर तक काव्य-गुण समान रूप से वर्तमान हो—मधुकलश की कविताएँ बेजोड़ हैं। ख़ैर, उपर्युक्त काव्य-चित्रों में हम देखते हैं कि शक्ति का आभास प्रथम है। ये चित्र नैतिक भी हैं, यह सिद्ध करने का अरमान दूसरा है। नैतिकता और शक्ति के इस सम्बन्ध की दृष्टि से छायावाद का यह दूसरा दौर अंग्रेज़ी 'रोमांटिसिज़्म' के समान है और इसके कुछ लक्षण रोमांटिसिज़्म से मिलते हैं। बेशक बच्चन, दिनकर आदि में रोमाण्टिक कवियों जैसा भावना का तनाव और निपट गम्भीरता नहीं मिलती। वस्तुतः गम्भीरता का ह्रास इस नयी 'सहज' मनोभूमि की विशेषता है।

इतना ही नहीं, मनुष्य का मन भी खण्डित हो गया है। मन के विभाजन का आविष्कार इस युग की विशेषता है। हम देखते हैं कि चित्रलेखा का बीजगुप्त और मधुशाला का यात्री दोनों ही एक ख़ास तरह से लोगों की 'ग़लतफ़हमी' के शिकार हैं। आदमी का एक ऊपरी रूप है : एक उसका अन्तर है। इन दोनों में सामंजस्य नहीं है, न हो सकता है। होता यह है कि लोग पीने वाले या बीजगुप्त के ऊपरी कलेवर को तो देखते हैं, लेकिन उसके भीतर जो 'हृदय' है, उसे नहीं देखते। विचित्र बात यह है कि ऊपरी कलेवर का सम्बन्ध ज्ञान, आदर्श, मर्यादा, सामाजिक नियमों से है। किन्तु यह ऊपरी कलेवर क्रूर, जड़ और कठोर है। 'असली मनुष्य' तो भीतर धड़कते हुए दिल में है जिसे बुद्धि अथवा ज्ञान या मर्यादाएँ अभिव्यक्ति नहीं दे पातीं। यह 'असली मनुष्य' हम सबके भीतर है और यही सहज मानव है। यही जब बन्धन तोड़कर आशा और निराशा के हिलकोरे खाता निकलता है तो तीसरे दशक की कविता जन्म लेती है।

ईमानदारी और सहजता का आधार मनुष्य के आदर्श, लक्ष्य या मर्यादाएँ नहीं हैं, बल्कि उसका 'हृदय' है। स्वभावतः 'हृदय और बुद्धि', श्रद्धा और इड़ा, प्रेम और मर्यादा, सरस और जड़ के बीच एक दीवार खड़ी हो जाती है। बुद्धि के पीछे लाठी लेकर जितना तीसरा दशक पड़ा, उतना कोई अन्य काल नहीं। बचपन से लेकर दिनकर तक को बुद्धि से शिकायत है, क्योंकि बना-बनाया सरस खेल यह जड़-बुद्धि ही चौपट करती है। हम देखेंगे कि शिकायत कहाँ तक और किस अर्थ में जायज़ है। अभी हम इतना ही समझ लें कि हृदय और बुद्धि की दरार भी लहर के खण्डित हो जाने का लक्षण है। जिस अर्थ में हृदय को सहजता एवं ईमानदारी का आधार माना जाता है, उस अर्थ में हृदय न सिर्फ़ भावनाओं का रूपक है, बल्कि 'नीयत' (motive) का भी।

जब हम कहते हैं कि बीजगुप्त का हृदय निश्छल है, तो हमारा मतलब है कि उसकी नीयत दुरुस्त है।

क्या मनुष्य को हम उसके उद्देश्य में विसर्जित होते हुए देखते हैं? क्या हम उसे नीयत द्वारा परिचालित देखते हैं? उद्देश्य में विसर्जित होता हुआ मनुष्य 'महान्' है। नीयत द्वारा परिचालित मनुष्य 'साधारण' है। लेकिन एक और प्रश्न है : क्या नीयत और उद्देश्य एक ही वस्तुएँ हैं या दो? यही एक प्रश्न उस काल के समस्त साहित्य में प्रेत की तरह मँडराता है। उनकी पीड़ा और उनका खुमार इसमें है कि उन्हें कुछ दूर तक ये एक ही दिखलायी पड़ती हैं, लेकिन बाद में दो हो जाती हैं। वे देखते हैं कि ये दो वस्तुएँ हैं, लेकिन मेधा से, आवेश से, खुमारी से, यौवन से, रोकर, आँख मूँदकर, जैसे हो, इस द्वयता को कूद जाना चाहते हैं। नीयत के बारे में तो वे कुछ जानकारी रखते हैं, लेकिन उद्देश्य—गन्तव्य—? कौन जानता है?

पाँव चलने को विवश थे, जब विवेक-विहीन था मन,
आज तो मस्तिष्क दूषित कर चुके पथ के मलिन कण।
मैं इसी से क्या करूँ, अच्छे-बुरे का भेद भाई,
लौटना भी तो कठिन है, चल चुका मैं एक जीवन।
हो नियति इच्छा तुम्हारी, पूर्ण मैं चलता रहूँगा।
पथ सभी मिल एक होंगे, तम भरे यम के नगर में।

विवेक के परे पाँवों की चलने की विवशता, अविश्राम तलाश और गन्तव्य का अन्धकार में विलीन हो जाना—यह एक बहुत दुहराया हुआ रूपक है। यहाँ नीत्शे की कुछ पंक्तियाँ याद आती हैं :

"Have IÑ still a goal? A haven towards which *my* sail is set? A good wind? Ah, he only who knoweth *whither* he saileth, knoweth what wind is good, and a fair wind for him.
What still remaineth of me? A heart weary and flippant, an unstable will (;) fluttering wings; a broken backbone.
This seeking for *my* home : O Zarathustra, dost thou know that this seeking hath been *my* home-sickening; it eateth me up.
Where is my home? For it do I ask and seek and have sought but have not found it. O eternal everywhere, O eternal nowhere. O eternalÑ*in vain.*"

अनुभूति समान भी है, भिन्न भी है। दोनों प्रश्न एक ही पूछ रहे हैं, लेकिन टोन कितना भिन्न है। अन्तर केवल बच्चन और नीत्शे का ही नहीं है, हिन्दी

और योरोपीय रोमांटिसिज़्म का है। हिन्दुस्तान और योरोप का है। सिर्फ़ नीयत के सहारे विलीन उद्देश्य को तलाश करने का काम भावना के इतने तनाव और ऐसी निपट गम्भीरता के साथ हिन्दी या हिन्दुस्तान ने किया ही नहीं। इस लिहाज़ से हिन्दी के लिए सबसे निकट का रोमाण्टिक कवि बायरन है। नीचे एक और बिम्ब है जो 'थक कर चूर और फक्कड़ हृदय...जर्जर संकल्प...फड़फड़ाते डैने...टूटी रीढ़' की बच्चन जी द्वारा देखी हुई तस्वीर प्रस्तुत करता है :

यह महान् दृश्य है
चल रहा मनुष्य है
अश्रु-स्वेद-रक्त से लथपथ, लथपथ, लथपथ!
अग्निपथ, अग्निपथ, अग्निपथ!

क्या सचमुच यह महान् दृश्य है? किस अर्थ में? क्या यह सिर्फ़ एक नाटकीय मुद्रा है? किस अर्थ में? इसकी तुलना हम नीत्शे से क्योंकर करें?

जो भी हो, उस युग को सचेत उद्देश्य (जो मर्यादाओं का निर्माण करता है) और नीयत (जो हमें परिचालित करती है) (conscious purpose and motive) के बीच अन्तर स्थापित करके नीयत की तलाश करने की आवश्यकता थी और इसके लिए उसने तीन रास्ते अपनाये। तीनों ही इस विभेद पर आधारित हैं। हृदयवाद (जो दिनकर, बच्चन, भगवतीचरण आदि अधिकतर कवियों की आधारशिला है); मनोविश्लेषण (जिसका इस्तेमाल इलाचन्द्र जोशी, जैनेन्द्र आदि ने किया) और ऐतिहासिक भौतिकवाद (जिसके सैद्धान्तिक आधार पर प्रगतिवाद की इमारत खड़ी हुई), ये तीनों दृष्टियाँ अक्सर एक दूसरे में घुल-मिल जाती हैं और लेखक या कवि आसानी से एक से दूसरे में विचरण करते हैं, क्योंकि इन सबका काम मुख्यतः मानसिक लहर को 'मोटिव' से समन्वित करके मुक्त और स्वच्छन्द वेग प्रदान करना है, उद्देश्य पर आधारित मर्यादाएँ जिसको बन्धन-स्वरूप जान पड़ती हैं। यह 'मुक्तिकारी' उल्लास एक नाटकीयता के साथ घटित होता है। हृदयवाद के सशक्त प्रवाह को हमने देखा। मनोविश्लेषण तो आदमी के अचेतन 'मोटिवें' और सचेत उद्देश्य में अन्तर करता ही है। उस अचेतन मोटिव का 'विघूर्णन', 'विस्फूर्जन' बच्चन की उर-उमंगों की उद्दामता से कम प्रचण्ड नहीं है जिसको 'न निराशा का भय, रोक सकता है न आशा का प्रवंचन'। बेशक फ्रायड, एडलर, यंग या किसी का भी मनोविश्लेषणवाद सिर्फ़ इतना ही नहीं है। मगर हिन्दी लेखकों की रुचि शेष में थी ही नहीं। उनको मानव-मन की एक बनावट चाहिए थी जो लगभग 'प्राकृतिक शक्ति' की तरह तेज़ फूटने वाली 'नीयत' दे सके, जो बिना उद्देश्य की परवाह किये वेग से दौड़ सके और ज़रूरत हो तो उद्देश्य की जगह

भी ले सके। मनोविश्लेषणवाद उन्हें स्थूलतः इस ज़रूरत को पूरा करता-सा जान पड़ा। उन्होंने उसका इस्तेमाल कर लिया। इसी तरह ऐतिहासिक भौतिकवाद भी मनुष्य के सचेत उद्देश्य और उसकी नीयत में अन्तर करता है। आदमी का सचेत उद्देश्य कितना भी महान् हो, उसकी 'नीयत' अथवा 'असली' उद्देश्य पूँजीवादी प्रचार हो सकता है। ऐतिहासिक भौतिकवाद सचेत उद्देश्य के तल में काम करती हुई इस असली 'नीयत' की खोज करता है। मनोविश्लेषणवाद की ही तरह, ऐतिहासिक भौतिकवाद भी सिर्फ़ इतना ही नहीं है। लेकिन बाक़ी सब में हिन्दी लेखक की रुचि नहीं थी। वह केवल चेतन उद्देश्य से अलग दौड़ने वाली उद्दाम गति चाहता था। 'प्रगतिशील' होना तो उसने स्वीकार कर लिया, किन्तु 'प्रगतिवादी' या 'मार्क्सवादी' होने में उसे जो घुटन महसूस होती थी। मानव-मन की बनावट की इन तीनों दृष्टियों में अनिरुद्ध स्वचालित वेग के समान उपयोग के अतिरिक्त दो अन्य समान लक्षण भी हम फ़िलहाल अंकित कर सकते हैं। एक तो यह कि तीनों में नीयत जाने या अनजाने, अधिकतर अनजाने ही, अपना काम करती है। बच्चन के पाँवों के चलने की विवशता विवेक-विहीन अवस्था में उत्पन्न होती है; अचेतन नीयत तो परिभाषा से ही विवेक के परे स्थित है और ऐतिहासिक भौतिकवाद का नियम भी हमारे अनजाने ही काम करता है। दूसरे, इस दृष्टि की बुनियाद वैज्ञानिक है। मनोविश्लेषण-शास्त्र और मार्क्सवाद तो घोषित रूप में विज्ञान का सहारा लेते हैं। बच्चन आदि भी वैज्ञानिक टेम्पर के बाहर नहीं हैं। वस्तुतः उनके आध्यात्मिक लबादे को उतार फेंकने की जड़ में विज्ञान ही है। विज्ञान का इस नयी दृष्टि से क्या सम्बन्ध है और क्यों है, इस पर आगे हम थोड़ा और विवेचन करेंगे।*

नीयत की तलाश तो हुई और उसे बहुत उपयोगी भी पाया गया। किन्तु वह अटल प्रश्न तब भी बना रहा : क्या नीयत (motive) और उद्देश्य (purpose) एक ही वस्तुएँ हैं। छायावाद के पास तो एक सीधा उत्तर था—हाँ। बल्कि उस उद्देश्य से अलग भी कोई नीयत हो सकती है, इसकी कोई जानकारी ही नहीं थी। देव-शिशु की तरह उसका बहिरन्तर एक था। लेकिन बच्चन? भगवतीचरण वर्मा? दिनकर? इनके पास क्या उत्तर है? 'यह प्रश्न शिथिल करता मन को, भरता उर में विह्वलता है।' वे उत्तर देने से इनकार करते हैं। बुद्धि कहती है, दोनों एक नहीं हैं, हृदय कहता है, हैं। यही वह स्थल है जहाँ रिक्तता महसूस होती है। बुद्धि से शिकायत जायज़ है। उनके मन का 'अरमान' यही है कि ये दोनों एक ही हों, यद्यपि वे देख नहीं पाते कि ऐसा कैसे होगा। इस प्रकार छायावाद में जो संकल्पात्मक अनुभूति, अन्तर्ध्वनित सत्य है, वह तीसरे दशक में 'अरमान'

बनकर रह जाता है। रहस्यानुभूति, आनन्दानुभूति, शौर्यानुभूति, वेदनानुभूति, तमाम अनुभूतियाँ 'अरमानों' के धरातल पर घटित होती हैं।

लेकिन क्या 'अरमान' प्रश्न का उत्तर हो सकता है? स्पष्ट है कि नीयत और उद्देश्य का प्रश्न मूलतः नैतिक प्रश्न है। कितना गहरा और भयानक प्रश्न था यह, यह इससे स्पष्ट है कि उस ज़माने में इसको बमों के विस्फोट और पिस्तौल की गोलियों की आवाज़ के साथ पूछा गया जिसने एक बार समूचे देश को हिलाकर रख दिया। भगतसिंह के छूटे हुए बम की आवाज़ और आज़ाद की गोलियाँ—और उसके बाद दोनों का बलिदान—हमारे शुभ्र नैतिक मानस को तोड़ती हुई निकल गये। उनकी नीयत के बारे में किसी को सन्देह नहीं था। लेकिन क्या उनका कार्य नैतिक था? उद्देश्यगत संकल्प की ओर से दुखी, किन्तु दृढ़ आवाज़ में सिर्फ़ एक व्यक्ति ने स्पष्ट उत्तर दिया—गाँधी ने : 'नहीं।' बाक़ी देश के पास सिर्फ़ खण्ड़ित चेतना बची रह गयी। तीसरे दशक की कविता 'अरमान' द्वारा खण्डित चेतना की इस गहन विडम्बना को पी जाने का मादक प्रयास है :

हमने मर्यादा का अतिक्रमण नहीं किया
क्योंकि नहीं थी, अपनी कोई भी मर्यादा
हमको अनास्था ने कभी नहीं झकझोरा
क्योंकि नहीं थी अपनी कोई भी गहन आस्था :

....

इसीलिए सूने गलियारे में
निरुद्देश्य,
निरुद्देश्य,
चलते हम रहे सदा
दायें से बायें
और बायें से दायें
मरने के बाद भी
यम के गलियारे में
चलते रहेंगे सदा
दायें से बायें
और बायें से दायें

—धर्मवीर भारती : अन्धायुग

'अग्निपथ' की यह तस्वीर—भारती ने देखी—जब निरुद्देश्य स्वचालित गति के ऊपर से 'अरमानों' की झिलमिली उतर चुकी थी। और झिलमिली के नीचे थी

एक अर्थाह रिक्तता। लेकिन यह बाद की कथा है। यह 'पराजित' पीढ़ी का गीत है। अभी हम 'अपराजित' पीढ़ी को ही थोड़ा और गहरे उतरकर देखें। तीसरा दशक अपने काव्य-निर्मित 'साधारण मानव' की अपराजेयता की घोषणा ओजस्वी से लेकर तरलायित स्वरों तक में नाना प्रकार से करता है।

विवेकविहीन हालत में भी पाँवों की जो यह चलने की अपराजेय विवशता है, यही 'अपराजित' पीढ़ी की अपराजेयता का रहस्य है। चित्रलेखा-बीजगुप्त का प्रेम इसी अपराजेय विवशता से उद्‌भूत होता है। बच्चन का मधुपायी भी इसी अपराजेय विवशता के फलस्वरूप मधुशाला की ओर जाता है। यही अपराजेय विवशता उसे लहरों में निमन्त्रण देती मालूम पड़ती है। और इसी अपराजेय विवशता से, मौक़ा पड़ने पर वह 'साधारण' आदमी अग्निपथ पर भी तड़ातड़ चलते जाने का महान् दृश्य उपस्थित करता है। दिनकर की कविता में भी आदमी इस अपराजेय विवशता का दर्शन करके लगभग इसी क़िस्म की हरकत करता है। परमात्मा की ही भाँति इस अपराजेय विवशता के भिन्न-भिन्न नाम हैं। कहीं, इसे उद्दाम उर-उमंग कहा जाता है, कहीं अचेतन मानस का विघूर्णन और कहीं ऐतिहासिक अनिवार्यता; शायद सबसे प्यारा नाम, जो उस समय कहीं-कहीं कहा गया, वह था 'जिजीविषा।' इंगला-पिंगला पर फूत्कारती हुई यह जिजीविषा नामक जाग्रत कुण्डलिनी तन्त्र-विज्ञान के पण्डित हजारीप्रसाद द्विवेदी के शब्दों में अक्सर दिखलायी पड़ती है जो इस तीसरे दशक के सबसे समर्थ आलोचक हैं और जिनके हर दृष्टि-निक्षेप पर 'साधारण मानव' अपने सबसे प्रिय रूप में उल्लसित होता और हिलकोरे खाता चलता है। आश्चर्य की बात यह है कि छायावादी अनुभूति (पहले दौर की) अपराजेयता तो देखती है, लेकिन इसमें विवशता कहाँ है, यह नहीं देख पाती। अपराजेय विवशता? या अपराजेय संकल्प? प्रेमचन्द के सूरदास में यह अपराजेय विवशता कहाँ है? प्रसाद के चन्द्रगुप्त मौर्य में, चाणक्य में कहाँ है? निराला की रूखी डाल जब पार्वती बनकर स्मरहर को वरने के लिए 'वसन-वासन्ती' माँगती है तो उसमें अपराजेय विवशता है या अपराजेय संकल्प? शक्तिपूजा करने वाले राम में क्या है—विवशॅता या संकल्प? प्रेमचन्द के होरी में? हाँ, शायद उसमें एक अपराजेय विवशता है जो उसको बार-बार धर्म की राह पर ला पटकती है, लेकिन अपराजेय संकल्प का अभाव क्या प्रश्नचिह्न बनकर नहीं खड़ा हो जाता? क्या यह अपराजेय विवशता पराजित भी करती है? और भारती 'नयी कविता' की ओर से विवशता तो देखते हैं, लेकिन उसमें अपराजेय क्या है, यह उनको नहीं दिखलायी पड़ता : जिस तरह होरी का पुत्र अपने पिता की विवशता तो देखता है, लेकिन उसमें अपराजेय क्या है, यह नहीं समझ पाता।

डॉ. रामविलास शर्मा की 'गोदान' पर आलोचना पढ़ते समय मैंने कहीं पढ़ा था कि होरी नाम का किसान तो पराजित होकर खप गया, लेकिन साहित्य की अगली पीढ़ी का मनुष्य होरी के पुत्र और मेहता नामक फ़िलॉसफ़र के सम्मिश्रण से निर्मित होगा। डॉ. रामविलास शर्मा से सहमत होने का सौभाग्य मुझे कम मिलता है और उनकी भविष्यवाणियाँ तो अक्सर ग़लत साबित होती हैं। लेकिन यहाँ मैं उनसे पूर्णतः सहमत हूँ। होरी को मरे हुए छब्बीस-सत्ताईस वर्ष हो गये। और उसके बाद जो 'नयी पीढ़ी' आयी है कविता में, गद्य में, उसके सब के सब सदस्य प्रो. मेहता द्वारा शिक्षित, होरी के मानस-पुत्र हैं। अपराजेय विवशता द्वारा पराजित पिता के दार्शनिक पुत्र! रह गयी किसानी की बात, तो ज़रा-सा खरोंचिए, ऊपरी 'आधुनिक' की जिल्द के नीचे हममें से कौन किसान नहीं है? अज्ञेय नहीं हैं? भारती नहीं हैं? शमशेर नहीं हैं? सर्वेश्वर नहीं हैं? कुँवर नारायण नहीं हैं? हिन्दी के किस कवि में से किसानी की गन्ध नहीं आती—मैथिलीशरण गुप्त से लेकर सर्वेश्वर तक?

उदार दार्शनिक
तुम्हारे दर्शन में अपनी विकलता पाता हूँ
काश अपनी विकलता में
तुम्हारा दर्शन पा सकूँ!

—कुँवर नारायण

किसानी और दर्शन—हिन्दी के किस कवि में से इन दोनों की गन्ध नहीं आती? कुछ मिलाकर हिन्दुस्तान नाम के देश की यही तो पूँजी है। इन दोनों गन्धों से जब चक्रवर्ती राजगोपालाचारी और फ़िराक़ गोरखपुरी तक अछूते नहीं बचते तो हिन्दी बेचारी क्या खाकर अछूती रह जायेगी, जो अभी 'दिल्ली की ज़ुबान' भी नहीं बन पायी है?

यह अपराजेय विवशता क्या है? यह अपराजेय क्यों है? यह विवश क्यों है? इसका मनुष्य की सहजता से क्या सम्बन्ध है? छायावाद का अपराजेय संकल्प कैसे दूसरे दौर की अपराजेय विवशता में बदल गया? और इस अपराजेय विवशता के नीचे एक अथाह रिक्तता क्यों है?—क्या है जो इस साधारण मानव को बराबर सालता रहता है?—और तीसरा दशक क्यों ऊपर से छायावादी है, नीचे से कुछ और हो गया है? क्यों वह छायावाद से अलग न होकर छायावाद का दूसरा दौर है?

अन्तिम प्रश्न का सरल उत्तर तो हम उस युग के मनुष्य के मर्म में ही देख सकते हैं जो ऊपर से कुछ और है, नीचे से कुछ और। परन्तु बात सिर्फ़ इतने से सूत्र में कह देने से इस स्थिति में जो महिमा-मण्डित ऐश्वर्य है, वह कहीं आँखों

से ओझल न हो जाये। चूँकि यह महिमामण्डित ऐश्वर्य उसे मूल्यवान थाती के रूप में छायावाद से मिला है; इसलिए छायावाद से उसका लगाव बहुत ज़रूरी है। खुद छायावादी मानस में इसकी जो गहरी प्रतिक्रिया हुई, उसकी एक प्रतिध्वनि तो प्रेमचन्द के 'गोदान' में है जिसका उल्लेख हमने पहले किया। दूसरी विराट् प्रतिध्वनि है, प्रसाद की 'कामायनी' में, जिसमें हिमगिरि के उत्तुंग शिखर से आरम्भ करके मनु फिर हिमगिरि के उत्तुंग शिखर पर आसीन हो जाता है : चिन्ता के साथ प्रलय-प्रवाह को देखने से आरम्भ करके, समरसता के साथ स्थिर भूमि को देखने में अन्त करता है। एक चित्र में वह अतीत की ओर देख रहा है, दूसरे चित्र में भविष्य की ओर। बेशक वह पहुँचता वहीं है जहाँ से चला था; लेकिन इस बीच में उसकी दृष्टि में महान् परिवर्तन आ जाता है, जैसे एक परिक्रमा पूरी हो गयी हो। इस परिक्रमा की कथा ही 'कामायनी' में कही गयी है।

पहले वह श्रद्धा से मिलता है जो भीतर-बाहर बिल्कुल एक-सी है और जो 'अपराजेय संकल्प' की प्रतिमा है। उसका उत्तरोत्तर उल्लास उठती हुई लहर की तरह बढ़ता जाता है। फिर एक पुत्र होता है—एक नयी पीढ़ी—और मनु को महसूस होती है एक विराट् रिक्तता, 'जैसे कुछ बहुत मूल्यवान् पीछे छूट गया हो।' तब उसकी भेंट होती है इड़ा से जो 'ऊपर से कुछ और है, नीचे से कुछ और' और अतीव महिमा से मण्डित है। एक 'अपराजेय विवशता' के साथ वह इड़ा की ओर खिंचता चला जाता है। और तब एक अद्भुत बात होती है। जो मनु श्रद्धा के साथ बाहर-भीतर एक-जैसा था, खुद उसके मन में ऐंठन उत्पन्न होने लगती है। वह ऐंठन बढ़ती जाती है और एक दिन उन्मत्तता की चरम स्थिति में 'अपराजेय संकल्प' का वह स्वामी 'अपराजेय विवशता' को छू लेता है। झंकार के साथ जैसे पक्के फ़र्श पर थाली गिर कर चूर हो जाये, वैसे ही इस वर्जित स्पर्श के साथ ही सारा इन्द्रजाल टूट जाता है। ऐंठन पूरी हो जाती है और तड़ाक् से मनु का व्यक्तित्व भी खण्डित हो जाता है। अब वह भी इड़ा की तरह 'अपराजेय विवशता' से व्याप्त 'ऊपर से कुछ और, अन्दर से कुछ और' है, और 'ग़लतफ़हमी' कर शिकार बनता है...फिर उसके बाद युद्ध, क्रान्ति, विप्लव...लेकिन मनु की चेतना इस विभाजन और विप्लव को सह नहीं पाती और वह मूर्च्छित हो जाता है, जड़ और चेतन के बीच की कड़ी की तरह। उस टूटे हुए आदमी की खोज यहाँ से आरम्भ होती है। वह उस विराट् रिक्तता को देखता है जो गहरे कहीं श्रद्धा में भी है और इड़ा में भी और अपने पराजित विभाजन को भी देखता है। कौन उसे जोड़ेगा? कौन फिर एक बार उसके बहिरन्तर को एक करेगा? उसे फिर एक बार हिमगिरि के उत्तुंग शिखर पर जाना पड़ेगा। प्रसाद जी का उत्तर है : समरसता का दर्शन।

लेकिन क्या यह सिर्फ़ दर्शन है, अनुभूति नहीं? तब फिर यह 'एलेगरी' का रूप क्यों—वेद की जगह वेद का निरुक्त क्यों? दीप्त बिम्बों की जगह रूपायित प्रतीक-कथा क्यों? क्या अन्धकार को सीधे नहीं भेदा जा सकता, केवल उसकी परिक्रमा की जा सकती है?

'कामायनी' के बाद हिन्दी कविता का अगला चरण इसी प्रश्न से शुरू होता है जिस 'समरसता' को प्रसाद जी ने अनुभूति से दर्शन में बदल दिया, उसे कैसे दर्शन से अनुभूति में बदला जाये। 'समरसता का दर्शन' या 'निर्वैयक्तिक अनुभूति'? इस प्रश्न को जिस व्यक्ति ने पूछा, उसका नाम था 'अज्ञेय' :

उदार दार्शनिक,
तुम्हारे दर्शन में अपनी विकलता पाता हूँ
काश अपनी विकलता में
तुम्हारा दर्शन पा सकूँ।

—कुँवर नारायण

आलोचकों में इस बात को लेकर बहुत दिनों तक बहस चलती रही कि पुत्रवती श्रद्धा को मनु क्यों छोड़कर चले जाते हैं और प्रसाद उस अनुभूति का सन्तोषप्रद 'मनोवैज्ञानिक' निरूपण क्यों नहीं कर पाते। वे भूल गये कि प्रसाद मनोवैज्ञानिक उपन्यास नहीं लिख रहे हैं वे एक प्रतीक-कथा द्वारा एक दार्शनिक स्थापना कर रहे हैं। अगर वे यह प्रश्न भी पूछते कि क्यों जब श्रद्धा मनु को तलाश करने जाती है तो अपने पुत्र को छोड़कर ही उस तलाश में जाना उसके लिए आवश्यक हो जाता है और क्यों यहाँ भी प्रसाद उस अनुभूति का 'सन्तोषप्रद मनोवैज्ञानिक' निरूपण नहीं करते तो वे प्रसाद के मानस को ज़्यादा गहराई से समझ पाते। और प्रसाद एक ऐसे कवि हैं जिनके मानस को बिना गहराई के समझा नहीं जा सकता। उनके लिए सारा प्रश्न अनुभूति और दर्शन तो सम्बन्ध का है। कामायनी वेद नहीं, वेद का निरुक्त है। 'एलेगरी' है। यह संकेत के प्रसाद ने 'कामायनी' की भूमिका में ही दिया है। एक गम्भीर दार्शनिक मानस समस्त सृष्टि को देख रहा है। उस सारी सृष्टि में यही तो पहेली है: 'अपराजेय संकल्प' के भीतर से 'अपराजेय विवशता' की तरह वह श्रद्धा-पुत्र कहाँ से आ गया? यही तो रिक्तता है, अन्धकार है—अन्धकार की अनुभूति कैसी? क्या अन्धकार भी 'सत्य का मूल चारुत्व' हो सकता है जिसे संकल्पात्मक अनुभूति द्वारा पकड़ा जाये? रवीन्द्रनाथ की ही तरह प्रसाद की आत्मा अन्धकार को सामने से नहीं भेदती; वह दर्शन द्वारा उसकी परिक्रमा कर सकती है। लेकिन इस परिक्रमा के बाद प्रसाद इतना तो देख ही रहे हैं कि आगे की कहानी मनु की नहीं, श्रद्धा-मनु

के उस पुत्र की कहानी है जो इड़ा द्वारा शिक्षित होता है और सारस्वत प्रदेश में लौट जाता है—आकुलि-किलात का निहत्था सामना करने। 'अपराजेय विवशता' द्वारा पराजित पिता का दार्शनिक पुत्र! क्या उसकी सीमारेखाएँ किसी धुँधले क्षितिज पर होरी-धनिया के उस पुत्र से मिलती हैं जो मिलों-कारख़ानों के नगर में लौट जाता है, प्रो. मेहता द्वारा शिक्षित होने के लिए? क्या नाम है, उस मनु-पुत्र, होरी-पुत्र का—लघुमानव? क्यों वह दत्तक पुत्र होकर ही जीवित रह सकता है?

मैं उस भटकती हुई प्यासी आत्मा का
दर्द-भरा संगीत हूँ,
जो मुझे अपने सफ़र में
इस वीरान राह की
अन्धी चट्टान पर
ख़ामोशी का ताज बनाकर
छोड़ गयी है। ....
ढाँक जिससे मैं सकूँ, जलते हुए सम्पूर्ण बन को
छाँह जिससे दे सकूँ, बेदम परिन्दों को गगन को
फिर न पलकें गिरा, आँसू छिपा, गर्दन मोड़
कहूँ, 'इस तूफ़ान ने मेरे दिये पर तोड़!'
पंख दो, पंख दो, नये मेरे पंख दो
पंख दो, पंख दो, बड़े मेरे पंख दो

—सर्वेश्वर

'कामायनी' और 'मधुकलश' को आमने-सामने रखने पर प्रसाद की 'अखण्ड- चेतना' और बच्चन की 'खण्डित-चेतना' में जो समानता है और जो अन्तर है, वह स्पष्ट हो जायेगा। बहुत आश्चर्यजनक ढंग से दोनों एक स्थल पर एक ही प्रतीक का उपयोग करते हैं—लेकिन दोनों की चेतना बिल्कुल दो भिन्न चीज़ें देखती हैं। बच्चन के मधुकलश का प्रमुख गीत है, 'लहरों का निमन्त्रण' जिसमें सागर के किनारे खड़े हुए 'साधारण मानव' की तस्वीर है। वह इतना रोमांचित करने वाला काव्य-चित्र है कि उसके आरम्भिक छन्द को उद्धृत करने के अतिरिक्त कोई चारा नहीं है—वह बात मेरे शिथिल गद्य में नहीं कही जा सकती है :

रात की अन्तिम प्रहर है;
झिलमिलाते हैं सितारे,
वक्ष पर युग-बाहु बाँधे
मैं खड़ा सागर किनारे,

वेग से बहता प्रभंजन
केश-पट मेरे उड़ाता,
शून्य में भरता उदधि
उर की रहस्यमयी पुकारें,

इन पुकारों की प्रतिध्वनि
हो रही मेरे हृदय में,
है प्रतिच्छायित जहाँ पर
सिन्धु का हिल्लोल-कम्पन।
तीर पर कैसे रुकूँ मैं,
आज लहरों में निमन्त्रण।

एक प्रलय-प्रवाह और उसे देखता हुआ मनुष्य! यहीं से कामायनी की भी कथा शुरू होती है :

हिमगिरि के उत्तुंग शिखर पर
बैठ शिला की शीतल छाँह,
एक पुरुष भीगे नयनों से
देख रहा था प्रलय प्रवाह।

इसके बाद बच्चन के प्रतीक उलट जाते हैं। प्रसाद का मनु रात के अन्तिम प्रहर में नहीं, दिन की दुपहर में यह दृश्य देखता है, शिला की शीतल छाँह के तले। प्रभंजन वहाँ भी वेग से बहता है, लेकिन उसमें केश-पटों को उड़ा ले जाने की शक्ति नहीं है, वह केवल पैरों से टकराता फिरता है।' मनु जल और स्थल दोनों को देखता है तो उसे लगता है कि दोनों में एक तत्त्व की ही प्रधानता है, उसे जड़ कहो या चेतन। जबकि बच्चन का मनुष्य जल और स्थल में सीमाभेद करता है—स्थल जड़ का प्रतीक है, जल चेतन का 'क्यों धरणि अब तक न गल कर लीन जलनिधि में गयी हो'... 'स्थल गया है भर पथों से नाम कितनों के गिनाऊँ'... 'राह जल पर भी बनी है रूढ़ि पर न हुई कभी वह।' और जबकि बच्चन के मनुष्य के हृदय में सिन्धु का हिल्लोल-कम्पन प्रतिच्छायित है, मनु के हृदय में प्रतिच्छाया है, स्तब्ध हिम की। आगे चलकर बच्चन का मनुष्य देखता है : 'सिन्धु के इस तीव्र हाहाकार ने विश्वास मेरा/है छिपा रक्खा कहीं पर एक रस-परिपूर्ण गायन।' प्रसाद के मनु का यह विश्वास ही नहीं है, उसको जानकारी है कि इस विशाल जलनिधि में 'एक रस-परिपूर्ण गायन' डूबा हुआ है। और उसके बाद उस प्रलय-प्रवाह को देखकर प्रसाद और बच्चन, दोनों की कल्पना में

'सुख, केवल सुख के केन्द्रीभूत संग्रह' के एक ही प्रतीक-चित्र उभरते हैं : नाचती हुई सिन्धु-कन्याएँ जिनके नृत्य के दर्शक देवता-गण हैं। प्रसाद का मनु उन सिन्धु-कन्याओं का नाम जानता है—कीर्ति, दीप्ति, शोभा। बच्चन का मनुष्य, उनका नाम नहीं जानता। क्योंकि प्रसाद का मनु जब नाच हो रहा था, उस समय वहाँ उपस्थित था—'स्वयं देव थे हम सब'—यहीं मनुष्य की परिभाषा के प्रतीकों का अन्तर है। बच्चन का मनुष्य चित्रलिखित-से उन देवताओं को कुछ विनोद की दृष्टि से देखता है—'साथ देवों के पुरन्दर'/एक अद्‌भुत और अविचल चित्र-सा है जान पड़ता।' क्या उसने उस चित्र में मनु को पहचाना होगा? प्रसाद का मनु उस प्रलय-प्रवाह में अतीत की भाषा देखता है और बच्चन का मनुष्य भविष्य की। इसके बाद मनु पृथ्वी की ओर लौट जाता है और उसका अन्त हिमालय से पृथ्वी की ओर देखने में होता है। बच्चन का मनुष्य शायद रुकता नहीं, समुद्र में कूद जाता है—क्या अन्त होता है उसका?

जल और स्थल—दोनों कविताओं की प्रतीक-माला इतनी स्पष्टतः मिलती-जुलती है कि जब-जब मैंने इस पर सोचा है, मुझे अत्यन्त आश्चर्य हुआ है। क्या 'कामायनी' की रचना के समय प्रसाद जी ने बच्चन का यह गीत सुना था? या कोई गहरी वस्तु है जो दोनों से समान प्रतीक-योजना में अभिव्यक्ति माँग रही है? सृजनात्मक प्रतिभा के किस स्तर पर अखण्ड और खण्डित चेतना का यह तिरीक्षा वाद-विवाद घटित हो रहा है?

क्या ये प्रतीक जातीय स्मृति से सम्बद्ध हैं? हमारे दीर्घकालीन इतिहास में कब हमारी कल्पना जलोन्मुख रही और कब स्थलोन्मुख हो गयी? क्या हमारे उत्थान-पतन, प्रगति और ह्रास का इन प्रतीकों से कुछ सम्बन्ध है? क्या मनु की तरह केवल स्थलोन्मुख हो जाने में ही समाधान है?

इन प्रतीकों का कोई रूढ़ या सुनियोजित अर्थ खोजने की यहाँ आवश्यकता नहीं है। शायद एक बहुत बड़े पैमाने पर वे सारी मनुष्यता के आध्यात्मिक प्रतीक हैं। केवल उनकी व्यापकता को ध्यान में रखकर हम हिन्दी कविता की ओर देखें तो कभी-कभी उन झंकारों की रेखाओं को अधिक सफ़ाई से देख पायेंगे जो इन कलात्मक बिम्बों के प्रत्यक्ष दर्शन पर हमें रोमांच की तरह अनुभूत होती हैं।

बच्चन के सीमित अर्थ में 'जल' प्रकृति की स्वयं चालित गति का प्रतीक है। इसमें वे चैतन्यता का, और हो सके तो 'सुख, केवल सुख के केन्द्रीभूत संग्रह' का आरोप करते हैं। चैतन्यता का यह आरोप केवल काव्यालंकार नहीं है, बल्कि अनुभूति का केन्द्रीय सिद्धान्त है। स्थल चूँकि गतिहीन है, इसलिए जड़ता का

प्रतीक है। प्रसाद इन प्रतीकों को उलट कर पढ़ते हैं। सिर्फ़ गति के कारण ही उन्हें जल और स्थल में दो तत्त्वों का-सा अन्तर है, यह नहीं दिखता।

जो भी हो, प्रत्यभिज्ञा दर्शन का मूल सूत्र है : "जो मैं हूँ, वही मैं हूँ।" और सारस्वत-प्रदेश के युद्ध के बाद प्रसाद ने इसी दर्शन-जनित परिभाषा को बच्चन, दिनकर, भगवतीचरण आदि की अनुभूति-जनित परिभाषा : "जो मैं हूँ, वह मैं नहीं हूँ" के विरुद्ध टिका दिया। इसमें से कौन-सी सहज मनुष्य की परिभाषा है? क्या अनुभूति और दर्शन, इन दो में से एक को ही चुनना पड़ेगा? कोई तीसरा रास्ता नहीं है।

एक गम्भीर दृष्टि से इन दोनों दृष्टियों में तात्त्विक अन्तर है। लेकिन इन दोनों में से एक को ही चुन लेने की अनिवार्यता उस युग को महसूस नहीं हो रही थी। वस्तुतः वे दोनों दृष्टियाँ एक समझौते पर आकर स्थिर हो गयीं। इसीलिए नीत्शे जैसा भावना का तनाव हिन्दी के आवेश में नहीं मिलता। यह टकराहट ऊपरी थी, लेकिन अन्दर-ही-अन्दर इसमें समझौते की एक अनिवार्य आवश्यकता भी काम करती रही। इस समझौते ने एक तरफ़ 'अपराजेय विवशता' के वेग को थोड़ा कम किया, दूसरी तरफ़ 'अपराजेय संकल्प' को भी थोड़ा लचीला बना दिया। इस समझौते से दोनों दृष्टियों का समन्वय तो नहीं हो पाया, सन्तुलन अवयश्य हो गया। यह सन्तुलन बेशक कुछ ही दूर तक चला भी। कुछ हद तक इसने दोनों में रक्त-संचार किया, लेकिन उसके बाद इसने भँवर और 'गतिरोध' भी पैदा किये। कामायनी में इड़ा और श्रद्धा का दार्शनिक समझौता तो है ही। अनुभूति के क्षेत्र में इसी कारण यह अपराजेय गति 'विज़न' को जन्म न देकर एक स्वप्निल शक्ति-प्रवाह, मस्ती और खुमारी के रूप में प्रकट होती है। इस स्वप्निल शक्ति-प्रवाह का सबसे अच्छा गुण एक तरह का लापरवाह खुलापन है जो साधारण जीवन में रसीलेपन की तरह व्याप्त हो गया है।

बच्चन, दिनकर, भगवतीचरण वर्मा, माखनलाल चतुर्वेदी, नवीन आदि सभी कवि एक ख़ास अर्थ में 'जवानी' के कवि हैं। यह एक विशिष्ट-सी बात है। जवान तो अपने समय में प्रेमचन्द, प्रसाद, निराला, पन्त सभी रहे होंगे—और मेरा अनुमान है कि मैथिलीशरण गुप्त भी—लेकिन इनमें से कोई भी ख़ास अर्थ में जवानी का कवि नहीं रहा। इस अर्थ में योरोपीय रोमांटिसिज़्म भी ख़ासतौर से जवानी का काव्य बनकर नहीं आया। यह सही है कि हिन्दुस्तान एक क्रान्ति की अवस्था से गुज़र रहा था और देश-भर में मार्क्सवाद-गाँधीवाद का द्वन्द्व भी चल रहा था, लेकिन खुद मार्क्स के लेखन में विशेषतः 'जवानी' का क्रान्ति से कोई रिश्ता हो, ऐसा नहीं लगता और न यही जान पड़ता है कि वह जवानों को

सम्बोधित करके लिख रहा हो। किन कारणों से नयी चेतना, जिसका आधार अधिकतर विज्ञान था, 'जवानों' से सम्बद्ध हो गयी और उसका मनोभूमि पर क्या प्रभाव पड़ा, यह अनुसन्धान का रोचक विषय हो सकता है।

इतना हम देख सकते हैं कि यथार्थ के जिस स्पर्श को ये कवि चित्रित कर रहे हैं, उसमें 'जवानी' की एक कल्पित तस्वीर 'आवेग' और 'फक्कड़पन' से सम्बद्ध है। एक गहरे स्तर पर नयी चेतना को 'जवानी' में सीमित कर देना भी छायावाद से आन्तरिक समझौते का ही फल है। छायावादी दृष्टि सम्पूर्ण जीवन की दृष्टि थी। उस सारी जीवन-दृष्टि को उलट देना इन कवियों का अभीष्ट नहीं है। वे केवल ज़िन्दगी के अंश–जवानी–को ही इस नयी यथार्थ आवेगशीलता से ध्वनित देख रहे हैं। एक ढंग से यह आंशिकता कविता के विस्तार को सीमित करती है और आगे चलकर गीतों की जो धारा निकली, वह इस सीमा में उलझकर रह गयी।

इस समझौते को हम 'चित्रलेखा' और प्रसाद के नाटकों की तुलना करके देख सकते हैं। प्रसाद अपने नाटकीय समाज को एक ऐतिहासिक स्थिति में रखते हैं। उस इतिहास से हमारा सम्बन्ध 'उत्तराधिकार' का है। लेकिन इस उत्तराधिकार के लिए हमें प्रयास करना पड़ता है। हमें लगता है कि ये सारे चरित्र एक लक्ष्य में विसर्जित हो रहे हैं। उस लक्ष्य की विवेक-सम्मतता को हम स्वीकार करते हैं। यह लक्ष्य ही नाटक को एकता प्रदान करता है और उसकी स्वीकृति के माध्यम से ही हमारा उन पात्रों से 'साधारणीकरण' होता है। लेकिन यह स्वीकृति हम तभी दे सकते हैं जब हम अपने भीतर के 'यथार्थ' को उस लक्ष्यमूलक सत्य में विसर्जित होता हुआ देखें। विसर्जन की अनुभूति तनाव को जन्म देती है और हमें लगता है कि प्रसाद के पात्र हमसे 'ऊँचे' स्तर पर प्रतिष्ठित हैं।

इसके विपरीत 'चित्रलेखा' में एक ढीलापन है, यद्यपि ऊपर से सारा वितान वैसा ही है। 'चित्रलेखा' का पूरा समाज इतिहास में अपनी अतीव महिमा के साथ है। उस इतिहास से हमारा जो 'उत्तराधिकार' का सम्बन्ध है, उसका पूरा उपयोग, हमें सहलाने के लिए उपन्यासकार करता है क्योंकि उन पात्रों की रुचि-अरुचि हमारी अपनी है। उस समाज का कोई 'लक्ष्य' या गन्तव्य नहीं है। परन्तु वह मृत समाज नहीं है। वह स्पन्दित हो रहा है। वस्तुतः लक्ष्य का स्थान 'व्यापार' ने ले लिया है। हम व्यापार यहाँ वाणिज्य के अर्थ में नहीं, बल्कि प्राकृतिक कर्म (function) के अर्थ में प्रयुक्त कर रहे हैं। राजा चन्द्रगुप्त, मन्त्री चाणक्य, सामन्तगण सब 'फ़ंक्शन' कर रहे हैं जिस तरह एक जीवित मनुष्य के अंग-प्रत्यंग फ़ंक्शन करते हैं। इस व्यापार-रत समाज को अतीव महिमा से मण्डित करके, हम 'व्यापार' को भी महिमा से मण्डित कर देते हैं। लगता है कि जिसे प्रसाद

'लक्ष्य', 'गन्तव्य', 'उद्देश्य' करके अभिव्यक्त करते हैं, वह फ़ंक्शन का ही एक विस्तार है। चूँकि यह व्यापार निष्प्रयास, परिचालित-सा है, इसलिए हमें ढीलापन और सहजता महसूस होती है। चूँकि यह उद्देश्य या लक्ष्य की कल्पना से कहीं टकराता नहीं, इसलिए महिमा से मण्डित जान पड़ता है।

बीजगुप्त का समस्त भोग-विलास अपनी सारी अपराजेयता के बावजूद देवताओं द्वारा 'वर्जित' की कोटि में नहीं आता। ऐसा कदापि नहीं लगता कि जिन मान्यताओं पर यह समाज खड़ा है उनसे उसकी टक्कर की सम्भावना हो। अपनी अपराजेय विवशता के कारण उसे किसी भी यातना का शिकार नहीं होना पड़ता। हर बार एक नाटकीय मुद्रा और निपुण मेधा के द्वारा वह मान्यताओं से समझौता कर लेता है। इस तरह बीजगुप्त के प्राकृतिक 'आवेग' के साथ-साथ हम मर्यादाओं पर आधारित छायावादी 'महानता' के आदर्श के अनायास ही उत्तराधिकारी हो जाते हैं। यह एक सुखद किन्तु अगम्भीर स्थिति है।

बीजगुप्त भोगी है, चित्रलेखा का प्रेमी भी है। यह प्रेम हृदय का एक सहज व्यापार है। भोग साधारण मनुष्य का सहज धर्म है। इसी आधार पर बीजगुप्त हमें अपने समान धरातल पर जान पड़ता है। इस 'साधारणीकरण' में हम बिना प्रयास किये ही उस समस्त महिमा के उत्तराधिकारी हो जाते हैं। यह अनुभव हमारे मर्म को सहलाता है। हमें यह बात बहुत अच्छी मालूम पड़ती है, जैसे हमारी चापलूसी की गयी हो। चित्रलेखा की अपील, हमारे भीतर जो व्यापारिक मनुष्य है, उसके प्रति है। यह व्यापार-रत अथवा फ़ंक्शनल मनुष्य ही 'साधारण मानव' है।

व्यापार-रत मनुष्य की कल्पना के साथ ही हम मानवीय भावनाओं को भी व्यापार-रत भावनाओं के रूप में देखते हैं। इसी अर्थ में प्रेम हृदय का सहज व्यापार है। जब तक ये भावनाएँ व्यापार-रत हैं, तब तक हमें 'सहज' जान पड़ती हैं। इसीलिए जब चित्रलेखा बीजगुप्त को छोड़कर कुमारगिरि के पास विवश-सी चली जाती है तो हम इसे हृदय का सहज व्यापार समझकर क्षमा कर देते हैं। कवि का काम मुख्यतः इस व्यापार-रत भावना पर झिलमिली चढ़ाना है। यह व्यापार-रत भावना छायावादी 'सूक्ष्म' भावना से भिन्न है जो लक्ष्य में विसर्जित होने के समय ही भावना का रूप ग्रहण करती है। उसके पहले वह मात्र जड़ता है, या है ही नहीं। इसके दो लक्षण हैं। एक, कि यह भावना आघात-प्रत्याघात, या कार्य-कारण-सम्बन्ध की तरह उमड़ पड़ती है। यह अनिवार्य है। इसमें मनुष्य का विवेक कुछ नहीं कर सकता। दूसरे इसकी विशेषता इसके वेग में है। व्यापार-रत भावना जितनी वेगवान होगी, उतनी ही महिमा से व्याप्त होगी। यह वेग लक्ष्य के आकर्षण से नहीं उपजता। आन्तरिक उद्वेलन ही उसे चलाता है।

तृप्ति का क्षण उसकी मृत्यु का क्षण है। मनु और इड़ा का 'वर्जित स्पर्श' है। चूँकि यह व्यापारत भावना अपने को बारम्बार दुहराती रहता है, और हर बार एक 'नयी तृप्ति' की माँग करती है, इसलिए उसमें वेग, अपराजेयता, अमर भूख, अमिट प्यास दिखती है। नश्वरता और अमरता के इसी संयोजन पर हम तीसरे दशक की अनुभूति में लघु और महत् का सम्मिलन देख सकते हैं। हर नयी दौड़ एक नाटकीय परिवर्तन की सूचना है। लेकिन जहाँ छायावाद का परिवर्तन गुणात्मक (qualitative) है, वहाँ तीसरे दशक का परिवर्तन परिमाणात्मक (quantitative) है। इसके पीछे एक अरमान है इसका निरन्तर दुहराया जाना। यह परिमाणात्मक परिवर्तन कभी-न-कभी गुणात्मक परिवर्तन का रूप ग्रहण कर लेगा।

"O eternal, O everywhere, O eternal nowhere, O eternalÑ*in vain*".

स्वप्न देखना—यथार्थ और आदर्श के बीच पुल बनाते रहना—मनुष्य की कमज़ोरी नहीं है, मनुष्य का सबसे मूल्यवान अंश है। लेकिन क्या इस स्वप्न का आधार सिर्फ़ जीवन की पुनरावृत्ति है या सृजनात्मक संकल्प द्वारा उस पुनरावृत्ति से बाहर फूटती हुई राह? अगर स्वप्न ही देखना हमारी मनुष्यता है तो हम उस स्वप्न को पूरी तरह आँखें खोलकर क्यों न देखें, अधमुँदी आँखों से क्यों देखें? यदि गति हमारी यथार्थता है तो हम उसे विवश होकर क्यों झेलें, दायित्व समझकर अंगीकार क्यों न करें? ये गहरे विवाद तीसरे दशक के काव्य और आज की नयी कविता की मनोभूमि में निहित हैं।

मनुष्य की कोई भी भावना उसे जिस तरह एक छोर पर परात्पर सत्य तक ले जाती है, वैसे ही दूसरे छोर पर प्रकृति तक ले जाती है। क्योंकि मनुष्य जड़ और चेतन दोनों है। शरीर और आत्मा दोनों है। परात्पर सत्य उसकी चेतना की शुद्ध अवस्था है, उसी तरह प्रकृति उसकी जड़ता की। वह दोनों के सन्धिस्थल पर है। आदिम काल से एक ओर जहाँ वह परमात्मा में मानवीयता का आरोप करता आया है, वहीं वह प्रकृति पर भी मानवीयता आरोपित करता आया है। ये दोनों छोर उसे अपने से बाहर भी मिलते दिखते हैं और वह प्रकृति और परमात्मा दोनों को एक दूसरे पर आरोपित देखता है। कभी उस सन्धिस्थल पर प्रकृति विसर्जित हो जाती है, कभी ईश्वर। कभी अपने भीतर जड़ता विसर्जित-सी दीखती है, कभी चेतना। लेकिन मनुष्य की मनोभूमि की इतनी-सी बीजगणित से हम इसमें जो 'इतिहास' अथवा पैटर्न है, उसे आँखों से ओझल नहीं कर सकते और न हम यही भूल सकते हैं कि सत्य की यह वह गुत्थी है जिसे मनुष्य खुद खोलता है और टटोल-टटोलकर आगे बढ़ता है। यह उसकी विवशता नहीं, उसका गम्भीर दायित्व है।

फ़ंक्शनल भावना फ़ंक्शनल सत्य के माध्यम से मनुष्य को प्रकृति से जोड़ती है। हम यह देखते हैं कि बच्चन, दिनकर आदि की कविता में प्रकृति के जो भी चित्र हैं, वे प्रकृति के 'व्यापारों' के चित्र हैं। बादल का उड़ना, समुद्र का उद्वेलित होना, हवा का चलना, फूल का खिलना और सूख जाना—सब-का-सब तीसरे दशक के लिए—केवल एक 'फ़ंक्शनल' अर्थ रखता है। महादेवी की कविता में प्रकृति जहाँ भी आयी है, केवल अपने 'व्यापारिक' अर्थ में। हर आइटम के एक सहज 'व्यापार' की कल्पना की गयी है, वही उसका अर्थ है, वही उसका सत्य है। इस दृष्टि से महादेवी की कविता दूसरे दशक की छायावादी मनोभूमि से भिन्न है, रहस्यवादी शब्दावली उसमें जितनी भी हो। न केवल कविता के प्रधान फ़ॉर्म में, बल्कि अनुभूति की बनावट में भी महादेवी की कविता छायावाद को क्रमशः बच्चन आदि में परिवर्तित होते हुए उदाहृत करती है। इसीलिए जब निराला की डाल खिलना चाहती है तो उसमें एक संकल्प का स्वर है और महादेवी के जितने फूल हैं, वे एक तरल और मधुर मार्दव के साथ सहज ही खिलते हैं, झरते हैं।

ऊपर हमने जिसे मोटिव या 'नीयत' कहकर अभिव्यक्त किया है, वह और कुछ नहीं, यह फ़ंक्शनल भावना ही है, आशा करता हूँ, यह स्पष्ट होगा। इस प्रकार हम देखते हैं कि मुख्य द्वन्द्व फ़ंक्शन और पर्पज़, व्यापारिक सत्य (functional truth) और उद्देश्यगत सत्य (purposive truth or moral truth) का है।

व्यापारिक सत्य क्या है और उसका द्वन्द्व उद्देश्यगत सत्य या नैतिक सत्य से क्यों होता है? बीसवीं शताब्दी के मनुष्य की प्रमुख समस्या इस विभेद की जड़ में है। क्योंकि मनुष्य के उद्देश्यगत सत्य को, जो अभी तक अपराजित सम्राट् था, विज्ञान ने सिंहासन से हटा दिया है। पदार्थ-मात्र में एक गति है, यह गति ही पदार्थ या प्रकृति का व्यापार है। लेकिन क्या यही उसका उद्देश्य भी है?

चन्द्रमा अपनी किरणें पृथ्वी पर फेंकता है। यह उसका फ़ंक्शन है। ग्रह सूर्य के चारों तरफ़ चक्कर काटते हैं, यह उनका फ़ंक्शन है। विज्ञान के अनुसार यह समस्त ब्रह्माण्ड फैलता-सिकुड़ता है। यह उसका फ़ंक्शन है। लेकिन क्या यही चन्द्रमा का उद्देश्य है? ग्रहों का उद्देश्य है? इस अखिल ब्रह्माण्ड के फैलने-सिकुड़ने का क्या उद्देश्य है? क्या कोई उद्देश्य है भी?

यू.एन.ओ. में भाषण होते हैं, प्रस्ताव स्वीकृत होते हैं, गिरते हैं। यह उसका फ़ंक्शन है। राष्ट्र उठते हैं, गिरते हैं। सरकारी मन्त्री वक्तव्य देते हैं। यह फ़ंक्शन है। मैं खाता हूँ, पीता हूँ, सो जाता हूँ। रोज़ अपना काम करता हूँ। यह फ़ंक्शन है। लेकिन इस सब का क्या उद्देश्य है? क्या कोई उद्देश्य है भी?

पुरानी चेतना फ़ंक्शन और उद्देश्य के इस पीड़ादायक अन्तर से ग्रस्त नहीं थी, इसका एक उदाहरण है, हमारा शब्द 'धर्म'। 'धर्म' शब्द फ़ंक्शन और उद्देश्य, दोनों अर्थों में व्यवहृत होता है। जब हम कहते हैं कि फूल का धर्म है खिलना, तो हमारा मतलब उस फ़ंक्शन से है जो फूल की 'अपराजेय विवशता' है। यह एक फ़ंक्शनल सत्य—'तथ्य'—है। जब हम कहते हैं कि मनुष्य का धर्म है सच बोलना, तो यह कोई 'अपराजेय विवशता' नहीं है। हम चाहें तो झूठ भी बोल सकते हैं, लेकिन हमें सत्य बोलना चाहिए। यह एक उद्देश्यगत या नैतिक सत्य—'सत्य'—है।

यहाँ से लेकर अखिल ब्रह्माण्ड के फैलने-सिकुड़ने तक तथ्यों की अनिवार्यता तो दिखती है लेकिन उसकी रेखा 'सत्य' को कहीं छूती नहीं दिखती, सिवाय मनुष्य के। लेकिन मनुष्य को भी यदि हम केवल फ़ंक्शन की पुनरावृति के ही रूप में देखते हैं- चाहे वह कितनी ही वेगवान और राशिभूत पुनरावृत्ति क्यों न हो—तो फिर वह 'वर्जित-स्पर्श' कैसे घटित होगा? यह रिक्तता कैसे भरेगी?

यह प्रश्न आज केवल हिन्दी लेखक के सम्मुख नहीं है, सारी मनुष्यता के सम्मुख है। इसकी चेतना तीख़ी है। इस तीख़ी चेतना के कारण एक विश्व-मानस का निर्माण सम्भव है। यही हिन्दी की 'नयी कविता' और दुनिया के अन्य देशों की सामयिक कविता में साम्य भी पैदा करती है। किन्तु उस 'वर्जित-स्पर्श' की झलक हिन्दी की कविता और अमेरिकन या योरोपीय कविता में भिन्न है। आख़िरकार, कवि दार्शनिकों की तरह केवल 'एब्सट्रैक्ट' उधेड़बुन नहीं करता। वह अपने चारों ओर के यथार्थ के स्वाद की सूचना देता चलता है। यह आस्वादन उसका पहला काम है। विश्लेषण द्वारा हम उस आस्वादन की प्रकृति को पहचानते हैं।

आकुलि-किलात अभी मरे नहीं हैं, वे भी केवल मनु की तरह मूर्च्छित हो गये थे। और आज भी मनु-श्रद्धा का पुत्र सारस्वत-प्रदेश में निहत्था, उन असुर-पुरोहितों से घिरा खड़ा है। वह उनसे क्या कहे? जिनके 'असुरत्व' को प्रलय-प्रवाह भी नहीं मिटा पाया, जिनका सामना श्रद्धा ने किया ही नहीं, उन्हें कैसे वह देवत्व से भर दे? अज्ञेय के शब्दों में, "आज के जीवन के दबाव की अभिव्यंजना का मार्ग उसे नहीं सूझता।"

लेकिन तीसरे दशक के कवि इस समानान्तर द्वयता को इस अकिंचन जागरूकता के साथ नहीं देखते। यदि समानान्तर रेखाओं को हम अधमुँदी आँखों से—महादेवी के चित्रों के पात्रों की तरह—देखें तो वे मिलती हुई जान पड़ेंगी। आँखें अधमुँदी ही रहें, यही सबसे बड़ी मूल्यवत्ता है। इसी के लिए तीसरा दशक 'ख़ुमारी और जवानी' का सहारा लेता है और बहुत गम्भीर होकर अगम्भीरता को अपनाता है।

प्रचलित शब्दावली में वह शिशु-आस्था, कि अन्तः सत्य और बाह्य सत्य एक ही है, नष्ट हो गयी। इन कवियों के सामने आधारभूत अनुभव यही है कि युग की करवट के साथ अन्तर में ध्वनित होते हुए सत्य और बाहर के 'यथार्थ-मूलक' सत्य में अन्तर दिखलायी पड़ता है। इसलिए जिस एकाग्रता को आरम्भिक छायावाद जन्म के साथ प्राप्त करता है, वह उत्तरकालीन कवियों के लिए सप्रयास साग्रह स्थापित करने की वस्तु है। छायावाद के लिए जो सहज ज्ञान है, तीसरे दशक के लिए वह निचुड़ी हुई चीज़ हो गयी, जिसे 'आस्था' का नाम दिया गया। संक्षेप में, जहाँ बीसवीं सदी के दूसरे दशक के सामने सीधा रास्ता था, वहाँ तीसरे दशक के सम्मुख 'क्राइसिस' थी। इन कवियों के सामने दो ही रास्ते थे : या तो वे छायावाद के मूलभूत सूत्र पर ही प्रश्नचिह्न लगाते; या वे उस क्राइसिस को ही मानने से इनकार कर देते। उन्होंने दूसरा रास्ता चुनना स्वीकार किया। इससे उन्हें 'बौद्धिकता' और बोझिल भावनाओं से तो एक नाटकीय ढंग से मुक्ति मिल गयी, किन्तु उन्हें अनुभूति की गम्भीरता को छोड़ना पड़ा। बच्चन की रूपकोक्तियाँ, दिनकर का रिटॉरिक, भगवतीचरण वर्मा की लापरवाह दीवानगी, नवीन का वलवला, अंचल का उबाल, नरेन्द्र शर्मा का नफ़ीस ऐश्वर्य—इन सब में गम्भीरता के अभाव की छाया है। कुल मिलाकर लगता है, जैसे अंग्रेज़ी कवि लॉर्ड बायरन के पचासों टुकड़े कर दिये गये हों और उनमें से कुछ-कुछ टुकड़े इन तमाम कवियों की 'जवानी' में अलग-अलग जज़्ब कर दिये गये हों।

यह कहना कठिन है कि यह 'बायरानिक' आवेश आज की 'नयी कविता' में बिल्कुल ख़त्म हो गया है। बायरानिज़्म की ख़ासी छवि धर्मवीर भारती जैसे कवि में आज भी दिखलाई पड़ती है—तीसरे दशक से कुछ अधिक केन्द्रित रूप में। सिर्फ़ बायरन का प्रभुत्वसम्पन्न स्वर न पहले के कवियों में है, न भारती में। शायद उस सीमाहीन प्रभुता का अनुभव, जो अंग्रेज़ों को नेपोलियन की हार के बाद हुआ था और जो उन्नीसवीं सदी के अन्त तक क़ायम रहा, आज किसी देश को होना असम्भव है—तीसरे दशक के गुलाम हिन्दुस्तान और आज के फूँक-फूँककर क़दम रखने वाले हिन्दुस्तान की तो बात ही क्या। बर्नार्ड शॉ ने कहीं कहा है कि चतुर और कल्पना-बहुल उद्धत मानस के साथ मिलकर जब तेज़ आलोचनात्मक मेधा हलचल पैदा करने लगती है, जैसा पुराने इंग्लैण्ड में उन्नीसवीं सदी के आरम्भिक वैज्ञानिक विचारों से हुआ तो बायरानिज़्म नाम का नतीजा निकलता है। यह उद्धत मेधावी निपुणता 'मधुशाला' और 'चित्रलेखा' दोनों की ही जान है और दोनों की व्यापक लोकप्रियता का कारण है।

तात्त्विक विरोध और व्यावहारिक समझौते की इस मिली-जुली मनोभूमि से ही छायावाद का तीसरा दौर 'यथार्थ' को देखता है। समझौता हर हालत में यथार्थ से समझौता है। आदर्श-आदर्श में समझौता नहीं होता। मनोभूमि के विश्लेषण की दृष्टि से हम यों कह सकते हैं कि मनुष्य में हम कुछ ऐसा आविष्कृत करते हैं जो नैतिक और कल्पनात्मक आँच में पूर्णतः पिघल जाने से इनकार करता है। पिसे हुए शीशे की तरह हम उसे पानी में जितना ही चक्कर दें, वह घुलकर पानी नहीं बनता। जब तक उस जल में तेज़ भँवर है, तब तक पिसे हुए शीशे और पानी में अन्तर तो दिखता नहीं, इसलिए सिर खपाने से क्या लाभ? और अगर शीशा रंगीन है तो पानी को कुछ' चमका ही देगा। पानी थिर हो जाने पर क्या होगा, इसको कौन जानता है? मस्ती, फक्कड़पन, वलवला, उबाल, लापरवाह दीवानगी, नफ़ीस ऐश्वर्य, शहादत—और इन सबके साथ ईमानदारी का खुलापन—यह सारी भावभूमि यथार्थ और आदर्श, लघु और महत् के उस रंगीन मिश्रण से उपजती है। ज़िन्दगी एक लाल महताबी के प्रकाश की तरह है जो एक अन्धकार से दूसरे अन्धकार तक जलती है, लेकिन जब तक जलती है, क्या ही प्रकाश देती है! हिन्दी के तीसरे दशक की कुछ बहुत ही मधुर कविताएँ इसी भावभूमि से लिखी गयी हैं।

इस दौर का यथार्थ कोड़े मारता हुआ आता है। लेकिन इस मार में चोट नहीं है, एक तरह का नशीलापन है, कसैलापन है, मिर्च का मज़ा है। इसका स्वरूप ऐसा है कि आदर्शवादी प्रवाह में सहसा नारी अनावृत हो जाती है, पूजन-आराधन प्राप्त करता हुआ पाषाण अट्टहास कर उठता है, जलती चिता पर बैठकर मुर्दा गाने लगता है, भरे बाज़ार में शैतानी के साथ भैंसागाड़ी चलने लगती है, नगर-वेश्या मुस्कराकर योगी के माथे पर भरी राजसभा में विजय-मुकुट पहना देती है, छत पर खड़ी भीगे बालों वाली लड़की कौओं को रोटी खिलाती है और कहती है—'सब तन खाइयो...'। संक्षेप में यह यथार्थ अपनी यथार्थता की घोषणा बहुत ज़ोर से, बहुत नाटकीय ढंग से करता है कि आप चौंक पड़ें, लेकिन कहीं भी दिमाग़ पर ज़ोर नहीं डालता। जैसे दीवाल के मोड़ से गुज़रते ही कोई बच्चा आपको चौंका दे, फिर हँसने लगे। इसीलिए लगता है कि बच्चन के साथ मधुशाला में चले जाइए, सिर-फुटौवल की नौबत नहीं आयेगी; दिनकर के साथ अंगारों पर टहलिए, पैर नहीं जलेंगे; साँप के फन पर खड़े होकर बाँसुरी बजाइए, प्राण जाने का भय नहीं है; चर्र-मर्र करती ही सही, भैंसागाड़ी चली ही जायेगी, मुहल्ले के हाइजीन को ख़तरा नहीं है; और तो और जब अंचल जी ज़ोर से दहाड़ते हैं कि 'लूटूँ किसका यौवन', तो टोन में कुछ ऐसा है जो आश्वस्त करता है कि सचमुच कोई औरत

सामने आ पड़े तो ये हज़रत हरगिज़ ऐसा नहीं करेंगे और न पुलिस-केस ही बनेगा; सिर्फ़ थरथराते गले से प्रणय-निवेदन की स्थिति उत्पन्न होगी। ईमानदार मस्ती में बड़ी ताक़त है; वह हँसते-हँसते आदमी को सूली पर चढ़ा देती है, यथार्थ तो छोटी-सी किरकिरी मात्र है। इस यथार्थ का साक्षात्कार वे ही कर सकते हैं जो करना और मर जाना जानते हैं—क्यों नहीं पूछते?

मुझे तोड़ लेना वनमाली उस पथ में तुम देना फेंक
मातृभूमि पर शीश चढ़ाने जिस पथ जावें वीर अनेक।

विचारों के क्षेत्र में छायावाद के पहले और दूसरे दशक का वैपरीत्य सरल चिन्तन और द्वन्द्वात्मक चिन्तन का है। लेकिन हिन्दुस्तान का मानस मूलतः इन दो विरोधी तत्त्वों को घुलाकर एक करने का स्वप्न देखता है। वस्तुतः हर देश अपने-अपने ढंग से इन तत्त्वों का सामंजस्य करता है। यह सामंजस्य उसे कभी गति देता है, कभी उसे जर्जर बनाता है। समस्या वही है—कैसे इस अद्वैत और द्वैत को मिलाकर विशिष्टाद्वैत को जन्म दिया जाये। अलग-अलग सन्दर्भों में हिन्दुस्तान में कई बार इस विशिष्टाद्वैत की आवृत्ति हुई है। आज भी हमारे सामने चिन्तन की उस अगली मंज़िल का रास्ता स्पष्ट नहीं हो पा रहा है। कबीरदास और उनके साथियों की तरह आज भी नयी कविता अधिक-से-अधिक उस 'अज्ञात-वय-कुलशील', 'नामहीन' 'अलख', 'संख्यातीत रूपों में याद' किये हुए सत्य तक ही पहुँचती है। लेकिन दूसरा मार्ग ही क्या है? आदमी बराबर वज्रयानियों की तरह सिर्फ़ सत्य को 'कैसे' करके तो नहीं पूछता रह सकता, कभी-न-कभी तो वह पूछेगा ही—क्यों?

युग बदलने के बाद यथार्थ का लगा हुआ कोड़ा, 'त्यागपत्र' की मृणाल की तरह नशा नहीं उत्पन्न करता, बल्कि 'शेखर' की शशि की तरह छोड़ जाता है एक अमिट छाप, एक अज्ञात दुर्भाग्य से भरा हुआ दर्द और एक कभी भी उत्तरित न होने वाला 'क्यों'?

एक बहुत व्यापक विस्तार के साथ सरल और द्वन्द्वात्मक चिन्तन के आन्तरिक संघर्ष और ऊपरी समझौते का प्रयास तीसरे दशक में हुआ। वह केवल हिन्दी कविता ही नहीं, बल्कि सम्पूर्ण राष्ट्र को प्रमथित करता हुआ दीखता है? उस व्यापकता को ध्यान में रखना बहुत ज़रूरी है, क्योंकि उसके बग़ैर हम हिन्दुस्तान के मानस को अच्छी तरह नहीं समझ पायेंगे जिसे अभिव्यक्ति देने की कोशिश हिन्दी कविता कर रही है।

राष्ट्रीय आन्दोलन और साहित्य की अनुभूति में पहले का सरल सामंजस्य सत्याग्रह-युग के दूसरे दौर में वक्र और परोक्ष हो जाता है। हम पहले ही

देख चुके हैं कि 'राष्ट्रीय' कविता एक विशेष आइडियोलॉजिकल आग्रह के साथ लिखी हुई कविता हो गयी जिसका रूप माखनलाल चतुर्वेदी, नवीन, सुभद्राकुमारी आदि में परिलक्षित होता है। जो पहले अन्तर्ध्वनित लय थी, अब वह विषय-वस्तु होती जा रही है। लेकिन एक 'पैटर्न' के अर्थ में, परोक्षतः वह लय फिर भी ध्वनित हो रही है।

अन्तर्ध्वनित सत्य के सरल चिन्तन के प्रतीक-रूप में गाँधी जी का नेतृत्व वर्तमान था, लेकिन उसके अतिरिक्त द्वन्द्वात्मक चिन्तन पर आधारित जो 'वामपक्ष' विकसित हुआ, उसका गाँधीवाद या गाँधी जी से क्या रिश्ता बना, गाँधीवादी हिस्सा बड़ा है, लेकिन शिथिल और टटोल-टटोलकर चलता दिखता है। द्वन्द्वात्मक हिस्सा छोटा है, लेकिन बहुत तेज़-तर्रार और त्रिकाल को हस्तामलकवत् देखने की घोषणा करता है। इससे निकली हुई तमाम वैचारिक बनैती-पठैती के बावजूद भी (जिसकी भरमार उस युग में क्या साहित्य, क्या अख़बार, क्या राजनीति, सभी जगह है) विचारों से कोई गम्भीर लगाव उस युग को नहीं है। दोनों विरोधी—लगभग परस्पर विनाशकारी दृष्टियाँ हैं—इतना तो स्पष्ट है। जो चीज़ इतनी स्पष्ट नहीं है, वह यह कि दोनों के साथ चलने की अनिवार्यता उससे भी गहरी है। स्थिति असामंजस्य और सामंजस्य दोनों की है। इससे जिस विशिष्ट चित्रफलक का निर्माण होता है, वही हिन्दुस्तान की आन्तरिक लय को व्यक्त करता है। जैसा आगे के इतिहास से ज्ञात हुआ, असमन्वयशीलों के समन्वय के इस विराट् देशव्यापी प्रयास ने बड़े-बड़े भँवर पैदा किये।

वह पैटर्न कुछ इस तरह का है : 'वाम-पक्ष' के चार रंग हैं जो एक सीमान्त से उठकर रंग बदलती हुई रेखा की तरह गाँधीवाद में घुल जाते हैं। गाँधी जी की सापेक्षता में हम इन्हें यों रख सकते हैं : जवाहरलाल नेहरू, कांग्रेस सोशलिस्ट पार्टी, सुभाषचन्द्र बोस और कम्युनिस्ट पार्टी। यह सूची सम्पूर्ण नहीं है, क्योंकि बीच-बीच में और भी समूह हैं जो द्वन्द्वात्मक चिन्तन के और बारीक़ तेवर अभिव्यक्त करते हैं। ये सभी दूसरे दशक के 'अन्तर्ध्वनित सत्य' पर आधारित मूल्यों और तज्जनित राजनीति से अलग-अलग अंशों में असन्तुष्ट हैं। साथ ही कांग्रेस से, जिसका नेतृत्व अभी भी अन्तर्ध्वनित सरल चिन्तन पर आधारित है, चिपके भी रहना चाहते हैं, यहाँ तक कि कम्युनिस्ट पार्टी भी, जिसका एक हिस्सा कांग्रेस के बाहर है। आकर्षण-विकर्षण की यह प्रक्रिया तेज़ हलचल और बौद्धिक विवाद के बीच सम्पन्न होती है। इसी तरह छायावाद का समान स्वरों वाला आरम्भिक ऑर्केस्ट्रा उत्तरकाल में परस्पर विरोधी और टकराते हुए स्वरों वाले सहगायन में बदल जाता है। यह भी द्रष्टव्य है कि ये सारे रंग स्थिर नहीं हैं,

बल्कि तेज़ी से बदलते रहते हैं—उन पर गाँधीवादी घटा, अंग्रेज़ सरकार और देश की संस्कृति का सम्मिलित दबाव बराबर पड़ रहा है।

हम इस पैटर्न को घटा में खिले हुए इन्द्रधनुष की तरह देखें या मन्दगति गज पर लगे हुए अंकुश की तरह या बुझती हुई राख में उपजती नयी चिनगारी की तरह। यह इस पर निर्भर करता है कि हम देश की इस द्विविध मनोभूमि का असली केन्द्र ऊपर वर्णित चारों रंगों में से किसको मानते हैं। यशपाल के अनुसार तो इस नयी चेतना का स्वरूप शव और शवपरीक्षक डॉक्टर जैसा है—किन्तु हम इसमें सन्निहित ऊपर की टकराहट और आन्तरिक समझौते की ओर ध्यान आकृष्ट करना चाहते हैं।

इस 'वाम-पक्ष' में भी हम 'जवानी' की एक ख़ास हवा की शब्दावली देखते हैं; 'लीडर्स ऑफ़ दि यूथ' का वाक्य अक्सर सुन पड़ता है। सुभाष बोस 'नयी चेतना' की ओर से उल्का की तरह गाँधी जी से टकराये। यह टक्कर एक तरफ़ तो सुभाष की 'फ़ॉर्मल' विजय, दूसरी तरफ़ गाँधी जी की वास्तविक विजय में परिलक्षित हुई। गाँधी जी को 'शिकस्त' देने में तो देश ने उनका साथ दिया, लेकिन उनसे अलग एक नयी पार्टी बनाने में, एक नया नेतृत्व प्रदान करने में देश उनकी मदद नहीं करता दिखता। नयी चेतना पुराने मूल्यों से तेज़ी से टकराये, लेकिन उनको स्थानान्तरित न करे, तीसरे दशक के राष्ट्रीय नाटक की ये शर्तें हैं। यह प्रत्यक्ष संघर्ष और अप्रत्यक्ष समझौते की ऊपरी लहर है, जो नये युग के मध्य में घटित होती है। उसकी एक आन्तरिक धारा नेहरू-गाँधी के समन्वय में है जो ऊपर से बराबर एक साथ चलती मालूम पड़ती है। लेकिन उसकी तह में तनाव है। हमने देखा कि 1931 में जब गाँधी ने अंग्रेज़ों से समझौता किया तो पण्डित नेहरू ने एक गहरी रिक्तता महसूस की और खण्डित अनुभूति के साथ गाँधी जी के निर्णय को स्वीकार कर लिया। इस समन्वय का दूसरा अन्तिम छोर वह है जब जवाहरलाल ने 1947 में अंग्रेज़ों से समझौता किया और गाँधी ने टूटकर उस समझौते के प्रति आत्मसमर्पण कर दिया। 'अपराजेय संकल्प' और 'अपराजेय विवशता' के पहले समझौते ने देश की चेतना को विभाजित कर दिया, दूसरे समझौते ने देश को ही विभाजित कर दिया। गाँधी-नेहरू और गाँधी-सुभाष के इस सम्बन्ध को हम ब्लड प्रेशर की ऊँची-नीची दो गतियों (systolic and diastolic) की तरह देख सकते हैं। दूसरे दो तत्त्व, कांग्रेस सोशलिस्ट पार्टी और कम्युनिस्ट पार्टी भी लहर की इसी दुहरी गति में फँसे हुए हैं। कांग्रेस सोशलिस्ट पार्टी विचारों में घोर मार्क्सवादी है और जितनी ही वह उग्र है, उतनी ही गाँधी जी के निकट खिंचती जाती है। कम्युनिस्ट पार्टी बौद्धिकतः इस तमाम

राष्ट्रीय आन्दोलन की निरर्थकता के विश्वास पर खड़ी होती है, लेकिन उसमें अर्थ देखने के लिए हर हद तक बाध्य है और कांग्रेस में सोशलिस्ट पार्टी के छोटे दरवाज़े से घुसने का प्रयत्न करती है। आज़ादी के बाद हम देखते हैं कि गाँधी जी के जीवन तक कांग्रेस सोशलिस्ट पार्टी मार्क्सवादी रही और कांग्रेस में शामिल रही। फिर जैसे ही सोशलिस्टों ने कांग्रेस छोड़ा, वैसे ही उनका चिन्तन गाँधीवाद के निकटतर होता जाता है—द्वन्द्वात्मक चिन्तन का स्थान सरल चिन्तन लेता जाता है। उसी तरह कम्युनिस्ट पार्टी भी धीरे-धीरे आरम्भिक—'क्रान्ति' की उग्रता को भी छोड़ देती है और क्रान्ति के हिंसात्मक मार्ग को भी। उसकी कोशिश उदारवादी अर्थ पूर्णतः डेमोक्रेटिक समझे जाने की है।

इसके अतिरिक्त तीसरे दशक में इस संघर्ष-समझौते की अन्य गतियाँ भी हैं। सरल चिन्तन की धारा, जिसका प्रतिनिधित्व गाँधी जी करते हैं, सिद्धान्त से पूर्णतः 'भारतीय संस्कृति' की हामी है, और 'पाश्चात्य संस्कृति और मूल्यों' के नितान्त निषेध पर खड़ी होती है—लेकिन यह धारा उस दौर में आगे बढ़कर पाश्चात्य मूल्यों की प्रतिनिधि अंग्रेज़ सरकार से समझौता करती है और संघर्ष को स्थगित कर देती है। द्वन्द्वात्मक चिन्तन, जो अंग्रेज़ सरकार से सीधी टक्कर के लिए उतावला है, 'भारतीय संस्कृति' की पुरानी कल्पना का निषेध करता है और 'आधुनिकता' के नाम पर उसका 'पाश्चात्य मूल्यों' से आन्तरिक समन्वय है।

हम देखते हैं कि देश के मानस में कोई ऐसी लय है जो बारम्बार इन तत्त्वों को एक विशाल गति से आकर्षण-विकर्षण की प्रक्रिया में झिंझोड़ रही है और ये तत्त्व उसी के अनुरूप ढलते जा रहे हैं, बदले जा रहे हैं। अगर तीसरे दशक के लेखक इसको 'प्रलय-प्रवाह' की तरह देखते हैं—और तात्त्विक असमन्वयशीलों का समन्वय करने की कोशिश करते हैं तो इसमें आश्चर्य ही क्या?

क्या इसकी उत्पत्ति अन्तरराष्ट्रीय कारणों से होती है? क्या इसके पीछे वर्ग-संघर्ष है? क्या हिन्दुस्तान कुल मिलाकर इस गति में सत्य का कोई नया प्रयोग कर रहा है? क्या राजनीतिक स्थिति ही साहित्यिक चित्रपटल को जन्म देती है? या कोई और गहरी वस्तु है जो एक साथ ही साहित्यिक, वैचारिक, दार्शनिक और राजनीतिक स्तरों पर व्यक्त हो रही है?

व्यापक दृष्टि से देखने पर हमें लगता है कि वह गहरी वस्तु भी वही है और उसके पीछे शायद हिन्दुस्तान की चार हज़ार वर्षों की पुरानी सभ्यता और संस्कृति है। ये गतियाँ, ये संघर्ष, ये द्वन्द्व अन्यत्र भी मिल जाते हैं, उदाहरण के लिए, इंग्लैण्ड के रोमाण्टिक और विक्टोरियन काल में। लेकिन जहाँ विक्टोरियन काल इस सीमित द्वन्द्व पर बनावट का आवरण चढ़ाता है, वहाँ हिन्दुस्तान की

अनुभूति में, हिन्दी साहित्य में, एक निश्छलता है जो अन्यत्र नहीं मिलती। सबके बावजूद 'साधारण मानव' में एक खुलापन है।

किसी युग का विश्लेषण करना कितना कठिन काम है, विशेषतः तब, जब कि हम उसके अत्यन्त निकट हों। यह तो इसी से स्पष्ट है कि ऊपर की रेखाओं के सहारे हमने जो मानचित्र खड़ा किया, वह उस पूरी छवि का आभास बिल्कुल नहीं देता जिसके माध्यम से यथार्थ का वह विशेष स्पर्श अभिव्यक्त हुआ। हिन्दी आलोचक का काम इससे और भी कठिन हो जाता है कि हिन्दुस्तान के इतिहासकारों ने अपना दायित्व पूरा नहीं किया है। योरोप के आलोचकों से ईर्ष्या होती है जिनके बगल में विचारों के, घटनाओं के, संस्कृति के, परम्पराओं के, संस्थाओं के, आर्थिक परिवर्तनों के इतिहासकार सहायक ग्रन्थ लिए बराबर मौजूद रहते हैं। वैज्ञानिक अनुसन्धान और सहयोगी प्रयास के मुक़ाबले में सिर्फ़ आलोचक की ख़ाली मेज़ और 'अन्तर्दृष्टि' कहाँ तक ले जायेगी?

सरल चिन्तन और द्वन्द्वात्मक चिन्तन या सरल अनुभूति और द्वन्द्वात्मक अनुभूति का यह समन्वय, इड़ा और मनु का 'वर्जित स्पर्श', कहाँ तक प्राणद है और कहाँ वह जर्जर और शिथिल बनाता है, कहाँ तक आगे बढ़ाता है और क्यों फिर संकल्प को तोड़ देता है, इसकी व्याख्या करने की यहाँ आवश्यकता नहीं है। आज के युग में ही हम उस संकल्प-शैथिल्य और राष्ट्रीय भावना की जर्जरता के एक रूप को परिलक्षित देखते हैं—लेकिन आवश्यकता उस आन्तरिक गति को भी देखने की है जिसके लिए हमने पहले कहा था : हिन्दुस्तान का मानस अन्दर-ही-अन्दर आँवें की तरह पकता जाता है।

तीसरे दशक ने हमारी चेतना में क्या योगदान दिया? किसी देश के सांस्कृतिक जागरण के—कम-से-कम हिन्दुस्तान के पिछले सौ वर्षों के—चार चरण दिखते हैं। पहले हम प्रकाश-प्रतीकों के प्रति सचेत होते हैं फिर उन आदर्शों और विचारों के प्रति जिनमें ये प्रतीक समाहित हो जाते हैं; फिर हम सभ्यता अथवा संस्कृति की उस आन्तरिक लय (rhythm) के प्रति जागरूक होते हैं जो उन प्रतीकों और आदर्शों को पचा लेती है; फिर यह आन्तरिक लय अभिव्यक्ति माँगती है—एक नयी सृजनशीलता के साथ, नये प्रतीकों का जन्म होता है। तीसरे दशक की कविता का सबसे महत्त्वपूर्ण योगदान यही है कि उसने यह देखा कि सभ्यताएँ और संस्कृतियाँ सिर्फ़ प्रतीकों और आदर्शों के सहारे नहीं चलतीं। उनको चलाने वाली वस्तु उनसे भी गहरी है जो उनका भी निर्माण करती है—वह है हमारे देश की आन्तरिक लय। आज की नयी कविता की मनोभूमि उस लय को बारम्बार सृजनशील अर्थ देने की कोशिश करती है। इसी दृष्टि से इन अनुभूतियों की

अभिव्यक्ति कविता के रूप को बदलती चलती है। छायावादी कलाकृति मूलतः एक विस्फोट करता हुआ कला-रूप है—जैसे केन्द्रीय अर्थ फूटकर चारों ओर क्रमशः विलीन होता हुआ बिखर रहा हो। तीसरे दशक की कलाकृति उसे विस्फोट की तरह नहीं, बल्कि एक लहर की तरह निर्मित करती है—जिस प्रयास में महादेवी से लेकर बच्चन तक के गीत निर्मित होते हैं। नयी कविता उस तरंग के रूप को एक 'स्ट्रक्चर' में बदल देती है, जैसे हीरे का क्रिस्टल हो।

दूसरा बड़ा योगदान, जो तीसरे दशक का था, वह था रोमाण्टिक मनोभूमि को मूलतः उस गहरे भँवर से निकाल ले जाने का, जहाँ से योरोपीय डिकेडेंस की धाराएँ शुरू होती हैं। यह सही है कि उन्होंने इसके साथ ही निपट गम्भीरता को छोड़ दिया। लेकिन इसमें सब हानि ही नहीं हुई, कुछ लाभ भी था। 'आलकुआ के घड़ियालों' से उनकी भेंट नहीं हुई। अपने अन्तिम रूप में रोमाण्टिक मनोभूमि 'अपराध-भावना' में बदल जाती है। आज योरोप का मानस मूलतः रोमाण्टिक कवियों द्वारा दी हुई 'अपराध-भावना' से ग्रस्त है। लेकिन हिन्दी के तीसरे दशक के कवियों ने उस 'अपराध-भावना' का जन्म ही नहीं होने दिया और नयी कविता के लिए 'त्रास' की जगह 'पावनता' की ही थाती समर्पित की। समाजशास्त्री योरोपीय साहित्य की अपराध-भावना को योरोपीय साम्राज्यवाद द्वारा मानवता के प्रति किये हुए 'अपराध' की अनुभूति से उत्पन्न मान सकते हैं और हिन्दुस्तानी मानस में उसके अभाव को हिन्दुस्तान की साम्राज्यहीन निरपराधता से जोड़ सकते हैं। लेकिन इससे हम सिर्फ़ इतना ही पुष्ट कर सकेंगे कि किसी भी देश का साहित्य अपनी सांस्कृतिक और ऐतिहासिक चौहद्दी से निर्मित होता है। जो समूचे देश की सीमा और विस्तार है, वही हिन्दी साहित्य की भी सीमा और विस्तार है—इसका प्रमाण तो हम बारम्बार पाते हैं। आज की नयी कविता, योरोप की आधुनिक मनोभूमि से इस तथ्य में बिल्कुल भिन्न है कि उसमें वह व्यापक 'अपराध-भावना' नहीं है। यहाँ प्रधान प्रवृत्ति को ही ध्यान में रखकर यह बात कही जा रही है।

इसके पूर्व कि हम साधारण मानव से विदा लें, एक बार हम फिर उसकी ओर लौटकर देख लें—समुद्र के किनारे खड़ा हुआ, उमड़ती हुई कर्मठ भावनाओं से हिल्लोलित। उसने बहुत गीत गाये और बहुत-सी उमंगों का निर्माण किया : छायावाद के पहले दौर की जगह उसने एक नयी अनुभूति दी :

> लौट आया यदि वहाँ से
> तो यहाँ नव युग लगेगा,
> नव प्रभाती गान सुनकर

भाग्य जगती का जगेगा,
शुष्क जड़ता शीघ्र बदलेगी
सरस चैतन्यता में–
यदि न पाया लौट मुझको
लाभ जीवन का मिलेगा;
पर पहुँच ही यदि न पाया
व्यर्थ क्या प्रस्थान होगा?
कर सकूँगा विश्व में
फिर भी नये पथ का प्रदर्शन।

Most of us to suppose, have lost the old pagan feeling and not gained the new insight. Not for us to "have sight of Proteus rising from Sea"; or "hear old Triton blow his wreathed horn." And very few of us are fortunate enough:

"To see a world in a Grain of Sand
And a Heaven in a Wild Flower.
Holy infinity in the palm of your hand
And Eternity in an hour."

Not for most of us, unhappily, to sense the mysterious life of Nature, to hear her whisper close to our ears, to thrill and quiver at her touch. Those days are gone. But though we may not see the sublime in Nature as we used to, we have sought to find in the glory and tragedy of humanity, in, its mighty dreams and inner tempests, its pangs and failures, its conflicts and misery, and, over all this, its faith in a great destiny and a realisation of those dreams. That has been some recompense for us for all the heart-breaks that such a search involves, and often we have been raised above the pettiness of life. The many have not undertaken this search, and having cut themselves adrift from the ancient ways, find no road to follow in the present. They neither dream nor do they act. They have no understanding of human convulsions like the great French Revolution or the Russian Revolution. The complex, swift, and cruel eruptions of human desires, long suppressed, frighten them. For them the Bastille has not yet fallen.

ÑJawaharlal NehruÑAutobiography

बच्चन जी और पण्डित नेहरू, दोनों ही उस ध्वस्त होते हुए बास्तील की थरथराहट को महसूस कर रहे हैं। दोनों ही ठीक हैं। सिर्फ़ एक जगह उनकी दृष्टि ग़लती करती है। दुनिया में कोई वस्तु किसी का मुआवज़ा नहीं होती। हर वस्तु अद्वितीय है, अखण्ड अपनापे से व्याप्त है।

समुद्र में कूदे हुए उस मनुष्य की तस्वीर हम फिर देखते हैं जब शम्भूनाथ सिंह उसको कातर और हमदर्द स्वरों में उत्साहित कर रहे हैं :

तुमने मान ली क्या हार?
परिचित छोड़ सागर तीर
लहरों के हृदय को चीर
सुनकर एक मौन पुकार
लाँघें अगम सागर नीर,
तुमने छोड़ दी पतवार
पहुँचे जब प्रलय के द्वार;
पहुँचे जब प्रलय के द्वार
तुमने मान ली क्या हार?

और उसकी अन्तिम छवि गिरिधर गोपाल यों देखते हैं :

मत आज बाँधो स्वर्ग के मीना बज़ारों का समाँ
अंगार के दरिया उग़लते अजगरों का कारवाँ
मेरे लिए तो ज़िन्दगी वह भी नहीं, यह भी नहीं
मुझसे बहा जाता नहीं, गतिहीन रक्त अथाह में!

जिस तरह बाढ़ के बाद उतरती गंगा
तट पर तज जाती विकृत शव अधखाया
वैसे ही तट पर तज अश्वत्थामा को
इतिहासों ने खुद नया मोड़ अपनाया

—धर्मवीर भारती : अन्धायुग

अज्ञेय और उनके साथियों के सामने—जो तारसप्तक में संगृहीत हुए—समस्या यह थी कि तीसरे दशक के काव्य में जो अनिवार्य अगम्भीरता थी, उससे मनोभूमि को फिर किस प्रकार गम्भीरता की ओर वापस लाया जाये। इसका एक ही उपाय था—अन्तर्ध्वनित सत्य और बाह्य सत्य के जिस अन्तर को महसूस करते हुए भी तीसरा दशक झुठलाना चाहता था, उसे पूर्णतः स्वीकार कर लिया जाये। बेकन ने

'सत्य' सम्बन्धी अपने लेख का आरम्भ अगम्भीरता के रूपांकन से यों शुरू किया है, "What is Truth, asked the jesting Pilate and did not wait for an answer." तीसरा दशक सत्य क्या है, यह तो पूछता है परन्तु उत्तर की प्रतीक्षा नहीं करता : 'तारसप्तक' के कवि सत्य क्या है, पूछते हैं, और अत्यन्त आतुरता से प्रतीक्षा करते हैं। उत्तर की यह आतुर प्रतीक्षा ही उन्हें मंज़िल पर पहुँचे हुए राही नहीं, 'राहों का अम्वेषी' बनाती है। संक्षेप में यह कि उन्होंने क्राइसिस का सामना किया। इसका मतलब था—छायायाद के मूलभूत फ़ॉर्मूले पर प्रश्नचिह्न लगाना। इसी दृष्टि से हम अज्ञेय में अभिव्यक्त हिन्दी काव्य की मनोभूमि देखेंगे—जिससे 'लघु-मानव' का ढाँचा निर्मित होता है। क्योंकि यहाँ लघुता न तो विसर्जित होती है, न आवेग द्वारा संगृहीत होती है—बल्कि महत् उसे एक आन्तरिक आलोक द्वारा विद्ध करता है, उसकी सीमारेखाएँ और भी स्पष्ट हो जाती हैं। लघु और महत् का सम्मिलन प्रतीकात्मक स्तर पर होता है। शाब्दिक रूप में हम महत् की तीन अवस्थाएँ मान लें—छायावाद में उसका रूप लघु की महानता का है, तीसरे दशक में लघु की महिमा का है और उसके बाद की कविता में लघु के 'महत्त्व' का है। यों महत्त्व की जगह पर प्रायः 'सार्थकता' शब्द का उपयोग होता है।

यहाँ भी हमें गहरे कहीं धीरे-धीरे पकता हुआ मानस दिखता है और ऊपर से तात्त्विक विपर्यय। इस दृष्टि से नयी कविता निश्चय ही उसी परम्परा से उद्भूत होती है जिसने तीसरे दशक तक की कविता का निर्माण किया। वस्तुतः नयी कविता के अलग-अलग कवि एक तरफ़ छायावाद के दार्शनिक पथ से आये, दूसरी ओर बच्चन आदि के भावनात्मक मार्ग से। इसीलिए वे सब एक-जैसे नहीं हैं। किन्तु अन्तःसत्य और बाह्य सत्य अलग-अलग हैं, इस विडम्बना की खुली स्वीकृति ही उन सबका आरम्भ-स्थल है। और यह भी कि सिर्फ़ दार्शनिक समस्या नहीं है, मूलतः अनुभूति की समस्या है। अज्ञेय ने इसको सूत्रबद्ध किया और पुरानी परम्परा से जोड़ा।

अज्ञेय का महत्त्व इस बात में है कि उन्होंने 'समरसता का दर्शन' के बजाय 'निर्वैयक्तिक अनुभूति' का प्रश्न पूछकर एक बार फिर दर्शन को अनुभूति में घुला देने की राह निकाली, विवेक और हृदय, संकल्प और विवशता को एक नये 'योग' से बाँधा। इसीलिए, अज्ञेय हिन्दी काव्य की धारा को मोड़ते हुए-से प्रतीत होते हैं। केवल पारिभाषिक सूत्र में कहना चाहें तो इस नयी परिभाषा को यों रख सकते हैं: "जो मैं हूँ, वह मैं नहीं हूँ? किन्तु जो मैं हूँ, वही मैं हो जाऊँ।" योरोप के अस्तित्ववादियों से या इलियट से या व्यक्तित्ववादियों से इस परिभाषा का दार्शनिक साम्य दिख सकता है और इसीलिए कभी-कभी योरोप के इन चिन्तकों

या कृतिकारों का उल्लेख भी आता रहता है, किन्तु दिखलाया जा सकता है जब कि आज की योरोपीय चेतना इस कल्पना तक 'त्रास' के माध्यम से पहुँचती है, हिन्दुस्तान (कम-से-कम हिन्दी की नयी कविता) की चेतना मूलतः गहरे दबी हुई प्रभासिक्त 'पावनता' के माध्यम से। यह महत्त्वपूर्ण अन्तर है। दो ऐतिहासिक परिस्थितियों, दो संस्कृतियों का अन्तर है। वस्तुतः आज विश्व-मानस के सामने गहरा प्रश्न यही है कि कैसे त्रासजनित विवेक को पावनताजनित विवेक में बदल दिया जाये। शायद अभी इसमें बहुत समय लगेगा। लेकिन हम तो भविष्य को, अपनी हज़ारों वर्षों की संस्कृति और ऐतिहासिक अनुभव से विवश होकर घोर अन्धकार के क्षणों में भी कालिदास की ही आँखों से देखने को बाध्य हैं जहाँ वे 'रघुवंश' को गहरे पराभव की सीमा तक ले जाकर अपने महाकाव्य का अन्त करते हैं जिसमें कोई आशा नहीं है, किन्तु त्रास भी नहीं है। सिर्फ़ है एक तटस्थ, निर्विकार और पावन सम्भावना—जहाँ गरम-गरम आँसुओं से अभितप्त गर्भ शीतल हो जाता है और सावन में बोये हुए मुट्ठी-भर बीज को छिपाये हुए पृथ्वी की तरह रानी पुत्रोत्पत्ति की बाट देखती है।

मनुष्य की सम्भावनाएँ असीम हैं; किन्तु सार्त्र के अर्थ में या कालिदास के अर्थ में? आज का हिन्दुस्तान कालिदास का हिन्दुस्तान नहीं है। किन्तु हमारे भीतर ज़िन्दगी की जो 'कालिदासीय लय' है, उसे छोड़कर हम कहाँ जायेंगे? हमारे चाहने पर भी वह हमसे छूटेगी कैसे?

दर्शन और अनुभूति को घुलाने के लिए अज्ञेय वहीं से आरम्भ करते हैं जहाँ प्रसाद ने छोड़ा था। प्रसाद और अज्ञेय की समानता सहसा अचरज में डालती है। वही शालीनता, वही शब्दों की चौकसी, वही आभिजात्य और वही कुछ खुला हुआ और कुछ डूबा हुआ व्यक्तित्व। बेशक दोनों के बीच दो युगों का अन्तर है, लेकिन दो ही युगों का अन्तर है। प्रेमचन्द ने एक बार प्रसाद से अपनी जीवनी के बारे में कुछ लिखने को कहा था। जवाब में प्रसाद जी ने एक कविता भेज दी। अज्ञेय भी शेखर की भूमिका में उन तमाम जीवन-सम्बन्धी घटनाओं को बताना व्यर्थ समझते हैं जिनसे साहित्यिक कृति का 'विज़न' उद्भूत होता है।

लगता है, वे सारे प्रश्न, वे सारे अभिप्राय, वे सारे प्रतीक, जो क़ामायनी में निहित हैं, अज्ञेय के कृतिकार मानस में मँडराते रहते हैं—यद्यपि उनके अर्थ भिन्न हो जाते हैं। शायद ये प्रतीक या अभिप्राय तीसरे दशक की मनोभूमि में ही निहित हैं और प्रसाद, बच्चन और अज्ञेय को अलग-अलग ढंग से प्रमथित करते हैं।

अज्ञेय की काव्य-कृति 'चिन्ता' का नामकरण 1941 में हुआ, यद्यपि उसकी कविताएँ 1932-36 में लिखी गयीं जब वे जेल में थे। इस सन्दर्भ में 'कामायनी'

के प्रथम सर्ग 'चिन्ता' की याद आना स्वाभाविक है। दोनों ने एक मनःस्थिति का विश्लेषण दो छोरों से किया। दोनों ने ही आदिम प्रेमी और आदिम प्रिया का माध्यम चुना और दो विभिन्न परिणामों पर पहुँचे—क्योंकि उनका आरम्भ दो छोरों से होता है। 'शेखर' की जो प्रति मेरे पास है, उसके कवर पर पहाड़ की चोटी पर बैठे हुए, ठुड्डी पर हाथ रखे, दृढ़ मांसपेशियों वाले एक चिन्ताग्रस्त पुरुष की तस्वीर है। उसके चारों ओर गहरा नीला रात के अन्तिम पहर का-सा आकाश है जिसमें सितारे तो नहीं, लेकिन चारों ओर चिनगारियों के बबूके टिमटिमा रहे हैं। और चित्त से लगता है कि यह व्यक्ति बैठा हुआ अपने हृदय में उमड़ते हुए एक अथाह प्रलय-प्रवाह को देख रहा है। और उसके सामने है एक विराट् स्तब्धता। इसी मनुष्य के निर्माण का विज़न अज्ञेय ने उस रात्रि में देखा था जो उनकी भूमिका के अनुसार फाँसी और गुमनाम शहादत की सम्भावना लेकर उनके सामने उपस्थित हुई थी जब वे वायसराय की गाड़ी उड़ाने के अभियोग में गिरफ़्तार हुए थे।

आपको लगेगा कि यह प्रसाद के मनु और बच्चन के लहर-विमोहित मनुष्य का मिला-जुला रूप है : जैसे बच्चन के मनुष्य को लाकर सहसा मनु के उत्तुंग शिखर पर बैठा दिया गया हो। वो स्तब्धता मनु के हृदय के भीतर है, वह बाहर व्याप्त हो गयी है और जो प्रलय-प्रवाह बाहर था, वह हृदय में समा गया है। सिर के ऊपर से शिला की शीतल छाँह अन्तरिक्ष में विलीन हो गयी।

अज्ञेय की समानता दुनिया-भर के तमाम कवियों से खोजने की कोशिश की गयी है और अक्सर उन्हें हिन्दी के लिए 'बाहरी' आदमी समझा गया है। हिन्दी साहित्य का स्रोत जो लोग हिन्दुस्तान के बाहर, ख़ासतौर से अंग्रेज़ी में खोजने की कोशिश करते हैं, वे ऐसा, यदि छोटे मुँह बड़ी बात न लगे तो कहना चाहूँगा, इसी कारण करते हैं कि उनका ज्ञान अंग्रेज़ी साहित्य के बारे में बहुत थोड़ा है। दुनिया के किसी कवि से यदि अज्ञेय की निकटता दिखती है तो वह जयशंकर प्रसाद से। वे दोनों एक ही सिमिट्री की दो विपरीत दिशाएँ हैं जिसके 'बेस' में तीसरे दशक की खण्डित चेतना वाली मनोभूमि है।

'नदी के द्वीप' उपन्यास में अज्ञेय एक सुनियोजित ढाँचे में फिर अपनी आरम्भिक चिन्ता का समाधान खोजते हैं। प्रयोग का माध्यम फिर स्त्री-पुरुष हैं और एक गहरे स्तर पर कामायनी का ही रेखाचित्र उपन्यास में व्याप्त हो जाता है। श्रद्धा जैसी गौरा, इड़ा जैसी रेखा और दोनों के बीच परिक्रमा करता हुआ मनु की तरह भुवन। गौरा से आरम्भ करके रेखा को स्पर्श करता हुआ भुवन फिर गौरा तक लौट आता है। दूसरी समानताओं के विस्तार में न जाकर हम

केवल उस 'वर्जित स्पर्श' की समस्या की ओर देखें, जो न सिर्फ़ 'कामायनी' और 'नदी के द्वीप' के मूल में है, बल्कि एक तरह से तीसरे दशक की जड़-चेतन, जीव-ईश्वर, भौतिकवाद-अध्यात्म, मार्क्सवाद-गाँधीवाद, भारतीय संस्कृति-पाश्चात्य संस्कृति, हिंसा-अहिंसा, प्रेम-क्रान्ति, हृदय-बुद्धि, प्रेयसी-प्रिय, अनवरतगति-गन्तव्य, अन्तःसत्य-बाह्य सत्य, विज्ञान- नैतिकता, मांसलवासना-प्लैटोनिज़्म, यथार्थ-आदर्श, लघु-महत् आदि नाना प्रकार की द्वन्द्वात्मक शब्दावली या विचारावली के केन्द्र में है। एक रहस्यमय ढंग से 'देवताओं' ने मनु-इड़ा के स्पर्श को 'वर्जित' कर रखा है। जब कोई गम्भीर उद्वेलन किसी देश के पूरे मानस को प्रमथित करता है तो उसकी अभिव्यक्ति देश के छोटे-से-छोटे और विराट्-से-विराट् स्तर पर होती है। देवताओं द्वारा यह 'वर्जित स्पर्श' तीसरे दशक को अनिवार्य दिखता है; कम-से-कम उन्माद की दशा में वह उस 'वर्जित स्पर्श' की ओर खिंचा जा रहा है। उसकी घनघोर वर्जना उनके कानों को प्रताड़ित कर रही है और वह केवल आशा यही कर सकता है कि जो होगा, ठीक होगा, रुकने की शक्ति उसके पास नहीं है। आध्यात्मिक प्रतीकों में महादेवी वर्मा का काव्य उस रहस्यमय 'वर्जित स्पर्श' की अत्यन्त आर्द्र और मधुर वेदना से अनुप्राणित है। छायावादियों समेत तीसरे दशक के सभी कवि उस 'वर्जित स्पर्श' की वर्जना को स्वीकार करते हैं। प्रसाद के विपरीत, अज्ञेय के 'वर्जित स्पर्श' में दो विशेषताएँ हैं। एक तो यह कि मनु-इड़ा के वर्जित स्पर्श के साक्षी हैं, असुर-पुरोहित आकुलि-किलात जो जड़ता से आरोपित चेतनता के प्रतीक हैं और भुवन-रेखा के साक्षी हैं 'अन्तरिक्ष के देवतागण और अकिंचन वनस्पतियाँ', जो चेतना से आरोपित जड़-प्रकृति के प्रतीक हैं। अज्ञेय उस 'वर्जित स्पर्श' को दो हिस्सों में बाँट देते हैं—उसकी आधी अनुभूति फ़ुलफ़िलमेंट, अखण्ड पूर्णता की है और दूसरी आधी में नवीन सृष्टि के उपजने की असमर्थता है। द्वन्द्वों का स्पर्श किस सीमा तक अभिप्राय, अर्थ अथवा देवताओं के आशीर्वाद से अभिसिंचित होता है और कहाँ से और क्यों फिर वह अभिशप्त और असमर्थ हो जाता है? संकल्प और विवशता सचेत उद्देश्य और प्राकृतिक गति, भौतिकता और अध्यात्म, जड़ और चेतन, कहाँ मिलकर अर्थ दे पाते हैं? कौन उन्हें अर्थ देता है? कैसे? देवताओं का क्यों ऐसा अभिशाप है कि मनु और इड़ा की अपनी सन्तान नहीं होगी? क्या इड़ा के लिए केवल दत्तक पुत्र ही लिखा है? मनु का उत्तराधिकारी कौन और क्योंकर होगा?

उत्तराधिकार के प्रश्न पर हिन्दुस्तान का मानस 'महाभारत' और रामायण' काल से लेकर आज तक प्रमथित होता आया है। साहित्य में इसके बहुत उदाहरण हैं। 'धर्म' और 'स्वभाव' के बीच का यह द्वन्द्व भारतीय मानस के किन गहरे

अभिप्रायों और संघर्षों की सूचना देता है, शायद इसका अनुसन्धान हमें अपने को समझने में मदद करे। प्रश्न की यह दिशा सम्प्रति हमारे वश के बाहर है।

हम देखते हैं, प्राकृतिक गति, मानवीय संकल्प, वर्जित स्पर्श और अनुभूति की अर्थवत्ता आदि के सन्दर्भ में अज्ञेय मनुष्य की एक ऐसी तस्वीर प्रस्तुत करते हैं जो प्रसाद के पैटर्न के निकट होती हुई भी बहुत भिन्न है। अनुभूति और दर्शन के सम्बन्ध का अनुसन्धान अज्ञेय का भी उद्देश्य है, लेकिन इसके लिए वे प्रसाद के रास्ते को बिल्कुल उलट देते हैं और एक नयी राह निकालते हैं। यह उलटना बच्चन से भिन्न ढंग का है। यदि हम हीगेलवादी शब्दावली का उपयोग करें तो यों कह सकते हैं कि छायावाद और बच्चन आदि के मानवीय रूपों की थीसिस, ऐंटीथीसिस की सिन्थिसिस अज्ञेय की चेतना में प्रकट हो रही है। यों वैपरीत्य भी एक प्रकार का साधर्म्य है, श्रेष्ठ कल्पना हिन्दुस्तान में भी मिल जायेगी।

प्रसाद और अज्ञेय का लगभग पूर्ण वैपरीत्य-साधर्म्य एक उद्धरण से और स्पष्ट हो जायेगा। 'कामायनी' की भूमिका में प्रसाद जी लिखते हैं :

> "आ ज हम सत्य का अर्थ घटना कर लेते हैं। तब भी उसके तिथिक्रम-मात्र से सन्तुष्ट न होकर, मनोवैज्ञानिक अन्वेषण के द्वारा इतिहास की घटना के भीतर कुछ देखना चाहते हैं। उसके मूल में क्या रहस्य है? आत्मा की अनुभूति! हाँ, उसी भाव के रूप ग्रहण की चेष्टा सत्य या घटना बनकर प्रत्यक्ष होती है। फिर वे सत्य घटनाएँ स्थूल और क्षणिक होकर मिथ्या और अभाव से परिणत हो जाती हैं, किन्तु सूक्ष्म अनुभूति या भाव चिरन्तन सत्य के रूप में प्रतिष्ठित रहता है, जिसके द्वारा युग के पुरुषों और पुरुषार्थों की अभिव्यक्ति होती रहती है।"

अज्ञेय भी सत्य और तथ्य के बीच जो अन्तर है, उसी से आरम्भ करते हैं, यद्यपि दूसरे छोर से : 'आज हम घटना (तथ्य) का अर्थ सत्य कर लेते हैं।' दोनों को जोड़ने वाली कड़ी है अनुभूति। लेकिन यह 'भाव के रूप-ग्रहण की चेष्टा' नहीं है—रूप के भाव-ग्रहण की चेष्टा है; दूसरे शब्दों में 'तथ्य' का सहसा अर्थ से 'आलोकित' हो जाना है। जाने हुए का 'पहचाना' हुआ तो जाना है। यह आलोकित सत्य 'नदी के द्वीप' की तरह चमककर विलीन हो जाता है। चिरन्तन प्रतिष्ठित तो तथ्य ही रहता है, सत्य नहीं। प्रसाद जी की दृष्टि में तथ्य एक विलीन होता हुआ 'नदी का द्वीप' है, चिरन्तन प्रवाह तो सत्य का ही है। इसीलिए प्रसाद जी कामायनी में भावों को रूप देकर एलेगरी की सृष्टि करते हैं और अज्ञेय अपने काव्य में रूपों को—अथवा तथ्यों को— प्रथम मानकर केवल उन्हें उन क्षणों में ग्रहण करने की कोशिश करते हैं जब वे अपने आन्तरिक तनाव के कारण आलोकित हो जाते हैं।

वस्तुतः सत्य, जिसे हम 'अनुभूत सत्य' कहकर अर्थ देते हैं, किसी चिरन्तन प्रवाह-कोष से 'अवतार' लेता है या चिरन्तन जड़ प्रकृति से ही ऊपर की ओर फूटता है, इस दार्शनिक बहस में पड़े बग़ैर हम इतना ध्यान में रख लें कि 'अनुभूति' शब्द समान होने पर भी उसका अर्थ भिन्न हो गया और उसी के साथ कविता का मूल धर्म क्या है, इसकी परिभाषा भी। दोनों के अन्तर को इलियट की उक्ति values as held और values as felt के अन्तर से स्पष्ट कर सकते हैं। प्रसाद जी का सत्य एक दार्शनिक सत्य है जो 'मान्य' अथवा 'आस्था-सम्मत' मूल्यों की तरह हमारे मानस में सूक्ष्म रूप से वर्तमान रहता है। अज्ञेय का सत्य 'साक्षात्कार' का एक क्षण है, एक द्वीप है जिसे हम अपने भीतर के जड़ और चेतन के संकल्पित संयोग से अनुभूत करते हैं। इस प्रकार 'कामायनी' में जो अनुभूति दर्शन में परिवर्तित हो जाती है, उसे अज्ञेय फिर दर्शन से अनुभूति में परिवर्तित करते हैं। कविता-सम्बन्धी हमारी धारणाओं में इससे गहन परिवर्तन हो जाता है, विशेषतः अनुभूति की सार्वजनीनता को लेकर। यह सार्वजनीनता अपनी 'अनुभूति' के प्रति कृतिकार की तटस्थता अथवा 'निर्वैयक्तिकता' से उत्पन्न होती है—इसलिए नहीं कि हमारे बीच के 'मान्य सत्य' या 'आस्थाएँ' चिरन्तन एवं समान हैं, बल्कि इसलिए कि जिस चिरन्तन 'तथ्य' के दबाव में हम रह रहे हैं, वह तथ्य समान है। कवि और पाठक के बीच की जोड़ने वाली कड़ी 'आस्था' नहीं, 'यथार्थ' है।

अज्ञेय प्रसाद को कवि नहीं मानते, या केवल विश्वविद्यालयों का कवि मानते हैं। मुझे इस पर सदा आश्चर्य हुआ है, यद्यपि इसका कारण मैं समझ सकता हूँ। शायद उनकी निगाह वैपरीत्य पर अधिक पड़ती है, साधर्म्य पर कम। उससे अधिक आश्चर्य प्रसाद के कुछ कठिन प्रशंसकों पर हुआ है जो प्रसाद की परम्परा की अभिलाषा तो रखते हैं, लेकिन उस परम्परा को तीसरे दशक की मनोभूमि में फलित होता हुआ देखते हैं। बेशक परम्परा का अर्थ हम केवल पुनरावृत्ति लें, तो बात दूसरी है। लेकिन यदि परम्परा हमेशा परिवर्तन और वैपरीत्य की दिशाओं में फूटती हुई चलती है, तो अज्ञेय, आगे के इतिहासकार को, प्रसाद की 'परम्परा' में ही दिखलाई पड़ेंगे। केवल पुनरावृत्ति पर आधारित 'कृष्ण-काव्य की परम्परा', 'रहस्यवाद की परम्परा', 'रीतिकाव्य की परम्परा' आदि संकुचित और भ्रामक प्रयोगों से 'परम्परा' का कुछ ऐसा रूढ़िगत अर्थ हमारे मन में बैठ गया है कि विकासमान या द्वन्द्वात्मक अर्थ में हम परम्परा की कल्पना ही नहीं कर पाते।

छठवाँ दशक से

साहित्य क्यों

शायद आप में से अधिकांश ने ग़ालिब का वह प्रसिद्ध शेर सुना होगा :

सखुन में ख़ामिये ग़ालिब की आतिश अफ़शानी
यक़ीन हमको भी है लेकिन इसमें दम क्या है?

साहित्य क्यों? इस प्रश्न को पूछने के साथ हम एक ऐसे सन्दर्भ की कल्पना कर सकते हैं जहाँ लेखक अपनी सारी ज़िन्दगी तन्मयता और लगन के साथ साहित्यिक रचना में गुज़ारने के बाद अपने पूरे कार्यकाल पर वापस मुड़कर देखता है, शायद उसने अपने रचना कर्म से अपने से बाहर कुछ निर्मित करने की आशा की थी। परिवेश पर कुछ प्रभाव डालने की, किसी कल्पना लोक का सृजन करने की जिसकी साक्षी और लोग भी दे सकें, समाज या मनुष्यता को बदलने की या कम-से-कम अपने विषय में लोगों में एक ख़ास तरह का रुझान पैदा करने की। जब सारी ज़िन्दगी के बाद वह इसमें से कुछ भी घटित होता हुआ नहीं देखता—सचमुच या भ्रमवश—तब वह पूछता है, इसमें दम क्या है? शायद ग़ालिब का प्रश्न इसी मनःस्थिति को व्यक्त करता है—कुछ हृदय की पुकार, कुछ प्रतिरोध की भावना, कुछ अपने कर्म के प्रति गहरी प्रतिबद्धता और कुछ थकान और हताशा। कहा जा सकता है कि बाद में ग़ालिब को जितना व्यापक आकर्षण मिला वह उनके प्रश्न का पर्याप्त प्रत्युत्तर है और सिद्ध करता है कि ग़ालिब का सवाल कितना भ्रमपूर्ण और क्षणभंगुर था। लेकिन क्या सचमुच ग़ालिब का सवाल इतना स्थूल, इसलिए निरर्थक और क्षणभंगुर है? क्या इस प्रश्न में एक ऐसा गुण नहीं है जो तमाम रस्मी उत्तरों के बाद भी शान्त नहीं होगा? रचनाकर्म के पूरे विस्तार में अनुभूत, लेकिन अदृश्य हवा की तरह मँडराता रहता है?

अगर सब उत्तरों के बाद भी यह प्रश्न शेष रह जाता है तो ग़ालिब के लहजे से हम इतना तो सीख ही सकते हैं कि सामान्य और यशोगान वाले उत्तरों से काम नहीं चलेगा। इस प्रश्न को और उस पर उपजी प्रतिक्रिया को सघन, प्रत्यक्ष और तात्कालिक होना पड़ेगा। इसलिए मैं इस प्रश्न को आपके सामने विचारार्थ

प्रस्तुत करते समय भरसक सघन सन्दर्भ को ही निर्मित करने की कोशिश करूँगा। एक अर्थ में यह प्रश्न इतना पुराना और दूरदराज़ का है कि इसे विस्मृत या उत्तरित मानकर चला जा सकता है। कम-से-कम आज के रचनाक्रम से इसका कोई ख़ास रिश्ता नहीं दीखता। क्या इसका कोई और अर्थ भी है? जिस अर्थ में यह प्रश्न सिर्फ़ बीती हुई रचनाओं पर सिंहावलोकन या सिर्फ़ थकान या मोहभंग से नहीं उपजता बल्कि बीते हुए, वर्तमान और आने वाले सृजनात्मक क्षणों में भी कभी प्रत्यक्ष, कभी परोक्ष गूँजता है? दूसरे शब्दों में क्या यह प्रश्न जीवित सृजन क्रम से जुड़ता है? मैं समझता हूँ कि यह अनुगूंज है। मेरी कोशिश होगी कि उस अनुगूँज के सम्बन्ध में कुछ आनुषंगिक प्रश्न आपके सामने रख दूँ। स्पष्टतः इस प्रश्न के उत्तर में मैं कोई सिद्धान्त प्रतिपादित नहीं करूँगा। न शायद विषय प्रवर्तक से आप इस तरह की उम्मीद ही करेंगे।

ग़ालिब के शेर के बाद मैं विनयपूर्वक इस सिलसिले में एक व्यक्तिगत बातचीत का उल्लेख करने की इजाज़त चाहूँगा। इस लेख को लिखने के पूर्व मैंने आज के रचनारत कवि, जिन्हें अपना मित्र कहने का सौभाग्य मुझे है, श्री सर्वेश्वरदयाल सक्सेना से पूछा कि 'साहित्य क्यों?' इस विषय पर उनकी क्या प्रतिक्रिया है? उन्होंने प्रश्न का उत्तर सीधे न देकर एक विडम्बना प्रस्तुत की। उस विडम्बना को उन्होंने कुछ इस तरह परिभाषित किया : उनके अनुसार सवाल यह है कि हम कितने बड़े या छोटे साहित्यिक सन्दर्भ में इस प्रश्न को पूछते हैं। अगर हमारे सामने साहित्य का इतना विशाल चित्रफलक है जिसमें वाल्मीकि, होमर, कालिदास, शेक्सपीयर, गेटे, टॉल्स्टॉय इत्यादि सब बड़े भारी काल विस्तार में प्रकाशमान हैं तो प्रश्न का आकार बहुत छोटा या लगभग अनर्गल-सा हो जाता है। मनुष्यता का इस साहित्यिक विस्तार के प्रति व्यवहार इस 'क्यों' का शमन कर देने के लिए काफ़ी होना चाहिए। दूसरी तरफ़ जब वे आज के विशिष्ट देशकाल में या और प्रत्यक्ष शब्दों में इस 1970 के भारतवर्ष में हिन्दी के किसी रचनारत लेखक की ओर या स्वयं अपनी ओर देखते हैं, और साथ-ही-साथ अपने समूचे समाज की गिरावट, कुल मिलाकर एक मानव-व्यापी असमर्थता, नपुंसकता और इस सबको ढँकने के लिए आज के कवच-पर कवचधारी मनुष्य को देखते हैं तो इस प्रश्न का आकार बढ़ता जाता है—और लगता है कि प्रश्न सटीक है और शायद आवश्यक भी।

मेरे विचार से सर्वेश्वर जी ने विडम्बना को जिस ढंग से रखा उसमें आज के लेखक के लिए मात्र अपने बिछड़ जाने का सामान्य अनुभव नहीं है जिसका जवाब आज नहीं तो कल हर लेखक को मिल जाता है। यह विडम्बना भी कुछ

ज़्यादा प्रखर ढंग से उसी ओर संकेत करती है कि सब उत्तरों के बाद प्रश्न शेष रह जाता है और सृजन कर्म पर दबाव डालता है। साहित्य की एक ख़ास क़िस्म की उपादेयता, अर्थवत्ता या मूल्यवत्ता जो विशाल चित्रफलक को सहज ही उपलब्ध है—किन कारणों से छोटे और विशिष्ट सन्दर्भ में घटित नहीं हो पाती? किन कारणों से और किन अर्थों में वाल्मीकि या कालिदास का साहित्य होना सर्वेश्वरदयाल सक्सेना की सहायता नहीं कर पाता? हम सब जानते हैं कि हिटलर के जिन सिपाहियों के ज़िम्मे बन्दी केन्द्रों में नृशंसता के साथ लोगों की चमड़ी उधेड़ने का काम मिला था, उनमें से बहुतों के बीच शेक्सपीयर बहुत लोकप्रिय था। इसके लिए किसकी प्रशंसा की जाये? शेक्सपीयर की? साहित्य की? या उन नाज़ी कोतवालों की? मैं उम्मीद ही कर सकता हूँ कि सर्वेश्वर जी को कभी ऐसी परिस्थितियों में लोकप्रिय होने का बोझ नहीं उठाना पड़ेगा। लेकिन यदि दुर्भाग्य से ऐसा हुआ, तो सर्वेश्वर जी की पुस्तक के बगल में पड़ी हुई शेक्सपीयर की पुस्तक उनकी सहायता कहाँ तक करेगी? किस अर्थ में करेगी?

शायद इस ढंग से इस प्रश्न को रखना सिर्फ़ एक तनाव को पैदा करना है। इसलिए मैं फिर कुछ व्यापक शब्दावली में प्रश्नों को दोहराने की अनुमति चाहूँगा। यदि परम्परित उत्तर आज के लेखन कर्म के लिए ज्यों-के-त्यों उपलब्ध नहीं हैं तो इस प्रतीति के क्या नतीजे आज के लेखन कर्म के लिए निकलते हैं? यदि हम मान भी लें कि परम्परित उत्तरों से बचकर हम नहीं जा सकते तो भी उन उत्तरों को हम किस तरह अपने आज के रचना कर्म के लिए जीवन दे सकते हैं? क्या हम इस टूटी हुई कड़ी को जोड़ सकते हैं? विशाल चित्रफलक और सृजनशील बेचैन रेखा के बीच जो खाई है वह हमारे लिए किन चुनौतियों का निर्माण करती है? इस विडम्बना का सामना करने या उससे कतराने का क्या परिणाम है? क्या हम छलाँग लगाकर इस विडम्बना से बाहर निकल सकते हैं? प्रश्नों की एक लम्बी क़तार एक के बाद एक दिखलायी पड़ती है।

मैं यह स्वीकार करता हूँ कि लेखक के लिए ज़रूरी नहीं है कि इन तमाम सवालों का जवाब दे। मेरा इरादा इस तरह के उत्तरों की शुरुआत करने का है भी नहीं। उन लोगों के लिए जो आज की गोष्ठी में उपस्थित और रचना-कर्म में स्वयं प्रवृत्त नहीं हैं, केवल साहित्य के पाठक हैं। मैं सिर्फ़ उन सीमाओं का संकेत देना चाहता हूँ जो रचना में लगे हुए लेखक के लिए प्रत्यक्ष या परोक्ष रूप से, ज़्यादातर परोक्ष रूप से, लेखन कर्म को घेरती रहती हैं और उस अनवरत तलाश को जन्म देती हैं

जिसे हम रचा जाता हुआ साहित्य कहते हैं। और उन सज्जनों के लिए, जो स्वयं रचना में रत हैं और जिनकी ओर से मुझे सिर्फ़ इसलिए चुना गया है कि विषयप्रवर्तक के रूप में मैं उन अस्पष्ट ध्वनियों को रूपायित कर दूँ जिनसे वे स्वयं अवगत हैं, मैं केवल परिभाषाकार का काम कर रहा हूँ। मैं केवल इतनी आशा कर सकता हूँ कि ये प्रश्न उन्हें अपने अनुभवों और अनुभूतियों को याद दिलायेंगे और उन विचार-शृंखलाओं को झंकृत कर देंगे जिन्हें सुनने के लिए हम आज यहाँ उपस्थित हुए हैं।

इसके पूर्व कि मैं कुछ और पहलुओं की चर्चा करूँ इस विडम्बना से बच निकलने के लिए सिद्धान्ततः दो आसान रास्तों का उल्लेख करूँगा। एक तो यह कि कर्म को ऐसी नैसर्गिक प्रक्रिया के रूप में देखा जाये जिस पर लेखक का वश नहीं है। साहित्य कुछ इस तरह लिखा जाता है जिस तरह बुलबुल गाती है। यहाँ क्यों का प्रश्न अनर्गल है। मैं नहीं समझता कि कोई व्यक्ति आज इस तर्क को गम्भीरतापूर्वक प्रस्तुत करेगा। जिस अर्थ में बुलबुल का गाना नैसर्गिक है, स्पष्टतः लेखक का लेखन-कर्म उस अर्थ में नैसर्गिक नहीं है।

दूसरा आसान रास्ता व्यावहारिक है। 'साहित्य क्यों' इस तरह का प्रश्न ऐसे लोगों के बीच उठाने का क्या प्रयोजन है जो इस क्यों का सोचने के पहले ही लेखन-कर्म के प्रति प्रतिबद्ध हो चुके हैं? शायद हर लेखक की ज़िन्दगी में एक ऐसा समय आता है जब उसे अपने आप से यह प्रश्न पूछना पड़ता है। जब संक्रामक रोग की तरह लगी हुई साहित्यिक कृतित्व की पहली उत्तेजना ढीली पड़ने लगती है। ज़्यादातर लोग इसका एक चालू उत्तर दे डालते हैं। लेकिन मैं समझता हूँ कि एक स्तर पर हर गम्भीर लेखक के मन में प्रश्न शेष रह ही जाता है। रचना का हर कर्म साथ-ही-साथ इस प्रश्न से उलझने या इससे कतराने का कर्म भी बनता रहता है। आख़िरकार वास्तविकता इतनी ही नहीं है कि लेखक कवि है इसलिए कविता लिखता है। ज़्यादा मूलभूत सत्य यही है कि लेखक कविता लिखता है इसलिए कवि है।

लेकिन व्यावहारिक स्तर पर भी लेखकों का इस तरह किसी गोष्ठी में इकट्ठा होना अपने आप में विचित्र और असंगत स्थिति है, अगर हम यही संकल्प करें कि सृजनशीलता एक ऐसा कर्म है जिसके लिए सहकर्मियों के साथ संवाद की कोई सार्थकता नहीं है। मैं मानकर चलता हूँ कि इस संवाद की सार्थकता है—चाहे वह संवाद आमने-सामने हो या देशकाल के बड़े अन्तराल को पार करके। मगर यह बात ठीक है तो इस संवाद में 'साहित्य क्यों' का प्रश्न अन्ततः उठेगा ही।

इस स्तर पर इस प्रश्न का स्वरूप कुछ इस तरह का होगा : क्या इस संवाद की कोई भूमिका सृजन-कर्म में है? क्या लेखकों को इस तरह की गोष्ठियों की उपयोगिता है—उस स्पष्ट उपयोगिता के अतिरिक्त प्रचार और मेल-जोल के द्वारा (जो इस तरह की गोष्ठियों में अनिवार्य है) उस माहौल का निर्माण किया जाये कि इस समय कौन ज़्यादा, कौन कम प्रतिष्ठित है?

साहित्य के रचना-कर्म और साहित्य को प्रतिष्ठित करने की प्रक्रियाओं को लेकर भी बहस उठायी गयी है। जैसे वे दोनों परस्पर विरोधी और एक दूसरे को विध्वंस करने वाली प्रक्रियाएँ हों। इस पहलू पर भी कुछ बातें कहना चाहूँगा। समाज में साहित्य को प्रतिष्ठादान करने वाली मशीनरी—गोष्ठियाँ, विश्वविद्यालय, प्रचार, पुरस्कार, सम्मान, अभिनन्दन—संक्षेप में वह सब जिसे प्रतिष्ठान का नाम दिया जाता है (और जिसमें विद्रोह का प्रतिष्ठान भी शामिल है) ये सब साहित्य के अनिवार्य सम्बन्धी हैं। यह प्रतिष्ठादानी मशीनरी भी साहित्य क्यों का उत्तर देने का प्रयास है। प्रतिष्ठान का बड़ा हिस्सा साहित्य के उस विराट् चित्रफलक से ही अपनी सार्थकता ग्रहण करता है जिसका ज़िक्र मैंने पहले किया। लेकिन अक्सर यह प्रतिष्ठान उस बेचैन रेखा के साथ जो विडम्बना का दूसरा छोर है उत्पात करता है। क्या यह सम्भव है या क्या यह वांछनीय है कि इस प्रतिष्ठादानी मशीनरी को ध्वस्त कर दिया जाये?

लगभग दो दशक पहले इंग्लैण्ड में साहित्य के सन्दर्भ में प्रतिष्ठान का अलग से नामकरण किया गया और सृजनशील-कर्म या लेखक की निजी अनुभूति की परिभाषा कुछ इस तरह की गयी कि प्रतिष्ठान मात्र का विध्वंस साहित्य के अस्तित्व से जुड़ा हुआ है। आज भी हम उस प्रतिष्ठान-विरोध की कुछ धमक सुन सकते हैं। क्या यह सम्भव या वांछनीय है कि प्रतिष्ठादानी मशीनरी को ध्वस्त कर दिया जाये? मुझे सम्भावना और वांछनीयता दोनों में ही सन्देह है। मैं कल्पना करता हूँ कि अगर किसी जादू से समाज की प्रतिष्ठादानी मशीनरी बिल्कुल ख़त्म हो जाये—पुरस्कार, गोष्ठियाँ, पत्र-पत्रिकाएँ, विश्वविद्यालय सब हों, लेकिन ये सब साहित्य के प्रति चुप्पी साध लें—तो क्या कुछ ही दिनों में ये तमाम लेखक मिल कर इस प्रतिष्ठादानी मशीनरी को फिर से निर्मित नहीं कर डालेंगे? योरोप के लेखक का जो भी अनुभव हो और उसके नारे का जो भी मतलब हो, लेकिन भारतवर्ष की भाषाओं में पिछले सौ या अधिक वर्षों से क्या हम इस प्रतिष्ठान के निर्माण में लेखकों को रत नहीं देखते?

समूचा साहित्य जन्म लेते ही प्रतिष्ठान की विकराल दाढ़ों में समाने लगता है। प्रतिष्ठान की दाढ़ों की चक्की बहुत सटीक या पूरी विचक्षणता के साथ नहीं चलती।

इसीलिए बहुत कुछ बाहर गिर जाता है या जो कुछ भी पिसकर, चिकना होकर मानवता की धरोहर के रूप में प्रतिष्ठान से हमें मिलता है उसमें बहुत-सा हमारे लिए स्वीकार्य भी नहीं होता। लेकिन केवल इसी आधार पर साहित्यिक सृजन और प्रतिष्ठान के दो विपरीत और परस्पर विरोधी ध्रुवों की कल्पना कर लेना प्रतिष्ठान की प्रकृति को ग़लत समझना है। इससे भी आगे साहित्य की प्रकृति पर एक झूठा नक़ाब डालने की कोशिश है। हम ऐसे प्रतिष्ठान की कल्पना कर सकते हैं जो सौ फ़ीसदी अचूक और विचक्षण हो। चुनाव में न सही तो इसमें कि जो कुछ भी चुनाव से छूट जाये उसका नितान्त विनाश प्रतिष्ठान कर दे और जो कुछ भी चुना जाये उसे अस्वीकृत करने वाले संशय का भी विनाश कर दे। इस तरह का प्रतिष्ठान शायद अनन्तकाल तक अपनी सत्ता की गारंटी तो नहीं दे सकता लेकिन इतना तो किया ही जा सकता है कि प्रतिष्ठान का संशोधन प्रतिष्ठान के अंगों के अतिरिक्त और किसी प्रतिष्ठान-विरोध से सम्भव न हो। इस शताब्दी का ही मानवीय इतिहास इसके उदाहरण प्रस्तुत कर चुका है। साहित्यहीन प्रतिष्ठान की कल्पना तो की जा सकती है लेकिन प्रतिष्ठाहीन साहित्य की कल्पना असम्भव है।

साहित्यिक परिवेश में बहुत-सी धूल, गर्द, गुबार, दिलों का टूटना, गद्दारी और बेईमानी की शिकायत—विद्रोह, फिर विद्रोह के प्रति विद्रोह, तेज़ ईमानदार गुस्सा और फिर उस ईमानदार गुस्से का पाखण्ड की शक्ल अख़्तियार कर लेना—यह सब साहित्य और प्रतिष्ठान के रिश्ते को ग़लत ढंग से प्रस्तुत करने का परिणाम है। असली समस्या इस रिश्ते को ख़त्म कर देने की नहीं है बल्कि प्रतिष्ठान को कुछ ज़्यादा लचीला, विविध और ज़िम्मेदार बनाने की है। सिद्धान्ततः अचूक कहे जाने वाले प्रतिष्ठान के मुक़ाबले में मैं ऐसे प्रतिष्ठान को पसन्द करूँगा जो चूक की सम्भावना को स्वीकार करके चले और इस जागरूकता के साथ उसमें विविधता और लोच हो। उस लोच और विविधता की क्या शर्तें होंगी—जैसे ही हम इस पर विचार करेंगे हमें 'साहित्य क्यों' इस प्रश्न से उलझना पड़ेगा।

पिछले 20-25 वर्षों में भारतीय साहित्य में शायद सबसे ज़्यादा विप्लवी चेतना 'विश्व साहित्य' जैसी धारणा की चेतना रही है। मेरी यह क्षमता तो नहीं है कि मैं आपके समक्ष भारत की सभी भाषाओं के साहित्य के बारे में कुछ कह सकूँ। मुझसे आशा यही की जायेगी कि मैं अपने नतीजे हिन्दी के अनुभव से ही निकालूँगा। लेकिन आदरपूर्वक इतना निवेदन अवश्य करना चाहूँगा कि जो कुछ भी थोड़ी जानकारी मुझे है, 'विश्व साहित्य' की अवधारणा की चेतना ने सभी जगह एक विशिष्ट प्रेरकशक्ति की भूमिका अदा की है।

इस चेतना के प्रभावी होने का ढंग क्या रहा है? बीस-पच्चीस वर्षों की सीमा लगाने का तात्पर्य क्या है? 'विश्व साहित्य' की चेतना भारतवर्ष में आज़ादी के पहले भी विद्यमान और सक्रिय थी। लेकिन मुख्यतः इस चेतना का स्वरूप महान् उपलब्धियों की चेतना का था। इसके केन्द्र में थीं योरोपीय सभ्यता या संस्कृति की महान् प्रतिष्ठित विभूतियाँ। यह यूरोपीय सभ्यता या संस्कृति फलतः एक पूर्ण निर्मित वस्तु थी, एक ऐसी तस्वीर जिसके सारे रंग भरे जा चुके थे और जो उस समय की स्थायी और असुविधाजनक दुनिया पर एक ख़ासतौर की रोशनी फेंकती थी। बीसवीं सदी के तीसरे और चौथे दशक वाले भारतीय मानस के लिए योरोप के प्रकाश स्तम्भ मुख्यतः पूर्ण निर्मित और समूचे अर्थों वाले, पूरी तरह अवतरित प्रकाश स्तम्भ थे—ऐसे आदर्श जिन्हें या तो स्वीकार किया जा सकता था या जिन्हें अस्वीकृत किया जा सकता था। ये ही दो विकल्प थे। इन आदर्शों के प्रतिरोधी लगभग उसी तरह प्राचीन भारत के प्रकाश स्तम्भ थे जो उतने ही दूर, अलग-थलग, अपने आप में सम्पूर्ण—पूरी तरह बाहर अवतरित प्रकाश स्तम्भ थे, जो अतीत की स्वतः पर्याप्त सभ्यता के प्रतीक थे—दूसरे शब्दों में, आदर्श थे। भारतवर्ष का सर्जनात्मक मानस 'विश्व साहित्य' के दबाव को महसूस करता है—लेकिन आदर्शों की तरह। एक आदर्श का विकल्प दूसरा आदर्श है।

दूसरे महायुद्ध के बाद की परिस्थिति ने, जो भारतवर्ष के लिए स्वतन्त्रता प्राप्ति के बाद की स्थिति भी है, इस तस्वीर को बदल दिया। युद्धोत्तर परिस्थिति गोरी सभ्यता को एक पूर्णतः निर्मित वस्तु की तरह नहीं, बल्कि एक ऐसी वस्तु की तरह प्रस्तुत करती है जिसमें ठहराव नहीं है। उसमें निरन्तर ऐसे परिवर्तन हैं जिनकी कल्पना भी पहले नहीं की गयी थी। इस बदली हुई या बदलती हुई परिस्थिति में चेतना पर 'विश्व साहित्य' की अवधारणा का दबाव विप्लवी बनकर पड़ता है—समसामयिक, निरन्तर बदलता हुआ—कुछ ऐसा जो ख़ास अर्थों में बीसवीं शताब्दी के नाम से अभिहित किया जाता है। इस बीसवीं सदी को एक सर्वमान्य नामकरण की तरह महसूस किया गया—उस समस्त सम्पुंज के लिए जिसमें तूफ़ान और भूकम्प हैं, विज्ञान और यान्त्रिकी की चुनौतियाँ हैं, समाज को आमूल बदल डालने के निमित्त प्रयोग हैं, औसत आदमी की ज़िन्दगी को नये सिरे से ढालने के सपने हैं, बड़े पैमाने पर उत्पादन है, महानगर हैं, निरन्तर उठते हुए जीवन-स्तर हैं—और इस अभियान के बीच व्यक्ति के निजी, परम्परित या भावुक विश्वासों के लिए कोई जगह नहीं है। संक्षेप में 'विश्व साहित्य' की इस चेतना ने 'आधुनिक' या 'समसामयिक' की मुद्रा ग्रहण कर ली जिससे हम सब परिचित हैं और साहित्य बीसवीं शताब्दी की तीर्थयात्रा पर निकल पड़ा।

आज हम उस समय मिल रहे हैं जब इस तीर्थयात्रा के पहले उत्साह को बीते हुए काफ़ी कुछ अरसा गुज़र गया है। बीसवीं शताब्दी ढल रही है। इसका अवसर आ गया है कि हम थोड़ा तटस्थ होकर देखें—क्या इस सारे कुहराम में कोई अर्थ रहा है? इतिहास की इस कभी उत्तेजित, कभी हताश गति में क्या कोई ऐसी रूपरेखा रही है, जो याद किये जाने के योग्य हो? शीघ्र ही, शायद हम में से बहुतों की ज़िन्दगी में, इक्कीसवीं शताब्दी की शुरुआत होते ही यह बीसवीं शताब्दी उस सबके लिए पर्याय बन जायेगी जो ख़त्म हो चुका है, मर चुका है—हमेशा के लिए दूर जा चुका है, उस समय वह बीसवीं शताब्दी कैसी दीखेगी?

अलग-अलग दिशाओं में खिंचती हुई यह चरमराती हुई कोशिशें, यह गति और प्रति गति, बढ़ते हुए पानी के ऊपर मुँह निकाले रहने की छटपटाहट, मनुष्य को मानवीय बनाने की असम्भावना और साथ-साथ व्यापक सृजनशील कर्म में अवसन्न आस्था—साहित्यिक सृजन के ये सारे सन्दर्भ किस तरह दीखेंगे? क्या इतिहास में हमें क्रान्ति के मोह में पड़ी हुई शताब्दी की तरह याद किया जायेगा—जिस तरह आज हम उन्नीसवीं शताब्दी को प्रगति के मोह से आविष्ट शताब्दी के नाम से पुकारते हैं? क्या साहित्य ढलती हुई बीसवीं शताब्दी के मन में गहरे घुमड़ने वाले इन बेचैन और विप्लवी प्रश्नों की अनुभूति कराने में सक्षम है?

बीसवीं शताब्दी ढल रही है, मैंने उस सन्दर्भ को प्रस्तुत करने की कोशिश की है जिसमें आज साहित्य रचा जा रहा है और जिसके साथ रिश्ता जोड़कर साहित्य को अर्थवत्ता देने की कोशिशें हो रही हैं। बहुत-सा बदलाव, उलटफेर इस छटपटाहट से उपजा है। इस सन्दर्भ में ही 'साहित्य क्यों' का दबाव हमारी सृजनशीलता पर पड़ता है। 'बीसवीं शताब्दी' की अवधारणा ने इस चेतना को जन्म दिया कि बड़े पैमाने पर साहित्य विश्व स्तर पर सभ्यता और संस्कृति से उलझने का प्रयास है। इसी से 'विश्व साहित्य' की कभी धुँधली, कभी अस्पष्ट तस्वीर का निर्माण होता है। यह मान्यता काफ़ी हद तक बीस-पच्चीस वर्षों में अन्तर्निहित रही है कि विश्व सभ्यता या संस्कृति के इस अभियान की सृजनशील ज़िम्मेदारी की दिशा तय हो चुकी है। साहित्य के लिए प्रश्न इतना ही है कि उस ज़िम्मेदारी को किस तरह की उन्मुक्तता स्वीकार करती है और किस तरह की उन्मुक्तता उससे कतराती है।

जिस तरह की विडम्बना का ज़िक्र सर्वेश्वर जी ने किया, या प्रतिष्ठान और प्रतिष्ठान-विरोध के नारों में जिस गर्दोगुबार वाली उत्तेजना का दर्शन हमें होता है, वे सब इस परिस्थिति के उदाहरण हैं कि हमारे लिए साहित्यिक सन्दर्भ की बीसवीं शताब्दी वाली बनी-बनायी मान्यता को स्वीकार करके चलना निरन्तर

कठिन होता जा रहा है, मैंने शुरू में जो तार्किक बहस उठायी उसका उद्देश्य केवल इतना ही था कि इस कठिनाई के अहसास को अवरुद्ध करने वाले जो भी तार्किक गुञ्जलक हमने अपनी कल्पना के चारों ओर लपेट लिए हैं उनसे बाहर निकल जाने का रास्ता साफ़ हो और हम इस ढलती हुई बीसवीं शताब्दी के यथार्थ को उसके मोहक आवरणों से थोड़ा अलग करके देख सकें।

स्वप्नदर्शी मन जब सपने देखते-देखते रुक जाता है और उन सपनों को कहीं साकार होते नहीं पाता तो एक ख़तरनाक पाखण्ड में पड़ता है—वह पाखण्ड यथार्थ के किसी उदाहरण को जल्दी से स्वप्न का साकार रूप मान लेने का; ताकि अपने को स्वप्न की सार्थकता का आश्वासन दे सके, या फिर बहुत कड़वाहट और तेज़ी के साथ उन स्वप्नों पर आक्रमण शुरू करता है। इस आक्रमण की शक्ल चीख़ती हुई मूल्यहीनता, अर्थहीनता और बड़बड़ाहट की होती है। दोनों ही शक्लें उस घबराये हुए ज़िद्दी मन की हैं जो स्वप्न और यथार्थ की दुर्लंघ्य खाई को तो देखता है लेकिन उन आधारभूत मान्यताओं पर प्रश्नचिह्न नहीं लगाना चाहता जिनके कारण इस खाई का निर्माण हुआ है।

बीसवीं शताब्दी के बहुत से अन्तर्विरोधों में से एक का उल्लेख उदाहरण के लिए काफ़ी है। हमने बीसवीं सदी को मूलतः यान्त्रिकी और वैज्ञानिक उन्नति, विपुल उत्पादन और निरन्तर विकासमान जीवन स्तर के रूप में प्रतिबिम्बित किया। इस प्रतिबिम्ब में एक स्वप्नलोक जैसा गुण है : यथार्थ और स्वप्न के इस मिले-जुले रूपाकार को ही हमने बीसवीं शताब्दी का नाम दिया। काल के भीतर से विकसित होते हुए इस स्वप्न ने ही दैत्य की तरह दुनिया को गति दी या गतिहीनता पर कोड़े लगाये। यह प्रतिबिम्ब ही सारी दुनिया पर एक इकाई होने का ठप्पा लगाता है। उम्मीद की गयी कि साहित्य अपनी विविध आवाज़ों के साथ इस आधारभूत परिभाषा के साथ सामंजस्य स्थापित करेगा। लेकिन बीसवीं शताब्दी ने परिभाषा के इस दर्पण में अपनी जो छाया देखी—उसमें साहित्य या साहित्यिक सृजनशीलता का कोई समावेश है ही नहीं। अगर छाया सचमुच ऐसी ही है तो अब तक साहित्य को चुप हो जाना चाहिए था। साहित्य निर्मित होता रहा है, यह इसका प्रमाण है कि साहित्य ने मानव सभ्यता से उलझने के अपने दावों के बावजूद या तो दोयम दर्जे की भूमिका स्वीकार कर ली या फिर दर्पण में दिखती छाया सही नहीं है। इस शताब्दी के आरम्भ में स्पेंगलर ने जो छाया देखी थी उसमें साहित्य अनुपस्थित था। स्पेंगलर द्वारा दी हुई परिभाषा स्वीकार कर ली गयी लेकिन उसके परिणामों को नहीं स्वीकार किया गया—यही अन्तर्विरोध है। इसी अन्तर्विरोध से छुटकारा पाने के लिए साहित्य ने इस शताब्दी

में विश्वस्तर पर अपने को नये रूपों में ढालने की कोशिश की है—क्या इस अन्तर्विरोध से छुटकारा सचमुच मिल गया? जिस युगबोध को बारम्बार ध्वनित करने की कोशिशें की गयीं—वह सब रह-रहकर बीमार आदमी के करवटें बदलने की तरह क्यों लगता है?

क्या इस आधारभूत मान्यता पर प्रश्नचिह्न लगाने का अवसर आ गया है? हममें से अधिकांशतः जो बीसवीं शताब्दी की इस छाया के निर्माता कम रहे हैं, उत्साहित दर्शक अधिक रहे हैं, अक्सर इस बेचैनी को महसूस करते रहे हैं और तमाम विप्लवी प्रभावों के बावजूद इस बेचैनी के लक्षण भारतीय साहित्य में दीखते रहे हैं। अक्सर इस बेचैनी की रूपरेखा हमारे सामने स्पष्ट नहीं रही है और उसने आधारभूत प्रश्न का स्वरूप तो बड़े पैमाने पर शायद नहीं लिया। संशय की धुँधली आवाज़ें ज़रूर आती हैं। जिस रूप में—मानव-सभ्यता के जिस स्वप्न के रूप में—यह बीसवीं शताब्दी हमारे लिए सन्दर्भ प्रस्तुत करती रही है—क्या वह सचमुच हमारा वास्तविक सन्दर्भ है—या सिर्फ़ एक मायालोक है जो हमें थोड़ा आविष्ट और थोड़ा हताश छोड़ जाता है? इस विडम्बना के भीतर से हमारी पर्याप्त प्रतिक्रिया की आवाज़ क्या है?

विषय प्रवर्तन के लिए लिखे गये लेख की सीमा होती है। जैसा मैंने पहले ही निवेदन किया, मेरा काम सन्दर्भ को उजागर करने भर का है। कोई सिद्धान्त या मतवाद प्रस्तुत करने का नहीं। आज की तमाम साहित्यिक चीख़-पुकार, आन्दोलन, टकराहट, गिरोहबन्दियों, घोषणा-पत्रों की सतह के नीचे अगर मैं किसी हद तक उस गहरे अतल की ओर आपको उन्मुख कर सका हूँ, और आप महानुभावों को इस विचार-विमर्श में योगदान देने के लिए कुछ भी प्रेरित कर सका हूँ तो मैं अपने काम को पूरा समझूँगा। मेरे लिए इतना काफ़ी होगा यदि मैं आपके सम्मुख स्पष्ट कर सका हूँ कि जिन मान्यताओं के ऊपर हम खड़े हैं उन पर फिर एक बार प्रश्नवाचक दृष्टि डालने की ज़रूरत है। अन्त में कवि सर्वेश्वर के ही कुछ शब्दों को उद्धृत करके मैं अपने इस विषय-प्रवर्तन को समाप्त करने की इजाज़त चाहूँगा।

पाँव रखते ही
बाँस का पुल चरमराता डोलता है
कहीं नीचे बहुत गहरे
अतल खाई है

साहित्य क्यों से

हमारा समय[1]

वाजपेयी जी और उपस्थित देवियो और सज्जनो! जब मैं इलाहाबाद से चला तो उसके पूर्व मुझे वाजपेयी जी का एक संक्षिप्त-सा पत्र मिला था कि हमारा समय—उस सम्बन्ध में मुझसे कुछ कहने की अपेक्षा की जायेगी। तो पहले तो मेरे मन में यही आया कि शायद हमारा समय का तात्पर्य यह है कि यह जो इमर्जेंसी ख़त्म हुई और उसके बाद जनता पार्टी का काम-धाम शुरू हुआ इस समय के बारे में मेरी क्या राय है या लेखक के रूप में मेरी क्या राय होनी चाहिए या लेखक—कर्तव्य हमारा किस प्रकार निर्धारित होना चाहिए, इसकी चर्चा है। लेकिन आज दिन में बात करते समय यह लगा कि उद्देश्य इतना सीमित नहीं है तो कुछ प्रसन्नता ही हुई। अपने समय को निर्धारित करने का एक स्वरूप तो यह भी हो सकता है, जैसा रामचरितमानस में है—कि रामचरितमानस पढ़िए आप, तो आपको लगेगा कि तुलसीदास के लिए जो हमारा समय है उस हमारे समय का नाम है कलियुग। सम्पूर्ण समय को चार हिस्सों में उन्होंने बाँट दिया—सतयुग, त्रेता, द्वापर और अब तुलसीदास का जो हमारा समय है वह है कलियुग। तो कलियुग की अगर परिभाषा लें तो वह न जाने कितने लाखों बरस से है और लाखों बरस तक अभी चलेगा। तो बीच में कोई विशेष अन्तर पड़ा नहीं क्योंकि—उसके लिहाज़ से तो मेरा समय भी वही है जो तुलसीदास का था क्योंकि कलियुग तो अभी भी चल रहा है। लेकिन हम लोग जो आजकल चर्चा करते हैं तो अपना सन्दर्भ इस प्रकार का नहीं रह गया और हम लोग कुछ इस प्रकार समझते हैं कि एक सीमित अर्थ में हमारे चारों तरफ़ के माहौल में हमारे समाज के वातावरण में, चरित्रगत अभिव्यक्तियों में कुछ परिवर्तन होते हैं और इन परिवर्तनों के आधार पर हम कहते हैं कि यह हमारे समय की चीज़ें हैं,

---

1. मध्य प्रदेश कला-परिषद् द्वारा आयोजित 'अरविन्द सेमिनार' में व्याख्यान भोपाल, 16 मई 1978।

यह हमारे पहले वाले समय की चीज़ें हैं। इसलिए कुछ इस तरह की कल्पना बनती जा रही है, मेरा समय वह नहीं है जो मेरे बाप का समय था या मेरे दादा का समय था। बहुत थोड़ा अगर फैलाऊँगा तो शायद मेरे पिता का समय शायद इतना एक समय में आ जाये। लेकिन मेरे पितामह का समय तो निश्चय ही मेरा समय नहीं है। कुछ इस प्रकार से हम लोग जो सोचते हैं तो इसका कोई रिश्ता हमारे लेखन से बनता है, एक सीमित अर्थ में तो ज़रूर इसका रिश्ता बनता है। और वो रिश्ता इसी अर्थ में बनता है कि हम यह मानकर चलते हैं कि चारों तरफ़ का हमारा जो समाज है वह एक विशेष प्रकार से आन्दोलित हो रहा है और हम कोशिश करते हैं कि इस विशेष प्रकार से आन्दोलित होने की जो धड़कन है उस धड़कन को महसूस करें और उससे अपने अनुभवों की धड़कनों का कुछ साक्षात्कार करें और तब उसके आधार पर कुछ कविता या उपन्यास या कहानी या किसी भी रूप में अपने को व्यक्त करना चाहें तो उस साक्षात्कार के आधार पर अपने को व्यक्त करें। अगर यह बात कोई अर्थ रखती है अपने समय से अपने को जोड़ना, तो यह समय का अर्थ मेरे और मेरे समूचे वातावरण से और इस वातावरण को नित-नित परिवर्तित होते देखने से ही लगता है। मैं ज़रूर यह महसूस करता हूँ कि मेरे लिए कविता लिखते समय भी, सोचते समय भी यह एक आवश्यक दिशा या एक आवश्यक आयाम ज़रूर रहता है कि जो कुछ भी महसूस कर रहा हूँ इसका साक्षात्कार हमारे चारों तरफ़ के आन्दोलित पर्यावरण से कैसा है। लेकिन मैं अपने चारों तरफ़ के पर्यावरण को या वातावरण को या माहौल को सिर्फ़ समाज में रोज़, दिन-ब-दिन होने वाले, स्पष्टतः अख़बारों में छपने वाले, मात्र इतने ही आन्दोलन से परिभाषित नहीं करता। इसलिए मेरे दिमाग़ में यह सवाल ज़रूर उठता है कि यह पर्यावरण या यह वातावरण जिसका दबाव मेरे ऊपर पड़ रहा है इसकी मूल धड़कन क्या है। इसको यहीं छोड़ दूँ और एक दूसरे ढंग से भी कुछ कहूँ।

उदाहरण के लिए, अगर मैं कहूँ कि हिन्दुस्तान का समाज या हिन्दुस्तान के वातावरण में तब्दीली हो रही है तो एक बात मन में यह भी आ सकती है कि यह तब्दीली बेकार है, केवल लहरों के उठने-गिरने की तरह है, इसमें कोई गति नहीं है। एक मन्त्री आता है, दूसरा मन्त्री जाता है कोई फ़र्क़ नहीं पड़ता। एक सरकार आती है दूसरी सरकार जाती है कोई फ़र्क़ नहीं पड़ता, जैसे समुद्र में एक लहर उठती है नीचे गिरती है; फिर उठती है नीचे गिरती है; लेकिन पानी कहीं नहीं जाता। वह पानी वहीं ऊपर-नीचे होता रहता है। तो क्या हम कुछ इस प्रकार के समाज में रह रहे हैं कि जिसमें यह सब एक निरर्थक गति है? अब अगर

फिर मैं तुलसीदास के समय की ओर जाऊँगा तो उनके चारों तरफ़ भी बहुत-सी घटनाएँ घटित हो रही थीं। उस समय के भी विचारक उस समय के भी कवि थे और अच्छे-अच्छे द्रष्टा थे। राज बनते थे उलटते थे। एक भाई ने दूसरे भाई को मार डाला गद्दी पर बैठ गया। आज यहाँ पर एक राजा है, कल दूसरा राजा आया, उसने भगा दिया उसको। सत्ताएँ पलटती थीं, राज्य पलटते थे, लेकिन उस समय का दृष्टि रखने वाला आदमी कहता था यह सब झूठी बातें हैं इनका जीवन की वास्तविकता से कोई सम्बन्ध नहीं है, यह सब तो होता ही रहता है राजा रंक होते हैं, रंक राजा होते हैं। यह तो कालगति है चलती रहती है, लेकिन इससे कोई अन्तर नहीं पड़ता। तो क्या वैसे ही हम आज भी हैं? ऐसा ही हमारा समय है? जब हम इस तरह सोचते हैं तो लगता है कि भीतर से हमारी जो दृष्टि है और बाहर जो कुछ पर्यावरण है यह दोनों किसी एक बिन्दु पर मिलेंगे, तभी जो कुछ भी हम नतीजा निकालेंगे, निकालें। क्योंकि हमारी अन्तर्दृष्टि ही हमको बतायेगी कि यह जो लहर चल रही है उठ रही है इसका आशय क्या है, तात्पर्य क्या है या कोई आशय है भी इसका क्या? और जब आशय की हम तलाश करने लगते हैं तो अपनी स्मृतियाँ, अपने अनुभव यह सब दिमाग़ में आने लगते हैं, उसी के आधार पर हम आशय निकालते हैं लेकिन आशय निकालने की कोशिश ज़रूर करेंगे। यह भी अगर करें कि हम आशय कोई नहीं निकाल सकते और सचमुच वैसा ही है जैसा कि पहले के लोगों ने कहा कि राजा आते हैं, उठते हैं, गिरते हैं, सिपाही आते हैं गाँव लूट ले जाते हैं फिर दूसरे लोग आते हैं फिर नये सिरे से खेती करते हैं, फिर नये सिरे से गाँव बसता है, फिर अकाल आता है, फिर गाँव नष्ट हो जाता है, शहर नष्ट हो जाता है, नया शहर बस जाता है, यह उज्जैनी नष्ट हो गया, यह कपिलवस्तु नष्ट हो गया, यह पाटलिपुत्र नष्ट हो गया, फिर एक नया उज्जैनी बन गया, फिर एक नया पाटलिपुत्र बन गया और यह उठापटक तो होती ही रहती है इससे कोई अन्तर नहीं पड़ता। लेकिन अगर हम इस दृष्टि को भी आज रखना चाहें तो हमको सवालों का जवाब देना पड़ेगा। जब हम उन सवालों का जवाब देने की कोशिश करेंगे तो चाहे मेरा उत्तर वही हो जो तुलसीदास का है लेकिन मेरी अनुभव-शैली, उसकी धड़कन की शक्ल बदल जायेगी, जैसे हमने अपने देश के बारे में, मान लीजिए इस तरह की तस्वीर रखी और आज भी हम आप से कहें कि सामान्यतः तो यही लगता है कि चाहे ये मन्त्री बनें, चाहे वो मन्त्री बने, चाहे ये मुख्यमन्त्री बने, चाहे वो मुख्यमन्त्री बने, कोई फ़र्क़ नहीं पड़ने वाला। अगर यह वाक्य मैं इस समय कहूँ और आप से कहूँ कि आप में से सबका अनुभव यह है तो शायद यहाँ बैठे हुए नब्बे फ़ीसदी

लोग यह कहेंगे कि हाँ साहब, बिल्कुल ऐसा ही लगता है, इससे एक क़दम आगे जायें तो फिर दूसरा क़दम उठायेंगे कि फिर वही ठीक है जो पहले के वैरागियों ने कहा था, कि कुछ अन्तर इससे पड़ता नहीं, लेकिन इतना कह देने से जैसा मैंने कहा कि एक दूसरी बात दिमाग़ में आती है। चारों तरफ़ हमको बताया जाता है कि नहीं, अमेरिका में फ़र्क़ पड़ गया। रूस में फ़र्क़ पड़ गया, पश्चिमी योरोप में फ़र्क़ पड़ गया, वहाँ बहुत-सी ऐसी चीज़ें हो गयीं जो आज से तीन सौ वर्ष पहले नहीं थीं और आज जब हम यह बात कहते हैं कि कोई फ़र्क़ नहीं पड़ता मन्त्रियों के बदलने से, तो इस अर्थ में नहीं कहते जिस अर्थ में तुलसीदास ने कहा : कुछ लोगों का आशय यह भी जुड़ता है कि वैसा फ़र्क़ क्यों नहीं पड़ता? कि भोपाल न्यूयार्क क्यों नहीं हो जाता। साल-भर हो गया जनता पार्टी को आये अब तक भोपाल न्यूयार्क जैसा नहीं हुआ। किसी-न-किसी दिन न्यूयार्क जैसा हो जाना चाहिए। किसी-न-किसी दिन मास्को जैसा हो जाना चाहिए। और चूँकि यह नहीं हुआ इस अनुपात में हम देखते हैं तो कहते हैं ओ हो भोपाल नहीं हुआ ये तो कुछ नहीं बदला क्या हुआ राज बदलने से? तो जब हम कहते हैं कि कुछ नहीं बदला तो तुलसीदास के अर्थ में नहीं कह रहे हैं। हम समझते हैं कि इसको, भारतवर्ष को बदलकर के अमेरिका जैसा हो जाना चाहिए, रूस जैसा हो जाना चाहिए, इंगलैण्ड या फ्रांस जैसा हो जाना चाहिए, क्योंकि हमने यह माना कि समय की गति वह है, न कि, यह है। बीसवीं शताब्दी में वह आदमी पहुँच गया चन्द्रमा पर। हम तो यहीं बैठे हैं बैलगाड़ी पर। अतः हमारे अन्दर कोई अन्तर नहीं है। यद्यपि अन्तर सम्भव है, परिवर्तन सम्भव है और परिवर्तन की यह गति सम्भव है। उस गति की सम्भावना हमारे सामने है जबकि तुलसीदास की दृष्टि में गति की सम्भावना है ही नहीं। हमारे सामने कुछ विचार ऐसे आते हैं, ज़रूरी नहीं है कि मेरें ही विचार हों। ऐसा दबाव पड़ता है कि अन्यत्र गति है यहाँ गतिहीनता है इसलिए जब हम इसको गतिहीन कहते हैं, तो इस अर्थ में नहीं कि जीवन की वृत्ति ही गतिहीनता की है, बल्कि खीझकर, गुस्सा होकर और मन में जीवन का अर्थ गतिमय मानकर ही इसको गतिहीन कहते हैं। अब इसके बाद जब हम कहेंगे कि जीवन गतिहीन है तो या तो उसका उत्तर दें हम, या मेरे वाक्य में, मेरी शब्दावली में, मेरे काव्य में, मेरी कहानी में इसका कोई अर्थ निकलना चाहिए कि वह बात जो कही जा रही है और ये जो अनुभव है इन दोनों में साम्य बैठा के ही हम कहेंगे, कि हाँ जीवन में गति है और यह गति हमारे अनुभव को इस तरह बदलती है। या हम कहें कि जीवन में इस सबके बावजूद वहाँ भी जो गति है वह बेकार है। और तब हम एक नये सिरे से जीवन

को परिभाषित करेंगे। चाहे हम गति की बात करें, चाहे गतिहीनता की। तो मैंने इसलिए कहा कि परिणाम चाहे जो निकले, मूल्यों का वास्तविक लब्बोलुआब हम चाहे जो रखें, लेकिन सन्दर्भ हमारे भिन्न हैं और उस सन्दर्भ के अनुसार जब हम टकराते हैं तब हमारे लिए अनुभव की प्रकृति, कविता की प्रकृति, साहित्य की प्रकृति में कुछ बातें नयी कहने की—नयी न कहें—पुरानी ही, लेकिन उसका मुहाविरा बदलने की ज़रूरत पड़ जाती है। पूर्णता, हमारे वक्तव्य की तभी होगी जब हम इसको भी लें कि चारों तरफ़ हमारे इस प्रकार का भी एक दबाव है। तो या तो मैं यह कहूँ कि वहाँ परिवर्तन हो गया सो हो गया अब बाक़ी दुनिया में नहीं होने वाला; और अब परिवर्तन की दिशा अगर कोई होगी भी तो कोई दूसरी होगी वह वाली नहीं होगी। हम चाहे जितना प्रयास करें अब हम अमेरिका जैसे नहीं हो सकते, हमको कोई दूसरा रास्ता अख़्तियार करना पड़ेगा। तब हम गति दूसरे प्रकार की लायेंगे। एक तो यह प्रभाव पड़ गया है और दूसरे मूल्यों को लेकर के भी। वह भी एक अन्तर्वर्ती वस्तु ही है। मूल्यों की भी उद्भावना भीतर से ही निकलती है। कहा जाता है कि मूल्य शाश्वत हैं, सोचने पर लगता भी है कि कुछ मूल्य तो निश्चय ही शाश्वत हैं, हमेशा हैं; जैसे कोई मुझसे कहे कि मनुष्य जब अपने को दूसरे के प्रेम में बाँधकर के स्वयं को उत्सर्जित करता है तो उसके अन्दर एक प्रकार की उज्ज्वलता पैदा होती है। यह बात कालिदास में भी मिल जायेगी, यह बात रामायण में भी मिल जायेगी, यह बात महाभारत में भी मिल जायेगी, यह बात आज भी मिलेगी चाहे घुमाकर कही जाये चाहे सीधे कही जाये। चाहे बारम्बार उस उज्ज्वलता की तलाश में उपन्यासकार यही दिखाये कि हर बार कालिमा ही मिलती है लेकिन उस कालिमा को भी जब वह दिखायेगा तो उस कालिमा का अस्तित्व भी उसी अर्थ में दीखेगा कि वस्तुतः यहाँ उज्ज्वलता होनी चाहिए थी, न जाने क्यों या न जाने किस प्रकार या सचमुच ही इस कारण यहाँ पर कालिमा का संघर्ष आया। कह सकते हैं कि हमेशा रहेगा, शायद कुछ विचारकों ने कहा है, कि मानवीय मूल्य सचमुच उँगली पर गिनने लायक चार छह या दस-पाँच ही होते हैं इससे ज़्यादा नहीं सम्भव है। बड़े-बड़े लोगों ने जब गिनती गिनना शुरू किया कि क्या करो और क्या न करो, तो दस-पाँच के बाद गिनती ख़त्म हो गयी और बुद्ध में भी ऐसा ही है, गीता में भी ऐसा ही है, बहुत ज़्यादा मानव मूल्यों की गिनती नहीं है, शायद गम्भीरतापूर्वक विचार करें तो बहुत थोड़े से हैं। उनमें से एक-दो भी अगर हम अवगाहित कर लें तो लगता है काफ़ी है इतना कह देने के लिए। बहुत से मूल्य होंगे उसमें से सत्य है अहिंसा है। दो को पकड़ लिया गाँधी जी ने तो बाक़ी सब उसी में से निकलते चले गये।

इस अर्थ में आप कह सकते हैं कि मानव-मूल्यों में एक शाश्वतता है। मगर यह सही है कि यह शाश्वतता जब रूप ग्रहण करती है आकार ग्रहण करती है कविता में, कहानी में, कला में अभिव्यक्त होती है, तो वह इस तरह से निर्गुण ढंग से अभिव्यक्त नहीं होता। उसका रूप हमेशा सगुण ही रहता है और अपने सगुण रूप के कारण ही उसका मुहावरा, उसकी शैली, शायद उसकी प्रकृति अलग-अलग तरह से उजली दिखायी पड़ती है, तो शायद इसमें भी इस बात की ज़रूरत पड़ती है कि हम यह समझें कि हमारा समय जिस प्रकार से उसमें जीवन्तता धड़क रही है जो उसमें क्षमता दिखायी पड़ती है, जो उसमें अक्षमता दिखायी पड़ती है जहाँ उसमें जीवन है, जहाँ उसमें मृत्यु है इन सब लपेटों के बावजूद हम अपने—चाहे चिरन्तन ही मूल्य क्यों न कहें उसको—उनकी अनुभूति किस प्रकार करते हैं। शायद एक तीसरा भी स्वरूप इस विषय का है। अपने समय को दो तरीक़े से हम लोग नकार सकते हैं। या तो यह मान करके चलें कि पहले जो कुछ हुआ था वही सब सार्थक था और आज यह जो कुछ हो रहा है यह सब निरर्थक है और पहले के जो रूप आकार बने थे उन्हीं रूप आकारों में हमको लौट जाना चाहिए। अनुभूति वही ठीक है और आज की यह अनुभूति तरह-तरह के दबावों से उसकी शक्ल बदल जाती है यह हमारी चारित्रिक कमज़ोरी का नतीजा है।

एक तरीक़ा अपने समय से भाग जाने का यह है। जो लेखक अगर करने की कोशिश करता है तो उसका स्वरूप वही होता है कि पुरानी शब्दावली में पुराने ढंग की बात बराबर करता रहे, लेकिन उसका कोई जीवन्त सम्बन्ध उसकी अपनी अनुभूति से बन नहीं पाता। दूसरा एक और तरीक़ा है अपने समय से निकल भागने का, वह यह है कि हम जैसे यह कहें, कि अतीत में जो था वही स्वर्णिम था और आज निरर्थक हो गया। उसी प्रकार हम यह भी कह सकते हैं कि आज जो निरर्थक है भविष्य में जो होगा तो जैसे हम अतीतवादी बनकर आज के दृश्य से आँख चुराते हैं वैसे ही बहुत कुछ अर्थों में हम यह भी कह सकते हैं, कि आज हम ख़ून करें, क़त्ल करें क्योंकि कल हम एक ऐसा समाज बना पायेंगे, जिसमें न ख़ून होगा न क़त्ल होगा। आज हम नितान्त व्यर्थता के आभास को प्रकट करें, आज की अनुभूति को हम नितान्त व्यर्थ मानते हैं, क्योंकि कल वह समय आयेगा जब हमारी अनुभूति सार्थक होगी। आज हम जो कर रहे हैं उसकी सत्ता, उसकी मूल्यवत्ता हमारे आज के कर्म में नहीं है, इसका प्रतिफलन जो बाद में होगा उसमें है। अधिकांशतः राजनीतिक ढंग के जो कर्मठ होते हैं वे इसी शब्दावली में बात करते हैं कि कल जो हम कर पायेंगे उसके नाम पर आज हम जो कुछ भी कर रहे हैं क्षम्य है। ठीक है, लेकिन क्या लेखक के लिए यह

रास्ता सम्भव है? क्या वह अतीत या भविष्य दोनों की ओर वर्तमान से नितान्त निरपेक्ष होकर, अपने समय से नितान्त निरपेक्ष होकर, पलायन करके, भागकर अपनी अर्थवत्ता को खोज सकता है, तलाश कर सकता है? मैं समझता हूँ कि एक अर्थ में लेखक के लिए यह सम्भव नहीं है। जब लेखक यह भी कहता है कि आज नहीं, काल निरवधि है और कभी-न-कभी मेरा कोई समानधर्मा उत्पन्न होगा, जब ऐसा एक लेखक ने कहा और जब उसकी बात को लोगों ने नहीं समझा तो उसने अपना न्याय इस प्रकार दिया कि काल निरवधि है, पृथ्वी बहुत विपुल है कभी-न-कभी समानधर्मा मेरा उत्पन्न होगा ही वो मुझे समझेगा। लेकिन वह व्यक्ति जब यह बोल रहा है तो वस्तुतः वह वर्तमान की अनुभूति को न्योछावर नहीं कर रहा है, भविष्य के नाम पर वर्तमान अनुभूति की सार्थकता वह तब भी स्थापित कर रहा है। केवल यह दिखाना चाह रहा है हमने जिस दबाव को महसूस किया, वह दबाव उत्तरोत्तर अधिक-से-अधिक लोग महसूस करेंगे। थोड़े समय से कुछ अधिक संवेदनशील हो गया हूँ इसलिए आज के जीवन की धड़कन को कुछ अधिक महसूस कर रहा हूँ, लेकिन ऐसा नहीं है कि यह धड़कन कल होगी तब लोग मुझे समझेंगे। यह धड़कन तो आज ही हो रही है केवल लोग इस समय उसको अनुभव नहीं कर रहे हैं। कहना केवल यह चाहता है, यद्यपि वह केवल एक रूपक के ढंग से बात को कह रहा है। लेकिन राजनीतिक व्यक्ति इस अर्थ में बात नहीं कहता। राजनीतिक कर्मठ व्यक्ति इस अर्थ में नहीं कहता है कि आज हम समस्त चारित्रिक अनैतिकताएँ करें क्योंकि कल ऐसा समाज बनेगा जो चारित्रिक रूप से नैतिक होगा। तो इसका यह अर्थ नहीं है, कि आज वही अनैतिकता उत्तरोत्तर स्वीकार्य नैतिकता होती जायेगी। या आज हम जो दबाव महसूस कर रहे हैं उस दबाव को अधिक-से-अधिक लोग महसूस करेंगे। बल्कि यह भी कहना चाहता है कि यह हमारा क़दम आज साधन के रूप में है साध्य नहीं है और जब साध्य उपजेगा तो साधन समाप्त हो जायेगा। यह केवल सीढ़ी है, जा तो हम छत की ओर रहे हैं। इसलिए राजनीतिक व्यक्ति छत से सीढ़ी की उपयोगिता नापता है। लेखक जब सीढ़ी पर भी चढ़ा हुआ है तो सीढ़ी की ही अनुभूति को वह पहला मानता है और उसी अर्थ में वह भविष्य के नाम पर भी समसामयिकता को छोड़कर खड़ा नहीं हो सकता। यह दोनों ही आयाम जो मैंने बताये, चाहे भविष्य के चाहे अतीत के, ये दोनों ही अन्ततः हमारी अन्तर्मुखता या अन्तरंगता से ही उपजते हैं। इसकी मैं अगर अपने ढंग से साक्षी दूँ तो कह सकता हूँ कि जैसा है आज यहाँ बैठा हूँ तो कुछ मेरे अन्दर, जैसा वाजपेयी जी ने कहा, स्मृतियाँ और कुछ शायद मेरे अन्दर अरमान या अभिलाषाएँ हैं;

स्मृतियाँ अतीत की ओर हैं अरमान और अभिलाषाएँ भविष्य की ओर हैं, लेकिन जब मैं अपने को समेटता हूँ तो आज जो कि इस समय इस क्षण मैं हूँ जब मैं सोचता हूँ कि चार वर्ष पूर्व मैं क्या था और आज यहाँ बैठा सोच रहा हूँ तो आज मैं वही हूँ जो सोच रहा है कि चार वर्ष पूर्व मैं क्या था। यानी मेरी स्मृति अतीत नहीं है मेरी स्मृति मेरे वर्तमान का क्षण है। और मेरी अभिलाषा भी मेरे वर्तमान का क्षण है। मैं जानता हूँ कि कल मैं इलाहाबाद वापस चला जाऊँगा लेकिन आज मैं जब यह अनुभूति कर रहा हूँ कि कल मैं इलाहाबाद वापस जाऊँगा वह मैं आज हूँ, वह व्यक्ति जो यह जानता है कि कल मैं इलाहाबाद वापस जाऊँगा। यह भविष्य भी मेरे वर्तमान के भीतर समाहित हो गया है। इस क्षण मैं वह हूँ जो कल मैं आया, कल मैं जाऊँगा; वही मैं इस समय हूँ अपनी स्मृति और अपनी अभिलाषा दोनों को लिए हुए। तो जब मैं इस प्रकार अपने अनुभव को समेकित करता हूँ, एकत्र करता हूँ, तो ज़ाहिर है कि भविष्य, अतीत और वर्तमान यह सब चाहे मेरे चारों तरफ़ का समाज हो, मेरे पिता हों, पितामह हों, मेरा समाज हो, मेरे चारों तरफ़ घटित होने वाली घटनाएँ हों, कम-से-कम मैं अपने ढंग से यह बात कह सकता हूँ, वह मेरे लिए चाहे स्मृति की शक्ल बनकर आवें, चाहे अभिलाषा की शक्ल में आवें, तो अन्ततः यह समस्त घटनाएँ मेरी आन्तरिक चेतना-जाल का अंग ही बन करके आती हैं। और वह चेतना-जाल अतीत से लेकर के भविष्य तक फैलता ज़रूर दिखता है, परन्तु है वह उसी क्षण जिस समय मैं चेतन हूँ। यदि मैं चेतना खो दूँ तो वह भविष्य भी गया और वह अतीत भी। *इस अर्थ में भी चूँकि हमारी लेखन की प्रकृति, कल्पना की प्रकृति, अनुभव को समझने की प्रकृति, साक्षात्कार की प्रथम शर्त इस प्रकार की समग्रता में ही है।* इसलिए हमारी शक्ल में अतीत वह अतीत नहीं रह जाता जो इतिहासकार का अतीत है। हमारी शक्ल में भविष्य वह भविष्य नहीं रह जाता जो केवल राजनीति-कर्मी का विषय है और हमारी समझ में वर्तमान भी केवल वह नहीं है जो मैंने अतीत से विरासत में लिया है और आज ही हम भविष्य की ओर जिसको न्योछावर कर देंगे। वर्तमान हमारे लिए इस समय की जीवित धड़कन का क्षण है। इसी अर्थ में मैं समझता हूँ कि हम अपने-अपने समय के नैतिक संकट को, चारित्रिक संकट को, विचारों के ऊहापोह को और उस धड़कन को भी जो कभी गतिहीन लगती है, कभी गतिमय लगती है, कभी उत्साह की तरह हमको उछालती है, और कभी अत्यन्त तीव्रता के साथ उठाकर नीचे भी पटक देती है; इस पेंग को, इस हिल्लोल को यदि हमको वस्तुतः जीवित रूप में स्वीकार करना है! मैं यह नहीं कह रहा हूँ कि केवल मेरी अनुभूति ही मेरे लिए अलभ्य है। मैं जितना भी सबकी अनुभूति

को समेटने की कोशिश करता हूँ तो अन्ततः उसका निचोड़ तो मेरी इस समग्रता में ही आता है न? इसलिए मैं यह नहीं कह रहा हूँ कि केवल मैं हूँ। मैं भी हूँ, यह पूरा समाज भी है, पूरा इतिहास भी है, आगे फैला हुआ भविष्य भी। लेकिन जब हम सम्पूर्ण व्यक्तित्व के साथ अपने समस्त अनुभव-संसार के साथ टकराते हैं, तो उस समय यह सम्पूर्णता हमारी समसामयिकता का रूप धारण करती है। इसी अर्थ में साहित्य की खोज, लेखन की खोज बराबर रहती है, कि हम अपने को, अपने समय के साथ जोड़ें। वह मात्र आन्दोलन नहीं है, वह आन्दोलन से और गहरे सूत्र में निजी तौर से जुड़ना है। बस इस समय मेरी समझ में इतनी बातें आ रही थीं, कुछ बोल दिया, लेकिन मैं ज़्यादा उत्सुक हूँ अपने बन्धुओं के विचार सुनने के लिए।

मैंने अपनी बात में मार्क्सवादियों का नाम नहीं लिया। उसका कारण यह था कि भविष्य के नाम पर वर्तमान को न्योछावर कर देने की बात अकेले मार्क्सवादी कहते हों ऐसा मेरा अनुभव नहीं है। मार्क्सवादी भी कहते हैं और उनके विचारों में कुछ अधिक तारतम्य होने के कारण और भी बहुत से मुद्दे हैं जिन पर बहस की जा सकती है, लेकिन आज जो मार्क्सवादी कह रहे हैं अगर मैं योरोप की ओर देखूँ तो इस ढंग से वर्तमान नगण्य है। जैसे नगण्य शब्द का इस्तेमाल करना इस ढंग से योरोप में क़रीब एक हज़ार वर्ष पूर्व रोमन कैथालिक चर्च ने सिखाया। मार्क्सवादी तो योरोप की विचारधारा के केवल दो सौ वर्ष या डेढ़ सौ वर्ष के लोग हैं—सौ वर्ष के लोग हैं। इससे ज़्यादा तो इस ढंग से रोमन कैथोलिक ने सिखाया। बाद में योरोप ने उसमें शंकाएँ पैदा कीं, यह बात अलग है, क्योंकि रोमन कैथोलिक चर्च ने परिभाषा तो यों की है कि यह दुनिया आँसुओं की एक घाटी है और इसको किसी तरह काट लेना चाहिए, इसमें कोई सार्थकता नहीं है। जब ईश्वर का राज्य स्थापित होगा तब असली चैन की बंसी बजेगी। तो मैं यह नहीं कहता हूँ कि सारा योरोप का चिन्तन इस प्रकार का है। लेकिन दो उदाहरण मैंने दिये और विचारधारा की दृष्टि से अगर देखूँगा तो मार्क्सवादियों को उसका एक प्रतिफलन ही मानता हूँ। एक विशेष दिशा में। मगर मैं मार्क्सवादियों और कैथोलिक्स की ही बात नहीं करता। जिन अंग्रेज़ों ने हिन्दुस्तान को जीता उन्होंने भी यही कहा। मेरा ख़याल है—कि हम को उन पर भी विचार करना चाहिए। वे लोग जो न मार्क्सवादी थे न कैपिटलिस्ट, वे शुद्ध साम्राज्यवादी थे। ऐसे बहुत विचारक और इतिहासकार हुए हैं, 20वीं शताब्दी में। अंग्रेज़, जिन्होंने अपने समय में पूरी ताक़त के साथ यह कोशिश की समझाने की, कि भविष्य, प्रगति, प्रोग्रेस इस सबका अर्थ है अंग्रेज़ी राज्य। और बैलगाड़ी, पिछड़ापन,

समय की घड़ी को उलटने की कोशिश इसका प्रतीक हैं मोहनदास करमचन्द गाँधी। और आज भी हिन्दुस्तान में ऐसे लोग हैं जो न कैथोलिक हैं न मार्क्सवादी; लेकिन अन्दर-अन्दर यह विश्वास करते हैं कि गाँधी हिन्दुस्तान के पिछड़ेपन का प्रतीक हैं। फ़ारवर्ड तो वही हैं जो हेनरी फोर्ड है और जो कहीं और चमक रहा है यही फ़ारवर्ड है। आप यहाँ बैठे हैं भोपाल में—कहीं-न-कहीं आपके मन में यह ज़रूर होगा कि भोपाल उतना आगे नहीं बढ़ा है, जितना दिल्ली बढ़ा हुआ है। और भोपाल के बग़ल में जो ग्वालियर वाला है वह समझता होगा कि जो चमक भोपाल में है, लगता है यहाँ बीसवीं सदी कुछ ज़्यादा है, ग्वालियर में बीसवीं शताब्दी कम है। और गाँववाला तो ख़ैर! आप भी कहते होंगे कि हम लोग ग्वालियर में बैठे हैं तो न सही बीसवीं सदी, उन्नीसवीं शताब्दी में तो अवश्य हैं। लेकिन गाँववाला तो बिल्कुल बारहवीं शताब्दी में है। हमीं आप अपने दिमाग़ में इस तरह के घरौंदे बनाते हैं, कि जैसे बीसवीं शताब्दी न्यूयार्क में है, साढ़े उन्नीसवीं शताब्दी बम्बई, कलकत्ता में है, सवा उन्नीसवीं शताब्दी भोपाल में है और ग्रेड से नीचे चलते-चलते जो गाँव हैं उसमें 12वीं शताब्दी है। जब हम यह बनाते हैं इस प्रकार का ग्रेडेशन, और इसे लेकर भविष्य की एक तस्वीर बनाते हैं तो वस्तुतः हम गाँव को न्यूयार्क पर न्योछावर करते हैं। तब हम गाँववालों से कहते हैं कि तुम आज भूखे रहो क्योंकि कल यह देश धनधान्य से सम्पूर्ण होगा, जैसा नयी दिल्ली में हो गया है। अब ज़्यादा दिन की बात नहीं है कुछ दिन में तुम्हारे यहाँ भी हो जायेगा। आज तुम अँधेरी कोठरियों में रहो, दस मंज़िला इमारतें बनेंगी जैसी दिल्ली में बनी हैं। सौ मंज़िला इमारतें तो नहीं बन पायी हैं लेकिन 20 मंज़िला तक तो बन ही गयी हैं। कुछ दूर तक तो हम पहुँच ही गये हैं। आपके दिमाग़ ने सोचने में बिना मार्क्सवाद के भी प्रगति की, प्रोग्रेस की यह धारणा है या नहीं? आज इसी जगह किसी तरह से अगर एक दस मंज़िला इमारत बन जाये तो भोपालवासी कहेगा कुछ डेवलपमेंट हो रहा है। यहाँ भी साहब देखिए लिफ़्ट लग गया, एलीवेटर लग गया, भोपाल स्टेशन के ऊपर एलीवेटर लग गया और अब हमारे यहाँ भी कुछ सत्तर मील की रफ़्तार से लोग चल रहे हैं। क्या हम ऐसे नहीं नापते हैं? और इस भविष्य पर तीस वर्ष तक हम अपने वर्तमान को न्योछावर करते रहे हैं। मैं सीधी बात आपसे एक पूछना चाहता हूँ प्रगति का अर्थ क्या है? What is the meaning of progressive? यह जो progressive शब्द इस्तेमाल होता है एक इतिहासकार है शायद आपने नाम न सुना हो, क्योंकि वह अंग्रेज़ प्रोपागैंडिस्ट इतिहासकार है लेकिन Sir Henry o' Mally नाम है उसका, जिसने यही बात गाँधी जी के बारे में कही है कि— He is trying like king

Canute to order the waves of progress to stop. The ocean of History can not be stopped like this. ओ'मैली मार्क्सवादी नहीं है। लेकिन बात वही बोलता है जो कभी-कभी मार्क्सवादी बोलते हैं। मेरे दिमाग़ में ये सब थे इसीलिए मैंने मार्क्सवादियों का नाम नहीं लिया। क्योंकि मार्क्सवादियों के बारे में मेरी धारणा, कम-से-कम हिन्दुस्तान वालों की ऐसी धारणा होगी कि कुछ उनमें ज़रूर एंग्विश है जबकि ओ'मैली में बिल्कुल anguish नहीं है। शायद यह एंग्विश जिसको कहा, दिल के अन्दर एक चुभन-सी, वह भी चुभन शायद तभी तक है जब तक कि हिन्दुस्तान का मार्क्सवादी सौ फ़ीसदी वर्तमान को भविष्य पर न्योछावर करने के लिए तैयार नहीं होता। कुछ थोड़ा दिल दुखता है उसका। मार्क्स का दिल नहीं दुखा था। हिन्दुस्तान के मार्क्सवादी का दिल दुखता है, इसीलिए ज़रा मैं मुलायम हो जाता हूँ। मार्क्स के प्रति मुलायम नहीं हूँ, क्योंकि मार्क्स ने तो बिल्कुल साफ़ लिखा है कि अगर अंग्रेज़ों ने हिन्दुस्तान को अपनी दानवीय बर्बरता के साथ कुचलकर और तहस-नहस करके न रख दिया होता तो हिन्दुस्तान में कभी प्रगति की लहर ही न उठती। क्योंकि वह तो इंग्लिस्तान का रहने वाला था न! जर्मनी का रहने वाला था न! ब्रिटिश म्यूज़ियम में लिख रहा था न! तो वह तो साबित करेगा कि हिन्दुस्तान के लिए परम सौभाग्य का विषय था कि इस जर्जर दलदली सामाजिक व्यवस्था में अंग्रेज़ी साम्राज्यवाद रूपी दानव आया, जिसने यहाँ के परम्परागत समाज को तहस- नहस कर दिया, छिन्न-भिन्न कर दिया। यहाँ के हस्त उद्योगों को छिन्न-भिन्न कर दिया। ताकि भारतवर्ष फ़्यूडालिज़्म से उठकर अगले स्तर कैपिटालिज़्म की ओर जाये, यही कहा। मैं यह कभी जीवन-भर नहीं मानूँगा चाहे मार्क्स कहें या मार्क्स के दादा आकर कहें कि गुलाम हो जाना हमारे लिए परम सौभाग्य था। क्योंकि इसी के द्वारा हम प्रगति की ओर जा रहे थे। गाँधी जी ने हमें कुछ सिखाया तो यही सिखाया। इसीलिए मैं कहता हूँ कि मार्क्स के पास तो भविष्य की कोई धारणा थी ही नहीं जिस भविष्य पर उसने हमारे दादा को और हमारे देश के गाँव-गाँव में कपड़ा बनाने वालों को नष्ट किया और कहा कि यह प्रगति है। क्योंकि जब यह नष्ट होंगे तब लंकाशायर का कारखाना चलेगा। पूँजीवाद का उदय होगा तब उस पूँजीवाद का बच्चा बम्बई में एक कारखाना बनेगा तब उसका एक बच्चा दिल्ली या भोपाल में बनेगा और इस प्रकार फ्यूडालिज़्म से ऊपर उठकर हम कैपिटलिज़्म की ओर जायेंगे। यह मैं नहीं मानता। गुलामी किसी भी देश के लिए प्रगति का वाहक नहीं हो सकती। मैं तब मार्क्स का कलेजा मानता, जब वह अपने देश के बारे में भी ऐसा ही कहता। उसके देश को रौंदकर रख दिया था नेपोलियन ने और फ्रांस का इतिहासकार

कहता है कि अगर नेपोलियन ने जर्मनी को गुलाम न बनाया होता तो जर्मनी का एकीकरण न होता। और जर्मनी छोटे-छोटे राज्यों में बँटा रहता। इसलिए प्रगति का सन्देश दिया नेपोलियन ने जर्मनी को गुलाम बनाकर जर्मनीवालों को। जैसे अंग्रेज़ बोलते थे कि It is the Whiteman's burden to liberate and civilise the Indians. मार्क्स ने अपने देश के बारे में नहीं कहा कि नेपोलियन ने हमको गुलाम बनाया तो हमारी प्रगति के लिए। अपने देश के बारे में नहीं कहा, मेरे देश के बारे में ज़रूर कहा। गुस्सा ज़रूर लगेगा मुझे। लेकिन इस सबके बावजूद मैं एक लेखक के नाते, एक हिन्दुस्तानी और हिन्दुस्तानी से बढ़कर आज 20वीं सदी में 1977 और 78 में पूरी दुनिया को देखने वाले व्यक्ति के रूप में यह ज़रूर कह सकता हूँ कि अब दुनिया चाहे भी तो सारा हिन्दुस्तान, सारा अफ्रीका, सारा एशिया वैसा बन ही नहीं सकता जैसा कि इस समय न्यूयार्क या अमेरिका है। इतने संसाधनों की ज़रूरत पड़ेगी, इतनी मशीनरी की ज़रूरत पड़ेगी कि इस बीच में न जाने कितना उलटफेर हो जायेगा। यह हो ही नहीं सकता। इसलिए सारी दुनिया कोई नया रुख़ अख़्तियार करे वह बात अलग है। यह वैसा ही है कि अगर मैं कहूँ कि कभी कोई ऐसा दिन आयेगा जब हर देश (ट्यूनीशिया और मॉरिशस तक) एक चन्द्रयान भेजने लगेगा चन्द्रमा को, यह कल्पना आप कर सकते हैं? सम्भव है? एक चन्द्रमा को एक यान भेजने के लिए कितने संसाधनों (resources) की ज़रूरत है कि मॉरिशस वाला अगर कल्पना करे कि आज अमेरिका वालों ने भेजा और प्रगति का रूप यह है कि एक दिन हम भी भेजें। यह सम्भव है? इतना बड़ा-सा फिजी जैसा देश भेज सकेगा? तो अगर फिजीवाला कहे कि न्यूयार्क वाला, मास्को वाला चन्द्रमा तक पहुँच गया मनुष्य के लिए बड़ी प्रगति हो गयी और यही प्रगति मेरे लिए भी भविष्य में होगी तो मैं कहूँगा तुम एक खामख़याली में हो। यह गति दुनिया की नहीं है। तो यह जो टेक्नोलॉजी के दैत्य खड़े किये गये हैं ये दैत्य तभी तक हैं—इनके अस्तित्व के लिए ज़रूरी है कि कहीं दैत्य न हो। अगर कहीं चन्द्रयान है तो उसके होने की भी शर्त है कि कहीं बैलगाड़ी रहे। जिस दिन बैलगाड़ी एवॉलिश होगी उसी दिन चन्द्रयान भी एवॉलिश हो जायेगा। इसमें मेरे मन में कोई सन्देह नहीं है। न्यूयार्क और भूखों मरता हुआ बस्तर, छत्तीसगढ़ एक ही बीसवीं शताब्दी के अंग हैं। जो यह कहता है कि वह बीसवीं शताब्दी है और यह बारहवीं शताब्दी है, वह मार्क्सवादियों की तरह या साम्राज्यवादियों की तरह झूठ बोलता है। न्यूयार्क और मास्को के होने की शर्त ही यही है कि एक छत्तीसगढ़ भी हो, एक बस्तर भी हो और बना रहे। जिस दिन बस्तर उठने लगेगा, न्यूयार्क गिरने लगेगा। या तो न्यूयार्क और मास्को

अपनी रक्षा के लिए बस्तर पर एटम बम गिरा देंगे कि उठने न दिया जाये और फिर इसको बस्तरपन की ओर वापस कर दिया जाये और या अगर बस्तर ऐसा हो गया कि उठ गया सचमुच, तो न्यूयार्क गिर जायेगां। गिरेगा ज़रूर। यह मेरे दिमाग़ में बिल्कुल साफ़ दिखता है और केवल भारतीय होने के नाते नहीं। भारतीय होने के नाते तो इसलिए कि भुक्तभोगी हूँ इसलिए दिख रहा है। मगर यह समस्त मनुष्य के भविष्य की स्थिति मुझको दिखायी पड़ती है। इसलिए मेरे प्रोगेस के वे मानदण्ड ही नहीं हैं। उसका मतलब यह है कि एक दिन हमको यानी जब हमने यह बना दिया कि हम हैं 18वीं शताब्दी में और वह हैं बीसवीं शताब्दी में तो हमने तो अपना भविष्य मान ही लिया कि खुला नहीं है मेरे लिए भविष्य। भविष्य तो मेरा तभी है जब मैं न्यूयार्क हो जाऊँ। इसलिए वह न्यूयार्क मुझको अन्तरिक्ष में नहीं दिखता टाइम में दिखता है, जो दिशा में है वह मुझको काल में दिखता है, जो केवल मीलों का विस्तार है वह मुझको समय-विस्तार दिखता है। यह अधिकांश हममें से तीस वर्ष तक सोचते रहे कि We have come to the take-off stage. Now one day will come when we will produce like America. We can make skyscrapers like AmericaÑof course you can but you can't make a civilisation like this.

आज जो हमारी संकट की घड़ी है वह तो यही है न। उस संकट की घड़ी से हम जो भी परिणाम निकालना चाहें लेकिन मैं यह कहूँगा कि जो आदमी तीन वर्ष से खाना नहीं खाये हुए है उसके पेट में आधी रोटी डालना यह है समसामयिकता। और उससे कहना कि दस दिन और इन्तज़ार करो फिर वह दिन आयेगा जब तुमको हम पूड़ी और मालपुआ खिलायेंगे। तो मैं ये कहूँगा—तब तक तो वो मर ही जायेगा, लेकिन क्या यह स्थिति आज नहीं है? और क्या इससे नैतिक और बौद्धिक चुनौतियाँ हमारे लिए खड़ी होती हैं। मैं नहीं मानता हूँ कि दुनिया अन्ततः सोवियत यूनियन के मॉडल की तरह हो जायेगी। कम-से-कम हिन्दुस्तान तो नहीं हो पायेगा। जिस दिन हम होने लगेंगे तो सोवियत यूनियन वाले बम गिरा देंगे। इसमें हमें कोई सन्देह नहीं है। या तो न्यूयार्क वाले गिरा देंगे। या कोई-न-कोई गिरा देगा।

मैं तो मिसाल दे रहा हूँ internal contradictions की, मौजूदा हालत की, जो दुनिया के अन्दर हैं। क्योंकि मैं ऐसा नहीं कह रहा हूँ कि केवल सोवियत यूनियन के बारे में कह रहा हूँ; मैं ऐसा भी नहीं कह रहा हूँ कि केवल मैं अमेरिका के बारे में कह रहा हूँ, मैं कह रहा हूँ कि जितने ज़बर्दस्त संसाधनों (resources) के ऊपर यह सभ्यता पश्चिम की, खड़ी हुई है इन संसाधनों (resources) में जिस

दिन बँटवारा शुरू हो जायेगा, जो भी उसकी टकराहट में आयेगा, जिसकी भी कहीं पर कोर दबेगी वह अपनी शक्ति का इस्तेमाल करेगा। कोशिश यही है कि आज इस तरह का ट्रांजिशन जल्दी होने न पाये। लेकिन तेज़ी से अगर होगा तो अवश्य टकराहट पैदा होगी, ऐसी मेरी धारणा है। क्योंकि यह हमारी अन्तर्वर्ती कॉन्ट्राडिक्शन है इसीलिए मैं मानता हूँ कि ट्रांजिशन की भी वैल्यू इसी में है कि आज तत्काल उसकी मानवीयता क्या है? मैं अगर सोवियत यूनियन की तारीफ़ करूँगा या अमेरिका की तारीफ़ करूँगा, वह इस अर्थ में नहीं कि यह ट्रांजिशन अन्त में जाकर के यहाँ या वहाँ फ्रक्टिफ़ाइ होगा। इसी अर्थ में कि आज इस मानवीयता का क्या स्वरूप है? वर्ना अगर हम केवल भविष्य के आधार पर चलेंगे तो न अपने देश को बचा पायेंगे, न अपने देश का मान बना पायेंगे, न अपने को ही समझ पायेंगे।

साहित्य क्यों से

धर्मनिरपेक्षता की खोज में हिन्दी साहित्य और उसके पड़ोस पर एक दृष्टि

मेरी इस बहस का मुख्य उद्देश्य धर्मनिरपेक्षता के सवाल से उलझना है। क्या धर्मनिरपेक्षता की प्रक्रिया को समझने के लिए हिन्दी साहित्य की छानबीन से कुछ मदद मिल सकती है? मेरी दृष्टि में धर्मनिरपेक्षता कोई परिभाषित प्रत्यय नहीं है। बल्कि यह एक प्रक्रिया है। ख़ासतौर से इसलिए धर्म ख़ुद एक स्पष्टतः परिभाषित प्रत्यय नहीं है। धर्म की सीमा सिकुड़ती-फैलती रही है। इतिहास हमारे सामने तरह-तरह की समस्याएँ उठाता है। उन समस्याओं को हल करने के दौरान भावनाओं और व्यवहारों के साँचे बनते-बिगड़ते हैं इसलिए धर्मनिरपेक्षता भी प्रक्रिया की ही तरह है।

हिन्दुस्तान में धर्मान्ध और धर्मनिरपेक्ष तत्त्वों की उधेड़बुन करने पर दो तरह की प्रक्रियाएँ सामने आती हैं। एक प्रक्रिया तो ख़ासतौर पर हिन्दू-मुस्लिम रिश्तों को लेकर चलती है। इस रिश्ते में टकराव भी है, समझौता भी है। विभाजन भी है, समन्वय भी है। यह प्रक्रिया बहुत पुरानी है। इसकी जड़ें हमारे इतिहास के मध्यकाल में हैं। हिन्दू-बहुल प्रजा पर मुस्लिम सुल्तानों और बादशाहों का साम्राज्य एक अरसे तक रहा। साम्राज्य स्थापित करना अपने आप में धर्मनिरपेक्ष काम है। किस राजा या रंक के मन में उस ज़माने में यह ग़लत या सही हौसला नहीं उमड़ता दीखता? क्या देश में, क्या विदेश में। लेकिन हिन्दुस्तान के इस दौर में यह सारा उलटफेर धर्म की व्यापक लपेट में आ जाता है। कभी साम्राज्यवादी राजाओं के पक्ष में हथियार की तरह, कभी शान्ति चाहने वालों के लिए समस्या की तरह। इस लपेट के भीतर ही तरह-तरह की तस्वीरें उभरती हैं—तनाव और समझौते, लड़ाइयाँ और सन्धियाँ, दुश्मनी और दोस्ती, अलगाव और घोलमेल—सारे व्यापार में हिन्दू और मुसलमान का साक्षात्कार दीखता है। कहीं अलगाव वाले लोग प्रबल हो जाते हैं कहीं घोलमेल वाले। यह प्रक्रिया अभी ख़त्म नहीं हुई है। अभी इसका चक्र हमारे सामने है। आख़िरी नतीजा निकलना शेष है। भविष्य खुला हुआ है

हिन्दू-मुसलमान अपने ढंग से इस टकराव का हल निकाल ही रहे थे कि बीच में फिरंगी साम्राज्य आ टपका। उसके बाद से एक और प्रक्रिया चल पड़ी। फिरंगी साम्राज्य के माध्यम से और उसके अनन्तर वह दिमाग़ी माहौल बना जिसे हम 'पश्चिमी प्रभाव' कहते हैं। इस नयी प्रक्रिया की ध्वनि यह है कि साम्राज्यवाद, बुद्धिवाद, विज्ञान, उद्योगतन्त्र, आधुनिकता, और 'इतिहास की गति' के आगे धर्म एक पुरानी और वाहियात चीज़ हो गयी है। इस दिमाग़ी उभार से हम परिचित हैं और इसका असर हमारे सोचने के ढंग पर पड़ रहा है।

ये दोनों प्रक्रियाएँ एक जैसी नहीं हैं। हमारे आज के जीवन में दोनों टकरा जाती हैं। कभी एक प्रक्रिया दूसरी को अपनी लपेट में ले लेती है, कभी दोनों विपरीत दिशाओं में चलती हैं। फलतः धर्मनिरपेक्षता को लेकर बड़ी-बड़ी उलझनें खड़ी हो जाती हैं, परिभाषा मुश्किल हो जाती है—यहाँ तक कि अवसरवाद और गाली-गलौज का बाज़ार गर्म हो जाता है। सामान्यतः हम कह सकते हैं कि हिन्दी साहित्य के अन्तर्गत पहली प्रक्रिया के कुछ नतीजे चौदहवीं से अठारहवीं सदी तक निकले। दूसरी प्रक्रिया रानी विक्टोरिया के राज में आगे बढ़ी जब भारतेन्दु हरिश्चन्द्र और उनके वृत्त के लोगों ने नयी चाल की बातें कहना शुरू कीं।

दोनों प्रक्रियाओं के उलझाव को हम तर्क की दृष्टि से समझें। अगर सारी दुनिया में सिर्फ़ एक धर्म होता तो धर्मनिरपेक्षता का सिर्फ़ एक चेहरा बनता। क्योंकि तब सिर्फ़ एक प्रक्रिया, विज्ञान या आधुनिकता वाली, चलती। लेकिन ऐसा है नहीं। नतीजा होता है कि धर्मनिरपेक्षता के एक नहीं अनेक चेहरे हो जाते हैं और अक्सर एक दूसरे को मुँह चिढ़ाते हैं। तब क्या जितने धर्म हैं उतनी तरह की धर्मनिरपेक्षताएँ भी हैं? जैसे, क्या हिन्दू धर्मनिरपेक्षता, मुस्लिम धर्मनिरपेक्षता, ईसाई धर्मनिरपेक्षता जैसी अलग-अलग चीज़ें हैं? क्या इन शब्दों का, जो देखने में उलटबाँसी जैसे लगते हैं, कोई अर्थ है? सिर्फ़ आधुनिकता वाली कसौटी पर जिन्ना साहब गाँधी जी के मुक़ाबले में धर्मनिरपेक्ष लग सकते हैं। कुछ उलटी खोपड़ी के लोग ऐसा कहने वाले भी मिल जायेंगे। लेकिन गाँधी जी को हम क्या कहें—धर्मसापेक्ष या धर्मनिरपेक्ष? फिर जिन्ना साहब को? या जवाहरलाल को?

असल में जब दो या अधिक धर्मों में टकराव होता है तो आदमी तर्कशः तीन धारणाएँ बना सकता है। पहली, एक धर्म में सार है, बाक़ी निस्सार हैं। दूसरी, सभी धर्मों में सार है। तीसरी, सभी धर्म निस्सार हैं। पहली धारणा, अगर धर्मान्ध है तो अन्तिम दोनों धर्मनिरपेक्ष होंगी। इसकी लम्बी बहस करना यहाँ विषयान्तर होगा। इन अन्तिम दो धारणाओं में से पहली को हम समान दूरी वाली धर्मनिरपेक्षता कहेंगे। इस रुझान वाला आदमी उन तत्त्वों को पकड़ने की कोशिश

करता है जिसके द्वारा वह सभी धर्मों से अपने को समान दूरी पर रख सके, या समान रिश्ते में बाँध सके। ऐसी कोशिश गाँधी जी की थी। दूसरी धारणा को हम समान निरर्थकता वाली धर्मनिरपेक्षता कह सकते हैं। ऐसा आदमी सिर्फ़ एक धर्म को नहीं, सभी धर्मों को व्यर्थ कहेगा। ऐसा नहीं कि सिर्फ़ मन्दिर गिराये, मस्जिद के बारे में चुप रहे। या मस्जिद गिराये, मन्दिर को टाल जाये। अब हम देख सकते हैं कि इन दोनों धारणाओं का नतीजा या उनका स्वरूप एक जैसा नहीं है। कभी ये एक दूसरे को खींचती हैं, कभी ठेलती हैं। इनमें से हर एक की अपनी अलग-अलग छटा है। हिन्दुस्तान में आज जिसे हम धर्मनिरपेक्षता की तरह महसूस करते हैं, या करना चाहते हैं, उसमें दोनों की मिली-जुली छटाएँ हैं और जैसा मैंने पहले कहा, इससे विचारों के धागे उलझ जाते हैं। बजाय इसके कि तर्क और परिभाषा के ज़रिये मैं इन धागों को सुलझाने की कोशिश करूँ, मैं आपके सामने हिन्दी साहित्य के बड़े उतार-चढ़ाव को रखूँगा। क्या इस साहित्य पर दृष्टि डालने से हम अपने देश में उठने वाले संकल्प-विकल्पों को बेहतर समझ सकते हैं। आशा करता हूँ कि जैसे-जैसे बहस आगे बढ़ेगी, हम धर्मनिरपेक्षता की पहचान कर सकेंगे। अर्थात् बजाय घोड़े की परिभाषा देने के मैं कोशिश करूँगा कि तरह-तरह के घोड़े आपको दिखाकर, आपके मन में बैठा दूँ कि घोड़ा क्या चीज़ है। इस सिलसिले में हिन्दी के आसपास के इलाक़ों में भी थोड़ी ताक-झाँक होगी, वैसे हमारा मुख्य विषय हिन्दी और उसका परिवेश ही है।

यह सर्वेक्षण उपयोगी तभी होगा जब पठानों और मुग़लों के काल में हिन्दी को क्या भूमिका अदा करनी पड़ी, उसके क्या स्रोत, सीमाएँ और सम्भावनाएँ थीं, इसे हम देखें। इस मध्यकाल का दबाव आज भी हम पर जीवित यथार्थ की तरह पड़ता है, चाहे हम अपने को कितना भी आधुनिक क्यों न कहें। उस काल में अपनेपन और परायेपन की जो अनुभूतियाँ हुईं, उसकी छाप हिन्दी साहित्य पर पड़ी। कुछ दबाव थे जो हिन्दू-मुसलमान को जोड़ते थे। साथ-साथ तोड़ने वाले दबाव भी चलते थे। इन्हें अलग करना काफ़ी कठिन है।

पहले उन दिनों के चारों ओर हम साहित्यिक कल्पना का एक क्षितिज घेरें। ख़ैबर दर्रे के उस पार से आने वाले हमलावरों ने सिर्फ़ साम्राज्य ही नहीं बनाये। उन्होंने इस्लामी क्रान्ति का चक्र भी चलाया। हिन्दुस्तान सदा से ही अधूरी क्रान्तियों वाला देश रहा है। तब भी रहा। ईरान की तरह हिन्दुस्तान में इस्लामी क्रान्ति समूची नहीं हो पायी। आज यह सोचना व्यर्थ है कि सारे भारत ने इस्लाम क़बूल कर लिया होता तो क्या होता। लेकिन ख़ैबर के उस पार ईरान में ज़रूर एक मार्के की बात हुई। ईरान के इस्लामीकरण का काम मुहम्मद साहब के तीन-चार सौ

बरस बाद महमूद ग़ज़नवी तक चलता रहा। लेकिन महमूद ग़ज़नवी के पहले ही ईरान में राष्ट्रीयता की लहर उठने लगी, जिसने धर्म और राष्ट्रीयता में अलगाव करना शुरू कर दिया। इस्लाम-पूर्व राष्ट्रीय परम्पराएँ, गौरवगाथाएँ ईरानी साहित्य का अंग बनने लगीं। अरब ख़लीफ़ा उमर के सिपाहियों और सिपहसालारों ने नीति बनाकर ईरान की पुरानी किताबें जलायीं और यादगारों को मिटाया। लेकिन राष्ट्रीयता दबी नहीं। अरब विजेताओं के सामने कवियों ने ईरान को इसके समूचे इतिहास के साथ डटा दिया। चौथी हिजरी शताब्दी के मध्य में अबूमंसूर दक़ीक़ी जैसा शायर मस्ती के साथ कहता है :

दक़ीक़ी चार ख़सलत बरगुज़ीद-अस्त
बगीती अज़ हमा ख़बू व ज़िश्ती
लबे याकूत-रंगों, नालये-चंग
मये ख़ूँ-रंगो केश-ज़र्दहिश्ती

(दक़ीक़ी, तमाम अच्छाइयों और बुराइयों समेत इस दुनिया में चार चीज़ें श्रेष्ठ हैं—याकूत के रंग वाले अधर, चंग का संगीत, ख़ून की तरह लाल शराब, और जरथुस्त्र का पन्थ।)

दक़ीक़ी फ़िरदौसी से पहले हुआ। उसने शाहनामा लिखने की शुरुआत की। फ़िरदौसी का नाम सब जानते हैं। महमूद ग़ज़नवी का समकालीन था। फ़िरदौसी का शाहनामा इस्लाम-पूर्व ईरानी वीरों और राजाओं की गौरवगाथा है। महमूद ग़ज़नवी के दमन के बावजूद शाहनामा अमर हुआ। इतना ही नहीं, फ़िरदौसी की दृष्टि इस मामले में बिल्कुल साफ़ है कि अरब विजेताओं के विरुद्ध लड़ाई, ईरान की राष्ट्रीय अतः धर्मनिरपेक्ष लड़ाई है जिसमें ईरान की समूची परम्परा को जीवित रखने की ज़रूरत है। फ़िरदौसी अरब-प्रसूत इस्लाम को तो मानता है लेकिन अपनी प्रसिद्ध पंक्तियों में बेहिचक अपने देश के पुराने कयानी राजाओं की ओर खड़ा होता है :

बशीरे-शुतुर खुरदनो सूसमार
अरब रा बजाय रसीदस्त कार
कि तख़्ते कयाँ रा कुनंद आरज़ू
तुफ़ू बरतू ऐ चर्खे गर्दां तुफ़ू

(ऊँटनी का दूध पीकर और गोह खा-खाकर अरबों का यह हाल है कि कयानी सम्राटों के तख़्त पर बैठने का सपना देख रहे हैं? थुड़ी है, ऐ गर्दिश करने वाले आसमान, तुझ पर थुड़ी है।)

क्यों ऐसा हुआ कि मुस्लिम भारत ने किसी भारतीय फ़िरदौसी को जन्म नहीं दिया?

इस दिशा में बहने वाली हवाएँ दिखती हैं, हिन्दी ही नहीं, पंजाबी, कश्मीरी आदि अन्य बोलियों में भी लोकगाथाओं, गीतों, प्रेमाख्यानों, मिथकों ने मिलकर सृजनशक्ति को खुलापन और उभार ज़रूर दिया और बहुत-सी लुभावनी कथाएँ गायी गयीं। हीर-राँझा, सोहनी-महिवाल, सस्सी-पुन्नू, पद्मावत। लेकिन कुछ ऐसा है जो निस्सीम उड़ान को रोकता है। लोक-संस्कृति से ऊपर एक हद के बाद ये रचनाएँ नहीं उठ पातीं। फ़िरदौसी और उसके शाहनामा के प्रवाह का मतलब सिर्फ़ दूर से झलकने वाली निर्मल, मोहिनी और चंचल लोकगाथा नहीं है। वह कुछ और है। वह एक ऐसा प्रामाणिक रचनाविधान है जो एक ही बहाव में लोक-संस्कृति और उच्च संस्कृति दोनों को इस तरह जोड़ देता है कि अन्तर मिट जाता है :

मनम करदा—अम रुस्तमे दास्ताँ
वगरना यले बूद दर सीस्ताँ!
(मैंने उसे गाथा-पुरुष रुस्तम बना दिया, नहीं तो वह सीस्तान का एक पहलवान ही तो था।)
बसे रंज बुरदम दरीं साल सी?
अजम ज़िन्दा करदम बदीं पारसी।
(इन तीस वर्षों में मैंने बड़े कष्ट उठाये, लेकिन अपनी इस फ़ारसी भाषा में मैंने ईरान को जीवित कर दिया।)

इस तरह धर्मान्धता के सामने फ़िरदौसी ने बहुत पहले एक धर्मनिरपेक्ष समन्वय, राष्ट्रीयता की थरथराहट के साथ प्रस्तुत किया जिसके आगे महमूद ग़ज़नवी जैसा कट्टर बादशाह भी छोटा पड़ गया। भारतीय मध्यकाल के उथल-पुथल वाले समाज के सामने फ़िरदौसी का समन्वय, सम्भावना की तरह एक क्षितिज पर स्थित है।

दूसरे क्षितिज पर संस्कृत साहित्य है। बेशक उसकी जीवनी शक्ति का ह्रास हो गया था। लेकिन कुछ घुमैली कुछ प्रेरक कल्पना की भाँति संस्कृत साहित्य उपलब्ध ज़रूर था। जैसा कि अमीर खुसरो कहता है, 'मैंने इसकी एक बूँद चखी है और मालूम हुआ कि घाटी में खोया हुआ पक्षी महानदी के विस्तार से अब तक बिल्कुल वंचित रहा है।' संस्कृत साहित्य कुल मिलाकर धर्मनिरपेक्ष साहित्य है। कमनीयता, कीर्ति, प्रेम और मधुर मादकता से बनी हुई कालिदास की दुनिया मूलतः धर्मनिरपेक्ष दुनिया है। पराक्रमी पुरखों से लेकर आख़िरी क्षय तक कालिदास जिस तटस्थ भाव से समूचे रघुवंश की तस्वीर हमारे सामने रखते हैं वह न केवल धर्मनिरपेक्ष है बल्कि कुछ हद तक नीति-निरपेक्ष भी लगती है। यह दूसरा क्षितिज है। फ़िरदौसी और कालिदास दोनों मध्यकाल में दूर पर झलकते हैं, सम्भावना की तरह और बीच के मैदान में हिन्दीभाषी उत्तर भारत का काव्य जन्म लेता है।

लेकिन इन दूरस्थ सम्भावनाओं को छोड़कर हम आसपास की ज़मीन को देखें। दो दूसरे तत्त्व दिखते हैं। एक तो लोकभाषा। आरम्भ में इस लोकभाषा के अलग-अलग स्थानीय रंग हैं। बाद में अकबर के काल के अनन्तर सब के बीच से एक परिनिष्ठित साहित्यिक भाषा उभरती है—ब्रजभाषा। लगभग तीन शताब्दियों तक यह भाषा चली। पहले तो हिन्दू-मुसलमान सब की चहेती होकर। आगे चलकर उर्दू उठती है और इस एकतान माध्यम के दो टुकड़े हो जाते हैं। ब्रजभाषा का सम्बन्ध देश की मिट्टी से बराबर बना रहता है। सदियों के प्रवाह ने उसे एक ऐसी अद्‌भुत शक्ति दे दी है कि क्या फ़ारसी, क्या संस्कृत हर एक के शब्दों को तोड़कर अपनी लय के अनुरूप बदल देती है। कुछ भी शुद्ध या तत्सम नहीं बचता। यह भाषा की एक तरह की प्रभुत्वसम्पन्नता है। इस लिहाज़ से आज की हिन्दी ब्रज की तुलना में कम प्रभुत्वसम्पन्न है।

लेकिन ब्रजभाषा राजभाषा नहीं है। राजभाषा के रूप में एक विदेशी भाषा फ़ारसी का बोलबाला है। विदेशी राजभाषा लोकभाषा को नीचे दबाती है, उसके पंख कतरती है। फ़ारसी हिन्दुस्तान में हिन्दू-मुसलमान किसी की मातृभाषा नहीं है। राजपूतनियों के गर्भ से जन्मे मुस्लिम राजकुमारों की भी नहीं। हिन्दू-मुसलमान दोनों को फ़ारसी कोशिश करके सीखनी पड़ती है? बीच-बीच में ईरान से जो लोग यश और पैसे के लिए बराबर आते रहते हैं, फ़ारसी उनकी ही भाषा है। दशा लगभग वैसी ही है जैसी आज के भारत में अंग्रेज़ी के मुक़ाबले राष्ट्रीय भाषाओं की है। अतः थोड़ी-सी कल्पना से हम जायसी, तुलसी, रहीम, बिहारी, देव आदि की परिस्थिति का अनुमान लगा सकते हैं। यह परिस्थिति दूसरा प्रभावी तत्त्व है।

इस आँच में ब्रजभाषा का घोल तैयार होता है। इतनी विविधता और टकराव के बावजूद यह घोल बना यही मार्के की बात है। हिन्दीभाषी प्रदेश में आगे चलकर टूट हुई। इस टूट को समझना भी आवश्यक है। वैसे तो हिन्दुस्तान-भर में लोकभाषा के आधार पर हिन्दू-मुसलमान एक जगह मिले। नया साहित्यिक प्रकाश लगभग सभी जगह मुस्लिम राज में ही फूटा। रिश्तों में तनाव और लगाव दोनों पैदा हुए। लेकिन किसी भाषा में उत्तर की तरह दो टुकड़े नहीं हुए। और यह दरार भी अठारहवीं सदी के बाद ही कारगर हुई, जब मुग़ल साम्राज्य गिर रहा था। ऐसा क्यों हुआ कि संस्कृत और फ़ारसी की अपनी आन्तरिक धर्मनिरपेक्ष परम्पराओं के बावजूद आगे चलकर हिन्दी-उर्दू विवाद में धर्मान्धता की अनुगूँजें पैदा हुईं? दीखता यह है कि ब्रजभाषा जन्म के साथ समन्वय की ओर झुकी और उसकी प्रकृति इस प्रयास के साथ बदली। इसके विपरीत उर्दू में कटाव पैदा करने वाले तत्त्वों का प्रतिनिधित्व था। वे तत्त्व किस तरह के थे?

उर्दू के प्रथम वरिष्ठ कवियों में से एक, सौदा, का शेर है :

गर हो कशिशे शाहे ख़ुरासान तो सौदा,
सिजदा न करूँ हिन्द की नापाक ज़मीं पर।

(अगर ख़ुरासान के शाह मुझे अपनी ओर खींचें, तो मैं हिन्द की नापाक भूमि पर प्रार्थना के लिए भी सर न झुकाऊँ।)

सौदा की यह मनःस्थिति उर्दू कविता की सामान्य मनोभूमि नहीं है, वैसे धर्मान्धता के रंग सौदा में कहीं-कहीं ख़ासे गाढ़े हो गये हैं। फिर भी ख़ुद सौदा की यह सामान्य मनोभूमि नहीं है। लेकिन आत्मा के भीतर जिस फाँक की झलक यहाँ मिलती है वह बेचैन करने वाली है। धर्म, ईरानियत, मूल्यों का विघटन, टूटते हुए 'बादसा वंस की ठसक' की कुण्ठा (जिसे रसखान ने यों ही उतार फेंका था), मन का बेगानापन, और बहुत से अन्य भावानुभाव यहाँ गड्डमड्ड हो गये हैं। कैसे यह हुआ? सौदा से लगभग पाँच सौ बरस पहले ख़ुरासान, तातार, इराक सबके ऊपर हिन्दुस्तान का डंका पीटने वाला एक और कवि हुआ था। था वह मुख्यतः फ़ारसी का कवि लेकिन उसका नाम सभी हिन्दीभाषी जानते हैं—अमीर ख़ुसरो, वही पहेलियों, मुकरियों, अनमिल बेजोड़वाला ख़ुसरो। (कितने लोग जानते हैं कि सौदा ने भी हिन्दी में अच्छी-ख़ासी पहेलियाँ लिखी हैं) हिन्दुस्तान को सबके ऊपर श्रेष्ठ घोषित करने के बाद ख़ुसरो कहता है :

मुद्दई गर ज़नदीं ताना मरा क़ज़ पये हिन्दी हमा तरजीह चेरा
दो सबबम बाइसे ईंकार शुदा कां दो सबब हुज्जते गुफ़तार शुदा
आनस्त यके कीं जमीं अज़दौरे ज़मन हस्त मरा मूलि दो मावायो वतन
वीं ज़ रसूल आमदा कै जुमरये दीं हुब्बे वतन हस्त ज़ ईमां ब यकीं
मन हदे ख़ुद करदमजीं रूये अलम गर वतने हस्त तुरा गोये तू हम
दुवुमश आं कीं ज़मीं अज़ कुत्बे ज़माँ हस्त चू राजेह ज़ हमा मुल्के जहाँ

(अगर प्रतिपक्षी मुझे ताना मारे कि हिन्दुस्तान को मैं क्यों इतनी तरजीह देता हूँ, तो दो कारण बता सकता हूँ। एक तो यह कि यह मेरी जन्मभूमि है, मेरा ठिकाना है, वतन है। और रसूल ने यह कहा है कि ऐ दीनवालो देशभक्ति निश्चय ही ईमान की चीज़ है। अतः मैंने तो अपने देश का झण्डा गाड़ा, अगर तेरे पास वतन हो तो तू भी गाड़। दूसरा कारण यह कि उत्तरी ध्रुव से लेकर दक्षिणी ध्रुव तक सचमुच यह देश सारे संसार से श्रेष्ठ है।)

इसके बाद ख़ुसरो ने दस कारण गिनाये हैं कि क्यों हिन्दुस्तान दुनिया का बहिश्त है और सात कारण इसलिए कि क्यों ख़ुरासान हिन्दुस्तान के आगे हेच है।

हिन्द की 'नापाक' ज़मी बनाम खुरासान के मामले में खुसरो तो उर्दू कवि सौदा से लगभग पाँच सौ बरस पहले का है। लोकभाषा पंजाबी के सूफ़ी कवि अली हैदर का एक उद्धरण ज़्यादा सटीक है। अली हैदर का ज़माना सौदा के आसपास का ही है, जब अहमदशाह अब्दाली की लूट चल रही थी :

भी ज़ैहर नहीं जो खा मरन	कुझ शरम नाँ हिन्दुस्तानियाँ नूँ
क्या-क्या एहना राजियाँ नू	कुझ लज्ज नहीं तूरानियाँ नूँ
भेड़े भर-भर देवन ख़ज़ाने	फारसियाँ खुरासानियाँ नूँ
छौनियाँ दे विच्च पाणी तक्क	बधो जे लहू न वेदियाँ पाणियाँ नूँ।

(ज़हर भी नहीं है जो खाकर मर जायें, हिन्दुस्तानियों को कोई शरम नहीं है। इन राजाओं को कोई हया नहीं है, न तूरानियों में लज्जा है, फ़ारसियों और खुरासानियों को भर-भरकर ख़ज़ाने दे रहे हैं। इन ईरानियों के लिए तो छावनियों में पानी तक बाँधकर रख दिया गया है और हमारे लिए लहू के सिवा पीने को कुछ नहीं है)।

देश और विदेश के इस टकराव का एक पहलू एक क़िस्से से उजागर होता है। कहा जाता है कि फ़ारसी कवि शेख़ अली हजीं ईरान से दिल्ली आये। दिल्ली के तमाम कवि उनसे मिलने गये, जिस तरह आज गोरी दुनिया से आने वाले 'बुद्धिजीवी' के गिर्द दिल्ली के 'बुद्धिजीवी' घिरते हैं। उनमें से एक सौदा भी थे। सौदा ने अपना एक शेर उन्हें सुनाया। फ़ारसी में अनुवाद किया गया। कहते हैं कि फ़ारसी कवि ने कुछ शाबाशी के लहजे में कहा :

'दर पोच गोयाने-हिन्द बद नीस्ती'

(हिन्दुस्तान के बकवास करने वालों में बुरे नहीं हो)

मुहम्मद हुसैन आज़ाद ने अपने उर्दू साहित्य के तज़किरे 'आबे-हयात' की शुरुआत ही इससे की है कि सब जानते हैं कि उर्दू ज़बान ब्रजभाषा से निकली। आख़िर वह क्या चीज़ है जो शेख़ अली हजीं को समूची भारतीय कविता के बारे में इस तरह का नकचढ़ा रवैया दिखाने की हिम्मत देती है? और इसकी पैरवी करने दिल्ली के शायर जाते हैं? इस तरह की रिवायतें फैलती ही क्यों हैं? वह शेख़ अली हजीं वही हैं जिनकी किताब 'अहवाले हजीं' बकौल 'डॉ. शेख़ चाँद' अपने वक़्त की 'मदर-इंडिया' है।'

हम देखते हैं कि तराज़ू का पलड़ा ज़रा-सा झुकता है और धर्मनिरपेक्षता का वज़न धर्मान्धता यहाँ तक कि साम्प्रदायिकता में बदलने लगता है। महीन सीमारेखा मिटने लगती है। पूरी उर्दू कविता और बाद के उर्दू साहित्य में झुकाव और कटाव का लेन-देन किन समस्याओं को जन्म देता है और उन्हें हल करने में

साहित्य में कैसी धाराएँ बनती-बिगड़ती हैं, इसका जायज़ा इस लेख के विषय से बाहर है। हिन्दी के परिवेश के लिए एक संकेत भर दिया। मगर इस झुकाव का स्रोत कहाँ है इसको दिखाने के लिए एक और तस्वीर बांग्लादेश से प्रस्तुत करूँगा।

हिन्दू-मुसलमान टकराव को लेकर बंगला भाषा हिन्दी-उर्दू की तरह दो टुकड़ों में नहीं बँटी। एक ही भाषा से हिन्दू-मुसलमान दोनों का काम चला। इस एकता ने बंगला साहित्य को एक विशेष स्वाद दिया। लेकिन तनाव पैदा हुए और पैदा किये गये। पूर्वी बंगाल की जो यातना रहीं है, उससे हम कुछ रोशनी पा सकते हैं। डॉ. सुनीति कुमार चटर्जी ने लिखा है कि एक समय में उन्हें बंगाल में ऐसे अनभिज्ञ और अनपढ़ मुसलमान मिले जो उर्दू को 'आमार नबीर ज़बान' कहकर खुश होते थे। नितान्त विचारमूढ़ता के उस काल से लेकर अब तक लम्बी कहानी बीत चुकी है। इस कहानी में टकराव, तनाव, अन्धकार, प्रकाश, समन्वित मनोभूमि का हठी आग्रह, इस सबकी गाथा है। अरसे तक इस बात की कोशिश होती रही कि मुस्लिम बंगला के लिए एक अलग इतिहास गढ़ा जाये जिसमें सिर्फ़ मुसलमान बंगला लेखकों का इतिवृत्त हो। जोश से भरे हुए लोगों ने धर्मनिरपेक्ष नज़रूल इस्लाम के भी परखच्चे उड़ाये। ऐसे इतिवृत्त और आलोचना की किताबें भी लिखी गयीं। लेकिन इस प्रवृत्ति के विरोधी भी पूर्वी बंगाल में जन्मे। पहले दबे-दबे, बाद में तेज़। टकराव और प्रति-टकराव की अवस्था की एक मंज़िल ढाका में 1957 में हुई एक विचारगोष्ठी में दिखती है। राजशाही विश्वविद्यालय के अंग्रेज़ी विभाग के प्रो. जिल्लुर्रहमान सिद्दीक़ी ने उस परिगोष्ठी में अपना मुख्य निबन्ध पड़ा था। लगभग चुनौती के स्वर में प्रो. सिद्दीक़ी कहते हैं :

> "पूर्वी पाकिस्तान का साहित्यिक तनाव इसी एक प्रश्न को लेकर है : हमारी परम्परा क्या है, या क्या होनी चाहिए? एक वर्ग का लगाव इस्लामी साहित्य परम्परा के साथ है, और दूसरे वर्ग का लगाव सिर्फ़ बंगाल की परम्परा के साथ, पहली परम्परा भाषाई और राष्ट्रीय सीमाओं से आगे निकल जाती है और इतिहास के बड़े फैलाव को अपनी लपेट में ले लेती है जबकि दूसरी परम्परा देशकाल की दृष्टि से ज़्यादा सीमित है और उसकी चौहद्दी अच्छी तरह खिंची हुई है। पहली परम्परा का आग्रह विषय-वस्तु पर है और दूसरी परम्परा का आग्रह रूप-विधान पर है।"

यहाँ भी तराज़ू के पलड़े का झुकाव हम देख सकते हैं। मज़े की बात यह है कि प्रोफ़ेसर सिद्दीक़ी की इच्छा है कि इस इस्लामी परम्परा का गर्भाधान पश्चिम की इलियट-पाउंड की आधुनिकता से किया जाये। यहाँ हम देख रहे हैं कि पश्चिमी 'आधुनिकतावाद' और धर्मार्थ निखिल-इस्लामवाद गले मिल रहे हैं।

शर्त है कि समूची बंगला को पहले दो टुकड़ों में ज़रूर बाँट दिया जाये। यहाँ यह सवाल तो उठता ही है कि यह इस्लामी साहित्य परम्परा कौन-सी है? दक़ीक़ी और फ़िरदौसी की या राजस्तुति गाने वाले अनवरी की जो क़सीदा लिखते-लिखते ऊबकर कहता है, "शायरी से अच्छा काम तो भंगी का है। शायर सिर्फ़ पैसे के लिए झूठ बोलता है। भंगी कम-से-कम समाज के लिए उपयोगी तो है।" 'मदर इण्डिया' वाले शेख़ अली हजीं की, या अमीर ख़ुसरो की जो कहता है,

> "अगर मैं अरबी और तुर्की और फ़ारसी पर घमण्ड करूँ तो मेरे लिए बेहूदा बात है। चूँकि मैं हिन्दुस्तान का हूँ इसलिए यही ठीक है कि मैं अपने देश की भाषा के बारे में कहूँ। इस देश में सिन्धी, लाहौरी, कश्मीरी, तेलुगु, बंगला, गुजराती, अवधी आदि भाषाएँ हैं। ये सब हिन्दुस्तानी हैं जो किसी की ऋणी नहीं हैं...'।

लेकिन इस सवाल को यहीं छोड़कर मैं डॉ. सिद्दीक़ी की बात में एक सैद्धान्तिक उलझाव की ओर संकेत करूँगा जिसका सम्बन्ध 'परम्परा' की तलाश से है। किसी रचनात्मक अनुभव को परम्परा के साँचे में ढालने का मतलब है उसे इतिहास की गति में ढालकर देखना। इतिहास की अनुभूति मूलतः धर्म अनुभूति से भिन्न है या यों कहें कि गहरे जाकर इतिहास-अनुभूति धर्मनिरपेक्ष हो जाती है। होता यह है कि परम्परा को परिभाषित करते समय अक्सर इस अनुभूति पर धर्मवाद की अमरबेल चढ़ायी जाती है। इस्लामी साहित्य-परम्परा ऐसी ही अमरबेल है। लेकिन इन तत्त्वों को कैसे अलग किया जाये? आधुनिक बंगला का सौभाग्य है कि उसके उन्नायकों में ईसाई माइकेल मधुसूदन दत्त, हिन्दू रवीन्द्रनाथ और मुसलमान नज़रूल इस्लाम साथ-साथ सक्रिय हैं। फिर भी जिस तनाव को 1957 में डॉ. सिद्दीक़ी देख रहे हैं, उसके रोंगटे खड़े करने वाले नाटक के कुछ अन्तिम दृश्य हम आज बंगलादेश में देख रहे हैं। ख़ून और आँसुओं से भरे हुए दृश्य। अपनी-अपनी अलग परम्पराओं की तलाश में धर्मान्ध और धर्मनिरपेक्ष अनुभूतियाँ टकराती हैं और समन्वय और अलगाव की आँधियाँ चलती हैं। पता नहीं डॉ. सिद्दीक़ी आज के वात्याचक्र में कहाँ हैं। बांग्लादेश से आये हुए कुछ प्रोफ़ेसरों से हाल में पूछा तो उन्होंने इतना ही बताया कि प्रो. सिद्दीक़ी पहले तो छिपे रहे। फिर पाकिस्तानी फ़ौजियों ने उन्हें भरोसा दिलाकर राजशाही विश्वविद्यालय बुलाया और अफ़वाह है कि वहाँ उन्हें गोली मार दी गयी। बंगाली आख़िरकार बंगाली! सुनकर इस्लाम की एक और परम्परा याद आयी—उमैयद ख़लीफ़ाओं के ज़माने की जिस समय अरबों के अलावा बाक़ी सब मुसलमान मुवाली कहलाते थे। ख़लीफ़ा यहिया ख़ाँ के आगे मुवाली आख़िरकार मुवाली।

साहित्य क्यों से

धर्मनिरपेक्षता की खोज में-2

धर्मान्धता और धर्मनिरपेक्षता के इस टकराव में क्या 'आधुनिकता' से कोई हल निकलता है? जिसे हम आधुनिकता करके जानते हैं वह ख़ासी घुलनशील चीज़ है। वह इस्लामी परम्परावाद के अलग्योझे में घुल जाती है और मौलाना हाली के मुसद्दस और अल्लामा इक़बाल के निखिल-इस्लामवाद को जन्म देती है। आधुनिकता क्षेत्रीयता में भी घुल जाती है और उस अजीबोग़रीब प्रादेशिक विलायतीपन को जन्म देती है जिसके दर्शन हमें कलकत्ता, बम्बई, मद्रास और दिल्ली में होते हैं। फिर यह आधुनिकता टी.एस. इलियट में घुल जाती है और एकमात्र ईसाई समाज की परिकल्पना तथा धर्मनिरपेक्षता के विरुद्ध इलियटवादी जेहाद को जन्म देती है। आधुनिकता का पहला थपेड़ा हिन्दी में भारतेन्दु हरिश्चन्द्र को विचलित करता है। भारतेन्दु आधुनिक हिन्दी साहित्य के बाबा हैं। उनकी शिव धनुष जैसी प्रगतिशीलता के बारे में हिन्दी आलोचना के परशुराम कम्युनिस्ट आलोचक डॉ. रामविलास शर्मा ने जो ललकारता हुआ श्रद्धाभाव व्यक्त किया है वैसी श्रद्धा पाने के लिए पण्डित सुमित्रानन्दन पन्त लाखों पुरस्कारों के बाद भी तरस गये। और मैं डॉ. रामविलास शर्मा की धर्मनिरपेक्षता पर शंका करूँ, यह ताब, यह मज़ाल, ये ताक़त नहीं मुझे! लेकिन नयी हवा में प्रचारती हुई भारतेन्दु की कुछ पंक्तियाँ हम देखें :

> धिक तिनकहँ जे आर्य होय यवनन को चाहैं,
> धिक तिनकहँ जे इन से कछु सम्बन्ध निबाहैं।
> उठहु बीर तरवार खींचि मारहु धन संगर,
> लौह लेखनी लिखहु आर्य बल यवन हृदय पर।

बेशक ये पंक्तियाँ नाटक का पात्र बोलता है। लेकिन भारतेन्दु के मन में यहाँ और अन्यत्र भी जो घुमड़ रहा है वह छिपा नहीं है। इसी तरह फिरंगी साम्राज्यवाद के विरुद्ध प्रतिरोध के रूप में भारतेन्दु की ये पंक्तियाँ अक्सर उद्धृत की जाती हैं और लोग इन्हें ख़ूब जानते हैं।

अंगरेज राज सुख साज सजे सब भारी।
पै धन बिदेस चलि जात यहै अति ख्वारी।

लेकिन इन पंक्तियों के ठीक पहले वाली पंक्तियाँ कम उद्धृत होती हैं और उन्हें लोग जानते भी कम हैं।

लरि वैदिक जैन डुबाई पुस्तक सारी,
करि कलह बुलाई जवन सैन पुनि भारी।
तिन नासी बुधि बल विद्या धन बहु बारी,
छाई अब आलस कुमति कलह अँधियारी।

यहाँ भी कई चीज़ें एक साथ घुल-मिल गयी हैं। लेकिन भावनाओं का यह जोशाँदा सौदा, हाली या इक़बाल के स्वाद से अलग है। इस घोल में साफ़ भौगोलिक चौहद्दी का लाभ है। इस भावना की सार्थकता 'वे' विदेशी और 'हम' स्वदेशी के दो टूक विभाजन पर निर्भर है। इस तरह धर्म, भारत की गौरवमयी संस्कृति, भीतरी कलह का दुख, देशभक्ति, समाज-सुधार, एका और स्वाधीनता की पुकार यह सब भारतेन्दु में है। सिर्फ़ 'हम' एक सीमित 'हम' है। यहाँ भी हम तराज़ू के पलड़े का झुकाव देख सकते हैं। वैष्णव हरिश्चन्द्र जब इस नये मैदान में पैर रखता है तो कहाँ जाता है? धर्म से धर्मनिरपेक्षता की ओर? समान दूरी के अर्थ में नहीं, धर्म की अपर्याप्तता के अर्थ में। हाँ, लेकिन, यह 'हम' कैसा है—धर्मान्ध है या धर्मनिरपेक्ष? क्या 'नील देवी' नाटक की घटना भारतेन्दु के मन में धार्मिक अनुभूति की तरह करकती है या इतिहास के अन्याय की एक तड़प है, जो अपना समाधान माँगती है? 'श्री चन्द्रावली' से 'नीलदेवी' तक कितना और किस तरह का फ़ासला है? धार्मिक अनुभूति कहाँ ख़त्म होती है और ऐतिहासिक अनुभूति कहाँ शुरू होती है? आधुनिकता की नयी हवा के साथ सारे तत्त्व गड्डमड्ड होते हैं।

सच कहिए तो हम एक निरापद सिद्धान्त की स्थापना कर सकते हैं। जब भी दो धार्मिक सम्प्रदायों के बीच की सीमारेखा गरम होने लगती है तो हर सम्प्रदाय के मर्म में जो धार्मिक अनुभूति है उसकी जगह ऐतिहासिक अनुभूति लेने लगती है। तनाव बढ़ता है। विचित्र बात यह है कि आख़िरकार ऐतिहासिक अनुभूति धर्मनिरपेक्ष अनुभूति है।

जैसे-जैसे हम उन्नीसवीं सदी की ओर बढ़ते हैं, पच्छिम की हवाएँ आती हैं और चिन्ता में डालने वाले तत्त्व उभरते हैं। परम्परा, संस्कृति, देशभक्ति, राष्ट्रीयता—ये सारी भावनाएँ इस नयी धार्मिक-ऐतिहासिक पहचान के सर्वग्रासी प्रश्न से जुड़ने लगती हैं। धर्म जैसा पहले समझा गया था वैसा धर्म नहीं रह जाता, इतिहास से

जो ध्वनियाँ पहले निकलती थीं, वैसी ध्वनियाँ नहीं निकलतीं। शुरू में जिन दो तरह की धर्मनिरपेक्षताओं का उल्लेख किया गया वे एक दूसरे से लिपटकर नये भँवर पैदा करती हैं। ऐसे उदाहरण मिलते हैं कि जो लोग ज़्यादा धर्म में डूबे हुए हैं वे कम धर्मान्ध हैं, और जो धर्म की सतह पर हैं वे ज़्यादा धर्मान्ध हैं। लेकिन मन का यह बुखार, ये तेवर पहले की हिन्दी कविता में नहीं मिलते। तब क्या मध्यकालीन हिन्दी साहित्य के अध्ययन से कुछ काम लायक़ नतीजे निकलते हैं?

मध्यकाल में सवाल का रूप सीधा है। जो कुछ मिलाप या समन्वय की ओर झुकता है, धर्मनिरपेक्षता की प्रक्रिया का अंग है। जो अटकाव या अलगाव पैदा करता है, वह इसके विपरीत है। मिलाप या समन्वय के पक्ष में दबाव उस प्रक्रिया से पड़ता है जिसे मैंने आरम्भ में समान दूरी वाली धर्मनिरपेक्षता कहा है।

अब हम हिन्दी साहित्य की उन ढाई-तीन शताब्दियों को देखें जिन्हें इतिहासकारों ने भक्तियुग कहा है। श्रेष्ठ कविता का वह आरम्भिक युग है। अगर हम शुरू में ख़ुसरो की फुलझड़ियों को छोड़ दें तो चारों ओर धर्म ही धर्म है। लेकिन सिर्फ़ हिन्दू धर्म नहीं है। हिन्दू, इस्लाम और दोनों से परे कुछ और, धर्म के विविध रूप हैं। ये सब आवाज़ें मिलकर हिन्दी साहित्य का मिज़ाज बनाती हैं, इसे न भूलना चाहिए। दुनिया के अधिकतर देशों में जब धर्म का दौरदौरा रहता है तो पूरे माहौल में एक ही धर्म रहता है। विधर्म नहीं होता। और जब धर्म का पाश टूटता है तो उसके तोड़ने वाले उसी धर्म से उपजते हैं, विधर्मी नहीं होते। भक्तिकाल का माहौल बहुधर्मी है। भक्ति काव्य कहने से मन में फौरन सूरदास या तुलसीदास का नाम आता है। लेकिन इन कवियों के महत्त्वपूर्ण अग्रज भी हैं—कबीरदास और जायसी।

कबीरदास को हम क्या कहें? धर्मान्ध या धर्मनिरपेक्ष? इस तरह पूछने पर फौरन लगता है कि सिर्फ़ दो चौखटे काफ़ी नहीं हैं और भी होने चाहिए। इसी से साबित होता है कि धर्मनिरपेक्षता का सवाल उतना इकहरा नहीं है जितना सिर्फ़ योरोप के अनुभव को देखकर मान लिया जाता है। हिन्दू और मुसलमान दोनों से समान दूरी पर अपने को जमाने की कबीर की कोशिश को सब जानते हैं। इस मंशा से वह धर्म को बल्कि दोनों धर्मों को निचोड़ते हैं। धर्म का एक काम यह भी होता है कि वह कुछ दुनियावी चीज़ों को 'पावनता' से मण्डित करता है और बाक़ी को 'अपावन' बनाता है। धर्मान्धता में यह पावन-अपावन टक्कर बड़ी उग्र हो जाती है और बहुतों को लपेटती है। कबीरदास का निचोड़ धर्म के पावन तत्त्व को मनुष्य की सहज आन्तरिकता में सीमित कर देता है। दुनिया खाली हो जाती है। बाहरी बातें 'पावनता' के घेरे के बाहर हो जाती हैं, गौण या निरर्थक

हो जाती हैं। दूसरे शब्दों में, यह ललकारकर चालू पावनता को धर्मनिरपेक्षता में बदलने का ढंग है। इन सब धर्मों से समान दूरी का प्रयास, धर्मनिरपेक्षता उपजाता है। यह बहुधर्मी समाज की ख़ास शैली है।

लेकिन यह ज़रूरी नहीं है कि कबीरदास की तरह सब धर्मों से कूदकर बाहर आने पर ही 'सारतत्त्व' की अनुभूति हो। अपने धर्म के भीतर रहकर भी निचोड़ने का काम हो सकता है और समान दूरीवाली धर्मनिरपेक्षता बन सकती है। जायसी और उनके बाद के भक्तकवि इसके उदाहरण हैं। सूफ़ी कवि जायसी की अत्यन्त जटिल काव्य-प्रक्रिया के बारे में संक्षेप में कुछ कहना बहुत कठिन है। इसलिए भी कि उनके बारे में आम जानकारी कम है। जायसी कबीर से भिन्न हैं। वह अपने इस्लाम में दृढ़ हैं। लेकिन अभिव्यक्ति के लिए लोकभाषा को चुनते हैं। यानी फ़ारसी से इस्लाम का अनावश्यक रिश्ता तोड़ते हैं। पद्मावत में वह मानवीय प्रेम के उस रसायन का आविष्कार करते हैं जो मनुष्य को मुट्ठी-भर धूल से उठाकर 'वैकुण्ठी' बनाता है। यहाँ तक तो ईरान के सूफ़ियों ने भी किया। लेकिन जायसी अपने परिवेश और काव्य-माध्यम के चुनाव के कारण ईरानी सूफ़ियों से कुछ आगे बढ़ने को विवश हैं। ईरान के सूफ़ियों के सामने सिर्फ़ एक धर्म था—इस्लाम, उसी को उन्होंने प्रेम रसायन डालकर निचोड़ा। लेकिन जायसी के सामने दुहरी चुनौती थी। अगर यह रसायन मनुष्य मात्र के हृदय में है तो सबको निचोड़ेगा। इस तरह एक धर्म का सारतत्त्व सब धर्मों का सारतत्त्व बनता है। जायसी का तसव्वुफ़ आगे बढ़कर, बिना अपने इस्लाम को छोड़े, हिन्दू धर्म के मर्म को स्पर्श करता है। कविता में एक तत्काल नतीजा यह निकलता हे कि धारणाओं, प्रत्ययों, प्रतीकों, पुराकथाओं, मिथकों, शब्दों की एक उभयधर्मी, या बहुधर्मी दुनिया खड़ी हो जाती है, जो किसी एक धर्म के पाश से मुक्त हो जाती है। दीवारें टूटने लगती हैं। 'कविलास' और 'जन्नत' का फ़र्क़ मिट जाता है। कबीरदास की ललकारती आन्तरिकता तो अपने से बाहर किसी पावनता को नहीं मानती। लेकिन जायसी का प्रेमरसायन बेहिचक फैलता है। पद्मावती की तरह जिसे छूता है 'पावन' बनाता चलता है। यहाँ तक कि पावन-अपावन का परिचित अन्तर मिट जाता है। बसन्त पूजा धर्म या कुफ़्र नहीं रह जाती। वह उस अनुपम उल्लास का प्रतीक बन जाती है जहाँ 'वैकुण्ठी' तत्त्व का निवास है। संक्षेप में जकड़बन्द धार्मिक प्रतीक प्रत्यय या मानवीय प्रतीकों में बदलकर धर्मनिरपेक्ष होने लगते हैं।

लेकिन जायसी का कलेजा इतना ही नहीं है। वह इससे भी बड़ा है। अक्सर प्रेम-रसायनवादी धर्मों की यथार्थ टकराहट के समय कन्नी काट जाते हैं या मीठी बातें बोलकर चुप हो जाते हैं। प्रेम-रसायन बस मुँह में चुभलाने की

चीज़ रह जाती है। लेकिन जायसी के पद्मावत की बनावट दूसरी है। उसके दो हिस्से हैं। पहला अंश–रतनसेन और पद्मिनीवाला–ख़ासा अलौकिक और जादुई है। यहीं वह प्रेम-रसायन परिभाषित होता है। दूसरा अंश–अलाउद्दीन बनाम चित्तौड़वाला–लगभग यथार्थवादी और ऐतिहासिक घटना सरीखा है। इस तरह सत्य के दो स्तरों की मुठभेड़ है। कलेजा इसमें है कि जायसी अलाउद्दीन-चित्तौड़ की टक्कर को बेलाग-लपेट न सिर्फ़ शुद्ध हिन्दू-मुसलमान संघर्ष के रूप में वर्णित करते हैं, बल्कि पूरी कथा में अलाउद्दीन की जीत अवश्यम्भावी नियति के रूप में मँडराती है। जायसी कहीं लीपापोती नहीं करते। लगता है कि वह जानबूझकर उस अलौकिक प्रेम-रसायन को दुखती रगों के संग्राम में डालकर परखना चाहते हों कि इसमें कुछ दम भी है या सिर्फ़ लफ़्फ़ाजी है। 'वैकुण्ठी' प्रेम का प्रतीक बेचारा चित्तौड़ दिल्ली के प्रबल प्रताप के सामने कहाँ तक ठहरेगा? रतनसेन-पद्मावती का वह सारा मायालोक अलाउद्दीन की जीत की घड़ी आते ही जलकर राख हो जाता है। लेकिन सतही इस्लाम की जीत की यह घड़ी, उसकी नितान्त निरर्थकता की घड़ी बल्कि पद्मावती की निष्कलंक लपटों के आगे समूची हार की भी घड़ी है। पद्मावत का अन्त यूनानी या योरोपीय अर्थ में ट्रेजेडी नहीं है। वह कई स्तरों पर एक साथ विवेक-दृष्टि के परिप्रेक्ष्य का उदय है। जिस जौहर से अलाउद्दीन डरता रहा वह होकर रहा। वह मुट्ठी-भर धूल उड़ा देता है और कहता है 'पृथिवी झूठी है'। तृष्णा फिर भी नहीं मानती। चित्तौड़ पर वह अधिकार करता है और कथा का अन्त इस दोहे से होता है:

जौहर भइँ इस्तिरीं पुरुख भये संग्राम।
पातसाहि गढ़ चूरा चितउर भा इस्लाम।।

आलोचकों ने इधर ध्यान नहीं दिया है लेकिन अन्तिम टुकड़े 'चितउर भा इस्लाम' में जो जटिल-व्यंग्य अन्तर्निहित है, उससे अर्थ की हज़ार परतें खुलती हैं। इन परतों के पीछे सिर्फ़ तसव्वुफ़ और 'धार्मिक उदारता' नहीं। कृतिकार के रूप में जायसी अपनी ममता सब को देते हैं, यहाँ तक कि राघवचेतन को भी। इस ममता के बावजूद मूल्यों का विवेक धारदार ही बनता है। कुन्द नहीं होता। ममता और विवेक के इस रिश्ते में हज़ार पर्त्तें बनती हैं और समान दूरी की स्थापना होती है। यह 'उदारता' से ज़्यादा प्रतिबद्ध दृष्टि है।

सूरदास और तुलसीदास से लोग ज़्यादा परिचित हैं। अतः उनकी व्याख्या की अधिक आवश्यकता नहीं है। जायसी में परमतत्त्व के प्रति जो तड़प है, उसका एक और रूप इन भक्त कवियों में मिलता है। यहाँ हम विचार में इतनी बात रख लें कि सूरदास की धार्मिक अनुभूति परम दर्शन को इतना घनत्व दे देती है कि

वह उनके भीतर ही समूचा समा जाता है बाहर कोई वृन्दावन नहीं बचता। या अगर बचता भी है तो असली वृन्दावन के निमित्त छूछे संकेत की ही तरह। जबकि तुलसीदास थोड़े भिन्न हैं। यह सही है कि उनकी धार्मिक अनुभूति भी मुख्यतः उनके मर्म में ही लहराती है, लेकिन कुछ बाहर भी छलकती है। हमारी रोज़मर्रा की दुनिया में भी पावन-अपावन का भेद पैदा करती दिखती है।

जो भी हो, इस विविध सन्त-सूफ़ी-भक्ति साहित्य का मिला-जुला निचोड़ यही है कि धर्म को 'आन्तरिक अनुभूति' की तरह परिभाषित किया जाये। ये सारे कविगण धर्म को एक तरह के भीतरी संगीत में बदलकर अपने-अपने ढंग से समान दूरीवाली धर्मनिरपेक्षता तक पहुँचते हैं और दुनिया को इसके लिए काफ़ी आज़ाद छोड़ देते हैं कि अपने इहलौकिक कायदे-क़ानून खुद बनाये, बशर्ते कि अन्तवर्ती वैकुण्ठी तत्त्व में ख़्वामख़ाह दखल न दे। बहुधर्मी समाज को जोड़े रखने के लिए मध्ययुगीन मानस तरह-तरह से इस धार्मिक अनुभूति को गाता है। जितना खुला काव्य हिन्दू-मुसलमान दोनों को छूने वाली लोकभाषा में हुआ, उतना विदेशी भाषा में सम्भव नहीं था। जैसा मैंने पहले कहा, सूरदास की धार्मिक अनुभूति लगभग कुल की कुल कवि के भीतर ही पर्याप्त है। अन्तरपट का उधड़ जाना ही उसकी प्रामाणिकता है जबकि तुलसीदास की अनुभूति अपने प्रमाण के लिए बाहर का, उदाहरण के लिए वेद-पुराण-स्मृति आदि का भी सहारा लेती है। इतने से अन्तर से बाद में कितना भेद पड़ गया इसका अच्छा संकेत हिन्दी कविता के विकास के अगले चरण से मिलता है। बाद की, यानी सत्रहवीं-अठारहवीं शताब्दी की कविता ने सूरदास के प्रतीक राधा-कृष्ण के चारों ओर एक नया काव्यलोक ही रच डाला, जिसकी मुख्य प्रवृत्ति उत्तरोत्तर ऐसी धर्मनिरपेक्ष शैली निर्मित करने की रही जिसमें एक साथ हिन्दू-मुसलमान सब हिस्सा ले सकें। इसके प्रतिकूल, रामचरितमानस से बाद वालों का कोई विशेष सर्जनात्मक प्रयोजन नहीं सिद्ध हो सका।

इस तरह धार्मिक तत्त्ववाद एक हल है जिसे हिन्दी कविता ने धर्मों के टकराव के बीच ठोस तरीक़े से सामने रखा। अगर यह हल सिर्फ़ तुलसीदास या सिर्फ़ सूरदास से भी आया होता तो हमारे मन में इसकी तस्वीर अच्छी, लेकिन एकाकी और दुर्बल धारा की ही तरह होती। लेकिन चूँकि इसमें कबीरदास सन्त और जायसी सूफ़ी जैसे दूसरे किनारों के भी लोग हैं, और इन दोनों के साथ इस रंग में औसत कविताओं की ख़ासी परम्पराएँ हैं, इसलिए हम देख सकते हैं कि हिन्दी के मिज़ाज में इन सबके घोलमेल में बड़ी सम्भावनाएँ थीं। इन सम्भावनाओं के सीधे प्रवाह में जब अटकाव पैदा हुआ तो कविता ने अपना रूप बदला और एक दूसरे माहौल में समान ज़मीन तैयार की गयी।

धर्मान्धता और धर्मनिरपेक्षता की सीधी बहस में विषय-वस्तु की ओर ध्यान बरबस चला जाता है। लेकिन काव्य-सत्य में निहित समूची सम्भावना को देखने के लिए विषय-वस्तु और रूप-विधान को अलग न करना उचित है। और यही लोकप्रचलित धर्मनिरपेक्ष तत्त्व-यानी बोलचाल की भाषा बड़े पैमाने पर करती दीखती है। बोलचाल की भाषा धर्मनिरपेक्ष इसी अर्थ में होती है कि धर्मों के अन्तर के बावजूद सभी लोग उसे बोलें। भाषा सबकी होकर धर्मनिरपेक्ष हो जाती है, जैसा हम जायसी में देखते हैं। समन्वय के पक्ष में दबाव पैदा होता है। इन धार्मिक तत्त्ववादी कवियों ने अपने-अपने ढंग से भाषा की चूलें ढीली कीं और सब धर्मों के लिए समान उपयोगी कविता-भंगिमा, समान छन्द-लय और समान प्रतीक योजना बनायी। एक ही अवधी से जायसी और तुलसीदास दोनों का काम चलता है। कवि रूप में दोनों एक ही मनोभूमि के अंग हैं। अगर जायसी अपनी बात फ़ारसी में कहते और तुलसीदास संस्कृत में, तो प्रेम-रसायन या भक्ति-रसायन में समानता के बावजूद दोनों के दायरे अलग रहते। जैसे शेख़ सादी और जायसी की दुनियाएँ अलग हैं। दरवेश दोनों हैं। यहाँ संस्कृत और फ़ारसी हिन्दू और मुसलमान के साथ क्रमशः नत्थी हो गयी थीं। लोकभाषा-हिन्दी दीवारें तोड़ती है और समन्वय का आह्वान करती है।

इससे कुछ समझ में आता है कि गाँधी जी और उनके अनुयायियों ने राष्ट्रीय आन्दोलन के दौरान क्यों इन कवियों को इतना उपयोगी पाया। इसे आँखों से ओझल करने पर तो 'आधुनिक' जिन्ना साहब 'धार्मिक' गाँधी जी से ज़्यादा धर्मनिरपेक्ष लगेंगे। आज धार्मिक तत्त्ववाद को धर्मान्धता या धार्मिक विषमता का आख़िरी इलाज या महत्त्वपूर्ण इलाज भी मानना कठिन है। कई कारण हैं। ख़ासकर यही कि धार्मिक तत्त्ववाद धर्म को निचोड़ चाहे जितना दे, लोगों की पहचान फिर भी उनके धर्म के ऊपरी छिलके से ही होती रहती है। धार्मिक तत्त्ववाद भी यही मानकर चलता है। ताक-झाँक साहब-सलामत बढ़ जाती है लेकिन गिरोह नहीं टूटते। आज के शब्दों में कहें तो यह एक तरह का 'सर्व-सम्प्रदायवाद' है 'ग़ैर-सम्प्रदायवाद' नहीं। लेकिन ग़ैर-सम्प्रदायवाद इतनी आसान चीज़ भी नहीं है कि मध्ययुग के इस हिन्दी काव्य को बिल्कुल बेकार ही मान लिया जाये।

लेकिन हिन्दी कविता धुलावटी तेज़ाब की तलाश में तात्त्विक धार्मिक अनभूति पर ही टिककर नहीं बैठ गयी जैसा भारत की दूसरी भाषाओं में हुआ। धर्म के अतिरिक्त हिन्दी के मिज़ाज में एक और बीज था जिसकी पहली झलक अमीर ख़ुसरो की हिन्दी कविता में मिलती है। सत्रहवीं-अठारहवीं सदी की कविता में, जिसे फ़िलहाल इतिहासकारों ने रीतिकाल नाम दे रखा है, धीरे-धीरे एक दिलचस्प

प्रवृत्ति उभरती है कि साहित्य के केन्द्र से धार्मिक अनुभूति को ठेलकर वहाँ एक ललित रसमय अनुभूति जमा दी जाये। रीतिकाल या रीतिकाव्य नाम इस पूरी कोशिश को नहीं बल्कि उसके अंश को ही व्यक्त करता है। लेकिन यहाँ नाम को लेकर विवाद उठाने की जगह या ज़रूरत नहीं है। इसलिए मैं इन शब्दों का प्रयोग तो करूँगा लेकिन कुछ ज़्यादा खुले अर्थ में। इसके बीज तो पहले भी थे, लेकिन बाहर बाद में ही आये। इस नये मोड़ में शायद केन्द्रीय व्यक्ति अकबर के महत्त्वपूर्ण कवि, योद्धा, दरबारी, राजपुरुष और कवियों के आश्रयदाता अब्दुर्रहीम खानखाना थे। एक ऐसा राजपन्थ निकला जिसमें जायसी और तुलसीदास का रहा-सहा भेद भी जाता रहा। यहाँ हिन्दू-मुसलमान सब एक हो काव्यभूमि में बेहिचक चौकड़ियाँ भर सकते थे। रीतियुग को रीतिबद्ध या रीतिमुक्त धाराओं में बाँटकर देखने से भ्रम पैदा होता है। कविता के अन्दरूनी उत्स में कोई भेद नहीं है। अन्तर के बावजूद इस सारे काव्य की व्यापक प्रवृत्ति अनुभूति की कमनीयता और 'सही उक्ति' की खोज है, जो कलात्मक माध्यम के प्रति अत्यन्त जागरूक है। रीति कविता की जीवनीशक्ति और उसके औचित्य के बारे में भी बीसवीं सदी में काफ़ी शंकाएँ उठायी गयी हैं। कभी उसकी नैतिकता को लेकर, कभी उसकी रूढ़िवादिता को लेकर और अक्सर इसलिए कि यह सारा काव्य दरबारी और सामन्ती है। उँगली उठाने वालों में क्या आदर्शवादी, क्या यथार्थवादी, क्या 'भारतीय संस्कृतिवादी' और क्या कम्युनिस्ट धर्मनिरपेक्षतावादी, सभी रहे हैं।

लेकिन हमारी ओर से सत्रहवीं और अठारहवीं शताब्दी की ब्रजभाषा कविता कुछ ज़्यादा समझदार विश्लेषण की हक़दार है अगर हमें उन धर्मनिरपेक्ष स्फुरणों को ठीक-ठीक समझना है जो भारत में उस समय जन्म ले रहे थे। फिर 1761 में एक बेमतलब पानीपत की तीसरी लड़ाई हुई जिसमें किसी चीज़ का निबटारा नहीं हुआ और 1757 में बहुत मतलबों से भरी हुई पलासी की लड़ाई हुई जिसने भविष्य के लिए सब कुछ का निबटारा कर दिया। फिर जिन समन्वयों के प्रयोग लोग लड़ते-भिड़ते जाने-अनजाने कर रहे थे उन सब पर मुर्दनी छाने लगी। इस पटाक्षेप के बावजूद ब्रजभाषा कवियों ने सबसे बड़ा कमाल यह किया कि जब एक ओर राजनीतिक एकता टुकड़े-टुकड़े हो रही थी उन्होंने आज जो हिन्दीभाषी क्षेत्र कहलाता है, इस पूरे खित्ते के लिए बड़े मनोयोग से एक सर्वमान्य भाषायी माध्यम निर्मित कर डाला। इतना ही नहीं उसे परवान भी चढ़ाया। पूरे क्षेत्र को एक समान रुचि और काव्यभंगिमा दी। और लोकभाषा में तराश और प्रगल्भता की यह खोज निकाली जो न सिर्फ़ सात समुन्दर पार उसी समय के अंग्रेज़ी 'मेटाफ़िज़िकल' कवियों की बौद्धिकता जैसी लगती है, बल्कि बात पैदा करने

में उनसे आगे भी निकल जाती है। पंजाब से लेकर मिथिला तक और कश्मीर से सतारा तक का हृदय एक तरह धड़काना सिर्फ़ दरबारी विलासिता या विमूढ़ रूढ़िवादिता के बूते का काम नहीं है। कुछ और है जो बिहारी के दोहों को बाँकी मुस्तैदी और घनानन्द के स्वर को कसकता हुआ पकापन देता है। भाषा का स्तरीकरण और भी मार्के की बात लगती है जब हम पहले की ओर देखते हैं। माना कि भक्ति-काव्य ने ब्रजभाषा को फैलाया। लेकिन समूचा भक्ति-काव्य, विशेषतः श्रेष्ठ काव्य फिर भी स्थानीय बोलियों में बँटा दीखता है। मीरा राजस्थानी में लिखती हैं, विद्यापति मैथिल में, कबीरदास अनगढ़ खिचड़ी में, सूरदास ब्रज में, तुलसीदास अवधी में, यहाँ तक कि प्रतिभा के धनी खानखाना भी कई आवाज़ों में बोलते हैं। इतना ही नहीं, सूरदास बहुत बड़े कवि हैं, रीति कवियों से कहीं बड़े, लेकिन उनकी कविता में बराबर लगता है कि एक महान् प्रतिभा अपने को ब्रजभाषा में अभिव्यक्त कर रही है। जबकि रीतिकाव्य में लगता है कि कवियों से अलग ब्रजभाषा की अपनी प्रतिभा की अभिव्यक्ति हो रही है। 'भाषा की अपनी प्रतिभा' की अभिव्यक्ति ही वह सृजनात्मक स्तरीकरण है जो भाषा को सबकी सम्पत्ति बना देती है।

इसके अलावा हिन्दू-मुसलमान दोनों दरबारों में ब्रजभाषा कविता के एक ही मुहावरे का उदय एक ऐसा समन्वय है जो अकेले धार्मिक तत्त्ववाद के मान का नहीं है। इसके लिए इस 'बौद्धिक' शृंगार रस की ज़रूरत थी जिसने इस नये फ़ैशन को चालू किया। मैं 'बौद्धिक' विशेषण जानबूझकर इस्तेमाल कर रहा हूँ क्योंकि रीतिकाव्य की अन्तर्निहित बौद्धिकता को न समझ पाने के कारण ही लोगों ने विलासिता या अनैतिकता के बेमानी फ़तवे किये और रीतिकाल के श्रेष्ठ काव्य की प्रकृति को नहीं पकड़ सके।

इसमें सबसे ज़्यादा महत्त्वपूर्ण बात यह है कि यद्यपि ब्रजभाषा बिहारीलाल और देव जैसे कवियों की नागरिक प्रगल्भता को विकसित करती है, उसका रिश्ता गाँवों से नहीं टूटता। विषय-वस्तु की दृष्टि से ही नहीं, और गहरे ब्रजभाषा के मिज़ाज की दृष्टि से। यह बोध बराबर होता रहता है कि यह नागरिकता नीचे से उठती हुई भाषा में से कल्ले फोड़ रही है। उधार ली हुई निजड़ी अन्तरराष्ट्रीयता का नतीजा नहीं है। गाँव और शहर की पहली सन्धि रहीम की कविता में साफ़ दीखती है बाद में तराश और खराद बड़ी। इस हिन्दी कविता के विपरीत उसी समय की हिन्दुस्तानियों द्वारा लिखी हुई ढेरों फ़ारसी कविताएँ हैं जिनकी शहरियत, फ़साहत और बलाग़त बिल्कुल परदेसी नक़ल मालूम पड़ती है। अकबर के दरबार में ही यह दोमुँहापन मौजूद है। यह नहीं भूलना चाहिए कि उस समय एक ही

सामाजिक सन्दर्भ भी तीन न सही तो ढाई भाषाएँ रचनात्मक साँचे ढाल रही थीं। एक फ़ारसी, एक ब्रजभाषा, आधी संस्कृत। आधी इसलिए कि संस्कृत की गर्दन ब्रजभाषा काफ़ी मरोड़ चुकी थी। इन तीनों रचना संसारों को अगल-बगल रखने पर साफ़ दीखेगा कि ब्रजभाषा की जीवनीशक्ति कहाँ है और क्या कर रही है।

विस्तृत हिन्दू प्रजा पर जमे हुए इस्लामी राज ने कालान्तर में फ़िरदौसी-समन्वय को तो जन्म नहीं दिया लेकिन रीतिकाव्य के रूप में उसने एक दूसरे तरह के समन्वय को आकार ज़रूर दिया : संस्कृत काव्य की निर्वैयक्तिक भावाभिव्यक्ति और फ़ारसी ग़ज़ल की शेरगोई के बीच। बेशक इस घोल में देशी परम्परा की प्रधानता थी। लेकिन ब्रजभाषा के छन्द जिनसे भावों की लय अर्थात् कविता के प्राणतत्त्व का सृजन होता है बिल्कुल ठेठ हैं। न वे संस्कृत के ऋणी हैं, न फ़ारसी के। सवैया, घनाक्षरी, बरवै, दोहा ये सब नीचे लोक-लय से उठते हैं और ब्रजभाषा के माध्यम से क्लासिकी स्तर पर प्रतिष्ठित हो जाते हैं। सिद्धान्ततः प्रयोग का रास्ता बन्द नहीं है। साथ ही, इस समन्वय की कई मंज़िलें हैं। घनानन्द तक आते-आते हिन्दी कविता फ़ारसी ग़ज़ल के बहुत निकट आ जाती है। घनानन्द और उर्दू कवि मीर लगभग एक ही समय के हैं। दोनों में कितनी समानता है, और फिर भी दोनों की दुनियाएँ कितनी अलग हैं!

इस तरह भारत की लोकभाषा और लोकमानस मुस्लिम राज के लगभग सात सौ बरसों के दौरान दो लहरें नीचे से ऊपर की ओर फेंकता है। लगता है कि दो शक्तिशाली बवण्डर धरती और आकाश को जोड़ने के लिए उठते हैं। एक उछाल भक्ति साहित्य के माध्यम से है जिसकी परिणति धार्मिक तत्त्ववाद में होती है। दूसरा उछाल निर्वैयक्तिक शृंगारिकता के माध्यम से है जिसकी परिणति एक तरह की सौन्दर्यवादी धर्मनिरपेक्षता में होती है।

मगर आकाश का रास्ता इन बवण्डरों के लिए बन्द है। आधुनिकतावादियों ने मान रखा है कि मध्ययुग में जीवन के हर पहलू को धर्म निगल जाता है। यह धारणा योरोप के बिल्कुल भिन्न एकधर्मी मध्ययुगीन समाजों के अनुभव पर आधारित है जिसे लोग भारत के सन्दर्भ में अक्सर आँख मूँदकर लागू कर देते हैं। इस व्यापक धारणा के बावजूद, धरती और आकाश के संगम के बीच भटकाव पैदा करने वाली चीज़ भारत में न धर्म है, न इस्लाम, बल्कि एक तीसरा ही संयोग है जिसका कोई आन्तरिक या वास्तविक सम्बन्ध इस्लाम से है ही नहीं। वह है फ़ारसी भाषा। अपने को ठेठ देशी बनाने की धुन में जिस अकबर ने दीन-ए-इलाही तक का आविष्कार किया, उसी ने ऊपर से नीचे तक राजकाज में विदेशी भाषा फ़ारसी को थोप दिया। फ़ारसी थी तो पहले भी,

लेकिन अकबर के समय से यह 'प्रगतिशील' दुचित्तापन व्यवस्था का अनिवार्य अंग बन गया। इसका परिणाम कुछ दाराशिकोह ने भुगता, कुछ मुग़ल साम्राज्य ने, कुछ भारत-पाकिस्तान आज भी भुगत रहा है। ब्रजभाषा के सामने यह फ़ारसी भाषा फ़िरदौसी की व्यापक कल्पनाशीलता के रूप में नहीं है, बल्कि अपने ठस भौतिक रूप में है : सत्ता, नौकरशाही, रुतबेबाज़ी और महत्त्वाकांक्षा की भाषा के रूप में। प्रेम और महत्त्वाकांक्षा, शायद ये दो ही शक्तियाँ हैं जो किसी साहित्य को लोहा मनवाने लायक़ धर्मनिरपेक्षता प्रदान करती हैं। फ़ारसी के चलते हिन्दीभाषी क्षेत्र दुचित्ता हो गया। ब्रजभाषा प्रेम की भाषा हो गयी। फ़ारसी महत्त्वाकांक्षा की। परिणाम हुआ अधूरापन।

इसीलिए जो सौन्दर्यात्मक अथवा शृंगारी धर्मनिरपेक्षता ब्रजभाषा ने संचित की वह बेसहारा और इतिहास विमुख है। इतिहास से टकराने का काम महत्त्वाकांक्षा का है। ब्रजभाषा कविता योरोप की पैस्टोरल कविता की तरह अपना एक ख़ास कविता-जगत् बुन लेती है और ऐतिहासिक यथार्थ—देशकाल में बँधे हुए यथार्थ—से भरसक बचती है। इसे हम बेहतर यों कह सकते हैं कि जिस क़दर यह कविता ऐतिहासिक यथार्थ के स्पर्श से अपना दामन बचाने में समर्थ होती है, उसी क़दर वह उस चारुता को ग्रहण कर पाती है जिसका उत्कर्ष उसकी अभिव्यंजना का लक्ष्य है। ऐतिहासिक यथार्थ का एक रूप राजनीति है। ब्रजभाषा की दुनिया ऐतिहासिक यथार्थ का सामना करने में कितनी अशक्त है इसका अच्छा दृष्टान्त भूषण की कविता है। औरंगज़ेब-शिवाजी संघर्ष में भूषण की प्रतिबद्धता मात्र राजस्तुति से कुछ ज़्यादा है। लेकिन राजनीति से उलझने की इस अपवादस्वरूप कोशिश में कविता की चारुता नष्ट होने लगती है, भावों में लट्ठमारपन आने लगता है। इन सीमाओं के साथ रीतियुग की कविता धार्मिक अनुभूति के बाहर, या कम-से-कम उसके समानान्तर सबके लिए उपलब्ध एक नया रचना संसार सँजोने की कोशिश करती है जिसके एक सिरे पर केशवदास और रहीम हैं, दूसरे सिरे पर घनानन्द और गुलाम नबी रसलीन हैं।

फ़ारसी, अपनी अविनश्वर सत्ता के छलावे में डूबी हुई, और ब्रजभाषा इतिहास के व्याकुल करने वाले संस्पर्श से दामन बचाती, संगीत की अमूर्त अवस्था में पहुँचने के लिए प्रयत्नशील—यही उस समय का साहित्यिक दृश्य है जब मुग़ल साम्राज्य बालू की दीवार की तरह गिरता है।

ब्रजभाषा का कलंक यह नहीं था कि वह दरबारी थी, बल्कि अधूरी दरबारी थी; यह नहीं कि उसे राजाओं का आश्रय मिला, बल्कि यह कि वह राज्य से एकाकार नहीं हो सकी। विदेशी फ़ारसी रास्ता रोके खड़ी रही।

शायद ही किन्हीं लोगों ने अपनी साम्राज्यशालिनी राजधानी के छिनने की गवाही इतनी संयत वेदना, इतनी नफ़ीस वज़ादारी, इतनी शालीन आत्मलीनता के साथ दी हो जितनी दिल्ली के उन मुंतख़िबे रोज़गार' लोगों ने जिन्होंने मीर से लेकर ग़ालिब तक की दिल्ली कविता को जन्म दिया। न जाने पाटलिपुत्र और उज्जयिनी के लोगों ने अपने महानगरों की वीरानगी को किन आवाज़ों के साथ झेला। हम तक उनका कोई निशान बाक़ी नहीं है। रोम और एथेंस के लोग तो निश्चय ही बदहवास और चिटखते हुए दीखते हैं। लेकिन दिल्ली, और एक हद तक लखनऊ के भी लोग, सचमुच 'आलम में इन्तख़ाब' हैं। वे चिटखते नहीं, निहायत फसीह शायरी रचते हैं। मीर की डबडबाई हुई आत्मीयता से लेकर ग़ालिब की सितम ज़रीफ़ी तक वज़ादारी की एक रेखा है जो व्यक्त-अव्यक्त आदर्श की तरह दिलों को सालती रहती है :

चली सिम्ते-गैब से एक हवा
कि चमन सरूर का जल गया
मगर एक शाख़े-निहाले-ग़म
जिसे दिल कहें वो हरी रही।

बेशक यह कसावदार शालीनता, ग़म और ज़ब्त की यह ख़ास घुलावट सब कवियों में नहीं है। कुछ टूट भी जाते हैं। कुछ सिर्फ़ छिछोरपन और चटखारे का रास्ता पकड़ते हैं। एक परिणति अमानत लखनवी की 'इन्दर सभा' और दाग़ देहलवी की 'हमने उनके सामने पहले तो ख़ंजर रख दिया, फिर कलेजा रख दिया, दिल रख दिया, सर रख दिया' भी है। लेकिन इस सबके बाबजूद एक ठहरी हुई कसक श्रेष्ठ उर्दू ग़ज़ल के लिए प्रतिमान बनकर बराबर छायी रही :

याद थीं हम को भी रंगारंग बज़्म-आराइयाँ
लेकिन अब नक़्शो-निगारे-ताक़े-निसियाँ हो गयीं।

'पूरब के साकिनों' से भिन्न ये 'रोज़गार के मुन्तख़िब' लोग हैं। लेकिन जैसे-जैसे हम उस दिल्ली की कविता पढ़ते जाते हैं, हमारे ऊपर एक बन्द दुनिया का वातावरण छाता जाता है। मैंने पहले संकेत किया है कि मीर सफ़ेद घनानन्द को पास-पास रखकर देखने पर दोनों में निकटता दिखती है। दोनों ही फ़ारसी ग़ज़ल के पास खड़े हैं। दोनों ही का लहजा तरल पीड़ा को व्यक्त करता है। लेकिन घनानन्द पुरुष की ओर से विरह की अभिव्यक्ति, और 'माशूक की बेवफ़ाई' जैसे ग़ज़लनुमा काव्य सन्दर्भ के बावजूद, ब्रजभाषा कविता की ही परम्परा में हैं। इसके विपरीत मीर उस सारी परम्परा से कटकर अपने को एक नये दायरे में घेर रहे हैं। मीर की कविता में कसक के साथ एक घिरता हुआ अँधेरा है, जबकि घनानन्द की कविता में खुलापन है।

यह भी एक नया समन्वय था, लेकिन बहुत दाम चुकाने के बाद। प्रो. एजाज़ हुसैन ने अपनी किताब 'मज़हब और शायरी' में दिखाया है कि उर्दू कविता का जन्म और पालन-पोषण सौ फ़ीसदी धर्म अर्थात् इस्लाम का नतीजा है। लेकिन उन्होंने ख़ुद उर्दू को फ़ारसी-परस्ती से जोड़ा है। फ़ारसी का इस्लाम से क्या सम्बन्ध है? मुग़ल साम्राज्यवाद का सम्बन्ध फ़ारसी से था। लेकिन मुग़ल साम्राज्यवाद और इस्लाम धर्म दो चीज़ें हैं। यह बात वैसे ही सच है जैसे ब्रिटिश साम्राज्यवाद और ईसाई धर्म अलग-अलग चीज़ें हैं। अगर कोई ईसाइयों के लिए अंग्रेज़ी-परस्ती ज़रूरी समझे तो यह बुद्धि-विभ्रम ही कहा जायेगा। प्रो. एजाज़ हुसैन कुछ गहरे जाते तो शायद ठीक नतीजे निकालते और भविष्य के लिए कुछ रास्ता भी साफ़ करते।

बहरहाल, जब तक दिल्ली में इतनी शक्ति आयी कि ऊपर से थोपे हुए फ़ारसी के गुट्ठल और दमघोंटू ढक्कन को उतार फेंके तब तक अवसर बीत चुका था। 'बड़ी देर की मेहरबाँ आते-आते'। अगर खड़ी बोली ने फ़ारसी को अकबर के ज़माने में ही उतार फेंका होता तो प्रेम और महत्त्वाकांक्षा, फ़िरदौसी और कालिदास के बीच आख़िरी समन्वय करने का सेहरा दिल्ली की उर्दू के ही सर होता। जायसी ने जो काम शुरू किया था वह बड़े पैमाने पर आगे बढ़ता। शायद तब ब्रजभाषा और रीतिकाव्य की ज़रूरत भी न पड़ती। लेकिन उर्दू तब उठी जब दिल्ली गिर रही थी और पुरानी ऊर्जा चुक गयी थी। इसलिए जन्म के साथ उर्दू में अनुभूति की धरोहर सँजोने, घेरे को छोटा करने की अलगाववादी मुद्रा आयी। बेशक दिल्ली की उर्दू का मतलब था सात सौ बरसों की बंजर फ़ारसीगोई का बहिष्कार, लेकिन लगे हाथ सारे ब्रजभाषा साहित्य का बहिष्कार भी, जिससे उसका जन्म हुआ और जिसकी परम्परा को निभाने में उर्दू असमर्थ रही। मीर और ग़ालिब का मतलब सिर्फ़ देव और बिहारीलाल को ही भूलना नहीं हुआ बल्कि फ़ेहरिस्त से कबीरदास, जायसी, रहीम और उन तमाम लोगों का नाम ख़ारिज करने का हुआ जिन्होंने एक मिले-जुले देसी मिज़ाज को बनाने में पहल की थी। यहाँ तक कि पड़ोसी आगरे का नज़ीर भी इस दुनिया के लिए अजनबी रह गया। बदले में मिला क्या?

शेख़ अली हज़ीं का नकचढ़ापन। इस उठाव के पीछे सिर्फ़ ब्रजभाषा की जगह खड़ी बोली को स्थापित करने का ज़ोर नहीं था बल्कि खड़ी बोली पर ख़ुरासान की चाशनी लपेटने का अरमान भी था, जिसका कोई वास्तविक रिश्ता इस्लाम से नहीं था। दिल्ली की आख़िरी शमा से चाहे रहा हो। उर्दू ने लोकजीवन से विकसित छन्दों और लयों को छोड़ दिया, नीचे से उठती हुई किसी नयी लय के

लिए नहीं बल्कि ईरान से मँगाये हुए फ़ारसी छन्दों के पक्ष में जिनकी जकड़बन्दी को अब जाकर उर्दू कविता में यहाँ-वहाँ चुनौती दी जा रही है। ऊपर-नीचे, भीतर-बाहर, सज-धज सब में ईरानियत छा गयी। कितनी भिन्न थी ख़ानख़ाना की दिशा जिन्होंने खुद फ़ारसी में हिन्दी का बरवै छन्द लिखा था।

मीगुज़रद ईं दिलरा बे दिलदार यक यक साअत हमचू साल हज़ार।
(प्रिय के बिना मेरे हृदय के लिए एक-एक घड़ी हज़ार वर्षों की तरह बीत रही है।)

एक वक़्त था जब हिन्दी कविता ने फ़ारसी कविता को प्रभावित किया था और फ़ारसी में वह शैली निकली जिसे आज भी 'सुबके-हिन्दी' कहा जाता है। लेकिन फ़ारसी इसे पचाकर समृद्ध हुई। अरसे बाद फ़ारसी ने इस तरह हिन्दी को 'सुबके-उर्दू' दिया जो हिन्दी के पचाव के बाहर था। साहित्यिक भाषा के दो टुकड़े हो गये।

एक ख़ास शहरियत का तेवर पाने के लिए दिल्ली की उर्दू ने गाँवों में फैले हुए हिन्दुस्तान से अपना सम्बन्ध बिल्कुल काट लिया। वस्तुतः ब्रजभाषा को उसके हिन्दूपन के कारण नहीं छोड़ा गया। आख़िरकार उसी समय बिलग्राम के गुलाम नबी रसलीन अल्लाह, पैग़म्बर और अली की स्तुतियाँ ब्रजभाषा में लिख ही रहे थे। ब्रजभाषा मतरूक इसलिए हुई कि वह उस सिकुड़ती हुई महानगरीयता के लिए 'फ़सीह' नहीं लगती थी। दूसरे शब्दों में देहाती थी। इस तरह जहाँ महत्त्वाकांक्षा, कलेजे की चौड़ाई और भारत का प्रतिनिधित्व करने वाली लहर होनी चाहिए थी, वहाँ 'घर-की-याद' में टीसता प्रवासी मन बैठ गया और सौदा को हिन्द की ज़मीन नापाक लगने लगी। चारों ओर विरोधियों से घिर जाने की मनःस्थिति ने दिल्ली की उर्दू कविता को एक तरह की सर्जनात्मक कुलीनता की ठसक दे दी, जैसे मुहम्मदशाह की पगड़ी में छिपा हुआ, न जाने किन यादगारों के साथ चमकता बेशक़ीमती कोहिनूर हो। गिरती हुई दिल्ली ने उर्दू ग़ज़ल के नये ब्राह्मणों को जन्म दियाः

लोगों को गुमाँ ये है कि वह अहले-जबाँ हैं।
दिल्ली नहीं देखी है ज़बाँदाँ वो कहाँ हैं।

इस मनःस्थिति की तुलना ब्रजभाषा के फैलाव से कीजिए :

ब्रजभाषा हेतु ब्रजवास ही न अनुमानो
एते-एते कविन्ह की बानी हू ते जानिये।

इस अलगाव में उर्दू ने जो सबसे बड़ा मोल चुकाया वह था ब्रजभाषा के प्रभुत्वसम्पन्न तेवर का—उस अनायास क्षमता का जिसके सहारे ब्रजभाषा फ़ारसी

और संस्कृत दोनों के ही शब्दों को अपने प्रवाह के कोड़े मारकर ठेठ रूप में बदल देती है, जिसके आगे कृष्ण कन्हैया हो जाते हैं और मुहम्मद मुहमद। संस्कृत शब्दों को तोड़ने-मरोड़ने की ताक़त तो उर्दू के पास बच गयी लेकिन फ़ारसी के आगे उसे लक़वा मार गया। और इसके साथ ही, पहले की 'सुबके हिन्दी' की तरह, फ़ारसी कविता को प्रभावित करने की शक्ति भी गयी। आगे का प्रभाव सिर्फ़ एकतरफ़ा—फ़ारसी से उर्दू की ओर।

दिल्ली-भाषा का यह नया फ़ैशन 'घर की याद' वाली कसक के लिए निहायत मौजूँ था और इसने धर्मनिरपेक्ष ईरानीनुमा ग़ज़लों में लुभावनी कविता को जन्म दिया। ग़ालिब तक ग़ज़ल में वास्तविक सर्जनात्मकता है। उसके बाद ग़ज़ल की अनुभूति प्रामाणिकता—उसका 'तग़ज़्ज़ुन'—ख़त्म हो जाता है और ग़ज़ल महज़ 'संस्कृति' रह जाती है। कहते हैं कि खजुराहो में एक गाइड ने किसी सैलानी को समझाते हुए कहा, "जी नहीं, यह मन्दिर जहाँ अभी भी पूजा चलती है हिन्दू धर्म है, वे मन्दिर जहाँ कोई नहीं पूजता भारतीय-संस्कृति है।" संस्कृति उसी अर्थ में। इक़बाल से लेकर फ़िराक़ तक सब ग़ज़ल के सैलानी हैं, साधक नहीं। उर्दू कविता धीरे-धीरे केंचुल बदल रही है, लेकिन बहुत धीरे-धीरे।

यह नया समन्वय भी रीतिकाव्य की तरह इतिहासनिरपेक्ष और धर्मनिरपेक्ष था। सिर्फ़ इसका फाटक ईरान की ओर खुला हुआ था। इसलिए आगे चलकर फिरंगी राज में जब नये भारत को स्वदेशी-विदेशी के उत्कट विवेक की ज़रूरत पड़ी तो तरह-तरह के पेचोख़म पैदा होने लगे। आख़िरकार सौदा हिन्दी क्षेत्र के पहले कवि हैं जिन्होंने कम्पनी बहादुर के अंग्रेज़ अफ़सर की शान में कसीदा लिखा था। भारतेन्दु हरिश्चन्द्र की मनःस्थिति का स्रोत इसी पेचोख़म में है जिसने हिन्दी-उर्दू की दुनियाओं को अलग किया। इससे हिन्दी-उर्दू दोनों को नुक़सान पहुँचा। कुछ दिनों तक ब्रजभाषा और उर्दू दोनों ही इतिहास-विमुख निरपेक्षता की राह पर अलग-अलग चलीं। तब तक एक तरह का सहअस्तित्व बना रहा। लेकिन जैसे ही उन्नीसवीं सदी में नयी हवाएँ, नयी चुनौतियाँ आने लगीं सर्जनात्मक अनुभूति में इतिहास की चेतना व्याकुल होने लगी, हिन्दी-उर्दू दोनों के लिए धर्मान्धता और धर्मनिरपेक्षता को लेकर असली और पेचीदा सवाल उठने लगे। तूफ़ान उठे और राजनीतिक तनाव सतह पर आ गये। जो भारत की अन्य भाषाओं में नहीं हुआ था, वह हिन्दीभाषी उत्तर में पहले ही हो चुका था। मनोभूमि दो टुकड़े हो चुकी थी, यद्यपि हिन्दी-उर्दू भाषा की नींव एक ही थी। दूसरी भाषाओं और भारतीय संगीत के लगभग समूचे समन्वय के प्रतिकूल, हिन्दी-उर्दू की भाषायी समानता नये तनावों का मुक़ाबला करने की जगह इन आँधियों का खिलौना बन गयी।

धर्म की जो धार्मिक अनुभूति है उसे तो हिन्दी-उर्दू दोनों ने छोड़ दिया। उसकी जगह 'संस्कृति' नाम की धर्मनिरपेक्ष-सी लगने वाली एक नयी चीज़ केन्द्र में आ गयी जिसने भारी झगड़े उठाये। उन्नीसवीं शताब्दी और उसके बाद के धर्मान्ध विवादों में धर्म का वह निजी रूप नहीं है जिसे मध्ययुग के साहित्य ने केन्द्र में डाला था। उस निजीपन की जगह इतिहास ने ले ली। इतिहास के साथ उत्थान-पतन, सत्ता-विद्रोह, गौरव-अपमान, अपनापन-परायापन यह सब सामने आ गया। धर्मान्धता जितनी बढ़ती है धार्मिक अनुभूति उतनी ही गौण होती जाती है। साहित्य में आधुनिकता का पहला दौर इस तरह शुरू होता है। यही इस परिवर्तन का अन्तर्विरोध है जिससे एक तरफ़ नयी हिन्दू धर्मनिरपेक्षता और नयी मुस्लिम धर्मनिरपेक्षता की विचित्र टक्कर दिखती है दूसरी तरफ़ समान दूरीवाली पुरानी धर्मनिरपेक्षता अर्थात् धार्मिक तत्त्ववाद के बचे हुए लोग बड़ी चिन्ता और लगन के साथ मिलाप की सतह खोजने में तल्लीन दिखते हैं।

जो लोग योरोप के ही तजुर्बों से अपनी सारी धारणाएँ बनाते हैं और उन्हें भारत में कसौटी की तरह इस्तेमाल करके फ़ैसला करते हैं, उन्हें इस पेचीदगी से सबक लेना चाहिए। योरोप में नवजागरण का काम था मध्ययुग के योरोपव्यापी ईसाई महामण्डल के टुकड़े-टुकड़े करके नये राष्ट्रों को जन्म देना। हिन्दुस्तान में नवजागरण के सामने समस्या थी समाज को टूटने के ख़तरे से बचाकर एका पैदा करना। नवजागरण और आधुनिकता की हवा तनाव को और तीखा कर देती है। 'धार्मिक' अनुभूति सबको मिलाने की कोशिश करती है। यह विचित्रता क्यों है? योरोप का नवजागरण पूरे समाज में सिर्फ़ एक धर्म का मुक़ाबला करता है। हिन्दुस्तान के नवजागरण के सामने मुक़ाबले के लिए कम-से-कम दो बड़े धर्म हैं। अतः नयी दुनिया की रोशनी और राष्ट्रीय एकता की ज़रूरत एक ही दिशा में काम नहीं करती।

लगता है कि मैं सुझा रहा हूँ कि मध्ययुग के धार्मिक तत्त्ववाद ने टकराव और मिलाप के मामले में आधुनिक युग के धार्मिक निरर्थकतावाद के मुक़ाबले कुछ ज़्यादा समझदारी का समाधान पेश किया। बिल्कुल इसी तरह तो नहीं, लेकिन इतना ज़रूर कहना चाहूँगा कि आज धर्मान्धता और धर्मनिरपेक्षता की जाँच-पड़ताल में मध्ययुगीन हिन्दी साहित्य में दिखती हुई मिलाप-तनाव, आकर्षण-विकर्षण की प्रक्रिया को आँखों से ओझल नहीं किया जा सकता। आज की धर्मनिरपेक्षता को मध्ययुग का सामना बेलौसपन के साथ और बिना कतराये करना होगा। आज धर्मनिरपेक्षता के हिमायतियों में जो दोमुँहापन है, उसके हल के संकेत और उस समस्या की जड़ भी वही हैं। कम-से-कम साहित्य का अध्ययन तो यही बताता है।

मैं यह भी कहना चाहूँगा कि मैदानों में फैली ब्रजभाषा मिलाप की भट्ठी में पकती है और सिकुड़ती राजधानी की उर्दू अलगाववादी नये ब्राह्मणत्व की अभिलाषा में परवान चढ़ती है। साहित्यिक आलोचना की शब्दावली में कहें तो फ़र्क़ सिर्फ़ भाषा शब्दभण्डार का नहीं था, गहरे जाकर संवेदना और काव्यानुभूति की बनावट का था।

तब से अब तक उर्दू-हिन्दी दोनों ने बड़ी मंज़िलें तय की हैं। हिन्दी ने केंचुल कुछ ज़्यादा बदला, उर्दू ने कुछ कम। धर्मान्धता और धर्मनिरपेक्षता को लेकर मिज़ाजों में बदलाव आया है। मगर उर्दू और उसके रिश्तों की व्याख्या को हम फ़िलहाल छोड़कर हिन्दी को ही देखें जो इस लेख का मुख्य विषय है।

उर्दू की एकतरफ़ा किनाराकशी के बाद, अधूरी ब्रजभाषा अपने अस्तित्व की शर्त पूरी करने में असमर्थ रह गयी। नयी हवा ने उसे विकसित करने के बजाये किनारे लगा दिया। भारतेन्दु की नयी हिन्दी में जो झंकारें उठीं, उसकी एक अतिवादी ठनक हम इस लेख के आरम्भ में देख चुके हैं। खड़ी बोली हिन्दी के सिर पर तीन दायित्व थे। एक, नये सिरे से ब्रजभाषा की मिलाप वाली परम्परा को चलाना। दो, किसान समाज को, जिसे दिल्ली-लखनऊ ने त्याग दिया था, अभिव्यक्ति देना। तीन, भारत के समूचे इतिहास को आत्मसात करके एक नया भारत-बिम्ब प्रस्तुत करना। भारतीय फ़िरदौसी के अभाव में इन तीनों दायित्वों को एक साथ निभाने के लिए कोई प्रतिनिधि विरासत नहीं थी। पहली हवा यही चली कि उर्दू मुसलमानों की ओर से बोलेगी, हिन्दी हिन्दुओं की ओर से। इस बँटवारे को मान लेने के बाद हिन्दी चाहे जितनी आधुनिक होती जाती शंका बनी ही रहती। लेकिन हिन्दी के ये तीनों दायित्व उसके साहित्य को स्थिर नहीं रहने देते क्योंकि ये तीनों उसे एक दिशा में बेधड़क नहीं बढ़ने देते। उनमें आपस में खींचातानी होती है। गुत्थियाँ उपजती हैं। बीसवीं शताब्दी की इन गुत्थियों से हम परिचित हैं। आज़ादी की लड़ाई के दौरान और आज़ादी तथा बँटवारे के बाद से इन गुत्थियों के जो राजनीतिक भँवर रहे हैं, उनके विस्तार में मैं नहीं जाऊँगा। लेकिन हम कह सकते हैं कि हिन्दी साहित्य में पहले दो दायित्वों अर्थात् ब्रजभाषा की मिलाप वाली परम्परा और गाँव से सम्बन्ध, इन दोनों का असर कुल मिलाकर धर्मनिरपेक्षता के पक्ष में पड़ा है। लेकिन तीसरा दायित्व, अर्थात् भारत-बिम्ब का निर्माण, जो बीसवीं शताब्दी की संवेदना का सबसे बोलता हुआ रंग है, बड़े-बड़े उलझाव और घनचक्कर पैदा करता है। कौन-सा मुहावरा फ़िरदौसी की तरह 'तीस बरस तक बड़े कष्ट' उठायेगा, और अपनी भाषा में भारत को 'जीवित' कर देगा?

इस लेख में पहले जहाँ मैंने भारतेन्दु का उद्धरण दिया है वहाँ यह कहा है कि इतिहास की पहली आँच लगते ही सृजनात्मक चेतना में 'हम-वे' इन दो ध्रुवों

का निर्माण होता है। इस आँच को लपट देती है फिरंगी राज की उपस्थिति और अपने सामाजिक निजत्व को पहचानने की तड़प। भारतेन्दु से लेकर मैथिलीशरण गुप्त तक यह इतिहासजनित 'हम' एक सीमित 'हम' है। भारत-भारती में 'हम कौन थे, क्या हो गये हैं और क्या होंगे अभी' में हम का घेरा कितना बड़ा है? इसके विपरीत 'वे की धारणा लचीली है। जब आँख अंग्रेज़ों पर टिकती है तब इस 'हम-वे' से हिन्दुस्तानी धर्मनिरपेक्षता की आवाज़ निकलती है, जब मुग़ल राज्य की याद आती है तब हिन्दू धर्मनिरपेक्षता जैसी चीज़ सामने आती है।

इस लचीली और चंचल मनोदशा के बहुत से दृष्टान्त इस दौर से दिये जा सकते हैं। एक दिलचस्प उदाहरण मैं बालमुकुन्द से दे सकता हूँ जो कुछ ज़्यादा सटीक ढंग से उलझाव को प्रकट करता है। बालमुकुन्द गुप्त के लेखन के बारे में चूँकि लोग ज़्यादा परिचित नहीं हैं इसलिए उद्धरण देने को कुछ ज़्यादा छूट चाहूँगा।

लगता है कि बंगाल के छोटे लाट फ़ुलर साहब ने 1905 में कहीं यह धमकी दी कि हिन्दुओं के लिए बंगाल में शाइस्ता ख़ाँ की हुकूमत फिर लायी जायेगी। इशारा इस ओर था कि शाइस्ता ख़ाँ ने बंगाल में हिन्दुओं पर जज़िया लगाया था और औरंगज़ेबी दमन की नीति चलायी थी। ज़माना बंगभंग का था, जिससे राष्ट्रीय आन्दोलन का सूत्रपात हुआ। बात फ़ुलर साहब ने भड़काने वाली कही थी। इस पर बालमुकुन्द गुप्त ने 'जन्नत से' शाइस्ता ख़ाँ के दो ख़त 'भाई फ़ुलरजंग साहब' के नाम अपनी लाजवाब व्यंग्य शैली में लिखे। इन ख़तों में शाइस्ता ख़ाँ समूचे हिन्दुस्तान की तरफ़ से अंग्रेज़ लाट को फटकारता है :

> "तो भी मैं तुम्हारे जानने को कहता हूँ कि हम मुसलमानों ने बहुत दफे हिन्दुओं के साथ इन्सानियत का बर्ताव भी किया है। बहुत-सी बदनामियों के साथ मेरी हुकूमत के वक़्त की एक नेकनामी बंगाल का तवारीख़ में ऐसी मौजूद है, जिसकी नज़ीर तुम्हारी तवारीख़ में कहीं भी न मिलेगी। मैंने बगाले के दारुस्सल्तनत ढाके में एक रुपये के 8 मन चावल बिकवाये थे। क्या तुममें वह ज़माना फिर ला देने की ताक़त है?...जहाँ तुम्हारी हुकूमत जाती है, वहाँ खाने-पीने की चीज़ों को एकदम आग लग जाती है...अपने बादशाह के हुक्म से मैंने बंगाल के हिन्दुओं पर जज़िया लगाया था...इसी के लिए मैं शर्मिन्दा हूँ और इसका बदला भी हाथों-हाथ पाया और इसी का ख़ौफ़ तुम अपने इलाक़े के हिन्दुओं को दिलाते हो। वरना यह हिम्मत तो तुममें कहाँ कि मेरे ज़माने की तरह हिन्दुओं को हरबा-हथियार बाँधने दो और आठ मन का गल्ला दो...तुमने बिगड़कर कहा है कि तुम बंगालियों को पाँच सौ साल पीछे फेंक दोगे। अगर ऐसा हो तो भी बंगाली बुरे नहीं रहेंगे।

उस वक़्त बंगाल में एक राजा का राज था जिसने हिन्दुओं के लिए मन्दिर और मुसलमानों के लिए मस्जिदें बनवायी थीं और उस राजा के मर जाने पर हिन्दू उसकी लाश को जलाना और मुसलमान गाड़ना चाहते थे। वह ज़माना तुम्हारे जैसा हाक़िम क्यों आने देगा?"

यह एक तस्वीर है, 'वे' का सन्धान जिसमें अंग्रेज़े की ओर है। 'हम' का दायरा बढ़ रहा है। एक और तस्वीर बालमुकुन्द गुप्त के 'अश्रुमती नाटक' पर लिखे गये लेख में है। लगता है कि बंगाल के प्रसिद्ध ठाकुर घराने में किसी ने एक 'अश्रुमती नाटक' लिखा था। उस घराने में यह नाटक अक्सर खेला जाता था। हिन्दी में उसका अनुवाद हुआ जिसे बालमुकुन्द गुप्त ने पढ़ा। फिर वही तिलमिलाहट, आक्रोश और मन में सदा घुमड़ती हुई पीड़ा उभरी। उन्हीं के शब्दों में :

"हमने नाटक पढ़ा। पढ़कर हमारे शरीर के रोंगटे खड़े हो गये। हृदय काँप उठा। हमने उसकी आलोचना 'हिन्दी बंगवासी' में की और मुंशी उदितनारायण लाल को बताया कि यदि कोई बंगाली हिन्दूपति महाराणाप्रताप सिंह के चरित्र को न समझकर उन पर झूठा कलंक लगावे, तो लगा सकता है। पर आप हिन्दू हैं, हिन्दुस्तानी हैं। राजपूतों और महाराणाप्रताप सिंह के चरित्र को अच्छी तरह समझते हैं, फिर न जाने क्यों आपने ऐसी कलंकमयी पोथी का अनुवाद किया। यह पोथी हिन्दू जाति की, क्षत्रिय वंश की बेइज़्ज़ती करती है और उन पर घोर कलंक लगाती है। इसका अनुवाद करने से आप पाप के भागी हुए हैं। इससे इस कलंकमयी पुस्तक के अनुवाद की जितनी पोथियाँ छपी हैं, वह सब गंगा जी में डुबो दीजिए और फिर गंगा स्नान करके पवित्र हूजिए।"

इस नाटक का कथासार यह था कि इतिहास प्रसिद्ध राणाप्रताप की एक लड़की अश्रुमती नाम की है। जब राणाप्रताप पराजित होकर जंगलों में भटक रहे थे तब मान सिंह के इशारे पर अकबर की सेना का एक मुसलमान सिपाही अश्रुमती को चुरा ले जाता है। अकबर के बेटे शाहज़ादा सलीम ने अश्रुमती की रक्षा की। अश्रुमती शाहज़ादा सलीम के प्रेम में पागल हो जाती है। बाद में राणाप्रताप की मृत्युशैया के सम्मुख भी वह सलीम के ही गुण गाती है। प्रताप को इसके सुनने से मानो मरने से पहले ही मर जाना पड़ा। प्रताप ने उसे भैरवी बनाने का हुक्म दिया। अन्त में भैरवी अवस्था में सलीम उससे फिर मिलता है और वह उसके साथ ग़ायब हो जाती है।

"इस पुस्तक के पढ़ने से आपकी गर्दन नीची होती है या ऊँची? बंग साहित्य के मुँह पर इससे स्याही फिरती है या नहीं? आपके बंग साहित्य में यदि

ऐसी पुस्तकें बढ़ें तो उस साहित्य का मुँह काला होगा या नहीं? ...किन्तु साहित्य जहन्नुम में जाये, हमको साहित्य से मतलब नहीं है। हमको जो कुछ मतलब है इस पुस्तक से है, वह हिन्दू धर्म लेकर, राजपूतों का गौरव लेकर और हिन्दूपति महाराणाप्रताप सिंह की उज्जवल कीर्ति लेकर है...कैसे दुख की बात है कि जिस महाराणा ने दूसरे राजपूतों को मुसलमानों को कन्या देने से रोका—एक बंगाली ग्रन्थकार उसी पर कलंक लगाता है और उसकी एक कल्पित लड़की को एक मुसलमान के साथ भगाता है। अब विचारिए कि जिस ग्रन्थकार ने यह पुस्तक लिखी है उसने कैसा भारी अनर्थ किया है, और कहाँ तक हिन्दुओं के मन को कष्ट नहीं दिया..."

'वे' का सन्धान यहाँ दूसरी तरफ़ है और 'हम' का घेरा सिकुड़ता है। केन्द्र में मध्ययुग की परिचित धार्मिक अनुभूति नहीं है बल्कि 'हिन्दू धर्म, राजपूतों का गौरव और राणाप्रताप की उज्जवल कीर्ति' यहाँ समानार्थी हो गये हैं, बालमुकुन्द गुप्त के मन में जो घाव करता है, उसकी नाज़ुक विषय-वस्तु अश्रुमती नाटक में भी है, भारतेन्दु के नीलदेवी नाटक में भी है, और जायसी के पद्मावत में भी है। लेकिन अनुभूति के रेशे अलग हैं। धर्मनिरपेक्ष भारत की मूर्ति किस शिल्प से गढ़ी जायेगी? आधुनिक युग का यह पहला अन्तर्विरोध है।

इतिहास की पहली झलक से उत्पन्न इस हिन्दू-मुसलमान फाँक को भरने की कोशिश सत्याग्रह युग में गाँधी जी के व्यापक प्रभाव के अन्तर्गत हुई। भारत-बिम्ब को गढ़ने के लिए अतीत से दूसरे रंग उठाये गये। घटनाओं के परे भारतीय आत्मा की तलाश की गयी। भारत बिम्ब को भौतिकवादी पश्चिम के मुक़ाबले में आध्यात्मिक करके उभारा गया। इस नये अध्यात्मवाद में पुराना धार्मिक तत्त्ववाद भी घुल-मिल गया। विवेकानन्द और रामकृष्ण जैसे लोगों ने यह आत्मदर्शी दार्शनिकता पहले ही सुलभ कर दी थी। रवि ठाकुर ने इसकी साहित्यिक उर्वरता का वैभव दिखला दिया था। इस सबको लेकर छायावाद ने आवाज़ बदली। यह भारतेन्दु-मैथिलीशरण गुप्त के समय के सीमित 'हम' को फुलाकर बड़ा करने की कोशिश है। व्यापक राष्ट्रीय मान्यता के अनुकूल ही, छायावादी कवि भौतिकता का अतिक्रमण करने का प्रयत्न करता है। लेकिन यह आत्मान्वेषी यात्रा सिर्फ़ उसकी निजी गवाही नहीं है। इसमें राष्ट्रीय व्यक्तित्व की खोज और देशभक्ति में कवि के व्यक्तित्व की घुलावट भी शामिल है। निजी और सार्वजनिक, 'मैं' और 'हम सब'—इन दोनों को जोड़ना इतना आसान खेल नहीं है जितना कहने भर से लगता है। इसमें बड़ा उतार-चढ़ाव, बड़ी पीड़ा और बड़ा उल्लास दोनों हैं सन्तुलन बनता है, बिगड़ता है, ठहरता है, बिखरता है। इस प्रक्रिया का सबसे ठस

उदाहरण सुमित्रानन्दन पन्त की कविता है, जिन्हें इस हलचल की भनक ज़रूर कहीं से मिली है लेकिन इसमें जो धुआँधार बेक़रारी है उससे वह सरासर अछूते रह जाते हैं। दो सौ बरस पहले घनानन्द और मीर की दुनियाओं के अलगाव का एक नतीजा शायद सुमित्रानन्दन पन्त का ठसपन भी है। इस प्रक्रिया के सबसे चमकते और वेगवान उदाहरण प्रसाद और निराला हैं जो इसके रंगारंग पहलुओं को जीते हैं और सबसे तन्मय उदाहरण महादेवी हैं जिन्हें अतिक्रमण की एक अनुभूति के बाद और किसी चीज़ की आवश्यकता नहीं रह गयी है।

क्या छायावादी को हम योरोप की रोमाण्टिक धर्मनिरपेक्षता के तुल्य ठहरा सकते हैं? अक्सर आलोचक ऐसा करते हैं, चाहे प्रशंसा में चाहे निन्दा में। लेकिन रोमाण्टिक कवि और छायावादी कवि में जड़ में ही अन्तर है छायावादी कवि जिस समाज का अगं है उसके पीछे वह लाठी लेकर नहीं पड़ा है। समाज से उसका गहरे स्तर पर सामंजस्य है। वह दुखी होता है, उमड़ता है, पसीजता है, छटपटाता है, चिन्तामग्न हो जाता है, उड़ चलता है। शक्ति और ऐश्वर्य के सपने देखता है। लेकिन आख़िरकार यह सारा मायालोक उसी आध्यात्मिक नैतिक जगत् में समाहित हो जाता है जिसका दूसरा नाम इन दिनों भारतवर्ष है। निराधार कल्पना छलावे दिखाती है। लेकिन सार्वजनिक आस्था के सहारे छायावादी कवि बायरन और शेली जैसी उद्दामता और कुण्ठा की पेंगों से बच जाता है।

फिर हम एक दूसरे रास्ते से एक नये क़िस्म के धार्मिक तत्त्ववाद तक जा पहुँचते हैं, जहाँ मध्ययुग और उसके पहले की भी छायाएँ पड़ती दीखती हैं। यह मनोभूमि कहाँ तक और किस अर्थ में धर्मनिरपेक्ष है? रॉबर्ट फ्रॉस्ट ने कभी कहा था कि जितना ही मैं टैगोर को पढ़ता हूँ मेरी आस्था ईश्वर में दृढ़ होती जाती है। इस नयी आध्यात्मिकता का बादल पकड़ में चाहे न आये, बालमुकुन्द गुप्त के 'हम' से ज़्यादा कुछ लपेट सकता है, इतना तो साफ़ है। ऐसे ही बादल की तलाश में उर्दू कवि इक़बाल भी 'ख़ुदी' को तान रहे थे। वहाँ बिल्कुल छायावाद तो नहीं है लेकिन भौतिकवाद से परे आध्यात्मिकता की प्रस्तावना ज़रूर है। सवाल यही था कि क्या ये दोनों बादल मिलेंगे या पावन-अपावन, पाक-नापाक के समानान्तर कटघरे बनाकर अलग-अलग दिशाओं में उड़ जायेंगे? संक्षेप में, संकुचित 'हम' को फैलाकर कुछ धर्मनिरपेक्ष बनाने की कोशिश में छायावाद धर्म के मर्म की ओर मुड़ता है। आधुनिक युग का यह दूसरा अन्तर्विरोध है।

तब किया क्या जाये? क्या हम अतीत से बिल्कुल मुँह मोड़ लें और नितान्त समसामयिक धर्मनिरपेक्षता का ढाँचा खड़ा करें? ऐसी ही समसामयिक धर्मनिरपेक्षता की खोज में, जिसमें न सिर्फ़ धर्म और ईश्वर बल्कि वह भी जिसे 'संस्कृति'

कहा जाता है कोने में डाल दी जाये। उपन्यासकार प्रेमचन्द ने एक बार अपने नगरवासी जयशंकर प्रसाद और उनके स्वर्ण-युगवादी नाटकों पर टिप्पणी जड़ते हुए कहा था, "आख़िर इन गड़े मुर्दों को उखाड़ने से क्या लाभ?" प्रेमचन्द उर्दू से हिन्दी में आये, गाँव और किसान की तलाश में और उन्होंने अपने प्रसिद्ध एकरंगी उपन्यास लिखे। उन्होंने यथार्थ तक पहुँचने के लिए सबसे छोटी राह पकड़ी—प्रत्यक्ष की राह। लेकिन गड़े मुर्दों को उखाड़ने की ज़रूरत नहीं पड़ती। वे ख़ुद-ब-ख़ुद बग़ैर न्योते ही क़ब्र से निकल आते हैं और जब तक उनका डटकर सामना न किया जाये प्रेतलीला करते रहते हैं। अतीत के मर्दों से एक बार प्रेमचन्द की बड़ी विचित्र भेंट हुई थी। अपने अजीब उपन्यास 'कायाकल्प' में, जहाँ आज का यथार्थ भी है, किसान ज़मींदार भी हैं, बाणभट्ट की कादम्बरी जैसा पुनर्जन्म भी है, हिमालय की रहस्यमयी गुफाएँ भी हैं और मन्त्र बल से उड़ने वाले साधु-महात्मा भी हैं; या फिर 'महात्मा ईसा' और 'कर्बला' जैसे निर्जीव नाटकों में। उन्होंने पाया कि पुराण और देवमालाएँ रचने वाली 'आत्मा की संकल्पात्मक अनुभूति' उनके किसी ख़ास मसरफ़ की नहीं है। सिर्फ़ अनमिल बेजोड़ ही पैदा करती है। उन्होंने प्रेतबाधित स्तरों को छोड़ दिया और प्रत्यक्षदर्शी उपन्यास लिखे। धीरे-धीरे यह सारी प्रत्यक्ष-सीमित, मिथकहीन धर्मनिरपेक्षता उथली होती गयी। जो भी हो, उन्होंने प्रत्यक्ष के स्तर पर पावनता और इहलौकिकता की भेंट 'कायाकल्प' की शैली में फिर नहीं दुहरायी। ज़ाहिर है कि यह ढंग न सिर्फ़ पश्चिम के वैज्ञानिक यथार्थवाद की रोशनी में, बल्कि उस समय के भारतीय तात्त्विक अध्यात्मवाद के आगे भी घोंघावसन्ती लगने लगा था।

लेकिन प्रेमचन्द का प्रत्यक्षवाद उनके अन्तिम उपन्यास 'गोदान' में कायाकल्प के मिथकीय प्रेतों की ओर फिर लौटता है। इस बार बिल्कुल नयी पकड़ के साथ उनके पहले उपन्यासों और कहानियों का किसान मुख्यतः आर्थिक चक्की में पिसता हुआ दरिद्र और शोषित किसान था। गोदान का होरी अभी भी कुल मिलाकर प्रेमचन्दीय किसान, यानी प्रधानतः आर्थिक आदमी ही है। पर अब उसके मन में एक पौराणिक आस्था घुमड़ती रहती है—गोदान की। उसके संघर्ष का मैदान ज़रूर आर्थिक ही दीखता है लेकिन गोदान की व्यथित अभिलाषा और उससे भी बढ़कर होरी की अनिवार्य धर्मभीरु नैतिकता उसके हर उद्वेलन को एक विनीत पावनता से दीप्त करती रहती है। कर्मभूमि या रंगभूमि के प्रेमचन्द इस पौराणिक या मिथकीय उद्वेलन को टाल जाते या नापसन्द करते। लेकिन धर्मनिरपेक्षता और धर्मभीरुता यहाँ जानबूझकर मिलायी हुई दीखती है। गोदान क्या सिर्फ़ होरी नाम के एक किसान की कहानी है या होरी नाम के एक आदमी

की कहानी है? वह कौन-सी पातालगंगा है जो बहुत गहरे एक किसान को एक आदमी बनाती है? ये सवाल प्रेमचन्द के अन्तिम सर्जनात्मक प्रयास में उलझे हुए हैं। धर्म और धर्मेतर की सीमारेखाएँ गड्डमड्ड हो जाती हैं। यह आधुनिक युग का तीसरा अन्तर्विरोध है।

इस तरह हमारे सामने हिन्दी साहित्य के माध्यम से आधुनिक धर्मनिरपेक्षता की समस्याओं का स्वरूप बनता है। अध्यात्मवादी तेवर जिस समन्वय का प्रयास करता है उसमें एक हद के बाद असफल रहता है। इसके विपरीत आर्थिक धर्मनिरपेक्षता के सामने सतहीपन का ख़तरा खड़ा हो जाता है। लगभग ऐसा ही ख़तरा रीतियुग ने उठाया था जिसने तनावों और उलझनों से बचने के लिए ज़िन्दगी की सतह पर ही बाँकपन दिखाने की कोशिश की। धर्मनिरपेक्षता आदमी की तलाश में कितने गहरे गोता लगाये—और वह भी किसके सहारे?

हल क्या है? मैं इस सवाल को यहाँ अनुत्तरित ही छोड़ देता हूँ क्योंकि अब हमारे विश्लेषण की सीमाएँ बिल्कुल पड़ोस में, आजकल के सृजनात्मक ऊभचूभ के पास जा पहुँची हैं। आशा करता हूँ कि अब तक इतना अवश्य स्पष्ट हो गया होगा कि धर्मनिरपेक्षता एक गतिशील प्रक्रिया है। कोई बनी-बनायी या बाहर से उधार ली हुई अवधारणा नहीं है जिसको हम आँख मूँदकर हर जगह लागू कर दें। यह प्रक्रिया अभी भी उन्हीं दो ध्रुवों के बीच चक्कर काटती है। धार्मिक तत्त्ववाद के सहारे समन्वय नहीं हो पाता और प्रत्यक्षवाद सतह पर तैरता है। हम फिर उन्हीं आरम्भिक प्रश्नों को पूछकर बात को फ़िलहाल ख़त्म करें क्या सारे धर्म समानरूप से सार्थक हैं? क्या सारे धर्म समान रूप से निरर्थक हैं?

साहित्य क्यों से

इतिहास और परम्परा

भारत के गौरवमय इतिहास और महान् परम्परा की बात पिछले दौर में बहुत कही गयी। एक हद तक इसके पीछे विदेशियों के मुक़ाबले में लोगों में आत्मविश्वास और राष्ट्रीय महत्त्वाकांक्षा जगाने की भावना थी। लेकिन आज़ादी के बाद राष्ट्रीय महत्त्वाकांक्षा सिर्फ़ ऊँचे स्वर में पुकारने की चीज़ नहीं रह गयी। उसकी कसौटी अन्वेषण नहीं सृजनशीलता हो गयी। वर्तमान से साक्षात्कार और खुले हुए भविष्य का क्रियात्मक दबाव आज ज़्यादा आन्तरिक अनुभूतियाँ हैं।

इसीलिए पिछले दौर के विचार एक हद तक नाकाफ़ी लगते हैं। पिछले दौर से मेरा मतलब आधुनिक हिन्दुस्तान की उन्नीसवीं और बीसवीं सदियों के उस काल से है, जिसे स्थूलतः पुनर्जागरण और स्वतन्त्रता-संग्राम का काल कहा जाता है।

आज परम्परा की आवाज़ उतनी प्रखर नहीं सुनायी पड़ती। इसकी तुलना में परिवर्तन पर ज़ोर ज़्यादा है। सुविधा के लिए हम आज की स्थिति को आर्थिक, राजनीतिक, सामाजिक और सांस्कृतिक—इन चार स्तरों पर देख सकते हैं। आर्थिक क्षेत्र में, खेती और उद्योग में, आज के हिन्दुस्तान में जड़ से परिवर्तन की ज़रूरत है। इसमें बहस की ज़्यादा गुंजाइश नहीं है। यदि हम नये ढंगों और नये औज़ारों की मदद नहीं लेते, तो हमारा अस्तित्व ही ख़तरे में पड़ जायेगा। कहा जा सकता है कि इन क्षेत्रों में, उदाहरण के लिए खेती में, अभी भी बहुत-कुछ काम परम्परा के आधार पर ही चलता है। लेकिन यह हमारी अक्षमता का प्रतीक है, परम्परा के अन्धानुसरण का प्रमाण नहीं। बैलगाड़ी अब भी चलती है। यह विवशता है। इस तरह जिन्हें सन्तोष हो, वे चाहें तो कह लें—मजबूरी का दूसरा नाम परम्परा है।

राजनीति में भी जनतन्त्र को स्थापित करने के साथ, ऐसी बहुत-सी चीज़ें आज हमारे जीवन का अंग बन गयी हैं, जिन्हें, परम्परा से सीधे जोड़ना कठिन है। संसद मन्त्रिमण्डल, राजनीतिक दल, इत्यादि सैकड़ों संस्थान बिल्कुल नये हैं। इनकी जड़ें परम्परा में नहीं बल्कि हिन्दुस्तान के निवासियों के सृजनात्मक स्फुरण में हैं। इनका स्रोत हमारे उस आत्म-विश्वास में नहीं है, जो सोचता है,

कि यह सब हमारे यहाँ पहले भी था, बल्कि उस दूसरे प्रकार के आत्म-विश्वास में है, जो सोचता है, कि आज, इसी क्षण हम अपने विवेक से इनका सृजन करते हैं, और भविष्य का सामना करते हैं।

सामाजिक रिश्तों और संस्कृति के स्तरों पर परम्परा कुछ अधिक बलवती दीखती है। लेकिन यहाँ भी परम्पराजनित आत्म-विश्वास और सृजनशील आत्म-विश्वास में टक्कर है। कला और साहित्य में यह संघर्ष काफ़ी मुखर है। यह कहना कठिन है, कि प्राधान्य परम्परा का है।

इस तरह हम देखते हैं, कि जैसे-जैसे परिवर्तन की गति तेज़ होती जाती है, परम्परावाद या तो कमज़ोर होता है, या अपनी शक्ल बदलने के लिए मजबूर होता जाता है।

यह तो हुई इतिहास की गति, जो आज परम्परा के विरुद्ध पड़ती दीखती है। लेकिन इतिहास और परम्परा की टक्कर को हम एक और तरह से भी हिन्दुस्तान में देख सकते हैं। पुनर्जागरण काल में परम्परा एक अति प्रतिष्ठित शब्द था। लेकिन उसी काल में नये रास्ते ईजाद करने की कोशिश भी की गयी। सच पूछिए, तो विशुद्ध परम्परावादी सत्रहवीं और अठारहवीं सदी का ही हिन्दुस्तान है। उस हिन्दुस्तान की सीमाओं और परम्पराओं को तोड़कर समाज को नये ढंग से एकत्र करने की कोशिश ही पुनर्जागरण की असली प्रेरणा है। चूँकि तोड़नेवालों को भी परम्परा के प्रति आसक्ति थी, इसलिए उन्होंने परम्परा की नयी परिभाषा गढ़ना ज़्यादा उचित समझा। सत्रहवीं-अठारहवीं सदी के लोगों के लिए परम्परा और रिवाज में अन्तर नहीं है। परम्परा इतिहास में बरता जाने वाला वह अवशेष है, जो पीढ़ी-दर-पीढ़ी हस्तान्तरित होता है। यहाँ यह बहस नहीं है, कि उन लोगों की यह मान्यता ठीक थी या नहीं। यों सदियों के हमारे हिन्दुस्तानी पूर्वजों के साथ काफ़ी अन्याय किया गया है, जो उन सभी लोगों के साथ किया जाता है, जो हार जाने के अपराधी होते हैं। बहरहाल, उनकी यह अन्तर्निहित धारणा थी। यह धारणा इतिहास और परम्परा को मिलाकर चलती है। इसके विपरीत, पुनर्जागरण काल के लिए परम्परा वह है, जो इतिहास के निष्कलंक स्वर्णिम युगों में सारतत्त्व या मूल तत्त्व की तरह अन्वेषित की गयी। इस परम्परा के लिए इतिहास का नैरन्तर्य आवश्यक नहीं है। इस परम्परा के साथ 'महान्' का विशेषण लगाना ज़रूरी और आसान, दोनों हो गया। फलतः इतिहास में बहुत-सी खाली जगह छूट गयी। साथ ही परम्परा बरती जाने वाली चीज़ न रहकर, दार्शनिकों, अध्यापकों, शोधकर्ताओं और प्रचारकों की तलाश की चीज़ हो गयी। इस नयी परिभाषा के बल पर ही दयानन्द सरस्वती के लिए लम्बे इतिहास को नकार कर एक नये आन्दोलन का

सूत्रपात करना सम्भव हो सका। लेकिन इतिहास शास्त्रार्थ और तत्त्व-मीमांसा से ज़्यादा प्रबल है। उसने बदला लिया। उसने सिद्ध किया, कि आर्य समाज वैदिक युग की वस्तु न होकर हिन्दुस्तान की उन्नीसवीं सदी के मानस की एक लहर है, और इसी हैसियत से वह इतिहास में गिना जायेगा।

इतिहास सिर्फ़ वही नहीं है, जो दो हज़ार बरस पहले घटित हुआ था, बल्कि वह भी है, जो पिछले सौ वर्षों में गुज़रा है और वह भी, जो कल घटित होने की सम्भावना की तरह आज हमारे मानस को व्याकुल कर रहा है। आज जो कुछ हमारे मन में इच्छाओं, आवेगों, विचारों, अभावों या उपलब्धियों की तरह गुज़र रहा है, वह भी इतिहास है और हम उससे बचकर निकल नहीं सकते। इस इतिहास में सिर्फ़ स्वर्णयुग नहीं है, सिर्फ़ महान् परम्पराएँ नहीं हैं, बल्कि ऊँचा-नीचा, सोना-लोहा, हार-जीत—वह सब है, जो हमारे भीतर हमें सृजन करने, निर्मित करने, बिना पुरखों के दामन में मुँह छिपाये पूरी ज़िम्मेदारी के साथ परिस्थितियों का सामना करने के लिए तैयार करता है। इस दृष्टि से पिछले सौ वर्षों का इतिहास और परम्परा के बारे में लोगों की सतर्कता हमारे लिए ज़्यादा नज़दीक और संगत इतिहास है।

परम्परा को सिर्फ़ सारतत्त्व या मूलतत्त्व की तरह पहचानने की कोशिश में हमारे हाथ से यह नज़दीकी इतिहास छूट जाता है। कोई वजह नहीं कि हम परम्परा को सिर्फ़ तात्त्विक विवेचन की चीज़ मानें, ख़ासतौर पर यदि हम दर्शन के क्षेत्र में तत्त्ववाद के क़ायल न हों। यदि हम इस दार्शनिक लबादे को उतार फेंकें, तो एक और प्रश्न खड़ा होता है : परम्परा या परम्पराएँ? इतिहास में हमें परम्पराओं के दर्शन होते हैं, और उनका मतलब भी समझ में आता है। लेकिन यह एकवचन 'परम्परा' तत्त्ववादी दर्शन की उपज है। अगर सबको आत्मसात करने वाली परम्परा जैसी कोई चीज़ है भी, तो वह काल-प्रवाह या ऐतिहासिक निरन्तरता का ही दूसरा नाम होगी। उस हालत में भी समूचा इतिहास पुनर्जागरण काल की सारग्राही परम्परा के विरुद्ध खड़ा होगा।

परम्परा की परिभाषा बदल देने से ही सीमित परिवर्तनवादियों ने परम्परा और रूढ़ि में फ़र्क़ किया। जिसे वे बदलना चाहते थे, उसका नाम उन्होंने रूढ़ि दे दिया, जिसे नहीं बदलना चाहते थे, उसे परम्परा कहकर पुकारा। दहेज-प्रथा रूढ़ि है, वेदान्त-दर्शन परम्परा। लेकिन यह फ़र्क़ तभी तक चल सकता था, जब तक सब दहेज-प्रथा को बदलना चाहते थे, और वेदान्त-दर्शन को नहीं छोड़ना चाहते थे। अन्य ऐसी कोई कसौटी नहीं है, जिसके आधार पर हम कह सकें, कि जातिप्रथा रूढ़ि है या परम्परा। बदलना चाहते हैं, तो रूढ़ि है, नहीं बदलना चाहते, तो परम्परा। एक साँस में रूढ़ियों को तोड़ने की बात कहना और परम्परा को

बचाये रखने का आग्रह करना एक तरह के सामाजिक अवसरवाद की शब्दावली है, जो उपयोगी चाहे जितनी भी हो, नाकाफ़ी है।

सीमित परिवर्तनवादियों की ओर से एक और तर्क यह दिया जाता है, कि परम्परा के प्रति हम श्रद्धा-भाव रखें, लेकिन ग़लत परम्परा और सही परम्परा में विवेक करें। सही का पालन करें, ग़लत को त्याग दें। यह सलाह ऐसी ही है, जैसे हम बच्चे को शिक्षा दें, कि माँ-बाप का कहना मानो, लेकिन उसे यह भी छूट दें, कि इस विशाल संसार में वह जिसे चाहे ग़लत माँ-बाप, और जिसे चाहे सही माँ-बाप घोषित करे।

पिछले सौ वर्षों में हिन्दुस्तान को बदलने की कोशिश हुई है। इसमें धार्मिक आचार्यों, समाज-सुधारकों, लेखकों, शिक्षकों, नेताओं, फ़ैशनपरस्तों, नक़लचियों, लफंगों, विदेशियों, सभी ने अपने-अपने ढंग से हाथ बँटाया है। सबके लक्ष्य एक नहीं थे, और उनकी रफ़्तार भी एक-सी नहीं थी। फिर भी कुल मिलाकर हिन्दुस्तान मध्ययुग से निकलकर इतिहास के आधुनिक युग में आया है। सृजनशीलता और विवेक के दायरे बढ़े हैं। इस प्रक्रिया में बहुत-सी परम्पराएँ टूटी हैं। अभी भी प्रक्रिया चल रही है। परम्पराएँ टूट रही हैं।

परम्पराएँ उन रस्सियों की तरह हैं, जो सामाजिक इकाई को बाँधती हैं। जब किसी समाज में बड़े परिवर्तन होते हैं, और परम्पराएँ टूटती हैं, तो एक ख़तरा यह बराबर बना रहता है, कि समाज बँधा न रह सके, टूट जाये। लेकिन हम देखते हैं, कि सत्रहवीं-अठारहवीं सदी का भारतीय समाज जितना खण्ड-खण्ड था, उसके मुक़ाबले में सामाजिक गठन और व्यापक ही हुआ है, टूटा नहीं है। इसका मतलब यह हुआ कि परम्पराओं के अलावा और चीज़ें भी हैं, जो सामाजिक इकाई को बाँधती हैं। सच तो यह है, कि सामाजिक इकाई की लम्बाई-चौड़ाई में प्रसार होने का मतलब ही यह है कि बाँधने वाली कल्पनाओं के पुंज को नये सिरे से परिभाषित किया जाये। परम्परा की शब्दावली के भीतर ही परिवर्तित परिभाषाओं के दो स्वरूप हमें दिखलायी पड़ते हैं—धर्म और संस्कृति।

मध्ययुग के अन्त तक परम्पराओं के पुंज का नाम स्थूलतः धर्म था। पुनर्जागरण काल की पहली जागरूकता इस पुंज की उधेड़बुन करने की है। जिस धर्म-अभिहित परम्परा-पुंज पर समाज गठित था, उससे सन्तोषजनक इकाई का निर्माण नहीं होता दीखता था। इसलिए धर्म की एक नयी परिभाषा, नयी व्याख्या देने की कोशिश की गयी, जो बहुत-सी परम्पराओं को त्याग कर नयी रस्सियाँ बँटने में सफल हो सके। मगर चिन्तन की चौहद्दी तब भी धर्म ही थी। धार्मिक सुधार आधुनिकता की ओर पहला क़दम है।

बाद में इस नये व्याख्यायित धर्म की सीमाएँ भी दीखने लगीं। धर्म की जगह एक नया शब्द प्रचलन में आया, संस्कृति। जिस तरह संस्कृति की कल्पना सत्तर-अस्सी वर्षों में हिन्दुस्तान में विकसित हुई है, उसमें धर्म का काफ़ी गहरा पुट है। कभी-कभी तो संस्कृति की व्याख्याएँ सुनकर लगता है, कि हम धर्म और धर्म के सामाजिक रूप की ही व्याख्या सुन रहे हैं। फिर भी संस्कृति धर्म के मुक़ाबले में ज़्यादा बड़ी और गतिशील कल्पना है। इसमें धर्म, कला, साहित्य, रीति-रिवाज, संस्थाएँ, राजनीति, समाजनीति और इतिहास का भी बड़ा हिस्सा आ जाता है। इसके साथ ही संस्कृति की बहस में अध्यापकों और प्रोफ़ेसरों का ज़ोर रहता है, मुल्लाओं, पादरियों या पुरोहितों का नहीं।

संस्कृति परम्पराओं का प्रभामण्डल है। कम-से-कम अब तक उसकी व्याख्या इसी तरह की गयी है। यह सवाल मन में उठता है, कि जिस तरह धर्म की सीमा से अवगत होकर हमने संस्कृति के बृहत्तर दायरे में प्रवेश किया, क्या उसी तरह आज संस्कृति से अवगत होकर, किसी और बड़े दायरे में प्रवेश करने का अवसर नहीं आ गया है? वे जो परम्परावादी नहीं हैं, या परम्परा और परिवर्तन के बीच असमंजस में हैं, उनके मन में तो यह सवाल उठना ही चाहिए। और वे जो आज के, अर्थात् 1965 के परम्परावादी हैं, उन्हें भी इतना तो सोचना ही होगा, कि क्यों उन्हें परम्पराओं की वह शक्ल पसन्द नहीं है, जो सत्रहवीं-अठारहवीं सदी में थी, या जो उन्नीसवीं सदी के धार्मिक सुधारकों ने बनानी चाही थी, क्यों वे धर्म की जगह संस्कृति की चर्चा ज़्यादा पसन्द करते हैं?

हिन्दुस्तान के सभी निवासियों को नये सिरे से एक इकाई में बाँधने का जो स्वप्न पुनर्जागरण काल के विचारकों और नेताओं ने देखा था, वह कुछ हद तक ही सफल हुआ। आख़िरकार इस सामाजिक इकाई के दो टुकड़े हो गये: भारत और पाकिस्तान। क्या यह विफलता सिर्फ़ राजनीतिक विफलता थी? क्या इसमें हमारी बौद्धिक विफलता भी अन्तर्निहित नहीं है?

जिसे हम सामाजिक इकाई की अनुभूति कहते हैं, वह हमारी चेतना में 'हम' और 'वे' की दो कोटियाँ निर्धारित करती हैं। धर्म आधारित परम्परागत 'हम' और 'वे' एक तरह की कोटियाँ हैं। संस्कृति पर आधारित नव परम्परागत 'हम' और 'वे' की कोटियाँ धर्म की कोटियों से भिन्न हैं, लेकिन कितना दूर तक? वांछनीय 'हम' और 'वे' तक पहुँचने के लिए हमारे विवेक और सृजनशीलता को अभी कितना रास्ता तय करना शेष है?

मेरी समझ में भारत-पाकिस्तान बँटवारे के पीछे भी परम्पराओं की जकड़बन्दी है, दिमाग़ी तौर पर सर्वथा परम्परा युक्त, सृजनशील आत्मविश्वासी संवेदना के

विकसित न हो पाने की विफलता है। हिन्दू-मुसलमान इन दो टुकड़ों के ठोस सन्दर्भ में देखने से यह बात स्पष्ट हो जायेगी। उदाहरण के लिए एक ज़माने में कहा जाता था, कि 'सच्चा हिन्दू' और 'सच्चा मुसलमान' एक दूसरे के अधिक निकट होते हैं। अकबर इलाहाबादी, गाँधी जी और एनी बेसेंट जैसे अलग-अलग तरह के लोगों में इस व्यापक धारणा की झाँकी मिलती है। तमाम शास्त्रार्थ, अनुसन्धान, सन्त-सूफ़ी-वाणी, दीन-ए-इलाही और प्रार्थना सभाओं के बावजूद आज क्या इसका विलोम ज़्यादा सही नहीं मालूम पड़ता : 'झूठा हिन्दू और झूठा मुसलमान एक दूसरे के ज़्यादा निकट होते हैं?' 'झूठा' से मेरा मतलब उससे है, जिसे हिन्दू धर्म या इस्लाम की परम्पराओं (सिर्फ़ रूढ़ियाँ नहीं) को तोड़ते डर नहीं लगता।

धर्म की संस्कृति से उलझने की कोशिश मूलतः परम तत्त्व से निकलकर इतिहास में आने की कोशिश है। इस क्षेत्र में आने पर नयी समस्याएँ खड़ी हो गयीं। एक तरफ़ तो आर्य संस्कृति और द्रविड़ संस्कृति की बहस चल पड़ी, दूसरी तरफ़ हिन्दू संस्कृति और मुस्लिम संस्कृति की। मुख्य बौद्धिक चुनौती यह थी—क्या संस्कृति की कोई ऐसी सन्तोषजनक परिभाषा हो सकती है, जो इस समूची सामाजिक इकाई को कई केन्द्रों की जगह एक केन्द्र प्रदान कर सके? सत्याग्रह युग (बीसवीं सदी के तीसरे और चौथे दशक) में इसका सबसे चलता हुआ जवाब 'समन्वित संस्कृति' की धारणा में दिया गया। लेकिन 'समन्वित संस्कृति' एक केन्द्र की स्थापना नहीं कर सकी, वह कई केन्द्रों के सह-अस्तित्व तक ही सीमित रही। यदि बँटवारे को दूर करना है, तो संस्कृति की शब्दावली छोड़कर किसी और केन्द्र का निर्माण करना होगा—पाकिस्तान को भी, भारत को भी। धार्मिक दीन-ए-इलाहीपन की तरह समन्वित संस्कृति ने भी एक नये शास्त्रार्थ को जन्म दिया : 'असली संस्कृति' बनाम 'संकुचित संस्कृति'। यह बहस भी सुनायी पड़ती है। इसके पहले कि धर्म की तरह संस्कृति को भी हम किसी और बड़ी संवेदनशीलता में पचा लेते, बँटवारा हो गया। भारत-पाकिस्तान विभाजन धार्मिक विफलता नहीं है, गहरे स्तर पर सांस्कृतिक विफलता है। जिन्ना से लेकर अय्यूब खाँ तक का नेतृत्व इस्लाम धर्म के बूते पर नहीं है (क्योंकि वे धार्मिक नेता नहीं हैं), बल्कि मुस्लिम संस्कृति के नाम पर है।

परम्पराएँ संस्कृति के प्राणतत्त्व की तरह हैं—चाहे वह 'असली संस्कृति' हो या 'संस्कृति' हो, 'समन्वित संस्कृति' हो या 'शुद्ध संस्कृति हो'। धर्म जितनी ग़ैर-ज़रूरी स्मृतियाँ जगाता है, संस्कृति उससे कम नहीं जगाती। इसीलिए उदाररूप में भी संस्कृति से अनावश्यक उलझाव एक केन्द्र का नहीं, कई केन्द्रों का निर्माण करता है। भारत-पाकिस्तान में ज़रूरत सांस्कृतिक समन्वय की नहीं, संस्कृति से

मुक्ति की है। क्या धर्मनिरपेक्षता की तरह हम संस्कृति-निरपेक्षता की विधेयक कल्पना नहीं कर सकते?

अन्त में एक दूसरी विचार पद्धति की ओर देखना भी ज़रूरी है। हम धर्म, संस्कृति और परम्परा के मुक़ाबले में विवेक और सम्पूर्ण प्रभुत्वसम्पन्न सृजनशीलता को खड़ा करते हैं। शुद्ध विवेक की ऐतिहासिक सीमाबद्धता को आज प्रमाणित करने की ज़रूरत नहीं है। यह ऐतिहासिक सीमाबद्धता परोक्षतः विवेक पर परम्परा का फन्दा ही है। अभी दुनिया एक ऐसे दौर से गुज़री है, जब आदमी विवेक की ऐतिहासिक सीमाओं से घबराकर विवेकेतर शक्तियों की शरण में मुक्ति और स्थिरता की कामना करने लगा था। इसकी एक परिणति फ़ासिज़्म में हुई।

हमें यह मानकर चलना होगा, कि विशुद्ध वस्तुपरकता उतनी ही असम्भव है, जितनी विशुद्ध आत्मपरकता। हम बराबर, उस हाशिये पर बेचैन चक्कर काटते हैं, जहाँ वस्तु और आत्मा की सीमा-रेखायें मिटती दीखती है। इस स्थिति को वह कितनी ही पीड़ादायिनी क्यों न हो, हमें स्वीकार करना पड़ेगा।

फिर विवेक और सृजनशीलता के भरोसे परम्परा-भक्ति का क्या मतलब रह जाता है? विवेक की ऐतिहासिक सीमाबद्धता एक बात है, और विवेक को जान-बूझ कर सीमाओं में बाँध देना दूसरी बात है। कहा गया है, कि स्वतन्त्रता ऐतिहासिक अनिवार्यता का अभिज्ञान है। मगर एक बार जब हम उस अनिवार्यता के दबाव से अवगत हो जाते है, तो वह हमारे लिए चुनौती की तरह आता है। ऐतिहासिक अनिवार्यता की कोई दलील हमें विवेक को सचेत और अबाध रूप में प्रवाहित करने की मानवीय जिम्मेदारी से मुक्ति नहीं दिला सकती। इसलिए जब हम सृजनशीलता से प्रवृत्त होते हैं, तो एक तरह की आन्तरिक बन्धहीनता हमारे सृजन की पहली और आवश्यक शर्त हो जाती है।

अगर सोचने का यह ढंग सही है, तो इससे एक और रोचक नतीजा निकलता है। 'युगबोध' तक अपने को सीमित कर सृजनशीलता से प्रवृत्त होना भी आखिरकार परम्परा के प्रति शीश झुकाना ही है । हम परम्पराएँ इसलिए नहीं तोड़ते, कि ऐसा करना युग की माँग है, बल्कि इसलिए कि हमारा सम्पूर्ण विवेक इसकी माँगे करता है। इतिहास की सीढ़ियों में यह जो 'युग' सरीखी चीज हमें दीखती है, वह अन्ततः चेतना की स्वभाषित सीमाओं का नाम नहीं है, बल्कि नितान्त सीमाहीनता की ओर चेतना के फेंके गये पाश का नाम है।

इसे ठीक-ठीक समझना जरूरी है। सीमा का विवेक खुद विवेक को उस सीमा से बड़ा बना देता है। इसलिए विवेक का निजी आयाम सीमाहीनता की ओर है। जब हम इतिहास की ओर पीछे मुड़ कर देखते हैं, और हर युग की सीमाओं से

अवगत होते हैं, तो इन सीमाओं की उपस्थिति जितनी अपने-आप में है, उतनी ही वह हमारे मुड़ कर देखने से उत्पन्न होती है। इसलिए विभिन्न युगों की सापेक्षता, हमारी अपनी मुक्ति का ही स्वरूप है। इसलिए आज, इस क्षण जब हम सृजन करते है, तो वह हमें परम्परा से पूर्णतः मुक्ति दे देता है। बेशक आनेवाले युग हमारी सीमाओं को देखेंगे, और हमारी सृजनशीलता में भी परम्परा के गहरे तत्वों की छान-बीन करेंगे। ऐसा लाजिमी ही नहीं, खुद उन आनेवालों की मुक्ति के लिए जरूरी है। लेकिन हमारी सीमाओं का अस्तित्व आज नहीं है—उनका जन्म तब होगा जब हमें कोई और पीछे मुड़ कर देखेगा।

इस प्रकार हर युग की ऐतिहासिक सीमाएँ होती हैं, या 'हर युग नितान्त शून्य में नहीं, बल्कि जो कुछ उसे धरोहर के रूप में मिला है, उसी पर आगे के निर्माण की कोशिश करता है' इस तरह के ऐतिहासिक सत्य परम्परा के पक्ष में नहीं, बल्कि विवेक के, नितान्त परम्पराहीनता के पक्ष में पड़ते है।

साहित्य क्यों से

भारतीयता क्या है?

विद्वानों ने परिभाषाएँ बहुत दी हैं—अंग्रेज़ों के विरुद्ध स्वाधीनता-संग्राम के दौरान तो ख़ासकर। परिभाषाओं के इस जंगल में मैं आपको नहीं उलझाना चाहता सिर्फ़ आपके सोचने के लिए कुछ पहलू उजागर करना चाहता हूँ। सबसे पहले तो यह सवाल कि औसत आदमी के लिए भारतीयता क्या है? इस पर सोचने को अवसर ही कहाँ आता है। शायद आपने अपनी भारतीयता के बारे में कभी सचेत होकर न सोचा हो। लेकिन इससे यह सिद्ध नहीं होता कि भारतीयता का गहरा सम्बन्ध आपके जीवन से है नहीं। उदाहरण के लिए आपके चारों ओर हवा का फैलाव है जिसमें आप साँस लेते हैं। इसके बारे में सचेत होकर आप शायद ही कभी सोचते हों लेकिन उस वायुमण्डल का सम्बन्ध आपकी निजी ज़िन्दगी से गहरा है।

भारतीयता बहुत कुछ आपके चारों ओर लिपटे उस वायुमण्डल की तरह है। फ़र्क़ इतना है कि यह वायुमण्डल निर्मल होगा कि दूषित होगा इससे औसत आदमी की तरह आपके आचारो-विचारों, व्यवहारों का भी बहुत बड़ा योगदान है। औसत आदमी को ही ध्यान में रखकर हम एक कामचलाऊ परिभाषा दें। जो लोकाचार हमारे परदादा ने निभाया उसे निभाते चलना ही भारतीयता है। लोकाचार में हमारा खान-पान, रहन-सहन, शादी-ब्याह, परिवार, संस्कार, पूजा-पाठ, अपने-पराये की भावनाएँ इन सबको शामिल कीजिए और परदादा को हमारे पूर्वजों के सगुण रूप में समझिए। इसको हम थोड़ा अधिक निर्गुण शब्दावली में कहें तो कहेंगे कि परम्परा का निर्वाह ही भारतीयता है।

हो सकता है आप सोचते हों कि जैसे आपके बाबा ने ज़िन्दगी निभायी वैसे ही आपके बाप ने और शायद वैसे ही आप भी निभा रहे हैं। खाने-पहनने का वही ढंग, वही पूजा-पाठ, वही अपने देवी-देवता, वही नाते-रिश्ते, वही आचार-विचार, वही अपने-पराये, वही उमंगें और मन में घुमड़ती हुई वही पीड़ाएँ। बेशक औसत आदमी एक ढर्रे या परम्परा में बँधी ज़िन्दगी बिताता है। कम-से-कम सोचता वह यही है लगता है कि लोक अटूट है। लेकिन ज़िन्दगी बहुत आसान होती अगर

पीढ़ी-दर-पीढ़ी एक ही ढर्रे पर चलती जाती। क्या सचमुच ऐसा है? एक दिन आप देखते हैं कि आपका लड़का वैसे ही पगड़ी बाँधने को तैयार नहीं है जैसी आपके दादा ने या बाप ने या आपने बाँधी। या पड़ोसी का लड़का एक नयी कट की कमीज़ पहनने लगा है या नये तरह की बुलबुली काढ़ने लगा है। कोई और है जिसने बाप के रहते मूँछें मुड़वाना शुरू कर दिया, किसी और ने जनेऊ पहनना छोड़ दिया और तो और गाँव या क़स्बे में एक नये क़िस्म का फ़िल्मी गाना बजता है और कुँआरी लड़कियाँ एक नये तर्ज़ से गुनगुनाना शुरू कर देती हैं जिस तरह कभी न दादी ने गाया, न अम्मा ने, न चाची ने। यह सारा बदलाव हमारे चाहे-अनचाहे होता रहता है।

कभी-कभी तो यह बदलाव बड़े गम्भीर हो जाते हैं। यह बदलाव कहाँ से आते हैं क्यों होते हैं इस खोज में न जाकर मैं इस तरह के बदलावों के लिए एक नाम दूँगा—काल के प्रवाह के साथ संकल्पहीन बदलाव। संकल्पहीन इसलिए कि ऐसे बहुत से बदलावों के पीछे कोई विवेकपूर्ण संकल्प नहीं होता। यह बदलाव होते चलते हैं। काल का प्रवाह पीढ़ी-दर-पीढ़ी दबाव डालता है और ज़िन्दगी लीक से इधर-उधर हट जाती है कभी ज़्यादा कभी कम। इस तरह भारतीयता की समस्या सिर्फ़ परम्परा के निर्वाह की समस्या नहीं है बल्कि परम्परा और बदलाव की आपसी टकराहट की समस्या बन जाती है। इसलिए सिर्फ़ परिभाषा लिख देने से काम नहीं चलता। काल-प्रवाह और बदलाव के सामने औसत आदमी के रूप में हम किस तरह खड़े होते हैं इससे ही हमारी भारतीयता का निर्माण प्रतिदिन, प्रतिक्षण होता रहता है। हर घर में लोक में उलटफेर होते हैं।

चुनौती पैदा होती है कभी छोटी कभी बड़ी। आप इस चुनौती के सामने क्या करते हैं? एक तरीक़ा तो यह है कि आप परम्परा या लीक या ढर्रे को और कसकर पकड़ लें और हर बदलाव को कोसना शुरू कर दें। लेकिन जैसे मैंने कहा परदादा की तरह हू-ब-हू होना सम्भव नहीं है। आपके लड़के ने अगर पगड़ी छोड़ दी है तो परदादा के नाम पर आप शायद हट करके पगड़ी बाँधेंगे और लड़के को बुरा-भला कहेंगे। एक तनाव पैदा हो जायेगा। लेकिन क्या यह सच नहीं है कि पगड़ी न सही तो परदादा जिस तरह की मिर्जई या बगलबंडी पहनते थे उसे आप भी कब का छोड़ चुके हैं।

अब आप बहस करेंगे कि पगड़ी छोड़ने से भारतीयता चली जाती है मिर्जई छोड़ने से नहीं। या जनेऊ छोड़ने से भारतीयता चली जाती है मूँछ मुड़वाने से नहीं तो मैं यही कहूँगा कि ज़रूर बहस कीजिए। आपको बहस के लिए सोचने के लिए ही तो मैं यह सारी बातें कह रहा हूँ। बहस आप अपने परिवार में करें या पड़ोसियों

से, एक बात याद रखियेगा हमारी आज की इस बहस में परदादा को घसीटने से कोई काम नहीं बनेगा। उनके सामने इस तरह की कोई बहस नहीं थी। तब क्या करें हार मानकर हर बदलाव के आगे आत्मसमर्पण कर दें। लड़का पगड़ी छोड़ता है लड़की फ़िल्मी गाने गाती हैं, पड़ोसी जनेऊ छोड़ता है, पट्टीदार मूँछें मुड़वाता है।

आप मन मारकर इसे नये ज़माने की हवा कहकर चुप हो जाते हैं। मन बेचैन रहता है अन्दर भावनाएँ घुमड़ती रहती हैं लेकिन ऊपर से बिना पतवार की नाव की तरह फिसलन चलने लगती है। यह फिसलन की आदत पूरे राष्ट्र का रोग बन जाती है। बदलाव को रोका नहीं जा सकता सिर्फ़ लीक को पकड़े रहना न सम्भव है न बहुत सार्थक ही है। मगर फिसलते रहने से भी कोई नतीजा नहीं निकलता। अतीत तो हाथ से जाता ही है भविष्य भी हम नहीं बना पाते। इन दोनों कठिनाइयों के बीच से रास्ता यही है कि हम दिमाग़ को खुला रखें, छाती चौड़ी करें और अपने को संकल्पहीन बदलाव की जगह संकल्पसहित बदलाव के लिए तैयार करें। यही वास्तविक भारतीयता है। इसके लिए ज़रूरी होगा कि हम हर चुनौती के सामने विवेक की धार को तेज़ करें। बेशक यह रास्ता कठिन है। लेकिन मैंने यह कब कहा कि भारतीयता का निर्माण आसान है।

संकल्पवान बदलाव कहने में आसान है लेकिन सवाल उठता है कि ज़िद्दी और अन्धे दक़ियानूसीपन और बेरोक फिसलन के इस युग में बदलाव के संकल्प के लिए हम आधार क्या बनायें? कुछ आधारों की ओर मैं संकेत करूँगा। सबसे पहले तो आप यह सोचें कि भारत देश बहुत बड़ा है। इसमें पचास करोड़ से ऊपर लोग रहते हैं। हो सकता है निर्गुणरूप में आपको यह बात मालूम हो लेकिन सगुणरूप में इसे अनुभव करने की कोशिश कीजिए। भारतवासी आप भी हैं जो गंगा के मैदान में हल चलाते हैं। या दफ़्तरों में कामकाज करते हैं लेकिन भारतवासी वे भी हैं जो लद्दाख के बर्फ़ीले चटियल ढलानों में रहते हैं। मध्य प्रदेश और बिहार के जंगलों के आदिवासी हैं और बम्बई, मद्रास या दिल्ली की सड़कों पर इठलाते हुए छैल-छबीले नौजवानं-नवयुवतियाँ भी भारतवासी हैं। भारतीयता का एक काम यह है कि भाषा, संस्कार, खान-पान, धर्म की इस विविधता के बीच इन करोड़ों लोगों को एक समाज की इकाई बनाकर रखे। सिर्फ़ फ़ौज या एक केन्द्रीय शासन के बूते इस इकाई को क़ायम रखना लोगों में घनिष्ठता लाना ग़ैर-मुमकिन है इसके लिए कुछ और चाहिए।

गोवा का नाम आपने सुना होगा। कुछ दिन पहले वहाँ पुर्तगालियों का राज्य था। फ़ौज और शासन के बल पर पुर्तगाली कहते थे कि गोआ और पुर्तगाल एक ही इकाई है। लेकिन क्या हुआ? गोआ के रहने वालों का मन पुर्तगाल के समाज से एक नहीं हुआ! ताक़त कितने दिनों तक चलती? आख़िरकार गोवा के

लोग पुर्तगाल से अलग होकर भारत के अंग हो गये। आज वहाँ तिरंगा लहराता है। यह न समझियेगा कि गोवा के लोगों के पुश्तैनी लोकाचार और आपके पुश्तैनी लोकाचार एक जैसे हैं; भाषा, संस्कार, धर्म आदि सब में बड़े अन्तर हैं। अब अगर आपने अपने ही परदादा के लोकाचार को समूची भारतीयता मानने की ज़िद की तो आपको और गोवा को जोड़ने वाली कड़ी क्या होगी? इकाई की यह भावना बढ़ भी सकती है। घट भी सकती है इसलिए इस विविधता के आगे उदार होकर अपने संस्कारों को बदलना ज़रूरी है ताकि आपके पुराने संस्कारों के भरोसे जो अपने-पराये के छोटे-छोटे घेरे बने हैं उन्हें तोड़कर अपनेपन की चौहद्दी को समूचे भारतवासियों तक आप बढ़ा सकें।

अगर भारत में सिर्फ़ विविधता ही होती तो थोड़ी उदारता और अपने संस्कारों से भिन्न संस्कारों के लिए थोड़ा आदरभाव बना लेने से काम चल जाता। लेकिन भारत की सामाजिक इकाई में सिर्फ़ विविधता का ही ख़तरा नहीं है। इस विविधता के चलते दो बहुत बड़े और ख़तरे हैं, दरिद्रता और ग़ैर-बराबरी। दरिद्रता आदमी के मन को लालची, झपट्टामार और स्वार्थी बना देती है। ग़ैर-बराबरी बड़े पैमाने पर अन्याय को जन्म देती है। आर्थिक ग़ैर-बराबरी के साथ यह समाज जाति-पाँति के समूहों में बँटा हुआ है। जाति-पाँति सिर्फ़ अलग-अलग समूह नहीं बाँटती ऊँच-नीच का फ़र्क़ भी पैदा करती है और इस ऊँच-नीच के फ़र्क़ से न सिर्फ़ बड़े-बड़े अन्याय पैदा होते हैं समूची इकाई के भी टूट जाने का ख़तरा बना रहता है। मैं चाहूँगा कि इस पर आप सोचें। औसत आदमी को ध्यान में रखकर सोचें। अपने आपको ध्यान में रखकर सोचें। लोग भूख या अकाल से मर जाते हैं। दुर्घटनाओं में मरते हैं। दंगों में मरते हैं, सामाजिक अन्याय के शिकार होकर मरते हैं। आपका मन अगर इन बातों पर पूरी तरह नहीं तड़पता तो कहीं इसका कारण यह तो नहीं है कि मरने वाला आपकी जाति का नहीं था या आपके धर्म का नहीं था या आपके सम्प्रदाय का नहीं था। सोचकर अपने आपको जवाब दीजिए। अगर आप ईमानदारी से जवाब देंगे तो आप खुद समझ जायेंगे कि संकल्प के साथ बदलाव का आधार क्या होगा। संक्षेप में संकल्प समेत बदलाव के लिए तीन आधार मिलते हैं।

विविधता के बीच से सबको जोड़ने वाले नये संस्कारों की खोज और निर्माण, दरिद्रता और कंगाली से सम्पन्नता की ओर जाना, और साथ-साथ ग़ैर-बराबरी को मिटाकर अधिक-से-अधिक समता को स्थापित करना। इन बदलावों के लिए सतत संघर्ष ही वास्तविक भारतीयता है। क्योंकि वह समाज को घने रिश्तों के साथ जोड़ती है।

साहित्य क्यों से

कवि मुहम्मद गुनी

सबसे पहले जिस बात को अच्छी तरह मन में बिठाना जरूरी है, वह यह है कि जायसी हिन्दी के पहले विधिवत वरिष्ठ कवि हैं। कबीरदास श्रेष्ठ हैं : लेकिन विधिवत कवि भी हैं, ऐसा उनका दावा नहीं है। मूलतः वे सन्त हैं। कवि होना कबीरदास के लिए लक्ष्य नहीं था। शायद कवियों के बारे में उनकी धारणा भी बहुत अच्छी नहीं थी। जायसी के डेढ़ सौ साल पहले चन्दायन के रचयिता मौलाना दाऊद हुए। जायसी के आसपास ही कुतबन भी हुए। इन दोनों में कविता की दीप्ति दिखती है। लेकिन ये दोनों वरिष्ठ कवि नहीं हैं। अंशतः अच्छे कवि हैं। लेकिन उनकी कृतियाँ पद्मावत के सामने नहीं ठहरतीं।

जायसी केवल कवि नहीं हैं, वे आत्म-सजग कवि हैं। अपने कवि होने का, गुणी होने का उन्हें पूरा भरोसा बल्कि गर्व है। अपने कवि और गुणी होने का ज़िक्र *पद्मावत* में जायसी ने आरम्भ, मध्य और अन्त में बार-बार प्रत्यक्षतः या परोक्षतः किया है। इनमें से एक को छोड़कर सभी उक्तियाँ कविज़नोचित गर्वोक्तियाँ हैं, उन सबको उद्धृत करना यहाँ आवश्यक नहीं है। कुछ उदाहरण देखें :

1. मुहमद कबि जो प्रेम का ना तन रकत न माँसु।
   जेइँ मुँख देखा तेइँ हँसा सुना तो आए आँसु।।
2. एक नैन कबि मुहमद गुनी। सोइ बिमोहा जेइ कबि सुनी।
3. एक नैन जस दरपन औ तेहि निरमल भाउ।
   सब रूपवन्त पाँव गहि मुँख जोवहिं कइ चाउ।।
4. आदि अन्त जस कथ्था अहै। लिखि भाषा चौपाई कहै।।
   कबि बिआस रस कँवला पूरी। दूरिहि निअर निअर भा दूरी।।
   निअरहि दूरि फूल सँग काँटा। दूरि जो निअरैं जस गुर चाँटा।।
   भँवर आइ बनखण्ड हुति लेहिं कँवल कै बास।
   दादुर बास न पावहिं भलेहिं जे आछहिं पास।।

इस उद्धरणों में गर्वोक्तियाँ प्रत्यक्ष हैं। परन्तु जायसी के कहने की शैली में

एक मिठास है। यह मिठास जायसी का सामान्य गुण है। यहाँ भी है। इन उक्तियों में अकड़ नहीं है। ऐसा लगता है कि अधिकारी और योग्य व्यक्ति केवल अपनी विशिष्टता का तटस्थ उल्लेख कर रहा है। ये पंक्तियाँ जायसी ने अपनी पहचान स्पष्ट करने के लिए लिखी हैं। इनमें आत्म-विश्वास है, घमण्ड नहीं।

चौथे उद्धरण के एक अन्य आशय की ओर संकेत करना रोचक होगा। जायसी का कहना है कि दूर-दूर से लोग कीर्ति सुनकर उनकी कविता की सुगन्ध लेने आते हैं, लेकिन पास के मेढक उनकी प्रतिभा से बेख़बर हैं। ये पास के मेढक कौन हैं? अगर जायसी ने पद्मावत जायस में लिखी तो ये मेढक जायस वाले हैं। लगता है कि जायसवालों ने अपने इस महान् कवि को न सिर्फ़ पहचाना नहीं बल्कि इतना ऊबा भी दिया कि अपनी अप्रतिम शैली में जायसी के लिए इस बात को लिख देना ज़रूरी हो गया ताकि सनद रहे और वक़्त-ज़रूरत काम आवे।

अन्य स्थलों पर भी जायसी ने अपने सन्दर्भ में कवि या कवि मुहम्मद का प्रयोग किया है। उदाहरण के लिए, 'चार मीत कबि मुहमद पाये' या 'भा औतार मोर नौ सदी। तीस बरिस ऊपर कबि बदी' आदि। ये सभी प्रयोग जायसी के कवि- व्यक्तित्व का अतिरिक्त आग्रह प्रकट करते हैं।

एक और चौपाई है जिसे अक्सर उद्धृत किया जाता है:

हौ सब कबिन केर पछिलगा। कछु कहिं चला तबल देई डगा।

यह एक मित्र चौपाई है जहाँ अपने कवि-व्यक्तित्व के बारे में 'पछिलगा' कर विनयोक्ति का प्रादुर्भाव किया गया है। लेकिन डंके के साथ क़दम बढ़ाकर कुछ कह चलने का आशय, गर्वोक्ति की झलक फिर भी दे जाता है। इस चौपाई का उपयोग अक्सर इस तर्क की पुष्टि के लिए किया जाता है कि जायसी सन्त-स्वभाव वाले विनीत व्यक्ति थे। विनीत वे रहे होंगे—जिस तरह हर बड़ा कवि अपनी कविता को लेकर एक ही साथ विनीत और आत्म-विश्वासी, दोनों होता है। परन्तु इस चौपाई का ठीक अर्थ इस कवि-स्वभाव के भीतर ही है।

कवि-व्यक्तित्व के परोक्ष आग्रह के उदाहरण के रूप में जायसी का अग्रलिखित दोहा विचारणीय है जो शाहेवक़्त शेरशाह की प्रशंसा के प्रकरण में लिखा गया:

पातिसाहि तुम जग के जग तुम्हार मुहताज।
दीन्ह असीस मुहम्मद करहु जुगहि जुग राज।।

बादशाह के लिए इस दोहे में जो आशीर्वचन की उक्ति है, उसकी ओर विद्वानों का ध्यान गया है। इस आशीर्वचन से जायसी के सिद्ध फ़क़ीर होने का अनुमान भी लगाया गया। मान लिया गया कि मात्र कवि का यह साहस कैसे हो सकता है कि बादशाह के लिए 'असीस देने' की मुद्रा में हाथ उठाये।

लेकिन यह अनुमान ग़लत है। रत्नसेन सूली खण्ड में और दसौंधी जिसकी स्थिति चारण कवि की है, राजा गन्धर्वसेन को बायें हाथ से 'बारम्हाऊ' अर्थात् आशीर्वाद देता है। उसी खण्ड में हीरामन तोता भी गन्धर्वसेन को हर प्रकार से स्वामी और अपने को अकिंचन कहने के बाद राजा को आशीर्वाद ही देता है :

नैन बैन औ सरवन बुद्धी सबै तोर परसाद।
सेवा मोर इहै निति बोलौं आसिरबाद।।

अतः शेरशाह को 'असीस' देने की मुद्रा भी कवि की ही मुद्रा है।

पद्मावत में कुछ स्थलों पर जायसी ने अपनी कविता की प्रकृति या अपने अनुसार कविता-मात्र की प्रकृति का भी संकेत दिया है। वह दोहा जिसमें जायसी ने कहा है कि लोगों को उनकी कविता सुनकर आँसू आये, पहले उद्धृत किया जा चुका है। इसका सीधा आशय यह है कि कविता की प्रकृति जायसी के लिए भावना के सम्प्रेषण की है। इसी तरह अन्यत्र उन्होंने कहा है कि कवि रस का भरपूर कटोरा है। कविता के अभिप्रेत प्रभाव की उपमा उन्होंने कमल की सुगन्ध से दी है जिसे दूर-दूर से भँवरे आकर प्राप्त करते हैं। ये सभी उक्तियाँ कविता, विशेषतः पद्मावत के केन्द्र में अनुभूति को स्थापित करती हैं किसी मतवाद या दार्शनिक सिद्धान्त को नहीं।

पद्मावत के उपसंहार खण्ड के जायसी ने अपनी काव्य-कृति और अपने कवि- व्यक्तित्व को फिर परिभाषित किया है। अन्त में कड़वकों में से पहला इस प्रकार है :

मुहमद यहि कबि जोरि सुनावा। सुना सो प्रेम पीर था पावा।।
जोरि लाई रकत कै लेई। गाढ़ी प्रीति नैन जल भेई।।
औ मन जानि कबित अस कीन्हा। मकु यह रहै जगत् महँ चीन्हा।
कहाँ सो रतनसेनि अस राजा। कहाँ सुआ असि बुधि उपराजा।।
कहाँ अलाउदीन सुलतानू। कहँ राधौ जेइँ कीन्ह बेखानू।
कहँ सुरूप पदुमावति रानी। कोइ न रहा जग रही कहानी।
धनि सा पुरुख जस कीरति जासू। फूल मरै पै मरै न बासू।।
केइँ न जगत् जस बेचा केइँ न लीन्ह जस मोल।
जो यह पढ़ै कहानी हम संचरे दुइ बोल।।

उपसंहार के इस अंश में प्रेम की पीर, रक्त की लेई और नैन जल से भीगी हुई गाढ़ी प्रीति की चर्चा की गयी है। इन तीनों उक्तियों में निहित भाव को पाठक, कृति के चरित्रों और कृतिकार के मानस में एक साथ अवस्थित किया गया है। अर्थ एक चंचल आवर्तन की तरह है। इस आवर्त में चक्कर काटकर

हम इस सब के स्रोत कवि के व्यक्तित्व की ओर लौटते हैं। कवि ने मन में यह समझकर ऐसा काव्य रचा कि सम्भवतः संसार में यह उनकी पहचान शेष रह जाय। इस काव्यगत अस्मिता को निर्मित करने के बाद पाठक से उनकी अपेक्षा है कि जो यह कहानी पढ़े जायसी को दो बोल याद कर ले।

इस 'सँवरै दुइ बोल' में न जाने कितने अर्थों की झंकार है। एक छोटे-से टुकड़े में प्रभूत अर्थवत्ता भर देने में जायसी की क्षमा अद्वितीय है। परन्तु यह समस्त अर्थवृत्त जायसी की अस्मिता के चारों ओर चक्कर काटता है जो उपसंहार का केन्द्र-बिन्दु है। लगता है, जैसे सारी कथा, सारी घटनाएँ, सारे चरित्र-सब के सब अपनी भूमिका निभाकर विलीन हो गये और हमारे सामने सिर्फ़ जायसी का उघड़ा हुआ मर्म, बिना किसी अन्तर्पट के, उपस्थित हो गया है। हमारा काम है कि इस मर्म का निर्बाध और सम्पूर्ण साक्षात्कार करें। यही 'दो बोल सँवरना' है। आख़िरकार पद्मावत की कथा ईश्वर से आरम्भ होती है और मलिक मुहम्मद जायसी पर ख़त्म होती है।

उपसंहार का अन्तिम कड़वक इस प्रकार है :

मुहमद बिरिधि बयेस भई। जोबन हुत सो अवस्था गयी।
बल जो गयेउ कै खीन सरीरू। दिस्टि गयी नैनन्ह दै नीरू।
दसन गये दै तुचा। कपोला। बैन गये दै अनुरूचि बोला।
बुद्धि गयी हिरदै बौराई। गरब गयेउ तरहुँड़ सिर नाई।
सरवन गये ऊँच दै सुना। गारौ गएउ सीस भा धुना।।
भँवर गएउ केसन्ह दै भुआ। जोबन गएउ जियत जनु मुआ।
तब लगि जीवन जोबन साथाँ पुनि सो मींचु पराये हाथी।।
बिरिध जो सीस डोलावैं सीस धुनै तेहि रीस।
बूढ़े आढ़े होहु तुम केइँ यह दीन्ह असीस।।

एक तरफ़ वह विशाल छविमय कल्पना-संसार है जिसकी कथा जायसी ने सुनायी और दूसरी तरफ़ इसको जोड़ने वाली यह सृजनात्मक अनुभूति है जिसे जायसी ने अपने रक्त की लेई कहा। इस स्क्त की लेई में सचमुच कितना ख़ून देना पड़ा है, इसका मूर्तिमान प्रमाण उपस्थित करने के लिए कहानी की अन्तिम किरण उस सर हिलाते निचुड़े हुए वृद्ध पर डाली गयी है जिसका नाम भी मलिक मुहम्मद जायसी है।

इस मृत्यु की प्रतीक्षा करते हुए बूढ़े के भीतर से फूल की ख़ुशबू की तरह एक आलक्षित जायसी कहानी में घुल-मिलकर एकाकार हो गया है। इस द्विविध अस्तित्व-बोध के समकक्ष निराला की कुछ पंक्तियाँ रखने पर यह बात स्पष्ट हो

जायेगी कि जायसी यहाँ केवल अपने बूढ़े हो जाने की सूचना नहीं दे रहे हैं, इस अनुभूति का सृजनात्मक प्रयोग कर रहे हैं।

राम की शक्ति पूजा, जुही की कली, बादल राग, सरोज-स्मृति, जयसिंह के नाम शिवाजी का पत्र, वन बेला और अपने जीवन के महाकाव्य की न जाने किन मंज़िलों से गुज़रने के बाद निराला भी लगभग उपसंहार के स्वर में कहते हैं :

स्नेह निर्झर वह गया है
रेत ज्यों तन रह गया है।
आम की यह डाल जो सूखी दिखी
कह रही है—अब यहाँ पिक या शिखी
नहीं आते, पंक्ति मैं वह हूँ लिखी
नहीं जिसका अर्थ—
जीवन रह गया है।
दिये हैं मैंने जगत् को फूल-फल
किया है अपनी प्रभा से चकित-चल
पर अनश्वर था सकल पल्लवित पल
हार जीवन का वही—
जो ढह गया है।
अब नहीं आती पुलिन पर प्रियतमा
श्याम तृण पर बैठने को तिरुपमा
वह रही है हृदय पर केवल अमा
मैं अलक्षित हूँ यही—
कवि कह गया है।

निराला की अनुभूति में भी जो पल्लवित पल हैं, वे तो अनश्वर थे; जो जीवन का ठाठ शेष बचा, वह ढह गया है।

जायसी ने अपने बारे में कुछ अन्य जानकारियाँ भी दी हैं, वे ज़्यादा नहीं है। सबसे चर्चित तो 'पद्मावत' में दी गयी दस बाबाओं की सूची है। इस सूची के कुछ नाम 'आख़िरी कलाम' और 'अखरावट' में भी आते हैं। ये बाबा सूफ़ी कहलाते हैं भाँति-भाँति के सूफ़ी। इन बाबाओं की जायसी ने वन्दना की है और इनको गुरु, मुर्शिद, पीर, कर्णधार, दस्तगीर, गाढ़े के साथी, पन्थ दिखलाने वाले आदि- आदि उपाधियों से आभूषित किया है। और स्वयं को इनका चेला, बन्दा, सेवक आदि कहा है।

विद्धानों ने इस बाबा-सूची को काफ़ी मथा है। कुछ तो इस कारण कि

विद्वानों और विशेषज्ञों का यह धर्म ही है कि कहीं कोई संकेत मिले तो उसे मथ डालें। लेकिन, कुछ इस कारण भी कि सम्भवतः इस खोजबीन से जायसी को समझने में आसानी हो। जायसी को सूफ़ी फ़क़ीर और पद्मावत को सूफ़ी ग्रन्थ की भाँति स्थापित करने में इस सूची में अनुसन्धान का महत्त्वपूर्ण योगदान रहा है। इस सन्दर्भ में हम कुछ आधारभूत प्रश्न उठाना चाहते हैं।

जायसी की कविता को समझने और उसका वास्तविक मिज़ाज पहचानने में इस सूची को मथना तीन स्थितियों में ही उपयोगी हो सकता है। पहले इन बाबाओं के पीछे पड़कर हम मनुष्य, समाज, इस्लाम, कुफ़्र, सत्ता, सल्लनत, उदारता, कट्टरता सहिष्णुता, असहिष्णुता आदि के सम्बन्ध में इनके विचारों या दृष्टिकोणों के बारे में कुछ सामान्य नतीजे निकाल सकें। दूसरे, हमें इसके भी प्रमाण मिलें कि जायसी ख़ुद इन मान्यताओं या विचारों से बहुत प्रतिबद्ध थे। तीसरे, इस प्रतिबद्धता की अभिव्यक्ति हम पद्मावत में देख सकें। ये तीनों शर्तें पूरी हों तब हमारे लिए यह उचित होगा कि जायसी की कविता की जो आत्मा है, उसका श्रेय हम जायसी की मौलिक प्रतिभा को न देकर इन बाबाओं या इनके जैसी सूफ़ी कहे जाने वाले हज़ारों बाबाओं को दें।

सच तो यह है कि इन तीनों में से एक भी शर्त पूरी नहीं हुई। और जैसे-जैसे अनुसन्धान फैलता जाता है और बाबाओं के बारे में जानकारी बढ़ती जाती है, जायसी का मिज़ाज हाथ से छूटता जाता है बाबाओं और जायसी के बीच खाई दुर्लंघ्य होती जाती है।

पहले तो यही कि सूची में श्रद्धापूर्वक वन्दित इन बाबाओं से विचारधारा सम्बन्धी कोई सामान्य परिणाम निकालना कठिन दिखता है। सूची दो अलग-अलग अखाड़ों में विभाजित हैः एक अशरफ़िया और दूसरी महदवी। इनमें सैयद राजे। फुट्टैल दिखते हैं। दो अखाड़ों में अलगाव तो हैं ही, लेकिन एक अखाड़े के बाबाओं में भी पर्याप्त भिन्नताएँ है। विस्तार में न जाकर हम एक उदाहरण लें। आचार-विचार, आदर्श-व्यवहार, सामाजिक रिश्तों, ऐतिहासिक भूमिका, विश्वास, साधना पद्धतियों, पीरी-मुरीदी के ढंग-इन सब के ख़याल से कालपी के शेख़ बुरहान और जौनपुर के सैयद मुहम्मद में ज़मीन-आसमान का फ़र्क़ है। कहने को दोनों एक ही अखाड़े के हैं। बल्कि सैयद मुहम्मद तो महदी है और शेख़ बुरहान अलहदाद के माध्यम से उनके चेला-दर-चेला हुए। सैयद मुहम्मद महदीयत के मिशन में हज़ारों के मजमे को सम्बोधित करते हैं, अपनी वक्तृता के सम्मोहन से लोगों को उन्मत्त कर देते हैं। बढ़ते हुए कुफ़्र के ख़िलाफ़ जुझारू संगठन खड़ा करते हैं, क़यामत आने के पहले सारे आलम में इस्लाम का डंका बजा देने को उतावले हैं, अपनी चुनौतियों से

बादशाहों के लिए सरदर्द हो जाते हैं और मरते- मरते पछताकर कहते हैं—"भाई, मैंने महदीयत का अपना दावा वापस लिया।" इसके विपरीत शेख़ बुरहान हैं जिन्होंने अँधेरी कोठरी में अपने को बन्द कर लिया है। खाने के नाम पर थोड़ा दूध और मीठा या अक्सर पानी ही लेते हैं, भाषणबाज़ी तो दूर, आमने-सामने भी बहुत कम बोलते हैं। अरबी-फ़ारसी से उन्हें कोई सरोकार नहीं और शायद इसकी फ़िक्र भी उन्हें नहीं है कि दिल्ली में कौन बादशाह हुआ और उसने कौ-सी नीतियाँ चलायीं। सैयद मोहम्मद वाग्वीर हैं, शेख़ बुरहान चुप्पे। इन दोनों को नमस्कार करते हुए भी जायसी दोनों से अलग दिखते हैं। शायद शेख़ बुरहान से कुछ अधिक निकटता हो लेकिन जायसी का वास्तविक मिज़ाज दोनों से अलग है।

क्या जायसी इन दसों बाबाओं या किसी एक से भी सचमुच प्रतिबद्ध हैं? कहा गया है कि जायसी ने इनमें से किसी से सचमुच दीक्षा लेकर खुद बाबागिरी की ओर क़दम बढ़ाया। बहुत बाल की खाल निकालकर उस दीक्षा गुरु की खोज में लोग लगे। कोई सहमति विद्वानों में इस गुरुनाम पर न हुई, न होगी। किसी ने शेख़ बुरहान को दीक्षागुरु बताया, किसी ने शेख़ मुबारक बोदले को किसी ने शेख़ क़माल को। जायसी ने ख़ुद किसी एक को पकड़ा हो और उसकी गद्दी या सम्प्रदाय के साथ नत्थी हो गये हों, इसका कोई प्रमाण नहीं है।

आज इस बीसवीं सदी में भी हिन्दुस्तान में बाबाओं की इफ़रात है और ऐसे अफ़सर, नेता, व्यापारी, आचार्य और लेखक हैं जो आशीर्वाद के लिए इस या उस बाबा की वन्दना करते रहते हैं। किसी को तरक़्क़ी चाहिए, किसी को मन्त्रीपद, किसी को प्रधानमन्त्री पद, किसी को मुकद्दमे में जीत, किसी को रोग से छुटकारा और किसी को सन्तान या क़बीले का हित चाहिए। लेकिन बाबा असली हों या दिखावटी इस श्रद्धालु चेलाओं को इन बाबाओं से पूरी तरह प्रतिबद्ध मानना ग़लती होगी।

जायसी के युग में तो बाबाओं की संख्या कहीं अधिक थी। हर नुक्कड़ पर या हर पेड़ के तले चार-छह बाबा मिलते थे। लगता है कि यह सारा नमस्कार-प्रदर्शन, मुरीदा, बन्दगी और ख़िदमतगारी का आग्रह जायसी के लिए सामान्य श्रद्धा से अधिक कुछ भी नहीं है। हो सकता है कि इन बाबाओं के यदा-कदा सत्संग ने जायसी को ख़ुद सोचने और अपने निजी विचारों को व्यवस्थित करने में मदद पहुँचायी हो। अपनी घोर बेचैनियों के बीच उन्हें आत्मिक शक्ति भी मिली हो, लेकिन वे प्रतिबद्ध इनमें से किसी के नहीं थे। सच तो यह है कि दिमाग़ी और भावनात्मक, दोनों क्षेत्रों में जायसी अपने समय के इन बाबाओं से कहीं बड़े आदमी थे और उनकी आत्मा के सम्पूर्ण रस को तबलीग़ी सैयद मोहम्मद, मौनी,

शेख़ बुरहान या अफ़ीम का सेवन करने वाले बोदले के नपने से नाप देना जायसी को छोटा करना है। जायसी किसी एक बाबा या सूफ़ी सम्प्रदाय से बँधे होते तो उनके लिए इस बात को साफ़-साफ़ कहने में क्या हिचक थी? कुतबन ने सिर्फ़ एक गुरु का नाम लिया था, मंझन ने शत्तारी सम्प्रदाय के बाबा गौस मुहम्मद का नाम लिया 'चन्दायन' के लेखक मौलाना दाऊद ने अपने गुरु जैनुद्दीन का स्तवन किया—जायसी के लिए ही यह क्यों ज़रूरी था कि वे तरह-तरह के नाम लेते और इस विचार के लिए अवसर देते कि जो व्यक्ति हर देवता को जल चढ़ाता है, उसका कोई इष्ट देव नहीं होता। मेरा विनम्र निवेदन है कि जायसी के लिए सभी बाबा वन्दनीय हैं, लेकिन दीक्षित वे किसी से नहीं हैं।

शायद अपनी इस अलीक मनःस्थिति का दण्ड भी जायसी को भुगतना पड़ा। अकबरकालीन बदायूँनी बड़े आदर के साथ दाऊद और उनकी हिन्दी कविता 'चन्दायन' का उल्लेख करता है और कहता है कि यह ग्रन्थ इतना अधिक लोकप्रिय है कि इसकी प्रशंसा की आवश्यकता नहीं है। शत्तारियों के तज़ाकिरों में मंझन और उनकी 'मधुमालती' का ब्योरा है। केशवदास 'छिताई चरित' का उल्लेख करते हैं। सिर्फ़ एक जायसी का नाम कोई नहीं लेता। फ़रिश्ता 'पद्मावत' की कथा को वास्तविक इतिहास मानकर अपनी 'तवारीख़' में लिख डालता है। मगर जायसी का नाम नहीं लेता। राजस्थान में तमाम ख्यातें और बातें गोरा बादल और पद्मिनी पर चारणों ने गा डालीं, जायसी का नाम नहीं लिया। जहाँगीर के काल में लिखी गयी रचना 'रूपवती' में पुरानी कहानियों में मृगावती, लोरक चन्दा और मैना का ज़िक्र है, जायसी की रचना 'पद्मावत' का कहीं नाम नहीं है। पूरा रीतिकाल जायसी के बारे में चुप है। यह चुप्पी उन्नीसवीं सदी तक चली आती है। यहाँ तक कि मिश्रबन्धुओं ने भी नवरत्नों में जायसी का नाम नहीं लिया। जायसी के बारे में यह दहाड़ती हुई चुप्पी क्यों हैं? जायसी ने लिखा चाहे मध्यकाल में हो, लेकिन वस्तुतः बीसवीं शताब्दी के कवि हैं जब आचार्य रामचन्द्र शुक्ल ने उन्हें उठाकर तुलसीदास की बगल में खड़ा कर दिया।

जिस अशरफ़िया या महदवी सिलसिले में जायसी दीक्षित कहे जाते हैं, उन सम्प्रदायों की पुरानी किताबों में मलिक मुहम्मद नाम के किसी चमत्कारी या अचमत्कारी बाबा का ज़िक्र नहीं मिलता। अगर सचमुच जायसी के साथ आशीर्वाद से सन्तान देने या परकाया-प्रवेश की कीर्ति उनके रहते जुड़ गयी होती तो जायसी मलिक मुहम्मद भी न रह जाते। उस समय के रिवाज के अनुसार शेख़ मुहम्मद या उससे भी आगे ख़्वाजा मुहम्मद हो गये होते। बाबागिरी की अफ़वाहें जायसी के साथ बहुत बाद में जोड़ी गयीं।

यह भी अधिक सम्भव लगता है कि जायसी किसी दरबार से या वास्तविक आश्रयदाता से भी नहीं जुड़े। शाहेवक़्त के नाम पर उन्होंने संक्षेप में हुमायूँ और बाबर, और कुछ अधिक विस्तार से शेरशाह की स्तुति की है। यह स्तवन रवायती ही होता था, ताकि सरकारी अमला की कोप-दृष्टि कवि पर न पड़े। यह न भूलना चाहिए कि विचार-अभिव्यक्ति की दृष्टि से मध्ययुग काफ़ी सख़्त सेंसर का युग था और दिल्ली दरबार तक पहुँचने की औक़ात हिन्दी के कवि की उस समय तक नहीं हुई थी। दाऊद, कुतबन, मंझन आदि ने शाहेवक़्त के अतिरिक्त कुछ छोटे स्तर के अमीर-उमरा का भी स्तवन अपने वास्तविक आश्रयदाता के रूप में किया है जिनके दरबार में उनकी पहुँच की गुंजाइश थी। एक जायसी ही हैं जिन्हें दिल्ली के शहंशाह के नीचे कोई भी नाम लेने लायक़ नहीं दिखता। पहले हमने जो जायसी के गर्वीले स्वभाव की झलक देखी है, उसके यह अनुरूप ही है।

तीसरी शर्त कि गुरुओं से मिले हुए कुछ सामान्य सिद्धान्तों का प्रतिफल हम 'पद्मावत' में देख सकें, इस विवेचन के बाद अप्रासंगिक दिखती है। विद्धानों ने लगभग एक स्वर में 'पद्मावत' को सूफ़ी ग्रन्थ कहा है। उन्होंने सूफ़ी सम्प्रदाय की व्यापक मान्यताओं, जैसे बहदतुल वजूद, इश्क़े-हक़ीक़ी, मतूफत की मंज़िलें, फ़िना, फ़िलल्लाह को 'पद्मावत' का असली बल्कि एकमात्र कथ्य मान लिया है। यह वस्तुतः 'पद्मावत' की व्याख्या का प्रश्न है और इस पर हम विस्तार से आगे विवेचन करेंगे। सम्प्रति इतना कहना ज़रूरी है कि इनमें भी बहुत से विचार इस्लाम के सुन्नत वाले रूप में भी मिल जाते हैं। उनके लिए सूफ़ीमत के अलग सहारे की जरूरत नहीं पड़ती। उदाहरण के लिए, 'आख़िरी कलाम' जो जायसी की अन्य कृतियों के मुक़ाबले में अधिक व्यवस्थित और सुस्पष्ट इस्लामी पुस्तक है, में क़यामत की पूरी व्याख्या सुन्नत के अनुसार ही है। सूफ़ीवाद का वहाँ काफ़ी असर है, लेकिन जायसी ने कहीं तसव्वुफ़ को आने भी नहीं दिया है। एक भी सूफ़ी वहाँ ख़ुदा से सीधा सम्पर्क करता नहीं दिखाया गया है। सारे मुसलमान—उम्मत के नाते ही—मुहम्मद साहब के पीछे खड़े हैं और ईश्वर का साक्षात्कार भी केवल मुहम्मद साहब को होता है। आश्चर्य तो इस पर भी होना चाहिए कि महदवी मत से प्रतिबद्ध कहे जाने वाले जायसी के इस ग्रन्थ में क़यामत के पहले अजलहाल का ज़िक्र तो है, लेकिन कोई महदी शुरू से आख़िर तक अवतरित नहीं होता। वस्तुतः नवीं सदी हिजरी के बाद जो हिन्दुस्तान में तथा अन्यत्र भी महादियों की भीड़ उभरती दिखती है, उसका कारण यह प्रचलित विश्वास था कि क़यामत का दिन क़रीब है और एक हज़ार हिजरी आते-आते दुनिया ख़त्म हो जायेगी। शायद जायसी ने 'आख़िरी कलाम' भी इसी हवा के झोंके में लिखा हो।

अब तक विवेचन से जायसी का जो सबसे तर्कसंगत चित्र उभरता है, वह यह है कि जायसी एक आत्म-सजग, आत्म-विश्वासी और अत्यन्त संवेदनशील कवि थे। एक सशक्त, किन्तु अलीक विचारक भी थे। उनकी अनुभूति में वह गहरी तीव्रता थी जो सृजनशीलता को मनुष्य के प्राणतत्त्व से जोड़ती हैं। इसकी सम्भावना बहुत कम है कि वे साधु बाबा या सूफ़ी फ़क़ीर भी रहे हों बल्कि जो भी संकेत मिलते हैं, वे इस सम्भावना के विरुद्ध जाते हैं। यह भी सम्भव है कि जायसी न केवल किसी मठ से नहीं जुड़े बल्कि किसी दरबार से भी नहीं जुड़े। इसके कारण उन्हें उपेक्षा और सम्भवतः ग़लतफ़हमी का शिकार होना पड़ा।

जायसी द्वारा दी गयी दो अन्य सूचनाओं का उल्लेख करना चाहूँगा। इसमें से एक सूचना तो स्पष्ट है, दूसरी कुछ पहेली की तरह है और उसके लिए व्याख्या की ज़रूरत है। इन दोनों सूचनाओं के रंग भी जायसी के ऊपर दिये गये चित्र से मेल खाते हैं।

पहली सूचना जायसी ने अपने चार मित्रों के बारे में दी है। इस तरह की सूचना को अपने काव्य में प्रस्तुत करने वाले जायसी अकेले हैं। फ़ारसी मसनवियों या अवधी के अन्य प्रेमाख्यानों में किसी कवि ने अपनी मित्रमण्डली का इस प्रकार उल्लेख नहीं किया है। ईश्वर-वन्दना, राजस्तुति या गुरु-प्रणाम की तरह यह मात्र काव्यरूढ़ि का निर्वाह नहीं है। अवश्य ही ये दोस्त जायसी के जीवन के ऐसे अविभाज्य अंग थे कि जायसी के लिए उन्हें भी अपने साथ अमर करना ज़रूरी हो गया। इन चारों मित्रों के नाम हैं—यूसुफ़ मलिक, (या शायद मलिक यूसुफ़) मियाँ सलोने, सलार और बड़े शेख़।

चूँकि इस मित्र-वर्णन में जायसी की बहुत सूक्ष्म मनःस्थितियाँ संग्रथित हैं, अतः इस कड़वक को पूरा उद्धृत करने की अनुमति चाहूँगा :

चारि मीत कबि मुहम्मद पाये। जोरि मिताई स्त्ररि पहुँचाये।।
युसूफ मलिक पण्डित औ ग्यानी। पहिलें भेद बात उन्ह जानी।।
पुनि सलार काँदन मति माहाँ। खाँडे दान उभै निति बाहाँ।।
मियाँ सलोने सिंघ अपारू। बीर खेत रन खरग जुझारू।।
सेख बड़े बड़ सिद्ध बखाने। कइ अदेस सिद्धन्ह बड़ माने।
चारिउ चतुरदसौ गुन पढ़े। औ संग जोग गुसाईं गढ़े।।
बिरिख जो आछहिं चन्दन पासाँ। चन्दन होहिं बोधि तेहि बासाँ।
मुहमद चारिउ मीत मिलि भए जो एकइ चित्त।
एहि जग साथ जो निबहा ओहि जग बिछुरन कित्त।।

यूसुफ़ मलिक या मलिक यूसुफ़ पढ़े-लिखे, समझदार और सम्भवतः दुनियादार आदमी भी थे। 'पण्डित औ ग्यानी' से ध्वनि ऐसी ही निकलती है इनको सबसे पहले जायसी की 'भेद-बात' मालूम हुई। यह 'भेद-बात' क्या थी? शायद यूसुफ़ मलिक को जायसी ने पहली बार बताया हो कि उनकी महत्त्वाकांक्षा पद्मावत जैसा ग्रन्थ लिखने की है। या फिर भेद-बात जवानी के दिनों में कुछ प्रेम जैसी चीज़ का चक्कर हो सकती है। जिसका राज़दार जायसी ने यूसुफ़ मलिक को बनाया। इस दूसरे अनुमान के लिए कुछ क्षीण संकेत 'आख़िरी कलाम' में हैं जिस पर हम यथास्थान विचार करेंगे। पद्मावत में ही आरम्भ में जायसी ने अपने को एक स्थान पर विरह का घायल तो कहा ही है :

जेहि के बोल बिरह के घाया। कहु तेहि भूख कहाँ तेहि छाया।
फेरे भेस रहइ भा तपा। धूरि लपेटा मानिक छपा।

एक अन्य स्थान पर जायसी ने 'बोलु पपीहा पाँखि' अर्थात् प्रिय के दाहिने होकर मिलने की बात कही है। इन स्फुट संकेतों के साथ हम उस 'रक्त की लेई' को भी रख सकते हैं जिसे जायसी ने अपनी रचना-प्रक्रिया का अंग बताया है जो भी हो जायसी की भेद-बात को हम सम्प्रति जायसी और यूसुफ़ मलिक के बीच का भेद ही रहने दें। एक अन्य तथ्य की ओर ध्यान अवश्य आकृष्ट करना चाहूँगा। कहा गया कि जायसी बहुश्रुत तो थे, बहुत पढ़े-लिखे नहीं थे। अगर इनके दोस्त यूसुफ़ मलिक, जो क़द में जायसी से छोटे ही थे पण्डित और ज्ञानी थे तो यह क़यास के बाहर है कि जायसी ख़ुद अच्छे-ख़ासे पण्डित और ज्ञानी नहीं थे।

दूसरे मित्र सलार नामधारी हैं। पाठान्तरों और अर्थ-क्लिष्टता के कारण इन महानुभाव का एक छोटा-सा इतिहास भी हो गया। शुक्ल जी के पाठ में से सलार ख़ादिम थे। डॉ. माता प्रसाद गुप्त ने सही पाठ 'पुनि सलार काँदन मति माहाँ', स्थिर किया, परन्तु 'सलार काँदन', एक नाम मानकर 'बुद्धिमान सलार कादन' ऐसा अर्थ किया। डॉ. वासुदेवशरण अग्रवाल ने वास्तविक अर्थ पकड़ा अर्थात् 'सलार जिनकी मति में लड़ाई-झगड़ा (काँदन) ही भरा है।'

ज़ाहिर है कि सलार के इस परिचय में हल्की सी स्नेहयुक्त चुटकी है। ऊपर से बिल्कुल भोलापन और भीतर से उभरती हुई चुटकी या व्यंग्य जायसी की शैलीगत विशिष्टता है जिसे हम पद्मावत में अन्यत्र भी देख सकते हैं। यहाँ भी सलार सिर्फ़ 'काँदन मति माहाँ' नाक पर सुपारी भाँजने वाले ही नहीं है, साथ-साथ 'खाँडे दान उभै निति बाहाँ।' 'उभै' में हल्के श्लेष के साथ दोनों के अर्थ का भी समावेश कर दिया गया। जैसे, न सिर्फ़ इनकी बाँह खांडादान के लिए उठती है, बल्कि जब देखिए तब, दोनों हाथों में तलवार उठाकर फुफकारना शुरू कर देते हैं।

आज के हिन्दुस्तान की हालत में ऐसे लोगों को 'गुरू' या 'दादा' कहा जाता है। मैं कल्पना कर सकता हूँ कि उस समय की बदअमनी की हालत में ये जायसी के बहुत काम के दोस्त रहे होंगे और जायसी इन पर अंकुश भी रखते रहे होंगे।

तीसरे मित्र सलोने मियाँ है जो पेशे से सिपाही हैं। जैसा उस समय व्यक्ति थे और बेशक आध्यात्मिक चर्चा में जायसी के घनिष्ठ रहे होंगे।

अंग्रेज़ी की कहावत है कि आदमी की पहचान उसके साथियों को देखकर की जा सकती है। ये चारों चार प्रकार के लोग हैं। जायसी ने सिर्फ़, इनके साथ निभाया—बल्कि ये सब मिलकर एक ही चित्तवाले हो गये। इससे हम जायसी के स्वभाव की व्यापकता और एक महान् सर्जक की भाँति परस्पर विसंगत अनुभवों को मिलाकर एक कर देने की क्षमता देख सकते हैं। जायसी के स्वभाव में कुछ मस्तमौलापन ज़रूर था जो इन सबको साध सका। इन चारों के साथ अपने रिश्ते को जायसी ने अपने अद्वितीय मीठी शैली में एक साथ ही विनय और वरिष्ठता की मुद्रा में बखाना है। आरम्भ में तो उन्होंने कहा कि इन चारों ने जायसी के साथ मित्रता छोड़कर उन्हें अपने समकक्ष बनाया। और, अन्त में उसी सहज भाव से जायसी ने यह भी कहा है :

बिरिख जो आछहिं चन्दन पासाँ। चन्दन होहिं बेधि तेहि बासाँ।

मलिक मुहम्मद समेत पाँच दोस्तों में अपनी सुगन्ध से उल्लसित चन्दन कौन है तथा चन्दन की सुगन्ध से बेधित शेष वृक्ष कौन है, जायसी ने इसे अनकहा छोड़ दिया है। हमारे लिए भी इसे खोलकर कहना आवश्यक नहीं है।

अब हम 'आख़िरी कलाम' में दिये हुये इशारे की पड़ताल करेंगे। यह इशारा इशारा ही है, सूचना नहीं। इशारा भी बहुत कुछ पहेली-जैसा है जिसे जायसी ने जानबूझकर आधा ढँका रखा है। चूँकि 'अखिरी कलाम' के इस अंश का मूल्यांकन विद्वानों ने नहीं किया है, अतः इसे पूरा उद्धृत करना चाहूँगा। 'आख़िरी कलाम' के वैज्ञानिक पाठशोध की स्थिति अभी नहीं आयी है। पाठ असन्तोषप्रद है। किन्तु आशय बहुत-कुछ समझ में आ जाता है। मैंने आचार्य रामचन्द्र शुक्ल द्वारा सम्पादित पाठ लिया है क्योंकि उसमें जगह-जगह मतलब के ख़ब्त हो जाने की गुंजाइश कम हैं अंश इस प्रकार है :

जायस नगर मोर अस्थानू। नगर का नाँव आदि उदयानू।
तहाँ देवस दस पहुने आएउँ। भा बैराग बहुत सुख पाएउँ।।
सुख भा सोचि एक दिन मानौं। ओहि बिन जिवन मरन कै जानौं।।
नैन रूप सो गएउ समाई। रहा पूरि भरि हिरदै छाई।।
जहवैं देखौं तहवैं सोई। और न आव दिस्टि तर कोई।।

आपुनि देखि देखि मन राखौं। दूसर नाहि सो कासौं भाखौं।।
सबै जगत् दरपन कै लेखा। आपन दरसन आपुहि देखा।।
अपने कौतुक कारन मीर पसारिन हाट।
मलिक मुहम्मद बिहनैं होई निकासेन तेहि बाट।।
धूत एक मारत गनि गुना। कपट रूप नारद कपि चुना।।
नाँव न साधु साधि कहवावै। तेहि लगि चलै जो गारी पावै।।
भाव गाँठि अस मुख कर भाँजा। कारिख तेल घालि मुख माँजा।।
परतहि दीठि धरत मोहि लेखे। दिनहि माँझ अँधियर मुख देखे।।
लीन्हें चंग रात दिन रहई। परपंच कीन्ह लोगन महँ चहई।।
भाइ बन्धु महँ लाई लावै। बाप पूत महँ कहै कहावै।।
मेहरि भेस रैनि कै आवै। तरपड़ कै पूरुख औ नवावै।।
मन मैली कैर हारी ठगै न पाएहु काहू।
बरजेउ सबहि मुहम्मद अस जिन तुम पतियाहू।।11।।
अंग चढावहु सूरी भारा। जाइ गहौ तब तंग अधारा।
जौ काहू सौ आनि चिहूँटै। सुनहू मोर बिधि कैसे छूटै।
उहें नाँव करता कर लेऊ। पढ़ौ पलीता धूआँ देऊ।।
जो यह धुँआ नासिकहिं लागै। मिनती करै औ उठि उठि भागै।।
धरि बाईं लटि सीस झकोरै। करि पाँतर गहि हाथ मरोरै।
तबहि सँकोच अधिक ओहि होवै। छाड़हु छाड़हु कहि के रोवै।
धरि बाहीं लै थुका उड़ावै। तासौं डरै जो ऐसा छुड़ावै।।
है नरकी और पापी टेढ़ बदन औ आँखि।
चीन्हत उहै मुहम्मद झूठ भरी सब साखि।। 12।।

इस पूरे प्रसंग की सन्तोषजनक व्याख्या करना कठिन है। सन्दर्भ में दुरूहता है। जायस में पाहुने-अतिथि अथवा दामाद के रूप में आने पर जायसी को अपने जीवन की किसी महत्त्वपूर्ण घटना या अनुभूति से साक्षात्कार हुआ। इस अनुभूति को उन्होंने 'भा बैराग बहुत सुख पाएउँ', और उसके बाद ही 'सुख भा सोचि एक दिन मानौ। ओहि बिन जिवन मरन कैं जानौ' कहकर व्यक्त किया है। डॉ. माता प्रसाद गुप्त के संस्करण में 'सुख भा सोचि एक दुख मानौ' है।

बैराग का अर्थ अनासक्त संन्यास नहीं है, बल्कि किसी एक के लिए ऐसी गहरी आसक्ति है कि चित्त कहीं अन्यत्र न लगे। इस अर्थ में पद्मावत में पद्मिनी को प्राप्त करने की उत्कट अभिलाषा से ग्रस्त अलाउद्दीन के लिए 'बैराग' शब्द का उपयोग किया गया है।

मन ह्वै भँवर भवै बैरागा। केवल छाँडि चित और न लागा।

इसी प्रकार मंझनकृत 'मधुमालती' में मधुमालती को सोयी देखकर राजकुँवर के मन में उत्कट अभिलाषा उठती है, उसके लिए भी 'बैराग' शब्द का प्रयोग हुआ है :

सोवत देखि मैन बिकरारा। उठेउ कुँवर तन बिरह बिकारा।
सहज चितहि उपजेउ बैरागू। बिरह आइ भजिया कर लागू।।

द्रष्टव्य है कि बैराग अभिलाषा या वासना की उत्कटता का द्योतक है इसमें कोई आध्यात्मिक ध्वनि अभीष्ट नहीं है। पद्मावत के आरम्भ में भी जायस से अपना सम्बन्ध बताने के बाद जायसी अपने को विरह का मारा हुआ बताते हैं—'जेहि के बोल बिरह के घाया। कहु तेहि भूख कहाँ तेहि छाया।'

संक्षेप में जायस में कोई मिला या मिली। इस भेंट के बाद जायसी का मन गहरी आसक्ति में पड़ गया। इस आसक्ति में सुख भी था और अजब छटपटाहट भी थी। आँखों में सर्वत्र वही दिखने लगा या लगी। हृदय आपूरित हो गया है। अपना देखा हुआ जायसी ख़ुद देखते थे। मन छिपाये हुए थे। दूसरा कोई हमराज़ भी नहीं था जिससे कहते। अपने कौतुक के लिए 'मीर' ने बाज़ार लगायी। सवेरे ही मलिक मुहम्मद उस बाज़ार में होकर निकल आये। इन अनुभवों के कुछ दिन बाद शायद ही 'भेद-बात' थी जो जायसी ने यूसुफ़ मलिक को सबसे पहले बतायी।

यह 'ओहि' कौन है जिसके बिना ज़िन्दगी मौत-जैसी हो गयी? और ये 'मीर' कौन है जिन्होंने बाज़ार लगवायी? शुक्ल जी ने मीर का अर्थ यहाँ परमेश्वर अनुमानित किया है। तो क्या यह सब परमेश्वर के साक्षात्कार की चर्चा है? परन्तु यह अर्थ जमता नहीं। 'मीर' शब्द स्थानीय प्रशासक या छोटे रजवाड़े के लिए प्रयुक्त होता था। परमेश्वर के लिए 'मीर' शब्द छोटा पड़ता है, न जायसी ने, न किसी और ने अन्यत्र इस शब्द का व्यवहार परमेश्वर के लिए किया है। फिर, इतने बड़े साक्षात्कार का उल्लेख इतना चलताऊ क्यों है? यह एक झलक दिखाकर इस तरह ख़त्म क्यों हो जाता है जैसे सवेरे-सवेरे इस रास्ते से ही छुट्टी मिल गयी? अगले ही कड़वक में किसी ऐसी औरत का ज़िक्र क्यों शुरू हो जाता है जो धूर्त है, गुणों को गिन-गिनकर मारती है, शैतान की चुनी है, साध्वी कहलाती है, लेकिन उसका आग्रह है कि नाम न साधो, जो उसके साथ चले वह गाली पाता है, मुख पर भाव लाकर हाथ चमकाती है आदमी मुँह पर कालिख लगा देती है देखते ही छलती है, उसको देखने में दिन में भी अँधेरा हो जाता है, रात-दिन चंग लिए रहती है। लोगों में प्रपंच करना चाहती है। भाई-बन्धु, माँ-बाप में लड़ाई करवा देती है, रात में औरत बनकर आती है, और पुरुष को नीचे करके झुका देती है। मन को मलिन करके ठगिनी ठग

लेती है, उसको कोई न ठग सका और मलिक मुहम्मद की वर्जना है कि ऐसे का कोई विश्वास न करे।

यह रूप वेश्या या छिनाल जैसा है। अगले कड़वक में तो नारी का यह रूप ठगिनी का ही नहीं, लगभग चुड़ैल-जैसा हो जाता है। यहाँ तो आदमी को सूली और भाले से लैस होकर, उसके आधार चंग को छीन लेने की सलाह दी गयी है वह चुड़ैल लोगों को लग जाती है। अगर चिपट जाये तो छुड़ाने की तरकीब भी है। सृष्टिकर्ता का नाम लेकर पलीता पढ़े, धुआँ दे। जब यह धुआँ नाम में लगेगा तो विनती करेगी और उठ-उठकर भागेगी। तब बायीं लट पकड़कर पटका दे, पैरों के नीचे दबाकर हाथ मरोड़े। तब उसको अधिक कष्ट होगा और 'छोड़ो-छोड़ो' कहकर रोवेगी। तब बाँह पकड़कर थूक दे। जो इस तरह छुड़ाता है, उससे डरती है। आख़िर तक आते-आते जायसी अपने स्वभाव के बिल्कुल विपरीत शुद्ध गाली-गलौज पर उतर जाते हैं। वह नरकी और पापी है, उसका मुँह टेढ़ा उसकी आँख टेढ़ी। जायसी उसे ख़ूब पहचानते हैं, उसकी सारी क़समें झूठी हैं। जायसी अपने 'नारद' नामी शैतान को भी गाली का नहीं, कुछ दया का ही पात्र बनाते हैं। उदाहरणतः 'मा नारद तब रोई पुकारा। एक जुलाहे में मैं हारा।' उस जायसी में कहाँ से इतने उल्लास के बाद इतनी कड़वाहट आ गयी कि आपे से बाहर हो गये? और यह सब क्यों इतना घुमड़ता रहा कि 'आख़िरी कलाम' में इसे कहकर सन्तुलित हो जाने की ज़रूरत पड़ गयी।

मेरी विनम्र धारणा है कि यहाँ सन्दर्भ परमेश्वर के साक्षात्कार का बिल्कुल नहीं है। बात शायद कुछ इस तरह हुई। जायस में जायसी किसी औरत पर दीवाने हुए। सम्भवतः यह उन्हें बाज़ार में मिली। कुछ दिन पागलपन सवार रहा। जब घर में कुहराम मचा, तब समझ में आया कि ऐसी आशिक़ी घर में तो झगड़ा कराती ही है, नीचे गिराकर आदमी से नाक भी रगड़वाती है। माशूक़ा ने भी कुछ धोखाधड़ी की। शैतान की ख़ाला साबित हुई। जायसी ने न सिर्फ़ कान पकड़े बल्कि चुड़ैल भागने की तरह लाहौर पढ़ा। फिर पलीता और धुआँ देकर और शायद कुछ धौल-धप्पा भी कर रहे हैं, जिसके भीतर से वे निकल तो गये, लेकिन जिसने उनको हिलाकर ज़रूर रख दिया।

इस तड़पते हुए मोहभंग को लेकर जायसी क्या करते? तरह-तरह के साधुओं में शान्ति की तलाश की और अन्त में तय किया कि अपने रक्त की लेई से जोड़कर पद्मावत लिखेंगे। मगर जायसी की तड़प में सिर्फ़ ग़मे-इश्क़ ही नहीं था, उसमें एक बड़ा हिस्सा ग़मे-रोज़गार का भी था। यह सब पद्मावत में अन्तर्भुक्त हो गया।

अपने कानेपन को लेकर जायसी कुछ ज़रूरत से ज़्यादा चुभे हुए दिखते हैं। बीच-बीच में यह दर्द उभर आता है। यहाँ तक कि एक पूरा कड़वक ही इस चुभन के जवाब में *पद्मावत* में आ गया है :

एक नैन कबि मुहम्मद गुनी। सोइ बिमोहा जेइँ कबि सुनी।
चाँद जइस जग गिधि औतारा। दीन्ह कलंक कीन्ह उजिआरा।
जग सूझा एकड़ नैनाहाँ। उवा सूक अस नखतन्ह माहाँ।।
जौ लहि अँबहि डाभ न होई। तौ लगि सुगँध बसाई न सोई।।
कीन्ही समुद्र पानि जौ खारा। तौ अति भएउ असूझ अपारा।।
जौं मुमेरु तिरसूल बिनासा। भ कंचनगिरि लाग अकासा।।
जौं लहि घरी कलंक न परा। काँच होइ नहिं कंचन करा।।
एक नैन जस दरपन औ तेहि निरमल भाउ।
सब रूपवन्त पाँव गहि मुख जोवहिं कइ चाउ।।

इस वक्तव्य को हम जायसी की परिचित मीठी गर्वोक्तियों में गिन सकते हैं। लेकिन कानेपन को लेकर इतना उद्वेग क्यों? इस प्रसंग के कुछ ही बाद जायसी ने लिखा है कि जिसने उनका मुँह देखा, उसी ने हँसी उड़ायी। हम सोच सकते हैं कि जायसी आपने कानेपन के कारण अक्सर लोगों के परिहास या कभी-कभी उपहास के शिकार होते थे। काने आदमी का सामने पड़ जाना आज भी अपशकुन माना जाता है। जायसी का युग तो अन्धविश्वासों से भरा हुआ युग था ही। अगर जायसी सूफ़ी सन्त होते और उनके बाबा-व्यक्तित्व के चारों ओर चमत्कार और जादू-टोने का घटाटोप बँधा होता तो इससे वे कब के उबर गये होते। श्रद्धावान लोगों ने एक आँख के साथ भी चमत्कार जोड़ दिया होता, जैसा युग में आम बात थी। लेकिन वे बाबा नहीं थे। केवल प्रबल प्रतिभा और मेधा के धनी कवि ही थे। उनकी शक्ति अपने 'निरमल भावों' से भरी हुई कविता में ही थी। उनके लिए उनकी कविता को सुनना और समझना ज़रूरी था जो जायस के दादुरों के बूते के बाहर की चीज़ थी। कविता सुनकर मर्मज्ञ की आँखों से जो आँसू निकलते थे, वही उनके पास एकमात्र चमत्कार था इसलिए कानेपन की कीर्ति इस पूरे कड़वक में काव्योचित तर्कों से सिद्ध की गयी है, बाबागिरी के तर्कों से नहीं है।

जो भी हो, इस उल्लेख में कवि के आहत स्वाभिमान की हल्की-सी प्रतिध्वनि अवश्य सुनायी पड़ती है। अक्सर मैं सोचता हूँ कि यदि मैं जायसी का दोस्त काँदन मतिवाला सलार गुरु होता, तो मेरा एक काम यह भी होता कि मेरे गुणी मित्र जायसी पर कोई हँसता या उन्हें मनहूस मानता, तो जायसी चाहे मुझे रोकते ही, परन्तु मैं एक बार जरूर खांडा उठाकर दौड़ पड़ता।

पद्मावत जायसी ने क्या किसी साम्प्रदायिक या आध्यात्मिक उद्देश्य से लिखी? उन्होंने यह कहीं नहीं कहा है कि पद्मावत की यह कथा कलिकाल के पापों का विनाश करने वाली है; इसे जो पढ़ेगा, वह सवाब या पुण्य का अधिकारी होगा। जायसी के आसपास ही 'छिताई-वार्ता' नामक पुस्तक पहले नारायण और बाद में बढ़ाकर रतनरंग ने लिखी। छिताई-वार्ता का काव्य-स्तर शुद्ध मनोरंजन का है। ऐसी पुस्तक का भी महात्म्य इस तरह बताया गया है :

इतनी कथा सुनै दे कान। तिनको फुरै गंग अस्नान। 'छिताई-वार्ता' में गंगा-स्नान जैसा कोई पुण्य नहीं दिखता। फिर भी, कवि को दावा करने से रोक सकता है? जायसी से कुछ पूर्व कुतबन ने 'मृगावती' नाम की जादू भरी कहानी लिखी। उसमें भी कुतबन ने दावा किया :

पहिलेहि ये दुइ कथा मही। जोग सिंगार वीर रस कहीं।
पुनि हम खोलि अरथ सब कहा। लघु दीरघ कौतुक नहि रहा।

× × ×

बहुतै अर्थ अहहि यहि महँ जो कोइ सुधि से बूझ।
कहेउँ जहाँ लहु परेऊँ जो कुद हिदैं मैं सूझ।।

अर्थात् कुतबन ने भी दावा किया कि उनकी कविता में बड़े गूढ़ अर्थ भरे हैं, जिन्हें उन्होंने खोलकर कहा है कि जायसी के बाद तुलसीदास ने अपने 'रामचरितमानस' के लिए मंगलकारी और कलिमलहारी जो दावे किये हैं, वे सर्वविदित हैं। जायसी से लगभग डेढ़ सौ साल पहले मौलाना दाऊद ने 'चन्दायन' लिखा। दुर्भाग्य से 'चन्दायन' का अन्तिम अंश जिसमें अक्सर कथा-महज्ञत्म्य के दावे होते हैं, लुप्त है। फिर भी एक जगह दाऊद अपने काव्य के अर्थविचार की विशालता का संकेत देते हैं। (कड़वक 329)।

दाउद कबि चाँदायन गाई। जेहँ रे सुना सो गा मुरुझाई।
धनि ते बोल धनि लेखनहारा। धनि ते आख़िर धन अरथु विचारा।।

इसके साथ जब हम 'मुन्तख़िब-तवारीख़' में बदायूँनी के दाऊद सम्बन्धी उल्लेख मिलाते हैं तो दाऊद ने भी कुतबन की तरह दावा किया होगा—इसका अनुमान लगा सकते हैं। बदायूँनी के तज़किरे का हिन्दी अनुवाद कुछ इस तरह होगा।

"सन् 772 हि. (1370 ई.) में ख़ानेजहाँ, जो फ़ीरोज़शाह का प्रधानमन्त्री था, मर गया और उसका लड़का जूनाशाह उसके पद पर नियुक्त हुआ। 'चन्दायन' जो हिन्दी की एक मसनवी है और लोरिक तथा चन्दा के प्रेम का वर्णन करती है, उसके लिए मौलाना दाऊद द्वारा लिखी गयी। यह इन प्रदेशों में इतनी प्रख्यात है कि उसे प्रशंसा की अपेक्षा नहीं है। मख़दूम शेख़

तकीउद्दीन वाइज़ रब्बानी इनके अंश प्रवचन-पीठ पढ़कर सुनाते थे और इसे सुनकर लोगों को अद्‌भुत आनन्द प्राप्त होता था। जब उस युग के कुछ विद्वानों ने शेख़ से मसनवी को इस प्रकार महत्त्व देने का कारण पूछा तो उन्होंने उत्तर दिया कि यह रचना ईश्वरीय सत्य और इशारों से भरी हुई थी सुरुचिवान और प्रेमी जनों के लिए आनन्दपूर्ण चिन्तन की सामग्री प्रदान करती थी, क़ुरान की कुछ आयतों को स्पष्ट करने में उपयोगी थी और इसमें भारत की संगीतात्मकता भरी हुई थी।"

'चन्दायन' के लिए दाऊद ने दावा किया हो, या न किया हो, गूढ़ार्थों का दावा तकीउद्दीन वाइज़ रब्बानी और अब्दुल क़ादिर बदायूँनी ने तो कर ही दिया। मज़ा यह है कि 'चन्दायन' में उतना भी तसव्वुफ़ ढूँढ़े नहीं मिलता जितना खोलने वाले को आसानी से 'पद्मावत' के प्रथमार्द्ध में मिल जाता है।

इस सबके विपरीत, जायसी कथा के आरम्भ होते ही, गूढ़ार्थ तलाश करने वालों को होशियार करते हुए कहते हैं :

सिंघल दीप कथा अब गावौं। औ सो पदुमिनि बरन सुनावौ।
बरन क दरपन भाँति बिसेखा। जेहि जस रूप से तैसेइ देखा।।

वर्णन की विशेषता दर्पण की भाँति है। जिसका जैसा रूप है, वह वैसा ही उसमें दिखलायी पड़ता है। जायसी के इस दर्पण-न्याय से यदि आज का यथार्थवाद अभीप्सित नहीं है तो प्रतीकवाद या रूपक-निर्वाहवाद का अन्योक्तिवाद तो बिल्कुल नहीं है। अगर जायसी का अभिप्रेत सूफ़ी मतवाद होता तो दावा करने में उन्हें कौन रुकावट थी—जैसा निज़ामी ने यूसुफ़-जुलेखा में किया या मौलाना रूम ने अपनी 'मसनवी-ए-मानवी' में किया?

अब हम विदा लेने से पहले इस अत्यन्त मानवीय, संवेदनशील और सर्वव्यापी दृष्टि वाले मलिक मुहम्मद जायसी की ओर एक बार फिर मुड़कर देख लें, जो जायस में सोलहवीं शताब्दी में अपने खेत के किनारे खड़ा है। वह बूढ़ा हो गया है। शक्ति चली गयी, शरीर क्षीण हो गया है। एक आँख है, उससे भी कम दिखता है। सिर्फ़ आँसुओं का काम उससे लिया जा सकता है। दाँत गये, मुँह पोपला हो गया है। आवाज़ भी फटी-हुई अरुचिकर हो गयी है। बुद्धि ने साथ छोड़ दिया, हृदय बावला हो गया है और जो हमेशा का साथी गरबीलापन था, वह भी जाता रहा। सिर झुक गया है। कान गये, ऊँचा सुनायी पड़ता है। गौरव भी गया। बाल धुनी हुई रूई या भुवे की तरह सफ़ेद हो गये। सिर हिलता है। अब सिर्फ़ पराये हाथ मृत्यु की प्रतीक्षा है। लेकिन इस बुड्‌ढे के मानस में न सिर्फ़ जवानी की याद है, बल्कि जवानी में गुज़री हुई अनुभूतियों का विशाल सागर

निरन्तर लहरें मारता रहता है। उसे मालूम है जीवन तभी तक है जब तक यौवन साथ है। वेश से बिल्कुल रूखा-सूखा है लेकिन उसके भीतर एक धूल लपेटा हुआ माणिक्य है। अब वह कलम उठाता है। तो धूल उड़ जाती है। और भीतर का माणिक्य दिप-दिप करने लगता है। अमृत की वर्षा होने लगती है। इस बूढ़े को ध्यान से देखें। वह चमत्कारी बाबा नहीं है, साधारण मनुष्य है। सूफ़ी शेख़ नहीं है, कवि है :

हिअ भँडार नग आहि जो पूँजी। खोली जीभ तारा कै कूँजी।।
रतन पदारथ बोलइ बोला। सुरस पेम मधु भरी अमोला।।
जेहि के बोल विरह के घाया। कहु तेहि भूख कहाँ तेहि छाया।।
फेरे भेस रहइ भा तपा। धूरि लपेटा मानिक छपा।।
मुहम्मद कवि जो प्रेम का ना तन करत न माँसु।
जेइँ मुख देखा तेइँ हँसा सुना तो आये आँसु।।

जायसी से

कबि कै बोल खरग हिरवानी

यह कहना कि पद्मावत सूफ़ी ग्रन्थ है एक बात है। यह कहना कि पद्मावत में सूफ़ी मत या सूफ़ी मतों के तत्त्व हैं और वे तत्त्व कथा के प्रधान अंश हैं, दूसरी बात है। यह कहना कि पद्मावत के बारे में अधिकांश आलोचकों और विद्वानों की राय पहले प्रकार की है। यह राय इतनी बार दुहरायी गयी है कि लगभग उसी तरह स्वयंसिद्ध मान ली गयी है। जिस तरह यह धारणा कि जायसी स्वयं एक सूफ़ी सिद्ध थे। इस राय के प्रमुख आरम्भकर्ता ग्रियर्सन थे और आचार्य रामचन्द्र शुक्ल ने कुल मिलाकर—इस राय पर मुहर लगायी, यद्यपि शुक्ल जी की जायसी-सम्बन्धी प्रसिद्ध 'भूमिका' में उनकी आलोचक-दृष्टि नागमती के विरह-वर्णन में ही रमी है। जिसका कोई सीधा सम्बन्ध तसव्वुफ़ से नहीं बनता। पुराने लोगों में तीसरी राय के, कि पद्मावत के सूफ़ी तत्त्वों को प्रधानता नहीं देनी चाहिए, पद्मावत के परवर्ती अनुवादकर्ता श्री शिरेफ है। लेकिन श्री शिरेफ की राय को हिन्दी आलोचना और शोध में कोई महत्त्व नहीं दिया गया।

अन्ततः जायसी के सिद्ध काव्य-ग्रन्थ का स्वरूप-निरूपण ग्रन्थ की व्याख्या का प्रश्न है। व्याख्या के लिए पद्मावत के विश्लेषण से पहले मैं अपने निष्कर्ष का उल्लेख कर देना चाहूँगा। पद्मावत का बारम्बार पाठ करने के उपरान्त मेरी धारणा तीसरी राय के आसपास परिपुष्ट होती गयी है। बल्कि, मैं कुछ और नीचे उतरकर कहना चाहूँगा कि जायसी ने अपनी संवेदना का सर्जनात्मक रूप प्रदान करने के लिए उस युग में परम्परा अथवा रूढ़ि, लोकमानस अथवा काव्यशास्त्र, दर्शन अथवा योग, संस्कृत अथवा फ़ारसी के बहुत सारे उपलब्ध उपादानों का उपयोग किया है। इन विविध और कभी-कभी असंगत उपादानों को उन्होंने अपनी जिस भावनात्मक भट्ठी में गलाकर एक किया है, वह उनकी निजी सम्पत्ति है। इन तमाम उपादानों में अन्य मुहावरों की तरह तसव्वुफ़ का मुहावरा भी आ गया है। लेकिन तसव्वुफ़ का यह प्रयोग केवल विशिष्ट सन्दर्भ में भावना को गहराई देने के लिए उसी तरह हुआ है जिस तरह उक्ति की अन्य विशिष्टताओं का।

इस प्रकार तसव्वुफ़ का एक तत्त्व भी नहीं ठहरता, केवल उपलब्ध काव्यात्मक मुहावरों का एक प्रयोग ही है।

परन्तु जायसी के व्यक्तित्व और उनकी कृति पद्मावत के चारों ओर सूफ़ीवाद का इतना मलबा इकट्ठा हो गया है कि कवि और उसकी कविता का साक्षात्कार करने के लिए सूफ़ीवाद की इस लगभग बद्धमूल धारणा की कुछ विस्तार से उधेड़बुन करना ज़रूरी है। आशा करता हूँ कि जायसी के कवि-व्यक्तित्व की खोज के दौरान हमने इस मलबे को हटाने में कुछ सफलता प्राप्त की।

इस सफ़ाई की ज़रूरत इस कारण से भी है कि कवि-रूप में जायसी दुहरी उपेक्षा के शिकार हुए हैं। मध्य युग में जब सूफ़ी या बाबा होने की कीर्ति उनके काव्य के प्रति आकर्षण पैदा कर सकती थी, वे उपेक्षित हुए, क्योंकि किसी सूफ़ी सम्प्रदाय में उन्हें पूर्णतः पचा लेने की शक्ति नहीं थी। हमने देखा कि उनका ज़िक्र कोई नहीं करता और बीसवीं शताब्दी के उत्तरार्द्ध में जब सूफ़ी होने की कीर्ति कवि के दकियानूस और अपरिचित होने के ख़तरे से जुड़ गयी है, उनके चारों ओर तसव्वुफ़ का लबादा घेर दिया गया। अतः अधिकांश वर्तमान लेखकों, विचारकों और आलोचकों के लिए जायसी अप्रासंगिक हो गये हैं।

मैंने आरम्भ में कहा है कि सूफ़ीवादी धारणा की शुरुआत ग्रियर्सन ने की। इस वक्तव्य को थोड़ा संशोधित करके और पीछे ले जाना होगा। सूफ़ीवाद के चौखटे में पद्मावत को कसने का प्रयास करने वाला शायद पहला आदमी वह नामालूम व्यक्ति था जिसने पद्मावत में वह प्रसिद्ध क्षेपक जोड़ा जिसके अनुसार चित्तौड़ तन है, राजा मन है, नागमती दुनिया धन्धा है, आदि-आदि। इस क्षेपक के अनुसार पद्मावत की पूरी कथा एक रूपक या बड़े पैमाने पर अन्योक्ति हो गयी और यह क्षेपक उस रूपक की कुंजी। इस क्षेपक को प्रामाणिक पाठ मानने की विवशता ग्रियर्सन और शुक्ल जी दोनों के सामने थी। उनके दृष्टि-भ्रम में एक क्षेपक की बहुत बड़ी ज़िम्मेदारी थी। एक तरफ़ वे यह भी देखते थे कि कुंजी पूरी तरह कथा में बैठती नहीं थी, दूसरी ओर वे इस कुंजी-क्षेपक को अनदेखा भी नहीं कर सकते थे।

लोग प्रसिद्ध ग्रन्थों में क्षेपक क्यों डालते हैं? तीन कारण तो प्रत्यक्ष ही दिखते हैं। एक प्रसिद्ध कृति को अपने सम्प्रदाय के योग्य बनाने के लिए। दो, अपने किसी आनुषंगिक मत को स्वीकृत या प्रचारित करवाने के लिए। तीन, कृति में कोई अपूर्णता लक्षित करके उसे पूर्णता देने के लिए। क्षेपक का उल्टा होगा प्रतियाँ बनाते समय जानबूझकर कुछ अंशों को निकाल देना। इस प्रक्रिया में भी यही मनोवृत्तियाँ अलग-अलग या साथ-साथ काम कर सकती हैं। क्षेपककार इस

तरह ऐसे युग में जब विधिवत आलोचना का रिवाज न हो, व्याख्याकार अतः आलोचक का काम परोक्षतः करता है। सामान्यतः हम क्षेपककार के नाम और उद्देश्य से परिचित नहीं होते। परन्तु मौलाना दाऊद के 'चन्दायन' के सम्बन्ध में एक क्षेपककार की स्वीकृति उपलब्ध है जिससे हम इस मनःस्थिति का कुछ अनुमान कर सकते हैं।

'चन्दायन' का फ़ारसी अनुवाद अब्दुल कुद्दूस गंगोही नाम के एक सूफ़ी ने किया। इस सम्बन्ध में 'लतायफ़े-कुद्दूसी' नामक ग्रन्थ का हवाला देते हुए डॉ. विश्वनाथ प्रसाद मिश्र ने अपने सम्पादित ग्रन्थ की भूमिका में निम्नलिखित उद्धरण दिया है:

> "हजरत कुतबी अब्दुल कुद्दूस गंगोही द इब्तिदाये हाल ख़ासतन्द कि नुस्ख़ये चन्दायन हिदवी र ब फ़रसी कुनन्द। बाद अज बयाने तौहीद व नात ख़ास्तन्द कि दर मेराज चीज़े बनवीसन्द। रह चन्दायन मेराज लन बूद।"

अब्दुल कुद्दूस गंगोही ने अपनी साधना की प्रारम्भिक अवस्था में चाहा कि हिन्दी चन्दायन की किताब का फ़ारसी में अनुवाद कर लें। तौहीद (ईश्वर के एकपन का बखान) और नात (मुहम्मद साहब की स्तुति) के बयान के बाद मेराज (मुहम्मद साहब की सिद्धावस्था) के बारे में कुछ लिखें। 'चन्दायन' में मेराज नहीं था।

बेशक यहाँ क्षेपक मूल ग्रन्थ में न होकर अनुवाद में डाला गया है। परन्तु साम्प्रदायिक विश्वास की दृष्टि से ग्रन्थ को पूर्ण और उपयोगी बनाने का उद्देश्य स्पष्ट है।

पद्मावत में प्रसिद्ध कुंजी-क्षेपक द्वारा पूरी कथा पर एक सम्प्रदाय के आध्यात्मिक सिद्धान्तों के रूपक का आरोपण इसी तरह का एक प्रयास है। डॉ. माताप्रसाद गुप्त के अनुसार, इस क्षेपक का सबसे पहला आलेख उन्हें 1007 हि. की प्रति में मिला जो जायसी के डेढ़ सौ साल से अधिक बाद की प्रति है। जिसने भी यह क्षेपक डाला हो उसकी दो इच्छाएँ स्पष्ट हैं। पहले तो उसे यह लगा होगा कि ग्रन्थ को सूफ़ी आध्यात्मिक व्याख्या में ढाला जा सकता है। दूसरे, इस व्याख्या में उसे कठिनाई महसूस हुई होगी, क्योंकि सीधे-सीधे समूचे पद्मावत की सूफ़ी व्याख्या करना असम्भव है। इस कठिनाई का निदान करने की इच्छा से उसने कुंजी-क्षेपक को डालकर कहानी को रूपक में बदलने की कोशिश की। इस प्रकार हम देखते हैं कि पद्मावत को सूफ़ी मतवाद का ग्रन्थ बनाने का प्रयास अठारहवीं शताब्दी ईसवी के अन्त से शुरू हुआ और सम्भवतः उसी के आसपास जायसी के बारे में बाबागिरी की किंवदन्तियाँ भी शुरू हुईं।

इस प्रसंग का एक और रोचक तथ्य भी उल्लेखनीय है। शाहजहाँ के काल में बज़्मी नाम के फ़ारसी शायर ने पद्मावत का फ़ारसी अनुवाद किया। बज़्मी साहब सूफ़ी थे। मुझे उनके फ़ारसी अनुवाद की विधिवत् तुलना मूल ग्रन्थ से करने का अवसर नहीं मिल पाया है, परन्तु डॉ. भगवती प्रसाद सिंह ने गोरखपुर विश्वविद्यालय की जायसी-सम्बन्धी एक परिगोष्ठी में यह सूचना दी कि बज़्मी के अनुवाद में नागमती का विरह-वर्णन नदारद है शायद इसका कारण यही है कि वह अंश सूफ़ीवाद के दार्शनिक ढाँचे में ठीक-ठीक बैठ नहीं पाता। बज़्मी के अनुवाद के कुछ अंश जो मैंने देखे तो यह भी पाया कि उसमें अलाउद्दीन का चरित्र मूल पद्मावत से अधिक उज्ज्वल और प्रशंसित बनाकर प्रस्तुत किया गया है। अनुवाद में स्थान-स्थान पर अलाउद्दीन के लिए कुछ स्तुतिपरक विशेषण जोड़ देने से यह काम बहुत आसानी से हो जाता है। इस तरह बज़्मी के अनुवाद में कहीं-कहीं परिवर्तन करके पद्मावत की दार्शनिक और ऐतिहासिक दृष्टि को अपने सम्प्रदाय के लिए उपयोगी बनाने का प्रयास किया गया है।

ग्रियर्सन और शुक्ल जी के सामने सूफ़ी या असूफ़ी अखाड़ों में पद्मावत के मतवादी उपयोग का चलन, जायसी के बारे में बढ़ती हुई किंवदन्तियाँ और सबसे बढ़कर वह कुंजी-क्षेपक था जिसे उन्होंने जायसी का लिखा हुआ ही माना बेशक शुक्ल जी ने इतना तो देखा ही कि जो कुंजी दी गयी थी, उससे पद्मावत की सटीक सूफ़ी व्याख्या करना कठिन था। कथा में रूपक का सन्तोषप्रद निर्वाह नहीं मिलता। उन्होंने ज़ोर देकर कहा कि पद्मावत के आध्यात्मिक अर्थ का स्वरूप अन्योक्ति का नहीं, समासोक्ति का है। लेकिन कुंजी-क्षेपक को प्रामाणिक मानने के कारण, वे उसे अनदेखा भी नहीं कर सकते थे। पद्मावत के बारे में शुक्ल जी की दृष्टि इसी असमंजस का परिणाम दिखती है। एक ओर तो उन्होंने पद्मावत का प्रमुख स्वरूप सूफ़ी ग्रन्थ का ही माना, दूसरी तरफ़ उन्होंने अपनी काव्य-प्रशंसक दृष्टि नागमती के विरह-वर्णन पर केन्द्रित कर दी जिसकी वेदना की मार्मिक तरलता उनके लिए अधिक महत्त्वपूर्ण थी, सूफ़ी मतवाद में उसकी कोई दार्शनिक व्याख्या बने या न बने। शुक्ल जी के बाद श्री परशुराम चतुर्वेदी ने इस असमंजस को भी छोड़ दिया। उन्होंने पद्मावत को असफल कृति इस आधार पर घोषित किया कि उसमें रूपक का सम्यक् निर्वाह नहीं हो सका है। अगर पद्मावत को सूफ़ी ग्रन्थ मानते हैं तो चतुर्वेदी जी के निष्कर्ष को तर्कशः खण्डित नहीं कर सकते। अगर सूफ़ीवाद पूरी कथा में अनुस्यूत नहीं है। तो मानना होगा कि जायसी लिखने कुछ चले थे बहाव में आकर लिख कुछ और गये। इस प्रकार कृति की केन्द्रित एकता उनके हाथ से जाती रही।

डॉ. माताप्रसाद गुप्त ने कुंजी-क्षेपक प्रक्षिप्त सिद्ध करने के उपरान्त अपने परिशोधित पाठ की भूमिका में ठीक ही लिखा है : "इस छन्द को प्रामाणिक मान लेने के कारण जायसी के रूपक-निर्वाह के विषय में शुक्ल जी ने और उनके पीछे के जायसी के समस्त आलोचकों ने कितना बड़ा वितण्डावाद खड़ा किया है।" लेकिन डॉ. गुप्त ने एक क़दम और आगे बढ़कर यह प्रश्न नहीं पूछा कि यदि रूपक, कथित अथवा अकथित, धराशायी हो जाता है तो पद्मावत को सूफ़ीमत का ग्रन्थ मानने का क्या औचित्य रह जाता है।

लेकिन, सूफ़ीवाद से जायसी को अलग करके समझने के लिए कुछ और गहरे जाने की आवश्यकता है। रूपक-सिद्धान्त के धराशायी हो जाने के बावजूद यह कहा जाता है कि प्रेम की पीर, विरह की तड़प और पद्मावती को विश्वव्यापक ज्योति के रूप में इंगित करना आदि पद्मावत के ऐसे तत्त्व हैं जो तसव्वुफ़ से जायसी का सम्बन्ध निर्विवाद रूप से स्थापित करते हैं। यह विवेचन सूफ़ीवाद को कुछ आन्तरिक सिद्धान्तों तक सीमित कर देता है। लेकिन हिन्दुस्तान में सूफ़ी-आन्दोलन सिर्फ़ सिद्धान्त चर्चा या व्यक्तिगत साधना अथवा सिद्धि की अवस्था ही नहीं था। सूफ़ी आन्दोलन के पीछे संगठन थे सिलसिले थे उस समय के राजनीतिक-सांस्कृतिक- सामाजिक संघर्षों में इन साधुओं और संगठनों की भूमिका थी और यह भूमिका अलग-अलग सूफ़ियों ने अलग-अलग तरह से निभायी। कुछ मिलाकर ये सूफ़ी-संगठन सुल्तानों और बादशाहों की नीतियों के अन्तर्गत ही काम करते थे।

यहाँ भारत में सूफ़ी-आन्दोलन के विस्तृत विवेचन का अवसर नहीं है। अतः सूफ़ियों की भूमिका के विषय में मैं कुँवर मुहम्मद अशरफ़ के कथन को उद्धृत करके सन्तोष करूँगा—

> "सामान्यतः सूफ़ी लोग अपने विवेचन में इतने रूढ़िवादी हैं कि साधारण जन की ज़िन्दगी और उनकी आध्यात्मिक ज़रूरतों से वे कटे हुए दिखते हैं। हिन्दुओं और मुसलमानों के निकट सम्बन्धों और परस्पर संघात से मुस्लिम समाज में जो सामाजिक परिवर्तन पैदा हो रहे थे, उन्हें मान्यता देने से वे कतराते हैं। वस्तुतः सूफ़ियों का सम्पर्क जीवन की सामाजिक धाराओं से, अन्य मुस्लिम वर्गों की तुलना में, अधिक आत्मीय था लेकिन उनके पैर दो नावों पर थे—और ख़तरा उन्हें दोनों तरफ़ से लगता था। वे पूरे पारम्परिक इस्लामी जीवन से असन्तुष्ट थे, लेकिन उनमें हिम्मत नहीं थी कि उलमा की ताक़त को, जो मुसलमानों के नेता थे, चुनौती दे सकें। अतः सूफ़ियों ने इस्लामी आस्थाओं की कट्टर व्याख्याएँ कवच की तरह ओढ़ लीं। इसी तरह

वे मुस्लिम उमरा के जीवन और आचार को भी नापसन्द करते थे, लेकिन शासक वर्ग की सत्ता से वे इतने भयभीत थे कि उनका विरोध करके, या ईमानदारी से उनकी आलोचना करके, उनसे टक्कर लेना सूफ़ियों के बूते के बाहर की बात थी। पारम्परिक इस्लाम की प्रचलित व्याख्या से कुछ अलग उनके पास सामान्य जन को देने के लिए नहीं था—कहीं ऐसा न हो कि उनके ऊपर क़ाफ़िर या अलीक होने का आरोप लग जाये।"

कुल मिलाकर श्री अशरफ़ का निष्कर्ष ठीक है—सम्भवतः अधिक विस्तृत विवेचन से हम इधर-उधर कुछ अपवाद या विशिष्ट व्यवहार की झलक पा लें लेकिन सूफ़ी-आन्दोलन की वास्तविक भूमिका यही रही है। इस सन्दर्भ में जब हम पद्मावत की सांस्कृतिक और सता-संघर्ष-सम्बन्धी दृष्टि को रखते हैं तो साफ़ दिखता है कि जायसी में बहुत-कुछ ऐसा है जो सूफ़ी-आन्दोलन के घेरे में नहीं समाता।

कवि, विचारक, इतिहास-लेखक और सूफ़ी के नाते अमीर ख़ुसरो का ज़बर्दस्त प्रभाव अपने समय में पड़ा। ख़ुसरो का बौद्धिक प्रभाव जायसी के युग में, बल्कि उसके बाद भी मुस्लिम-समाज पर बना रहा। बल्कि, अगर दन्तकथाओं पर विश्वास किया जाये तो ख़ुसरो का प्रभाव मुस्लिम-समाज के बाहर भी काफ़ी पड़ा। उन्नीसवीं शताब्दी तक हर मुस्लिम-मदरसे या अध्ययन केन्द्र से ख़ुसरो की कृतियाँ पढ़ी जाती रहीं।

जायसी और ख़ुसरो के बीच कई अर्थों में होड़ है। ख़ुसरो ने जामी की प्रतिद्वन्द्विता में जो प्रेमाख्यान लिखे, वे जायसी के सामने थे। ख़ुसरो ने अपने काव्य में हिन्दुस्तान की ज़मीन को जिस तरह अपनाया, उससे भी जायसी परिचित रहे होंगे। लेकिन सबसे बढ़कर ख़ुसरो ने अलाउद्दीन की चितौड़-विजय का जो आँखों- देखा हाल अपने 'ख़जायनुल-फतूह' अथवा 'तारीखे-अलाई' में लिखा था उसी को जायसी ने पद्मावत के उत्तरार्द्ध की कथा पर आधार बनाया। जायसी और ख़ुसरो में कितना अन्तर है, इसे समझने के लिए ख़ुसरो द्वारा लिखित वृत्तान्त को ध्यान में रखना आवश्यक है। ख़ुसरो का वृत्तान्त अत्यन्त अलंकृत फ़ारसी गद्य में है। उसका सरलीकृत अनुवाद इस प्रकार है :

> "इस तारीख़ को विश्व-विजेता (अलाउद्दीन) ने चित्तौड़ की विजय के लिए डंका बजाने की आज्ञा दी और दिल्ली शहर से अपनी पवित्र ध्वजाओं को गतिमान किया। आकाश तक उठा हुआ सुल्तान का काला छत्र उस क्षेत्र में प्रविष्ट हुआ और अपने दमामे की आवाज़ से, जो आकाश के कानों में गूँजती थी, सुलतान के दीन का सुसमाचार दिशाओं में गुंजरित करने लगा। बादशाह ने अपना दरबार, जो आकाश के बादलों जितना ऊँचा था,

उस जगह दोआबे के बीच स्थापित किया और उसके उल्लसित उत्साह में दोनों समुद्रों के किनारे तक भूकम्प आ गया। ...दाहिने और बायें की सेनाओं को आज्ञा दी कि गढ़ पर दोनों ओर से चढ़ाई करें। दो महीने में तलवार की बाढ़ के साथ पहाड़ी की कमर तक ही पहुँच सके और उसके ऊपर न जा सकें विचित्र गढ़ था कि पत्थरों की मार भी उसे तोड़ न सकी।"

इस धर्मयुद्ध का कुछ और अलंकृत वर्णन करने के उपरान्त ख़ुसरो बतलाता है कि सोमवार, ता. 8 जमादि उस्सानी हि. सं. 702 (अर्थात् 28 जनवरी, 1303 ई.) को क़िला फतेह हुआ :

"और वह जहन्नुमी राय, ईश्वरीय कोप की बिजली से सिर से पैर तक जलकर पत्थर के दरवाज़े से इस तरह उछलकर आया जैसे पत्थर से आग उछलती और उसने अपने को पानी में डाल दिया। वह जहाँपनाह के दरबार की ओर दौड़ा और तलवार की बिजली से बच गया। हिन्दू कहते हैं कि जहाँ पीतल होता है, वहाँ बिजली गिरती है। राय का चेहरा पीतल की तरह पीला पड़ गया था। निश्चित था कि अगर वह शाह की सेवा और शरण में न आ गया होता, तो तलवार की बिजली से नहीं बच सकता था।

जिस दिन राय ने आत्म-समर्पण किया, सुलतान का गुस्सा ठण्डा नहीं हुआ था। लेकिन शाकाहारी राय जब पैरों-तले रौंदी हुई घास की तरह मुरझाकर गिड़गिड़ाने लगा तो, यद्यपि वह बाग़ी था, फिर भी बादशाह ने उसकी जान बख़्श दी। लेकिन बादशाह ने अपने कोप की लू दूसरे बाग़ियों की ओर चलायी और हुक्म दिया कि जहाँ कहीं जवान हिन्दू देखें, घास-फूस की तरह जला डालें। एक दिन में, बादशाह की प्रचण्ड आज्ञा से, लगभग तीस हज़ार दोजखी लोग काट दिये गये और ख़िज़्राबाद (चित्तौड़) के मैदान में लगता था कि घास नहीं, लाशें उगी हैं। बादशाही क्रोध की हवा ने सभी प्रमुख लोगों को जड़ से उठाकर उस प्रदेश से दोरंगापन ख़त्म कर दिया। और खेत जोतने वाली रैयत को, जिसमें काँटे नहीं उगते, मदद पहुँचायी। इस नीले दुर्ग की शाखाओं और जड़ों को महान् साम्राज्य के महान् वृक्ष खिज्र ख़ाँ के हवाले कर दिया गया...बादशाह ने उन सभी हिन्दुओं को, जो इस्लाम के वृत्त के बाहर पड़ते थे, क़त्ल कर डालने का कर्तव्य क़ाफ़िरों का वध करने वाली अपनी दुधारी तलवार को इस तरह सौंपा कि अगर आज के दिन राफ़िज़ी, अर्थात् भिन्न मत रखने वाले नाम को भी नयी क़ाफ़िरों के हक़ की माँग करें, तो सच्चे सुन्नी लोग ईश्वर के इस ख़लीफ़ा का समर्थन सौगन्ध खाकर करेंगे।"

इस तरह गुजरात के पट्टन अथवा अनहिलवाड़ा को अलाउद्दीन द्वारा जीते जाने के वृत्तान्त का कुछ अंश अमीर ख़ुसरो के शब्दों में इस प्रकार है :

"इस प्रकार सोमनाथ के मन्दिर को मक्का की ओर झुकाया गया और जिस प्रकार पहले मन्दिर ने अपना सिर नवाया और बाद में समुद्र में जा गिरा, आप कह सकते हैं कि पहले उसने नमाज़ पढ़ी और बाद में स्नान किया। ...ऐसा दारुलकुफ़्र, अर्थात् कुफ़्र का देश जो क़ाफ़िरों का तीर्थ था, अब इस्लाम का मदीना हो गया ...कुफ़्र के इस पुराने देश में अज़ान की आवाज़ इतनी उँची उठी कि बग़दाद और मदीना तक सुनायी पड़ने लगी और ज़मज़म के कुण्ड तक गूँजने लगी ...इस्लाम की तलवार ने देश को उसी तरह शुद्ध कर दिया जिस तरह सूरज पृथ्वी को शुद्ध कर देता है।

शुद अज़ शमशीरे इस्लाम आँ ज़मी पाक।
चुनाँ कज़ आफ़ताबे आसमाँ ख़ाक।।

अमीर ख़ुसरो के रणथम्भौर की विजय का भी उल्लेख किया है। इस वर्णन का मुहावरा भी इसी तरह कट्टर साम्प्रदायिक क़ाफ़िर हिन्दू बनाम पवित्र इस्लाम का है। रणथम्भौर में क़िला टूटने के समय जौहर हुआ था। चूँकि जौहर का ज़िक्र जायसी ने पद्मावत के अन्त में चित्तौड़ के सम्बन्ध में किया है, अतः ख़ुसरो के वर्णन का कुछ अंश तुलनीय है। ख़ुसरो के अनुसार इस्लाम की सेना ने जहन्नुमी हिन्दुओं को रणथम्भौर में घेर लिया। कुछ दिन के घेरे के बाद जब क़िले में पानी और अन्न की कमी हो गयी और दुर्ग का पतन निकट आ गया तो राजा ने—

"पहाड़ की चोटी पर लाल फूलों के पर्वत की भाँति ऊँची आग जलायी और अनार की तरह स्तनों वाली सुन्दरियों को जो उस क़िले में पली थीं, आग में झोंक दिया, यों कि आग से भी फ़रियाद उठने लगी। जब राजा ने उन बहिश्त की परियों जैसी स्त्रियों को अपने सामने जहन्नुम में भेज दिया तो एक दो और क़ाफ़िरों को साथ लेकर क़िले में उतरा, ताकि अपने नाम की रक्षा करते हुए जान दे दे। यद्यपि सुबह की हवा चल रही थी, लेकिन पहरेदारों की नरगिसी आँखें नींद में डूबी थीं। जब राजा वहाँ पहुँचा, बुलबुल की तरह आवाज़ करने वाला मुतरिब वहाँ आया। उसने पुकार दी। सभी सिपाही अपनी तलवारें खींचकर वहाँ कूदकर आ गये और राजा का सर उड़ा दिया।"

ख़ुसरो ने इस पर टिप्पणी की है कि वह क़िस्सा रणथम्भौर की विजय का है जो इस प्रकार ईश्वर की मर्ज़ी से दारूल-कुफ़्र से दारूल-इस्लाम बन गया।

दास्ताने फ़तहे रणथम्भौर कन्दर यक ग़ज़ा।
गश्त अजाँसाँ दारे-कुफ़्रे दारे इस्लाम दर क़ज़ा।।

चित्तौड़ के क़िले में टूटने और जौहर का उल्लेख जायसी ने *पद्मावत* के अन्त में इस दोहे में किया है :

जौहर भई इस्तिरी पुरूख भये संग्राम।
पातसाहि गढ़ चूरा चितउर भा इसलाम।।

जायसी के दोहे में अमीर ख़ुसरो के शेर की स्मृति है लेकिन दोनों की मनःस्थिति में भारी अन्तर है। ख़ुसरो क़ाफ़िरों के ख़ून से धुलकर पृथ्वी को पाक होता देखता है और उल्लसित होकर इस साम्राज्यवादी सत्ता-संघर्ष को इस्लाम की विजय मानता है। जौहर करती हुई स्त्रियों के अनार की तरह कठोर स्तन ही उसे दीखते हैं। इसके विपरीत, जायसी उड़ती हुई दो मुट्ठी राख की तरह इस पृथ्वी विजय को झूठा देखते हैं और उनकी आवाज़ में ट्रेजेडी, व्यंग्य और एक गहरे विषाद का सम्मिश्रण है जो जायसी के इस्लाम और अलाउद्दीन में गम्भीर अन्तर की अनुभूति प्रस्तुत करता है।

अलाउद्दीन द्वारा दक्षिण-विजय के वृत्तान्तों में से एक और अंश उद्धृत करना चाहूँगा जिससे अमीर ख़ुसरो की ख़ून का स्वाद लेने वाली शैली अधिक स्पष्ट हो जायेगी :

> "हिन्दू राव घुड़सवारों की सेना के साथ बढ़ते आते थे, लेकिन तुर्की सवारों के आगे मिट्टी में मिल जाते थे। पानी और ख़ून की बाढ़ ख़लीफ़ा (अलाउद्दीन) की फ़ौज के सामने दया की भीख माँगने आती थी...या, यों कहें कि क़ाफ़िरों की आत्माओं की प्रसन्नता के कारण ख़ून का प्याला, इतना स्वादिष्ट हो गया था कि हर बार जब बादल ख़ून पर पानी बरसाता था तो ख़ून की प्यासी धरती उसे बहुत आनन्द से पी जाती थी। रक्त की इस शराब में नशा पैदा करने की ज़बर्दस्त ताक़त के बावजूद साकी आकाश की बोतल से बारम्बार उसमें और भी साफ़ पेय डालता रहता था, ताकि नशा और बढ़ जाये। इसी शराब और पानी से मृत्यु ने अपनी पहली घूँट का निर्माण किया था। इसके बाद हड्डियाँ ही दिखती थीं।"

इन उदाहरणों से सन्निविष्ट मानसिंह की कट्टरता पर टिप्पणी करना व्यर्थ है। जायसी का समूचा पद्मावत अमीर ख़ुसरो की इस मनोवृत्ति पर ज़बर्दस्त टिप्पणी है। ख़ुसरो का एक प्रसिद्ध शेर हैः

मुल्के दिल करदी ख़राबज़ तीरे नाज़
व दरी वीरानां सुलतानी हनोज़।
(तूने हृदय के देश को अपने नाज़ की तलवार से उजाड़ डाला और अब इस वीराने में तू सुलतान बनकर बैठा है।)

इतिहासकार ख़ुसरो पर सबसे अच्छी टिप्पणी ग़ज़ल कहने वाले अमीर ख़ुसरो का यह शेर ही है। जायसी की कथा का अन्त करने वाले दोहे में जिससे स्त्रियाँ जल गयीं, पुरुष संग्राम में लड़ मरे, दुर्ग-चूर-चूर हो गया और इस वीरान में इस्लाम के नाम पर सुलतान बैठा हुआ है, शायद अमीर ख़ुसरो के इस प्रसिद्ध शेर की अनुगूँज भी है। अमीर ख़ुसरो और जायसी के तुलनात्मक अध्ययन पर विस्तृत शोध की अपेक्षा है। लेकिन इसके संकेत काफ़ी मिलते हैं कि जायसी के सामने ख़ुसरो की कविता और अन्य रचनाएँ विशेषतः 'ख़जाय नुल-फ़तूह' थीं। ख़ुसरो ने बादशाह कैकुबाद के फ़ैज़ाबाद में पहुँचने और वहाँ कुछ दिन रहने का वृतान्त अपनी एक रचना में दिया है। फ़ैज़ाबाद के शासक ने बादशाह की बड़ी ख़ातिर की और लम्बी-चौड़ी दावत दी। दावत के वर्णन में खाने-पीने की चीज़ों की लम्बी सूची फ़ारसी में प्रस्तुत करने में ख़ुसरो ने कलम तोड़ दी है। पद्मावत में रत्नसेन ने अलाउद्दीन की दावत की है। वहाँ भी जायसी ने जो खाने-पीने की चीज़ों का कलमतोड़ वर्णन किया है, उससे सहज अनुमान होता है कि गाँव की भाषा अवधी की होड़ सरकारी भाषा फ़ारसी से लगी हुई है। देखने वाले देखें और लोहा मानें।

प्रस्तुत सन्दर्भ में ख़ुसरो के 'ख़जायनुल-फ़तूह' से विस्तृत उद्धरण देने का मुख्य उद्देश्य जायसी और ख़ुसरो की सामाजिक-सांस्कृतिक दृष्टियों में गहरा अन्तर परिलक्षित करना ही है। इस अन्तर को देखे बिना हम अच्छी तरह नहीं समझ पायेंगे कि जायसी के लिए अपने समय के सूफ़ियों का सांस्कृतिक घेरा क्यों छोटा पड़ता है, और ख़ुसरो के मुक़ाबले में अनुभूमि की गहराई, मर्म तक पहुँचाने वाली अन्तर्दृष्टि और मानवीय भावना की समरस और उदार व्यापकता—इन सब कसौटियों पर जायसी क्यों ज़्यादा बड़े कवि हैं।

ख़ुसरो हिन्दुस्तान में सूफ़ी शायरी के शीर्ष पर हैं, ख़ुसरो का ख़ुद का दावा अगर हम स्वीकार कर लें तो उनकी कविता ने फ़ारसी के प्रसिद्ध कवि जामी के काव्य को भी भूकम्प-ग्रसित कर लिया। फ़ारसी के आधुनिक आलोचकों ने ख़ुसरो को हिन्दुस्तान-ईरान समेत फ़ारसी कवियों में शिखरस्थ माना है। ख़ुसरो न सिर्फ़ कवि थे। बल्कि चिश्तिया अखाड़े के प्रसिद्ध सूफ़ी बाबा निज़ामुद्दीन औलिया के प्रिय शिष्य भी थे। निज़ामुद्दीन औलिया दिल्ली के पास रहते थे और ख़ुसरो को बहुत मानते थे। कहा जाता है कि रात को जब औलिया अपनी कोठरी का दरवाज़ा बन्द करके पूजा में लीन हो जाते थे, तो उस समय भी ख़ुसरो को इजाज़त थी कि दरवाज़ा खुलवाकर बाबा से सम्पर्क करें। दूसरी ओर ख़ुसरो ने यह भी कमाल दिखलाया कि दिल्ली की गद्दी पर एक के बाद दूसरे सुलतान प्रायः

पहले सुलतान को क़त्ल करके बैठे लेकिन सरकारों की एक हिंसात्मक उठापटक में खुसरो बराबर राजकवि बने रहे और तरक़्क़ी भी करते रहे। सरकार और मठ, दोनों का जैसा तालमेल खुसरो ने बैठाया, उससे भी स्पष्ट है कि सूफ़ियों के बारे में जो मूल्यांकन डॉ. अशरफ़ ने किया है, वह कुल मिलाकर ठीक ही है। हिन्दू-तुर्क सत्ता-संघर्ष के बारे में जो संकुचित दृष्टि ख़ुसरो के 'खजायनुल फ़तूह' में मिलती है, वह बादशाहों और मुल्लाओं को ख़ुश करने वाली तो थी ही, निज़ामुद्दीन औलिया के मठ के लिए भी लाभदायक और स्वीकार्य थी।

ख़ुसरो की दृष्टि अपवाद नहीं है। वस्तुतः दरबार और मठ के तालमेल से निकली हुई सांस्कृतिक-सामाजिक दृष्टि जायसी के समय और उसके बाद भी काफ़ी शक्ति के साथ अपने को अभिव्यक्त करती है। बरनी और बदायूँनी जैसे लेखकों में भी यह दृष्टि मिल जायेगी। ख़ुसरो तो औरों के मुक़ाबले में अधिक उदार हैं।

लेकिन, वास्तविकता इतनी ही नहीं है। मुहम्मद गौरी के हमले के बाद से दिल्ली की बादशाहत का इतिहास दो अति भिन्न समाजों के मिलने, अलग होने, फिर मिलने का इतिहास है। आकर्षण-विकर्षण की इस प्रक्रिया में ही बहुतों के लिए उनका बौद्धिक माहौल बनता है। इस घात-प्रतिघात के अलग-अलग बिन्दुओं पर सभी लेखक खड़े हैं, चाहे वे फ़ारसी में लिखने वाले ख़ुसरो, बरनी, बदायूँनी, अबु फ़ज़ल या दाराशिकोह हों, या हिन्दी में लिखने वाले मौलाना दाऊद, कबीर, जायसी सूरदास या तुलसीदास हों। इनमें शायद कबीरदास और जायसी ये दो ही लेखक हैं जो इन मिलते-टकराते समाजों के सन्धि स्थल पर खड़े है। कबीरदास की प्रमुख मुद्रा हिन्दु-मुसलमान, दोनों समाजों के सरगनाओं को चुनौती देने वाली है। उनका स्वर प्रतिरोधी है। लेकिन जायसी का स्वर प्रतिरोधी नहीं है। एक ज़बर्दस्त करुणा उन्हें आप्लवित कर रही है। इस करुणा की व्यथा जायसी के लिए इतनी भारी है कि उनके पास चुनौती और प्रतिरोध की फ़ुर्सत नहीं है। अपने प्रतिरोध को शक्ति देने के लिए कबीरदास को एक अलग तरह के ईश्वर, एक अलग अध्यात्म और सम्भवतः एक अलग मठ की जरूरत थी। कबीरदास के लिए इस घात-प्रतिघात के परिणाम बर्दाश्त के बाहर हैं। वे जल्दी-से-जल्दी एक हल और, सम्भव हो तो, एक नया सगंठन खड़ा करना चाहते हैं जो मुल्लाओं और ब्राह्मणों से अलग लोगों को रास्ता दिखा सके।

लेकिन जायसी का प्रस्थान बिन्दु न ईश्वर है, न कोई नया अध्यात्म है। उनकी चिन्ता का मुख्य ध्येय मनुष्य है—मनुष्य जैसा कि सामान्य ज़िन्दगी में उठता-बैठता है, सीखता है, प्रेम करता है, गृहस्थी चलाता है, युद्ध में वीरता और कायरता दिखाता है, राज्य स्थापित करता है, छल-कपट, बेईमानी और कमीनापन

करता है, सम्प्रदाय स्थापित करता है, बटोर करने के लिए नारे लगाता है—और इस सबके बाद अपनी अपर्याप्तता की गहरी त्रासदी से ग्रस्त हो जाता है। अपनी मूल प्रकृति में *पद्मावत* एक त्रासदी है। ...शायद हिन्दुस्तान या सम्भवतः एशिया की धरती पर लिखा हुआ एकमात्र ग्रन्थ है जो यूनानियों की ट्रेजेडी के काफ़ी निकट है या आश्चर्य का विषय हो सकता है कि जायसी को यह दृष्टि कहाँ से मिली। यूनान की ट्रेजेडी से पद्मावत की भिन्नता दर्शायी जा सकती है। स्पष्ट है कि जायसी के सामने यूनान के सोफ़ोक्लीज़ या यूरीपाइडीज़ नहीं थे और न काव्य सम्बन्धी अरस्तू का विवेचन ही था। लेकिन भिन्नताओं के बावजूद जायसी उस मानवीय अनुभूति के ही साक्षी हैं जो सारे वैभव कें बाद पृथ्वी को दो मुट्ठी क्षार में बदल देती है और साथ ही यह भी याद दिलाती है कि फूल मर जाता है लेकिन गन्ध शेष रह जाती है:

केइँ न जगत् जस बेचा केइँ न लीन जस मोल।
जा यह पढ़े कहानी हम सँवरे दुई बोल।।

विशाल मानवीय करुणा के इस स्तर पर सारे आध्यात्मिक दर्शन बराबर प्रासंगिक और बराबर अप्रासंगिक हो जाते हैं। इसीलिए क्या तसव्वुफ़ की शब्दावली हो, क्या हठयोग की हो, क्या चारों ओर घटित होता हुआ राज्यों का उत्थान-पतन हो, क्या गाँवों से उठता हुआ बारहमासा हो, क्या कामशास्त्र की झलक देता हुआ रति-वर्णन या नायिका-भेद हो यह सब जायसी के लिए सहज उपलब्ध भावना के मुहावरे है जिनका एकमात्र उद्देश्य मनुष्य के मर्म में प्रविष्ट होना है जिस तक जायसी स्वयं अपने ही मर्म को बार-बार उघारकर पहुँचे थे। जायसी अपने समय की प्रचलित शास्त्रीय, अर्थशास्त्रीय या अशास्त्रीय शब्दावली का व्यवहार करते हैं लेकिन इसे केंचुल की तरह छोड़कर बराबर आगे बढ़जाते हैं।

जायसी जहाँ खड़े थे, वहाँ से वे बहुत आसानी के साथ कबीर की तरह एक वैकल्पिक अध्यात्म की सृष्टि कर सकते थे। उन्हें कबीर की जानकारी है। 'अखरावट' में उनकी चौपाई है—"ना नारद तब रोइ पुकारा। एक जुलाहे से मैं हारा।" विद्वानों ने अनुमान लगाया है कि शैतान को भी हराने वाले जुलाहे से यहाँ जायसी का अभिप्राय कबीरदास से ही है। हो सकता है ऐसा हो। तब जायसी के आध्यात्मिक मार्ग द्रष्टाओं की सूची में एक कबीरदास का नाम भी जोड़ना पड़ेगा। परन्तु जायसी कबीरदास की परिणति भी देख चुके थे। सारी तेज़ी और सारा प्रतिरोध उस विशिष्ट समाज के एक नये पन्थ को जन्म देकर शेष समाज की धारा से कट जाने के जोख़िम में पड़ गया था। एक बार मठ या सम्प्रदाय की जकड़ मज़बूत हो जाने पर प्रतिरोध कर्मकाण्ड में बदल जाता है ताज़गी ख़त्म हो जाती है और शेष

समाज के मर्म पर फिर वही संकीर्ण पपड़ियाँ पड़ने लगती हैं। लोग विचलित नहीं होते, मान लेते हैं कि एक बाबा और हुआ, उसका एक पन्थ और हुआ। हिन्दुस्तान में बड़ी क्रान्तिकारी आवाज़ों के सम्प्रदायों और अखाड़ों के बदल जाने की आवृत्ति बार-बार हुई है। आज हम इस इतिहास से अच्छी तरह परिचित हैं और इसके ख़तरे से चिन्तित भी हैं। जायसी की निर्मल दृष्टि मानवीय समस्या को जिस प्रकार देख रही थी। उसमें कबीरदास की परिणति से अपने को बचाना ज़रूरी था। इसलिए जायसी ने न कोई अखाड़ा बनाया, न चेले बनाये, न बाबागिरी अपनायी, न किसी आध्यात्मिक दर्शन का रूपक बाँधा। उन्होंने अपने लिए कवि, और केवल कवि की भूमिका चुनी जिसका दावा सिर्फ़ इतना ही है कि जिसने उनका मुँह देखा उसे हँसी आ गयी, लेकिन जब काव्य सुना तो आँसू आ गये। लगता है जायसी अपने पाठक से सिवा इस एक प्रश्न के और कुछ भी नहीं पूछना चाहते कि आपका अध्यात्म चाहे जैसा हो, ईश्वर चाहे जैसा हो, कर्मकाण्ड चाहे जैसा हो, लेकिन आपकी आँखों से आँसू आने की क्षमता शेष है या नहीं।

अगर हम एक बार तसव्वुफ़ और सूफ़ी-आन्दोलन की चहारदीवारी को तोड़कर जिसमें स्वयं हमने जायसी को क़ैद कर दिया है। उन्हें बाहर निकाल सकें तो जायसी में बहुत कुछ ऐसा है जो अपने बेलाग कवि-रूप में हमारे लिए महत्त्वपूर्ण साक्षात्कार का विषय बन सकता है। जायसी ने वह मुहावरा विकसित किया था जो एक साथ कई स्तरों पर झंकृत होता है। उनका स्वभाव पाठक वर्ग अलग धर्मों और संस्कृतियों के बावजूद, बिना किसी दुराव या सांस्कृतिक सीमारेखा के एक साथ उनके सृजनात्मक संसार में शामिल हो सकता है। जैसा मैंने कहा कबीरदास भी अपनी प्रतिरोधक वाणी के साथ ही सन्धि स्थल पर खड़े हैं। लेकिन कबीरदास के हिन्दू और मुसलमान दो जमातों में अलग-अलग उनके पाठक हैं। कबीरदास जानबूझकर दोनों से समान्तर दूरी की नीति बनाते हैं, ताकि उनकी निष्पक्षता पर आँच न आवे हिन्दू-मुसलमान दोनों बिना राह पाये भटक रहे हैं, लेकिन दोनों के भटकाव अलग-अलग हैं। जायसी एकमात्र कवि हैं जिनके सामने हिन्दू-मुसलमान अलग-अलग नहीं हैं वे घुल-मिलकर सामान्य पाठक या श्रोता हो गये हैं। इसीलिए जायसी को न चौकन्नी तटस्थता की ज़रूरत पड़ती है। न आलोचना और प्रतिरोध के तराज़ू के दोनों पल्लों को बराबर बनाये रखने की चिन्ता व्यापती है, जायसी इस या उस धार्मिक या साम्प्रदायिक गिरोह की समीक्षा नहीं करते, इस या उस कर्मकाण्ड के सुधार या स्वीकृति की ही उनकी अभिलाषा है। अपने युग से जायसी ने जो बौद्धिक उन्मेष खोज निकाला, वह अनोखा था; उनकी समीक्षा का विषय धर्म नहीं, मनुष्य है।

इतिहास की धारा के प्रवाह में बहुत-सा कीचड़ सेवार, गर्द-गुबार लहरों में उठता गिरता बहता रहता है। कभी-कभी ही ऐसा होता है कि नदी का पानी थोड़ी देर के लिए स्थिर और निर्मल हो जाता है। जिस मिले-जुले समाज की छानबीन हम कर रहे हैं, उसका पानी इसी तरह जायसी के सामने कुछ देर के लिए स्थिर हो गया और जायसी के माध्यम से हिन्दी साहित्य ने न सिर्फ़ अपने युग की बल्कि युगों के भीतर कड़कती हुई मानवीय विषाद की तस्वीर देखी जिसमें निष्कलंक आदर्श भी है। और बहुत कड़वे यथार्थ भी हैं, झिलमिलाती यूटोपिया भी है और रिश्वतखोरी पर चलते हुए कारागार भी हैं। सन्त और साकी भी है और छल से भरा हुआ विध्वंसकारी राजहठ भी है। इस कवि की निर्मलता इसमें नहीं है कि जायसी सिर्फ़ चुनी हुई निष्कलंक चीज़ें देखते हैं, बल्कि इसमें है कि अच्छा-बुरा जो कुछ भी है अपनी विविधता के साथ सम्पूर्ण परिदृश्य का अंग हो गया है। इस सम्पूर्ण परिदृश्य को आत्मसात कर लेने के बाद ही वह गहरा विवेक जन्म लेता है। जो मनुष्य की आख़िरी पीड़ा को देख सकता है और उसे 'प्रेम की पीर' जाने नाम दे सकता है, जो सारी कमियों के बावजूद मनुष्य के वैकुण्ठी हो जाने की अनुभूति जाग्रत कर सकता है। फिर भी इतिहास की नदी में वेग आया। पानी बह चला और मटमैला हो गया। जायसी की तरह भारतवर्ष और उसके समाज की छवि को फिर कोई न देख सका। सूरदास और तुलसीदास ने निर्मल छवियों को अपने युग से बहुत दूर, अपने अन्तर्मन में अवस्थित त्रेता और द्वापर के मिथकों में देखा। परन्तु इतिहास की नदी में झाँकने पर उन्हें कलियुग की सेवारों के अतिरिक्त कुछ भी नहीं दिखाई दिया और इन मिथकों के साथ आये सम्प्रदाय कर्मकाण्ड, अध्यात्म और दर्शन के विविध वाद, ईश्वरीय अनुग्रह को तरसती हुई आँखें और चारों ओर के निरर्थक बियाबान के एक बूँद अमृत की तलाश।

जायसी न सुधारक हैं न दार्शनिक और न उनके पास अपने किसी अध्यात्म या दर्शन का सन्देश है। तब वे क्या हैं? क्या वे केवल मनोरंजनकर्ता हैं?

जायसी मनोरंजनकर्ता भी नहीं हैं। वस्तुतः मात्र मनोरंजक साहित्य और मात्र सन्देशवाहक साहित्य, दोनों अक्सर एक सिक्के के दो पहलू ही साबित हो जाते हैं। मनोरंजन साहित्य यह देखने के लिए तैयार ही नहीं होता कि ज़िन्दगी को अर्थ से आलोकित करने वाले तत्त्व क्या हैं। और कहाँ हैं अतः ज़िन्दगी का वह बड़ा हिस्सा, जहाँ मानवीय विवेक और भावनाओं के लिए मूलभूत प्रश्न खड़े होते हैं मनोरंजनकर्ता लेखक के हाथ से छूट जाता है। मात्र सन्देशवाहक साहित्य यह मानकर चलता है कि मूलभूत प्रश्न और मूलभूत उत्तर सब प्राप्त हो चुके हैं,

उन्हें शब्दों और मुहावरों में बाँधा जा चुका है और वे सारे प्रश्न जो इस बने-बनाये ढाँचे से बाहर पड़ते हैं, अप्रासंगिक और अनावश्यक हैं, बल्कि प्रश्नकर्ता की कुटिल बुद्धि से ही उपजते हैं। इस कटे-छँटे सन्देश का भी परिणाम यही होता है कि ज़िन्दगी का बहुत बड़ा हिस्सा जहाँ मानवीय विवेक और भावनाओं के लिए वास्तविक चुनौतियाँ होती हैं, लेखक के हाथ से छूट जाता है। छोटे लेखकों के साथ तो यह घटित होता ही है, बड़े लेखक के साथ भी अन्ततः यह अपर्याप्तता सामने आने लगती है। जितना असन्दिग्ध सन्देश होता है, उतनी ही जल्दी वह पुराना और बासी पड़ता जाता है।

मात्र मनोरंजन और मात्र आध्यात्मिक सन्देश—इन दो ख़तरों को बेधकर जायसी किस तरह अपनी अनुभूति को अर्थवान बनाते हैं, यही उनकी सृजनात्मक क्षमता का रहस्य है। जायसी के आसपास की कुछ अन्य रचनाओं से उनके पद्मावत की तुलना करने पर यह बात और भी स्पष्ट हो जायेगी। जैसा हमने पहले कहा, जायसी ने इतिहास और युग की निर्मल छवि देखी यह उनकी क्षमता का परिचायक है। लेकिन अपने आसपास की शताब्दियों में वे अकेले कवि हैं जिन्हें इस युग दर्शन का सौभाग्य प्राप्त हुआ यह और भी आश्चर्य की बात है। हमने अमीर खुसरो की एक झलक देखी और पाया कि अपनी कल्पना-शक्ति और निज़ामुद्दीन औलिया के पथ-प्रदर्शन के बावजूद खुसरो सम्पूर्ण समाज का चित्र देखने में असमर्थ हैं। जायसी के पहले के हिन्दी कवि मुल्ला दाऊद का 'चन्दायन' अब काफ़ी कुछ उपलब्ध हो गया है। जायसी के आसपास कुतबन ने 'मृगावती' लिखी। कुछ और बाद में मंझन ने शाहजहाँ के काल में 'मधुमालती' लिखी। इन सभी कृतियों को जो अवधी दोहा-चौपाई में लिखी हुई हैं, प्रेम-कहानियाँ होने के कारण पद्मावत की बिरादरी में शामिल कर लिया जाता है। यह भी जायसी के साथ ज़्यादती है।

दाऊद को तकीउद्दीन वाइज़ रब्बानी और बदायूँनी ने ईश्वरीय संकेतों का वाहक होने का प्रमाण-पत्र दिया। हमारे पास वह जानने का कोई साधन नहीं है कि कविता की समझ इन महानुभावों के पास आज के आलोचक डॉ. रामविलास शर्मा से अधिक थी या नहीं। लेकिन दाऊद का चन्दायन कुल मिलाकर चमत्कारी घटनाओं की एक शृंखला मात्र ही ठहरता है इसमें चमत्कारों को संगठित करने में भी कल्पना की प्रचुरता कम ही दिखती है। चन्दा को एक बार साँप से कटवाकर मन्त्रबल से जिलाने के बाद कवि को सन्तोष नहीं हुआ तो दूसरी बार और शायद तीसरी बार उसे साँप से कटवाया और ज़िन्दा किया है। लोरक और चन्दा जिस तरह निरर्थक भ्रमण करते हैं उससे चन्दायन तरह-तरह के 'तोता-मैना'

और 'सिंहासन-बत्तीसी' जैसे क़िस्सों से अधिक ऊपर नहीं उठ पाता। कुतबन की 'मृगावती' भी इसी तरह चमत्कारों की ऊबड़-खाबड़ शृंखला है। परियाँ और जादू-टोना इस कथा में भी भरपूर है और कुल मिलाकर कथा में तत्कालीन रुचि के अनुसार मनोरंजकता का ही निर्वाह किया गया है। यही दशा मंझन की 'मधुमालती' की भी है। मंझन दाऊद और कुतबन दोनों से कुछ अधिक समर्थ कवि हैं। लेकिन उनके काव्य में भी घटनाओं और वर्णन की भूमिका केवल कुतूहल के उद्रेक का ही सृजन करती है और कल्पना का वह अदृश्य फैलाव नहीं उत्पन्न होता जो साधारण और सामान्य घटनाओं को भी समरस अर्थवत्ता में डुबो देता है। बेशक इन कवियों का उद्देश्य मात्र मनोरंजन नहीं था। उन्हें कभी-कभी याद आता है कि उनके पास श्रोताओं से कहने के लिए एक सन्देश भी है इसलिए बीच-बीच में मनोरंजनकर्ता कवि सन्देशवाहक कवि में बदल जाता है और इसका प्रमाण प्रस्तुत करता है कि सृजनशीलता के अभाव में मनोरंजन और सन्देशवाहन, दोनों एक ही सिक्के के दो पहलू हैं।

साहित्य में किसी विचारधारा या दार्शनिक सिद्धान्त का वहन करना एक बात है और अपने युग की सम्पूर्ण चिन्तनशीलता में उलझी हुई अनुभूमि को आत्मसात करना दूसरी बात है। यह आत्मस्थ चिन्तनशीलता और गम्भीरता साहित्य को एक बौद्धिक सघनता प्रदान करती है। यदि हम इस प्रकार बौद्धिक सघनता और मात्र दार्शनिक स्थापना या विचारधारा में अन्तर करें तो जायसी की मनःस्थिति को अधिक सन्तोषजनक ढंग से परिभाषित कर सकते हैं। जायसी में दर्शन का अभाव हो, ऐसा नहीं है। विद्वानों ने तसव्वुफ़, वेदान्त हठयोग, गोरखपन्थ सहजयान—सभी कुछ जायसी में देखा है। ये सारे वाद और मत-मतान्तर जायसी के चारों और फैले हुए थे। ऋषेश्वर संन्यासी रामजन, मसवासी, ब्रह्मचर्यपन्थी, दिगम्बर, सरस्वतीसिद्ध, जोगी, वियोगी, महेसुर, जंगम जती देवी, सती-पूजक सेवरा, खेवरा, बानपरस्ती, सिध, साधक, अवधूत, सभी जायसी के सिंघल द्वीप में आत्माभूत को जलाकर आसन मारे बैठे हुए हैं। जायसी इन सबके प्रति खुले हुए हैं। लेकिन प्रचलित मान्यताओं के इस पुंज का उपयोग जब भी जायसी करते हैं, तो उनका उद्देश्य केवल कथा के विशिष्ट सन्दर्भ को अधिक जागरूक, अधिक संवेद्य, अधिक घनीभूत बनाना ही होता है। पद्मावत की कथा अपनी समरस तन्मयता के साथ आगे बढ़ती जाती है। विचारों या वादों के टुकड़े उससे जुड़कर केवल सम्पूर्ण भावात्मक संश्लेषण को अधिक तीव्र बनाते रहते हैं। दूसरे शब्दों में, ठोस मानवीय स्थिति वैचारिक आग्रह में घुलकर अप्रस्तुत नहीं हो जाती, जैसा अन्योक्ति में होता है, बल्कि वैचारिक मुहावरा ठोस परिस्थिति में ही घुल

जाता है और ऊपर से सरल दिखने वाली घटनाएँ लहर पर ...लहर फैलती हुई चिन्तनशीलता में डूबी हुई दिखती हैं। अपने सम्पूर्ण प्रसार में यह चिन्तनशीलता पूरी कथा में एक तरल विषाद-दृष्टि का सृजन करती है जिससे मानवीय व्यापार के प्रति पीड़ा है, किन्तु अवसाद नहीं है; हल्का वैराग्य है, लेकिन गहरी संसक्ति भी है; तटस्थता है, लेकिन स्पष्ट नैतिक विवेक भी है। यही वह सुगन्ध है जो फूल के मरने के बाद भी नहीं मरती।

फ़ारसी के प्रसिद्ध सूफ़ी मसनवी लेखक मौलाना रूम ने अपनी विख्यात 'मसनवीये-मानवी' का आरम्भ इश्क़ की प्रशस्ति से शुरू किया है। काफ़ी दूर तक यह प्रेम-स्तवन चलता है और इस प्रकार एक प्रेम के पन्थ की स्थापना होती है। हिन्दी में जायसी के परवर्ती कवि मंझन ने भी अपनी 'मधुमालती' के आरम्भ में कई कड़वकों में प्रेम की महिमा बखानी है। मंझन ने जायसी से कम सीखा, मौलाना रूम से अधिक। लेकिन मंझन की शेष कहानी प्रेम को उस तीव्रता के संवेद्य नहीं बना पाती, क्योंकि मंझन के पास सिद्धान्त अधिक हैं, भावनात्मक संश्लेष कम। मंझन की दोनों नायिकाओं का विरह नागमती के विरह की भाँति इतना प्रामाणिक नहीं हो पाता कि इतने बड़े दर्शन का बोझ वहन कर सके। इसके विपरीत, जायसी ने सन्दर्भ से अलग करके कहीं प्रेम की प्रशस्ति नहीं गायी है। बेशक बीच-बीच में प्रेम प्रशस्ति की चौपाइयाँ आती हैं किन्तु उनका औचित्य कथा के सन्दर्भ तक ही सीमित रहता है। वे स्वयं कथा का सन्दर्भ बनने का दावा नहीं करतीं। मंझन का उद्देश्य पन्थ के अनुसार प्रेम की महिमा स्थापित करना है, जायसी का उद्देश्य पद्मावती की कथा कहना है जिसमें सिंघल लोक भी है, चित्तौड़ और दिल्ली का लोक भी है, प्रेम भी है, युद्ध भी है, गहरे अनुभूत होने वाले भावात्मक स्वप्न भी हैं और अपनी अविराम गति से चलने वाला उद्दण्ड इतिहास भी है। इस मिली-जुली भूमि पर सारे चरित्र पद्मावती, रतनसेन, हीरामन, राघव चेतन, अलाउद्दीन, गोरा-बादल उठकर खड़े होते हैं और अन्त में विलीन हो जाते हैं। अन्त में कोई मतवाद नहीं केवल एक सुगन्ध रह जाती है, विषाद, जागरूकता और सूक्ष्म नैतिक विवेक से परिपूरित सुगन्ध। जायसी बड़े कवि हैं। मंझन छोटे कवि हैं।

बौद्धिक सघनता और मात्र विचारधारा की प्रतिबद्धता के अन्तर को स्पष्ट करने के लिए हम कुछ उदाहरण जायसी से लें। पहला उदाहरण मैं एक ऐसे अवसर से लेता हूँ जिस पर आलोचकों ने अलग से दार्शनिक व्याख्यात्मक दृष्टि नहीं डाली है। सिंहलद्वीप में हीरामन तोता पद्मावती के पास था। पद्मावती के पिता राजा गन्धर्वसेन तोते से नाराज़ हो गये। उसे मार डालने पर उद्यत हो गये। पहले तो वह पद्मावती की अनुनय-विनय के कारण बच गया। लेकिन उसके मन

में खटका हो गया। एक दिन वह पिंजरे से उड़ गया। पद्मावती उस समय उसके पास नहीं थी। मानसरोवर गयी थी वहाँ उसे बताया गया कि पिंजरा खाली है। वह तोते को अपने प्राणों के समान चाहती थी। वह बहुत दुखी हुई। पद्मावती को सखियों ने समझाया। पद्मावती का दुख और फिर सखियों का समझाना जायसी ने इस प्रकार वर्णित किया है :

सुआ जो उतर देत हा पूँछा। उड़ि गा पिंजर बोलै छूँछा।
रानी सुना सुक्ख सब गयेऊ। जनु निसि परी अस्त दिनभयेऊ।
गहनै गही चाँद कै करा। आँसु गगन जनु नखतन्ह भरा।
टूटि पालि सरवर बहि लागे। कँवल बूड़ मधुकर उड़ि भागे।
एहिं बिधि आँसु नखत होइ चुए। गगन छाँड़ि सरवर भरि उए।
चिहुर चुवहिं मोतिन्ह के माला। अब संकेत बाँधा चह बाला।।
उड़ि वह सुअटा कहँ बसा खोजहु सखी सो बासु।
दहुँ है धरति कि सरग गा पवन न पावे तासु।।

चहूँ पास समुझावहिं सखीं। कहाँ सो अब पाइअ गा पँखी।
जो लहि पिंजर अहा परेवा। अहा बाँदि कीन्हेसि नित सेवा।।
तेहि बँदि हुते जौं छूटैं पावा। पुनि फिरि बाँद होदू कित आवा।
ओइँ उड़ान फर तहिऔ खाये। जब भा पंखि पांख तन पायें।
पिंजर जेहि क सौंपि तेहि गयेऊ। जो जाकर सो ताकरभयेऊ।।
दस बाटैं जेहि पिंजर माहाँ कैसें बाँच मँजारी पाहाँ।
एहँ धरती अस केतन लीले। तस पेट गाढ़ बहुरि नहि ढीले।।
जहाँ न राति न देवस है जहाँ न पौन न घानि।
तेहि बन होइ सुअटा बसा को रे मिलावै आनि।।

यह उद्धरण जायसी की सामान्य शैली का अच्छा नमूना है। तोते के उड़ जाने के दुख को पहले हल्के स्पर्श के साथ 'पिंजर न बोलैं छूँछा' या 'दहूँ है धरति कि सरग गा' आदि मुहावरों के आधे अभिधात्मक और आधे व्यंजनात्मक प्रयोगों से किसी प्रिय व्यक्ति की मृत्यु के संकेत से जोड़ा गया। फिर सखियों के समझाने की भाषा इस मृत्यु-सन्दर्भ को पूर्णतः खोलकर और उस समय के प्रचलित मुहावरे के अनुसार शरीर से आत्मा के निकल जाने के अभिप्राय के साथ व्यंजित कर देती है।

"तोते ने जिसका पिंजरा था, उसे सौंप दिया। जो जिसका था, उसका हो गया। जिस पिंजरे में दस दरवाज़े हैं उसमें रहने वाला बिल्ली के आक्रमण से कैसे

बच सकता है? इस पृथिवी ने ऐसे कितनों को खा डाला। एक बार जो इसके पेट में समा गया, वह बाहर नहीं आया। जहाँ न रात है, न दिन है, जहाँ न हवा पहुँचती है, न कोई गन्ध ही आती है—ऐसे जंगल में तोता जाकर बस गया है। अब उसे कौन लाकर मिला सकता है।"

इस प्रकरण में अन्योक्ति का पूरा मसाला मौजूद है और यदि हम कुछ चौपाइयों को सन्दर्भ से काट दें, या घटना और परस्पर कथन की नाटकीय स्थिति को आँखों से ओझल हो जाने दें तो हमारी व्याख्या यह हो जायेगी कि जायसी के लिए तोते के उड़ जाने की घटना एक अवसर मात्र है और इस बहाने से जायसी अपने युग की प्रचलित सन्त-वाणी को दुहराना चाहते हैं कि यह शरीर नश्वर है, इसमें दस इन्द्रियों के द्वार हैं और तोते की भाँति आत्मा इससे उड़कर कहीं और चली जाती है। अप्रस्तुत आध्यात्मिक अर्थ प्रधान हो जायेगा और कथा का ठोस भावात्मक सन्दर्भ गौण हो जायेगा। यह होगी विचारात्मक प्रतिबद्धता।

लेकिन समूचे प्रकरण ध्यान में रखने पर स्पष्ट लगता है कि अर्थ बराबर कथा के तोते के ही चारों ओर चक्कर काटता है। शरीर और आत्मा का दर्शन प्रधान अर्थ नहीं बनता। यदि किसी उक्ति से दो अर्थों की प्रतीति हो, जैसा यहाँ है, तो इन दो अर्थों के परस्पर सम्बन्ध तीन प्रकार से हो सकते हैं। एक, पहला अथवा वाच्यार्थ गौण हो जाये और दूसरा अर्थात् व्यंजित अर्थ प्रधान हो जाये। इस प्रकार प्रस्तुत वस्तु का अर्थ व्यंजित अर्थ में विलीन हो जायेगा। यह अवस्था अन्योक्ति की होगी। दूसरी स्थिति यह हो सकती है कि वाच्यार्थ और व्यंग्यार्थ दोनों ही प्रधान और स्वतन्त्र रूप में अवस्थित रहे। हम इच्छानुसार जो अर्थ चाहें, ले लें। सम्भवतः जब आचार्य रामचन्द्र शुक्ल ने जायसी की शैली को समासोक्ति का नाम दिया, तब उनके मन में यही अवधारणा थी। परन्तु विचार करने पर दो अर्थों की प्रधान और स्वतन्त्र सत्ता बहुत सन्तोषजनक नहीं होगी। अक्सर ऐसा लगेगा कि लेखक प्रस्तुत प्रकरण से बहककर ख़ाहमख़ाह दर्शन, अध्यात्म अथवा नीति सम्बन्धी कथन में व्यस्त हो गया है। शुक्ल जी ने कहीं-कहीं इसे जायसी का दोष कहकर गिनाया है। तीसरी अवस्था यह हो सकती है कि वाच्यार्थ अथवा प्रस्तुत प्रसंग की प्रमुखता बराबर बनी रहे और दूसरा, अर्थात् अप्रस्तुत या व्यंजित अर्थ थोड़ी देर के लिए अतिरिक्त झलक दिखाकर पहले अर्थ में विलीन हो जाये। मेरी विनम्र धारणा है कि जायसी की शैली में दुहरे अर्थों का परस्पर व्यापार इस तीसरे प्रकार का ही है। इस तीसरी अवस्था में अप्रस्तुत अर्थ के समाहित हो जाने से प्रसंगगत अर्थ में तीव्रता, वैचारिक तरंगाकुलता और भावों के संश्लेष का समायोजन होता है। यही है कि वह विस्तृत होती हुई झंकार जिसे हम बौद्धिक सघनता कह सकते हैं।

प्रस्तुत उदाहरण को कथा-प्रसंग में देखने पर हम जायसी की कल्पना की इस वृत्ति को हृदयंगम कर सकते हैं। दूसरे कड़वक की अन्तिम तीन चौपाइयों और दोहे के आध्यात्मिक अर्थ को हमने देखा। परन्तु इसके पहले की चार चौपाइयों में अतिरिक्त अर्थ की व्यंजना है :

चहूँ पास समुझावहिं सखीं। कहाँ सो अब पाइअ गा पँखी।।
जी लहि पिंजर अहा परेवा। अहा बाँदि कीन्हेसि नित सेवा।।
तेहि बँदि हुते जी छूटै पावा। पुनि फिरि बाँद होई कित आवा।।
ओइँ उड़ान फर तहिअै खायें। जब था पंखि पाँख तन पाए।।

इन चौपाइयों में प्रथमतः तो पक्षी पर साधारण मानवीय भावना का आरोप किया गया है जो सामान्यतः बन्धन तोड़कर मुक्त हो जाना चाहता है। बेशक पिंजरा और बन्धन की उक्ति हमें आगे आने वाले आध्यात्मिक अर्थ के लिए भी तैयार करती है। लेकिन 'उड़ान का फल उसी दिन तोते ने खा लिया जब उसके शरीर में पंख उगे' यह उक्ति अर्थ के लौकिक एवं मानवीय पक्ष को पूरी संवेदना से व्यक्त करती है। आगे आने वाली आध्यात्मिक ध्वनि अर्थ पर अंकुश रखती है। पाठक के भावात्मक उद्रेक को यह पूरा वर्णन विपरीत प्रतीत होती हुई दिशाओं में संचालित करता है। जब पद्मावती के दुख और आँसुओं का वर्णन हुआ तो हमारी सह-अनुभूति पद्मावती के साथ जाग्रत की गयी। सखियों के समझाने के प्रकरण में वह सह-अनुभूति तोते के पक्ष में जाग्रत की गयी, जैसे ही ठीक हुआ कि तोता उड़ गया– मुक्त आकाश में उड़ान के फल खाने वाला पक्षी कब तक पिंजरे में बँधा रहता? इस उद्रेक के तत्काल बाद धरती द्वारा सभी प्रियजनों को खा जाने और तोते के कालातीत लोक में चले जाने की उक्ति हमारी सह-अनुभूति को फिर उन लोगों की ओर वापस भेजती है जिनका प्रिय पात्र हमेशा के लिए बिछुड़ गया है।

फिर भी ये विपरीत भाव, व्यापक समूचे अर्थ में समरस होकर, विलीन हो जाते हैं उनकी विपरीतता विलुप्त हो जाती है। क्योंकि प्रकरण का प्रतिपाद्य अर्थ है सखियों का समझाना कि अब तोते की तलाश करने से कोई प्रयोजन नहीं सिद्ध होगा। लेकिन यह प्रतिपाद्य अर्थ भी कथा-प्रबन्ध की धारा के प्रमुख अर्थ में अन्ततः विलीन हो जाता है। दोनों दोहों को साथ-साथ देखने पर यह स्पष्ट हो जायेगा। पहले दोहे में पद्मावती सखियों से कहती है :

उड़ि वह सुअटा कहँ बसा खोजहु सखी सो बासु।
दहुँ है धरति कि सरग गा पावन न पावै तासु।।

और सखियाँ उत्तर में कहती हैं :

जहाँ न राति न देवस है जहाँ न पौन न घानि।
तेहि बन होइ सुअटा बसा को रे मिलावै आनि।।

ये दोनों दोहे वस्तुतः लोकगीतों की परिचित प्रश्नोत्तर-शैली में गुंजरित हैं लोकगीतों की प्रश्नोत्तर शैली वस्तुतः न प्रश्न पूछती है न उत्तर द्वारा प्रश्न का समाधान करती है। वह केवल भावों को संगीत-तत्त्व प्रदान करके अधिक मर्मस्पर्शी बनाती है। इस संगीत-तत्त्व की तरलता के लिए सुआ की जगह 'सुअटा' और बीच में 'रे' का प्रयोग भी उपयुक्त है। आचार्य रामचन्द्र शुक्ल ने नागमती के विरह-वर्णन में 'पिउ सन कहहु सँदेसड़ा में 'ड़ा' का प्रयोग के औचित्य को इसी भाँति परिलक्षित किया है। ऐसा शब्द उस दशा में मुँह से निकलता है। जब हृदय प्रेम, माधुर्य अल्पता तुच्छता आदि में से कोई भाव लिए हुए होता है। 'सुअटा' में प्रेम और स्नेहजनित अल्पता, दोनों भाव का समावेश है।

इस प्रकार जब पद्मावती सखियों से कहती है तोते को खोजो तो अभिप्राय यह नहीं है कि सचमुच खोजने के लिए दूत दौड़ाये जायें। दोहे का यह वाच्यार्थ मूलतः पद्मावती के दुख की चरम अवस्था को ही व्यंजित करता है। इसी प्रकार सखियाँ जब पद्मावती को समझाती हैं कि अब पक्षी कहाँ मिलेगा, वह तो बन्धन तोड़कर अपने स्वभाव के अनुसार मुक्त हो गया, अथवा शरीर से निकलने वाली आत्मा की भाँति अदृष्ट लोक में चला गया तो वास्तविक अर्थ मात्र पद्मावती को विपरीत तर्कों द्वारा समझाना नहीं होता। कथा-प्रबन्ध की प्रमुख धारा के अनुसार तोते के उड़ जाने की घटना अपने आप मर्मस्पर्शी, मूल्यवान और प्रस्तुत प्रकरण में अन्तिम बनकर सजीव हो जाती है। सारा कथोपकथन सजीवता के सर्जनात्मक उपादान के रूप में तरंगित होता है। यही है बौद्धिक सघनता। इस सघनता को चित्रात्मक अथवा भावात्मक न कहकर बौद्धिक इसलिए कहा गया है कि विचारों और भावों के सम्मिलित उद्रेक द्वारा घटना में मूल्यवत्ता का आयाम जुड़ता है।

कथा-प्रबन्ध में इस कथोपकथन के बाद जायसी इस प्रसंग को यहीं छोड़ देते हैं। हमें यह नहीं बताया जाता है कि सखियों के इस समझाने का क्या प्रभाव हुआ और पद्मावती ने क्या कहा। इसकी आवश्यकता भी नहीं प्रतीत होती, क्योंकि व्यंजित अर्थ द्वारा इस बौद्धिक अर्थ की सिद्धि हो चुकती है कि तोते के उड़ जाने में एक अन्तिमता है और इस दिशा में कौतूहल का कोई प्रयोजन नहीं है। आगे की कथा 'तोते के साथ क्या हुआ' इस ओर जुड़ जाती है। वस्तुतः आगे के सौ से अधिक कड़वकों तक हमारी भेंट पद्मावती से नहीं होती, क्योंकि कथा का केन्द्र रतनसेन हो जाता है।

इस विश्लेषण के परिणामों को ध्यान में रखकर हम अन्य अवसरों पर भी दृष्टिपात कर सकते हैं उदाहरण के लिए, हम उस प्रसिद्ध प्रकरण का परीक्षण करें जहाँ सिद्ध-गोटिका देते समय महादेव रतनसेन को सिंहगढ़ का रहस्य समझाते हैं जायसी के शब्दों में :

गढ़ तक बाँक जौसि तोरि काया। परखि देखु तैं ओहि की छाया।
पाइअ नाहिं जूझि हठ कीन्हें। जेइँ पावा तेइँ आपुहि चीन्हे।।
नौ पँवरी तोहि गढ़ मझिआरा। औ तहँ फिरहिं पाँच कोटवारा।।
दसव दुआर गुपुत एक नाँकी। अगम चढ़ाव बाट सुठ बाँकी।।
भेदी कोई जाई ओहि घाटी। जौ लै भेद चढ़ै होई चाँटी।
गढ़ तर सुरंग कुण्ड अवगाहा। तेहि महँ पन्थ कहाँ तोहि पाहाँ।।
चोरि पैठि जस सेंधि सँवारी। जुआ पैति जेउँ लाव जुआरी।।
जस मरजिया समुँद धसि मारे हाथ आव तब सीप।।
ढूँढ़ि लेहि ओहि सरग दुआरी और चढु सिंहल दीप।।
दसवें दुआर तारु का लेखा। उलटि दिस्टि जो लाव सो देखा।।
जाइ सो जाइ साँस मन बन्दी। जस धँसि लीन्ह कान्ह कालिन्दी।।
तूँ मन नाँथु मारि कै स्वाँस। जौं पे मरहि आपुहि करु नाँसा।।
परगट लोकचार कहु बाता। गुपुत लाउ जासौं मन राता।।
हौं हौं कहत मंत सब कोई। जौं तूँ नाहि आहि सब सोई।।
जियतहिं जौ रे मरै एक बारा। पुनि कत मीचु को मारै पारा।।
आपुहि गुरु सो अपुहि चेला। आपुहि सब सो आपु अकेला।।
आपुहिं मीचु जियन पुलिन आपुहिं तन मन सोई।।
आपुहि आप करै जो चाहै कहाँ क दोसर कोइ।।
सिद्धि गोटिका राजैं पावा। औ भै सिद्धि गनेस मनावा।।
जब संकर सिधि दीन्ह गोटेका। परी हूल जोगिन्ह गढ़ छेंका।।

शुक्ल जी समेत सभी विद्वानों और व्याख्याकारों का ध्यान इन पंक्तियों की ओर गया है। इसमें सन्देह नहीं कि गढ़ के इस वर्णन में तत्कालीन हठयोगी साधनाओं की शब्दावली का खुलकर प्रयोग हुआ है। इन पंक्तियों को अक्सर जायसी की आध्यात्मिक मान्यताओं के स्पष्टीकरण के रूप में व्याख्यायित किया जाता है और इस अतिरिक्त अर्थ के सहारे पूरे पद्मावत के सूफ़ी ग्रन्थ होने का प्रमाण प्रस्तुत किया जाता है।

इसके विपरीत इन पंक्तियों का अर्थ कथा-प्रबन्ध में कुछ इस प्रकार का होगा :

"पद्मावती के चले जाने के बाद राजा अत्यन्त व्याकुल होकर रोने लगा। उसकी विरहाग्नि की ज्वालाएँ सकल सृष्टि को जलाने लगीं। रतनसेन व्याकुल होकर चिता में चढ़कर जल मरने को उद्यत हुआ। इस समय शंकर-पार्वती उसकी परीक्षा लेने आये। पार्वती के अप्सरा-रूप पर राजा मोहित नहीं हुआ। इस प्रकार परीक्षा में उत्तीर्ण हुआ। राजा ने शंकर को सिद्ध पुरुष के रूप में पहचाना और रोता हुआ पैरों पर गिर पड़ा। शंकर ने उसे सिद्ध-गुटिका दी और समझाया कि निराश होकर आत्महत्या करने की कोई आवश्यकता नहीं हैं। राजा मन में हिम्मत बाँधे। न मृत्यु का भय करे, न और लोग क्या कहेंगे या करेंगे इसकी चिन्ता करे। मन को एकाग्र करके, मरजिया बनकर आगे बढ़े, अवश्य सिद्धि प्राप्त होगी। गढ़ कठिन अवश्य है, लेकिन जान पर खेलने वाले के लिए दुर्भेद्य नहीं है। जिस प्रकार हठयोगी अपनी काया के चक्रों को भेदकर ब्रह्मरन्ध्र तक पहुँच जाता है, उसी प्रकार यह गढ़ भी भेद्य है। शंकर की यह बात सुनकर राजा ने निराशा छोड़ दी और अन्य योगियों के साथ गढ़ को घेर लिया।"

ध्यान देने पर हम पायेंगे कि आध्यात्मिक रूपक के साथ कथा-प्रबन्ध का यह अर्थ बराबर प्रधान बना रहता है और इस नाटकीय बिम्ब के सहारे जायसी केवल उस आन्तरिक एकाग्रता और दृढ़ संकल्प को ही स्थापित करते हैं जिसने निराश राजा को प्रतरक्षा और रोना-धोना छुड़ाकर कुछ कर गुज़रने या जान दे देने पर उतारू किया। सिद्ध-गोटिका यद्यपि किसी चमत्कारी वस्तु की भाँति शंकर के हाथ से रतनसेन के हाथ में पहुँचाई गयी है, परन्तु आगे की घटनाओं में इस चमत्कारी वस्तु की कोई भूमिका नहीं दिखती। सुरंग से चढ़ने और आधे रास्ते में पकड़े जाने और सूली तक पहुँचाये जाने पर भी सिद्ध-गोटिका से कोई कमाल दिखाने को नहीं कहा जाता। वस्तुतः सिद्ध-गोटिका उस आन्तरिक निर्णय का ही दूसरा नाम है जिसके सहारे राजा अपनी अन्तिम छलाँग लगाता है।

गहरे अर्थ में पूरा सिंहलद्वीप अंग्रेज़ी शब्द 'यूटोपिया' द्वारा अभिव्यंजित उस आन्तरिक लोक का ही बिम्बात्मक बाध्यीकरण है जो जायसी के मूल्यबोध का महत्त्वपूर्ण अंग है। यूटोपिया को हम क्या नाम दें? मैं उसे जायसी से ही शब्द उधार लेकर 'सिंहललोक' कहूँगा। एक अर्थ में यह यूटोपिया ही है जो सूरदास के अन्तस् से द्वापर की ब्रजभूमि बनकर प्रकट होती है और तुलसीदास के अन्तस में त्रेता के अवध की भाँति अवस्थित है। परन्तु सूरदास और तुलसीदास की यूटोपिया का आधार सामान्य समाज में पौराणिक विश्वास के रूप में पहले से ही उपस्थित है। अतः इस यूटोपिया की वास्तविकता अथवा उसका बाह्य स्वरूप इन कवियों

के निजी संसार से अधिक है। पौराणिक विश्वासों का साधारणीकरण ब्रजभूमि या अवध का सचमुच इन कवियों से बाहर वस्तुपरकता प्रदान करता है। और सूरदास या तुलसीदास की कथनात्मक वृत्ति इस कृष्णमय अथवा राममय यूटोपिया को आत्मसात करने की है इससे भिन्न जायसी के सिंहललोक की कोई पौराणिक अथवा साधारणीकृत मिथक सरीखी सत्ता नहीं है। सिंहललोक सौ फ़ीसदी कवि द्वारा निर्मित आन्तरिक दृष्टिकोण का वस्तु-सदृश प्रक्षेपण है। अधिक-से-अधिक कवि के मानस से बाहर उसका अस्तित्व उन अर्द्ध जागरूक कवि समयों या लोक गाथाओं में है जिन्हें परिश्रम से खोजकर शोधकर्ताओं और विद्वानों नें कहीं-कहीं परिलक्षित किया है। इसीलिए जायसी का सिंहललोक निरन्तर आधे स्वप्न, आधी वास्तविकता की तरह आभासित होता है। पद्मावत का लेखक कवि है, भक्त अथवा साधक नहीं है और न उसे अपनी यूटोपिया के लिए किसी श्रद्धा-विश्वास समन्वित पौराणिकता का ही आश्रय उपलब्ध है।

पौराणिकता मानवीय कल्पना की वह अवस्था है। जहाँ आन्तरिक स्वप्न की देशकाल-विहीन यथार्थता देशकाल-निबद्ध जगत् में घटित इतिहास को पूरी तरह भेदकर युगबद्ध हो जाती है। दोनों का अन्तर मिट जाता है। परन्तु जायसी का सिंहललोक इस प्रकार का नहीं है—वह इतिहास को भेदकर उससे एकात्म नहीं हो पाता। वस्तुतः जायसी की समस्या मूलतः यही है कि जहाँ दो तरह की पौराणिकताएँ एक दूसरे का निषेध करके केवल विध्वंस और कट्टरपन को जन्म देती हों, जहाँ इतिहास आन्तरिकता के अभाव में वीराने में सुलतान खड़े करता हो, वहाँ बिन पौराणिकता का आश्रय लिए काल और कालातीत, इतिहास और इतिहासातीत को कैसे जोड़ा जाये। यही समस्या कबीरदास के सामने थी जिसने उन्हें अक्खड़, प्रतिरोधी और वैकल्पिक स्वर दिया। यही समस्या जायसी को वह 'ट्रेजिक विज़न' प्रदान करती है जिसे हमने पहले विषाद-दृष्टि कहा। यह विषाद-दृष्टि इतिहास और इतिहासातीत के छटपटाते हुए सम्मिलन की भावभूमि किस प्रकार पद्मावत में चरितार्थ हुई है, इसको प्रत्यक्ष करने के लिए पद्मावत की पूरी बनावट के विश्लेषण की आवश्यकता है। आगे हम यह विश्लेषण करेंगे। सम्प्रति इस दृष्टि को ध्यान में रखकर ही हम ऊपर से आध्यात्मिक प्रतीत होने वाली शब्दावली के अर्थ को देखें जिसका प्रयोग शंकर ने गढ़ के वर्णन के लिए किया है।

अगर हम उन चौपाइयों के आध्यात्मिक अर्थ को जायसी की धार्मिक या आध्यात्मिक मान्यता की स्वीकृति के रूप में देखें तो तत्काल कई अड़चनें पैदा होती हैं। हठयोग या उससे मिलती-जुलती शुद्ध साधना क्या जायसी की मुख्य स्थापना है? आरम्भ में ही शंकर कहते हैं कि हठ करके गढ़ को नहीं पाया जा सकता है,

अपने को पहचानकर ही उसे पाया जा सकता है। यहाँ हठयोग का निषेध है। हठयोग का निषेध जायसी ने अन्यत्र भी किया है। शंकर कहते हैं कि जिस प्रकार चोर सेंध में चुपचाप घुसता है उसी तरह तुम स्वर्ग का द्वार खोज लो और चुपचाप चढ़ जाओ। प्रकट में लोकाचार की बातें करो, मन उसी पर स्थित रखो जिसके रंग में रँग गये हो। परन्तु पिपीलिका-योग का तत्काल निषेध होता है क्योंकि शंकर के हटते ही रतनसेन सब लोकाचार त्यागकार सरेआम गढ़ को घेर लेता है, मुख्य दरवाज़े से घुसने की कोशिश करता है। दरवाज़े, फटाफट बन्द होने लगते हैं और तमाशा देखने के लिए औरतें छज्जों पर आती हैं। जायसी ने इस हरकत पर एक टिप्पणी भी की है :

'गुपुत जो रहै चोर सो साँचा। परगट होइ जीव नहिं बाँचा।'

यह पिपीलिका 'योग नहीं है, खँजड़ी, की चोट, घेराव है। फिर अपने को पहचानने वाली भाषा आत्मज्ञान अथवा राजयोग की भाषा है। जायसी ने अन्यत्र कहा है :

मुहम्मद बाईं दिसि तजे एक सरवन एक आँखि।
जब ते दाहिन होइ मिला बोलु पपीहा पाँखि।।

यह दाहिने होकर प्रिय से मिलना क्या है? हठयोग या राजयोग या इनसे भी अलग कोई तीसरी चीज़?

शंकर बोलते-बोलते यहाँ तक कह जाते हैं:

आपुहि मीचु जिया पुनि आपुहि तन मन सोई।
आपुहि आपु करै जो चाहै कहाँ के दोसर कोइ।।

यहाँ तक आते-आते अध्यात्म शुद्ध वेदान्त-जैसा हो जाता है इसमें से कौन-सा मार्ग जायसी का अभिप्रेत है?

इन अड़चनों के सामने डॉ. माताप्रसाद गुप्त ने इस प्रकार व्याख्या की है : योग के दो मुख्य रूप जायसी के समय में मान्य थे—"एक हठयोग का चक्रभेदन काया जिसे पिपीलक योग कहते थे; दूसरा, राजयोग का आत्मज्ञान था जिसे विहंग-योग कहते थे।" ...इस छन्द में जायसी ने अपनी गुह्य साधना के और विस्तारों का निरूपण किया है और खुलकर किया है। उसमें पुनः जीवन में ही एक बार मरण की आवश्यकता का प्रतिपादन अमरत्व और दिव्य ज्योति की प्राप्ति के लिए किया है। इस छन्द की अन्तिम पंक्तियों में जायसी का आत्मवाद बहुत मुखर है। जो इस्लाम से बिल्कुल भिन्न है। डॉ. गुप्त का यह विवेचन जिज्ञासा का शमन नहीं करता बल्कि और भी प्रश्न खड़े कर देता है। आत्मवाद की प्रतिष्ठापना को जायसी ने आत्म-स्वीकृति और पद्मावत का प्रमुख सन्देश

मान लेने पर तो जायसी न सिर्फ़ सीधे-सादे मुसलमान नहीं रह जाते, बल्कि एक तरफ़ पद्मावत दूसरी तरफ़ 'अखरावट' और 'आख़िरी क़लाम' में ऐसी कशमकश पैदा हो जाती है जिसका हल नहीं निकलता। जायसी ने सिंहलद्वीप के वर्णन में साधुओं और योगियों की एक चलताऊ फ़ेहरिस्त गिनायी है :

गढ़ मण्डप चहुँ पास सँवारे। जप तपा सब आसन मारे।।
कोई रिखेस्वर कोई संन्यासी। कोई रामजन कोई मसवासी।।
कोई ब्रह्मचर्य पँथ लागे। कोई दिगंगर आछहि नाँगे।।
कोई सरसुती सिद्धि कोइ जोगी। कोई निरास पँथ बैठ बियोगी।।
कोई महेसुर जंगम जती। कोइ एक परखै देबी सती।।
सैवरा खेवरा बानपरस्ती सिध साधक अवधूत।
आसन मारि बैठ सब जारि आतमा भूत।।

यह सूची पूरी नहीं है। इसके अनत में एक 'इत्यादि-इत्यादि' की ध्वनि छिपी हुई है। इस सूची में इन भाँति-भाँति के 'जपा-तपा' लोगों के लिए स्वीकृति या प्रतिबद्धता नहीं है और न प्रतिरोध या उपहास की ही भावना है। केवल एक तटस्थ उदारता है। यह तटस्थ उदारता ही जायसी की वास्तविक दृष्टि है। महादेव ने जो बातें रतनसेन को बतायीं, उन्हें भी जायसी की इस तटस्थ उदारता के सन्दर्भ में देखने पर जिन अड़चनों को हमने देखा, वे समाहित हो जायेंगी। किसी एक तथाकथित गुह्य साधना को जायसी के मत्थे मढ़ देना जायसी की आन्तरिकता को एक ऐसे खूँटे से बाँध देना होगा जिससे बँधने के लिए जायसी तैयार नहीं हैं।

इस सम्बन्ध में एक और प्रश्न की ओर आपका ध्यान आकर्षित करना चाहूँगा। हमने देखा कि घटनाक्रम में महादेव की सलाह के बिल्कुल विरुद्ध रतनसेन सीधे दरवाज़े से गढ़ में घुसने की चेष्टा करता है और प्रकट लोकाचार को छोड़ देता है। लेकिन आगे चलकर जब रतनसेन पकड़ लिया जाता है और यह प्रश्न खड़ा होता है कि पद्मावती से रतनसेन का विवाह कर दिया तो जायसी ऐसा क्यों करते हैं कि पहले यह प्रमाणित हो जाये कि रतनसेन वस्तुतः योगी नहीं राजा ही है। अन्तिम मिलन में यह योगी होना ही बाधा का कारण बनता है। भाट दसौंधी और हीरामन तोता यत्न करके राजा गन्धर्वसेन को समझाते हैं कि रतनसेन राजा ही है। आख़िरकार महादेव की सलाह या उनकी सिद्ध-गोटिका नहीं, बल्कि चित्तौड़ का राज्य और 'चौहान-वंश' ही काम आता है। इतना ही नहीं, विवाह के बाद जब अकेले शयनागार में पद्मावती और रतनसेन का मिलन होता है तो पद्मावती फिर रतनसेन के योगी होने और खुद के राजकुमारी होने को लेकर रतनसेन की खाली चुटकियाँ लेती है यह सब कहना जायसी के लिए

क्यों ज़रूरी है? संयोग-शृंगार, जो शुद्ध साधना की चरम परिणति होना चाहिए था, राजा के अनुरूप युद्धस्थल के मुहावरे में क्यों वर्णित है? ऊपर से विरोधी लगने वाले प्रकरणों का समाहार हम जायसी की अन्तर्दृष्टि को समझने के लिए किस प्रकार करें? समाहार तो है—क्योंकि जायसी की भंगिमा ऐसी है कि इन छोटी भँवरियों के बावजूद कथा प्रवाह अपनी सरल अनवरुद्ध गति से चलता है कहीं धक्का नहीं लगता, कहीं दिमाग़ चक्कर में नहीं पड़ता। कारण यही है कि भाषा का प्रयोग जिस स्तर पर जायसी ने किया है उससे यह सारी शब्दावली आन्तरिकता के सामान्य मुहावरे-भर का प्रयोजन सिद्ध करती है, किसी एक अथवा अनेक गुह्य सिद्धान्तों का प्रतिबद्ध प्रतिपादन नहीं करती। इसीलिए 'अपने को पहचानना' या 'बस एक ही रह जाता है दूसरा कोई नहीं' इस तरह के वाक्यांशों को यदि हम आन्तरिक अखण्डता और भावनात्मक उत्कर्ष से अधिक किसी तरह के मतवाद की भाँति देखेंगे तो हम वही ग़लती करेंगे जिस तरह अचेतन-अवचेतन की शब्दावली देखकर लोगों ने इलाचन्द्र जोशी को फ्रायडवादी, अज्ञेय को मनोविश्लेषणवादी और ग़रीब-अमीर की खाई का ज़िक्र देखकर प्रेमचन्द को मार्क्सवादी चौखटे में कस देने का प्रयास किया।

जायसी के युग में मनुष्य की आन्तरिकता को व्यंजित करने वाले यही बौद्धिक मुहावरे थे। उन्होंने इन शब्दों का पारिभाषिक नहीं, भावात्मक उपयोग किया। इसीलिए इन शब्दों का अर्थवृत्त विशिष्ट साम्प्रदायिक नहीं बनता। वस्तुतः परिभाषित शब्दावली के तो जायसी विरुद्ध खड़े हैं, वरना क़ुरान को पुरान या पाढ़ित, अल्लाह को गुसाईं, खालिकुल मुतलक को 'आदि एक करतारु' कहने की और सृष्टि में चौदह भुवनों की चर्चा करने की आवश्यकता क्यों पड़ती?

बौद्धिक सघनता और वैचारिक प्रतिबद्धता के अन्तर को और अधिक स्पष्ट करने के लिए हमारे सामने महत्त्वपूर्ण प्रश्न स्वयं पद्मावती की व्याख्या का है जिस पर अब तक के सभी आलोचकों और विद्वानों की दृष्टि रही है। आचार्य शुक्ल ने पद्मावती को भागवत प्रतीक के रूप में देखा। डॉ. वासुदेव शरण अग्रवाल ने पद्मावती की इस आध्यात्मिक भूमिका के साथ विभिन्न स्थलों से जायसी की चौपाइयों की व्याख्या करके पद्मावती के पारसरूप, जगव्यापी प्रतिबिम्बवाद, विभिन्न बाधाओं के पार चमकने वाले परम लक्ष्य की भाँति व्याख्यायित किया। आधुनिक आलोचना में पद्मावत को सूफ़ी ग्रन्थ बनाने में इस व्याख्या का बहुत बड़ा हाथ है। लेकिन यह सारी व्याख्याएँ, सारा प्रतिबिम्बवाद या प्रतीकवाद आधी कहानी या सिंहललोक वाली पद्मावती पर ही लागू होता है। बाद वाली पद्मावती इस विश्व-ज्योति की व्याख्या में नहीं समाती। क्यों?

अब तक के विवेचन से यदि हमने जायसी की मूल सर्जनात्मक वृत्ति तक पहुँचने में कुछ भी उपयोगी परिणाम निकाले हैं तो अब तक के सूफ़ीवादी व्याख्याकारों को विनयपूर्वक प्रणाम करके हम जायसी की मानवीय उद्‌भावनाओं के मध्य में ही पद्मावती को रखना उचित समझेंगे। पद्मावती को आध्यात्मिक प्रतीक का दर्जा देना न पूरे कथा-प्रबन्ध का अभीष्ट है, न जायसी की वास्तविक तलाश।

अब हम अपनी उधेड़बुन के उस केन्द्र में पहुँचते हैं जहाँ पूरी कथा की बनावट और जायसी की शिल्प विधि के विश्लेषण की आवश्यकता है। वस्तुतः हमारी खोज पद्मावती की नहीं, पद्मावत की होनी चाहिए। अब तक की आलोचना में पद्मावती की खोज में आलोचकों को पद्मावत की खोज से काफ़ी हद तक विमुख ही रखा है।

जायसी से

साहित्य और साहित्यकार का दायित्व

मैं सबसे पहले हिन्दी साहित्य सम्मेलन के आयोजकों के प्रति साधुवाद एवं आभार दोनों ही प्रकट करना चाहता हूँ कि जिन्होंने इस बात का प्रारम्भ किया या यों कहें कि इधर शिथिल पड़ गये सम्बन्धों को पुनः जीवित किया है कि हिन्दी के कार्यरत लेखक और हिन्दी-साहित्य सम्मेलन का बराबर सम्बन्ध बना रहे और हिन्दी साहित्य सम्मेलन में जो 'साहित्य' शब्द है, उसे न सिर्फ़ उजागर किया जाये, बल्कि उसकी प्रमुखता स्थापित हो। निश्चय ही इसके लिए शास्त्री जी धन्यवाद और साधुवाद के पात्र हैं। इधर विभिन्न कारणों से हिन्दी साहित्य सम्मेलन का यह सम्पर्क-सूत्र शिथिल हो गया था। विशेषकर जिन दिनों आदाता यहाँ पर थे, उन दिनों तो ऐसा लगता था कि साहित्य सम्मेलन का साहित्य से कोई सम्बन्ध नहीं है। यह बहुत अच्छी बात है और शास्त्री जी ने इस बात की ओर भी ध्यान दिलाया। ऐसा नहीं कि समाज के अन्य वर्गों से विचारकों का सम्बन्ध नहीं रहना चाहिए। लेकिन जो हिन्दी में काम करने वाले लेखक हैं उन्हें यह ज़रूर महसूस होना चाहिए कि हिन्दी साहित्य सम्मेलन उनकी अपनी संस्था है। इसके लिए जो भी अतिरिक्त प्रयास हो, अवश्य किया जाना चाहिए और मुझे पूर्ण विश्वास है कि आगे भी यह प्रयास विभिन्न स्वरूपों में होता रहेगा।

एक स्तर पर भाषा, विचार और साहित्य—ये भिन्न नहीं रह जाते और जैसे-जैसे उनमें घनत्व बढ़ता जाता है, वैसे-वैसे लेखक जो उस भाषा से दिन-रात उलझ रहे हैं उनके अनुभव समाज के लिए बहुत महत्त्वपूर्ण होते हैं। भाषा के स्वरूप के लिए भी महत्त्वपूर्ण होते हैं—उस भाषा के बोलने वालों के लिए भी महत्त्वपूर्ण होते हैं। अतः आज की इस गोष्ठी का सम्मेलन के इस भवन में प्रवर्तन करते हुए मुझे विशेष गौरवान्वित होने का आभास हो रहा है।

'साहित्य और साहित्यकार का दायित्व' यह दो दिनों तक चलने वाली व्याख्यानमाला का प्रमुख विषय है। मैं समझता हूँ इसको शायद कहने की ज़रूरत नहीं है कि साहित्य का दायित्व और साहित्यकार का दायित्व गहरे स्तर

पर दोनों एक ही चीज़ हैं। बल्कि इस शीर्षक को देखकर मुझे यह भी लगा कि इस बहुचर्चित और विभिन्न विचारकों द्वारा काफ़ी मथे गये विषय को, जो पहले लेखक का दायित्व या साहित्यकार का दायित्व इस रूप में अधिकतर मथा गया—शुरू से ही अगर 'साहित्य का दायित्व'—इस रूप में विचार किया जाता, तो शायद कुछ अधिक, (ऐसा तो नहीं कि विवाद न रहे) लेकिन विचार में कुछ अधिक सूक्ष्म विवेक पैदा हो सकता था। अतः आयोजकों को इसके लिए भी बधाई देनी चाहिए कि उन्होंने विषय के द्वारा इस बात का भी संकेत दिया है कि 'साहित्य का दायित्व' वस्तुतः साहित्यकार के दायित्व से अलग नहीं है या साहित्यकार का दायित्व कोई अलग से ऐसा नहीं बनाया जा सकता जो साथ ही साहित्य का दायित्व भी न हो। जैसा मैंने कहा हिन्दी के लेखकों में, अगर हम ध्यानपूर्वक देखें, तो सजग रूप से दायित्व की बहस, यह 1982 (उन्नीस सौ बयासी) है, लगभग पचास वर्षों से चल रही है। सम्भवतः इस तरह की चिन्ता की रेखाएँ उभारने वाली बहस भारतेन्दु के सामने भी नहीं थी और आरम्भिक द्विवेदी-युग के सामने भी नहीं थी। लेकिन अपने ढंग से उन्होंने अपने दायित्व का निर्वाह किया। ऐसा नहीं है कि वे साहित्य के बारे में सजग नहीं थे। केवल वे यह नहीं समझते थे कि इस प्रश्न को दस तरफ़ से खोदने की ज़रूरत है। लेकिन इस शताब्दी के चौथे दशक के आते-आते सजग रूप से इस पर विचार-विमर्श, विवाद और कभी-कभी तो जमातबन्दी भी होती रही है। मैं इस दृष्टि से नहीं कह रहा हूँ कि पहले अच्छा था या अब अच्छा है। या यह कोई उन्नति अथवा अवनति का लक्षण है। शायद यह भी, इसके लिए भी समय कम हुआ कि हम इस पर सचमुच परिणाम घोषित कर सकें कि अपने दायित्व के बारे में सजग बहसों के कारण सचमुच रचनात्मक साहित्य की क्षति होती है या उन्नति होती है—क्योंकि बिना इस पर मन्थन किये हुए निर्णय करना कठिन है।

साहित्य तब से लिखा जा रहा है जब से मनुष्य ने लिखना-पढ़ना शुरू किया। चाहे वे प्राचीन ऋषि रहे हों जिन्होंने वेद की ऋचाएँ गायीं या आदिकवि इस देश के। उनकी रचनाओं से ऐसा नहीं लगता कि उनको इस बात की आवश्यकता थी कि आओ बैठकर साहित्यकार के दायित्व पर थोड़ा विचार करें और हिन्दी में भी 19वीं शताब्दी तक इसकी कोई विशेष जागरूकता नहीं थी। जैसा मैंने कहा कि अति सजगता तो 20वीं शताब्दी में ही आयी। वस्तुतः केवल हिन्दी में नहीं, अंग्रेज़ी और योरोपीय साहित्य में भी यह अति जागरूकता वस्तुतः 20वीं शताब्दी में ही आयी। अंग्रेज़ी के 19वीं शताब्दी के प्रमुख विचारक मैथ्यू अर्नाल्ड या 19वीं शताब्दी के कवि और विचारक फ्रांस के, जर्मनी के, रूस के भी उदाहरण के लिए

टॉलस्टॉय, चेखोव, नार्वे के इब्सन जिन्होंने साहित्य में बहुत तरह के परिवर्तन किये। बहुत दूर तक आते-आते कुछ भंगिमा तो दिखायी पड़ती है। थोड़ा सजग रूप से सोचा तो जाये कि हम कर क्या रहे हैं और क्यों? लेकिन टॉलस्टॉय या चेखोव या इब्सन—इनसे ऐसा नहीं लगता है कि उस सम्बन्ध में बहुत सूक्ष्म विवेक करने के लिए उनके पास फ़ुर्सत है। लेकिन अगर हम मान भी लें तो 100 ही वर्षों का प्रमाण हमारे पास है या 100 से कम मान लें।

सारे संसार के साहित्य में और हिन्दी में भी कुछ अधिक विचार हमने किया। इसको हम विचार नहीं मानते कि तुलसीदास ने एक चौपाई लिख दी बहुत-सी बातें लिखते समय कि 'सुरसरि की भाँति सबका भला हो, यही साहित्य का दायित्व है।' क्योंकि इतना तो कह दिया उन्होंने, मगर इस पर उन्होंने ऐसा नहीं किया कि कोई दर्शन खड़ा किया हो या इस पर कोई बहुत सूक्ष्म विचार किया हो। यह स्वतःसिद्ध बात थी, जिसे उन्होंने कह दिया। इस प्रकार कि जैसे इस पर भी कोई बहस होनी चाहिए कि भाई जो बात कहो ऐसी कहो कि सबकी भलाई हो। या तुलसीदास के ही थोड़ा पूर्व जायसी ने कहा कि—'ओ मन जानि कवित अस कीन्हा, मकु यह रहै जगत् मँह चीन्हा।' यह जायसी ने उद्देश्य अपना दिया इसके पहले जो चौपाई है, वहाँ अपने बारे में बताया कि मैं मुहम्मद जायसी कवि हूँ और मैंने ऐसी रचना की। इसलिए की कि मेरी पहचान जगत् में शेष रहे। अब आप कह सकते हैं कि अपनी पहचान या आज की भाषा में कहें, हालाँकि 'पहचान' आज की ही भाषा है, कि लेखक अपनी पहचान स्थापित करता है। वह जायसी के शब्दों में 'चीह्न' हुआ। या थोड़ा और पहले की भाषा थी कि लेखक अपनी अस्मिता साहित्य के द्वारा स्थापित करता है। तो जब जायसी यह शब्दावली इस्तेमाल करते हैं कि, "मैंने यह रचना इसलिए की कि मेरी पहचान रहे जगत् में!" तो यह इसका एक अर्थ है या एक स्वरूप है साहित्यकार के दायित्व का या जैसा कि तुलसीदास में मिलता है कि कभी कहा कि अपने सुख के लिए यह रघुनाथ गाथा गायी है, कभी कहा कि भाई बात तो वही कहनी चाहिए, जिससे सबकी भलाई हो। लेकिन अगर हम सूक्ष्म रूप से यह भी मानें कि जायसी का आग्रह किसी और चीज़ पर है, तुलसीदास का आग्रह किसी और चीज़ पर है—या उससे भी आगे और कवि हुए जिन्होंने कहा कि, "आगे के सुकवि जो पै रीझि हैं तो कविताई, न तु राधिकौ-कन्हाई सुमिरन को बहानो है।" यह कि हम कविता को दोतरफ़ा उद्देश्य में बाँधते हैं कि काव्य रूप में यदि हमारी कीर्ति मान ली जाये, शुद्ध कवि के रूप में तो फिर क्या है—वाह-वाह! और फिर मानने वाले कौन हों? सारा समाज नहीं। केवल गोष्ठियाँ करके कवि लोग फतवा दे दें कि

हाँ इन्होंने कविता लिखी। सारा समाज कहे कि उन्होंने कविता लिखी तो उनको उतना सन्तोष नहीं है जितना कि, 'आगे के सुकवि मानि हैं तो' और यदि यह नहीं प्राप्त हुआ और आगे के सुकवियों ने कहा कि कुछ नहीं बकवास किया है उन्होंने! तो सबको छोड़ करके राधा-कन्हाई सुमिरन तो हर एक के बूते का है। जिसके अन्दर प्रतिभा हो तो भी कर सकता है स्मरण-नितान्त गुणहीन प्रतिभाहीन व्यक्ति भी। राधा-कृष्ण का स्मरण करने से कौन किसको रोकता है? तो उसे दोतरफ़ा मान लिया कि गुणी मानें तो गुणियों के बीच में और यदि गुणी न कहें कि गुणी है तो एक सामान्य व्यक्ति का अधिकार तो हमारे पास है ही। तो आप देखेंगे कि ये सारे नज़रिये, ये दृष्टिकोण अलग-अलग चीज़ों पर आग्रह करते हैं। आज हम बहुत ध्यान से उस समय का साहित्य, उस समय का समाज—इनको देखें। जायसी किस प्रकार, किस समाज में लिख रहे थे, किस सन्दर्भ में लिख रहे थे? तुलसीदास किस सन्दर्भ में लिख रहे थे? सूरदास किस सन्दर्भ में लिख रहे थे? या आगे के रीतिकालीन कवि किस सन्दर्भ में लिख रहे थे। आज हम अगर इसको ध्यानपूर्वक देखना चाहें तो देख भी सकते हैं और कुछ अन्दाज़ भी लगा सकते हैं कि यह 'आग्रह-भेद' क्यों है? या यह भी अन्दाज़ लगा सकते हैं कि वस्तुतः यह आग्रह-भेद भी बहस करने के लिए नहीं कहा जा रहा है। एक स्वाभाविक वृत्ति जैसी उनकी दिखायी पड़ रही है। जैसे वे मानकर चल रहे हों कि, "भाई कवि तो वही है कि जिसे गुणी लोग आदर करें। इसलिए आगे के सुकवियों को मानना ज़रूरी है। राजा-वाजा के मानने से कुछ नहीं होता।"

रीतिकालीन कवि माना जाता है कि सबसे अधिक राजदरबार में किसी प्रकार राजा द्वारा समादृत होने के लिए दौड़ा करता था। लेकिन वह यह जानता था राजा पैसा ज़रूर दे देंगे। लेकिन मानेंगे यदि गुणी, तभी मैं गुणी कहलाऊँगा। इनके कहने से मैं कवि नहीं हो जाऊँगा। एक वह भी था—और वह यह भी देखता था कि राजा इतने मूर्ख होते जा रहे हैं या इस प्रकार के होते जा रहे हैं कि किसको कब पुरस्कार दे दें, इसका कोई ठिकाना तो है नहीं। तो इसलिए सभी कवि जानते थे कि पुरस्कार लेना हो तो राजा के पास जाइए। उसके दन्द-फन्द दूसरे हैं। लेकिन कवि के रूप में बना रहना हो तो गुणियों का ही 'सर्टिफ़िकेट' चाहिए—ऐसा उस समय के कवि को लगता था। अब मैंने आपके सामने यह आग्रह-भेद इसलिए प्रस्तुत किया कि इससे क्या हम कोई जागरूक बहस का अन्दाज़ा लगा सकते हैं? विवाद का या गम्भीर विवेक का-कि क्या कहीं कहने से क्या-क्या परिणाम दूरगामी निकलते हैं? उदाहरण के लिए अगर मैं कहूँ कि जिस कवि ने भी कहा हो कि हम राधा-कन्हाई के स्मरण के लिए कविता लिखते हैं

या उसका बहाना है या कम-से-कम कवियों के सामने एक दरख़्वास्त रखते हैं कि हमारे गुण को आप स्वीकार करें। वस्तुतः दुर्भाग्य तो उन कवियों का यह हुआ कि आगे के कवियों ने—छायावाद तक तो उसको कवि ही नहीं माना गया और वह भी उनका दुर्भाग्य हो गया कि आगे के सुकवियों ने उन्हें कवि नहीं माना और पन्त जी ने तो 'पल्लव' की भूमिका में लिखकर यह स्पष्ट कर दिया कि ये तो न जाने क्या-क्या बोलते रहते हैं—यह तो हमारे पल्ले कुछ नहीं पड़ता और राधिका-कन्हाई स्मरण इनमें है नहीं। यह तो बड़े-बड़े आलोचकों ने कह दिया कि जो भक्ति की वास्तविक प्यास थी, वह रीतिकाल तक आते-आते समाप्त हो गयी। यह तो राधिका-कन्हाई का भी स्मरण नहीं कर रहे हैं। यह तो कोई और लालसा है जो कि राधिका-कन्हाई के बहाने से सम्भवतः परस्त्री-गमन का स्मरण करना चाहते हैं। आगे के लोगों ने तो ऐसे-ऐसे आरोप लगा दिये! तो वे बेचारे कवि तो दोनों तरफ़ से गये। लेकिन हो सकता है कि यदि हम और गम्भीरतापूर्वक देखें तो कहें शायद ये भी अपनी वास्तविक भूमिका को नहीं देख रहे हैं। सम्भवतः जिन लोगों ने बाद में रीतिकालीन कवियों के पक्ष में लिखा-उन्होंने अधिक ज़ोर इस पर दिया। शुक्ल जी के बावजूद भी उनकी असली भूमिका थी कि ऐसे समय में जब परम्परा के बहुत-से स्वरूप बिखर रहे थे, टूट रहे थे, तब उन्होंने परम्परा को कितना ही छोटा सही लेकिन जोड़कर एक तारतम्यता दी और तारतम्यता को चिपककर पकड़े रहे कि जब सब टूट जायेगा, तब भी जो यह साहित्य के सम्बन्ध में चली आ रही है, प्राचीन धारणा कि कैसे लिखना चाहिए? क्या लिखना चाहिए? मर्यादाएँ क्या होती हैं? कहते समय बात को कितनी दूर तक कहना चाहिए? कहाँ तक संयम बरतना चाहिए? यह सब बहुत-से औचित्य और अनौचित्य के विचार या कहने की भंगिमा—यह सब उन्होंने अपना एक सांस्कृतिक दायित्व समझ करके निर्वाह किया।

हो सकता है कि आज हम यदि उनका यह दायित्व मानें तो इसी के लिए शायद रीतिकालीन कवि महत्त्वपूर्ण माने जायें! जो मैं समझता हूँ। रीतिकालीन कवियों का महत्त्व ऐसा है कि ऐसे समय में जबकि परम्परा के मूल्यवान अंशों के बारे में दृष्टि ही विलुप्त हो रही थी, उस समय उन्होंने आधा समझकर और आधा बिना समझे सही, इतना कहा कि चिपककर पकड़े रहो, नहीं तो आगे करखा इतना तेज़ है कि भाषा बोलना भी भूल जाओगे और सिवाय गाली के और मुँह से कुछ नहीं निकलेगा और कहने के ढंग में जो एक मिज़ाज होना चाहिए, एक सभ्यता होनी चाहिए—यही बनाये रखो। कम-से-कम बिहारीलाल का और कुछ न मानें तो इतना तो हम मानेंगे ही कि कहने के ढंग में पढ़े-लिखे सभ्य आदमी में,

सुसंस्कृत आदमी में और नितान्त जाहिल में कुछ थोड़ा अन्तर होता है। बात हम भी वही कर रहे हैं, तुम भी वही कर रहे हो। लेकिन देखो हमारे अन्दर थोड़ा-सा बाँकपन है और यह बाँकपन हमारी सभ्यता, हमारी परिस्थिति जो भी उसका नाम हो, मान लो—यह अपने दिमाग़ में वे रखते थे।

अब हम कहेंगे कि बिहारीलाल को पढ़ते समय, मतिराम को पढ़ते समय ये चीज़ें सामने नहीं आतीं। लेकिन हम जानते हैं कि उनके अन्तस् में—पूरे-पूरे काव्य में जो रसी-बसी चीज़ है, उसे हम आप थोड़ा दूर से देख रहे हैं तो समझते हैं कि कर्मतः जो भी वे कर रहे हैं, वस्तुतः कवि-सम्मेलन में तुक लगा रहे हैं। अपने जाने में ये यही कह रहे हैं लेकिन वस्तुतः उनके अनजाने में ही सही जो दायित्व इन्होंने निभाया वह दूसरा है। या उदाहरण मैं दूँ कि ऐसे समय में जब इस बात का ख़तरा था—एक और बात सांस्कृतिक भूमिका की बात बता रहा हूँ—इस बात का ख़तरा था कि। जिसको आप हिन्दीभाषी प्रदेश कहते हैं, यह विभिन्न प्रकार की बोलियों में टुकड़े-टुकड़े टूट जाता—उस समय इन कवियों ने लाहौर से लेकर दरभंगा और ऊपर कुलूघाटी से ले करके सतारा तक बिना बहस किये—बिना गोष्ठी किये एक आन्तरिक प्रेरणा द्वारा यह निश्चय किया कि रहने वाले हम चाहे जहाँ के हों, हमारे गाँव की बोली चाहे जो हो, कविता हम सब ब्रजभाषा में करेंगे। यह तो बहुत बड़ा फ़ैसला था। अगर यह फ़ैसला न किया होता ब्रजभाषा के कवियों ने और उस पर सौ-डेढ़ सौ वर्ष न लगाये होते तो भारतेन्दु के लिए यह सहसा सम्भव न होता कि बोलीं उनकी बनारस की है और एक दिन तय करते हैं कि हम मुज़फ़्फ़र नगर वाली बोली में लिखेंगे। और आज जो हम यों कहते हैं कि बोली चाहे तुम्हारी दरभंगा की हो लेकिन कविता लिखो खड़ी बोली में। अब तो जो खड़ी बोली है वह मुज़फ़्फ़र नगर की ही है—जिस प्रकार कि ब्रजभाषा के साथ हुआ कि 'एते एते कबिन की बानी हू सों जानिए'। केवल ब्रजवास से ही ब्रजभाषा नहीं निकलती जो कवि लिख गये हैं, वह भी ब्रजभाषा है।

धीरे-धीरे खड़ी बोली के साथ वही हो गया। केवल मेरठ में नहीं निश्चय होगा कि खड़ी बोली क्या है? जो भारतेन्दु लिख गये हैं, जो द्विवेदी जी लिख गये हैं जो रामचन्द्र शुक्ल लिख गये हैं, जो हजारी प्रसाद द्विवेदी लिख गये हैं और जो आज जगदीश जी लिख रहे हैं, गिरिराज किशोर लिख रहे हैं और बिहार में 'दिनकर' लिख गये है—इनकी वाणी से जानिये कि खड़ी बोली क्या है? इतना प्रमाणित कर देने मात्र से कि मुज़फ़्फ़र नगर में ऐसा नहीं बोला जाता, (जहाँ की वह जन्मजात है) उससे 'निश्चय थोड़े ही हुआ। यह किसने किया? यह क्षमता

किसने दी कि इस सबके बावजूद हम इतने बड़े क्षेत्र को, देश को एक धागे में बाँधे हुए हैं और बहुत प्रयासों के बाद भी हमको लगता है कि हम अपनी मातृभाषा छोड़ देंगे। हमारी मातृभाषा तो बनारस की भोजपुरी है। मैं जानता हूँ कि एक मर्तबा भारत सरकार की एक कमेटी थी। शिमला में उसकी बैठक हो रही थी। मुझे भी उस सेमिनार में बुलाया गया। तो उसमें एक प्रस्ताव छोटा-सा कुछ बुद्धिजीवियों ने रखा कि जहाँ भी जिस क्षेत्र की जो बोली है, उसी बोली में प्राइमरी की पुस्तकें पढ़ायी जायें। देखने में बड़ा अच्छा लगता था। मैंने उसका विरोध किया। मैंने कहा कि मेरे नगर की बोली भोजपुरी है और वह भी बनारस की भोजपुरी है। बलिया वाली वह भी नहीं। लेकिन यह तो मेरे बाबा भारतेन्दु ने तय कर दिया कि वह अब मेरे निश्चय के बाहर की बात है। उन्होंने तय कर दिया कि मेरा बच्चा दर्जा एक में पढ़ेगा तो 'यह राम का घर है।' यह वाक्य पढ़ेगा। यह 'राम काऽ घरऽ बाडे' यह नहीं पढ़ेगा। बोलें आप चाहे जो लेकिन पहला वाक्य जो इसका आप उसे पढ़ाते हैं—'यह राम का घर है।'

वस्तुतः जिस प्रकार से पहला वाक्य हम पढ़ते हैं—वह न भोजपुर की भाषा है, न मगध की भाषा है, न मुज़फ़्फ़रनगर की ही भाषा है। वह एक ऐसी भाषा है जो—'एते-एते कबिन की बानी हू सों जानिये' वही है। यह दायित्व किसने लिया? इसके ऊपर भी आचार्य हजारी प्रसाद द्विवेदी ने बहुत तरह की खोज की है और उन्होंने कहा है कि इस प्रदेश में बराबर अपभ्रंश के साथ एक प्रकार का प्रतिमानीकरण होता रहा और अलग-अलग क्षेत्रों से टूट करके भाषा बनती रही। कबीरदास में भी वह दिखायी पड़ता है। लेकिन अभी उन पर बहुत विस्तारपूर्वक विचार नहीं हुआ। प्रतिमानीकरण और क्षेत्रीयकरण—इसके दो जो तनाव हैं, जिनके वास्तविक हल को हमने अब 20वीं शताब्दी में कम-से-कम हिन्दी के सम्बन्ध में प्राप्त किया है। यह कई बार प्रयास हुआ और कुछ टूटा, कुछ बिखरा और एक तरफ़ प्रादेशिक भाषाएँ नहीं बोलियाँ अपनी तरफ़ खींचती हैं और दूसरी तरफ़ हिन्दी खड़ी बोली। आज हम यह कह सकते हैं कि उदयपुर में बैठा हुआ कवि जो भाषा हिन्दी की लिखेगा, वह वही होगा जो दरभंगा में बैठा हुआ कवि लिखेगा। लेकिन मीराँ की भाषा एकदम वैसी नहीं है, जैसी कि विद्यापति की। यह हम दिखा सकते हैं कि मीराँ बिल्कुल राजस्थान से बँधी नहीं हैं और विद्यापति बिल्कुल मैथिली से नहीं बँधे हैं।

एक तड़प है अन्दर कि क्षेत्रीय बोली को थोड़ा आगे बढ़ायें और कहीं मिला कि नहीं लेकिन जब आज मिल गया तो हमें ज़रूर देखना चाहिए कि क्यों, कैसे? तो साहित्य में एक सबसे बड़ा कार्य—जिसने यह कहा कि 'एते-एते कबिन की

बानी हू सो जानिये।' वह विचारों के द्वारा कहने की शैली के द्वारा, अपनी सभ्यता के स्तर को निरन्तर बनाये रहने के कारण, बहुत कारणों से वह प्रमाण पैदा होता है—भाषा और उसके साहित्य में। जो बिना किसी का गला दबाये, किसी का गला नहीं दबाया गया कि आपको यही हिन्दी लिखनी है। लेकिन बनारस का प्रसाद, बैसवाड़े का निराला, लमही गाँव का प्रेमचन्द—ये सब, इनकी बोलियाँ चाहे जो रही हों, लेकिन बिना किसी दबाव के लिख उसी एक भाषा में रहे थे क्योंकि वह सब से बड़ा आकर्षण था उस खड़ी बोली का। क्योंकि उसमें एक प्रकार का साधुपन, एक प्रकार का आप अगर कह दें—उस समय के वातावरण को आत्मसात करने की क्षमता। क्योंकि वातावरण केवल उतना ही नहीं है कि जितना हमने गाँव से सीखा। वातावरण वह भी है जिसे हम भविष्य में अपेक्षित करते हैं। सपना देखते हैं तो जब भाषा आज जो हम हैं और कल का जो हम सपना देखते हैं—इन दोनों के तनाव को एक सन्तुलन पर स्थापित कर देती है। तभी वह धीरे-धीरे अपने आप लोगों को भी स्वीकार हो जाती है। नहीं तो खिंचाव बराबर बना रहता है। टूट जाती है। तो अगर कोई कहे कि यह कोई बहुत बड़ा दायित्व तो हुआ नहीं साहित्य का—तो मैं विनम्रतापूर्वक निवेदन करूँगा कि इस पर बहस ज़रूर हो। 18वीं-19वीं शताब्दी के कवि इस पर बहस नहीं करते कि देखो हम कितना बड़ा कार्य कर रहे हैं। लेकिन हम जान ज़रूर सकते हैं कि जिस आदमी ने कहा कि 'एते-एते कबिन की बानी हू सों जानिए।' उसने कहा ही तभी जब उसको अपने आसपास एक टेंशन दिखायी पड़ा। किसी ने कहा होगा, कि वाह! यह क्या ब्रजभाषा हुई। यह तो ब्रज की भाषा नहीं है। नहीं है तो ब्रजभाषा कैसे हुई? तो उसने कहा कि ब्रजभाषा तो मैं पूरे हिन्दी प्रदेश की बना रहा हूँ। यह चेतना उसमें रही होगी, तभी तो उसने कहा।

तो यह जो सांस्कृतिक समाज के अन्दर फैलने का कार्य है संस्कृति को सबके भीतर निहित करने का कार्य है, बहुत अंशों से बहुत प्रकारों से होता है। उसमें से यह समाज को एकाग्र करने का, एकत्र करने का इतना बड़ा दायित्व है, जो जब पूरा हो जाता है, तब लगता है कि यह तो कोई दायित्व नहीं है। लेकिन जब तक नहीं पूरा हुआ रहता, तब तक कितनी-कितनी कठिनाइयों से गुज़रना होता है। यह देश, यह प्रान्त, यह भाषा, यह पूरा प्रदेश दस भाषाओं में न बँट जाये, इसके विचार करने का ढंग एक तरह से हो सके।

अभी तो आपने 'हिन्दी-'दिवस' मनाया था तो लगता है कि न जाने कितनी राजनीति-पर-राजनीति की गुत्थियाँ फँस गयी हैं। इस मामूली-से काम के लिए इस पूरे प्रदेश को बाँधने वाली भाषा और या पूरे देश को बाँधने वाली भाषा।

और जब हम आपके सामने यह कहेंगे कि हिन्दी साहित्य के उन लेखकों ने जिन्होंने आज की तरह कोई गोष्ठी नहीं की लेकिन अपने उन्मेष से अगर मैं कहूँ अपने तेवर से—क्योंकि मुझे लगता है कि जब बिहारीलाल को मैं पढ़ता हूँ तो इससे लगता है कि जिस तेवर से यह आदमी बोल रहा है उस तेवर से तो उसके पास यह प्रमाण है कि किसी भी दूरदराज के आदमी को कह दे कि जब तक ऐसे बोल नहीं सकते तब तक तुम पढ़े-लिखे आदमी नहीं हो सकते। ऐसे आग्रह जो साहित्य में—एक दायित्व में न सिर्फ़ स्थापित हैं बल्कि निरन्तर प्रकट होते रहते हैं। चाहे कोई उनके प्रति जागरूक हो और चाहे न हो। और आज जब हम हर चीज़ को अणुवीक्षण से देखना चाहते हैं तो अच्छा हो कि इस जागरूकता को भी हम देखें। इसमें जो काम कर रहे हैं समाज को एकाग्र करने का एक महत् कार्य—यह कार्य साहित्य का और साहित्य में रसी-बसी भावना का एक बहुत महत्त्वपूर्ण अंग है। मैं यह मानकर चलता हूँ कि समाज की ओर से लेखक ही बोल सकता है—समाज बदल रहा है और समाज को बदलना चाहिए। शायद मैं यह कह सकता हूँ कि यदि समाज जिस समाज में साहित्य रचा जा रहा है वह समाज यदि एकत्र हो चुका है तो उसके टूटने की गुंजाइश नहीं रह गयी। उसके ऊपर इतने तरीक़े से तरह-तरह के संगुम्फन हो चुकते हैं। तब हम कह सकते हैं कि अब साहित्यकार को इसकी चिन्ता नहीं करनी चाहिए कि वह समाज को संगुम्फित करे। क्योंकि यह जो संगुम्फन की चिन्ता घेरती है तो जस-का-तस बने रहने देना चाहिए यह प्रतीति जागती है। परिवर्तन स्वीकार कर लेगी तो पता नहीं क्या गड़बड़ हो जाये! इसलिए जैसा है वैसा ही बना रहने दो। और परिवर्तन वाला कहता है कि जैसा है उससे तो हम ऊब गये हैं इससे तो अच्छा है कि अब एक छलाँग लगायें तो टूट जायेगा टुकड़े-टुकड़े हो जायगा, हो जाने दो। लेकिन यह चिन्ता वस्तुतः उन्हीं देशों की चिन्ता है जहाँ पर यह तनाव और परिवर्तन दोनों ही एक साथ आते हैं। आज सन् 1982 में यह कहना कि हिन्दुस्तान में हम इससे मुक्त हो गये हम संगुम्फन की बात या संगुम्फन से जो जुड़े हुए मूल्य हैं उनको एकदम विस्मृत कर सकते हैं। आज इसको लेकर मैं एक सामाजिक, राजनीतिक, सांस्कृतिक बहस में फ़िलहाल नहीं जाना चाहता हूँ। मैं यह जानता हूँ कि एक देश में जिससे हम लोगों का कुछ अधिक सम्पर्क रहा है इंगलैण्ड में रानी एलिज़ाबेथ प्रथम के समय में बहुत-से लेखक हुए जिनमें शीर्ष पर—आप सब इस नाम से परिचित हैं—शेक्सपीयर का नाम था। शेक्सपीयर जिस समय लिख रहा था उस समय अंग्रेज़-अंग्रेज़ी का समाज जिस सन्तुलन पर था वह सन्तुलन इतना चंचल सन्तुलन था कि कभी भी टूट सकता था। इसका प्रमाण इसी में है कि

शेक्सपीयर के मरने के आधी शताब्दी के भीतर-ही-भीतर सिविल वार हुई और सिर्फ़ अंग्रेज़ सरकार ही नहीं बल्कि यह स्कॉटलैंड से इंगलैण्ड का जो एका हुआ था कि एलिज़ाबेथ के मरने के बाद जेम्स दी फ़र्स्ट जब गद्दी पर बैठाया गया तो इस बात का इस्तगासा था और वह लन्दन में इंगलैण्ड की गद्दी पर बैठा दिया गया। इस तरह स्कॉटलैण्ड इंगलैण्ड एक में मिलाया गया—जोड़ा गया—नहीं तो ये तो दो अलग-अलग राज्य थे। अलग-अलग देश थे। तो स्वयं अंग्रेज़ तो रहते थे इंगलैण्ड में और उसका एक छोटा-सा टुकड़ा स्कॉटलैण्ड बहुत बड़ा देश नहीं है। इंगलैण्ड भी छोटा ही-सा देश है। लेकिन वहाँ के समाज में ही उस समय अस्थिरता थी। इस अस्थिरता को स्थिर होते-होते एक शताब्दी इंगलैण्ड में लगी। 1683 तक आते-आते उनके इतिहास में ऐसा लगा एक पूरी शताब्दी गुज़र गयी। अब क़रीब-क़रीब एक सम्पूर्ण रूप में स्थिर समाज—संगुम्फित समाज हो गया। जिसके बाद फिर उनके भीतर परिवर्तन लाने को टोरी पार्टी अलग बन गयी और पार्लियामेंट के नये ग्रुप आने लगे। यह सब हुआ तमाम। इससे हम क्या सीखते हैं? इससे हम सीखते हैं कि अगर उस आधा बदलते हुए और आधा टूटते हुए दोनों ख़तरों से गुज़रते हुए समाज को देखें तब हम देखेंगे कि उस समाज को अन्त में जोड़े रखने का काम जितना उस समय के लेखकों के प्रभाव ने किया—शेक्सपीयर के नाटक ऐतिहासिक नाटक—क्योंकि इंगलैण्ड के इतिहास सम्बन्धी बहुत-से नाटक उसने लिखे हैं। जैसे इतिहास सम्बन्धी बहुत-से नाटक जयशंकर प्रसाद ने लिखे हैं वैसे ही अपने देश के इतिहास के सम्बन्ध में, अपने देश के गौरवपूर्ण इतिहास के सम्बन्ध में, शेक्सपीयर ने बहुत-से नाटक लिखे हैं। इसी प्रकार से लोगों के दुख-दर्द के नाटक और उसकी कॉमेडी उसकी ट्रेजेडी सब, इन सब भावनाओं के लिए स्तर प्रदान किया, मानवता के लिए एक सामान्य स्तर प्रदान किया। इंगलैण्ड के लोगों की एक अपनी अस्मिता ऐसी बनायी ताकि वह कलेजा चौड़ा करके औरों के साथ मिल सकें और इस प्रकार की बुनियाद डाली शेक्सपीयर और उसके साथ उसके समकक्ष के लेखकों ने कि इंगलैण्ड की जो राष्ट्रीयता थी उसके सन्दर्भ निरन्तर एक तरफ़ मुख़ातिब हो जाये। इस पर बहुत-से विचारकों ने विचार किया है कि जो राष्ट्रीय उन्मेष था इंगलैण्ड का—उसको एक प्रकार का निदेशन साहित्य ने दिया। जब वह राष्ट्रीय उन्मेष हो गया और एक सामाजिक अस्मिता को पहुँच गया तब उसके बाद अंग्रेज़ी साहित्य में अलग-अलग दायित्व की अलग-अलग परिभाषाएँ हुईं। मैं यह निवेदन करना चाहूँगा कि अगर आज बीसवीं शताब्दी तक हिन्दी साहित्य का भारतेन्दु युग मानें तो आप देखेंगे कि यह राष्ट्रीयता में बाँधे रहने की चिन्ता, यह समाज को एकत्र किये रहने की चिन्ता

विभिन्न प्रकार से भारतेन्दु से लेकर प्रेमचन्द तक में दिखायी पड़ती है। और आज भी यह निराला में भी आप, या परवर्ती लोगों में भी निरन्तर एक चिन्ता दिखायी पड़ती है कि हम अपने संस्कारों को परिवर्तन के साथ-साथ उनमें जो सबको सँजो कर रखने की चीज़ है उसको भी एक महत्त्वपूर्ण रूप दें और इस प्रकार से हम अपने दायित्व का, एक-एक दायित्व का निर्वाह करें ताकि हमारी राष्ट्रीयता खण्डित न होने पाये। संस्कृति की कोई ऐसी परिभाषा न गुणीभूत होने दे जिसके कारण विभिन्न अंग एक दूसरे से अपरिचित हो जायें और इतने अपरिचित हो जायें कि इनके सोने का ढंग अलग, मेरे सोने का ढंग अलग, इनके जागने का ढंग अलग, मेरे जागने का ढंग अलग, इनके रोने का ढंग अलग, मेरे रोने का ढंग अलग। तो यह जो अपने देश की संस्कृति में सँजोना कहते हैं—ये कभी-कभी ऐसा लगता है कि जब बहुत अतिरिक्त चिन्ता का विषय हो जाता है तो केवल जैसा मैंने कहा 'जस-का-तस' बनाये रखने—इसकी ओर बढ़ता है। तो परिवर्तन जो चाहते हैं उससे लगता है कि यह समाज को जोड़े रहने वाले जो मूल्य हैं इनकी चर्चा वही लोग करते हैं जो वस्तुतः समाज को बदलने नहीं देते। एक हद तक किन्हीं-किन्हीं ऐतिहासिक स्थितियों से। और आज 1982 में मुझे बहुत प्रसन्नता होती अगर मैं यह कह देता कि अब वह आवश्यक नहीं रह गया। अब वह हो गया है कि अब उस पर आग्रह की ज़रूरत नहीं है। लेकिन मुझे ऐसा लगता है कि अभी भी हम झंझट में हैं। मूल्यों के संक्रमण में हैं जिसमें समाज को जोड़े रहने की प्रवृत्ति वह भी हमारी भावना का उतना ही अंग है और समाज को जोड़े रहने के लिए हमें अपने जो परम्परागत सांस्कृतिक मूल्य हैं इन सांस्कृतिक मूल्यों का निरन्तर नया-नया आवाहन करने की ज़रूरत है। यह हम नहीं कर पायेंगे कि जितने सूत्र समाज को जोड़ने के लिए, बहुत-से ऊपर से नीचे वाला जुड़े बगल-बगल वाले जुड़ें अगर हम यह कहें कि किसी स्तर पर जो कोई भी संस्कृति हो—सामन्ती संस्कृति तो सामन्ती संस्कृति का एक स्वरूप होता है कि वह राजा है और वह प्रजा है—प्रजा का अर्थ होता है सबसे दुर्बल और ग़रीब। इन मूल्यों के कारण वे समझते हैं कि हम दोनों एक हैं। यह चित्तौड़ का राजा है और मैं चित्तौड़ का चमार हूँ। लेकिन हम दोनों इस चित्तौड़ के आदमी हैं या इस देश के हैं। उस प्रकार की संस्कृति—उस प्रकार के मूल्यों का समुच्चय बहुत-सी सामन्ती प्रवृत्तियाँ बनाती हैं। जब नीचे का आदमी यह सोचने लगता है कि राजा और मेरे अन्दर कॉमन प्वाइंट क्या है? अब तो मैं इस राजा को हटाना चाहता हूँ तब वह जो पहले जोड़ने वाली परिस्थिति थी वह आड़े आती है—अरे तुममें और राजा में लड़ाई क्यों हो। देखो तुम भी उसी शिव को मानते हो यह भी उसी

शिव को मानता है—दोनों शिव के पुजारी हैं। अगर तुमने लड़ाई की तो ऐसा न हो कि शिव की जगह कोई और देवता यहाँ पूजा जाने लगे—यह डरवाता है। लेकिन जब आग्रह अधिक बढ़ता है तो वह कहता है शिव गये भाड़ में हम तो इस राजा को हटा देंगे। इतना कह देता है कि शिव तो गये भाड़ में!! तब ख़तरा लगता है कि अगर शिव भाड़ में चले जायेंगे तो यह समाज समाप्त हो जायेगा।

आज हम ऐसे ही संक्रमण से गुज़र रहे हैं। ऐसी स्थिति में आप ज़रा इस पर सोचें कि बांग्ला देश और पाकिस्तान अभी ये दो हिन्दुस्तान और पाकिस्तान बने। लेकिन बांग्ला देश और पाकिस्तान जब से टूटा तो उसमें बहुत एक विचित्र प्रश्न था। उस समय जब मुजीबुर्रहमान घूम रहे थे तो बहुत-से झगड़ों के अलावा यह भी एक झगड़ा था कि बांग्लादेश में प्रमुखता इकबाल को दी जायेगी या रवीन्द्रनाथ ठाकुर को या रवीन्द्रनाथ ठाकुर को छोड़ दीजिए—नजरुल इस्लाम को। इनके बाद बंगाल में ये दो कवि नजरुल इस्लाम और रवीन्द्रनाथ ठाकुर और जो संस्कृति उधर की आ रही थी लाहौर से वह विश्वविद्यालयों में कॉलेजों में और छोटी प्राइमरी कक्षाओं में भी—सब में इकबाल। तो जो उत्तेजना के बहुत-से कारण थे उसमें से एक यह भी था कि हमारे ऊपर इकबाल क्यों लादे जा रहे हैं? अब आप—मैं इसलिए कह रहा हूँ कि आपके-हमारे देखते-देखते—मैं फ़िलहाल इस बहस में नहीं जाना चाहता कि इकबाल बड़े कवि हैं कि नजरुल इस्लाम? लेकिन मैं बता रहा हूँ कि कभी-कभी तो इन चीज़ों को लेकर जिस प्रकार की उत्तेजनाएँ पैदा होती हैं वह वही अस्मिता अपने समाज को बाँधे रहने की क्षमता ही ये सारे सवाल लेकर खड़ी होती हैं। तो आज अगर हिन्दी का कोई इकबाल है, नजरुल इस्लाम है या रवीन्द्रनाथ ठाकुर है—तो निश्चय ही उसका एक दायित्व यह होगा कि वह इस ज़िम्मेदारी को भी निभाता रहे कि ऐसा न हो कि बाद में उसी का नाम ले करके तीन टुकड़े इस देश के हो जाएँ। और ऐसा नहीं है कि पाकिस्तान और बांग्लादेश को अलग हुए बहुत दिन हुए और ऐसा भी नहीं है कि हिन्दुस्तान के भी विभिन्न प्रान्तों में अभी भी तनाव न हो। मैं जानबूझकर 'नेशनल इंटीग्रेशन' शब्द का इस्तेमाल नहीं करता लेकिन चूँकि मैं जिस चीज़ की ओर ध्यान आपका दिलाना चाहता हूँ वह साहित्य के और संस्कृति के बहुत गहरे हैं। तो यह विकास भी है, परिवर्तन भी है। लेकिन एक उन्नति है यह हम आप सब जानते हैं।

अब मैं आता हूँ परिवर्तन पर। साहित्य—मैं जानता हूँ कि परिवर्तन का ज़िक्र करते ही एक बहस खड़ी होगी कि हरेक के अपने परिणाम हैं और अधिक-से-अधिक आदमी अपने थोड़े-बहुत अनुभव और विचार के साथ जो

परिणाम निकाले उसमें बहुत विनम्रतापूर्वक बात कहे और मैं उससे ज़्यादा कहने की कोशिश नहीं करूँगा। परिवर्तन हमारी सामाजिक चेतना का एक अंग है। यद्यपि ऐसा नहीं है कि विभिन्न समाजों में जो परिवर्तन हैं केवल सामाजिक चेतना के ही हैं। परिवर्तन के हैं, मूलाधार हैं और विचारक हैं। उन्होंने भी यह माना या उन्होंने ही इसकी ओर हमारा ध्यान दिलाया कि मनुष्य के जो प्रकृति से सम्बन्ध हैं ख़ासतौर से गहरे सम्बन्ध जिसको विज्ञान टेक्नोलॉजी बहुत है विज्ञान और टेक्नोलॉजी की जो चेतना है हमारे अन्दर—उसके परिवर्तन के कारण ही समाज में परिवर्तन आता है।

अगर हम कहें कि एक सिद्धान्त के अनुसार उत्पादन के साधनों में जब परिवर्तन होता है तो सामाजिक सम्बन्ध सामन्तवाद से बदलकर पूँजीवाद में परिवर्तित हो जाता है। तो इस प्रकार हम देखेंगे कि उत्पादन के साधनों को परिवर्तित करने का काम वह अपनी सामाजिक चेतना से करेगा या असामाजिक चेतना से या केवल न्यूटन की तरह एक सेब गिरता देखें और जेम्स वाट की तरह केतली का ढक्कन उछलता देखें और सोच लें कि इससे तो बड़ा भारी इंजन चल सकता है। लेकिन अगर हम यान्त्रिकी एक कारण मानें तो वैयक्तिक चेतना के तो परिवर्तन केवल सामाजिक चेतना में नहीं होते। दोनों के बड़े गहरे सम्बन्ध बनते हैं इसमें कोई सन्देह नहीं लेकिन दोनों एक ही चीज़ नहीं हैं। इसमें—बहरहाल परिवर्तन का एक रूप साहित्य में विशेषकर सामाजिक चेतना के रूप में आता है। वस्तुतः सन् 1950-60 के आसपास इन दोनों परिवर्तन की दोनों दिशाओं में इस प्रकार के घालमेल हुए। कैसे दोनों को किस स्तर पर कॉकटेल बनाया जाये, मिश्रण बनाया जाये इस पर काफ़ी बहसें हुईं। जो लोग अधिक वैज्ञानिक चेतना को ज़ोर दे रहे थे या विज्ञान को, वैज्ञानिक तो क्योंकि सामाजिक परिवर्तन वाले भी अपने को वैज्ञानिक कहेंगे। क्योंकि वैज्ञानिक शब्द ऐसा हो गया है कि सभी अपने को वैज्ञानिक कहते हैं तो मैं इस बहस में नहीं जाता हूँ। लेकिन विज्ञान टेक्नोलॉजी और विद्या इसमें परिवर्तन की क्षमता कितनी है और इसको लपेटकर के जो हमारे विचारों में अन्तर आ रहा है। ऐसे कुछ लोग हुए जिन्होंने कहा कि आधुनिकता एक ऐसा शब्द है जो इस सबको लपेट करके हमारी सामाजिक चेतना और विज्ञान के कारण जो हमारे विचारों में नये अन्तर आ रहे हैं यह सब। और इस शब्द से कुछ अस्पष्ट कुछ आधा झिलमिलाता हुआ आधा स्पष्ट और बहस करने के लिए और गोष्ठियाँ चलाने के लिए बाक़ी मसाला देता हुआ एक शब्द हवा में तैरता है—यह आधुनिकता जो है यह परिवर्तन का जो एक बहुत प्रमुख लोगों को लगा कि आधुनिकता में कुछ यह जो सामाजिक चेतना है

उसका अंश 20 प्रतिशत है और विज्ञान की चेतना का अस्सी प्रतिशत है। जो उनको लगा कि नहीं उल्टा होना चाहिए इसको 20 प्रतिशत होना चाहिए यह अस्सी प्रतिशत होना चाहिए।

अब यह मज़ाक़ की बात नहीं है। इसमें बड़े गम्भीरता से विचार वाले व्यक्ति थे। लेकिन मैं अपने ढंग से जैसा मैंने समझा कि कुछ बहसें इन कारणों से भी पैदा होती हैं और यह भी हमारे लिए विचार का एक ढंग है कि जितने प्रकार की शक्तियाँ हैं इस देश के बदलने में और शक्तियों से उन शक्तियों की पहचान से और उन शक्तियों से हमारे अनुभूति जगत् का सम्बन्ध।

लेकिन अगर एक प्रयोगवादी की बात हम कहें (हालाँकि प्रयोगवादी वह भी अपने को नहीं कहते) लेकिन जिनको कहा गया है प्रयोगवादी–कि आज के जीवन के दबाव में अभिव्यंजना का मार्ग आज के साहित्यकार को नहीं दिखता–ऐसा एक प्रमुख लेखक ने कहा। तो जब वे इस भाषा में परिवर्तन को, आज के जीवन को और कैसे वह बदल गया है और उसके हिसाब से कैसे बदला जाये–इन सब समस्याओं पर विचार करते-करते उन्होंने अपने दायित्व को प्रश्न के रूप में या एक चैलेंज- के रूप में एक चुनौती के रूप में लिया। कोई ज़रूरी है कि दायित्व ऐसे ही लेखक स्वीकार करें कि साहित्य में मेरा यह दायित्व है–एक, दो, तीन, चार। तो कभी-कभी तो इन प्रश्नों से लगता है कि जैसे इन चुनौतियों से दिखता है कि इनसे स्पष्ट होता है कि उनकी साहित्य दिशा क्या है? तो मान लीजिए एक व्यक्ति ने कहा कि आज के जीवन का दबाव इतने प्रकार का हो गया है उन दबावों के कारण कैसे हम अपनी बात कहेंगे समझ में नहीं आता। अब सामान्य भाषा में कहें तो यही अभिव्यंजना का मार्ग नहीं देख रहे हैं तो इस वाक्य का अर्थ क्या हुआ आज के दायित्व के सन्दर्भ में? इस वाक्य का अर्थ तो यही हुआ कि जीवन पर ऐसे बहुत-से दबाव पड़ रहे हैं जिन पर हमारा पूरा–हमारी समस्त सामाजिक चेतना जो हम अपने भीतर आत्मसात किये हैं–उन पर पूरा कंट्रोल नहीं है इसलिए हम टेक्नोलॉजी को या एक प्रकार से इनको भी यान्त्रिकी न कह करके समूचे भाव-जगत् और विचार-जगत् में जो उथल-पुथल, जो खलबली मच रही है उसके लिए मान लीजिए। हम एक उदाहरण दें–उन्होंने कहा तो ठीक है हमको कविता की भाषा बदलनी होगी और कविता के यन्त्र भी, तब जा करके यह कुछ काम की बात हुई कि–जैसे तबला बोल रहा है वैसे सितार भी बोले या जैसे सितार बोल रहा है उसी स्वर पर तबला भी। तब ज़रा ज़ोर बँधे। फिर उन्होंने ऐसा सिद्धान्त बनाया और उसको उन्होंने समझा कि हमारा बहुत बड़ा दायित्व है और इस

दायित्व को अगर हमने नहीं पूरा किया तो हम वस्तुतः न केवल कविता के प्रति अपना दायित्व भूल जायेंगे बल्कि एक प्रकार से समूचे युग-बोध के प्रति अपना दायित्व भूल जायेंगे। इसलिए हम भाषा बदल दें छायावादी भाषा नहीं बोलेंगे। हम उपमाएँ नहीं देंगे। हम जो रबर छन्द पहले थोड़ा इस्तेमाल होता था उसको हम कविता का प्रमुख रूप ही बना देंगे, वह अब हमारे लिए अपवाद नहीं रह जायेगा। निराला इत्यादि ने तो इसे अपवादस्वरूप माना। बाँधा बाद के पचास-साठ के कवियों ने। वहाँ अब अपवाद नहीं रह गया। अब तो छन्द गीत में लिखना अपवाद हो जायेगा। वस्तुतः संख्या कैसे दी है?

बीस-पच्चीस वर्ष बाद हो सकता है हम इस परिणाम पर पहुँचें कि इस समय जो बहुत-सी चीज़ें कही जा रही हैं इसमें यह भी लिखना ज़रूरी है कि इसमें बहुत-सा भ्रम है और बहुत-सा उसमें असत्य। उस समय भी जो साहित्य-चेतना वाले थे अब मुझे स्मरण है इसी दायित्व के सवाल को ले करके कुछ हमारे प्राचीन आचार्य थे तो वे समझते थे कि ये सब तो चौका ही भ्रष्ट किये दे रहे हैं। वस्तुतः न छन्द है, न तुक, न सुन्दर शब्दावली। उस प्रकार की छायावादी प्रकार की एक-दो नयी कविता वाले, प्रयोगवाद वाले जागरूक ज़रूर हैं पर चौका भ्रष्ट किये दे रहे हैं—तो कुछ लोग इस वजह से समझते थे कि ग़लत हो रहा है। कुछ लोग समझते थे कि कहाँ ग़रीब आदमी मर रहा है। किसान मज़दूर का पसीना टपक रहा है। कहाँ इनको चिन्ता इस बात की पड़ी हुई है कि तुक रखते कि न रखते। ऐसे भी बहस करने वाले मिल जाते हैं कहेंगे कि इसमें तो फार्मलिज़्म है रूपवाद है—बहस है कि नहीं? ख़ैर यह तो केवल एक दार्शनिक प्रकार की मुक्ति का परिचायक है। मैं इस बहस में बहुत दूर तक नहीं जाना चाहता लेकिन जितना समझता हूँ मैं केवल रूपवाद नाम का क़ायल नहीं रहा। यह न है और न कभी होगा। क्योंकि जब हम गहरे विचार करते हैं तो रूप और वस्तु दोनों में वस्तुतः एक स्तर पर जाकर मतभद दिखायी देता है। अगर आप वही बात दूसरे ढंग से कहें तो उसका अर्थ दूसरा हो जायेगा और छन्द छोड़कर कहेंगे तो अर्थ दूसरा। इसको गहरे में ले जायें तो वस्तुतः रूपवाद की यही बहस थी। बहस हो जाती है यही रूपवाद की बहस। अब मैं इस बहस में बहुत दूर तक भी नहीं जाना चाहता। लेकिन इतना ज़रूर मैं चाहूँगा कि यदि साहित्य के भीतर-होने वाले परिवर्तनों को विशेषकर हिन्दी में—अच्छी तरह आत्मसात करें तो जब पन्त जी पल्लव में छायावादी कवि होकर रीतिकालीन कवियों पर आक्रमण करते हैं कि हर की लहर और क्या-क्या अलग भाषा है। पन्त जी ने वैसी भाषा फिर कभी लिखी नहीं, जैसी उन्होंने पल्लव की भूमिका में लिखी है। तो यह सब

भरा हुआ है उसमें। तो अगर आप ध्यानपूर्वक देखें तो किस पर आक्रमण हो रहा है? रूप ही पर तो आक्रमण कर रहे हैं कि ये सवैया, दोहा और सभी प्रकार के रूप और उसकी जो उपमाएँ ये सब ऐसी हैं कि ये सब निरर्थक हैं। इसको छोड़ दिया जाये। ऊपरी स्तर पर लगता है केवल फार्म की बहस है कि कविता अब घनाक्षरी में लिखी जानी चाहिए। उस घनाक्षरी के जो उपमान हैं उन उपमानों के रखने का ढंग जो है सो है। लेकिन आज बिल्कुल स्पष्ट दिख रहा है कि केवल इन्हीं चीज़ों की बहस नहीं थी, बहस और गहरे थी। कहना उनको क्या है—बहस इसकी भी थी और उसमें भी बहुत परतें थीं। एक बात मैं बता दूँ कि परिवर्तन इन दोनों चेतना के स्तरों पर है। एक दूसरे को इतना प्रभावित कर देते हैं कि केवल इसी चीज़ को रूपवाद कह करके हटा नहीं सकते। मेरे विनम्र विचार में ऐसा वही व्यक्ति करेगा जो—कविता ढोल है। टेक्सटाइल के कारखाने में कपड़ा बनता है। एक में सौ बरस पहले की मशीन लगी है और एक में आज के युग की मशीन। और हम कहें यह तो रूपवाद की बहस है असली चीज़ तो कपड़ा निकालना है। कपड़ा तो दो प्रकार से बनता है। लेकिन टेक्नोलॉजी यान्त्रिकी क्यों बराबर नहीं होती और जो देश इस टेक्नोलॉजी में यह कहकर पिछड़ जायेगा या जो सामाजिक चेतना पिछड़ जायेगी कि बिजली पैदा करनी है चाहे हम एक बिजलीघर का जो फौवारादार उछाल कर पानी की बिजली बनती है इससे बनावें चाहे नये प्रकार के यन्त्रों से बनायें क्या फ़र्क़ पड़ता है? बिजली होनी चाहिए। तो फिर उस समाज के अन्दर जो गति है जो डायनेमिक्स (Dynamics) है वह गति बहुत ही अधूरी है। इस प्रकार मैं निवेदन करना चाहता हूँ कि ज़रूर कुल मिलाकर ही हम इसका विश्लेषण भी कर सकते हैं कि वस्तुतः यह मिथ (myth) कॉनफ़्लिक्ट (Conflict) कहाँ मिलता है। और तब यह अन्त में एक चीज़ और साहित्यिक चेतना के अगर हम वाल्मीकि से आज तक देखें तो चार स्तर एक तो जिसको मैं कहूँ वैश्विक चेतना (Cosmic Consciousness)। यहाँ हिन्दी साहित्य सम्मेलन में अंग्रेज़ी नहीं बोलनी चाहिए लेकिन अंग्रेज़ी का अध्यापक होने के नाते खिड़की दिखाई पड़ जाती है तो वैश्विक चेतना एक हमको सम्पूर्णता का एक तत्त्व यह दिखता है—ऐसा नहीं है कि साहित्य इस चेतना के चक्कर में नहीं पड़ा है। अब तक तो ऐसा लगता है कि इस चेतना का सबसे ज़्यादा किसी पर असर मिलेगा तो वह है साहित्यकार। राजनीति पर सूक्ष्म दार्शनिकों पर भी मिलती है लेकिन जब दार्शनिकों ने लगभग ब्रह्माण्डव्यापी चेतना पर चर्चा करना बन्द कर दिया इस बीसवीं शताब्दी में—तब यह तो साहित्य का काम है। तब भी जो विटिगिन्स्टाइन के साथ साहित्य में बगल में बैठा हुआ लेखक है वह ब्रह्माण्ड चेतना का शिकार है

और इसलिए मैं कह रहा हूँ कि चेतना शब्द मैं केवल चिन्तन नहीं मानता। अनुभूति की समस्त व्याप्ति दिखाई देती है। केवल विचार नहीं—जिसको अंग्रेज़ी में कहते हैं—या जर्मन में—वेल्टानशाऊंग (Weltanschawung) विश्व दृष्टि। वह सब मैं इस चेतना के ज़रिये से निकाल सकता हूँ। तो एक तो पूरे ब्रह्माण्ड से समस्त जगत् से हमारे सम्बन्ध हैं। उससे दूसरे स्तर पर एक और चेतना का उद्‌भव अधिक जागरूक रूप में योरोप में पन्द्रहवीं शताब्दी के आसपास हुआ। मानवता मात्र को—जिसमें सम्पूर्ण जगत् को हम केन्द्र में न स्थापित करें, मानवता की अवधारणा करें, जिसको बाद में मानवतावाद (Humanism) कहा। इसको मैं एक दूसरा स्तर गिनाये दे रहा हूँ। तीसरा स्तर है जिसको किसी अन्य अच्छे नाम के अभाव में पारिवारिक सम्बन्ध कहूँगा। परिवार—अब मैं वह भी रूप मानता हूँ जब एक रोमाण्टिक कवि केवल अपनी प्रेयसी के नाम प्रेमगीत लिखता है, ध्यानपूर्वक देखिए तो केवल यही चाहता है कि तू एक गीत हो जा जिसे गाता रहूँ तो यह कोई झूठा नहीं। यह एक छोटे मूल्य का है चाहे वह स्वरूप एकदम निजी प्रेम के रूप में व्यक्त होता है—ऐसी कहानियों में व्यक्त होता है जैसे प्रसाद की कहानियाँ—ऐसे नाटकों में व्यक्त होता है जैसे मोहन राकेश का नाटक 'अण्डे के छिलके' जिसमें माँ है, बेटा है, भाभी है, देवरानी है, जेठानी है—बहुत तरह के लोग हैं। उसका एक स्वरूप परिवार है तो निश्चय ही स्त्री-पुरुष का सम्बन्ध है—जिस पर साहित्य खड़ा है—जिस पर अभी तक निन्यानबे प्रतिशत कविता—जो कुल मिलाकर साहित्य में लिखी जाती है। अगर हम केवल मोटा-मोटा देखेंगे, जैसा कि मैं बाद में कहूँ ये चारों स्तर—वस्तुतः ऐसा नहीं होता है कि एक स्तर अगर ध्वनित होता है तो दूसरे स्तर ध्वनित न हों। और चौथा स्तर वह है जो आप सम्पूर्ण जाति या जिसको बोलें अपनी जाति-जाति से अर्थ समाज, राष्ट्र और वह भी हम मनुष्य जाति को ही मनुष्य जाति एक ही मान लें तो जाति (Humanism) सामाजिकता—ये दोनों शब्द एक ही के पर्याय हो जायेंगे। लेकिन क्योंकि हम विभिन्न कारणों से समस्त मानवता को एक इकाई कहें और अपनी समाज नामक वस्तु को एक अलग इकाई तो इसलिए मानवता या मानवीयता के बारे में भी चर्चा करते समय इन इकाइयों के भीतर से निकल करके ये जो बोल रहा है। लेकिन कुछ कारण हैं आख़िरकार यह कोई बौद्धिक विपन्नता नहीं है कि इलाहाबाद में बैठ करके हमारी प्रमुख चिन्ता यह है कि हिन्दी साहित्य में क्या लिखा जा रहा है। हो सकता है संसार में बहुत-कुछ लिखा जा रहा है लेकिन प्रथम चिन्ता है कि हिन्दी साहित्य में क्या लिखा जा रहा है और रूस में रहने वाले को प्रथम चिन्ता यह होगी कि रूसी में क्या लिखा जा रहा है—

लगे हाथ वह यह भी जानना चाहेगा कि हिन्दी वाले क्या लिख रहे हैं। लेकिन पूरे समाज का दबाव जो है वह इस पर पड़ेगा कि उस भाषा और उस पूरे देश में जिसमें मैं हूँ—मैं रूस में भी हूँ। अगर सत्रह भाषाएँ बोली जाती हैं तो जो कि उस समाज का अंग है उसके लिए यह नितान्त स्वाभाविक है कि वह यही जानना चाहेगा। सबसे पहले यह जानना चाहे कि हमारे उस भाषा अंश में क्या लिखा जा रहा है जिसके हम अंग हैं और उसके प्रति उसकी जो चेतना होगी मैं चाहे जितना भी कहूँ कि शेक्सपीयर को महान् मानते हो लेकिन मैं इसी निवेदन के साथ कि यदि हम मान लें सूरदास इतने बड़े कवि नहीं हैं जितने शेक्सपीयर। लेकिन सूरदास का गायन पढ़ते समय, उनकी कविता पढ़ते समय बहुत तरह की अनुभूतियाँ मुझे जो जोड़ देती हैं वो शेक्सपीयर के साथ कभी नहीं होता। कारण यह है कि मेरे गाँव का कवि मेरा अपना है। अब यह समाज की सीमारेखा मेरी क्या है? केवल इलाहाबाद मेरा समाज है, केवल विन्ध्याचल' के उत्तर वाला मेरा समाज है हिन्दीभाषी प्रदेश हमारा समाज है या सारा भारतवर्ष हमारा समाज है या पाकिस्तान भी हमारे समाज में आता है। बांग्ला देश भी हमारे समाज में आता है। राजनीति, समाजनीति बहुत-सी चीज़ें इस पर दबाव डालकर निर्णय करती हैं। इस बहस में कल-परसों आप सुनेंगे। लेकिन ये चार स्तर हैं। अगर हम ध्यानपूर्वक देखें तो इसे हम—

1. सामाजिक चेतना।
2. पारिवारिक चेतना।
3. मानवीय चेतना।
4. ब्रह्माण्डव्यापी चेतना।

इन चार स्तरों पर एक साथ लेखक का दायित्व बनता है। बेशक कभी कुछ कम, कभी कुछ ज़्यादा। कभी कोई चेतना प्रमुख है, कभी कोई चेतना प्रमुख है। इस पर विचार अवश्य होना चाहिए कि क्यों यह चेतना प्रमुख पड़ी है। क्यों यह धुँधली? क्यों होनी चाहिए? इस पर भी विचार करना ज़रूरी है। लेकिन कोई यदि हमसे यह कहना चाहे कि महान् परिवर्तन करने के लिए भी साहित्य इन चारों में से एक ही चेतना को स्वीकार करेगा। जैसा कि हिन्दी में एक समय में कहा जाता था कि प्रेमगीत या प्रेम कहानी जिसने लिखी, वह तो 'रियक्शनरी' हुआ। जब हमने अपनी अल्पमति के अनुसार जायसी के पद्मावत पर मनन करना शुरू किया तो बहुत-से लोगों को लगा कि कहाँ साही जी, कहाँ अच्छी-अच्छी बातें आधुनिक साहित्य की किया करते थे! कहाँ अब भटक रहे हैं!! लेकिन मुझे ऐसा लगता है कि जायसी में जितना परिवार या प्रेम का सम्बन्ध आया है,

एक ही साथ ब्रह्माण्ड, सामाजिक चेतना, पारिवारिक चेतना और मानवीय चेतना—चारों को ध्वनित किया है। कैसे वह मुरब्बा बनाया? वह उनका मुरब्बा है। हो सकता है कि मैं कविता लिखने चलूँ तो वैसा मुरब्बा न बने। लेकिन इतना तो सीखूँगा ही इन आचार्यों से कि देखो कैसा बनाया है। मसाला कौन-कौन-सा डाला है। और देखो हमने एक बनाया नौ रतन की चटनी। तुम नौ रतन की न बनाना चाहो, आठ रतन की बनाओ। लेकिन सीखो तो हमसे कि बनती कैसे है? तो इसलिए मैं कहूँगा कि अगर वे एक ही इसमें से पकड़ लें तो मेरे हिसाब से परिवर्तन की दिशा भी हमारे हाथ से छूट जायेगी। और साहित्यकार शायद वह दायित्व भी पूरा नहीं कर पायेगा। अगर इनमें से एक ही पकड़ेगा—केवल ब्रह्माण्ड चेतना पकड़ेगा तो बाबा लोगों का चेला हो जायेगा। केवल प्रेम वाली पकड़ेगा तो सिनेमा का गीतकार हो जायेगा। अगर केवल समाज चेतना पकड़ेगा तो किसी-न-किसी पार्टी का समर्थक हो जायेगा और उसमें यह क्षमता ही नहीं रह जायेगी कि चारों चेतनाएँ जब एक साथ ध्वनित होती हैं तो मूल्यों में, और समस्त समाज के मूल्यों की लार्ज जो दूरगामी प्रतिफल देने वाली है, मनुष्य के निर्माण में, उनको ध्यान में रखता हुआ आज जो हम कर रहे हैं, इस पर निरन्तर प्रश्नचिह्न लगता रहे। यह दायित्व लेखक नहीं पूरा कर पाते। जैसा कि रूस के प्रमुख आलोचक ज़दानोव ने एक समय कहा कि, “साहित्यकार का दायित्व केवल इतना है कि कम्युनिस्ट पार्टी के नेतृत्व में, रूस में जो महान् निर्माण का कार्य हो रहा है, उसके बगल में खड़ा होकर कहे—बहुत ठीक। बहुत ठीक। बेशक बहुत ठीक—इससे अधिक उसका दायित्व नहीं है।” यह उनके शब्द हैं। यह ज़दानोव ने बेशक कहे, उसका सन्दर्भ भी बता दूँ। आई एम सॉरी यह ज़दानोव नहीं। मैं ग़लत बोल रहा हूँ। जोजफ़ रेवाई ज़दानोव को कोट (quote) करते हुए। जोजफ़ रेवाई हंगरी के कम्युनिस्ट नेता थे और वे आक्रमण कर रहे थे हंगरी के ही एक मार्क्सवादी समीक्षक लूकाच पर। लूकाच ने कुछ दायित्व लेखक का ऐसा दूर तक का बनाया था कि जैसे लेखक की कुछ अतिरिक्त ज़िम्मेदारियाँ हैं समाज के बारे में, मानवता के बारे में जो वह निभाता है और इससे उसके भीतर बहुत-सी चीज़ों के बारे में प्रश्न करने का एक सहज अधिकार पैदा होता है। इसका घोर खण्डन करते हुए कि प्रश्नचिह्न का अधिकार तुमको नहीं है। व्यवहार नहीं यह सिद्धान्त है। मार्क्सवाद केवल इतना सिखाता है कि कम्युनिस्ट पार्टी के नेतृत्व में जो महान् अभियान चल रहा है, उसके बारे में तुम केवल एक बात कह सकते हो—बहुत ठीक। बहुत ठीक। हो सकता है कि कम्युनिस्ट पार्टी के नेतृत्व में वहाँ जो अभियान चल रहे हों, सचमुच बहुत ठीक हों। लेकिन मैं इस अधिकार

का इस्तेमाल करते हुए कि बहुत ठीक है, यही कहूँगा कि मेरे दोनों अधिकार, चाहता तो कहता कि ग़लत कर रहे हो और चाहता तो कहता कि बहुत ठीक। मैं दोनों को डिज़र्व करता हूँ। जब मुझको लगेगा कि ठीक है, तो ठीक कहूँगा। जब मुझको लगेगा कि ग़लत है तो ग़लत कहूँगा। यह अधिकार—यह दायित्व—मेरे अन्दर कैसे पैदा होता है, मुझे पता चलेगा। यह केवल एक पार्टी की बात नहीं है। यह चरण सिंह पर भी उसी तरह लागू है, जिस तरह इन्दिरा गाँधी पर लागू है। यह केवल ज्योति बसु पर ही लागू नहीं है या यह केवल राजेश्वर राव पर ही नहीं लागू है। राजेश्वर राव की बुद्धि बहुत अच्छी हो लेकिन मैं भी कुछ कम नहीं हूँ। प्रश्नचिह्न तो लगा ही सकता हूँ। और मैं कम क्यों नहीं? इसलिए नहीं कि मैं अपने को कोई तीस मार खाँ समझता हूँ। मैं कवि हूँ, लेखक हूँ, इसीलिए कि मैं चारों अन्तर्ध्वनियों के मुरब्बे को पहचानता हूँ। जबकि तुम परिभाषा से इन चारों अन्तर्ध्वनियों के मुरब्बे को जब निगाह से ओझल करोगे, तब केवल एक क़दम देखोगे। चूँकि मैं ब्रह्माण्ड को भी देख रहा हूँ। मेरे एक वाक्य में, शेली, अगर एक वाक्य भी बोलता है। जैसा शेली कहता है—आप लोगों ने शायद वह कविता ज़रूर पढ़ी होगी कि—"मैं भी तेरी तरह उन्मुक्त था और ज़िन्दगी की इस मार ने तेरी ही तरह—वन मोर, टेमलेस एण्ड प्राउड—तेरी तरह के एक टेमलेस और प्राउड व्यक्ति को आज ज़ंजीरों ने बाँध लिया।" ऐसा शेली का वाक्य है न? बहुत ही रोमांचकारी पंक्तियाँ हैं—'वन मोर लाइक दी टेमलेस एण्ड स्विफ़्ट एण्ड प्राउड' अपने बारे में कहता है। और अपनी समता भिड़ाता है उस तूफ़ान से, जो समुद्र से उठा है—उठता है, और आकाश तक फैल गया है। यह कवि अपने सामाजिक बन्धन और उससे उत्पन्न जो तड़प है, उसे ब्रह्माण्डगत अनुभव के साथ मिलाता है। ऐसा मिलाता है कि शेली जैसे कवि की कॉस्मिक चेतना, कहाँ ख़त्म होती है, सामाजिक चेतना कहाँ शुरू होती है, यह अन्तर पता नहीं चलता। आप में से बहुतेरों ने अगर गोर्की की कहानियाँ पढ़ी हैं तो गाँव का चित्र है और एकदम रात है, सितारे हैं, नदी हैं, वो मिल जाता है। उसी प्रकार मिल जाता है जिस प्रकार जायसी में जहाँ वे, जब वह (जायसी) समुद्र का वर्णन करता है, तो कहता है—ऐसी लहरें आ रही हैं, जैसे लगता है, समुद्र खड़ा हो रहा है और उस सन्दर्भ में एक नितान्त व्यक्तिगत तड़प रतनसेन के भीतर कि हाय! पद्मिनी कैसे मिलेगी? लेकिन यह खड़ा होता हुआ समुद्र और भीतर की तड़प—लगता है कि ये दोनों एक ही भावनात्मक अनुभूति के उछाल को बाँधने वाले दो धुरे हैं। इनमें से इसको तोड़ दीजिएगा तो भी वह बात नहीं पैदा होगी, उसको तोड़ दीजिएगा तब भी।

हज़ार तरीक़े से जैसे तुलसीदास जी कहते हैं, सूरदास जी कहते हैं—जैसे कृष्ण बैठकर खाना खा रहे हैं, कुछ जूठा गिराते हैं, कुछ बच्चों को खिला रहे हैं कुछ अपनी माँ को खिला रहे हैं कुछ गन्दा भी कर रहे हैं। सूरदास जी इसको देखते हैं और अपने भाग्य को सराहते हैं। या सूरदास इसको देखते हैं और जूठा माँगते हैं। एक पंक्ति अन्त में आती है और यह नितान्त निजी छोटा-सा व्यक्तिगत परिवारिक चित्र है। एकदम से कॉस्मिक हो जाता है। वह गति कैसे बनती है? यह साहित्य का बहुत बड़ा दायित्व है। और ऐसा नहीं कि यह दायित्व परिवर्तन के विरुद्ध पड़ता है। यह परिवर्तन को आवश्यक गम्भीरता देता है और समाज के अन्तिम लक्ष्यों के साथ निरन्तर हमारे परिवर्तन की गति को जोड़ता है।

(25 सितम्बर, 1982 को दिये गये व्याख्यान का प्रकाशित रूप)
साहित्य और साहित्यकार का दायित्व से

सलीक़े से क़िस्सा कहने की दुर्लभ कला : 'अलग अलग वैतरणी'

इधर अरसे से यह मानने की हवा रही कि गाँवों को लेकर कथा रचना एक तरह का पिछड़ापन है, आधुनिकता से वंचित होना है। मैं कभी भी इस शब्द 'आधुनिकता' के प्रति बहुत उत्साहित नहीं रहा। लेकिन जब आधुनिकता के लक्षण उँगलियों पर गिनाये जाने लगें, तब यह और भी ज़रूरी हो जाता है कि यह सवाल पूछा जाये कि आधुनिकता भी एक तरह की साहित्यिक रीतिबद्धता तो नहीं होती जा रही है?

उदाहरण के लिए कुछ बरस पहले गाँव बनाम महानगर का विवाद चला। मान्यता कुछ इस तरह बनायी गयी कि गाँव से ज़्यादा आधुनिक क़स्बे के बारे में लिखना है, क़स्बे से ज़्यादा नगर के बारे में, नगर से ज़्यादा महानगर के—और शायद हिन्दुस्तानी महानगर से भी ज़्यादा योरोप या अमेरिका के महानगर के बारे में।

यह बहस ज़्यादातर कथा साहित्य को लेकर चली। कविता में महानगर का एक झोंका आया, लेकिन इस झोंके ने उतनी साफ़ परिपाटियाँ नहीं बनायीं। कथा साहित्य में भी कहानी में ही ज़्यादा शोर मचा। जितनी तन्मयता लोगों ने कहानी लिखने और कहानियों के बारे में बड़ी-बड़ी घोषणाएँ करने में लगायी, उतनी उपन्यासों में नहीं। पिछले बीस वर्षों पर निगाह डालने से उपन्यासों का रक़बा काफ़ी खाली-खाली सा लगता है। जो कुछ उपन्यास हैं भी, वे ऐसे नहीं हैं, जिन्हें केन्द्र में रखकर आन्दोलन का शोर मच सके। उतना भी नहीं, जितना कुछ और पहले आंचलिक उपन्यासों को लेकर मचा था।

इतना तो दिखता है कि कहानियों की दुनिया में उलटफेर काफ़ी हुआ। मगर आश्चर्य की बात यह है कि यह सिरे से बदला हुआ यथार्थ कहानियों में ही व्यक्त होता रहा। इसमें उपन्यास के क्षेत्र में वैसी ही हलचल पैदा करने की क्षमता नहीं थी।

कहानी को लेकर तेज़ घोषणा-पत्र लिखे गये या लेख लिखे गये, जिनका लहजा घोषणा-पत्रों सरीखा था। नतीजे निकाले गये जैसे पूरा युग-यथार्थ सिरे से बदल गया। घोषणाओं का स्वर कुछ ऐसा था कि युगबोध-सम्बन्धी ये नतीजे अगर कहानियों पर लागू होते हैं, तो उपन्यासों पर भी। नयी कहानी तो चमत्कारी ढंग से स्थापित हुई, नया उपन्यास नहीं जन्मा।

कहानी और उपन्यास की इन भिन्न गतियों को देखकर क्या नतीजे निकाले जा सकते हैं? लेखकों द्वारा दिये गये युग-परिवर्तन सम्बन्धी घोषणा-पत्रों से सिर्फ़ इतना नतीजा निकलता है कि कुछ लेखकों को घोषणा-पत्रों की भाषा में बोलने की ज़रूरत महसूस होती है। आलोचक के लिए घोषणा-पत्र कच्चे माल की ही तरह है, युग-परिवर्तन के प्रामाणिक संकेत नहीं। कोई-ज़रूरी नहीं है कि युग वैसा ही हो जैसा घोषणा-पत्र में कहा गया है या कृतिकार मानस का रिश्ता युग से उसी तरह जुड़ता हो जिस तरह बताया गया है।

कहानियों का इस तरह बहस के केन्द्र में आ जाना गोया साहित्यिक कृतित्व का पूरा दारोमदार, बल्कि युग की परिभाषा उन्हीं पर निर्भर हो, कुछ उसी तरह असन्तुलित लगता है, जैसे एकांकियों की बाढ़ के साथ घोषित कर दिया जाये कि नाटक का कायाकल्प हो गया है, जबकि वास्तविक बड़े नाटक न लिखे जायें। इस तरह के आन्दोलन में एक क्षीणता, एक तरह का सतहीपन वर्तमान रहेगा, जो कभी-न-कभी खटकेगा। कहानियों के नाम पर तथाकथित आधुनिक कथादृष्टि की परिभाषा के साथ यह सवाल हमेशा बना रहेगा, कि यदि यह कथादृष्टि प्रामाणिक और अनिवार्य है तो उपन्यासों तक आती-आती क्यों सूख जाती है। या तो उपन्यास रचती नहीं, या रचती भी है तो कमज़ोर, खपाचियों से जोड़े हुए, दिमाग़ पर हावी होने में असमर्थ।

शायद इसी तरह की उलझन से उकताकर डॉक्टर रामस्वरूप चतुर्वेदी ने कहानी आन्दोलन के पूरे उभार पर यह कहा कि कहानी कलात्मक विधा है ही नहीं। मैं इतनी दूर तक तो नहीं जा सकता, क्योंकि इतना कहते ही दिमाग़ में बहुत से उदाहरण मँडराने लगते हैं, लेकिन इतना तो ज़रूर लगता कि कहीं-न-कहीं कथाकार होने का दावा करने वाले के लिए, उपन्यास की कसौटी पर चढ़ना ज़रूरी है। ख़ासतौर से तब, जब दावा लम्बे-चौड़े इन्क़लाब से जुड़ा हुआ हो। गम्भीर आलोचना में उपन्यास के मुक़ाबले में कहानी का अध्याय निश्चय ही छोटा होगा।

अगर उपन्यास और कहानी की दुनियाएँ अलग-अलग हों तो ज़्यादा प्रामाणिक उपन्यास की ही दुनिया को मानना होगा। इस दृष्टि से देखने पर कहानी की

रफ़्तार उपन्यास पर प्रश्नचिह्न नहीं लगाती, बल्कि उपन्यास की मन्थर गति कहानी के तमाम कुहराम पर प्रश्नचिह्न लगाती दिखती है।

बहुत कुछ इसी प्रश्नचिह्नित मनःस्थिति में मैंने श्री शिवप्रसाद सिंह के उपन्यास 'अलग-अलग वैतरणी' को पढ़ा। काफ़ी अरसा पहले श्री नरेश मेहता का उपन्यास 'यह पथ बन्धु था' पढ़ा था। उसकी याद आयी। 'वैतरणी' नाम से ही प्रेमचन्द के 'गोदान' की याद आयी। पता नहीं 'वैतरणी' नाम रखते समय ही शिवप्रसाद सिंह को 'गोदान' के प्रतीक की याद थी या नहीं। दोनों प्रतीकों में कितना साम्य है! उपन्यास पढ़े जाने के बाद इन दोनों उपन्यासों में प्रतीकों का रिश्ता भी दिखने लगा। प्रेमचन्द का होरी भी वैतरणी में ऊभ-चूभ कर रहा है। लेकिन उसे आशा है, संस्कारों के रस में भीगे हुए कल्पित गोदान की, जिसकी गऊ की पूँछ शायद वैतरणी को पार कराने में मदद कर दे। श्री शिवप्रसाद सिंह के उपन्यासों में संस्कारों की गऊ न जाने कहाँ खो गयी है, शेष सिर्फ़ वैतरणी ही वैतरणी है, जिसमें सब ऊभ-चूभ कर रहे हैं। इस वैतरणी को पार नहीं किया जा सकता, सिर्फ़ इससे भागकर जाया जा सकता है, ग़ाज़ीपुर में डिग्री कॉलेज की अध्यापकी करने के लिए।

श्री नरेश मेहता के उपन्यास 'यह पथ बन्धु था' की याद आयी, इसलिए कि उसमें भी वैतरणी की तलाश है। उसका नायक भी गाँव की वैतरणी से भागता है, लगभग उसी ललक से जिस तरह करैता ग्राम से विपिन भागता है, या यों कहिए पढ़ाई और तक़दीर के सहारे छूटकर जाता है। लेकिन श्री नरेश मेहता का नायक उपन्यास के बीच में ही निकलता है। नागपुर, फिर बनारस। लेकिन वैतरणी फिर भी पीछा नहीं छोड़ती। कथा चलती रहती है। एक के बाद दूसरी वैतरणी। स्वर्ग कहाँ है? लेकिन 'यह पथ बन्धु था' की वैतरणी बनाम स्वर्ग का नाटक बड़े क्षेत्र में फैला हुआ है, काला, सफ़ेद इतना उजागर नहीं है। उसमें अक्सर ऐसी जगहें हैं, जो न स्वर्ग हैं, न वैतरणी, सिर्फ़ सपाट हैं, जैसे नाटक का एक दृश्य ख़त्म होने के बाद परदा देर तक गिरा रहे, फिर उठे और दूसरा दृश्य हो।

श्री शिवप्रसाद सिंह का उपन्यास शुरू किया तो अन्त तक पढ़ता गया। उपन्यास काफ़ी भारी-भरकम है, लगभग सात सौ पृष्ठों का। मगर बीच में सरसरी तौर पर सफ़हे पलटने की नौबत नहीं आयी। ऐसा अनुभव इधर कम हुआ था। श्री अमृतलाल नागर के बड़े-बड़े उपन्यासों में, जिनका बड़ा नाम है, बीच बीच में बहुत से पृष्ठ छोड़ने पड़े थे। किसी उपन्यास की प्रशंसा में इस एकतान सुथरेपन का ज़िक्र करना कोई बहुत बड़ी या ज़रूरी बात नहीं है। लेकिन बिना उलझे या उलझाये सात सौ पृष्ठों तक सलीक़े से क़िस्सा कह सकना जहाँ इतना अलभ्य हो

वहाँ यह सुथरापन भी मन को ख़ुश करता है। प्रेमचन्द के 'गोदान' पर आज तक लोग आरोप लगाते हैं कि उसके बहुत से हिस्सों की बुनावट कमज़ोर है। अज्ञेय का 'शेखर एक जीवनी' तो पूरा ही न हो सका। 'नदी के द्वीप' में भी, अपनी तमाम दुर्लभ अनुभूतिशीलता के बावजूद लगता है कि क़िस्सा ख़त्म कैसे हो, यह सवाल भारी सवाल बन गया है। मैं यह नहीं कहता कि बुनावट का सुथरापन बहुत बड़ा गुण है, लेकिन है। इसीलिए मुझे लगा कि मुझे उपन्यासकार के प्रति कृतज्ञ होना चाहिए। जेसे इबारत ख़ुशखत लिखी देखकर एक तरह का कलात्मक सुख मिलता है।

लेकिन इबारत पढ़ जाने के बाद यह सवाल ज़रूर दिमाग़ में फिर घूमने लगा—आज के जीवन की वैतरणी का पाट कितना चौड़ा है? क्या ग़ाज़ीपुर क़िस्से का अन्त है मान लीजिए, इस उपन्यास का एक दूसरा खण्ड हो, जहाँ विपिन ग़ाज़ीपुर डिग्री कॉलेज में नौकरी शुरू करता है। फिर क्या ग़ाज़ीपुर का डिग्री कॉलेज एक नयी वैतरणी या नये क़िस्म की अलग-अलग वैतरणियों की टकराहट नहीं होगा? उपन्यास का अन्त इन शब्दों के साथ होता है :

> उधर पश्चिमी छोर पर पेड़ों की पाँत में खोया गाँव का हाशिया, काजल की लकीर की तरह। बीच में ढलते सूरज की रोशनी में फैला है करैता का सिवान, कहीं हरियाली नहीं, कही जल नहीं, बिल्कुल वीरान, तेज़-बुखार में तपती उदास आँख की तरह...

इस तरह करैता गाँव का हाशिया है और उस हाशिये के बाहर ग़ाज़ीपुर की एक कल्पित दूसरी दुनिया जहाँ चार सौ रुपये माहवार की तनख़्वाह है, इतिहास की अध्यापकी है, और देख-रेख करने के लिए गाँव के एकमात्र सबके सगे मस्तमौला, ख़ुदाई ख़िदमतगार दयाल महराज हैं।

वैसे वैतरणी से ग़ाज़ीपुर को अलग करने के लिए श्री शिवप्रसाद सिंह ने हाशिया भी खींच दिया, और चार सौ रुपये की नौकरी का थोड़ा झूठ भी बोला, क्योंकि सब जानते हैं कि ग़ाज़ीपुर क्या उत्तर प्रदेश के किसी डिग्री कॉलेज में शुरू में चार सौ रुपये की नौकरी नहीं मिलती थी। मुझे झूठ पर एतराज़ नहीं है। हाशिये में किसी कुलबुलाती हुई वैतरणी पर एतराज़ है। मन में सवाल अटका रह जाता है। अभी कहानी आधी हुई है। एक खण्ड और होना चाहिए। फिर ग़ाज़ीपुर से भागकर वाराणसी, एक खण्ड और होना चाहिए। वाराणसी से दिल्ली—कहाँ तक वैतरणी का विस्तार है?

राही मासूम रज़ा के उपन्यास 'आधा गाँव' की याद इस उपन्यास के साथ आना स्वाभाविक है। दोनों ही गाँव के महाकाव्य की तरह लिखे गये हैं। गंगौली हो या करैता—वहीं लोगों का व्यक्ति से ज़्यादा रिश्ता होना—ज़मींदार,

हरवाहा, काश्तकार, पट्टीदार, फ़ौजदारियाँ, इमामबाड़ा या देवी थान, शादियाँ, बच्चों की पैदाइश, खेतों का पकना या जला दिया जाना, ज़मींदारी का टूटना, कुलीनों का पतन, राजनीति, छोटी जातियों का उठना, दारोग़ा, लूट-पाट, लड़कियों का जवान होना, भागना, नाजायज़ बच्चे पैदा करना, बलात्कार, तीज-त्योहार और इन सबके साथ पस्ती, गिरावट, उठने की बार-बार कोशिश करने के बावजूद एक तरह की लाजिमी पराजय और इन तमाम चलती हुई गतियों में फँसे हुए लोग, लोग अनगिनती लोग, जिनके नाम भी उपन्यास पढ़ते समय बार-बार भूल जाये। एक सपाट परदे पर तिलमिलाती हुई तस्वीरें, जिनमें तीसरा आयाम नहीं है, और यदि है तो वह तीसरा आयाम सबके लिए समान है—दूर-दूर तक फैला हुआ सीवान, तपती उदास आँख की तरह।

फिर भी दोनों उपन्यासों में फ़र्क़ है। राही मासूम रजा का उपन्यास एक गाँव या गाँव के सामाजिक अंश के, गंगोली के शिया सैयदों के सामाजिक दस्तावेज़ की तरह लिखा गया है। राही मासूम रज़ा के सामने एक मुक़दमा है, जिसे उन्हें साबित करना है। एक तस्वीर पेश करनी है। श्री शिवप्रसाद सिंह का उद्देश्य ज़्यादा जटिल है। उन्हें एक अन्वेषण-यात्रा करनी है। वह अन्वेषण है वैतरणी का। करैता भी सामाजिक दस्तावेज़ है, लेकिन यह एक रूपक के आवरण में लिपटी हुई है। श्री शिवप्रसाद सिंह की समस्या उन सभी उपन्यासकारों की समस्या है जो सामाजिक दस्तावेज़ के ज़रिये जीवन की परिभाषा तलाश करना चाहते हैं। एक तरह से इस समस्या का जन्म उपन्यास के साथ-साथ ही हुआ। क्या उपन्यास को सामाजिक दस्तावेज़ होना है या ज़िन्दगी का रूपक? और यदि इन दोनों लक्ष्यों में तनाव या टकराहट हो तो उपन्यास का क्या होगा? इस तनाव ने उपन्यास के रूप-विधान में बड़े-बड़े प्रयोगों की नींव डाली। सामाजिक दस्तावेज़ को कई बार उपन्यास से निकाल बाहर किया गया, लेकिन वह घूम-फिरकर बारम्बार उपन्यास में उपस्थित हो जाता है।

चूँकि राही मासूम रज़ा का उद्देश्य सरल है। इसलिए उनके उपन्यास का अन्त उतना असन्तोषप्रद नहीं लगता। जिस तरह झूले झुलाने वाली बड़ी चरखी की अनगिनत कुर्सियों के ऊपर तरह-तरह के लोग ऊपर से नीचे, नीचे से ऊपर चक्कर काटते हैं, उसी तरह तमाम तस्वीरें राही के उपन्यास में आधी पहचानी, आधी अनपहचानी आँखों के सामने से गुज़रती रहती हैं—फिर एक वक़्त आता है जब उपन्यासकार चरखी का चक्कर बन्द कर देता है, और कहता है—'इत्यादि, इत्यादि!' उपन्यास इसी 'इत्यादि, इत्यादि' पर ख़त्म हो जाता है। लोगों से घिरे हुए हकीम अली कबीर आख़िरी साँस लेते हैं।

कामिला चीख़-चीख़ कर रोने लगी,

ऐन उसी वक़्त फिद्दू आया और उसने फिस्सू मियाँ के कान में कहा, "जल्दी सेवर चलिए! सैदया के हाँ लड़का भवा है।"

फिस्सू मियाँ लाश पर एक निगाह डालकर चुपके से बाहर आ गये।

क़िस्सा गंगोली से शुरू होता है, गंगोली पर ख़त्म हो जाता है। और यह गंगोली ज्वार-भाटा से भरे हुए समुद्र की तरह, एक इकाई है, जिसमें मौत और पैदाइश की लहरें उठती-समाती रहती हैं। मगर समुद्र ख़ुद एक अव्यय की तरह क़ायम है। राही की कहानी का कोई तार्किक अन्त नहीं है। वह कहीं भी ख़त्म हो सकती है, आगे भी चल सकती है, इत्यादि की तरह। वह जिस अनन्तता को क़ायम रखना चाहते हैं, वह अनन्तता गणित के अंकों की अनन्तता है : 1 2, 3,...इत्यादि। यह अनन्तता अर्थ की अनन्तता नहीं है, इसीलिए उपन्यास के बाद यह नहीं लगता कि अभी आधी बात कही गयी है।

सामाजिक दस्तावेज़ पर रूपक आरोपित करना ख़तरे का काम है, यद्यपि हर महत्त्वाकांक्षी उपन्यास इस ख़तरे को उठाता है। 'अलग-अलग वैतरणी' का असन्तोषप्रद अन्त इस महत्त्वाकांक्षा के ही कारण होता है। छोटी-सी भूमिका में लेखक ने कहा है:

> "इस उपन्यास पर मैं कई बरसों से काम करता आ रहा हूँ कई बार काटा-पीटा और रद्दोबदल किया है। जानता हूँ यह अन्तिम रूप भी मेरे मन के करैता की सही 'तनक' को बाँठ नहीं पाया है।..."

यदि यही सृजनात्मक प्रेरणा इस उपन्यास की मूल भाषा है तो लेखक को 'आधा गाँव' की तरह हाशिये के भीतर ही रहना चाहिए था। अर्थ के अन्वेषण का प्रयास नहीं करना चाहिए था। उसे भूमिका में इस बात की चिन्ता नहीं करनी चाहिए थी कि कहीं यह उपन्यास 'आंचलिक' उपन्यासों की पंक्ति में न डाल दिया जाये। शायद 'ठनक' बँध जाती, तो उपन्यास निश्चय ही आंचलिक होता, रेणु के 'मैला आंचल' में 'ठनक' नहीं तो क्या है, जो आंचलिकता उत्पन्न करती है?

और फिर करैता, सिर्फ़ करैता कहाँ रह जाता है? वह भी तो 'गाँव' हो जाता है—एक रिश्ता। लोगों का एक जमाव, जो पटवारी के काग़ज़ात की एक भौगोलिक सीमा में घेर दिया गया है, ताकि जन्मे, मरे और खेती से, पुरखों से और बकौल खलील मियाँ के 'जहालत, ग़रीबी, और तंग-ख़याली' की जमती हुई परतों में डूबता-उतराता रहे।

यह सवाल बना रहता है कि कहानी करैता की है या करैता के माध्यम से मझगंवा, बिराहिमपुर, जाठी, कठौता या इसी तरह के नामों वाले सभी गाँवों की है? तब इसमें 'ठनक' अकेले करैता की कैसे होगी? उपन्यास के अन्त में जब जग्गन मिसिर कहते हैं :

> 'कीनाराम वाली कथा में तो विपिन बाबू यह भी आता है कि उन्हें कनवां के लोगों ने शरबत पिलाया। आदर-सत्कार किया। और उन्होंने खुश होकर वरदान दिया था कि तुम्हारी बस्ती फूलती-फलती रहेगी। यानी कनवां आबाद, करैता बरबाद, यही न?'
>
> 'हाँ ऐसा ही कहते हैं लोग।'
>
> 'तो कनवां की हालत करैता से अच्छी होनी चाहिए न? आप कभी वहाँ गये हैं? साल भर यहाँ रहे, पर बगल के गाँव में तो गये न होंगे? जाकर वहाँ देखिए। शायद तब आप करैता को गाली देना छोड़ दें।'

तब लगता है करैता को ढंकने वाले हाशिये की स्याही फैलती जा रही है और उस हाशिये के पीछे जो ठनकता है वह महज़ करैता नहीं है, और कुछ भी है।

इसीलिए मैं श्री शिवप्रसाद सिंह के इस उपन्यास को आंचलिकता की पंक्ति में न रख, सामाजिक दस्तावेज़ों के साथ ही नत्थी करूँगा, बहुत ही खुशखत लिखा हुआ दस्तावेज़। सामाजिक दस्तावेज़ तो राही मासूम रज़ा का उपन्यास 'आधा गाँव' भी है। लेकिन उसमें आंचलिकता के रंग कहीं-कहीं झलकते हैं। शुद्ध सामाजिक दस्तावेज़ दोनों में कोई नहीं है। 'आधा गाँव' शुद्ध आंचलिक और शुद्ध सामाजिक दस्तावेज़ के बीच में स्थित है, जबकि 'अलग अलग वैतरणी' शुद्ध सामाजिक दस्तावेज़ और जीवन के प्रतीकात्मक अर्थ के बीच स्थित है।

इस कशमकश में ही विपिन, जो कथा का केन्द्र है, लुंजपुंज हो गया है। करैता को एक इकाई या तत्त्व की तरह महसूस करने के कारण वह करैता से कटकर अलग हो गया है। उसका बाहरीपन, करैता के प्रति लेखक के तथा पाठक के बाहरीपन का प्रतीक है। उसके लिए करैता एक कठिन समस्या की तरह है, जिसके साथ उसका एक ही रिश्ता बन सकता है कि वह उसे सुलझाने की कोशिश करे। यह रिश्ता अपने आप में एक दिमाग़ी रिश्ता है। करैता से विपिन के जितने और सम्बन्ध हैं पैदायशी, खानदानी या पुष्पी कई साथ हलकी सिहरन वाले, उनकी भूमिका सिर्फ़ इतनी ही है कि दिमाग़ी रिश्ते को थोड़े वक़्त के लिए करैता से जोड़ दें। सिर्फ़ समस्या को इस तरह उपस्थित कर दें कि विपिन के लिए समस्या का साक्षात्कार करना अनिवार्य हो जाये।

मगर उन रिश्तों में इतना दम नहीं है कि विपिन को विचलित कर सके। या भीतर का आदमी बना सकें।

जग्गन मिसिर कहते हैं कि विपिन उन थोड़े से लोगों में से है जिसके पास चेहरा है। बाक़ी भीड़ बिना चेहरे वालों की है। विपिन के पास चेहरा सिर्फ़ इतना ही है कि वह पढ़ा-लिखा है, गाँव को समस्या की तरह देखता है। वर्ना उसके जैसा बिना चेहरे का पात्र पूरे उपन्यास में नहीं है, क्योंकि विपिन व्यक्ति नहीं है, देखने का ढंग है।

विपिन जैसे पात्र को केन्द्र में रखने का मतलब है, करैता को बौद्धिक रूप से देखे जाने वाले गाँव की तरह प्रस्तुत करना। इस तरह के गाँव के साथ एक ही सार्थक सम्बन्ध क़ायम किया जा सकता है—उसे सुधारने की कोशिश। उपन्यासकार की यह दृष्टि अगर 'ठनक' बाँधने के कर्तव्य से दूर चली जाये तो क्या आश्चर्य? मगर, फिर विपिन सुधारने की कोशिश में लगता क्यों नहीं, देखता क्यों रह जाता है?

विपिन का दिमाग़ी सहोदर शशिकान्त मास्टर है। वह। सुधार के कठिन और ईमानदार परिश्रम में लगता है। लेकिन उसकी सक्रियता उसे करैता के भीतर का ही एक तत्त्व बना देती है। वह पूरी तस्वीर का एक हिस्सा भर बन जाता है...। 'बिना चेहरे वाले' लोगों की भीड़ में से एक। उसकी असफलता पूरे माहौल की असफलता है।

सुधारक के लिए ज़रूरी है कि वह सम्पूर्णता से सीधे न टकराये। उसके लिए सम्पूर्ण को टुकड़े-टुकड़े-में बाँटना ज़रूरी है। नहीं तो वह सुधार की शुरुआत कर ही नहीं सकता। और टुकड़ों में बाँटने के साथ ही वह बाहर का नहीं रह जाता। पूरा दृश्य छवि का अंश बन जाता है। शशिकान्त मास्टर सामाजिक दस्तावेज़ का अंग है।

विपिन के माध्यम से उपन्यासकार उस सम्पूर्ण इकाई से टकराने की कोशिश करता है। इस भूमिका को मान लेने के बाद विपिन के लिए दो ही औपन्यासिक स्थितियाँ हो सकती थीं—वह या तो क्रान्तिकारी हो जाता या पलायनवादी। वह पलायनवादी ही होना स्वीकार करता है। यों कहें कि बराबर पलायनवादी ही रहता है।

राही के उपन्यास में विपिन जैसा कोई पात्र नहीं है। यहाँ तक कि उपन्यास के भीतर का मासूम भी औरों की तरह भीड़ में खोया रहता है। इस कारण किसी तरह का उलझाव पैदा होने की गुंजाइश नहीं होती। गाँव के भीतर की ज़िन्दगी समस्या की तरह नहीं, बल्कि एक ममतापूर्ण प्रवाह की तरह सामने आती है'।

सवाल सब कुछ को सोचकर, अपनी परिस्थिति को परिभाषित करने का नहीं है बल्कि अपने को उस प्रवाह में बेहिचक छोड़ देने का है, उसके साथ गड्डमड्ड हो जाने का है, ताकि मासूम को कोई गंगोली से उठाकर रायबरेली न ले जा पटके। लेकिन विपिन की समस्या मुख्यतः विचारक की समस्या है—इस कुलबुलाती वैतरणी को किस तरह अर्थ दिया जाये।

उपन्यासकार बहुत कुछ विपिन से अभिन्न है। लेकिन पूरे उपन्यास की समस्या विपिन से एक क़दम और आगे है। यह वैतरणी है क्या—कहाँ तक इसका पाट है, कहाँ उद्गम है?

इस गहरे प्रश्न के सन्दर्भ में ही—उपन्यास के अन्त का प्रश्न दिमाग़ में घूमता है। सीपिया नाले में ऐसा क्या है कि कथा वहीं जाकर ख़त्म कर दी जाये।

विपिन के चेहरे में औरों से भिन्न सिर्फ़ इतना ही है कि वह पढ़ा-लिखा है, शहर हो आया है, और अच्छी नौकरी पा सकता है। सिर्फ़ इतना ही क्यों?

इसके प्रतिलोम स्वरूप विपिन के बाहर जो करैता है उसकी तस्वीर भी इन्हीं रेखाओं से बन जाती है। करैता जाहिल है, ग़रीब है, और करैता के बाहर भी कोई दुनिया है वह नहीं जानता। वह वैतरणी इसी कारण है कि बाहर की दुनिया उससे इतनी भिन्न हो चुकी है कि उसके मुक़ाबले में करैता ने अपना अर्थ खो दिया है। और इसके ऊपर ग़रीबी की मार।

प्रेमचन्द की आरम्भिक ग्राम कथाओं में ग्रामजीवन की धुरी आर्थिक समस्याएँ थीं। आपस के नैतिक-अनैतिक सम्बन्ध परम्परा से कुछ-न-कुछ झंकृत ज़रूर होते थे, लेकिन ये सारे सम्बन्ध मूलतः सामाजिक ही थे। गोदान में पहली बार उन्होंने उस एक नये आयाम को स्पर्श किया जो मात्र आर्थिक, या नैतिक नहीं है—एक गहरे अवचेतन स्तर पर सांस्कृतिक है, आदिम विश्वासों का आयाम है। होरी की मँडराती हुई आकांक्षा आर्थिक और नैतिक मूल्यों का अतिक्रमण करती दिखती है।

सामाजिक दस्तावेज़ के रूप में श्री शिवप्रसाद सिंह का उपन्यास आर्थिक विघटन और चुनाव वाले जनतन्त्र के दौर में नैतिक, सामाजिक परम्पराओं की झंकार को टूटता हुआ, या नपुंसक दिखाता है। सांस्कृतिक मानस तो जलते तवे पर पड़ी हुई पानी की बूँद की तरह कभी का ग़ायब हो चुका है। यहाँ तक कि देवी थान का मेला भी सामाजिक रिपोर्ट ही है। यह तस्वीर कहाँ तक सही है इसके बारे में राय ज़ाहिर करना न मेरे लिए सम्भव है, न उचित ही। क्योंकि सही या ग़लत दो में से कुछ भी कहने पर मैं एक अतिरिक्त गवाही ही दे सकूँगा। और लेखक इतना तो हमेशा ही कह सकता है कि बात करैता की हो रही है।

अगर सैयद राजा, या चकिया, या गंगापुर की हालत इससे भिन्न हो तो भी इस दस्तावेज़ का सत्य कैसे घट जाता है?

इतना ज़रूर कहा जा सकता है कि धारणाओं के जिस चौखटे में यह साफ़-सुथरी तस्वीर पेश की गयी है वह सामान्य धारणाओं में कहीं खराश नहीं पैदा करती। इस अर्थ में उपन्यास कहीं चौंकाता नहीं। और एक तटस्थ तस्वीर का आभास देता है, जिसके बारे में सुन काफ़ी रखा था, तफ़सील से देखने का मौक़ा अब मिला है। सिवाय एक सरूप भगत और उसके गिरोह के, जो न केवल मेरे लिए एक लगभग अपरिचित तस्वीर की तरह ताज़गी देता है, बल्कि कल्पना और मानवीय सहानुभूति के घेरे को अप्रत्याशित विस्तार देता है। अगर इस बहुत सुथरेपन के साथ बिने हुए पूरे थान में से कुछ ताने-बाने अलग ही करने हों, तो इसमें कोई सन्देह नहीं सरूप भगत और दुलारी और उनके पूरे हुजूम के निर्माण के लिए ही इस उपन्यास का मूल्य रहेगा।

पात्र बहुत हैं, फिर भी वे भरमार होने की उकताहट नहीं पैदा करते। इसमें से कुछ पर निगाह कुछ ज़्यादा देर तक ठहरती है : दयाल पण्डित, सरूप भगत, दुलारी, जग्गन मिसिर, कनियां और चंचल, बदचलन सुगनी—न जाने कितने ख़ुराफ़ातों की जड़। मगर इनमें से कोई इतना नहीं उभरता कि उस पर से करैता की धूल बिल्कुल झड़ जाये। और न शेष इतने ही दब गये हैं कि धूल और इंसान में फ़र्क़ करना कठिन हो जाये। इस नक्क़ाशीदार बुनावट पर ही ध्यान सबसे पहले जाता है।

अगर इस उपन्यास के ऊपर भावुकता की बेठन होती तो सवाल यह उठता कि गाँव को लेकर लिखी हुई कथा कहाँ तक हमारे आधुनिक मन के साथ मेल खाती है। वैसे भावुकता, इस शब्द को लेकर कोई विश्लेषण करना ख़तरे से खाली नहीं है। एक तरह का सघन सम्बन्ध तो दृष्टि और दृश्य छवि के बीच हर कलाकृति में रहता है, जो किसी न किसी समय भावुकता की तरह लग सकता है। आज नहीं तो दस बरस बाद। लेकिन यहाँ मैं भावुकता के सिर्फ़ दो उपकरणों को ध्यान में रखकर इस शब्द का प्रयोग क़र रहा हूँ : एक तो करुणा वाली भावुकता, दूसरी आंचलिकता की रंगीनी वाली भावुकता। गाँवों को लेकर दो तरह से भावुक हुआ जा सकता है, या अब तक हुआ गया है। या तो 'अहा, ग्राम्य जीवन भी क्या है' की शैली में। आंचलिक छबीलापन इसी दृष्टि का एक विस्तृत रूप है। दूसरे, 'उफ़, कितने दुखी हैं लोग, कुछ करना चाहिए' की शैली में। यह दृष्टि कहीं-न-कहीं, अपनी अपराध-भावना से बचने के लिए अन्तरात्मा के कलंक धोने की मुद्रा को निर्माण भर करती है। क्योंकि 'कुछ करना चाहिए', निरन्तर 'कुछ किया नहीं जा सकता' की दीवार से टकराता रहता है।

'अलग-अलग वैतरणी' को पढ़कर लगा कि जिस ज़मीन को चुक गया मानकर चलने की हवा चल पड़ी थी, अभी भी उसमें निरन्तर नयी उद्भावनाओं की गुंजाइश है। यों भी, हिन्दुस्तान में लिखा गया उपन्यास कितने दिनों तक गाँवों को छोड़कर मनुष्य को परिभाषित करने की कोशिश में निःशरीर खड़ा रह सकता है?

कभी-कभी विषय-वस्तु के आधार पर चलाया हुआ आन्दोलन, कुछ ही दिनों में सतही या यान्त्रिक हो जाता है। नगरों और महानगरों में कथाकार को गहरे स्तर पर अनुप्राणित करने की क्षमता अभी तक नहीं पैदा हुई है—इतना पिछले दस वर्षों की कोशिशों के जो परिणाम निकले हैं, उन्हें देखकर कहा जा सकता है। इस तरह के परिवर्तनों में कहानी तभी तक चमकती है जब तक विषय-वस्तु नयी या अछूती हो। इतने नयेपन की आधुनिकता का मूल्य हर रोज़ छपने वाले अख़बार के ताज़े समाचार से कुछ अधिक हो, इसके लिए विषय-वस्तु की नवीनता से अधिक भी कुछ होना चाहिए। उपन्यास या कहानी को महज़ अख़बारी 'स्कूप' की शैली में कब तक चमत्कारी बनाया जा सकता है?

उदाहरण के लिए, निर्मल वर्मा का उपन्यास 'वे दिन' का उल्लेख कर सकता हूँ। विषय-वस्तु की दृष्टि से, चेकोस्लोवाकिया की राजधानी प्राहा में स्थित, इस उपन्यास और करैता में ठनकते शिवप्रसाद सिंह के 'अलग-अलग वैतरणी' में शब्दशः ज़मीन आसमान का अन्तर है। यदि प्राहा और करैता ही आधुनिकता की कसौटी बन जायें, तो सिर्फ़ विषय-वस्तु का चुनाव ही करैता पर भारी पड़ेगा। लेकिन 'अलग अलग वैतरणी' का प्रभाव ज़्यादा सन्तोषप्रद अनुभव है निर्मल वर्मा भी सामाजिक विघटन के बीच छटपटाती हुई मानवीयता, या मानवीयता पर जकड़ते हुए शिकंजे की कथा कहते हैं। लेकिन कथाप्रवाह के बीच हर पृष्ठ पर इतने होटल और इतनी बियर एवं अन्य क़िस्म की शराबें हैं कि यह महानगर कहानी की मदद नहीं करता। बीच-बीच में करकता रहता है। योरोप और अमेरिका के बहुत से उपन्यास पढ़ने का अवसर मिला है, लेकिन इतना ज़्यादा बियर कहीं पीने का मौक़ा नहीं मिला। उकताहट पैदा होती है।

ऐसा क्यों हो जाता है? हो सकता है कि इसके पीछे कथाकार की कमज़ोरी हो। लेकिन शायद जिस माहौल को कथाकार प्रस्तुत करना चाहता है, उसके ऊपरी लक्षणों में उलझने का मोह भी एक कारण है। इसी तरह स्वर्गीय राजकमल चौधरी का उपन्यास 'मरी हुई मछली' का भी हाल है। राजकमल के अन्य लेखन की तरह यहाँ भी लगता है कि लेखक को ज़िन्दगी की अनुभूति तो बहुत बड़ी हुई, लेकिन वह उस अनुभूति को पचा नहीं सका। उपन्यास का तार बीच-बीच में खूँटी से उतर जाता है और एक तरह का प्रदर्शनवाद हावी हो जाता है।

यह नहीं है कि नयी विषय-वस्तु के इस आग्रह ने कलात्मक अनुभूति को आगे नहीं बढ़ाता, किन्तु वह परिपक्वता जो कलाकार की अकड़ नहीं, आत्मविश्वास का आभास देती चलती है, अभी हाथ नहीं लगी है। जब उपन्यास को पढ़कर महसूस हो कि हम कलाकृति नहीं, किसी बड़े पुस्तकालय में उपलब्ध देश-विदेश के अख़बार पढ़ रहे हैं, तब शंका के साथ त्योरियों पर बल पड़ जाना स्वाभाविक ही हो जाता।

ज़रूरी नहीं है कि 'अलग अलग वैतरणी' की प्रशंसा करने के लिए औरों की बुराई की ही जाये। लेकिन मैं इस कथन के साथ अपने भीतर की उस बेचैनी को ज़रूर ही व्यक्त करना चाहता हूँ, जो पिछले दस वर्षों में विषय-वस्तु को बदलने की अधूरी सफलताओं से उत्पन्न होती है। और इन तमाम महानगरीय छटपटाहटों के बीच करैता का करैत अपने पूरे तेवर से ठनकता है, तो ज़रूरी हो जाता है कि हम अपनी धारणाओं, पूर्वग्रहों, और प्रतिमानों पर फिर से नज़र डालें। औपन्यासिक सृजनशीलता का अप्रतिहत, अबाधित स्रोत किस ज़मीन में फूटता हुआ दिखता है?

यों भी, यह मानना कि बीसवीं सदी की स्वाभाविक लय नगरों या महानगरों में ध्वनित होती है, गाँव किसी विशेष अर्थ में अठारहवीं या उसके पहले की किसी सदी के अवशेष हैं, एक तरह का ऐतिहासिक दृष्टिदोष है। बीसवीं सदी को खण्ड-खण्ड करके देखना अपने को एक दिमाग़ी भँवर में डाल देना है। बीसवीं सदी के कमल, कीचड़ से अलग नहीं किये जा सकते। अब इस दृष्टिभ्रम का अन्त होना चाहिए, क्योंकि यह योरोप की उन्नीसवीं सदी की दिमाग़ी विरासत से उपजी हुई चीज़ है। करैता मैनहट्टन से कम बीसवीं सदी की उपज नहीं है। इस तथ्य की पहचान औपन्यासिक सृजनशीलता के लिए चुनौती है।

कसौटी यही है कि विषय-वस्तु का चयन केवल पृष्ठभूमि के लिए ही होना चाहिए। यदि, ऐसा लगने लगे कि कथा केवल विषय-वस्तु के लिए ही लिखी गयी, चाहे वह गाँव हो, या मैनहट्टन, तो उपन्यास में एक उबाने वाला आग्रह पैदा हो जायेगा। इस शर्त के साथ, हमें यह स्वीकार करके चलना होगा कि आज के मानवीय महानाटक के लिए और उसका साक्षात्कार करने वाले लेखक के लिए करैता जैसे लाखों गाँवों को भूल जाना, या उसका कोई अनुभव ही न होना, एक बड़ा सृजनात्मक अभाव होगा। आज भी मनुष्य की परिभाषा करैता की उपेक्षा करके नहीं दी जा सकती। यदि दी जाने की कोशिश की जायेगी तो उसका शायद वही परिणाम होगा जो तड़पते, छटपटाते राजकमल चौधरी का हुआ। इति।

वर्धमान और पतनशील से

गोदान

प्रेमचन्द की कोई भी कृति पढ़ने के बाद सबसे सहज प्रश्न तो यही उठता है कि वह कब लिखी गयी थी। अधिकतर आलोचकों ने इसी प्रश्न को पूछा है। वे इस तारीख़ को जान लेने के बाद उस समय के अख़बार देखेंगे, उस समय के इतिहास पर पुस्तकें पढ़ेंगे, प्रेमचन्द के आगे-पीछे के उपन्यासों से तुलना करेंगे, और अन्त में सारी खोजबीन के बाद बहुत सन्तुष्ट और प्रसन्न मुद्रा में कहेंगे—"हाँ, हमने हर छोटी-से-छोटी चीज़ को मिलाकर देख लिया, जिस समय की बात कही जा रही है उस समय बिल्कुल ऐसा ही था, ठीक ऐसा ही।"

लेकिन महान् उपन्यासकार केवल इस प्रश्न को ही नहीं उकसाता। वस्तुतः यह प्रश्न तो आरम्भिक है। असली प्रश्न मनुष्यों के बारे में नहीं, मनुष्य के बारे में उठता है। प्रेमचन्द ने 'गोदान' में इस प्रश्न को उठाने की चेष्टा की है, उसका तरीक़ा उनका अपना है। प्रेमचन्द के लिए यह प्रश्न उनके स्वभाव से मेल नहीं खाता। यह सच है कि उनकी दृष्टि सहज भाव से मानवों पर ही जाती है, मानव पर नहीं। लेकिन, हर महान् उपन्यासकार घूम-फिरकर वहीं पहुँचता है। अगर वह ईमानदार है, अनुभूतिसम्पन्न है, तो इससे बच नहीं सकता। यही कारण है कि 'गोदान' प्रेमचन्द की सर्वश्रेष्ठ कृति है। ऐसा लगता है कि उनके पहले के सभी उपन्यास—'सेवासदन', 'रंगभूमि', 'कर्मभूमि' इस उपन्यास की मंज़िल में रास्ते के पड़ाव हों।

उपन्यास का नाम गोदान कुछ भ्रामक सा है। अनावश्यक रूप से हमारा ध्यान केवल...एक घटना की ओर केन्द्रित हो जाता है, जो सारे उपन्यास का एक अंश, और शायद छोटा-सा अंश है। सच तो यह है कि होरी के साथ महत्त्वपूर्ण बात यह नहीं है कि वह कैसे मरा, बल्कि यह कि किस प्रकार जिया। उसका जीवन उसकी मृत्यु से अधिक मर्मस्पर्शी है। इसके अतिरिक्त होरी भी उपन्यास का एक अक्ष ही है। 'रंगभूमि' और 'कर्मभूमि' में प्रेमचन्द ने नायक बनाये, लेकिन उपन्यास का नाग नायकों से बड़ा रखा। 'गोदान' में नायक नहीं है, अतः दृष्टि को केवल 'गोदान' पर केन्द्रित कर देना अच्छा नहीं हुआ। परिणाम यह हुआ है कि

उन चीज़ों की ओर लोगों की दृष्टि कम गयी है जो समान रूप से महत्त्वपूर्ण हैं या शायद अधिक महत्त्वपूर्ण हैं।

'गोदान' का समाज ठहरा हुआ है, सभी चरित्र जैसे प्रतीक्षारत हैं, जैसे कोई घटना घटेगी। लेकिन कोई घटना नहीं घटती। यह नहीं कि कुछ होता नहीं, हर बार यही लगता है कि हर घटना अनावश्यक बुलबुला बनकर समाज के अथाह ठहराव में विलीन हो जाती है। होरी की मृत्यु भी बुलबुलों की इस श्रृंखला में सिर्फ़ आख़िरी बुलबुला है, जिसका प्रयोग उपन्यास का अन्त करने के लिए कर दिया गया।

'गोदान' का यह ठहराव आश्चर्यजनक है, विशेषतः इसलिए कि प्रेमचन्द अपने अन्य उपन्यासों में मूलतः परिवर्तन के उपन्यासकार हैं। दूसरे उपन्यासों में समाज में रीति-रिवाज बदलते रहते हैं, संस्थाएँ बदलती है, शासक बदलते हैं, आश्रम स्थापित होते हैं, लोग अपना पुश्तैनी पेशा छोड़कर जंगल-जंगल भटकने चले जाते हैं, भिखारी भटकना छोड़कर संग्राम के सैनिक हो जाते हैं, हर क्षण एक उल्लास, एक तरंग के साथ परिवर्तित होता रहता है, और सबसे अधिक जो वस्तु बदलती रहती है, वह है मनुष्य का हृदय। इस सारे परिवर्तन में प्रेमचन्द उलझे हुए रहते हैं। कहीं शाबासी देते हैं, कहीं हाथ मलते हैं, कहीं हँसते हैं, कहीं करुणा से द्रवित हो जाते हैं। लेकिन 'गोदान' में कुछ भी नहीं बदलता। प्रेमचन्द बराबर तटस्थ रहते हैं, उनकी मुद्रा बराबर गम्भीर बनी रहती है और इस गम्भीरता की गहराई में बहुत दूर, लगभग अप्रत्यक्ष-सी, एक हलकी उदासी है। 'गोदान' में एकमात्र हृदय परिवर्तन खन्ना में होता है और शायद उसी के समानान्तर मातादीन में। सम्भवतः यह प्रेमचन्द के पुराने उत्साह की स्मृति-मात्र हो। लेकिन यह परिवर्तन उन्हें उलझाता नहीं, वह केवल इसकी सूचना भर देकर फिर तटस्थ हो जाते हैं। वह हम से यह उम्मीद नहीं करते कि हम अपनी दृष्टि यहाँ केन्द्रित कर दें।

प्रेमचन्द की तुलना आलोचकों ने गोर्की से की है, लेकिन 'गोदान' में उनकी यह तटस्थता मुझे गाल्सवर्दी के अधिक समीप जान पड़ती है। यह तो अन्वेषक बतलाएँगे कि 'गोदान' लिखने के समय प्रेमचन्द ने गाल्सवर्दी को कितना पढ़ा था। लेकिन प्रेमचन्द ने गाल्सवर्दी के नाटक 'स्ट्राइफ' का हिन्दी में अनुवाद किया है, और गाल्सवर्दी एक ऐसा लेखक है, जो प्रेमचन्द को ज़रूर पसन्द आया होगा।

एक और विशेषता है जो गोदान को प्रेमचन्द के अन्य उपन्यासों से अलग करती है। इसमें कोई भी केन्द्रीय समस्या नहीं है। अन्य कथाओं में उन्होंने दहेज प्रथा, वेश्या प्रथा, राष्ट्रीय आन्दोलन, औद्योगीकरण आदि विभिन्न समस्याओं को लेकर व्यक्तियों और समाज को उनके चारों ओर बुन दिया है। लेकिन इसमें जैसे ये सारी समस्याएँ पूरे समाज के समग्र ठहराव के सामने तिरोहित हो गयी हैं।

ज्वलन्त समस्याओं के विषय में प्रेमचन्द तटस्थ नहीं थे, न हो सकते थे। इस जगह वह गाल्सवर्दी से बिल्कुल भिन्न हैं। उनकी तटस्थता समस्यायों के प्रति नहीं, पूरे समाज और उनके अलग-अलग व्यक्तियों के प्रति परिलक्षित होती है। अपने अन्य उपन्यासों में प्रेमचन्द ने यथार्थवाद का उपयोग किया है, एक कल्पित आदर्श या सुधार के पक्ष में। 'गोदान' में यथार्थवाद उपयोग की वस्तु नहीं है, वह एक दृष्टि बन जाता है, जिसके भीतर मानव का केन्द्रीय प्रश्न उठता हुआ दिखता है। इसीलिए 'गोदान' अन्य उपन्यासों से भिन्न भी है, श्रेष्ठतर भी। और इसीलिए 'गोदान' महान् उपन्यास की कोटि में पहुँचता है।

'गोदान' की दुनिया चारों ओर से बन्द है। दुनिया को चारों ओर से बन्द पाकर उपन्यासकार दो रास्ते निकालते हैं—या तो वह मानव के भीतर कहीं एक ऐसी राह खोजते हैं, जो हमें एक अनन्त दिशा का संकेत देती है, यह दोस्तोएवसकी का तरीक़ा है, या वह बाहर समाज में एक रास्ता खोल देते हैं, जो हमें एक अनन्त प्रगति का स्वप्न दिखलाता है। प्रेमचन्द का तरीक़ा दूसरा था, जो उन्होंने पहले उपन्यासों में अपनाया। लेकिन 'गोदान' में जैसे वह राह बन्द हो गयी है, प्रेमचन्द ने दूसरी राह नहीं खोली है। इसमें विचित्र बात यह है कि खुली हुई राह के बन्द हो जाने से प्रेमचन्द के मन में तिलमिलाहट, बेचैनी, घुटन, व्याकुलता बिल्कुल नहीं है। इस विवशता को तटस्थ भाव से स्वीकार कर लेने के बाद, उससे ऊपर उठने के लिए उन्होंने एक अमोघ अस्त्र का प्रयोग किया है, वह है विशाल हृदयता। वह अपनी सहानुभूति सबको देते हैं, लेकिन इस सहानुभूति से दखल देने का आग्रह नहीं है।

क्या यह व्यापक सहानुभूति, तटस्थ करुणा, हमें तृप्त कर पाती है? मैं प्रयास करके भी इस प्रश्न का उत्तर 'हाँ' में नहीं दे पाता। इस उपन्यास में बराबर एक अपर्याप्तता का बोध होता है। ऐसा लगता है कि प्रेमचन्द को भी इस अपर्याप्तता का भान हो रहा है और यह सहानुभूति उनके लिए आपद्-धर्म मात्र है। वह हमें केवल बहुत से प्रश्नों के किनारे लाकर छोड़ देते हैं—जैसे भली हो या बुरी यह राह यहाँ तक आती है, इसके बाद की कठिनाइयों से सम्प्रति उनका सरोकार नहीं है। वस्तुतः इसके बाद के जितने प्रश्न थे, वे सब प्रेमचन्द के बाद के उपन्यासकारों ने पूछे। 'गोदान' के बाद प्रेमचन्द को समाधानपरक शैली में उपन्यास लिखना असम्भव न सही, तो कठिन अवश्य हो गया।

होरी के बाद इस उपन्यास में सबसे महत्त्वपूर्ण चरित्र प्रोफ़ेसर मेहता का है। प्रोफ़ेसर मेहता और मालती प्रेमचन्द के लिए नये प्रकार के चरित्र हैं। उन्हें प्रेमचन्द ने अथाह स्नेह देने की कोशिश की है, लेकिन वे जीवित नहीं हो सके हैं—

जिस तरह होरी, धनिया, सिलिया और गोबर जीवित हैं। लेकिन प्रेमचन्द यह जानते हैं कि वे ही भावी मनुष्य हैं, जिन्हें जीवित होना पड़ेगा।

उपन्यास के आरम्भिक अंश में मालती और मेहता दोनों ही छिछले हैं और उसी अंश में सबसे अधिक जीवित भी हैं। जैसे-जैसे उनकी गहराई, उनकी पवित्रता, उनकी ईमानदारी खुलती जाती है—वे पीले पड़ते जाते हैं। कहीं कुछ ऐसा है जो उन्हें सार्थकता नहीं दे पाता। इसी तरह होरी के साथ महत्त्वपूर्ण बात यह नहीं है कि वह दरिद्रता के नीचे पिसा जा रहा है, बल्कि यह कि उसके हृदय की विशालता, उसकी सहज उदारता, उसकी धर्मभीरुता, उसकी मर्यादा-नीति यह सबका सब भी उसे केवल क्षणिक संवेदना देकर चला जाता है, उसके जीवन को आलोकित नहीं करता। इसका मूल उसकी दरिद्रता में ही नहीं है, कहीं पहुँच कर मानव मूल्य ही बौने हो गये हैं। उस सार्थकता की अनुभूति किसी को भी नहीं होती—दुलारी सहुआइन से लेकर राय अमरपाल सिंह तक।

जगह-जगह प्रेमचन्द ने बिरादरी धर्म या समाज धर्म के मुक़ाबले में मनुष्य धर्म की चर्चा की है। इस मनुष्य धर्म का सम्पूर्ण प्रयोग, जीवन को दाँव पर लगा कर खेलने का प्रयास ही होरी, मेहता, मालती और गोविन्दी ने किया है। लेकिन सभी अपने-अपने वृत से बाहर नहीं निकल पाते। अन्त में जब मालती कहती है कि उसकी सारी तपस्या, सारी सेवा, सारा त्याग केवल अपनी प्रसन्नता के लिए है, उसमें बड़ा कहीं कुछ भी नहीं है, तो हमें भान होता है कि यह झूठा विनय नहीं है, वह सच कह रही है; लेकिन साथ ही हमारे मन में बात उतरती भी नहीं। उसकी आवाज़ में उस प्रसन्नता की एक धड़कन भी नहीं सुनाई पड़ती, जो इस तरह मोमबत्ती की तरह जलने में मिल सकती है और न शायद उसका दर्द ही।

प्रेमचन्द ने मनुष्य को भला और बुरा मिलाकर चित्रित करने की कोशिश की है। लेकिन अन्तिम रूप में उनके भलाई और बुराई के संसार अलग-अलग ही हैं। भलाई और बुराई मानव स्वभाव के असम्बद्ध पहलू भर हैं, जो परिस्थिति के सामने आ जाते हैं। लेकिन वे इन प्रश्न को नहीं उठाते कि किस तरह भलाई बुराई में और बुराई भलाई में परिणत हो जाती है। प्रेमचन्द ने 'गोदान' में इतना निश्चय किया कि ऊपर से आरोप नहीं करेंगे और इसीलिए बाहर की राह बन्द कर दी। लेकिन इस बन्द राह में भलाई और बुराई दोनों में एक तरह की पंगुता आ गयी। अगर यह दुनिया अधिक दिनों तक बन्द रहेगी, तो निश्चय ही इसमें से मूल्यों के विघटन और उन्हें बेधने और झेलने वाली तेजस्विता का जन्म होगा।

'गोदान' वह स्थल है जहाँ प्रेमचन्द के परवर्ती उपन्यासकारों ने अपनी कथा आरम्भ की।

वर्धमान और पतनशील से

भारतीय काव्य-परम्परा में दलितों का योगदान

हिन्दी साहित्य के मध्यकाल में जो घटित हो रहा था उसे समझने के लिए हमें भक्ति-आन्दोलन के अतिरिक्त भी कुछ और विशिष्टताओं को ध्यान में रखना होगा। मैं यह तो नहीं कहूँगा कि उनका उतना गहरा या उतना व्यापक प्रभाव पड़ा जितना कि भक्ति-आन्दोलन का पड़ा, फिर भी जो पड़ा वह नगण्य नहीं था।

मैं आशा करता हूँ कि आप सबने आल्हा-ऊदल की कथा ज़रूर सुनी होगी जो एक पूरी लोकगाथा के रूप में पायी जाती है हालाँकि उसका आज कोई प्रामाणिक पाठ उपलब्ध नहीं है, सिर्फ़ मौखिक परम्परा मिलती है। आल्हा-ऊदल के सारे संघर्ष, मुठभेड़ों और लड़ाइयों के केन्द्र में जो ख़ास मुद्दा था, वह था आल्हा-ऊदल को क्षत्रिय के रूप में सामाजिक-स्वीकृति से वंचित रखा जाना। उन्हें योद्धापन के गौरव के अयोग्य माना गया और अपने योद्धापन को स्थापित करने के लिए उन्हें अपने शौर्य का प्रदर्शन करना पड़ा। आल्हा-ऊदल की जो कथा है और उससे सम्बद्ध लोकगाथाओं की जिस पूरी श्रृंखला का उद्‌भव जगनिक नाम के कवि से माना जाता है, वह सारी की सारी श्रृंखला आल्हा-ऊदल के शौर्य और उनके युद्धों की ही प्रशस्ति में है। मैं इसका ज़िक्र इसलिए कर रहा हूँ क्योंकि जहाँ भक्ति-आन्दोलन घोषित करता है कि ईश्वर या ईश्वरत्व में निष्ठा जाति के दायरों से ऊपर उठने का एक तरीक़ा है, एक और अप्रकट अघोषित 'थीम' मध्य युग में यह भी थी कि शौर्य भी जाति के दायरे से ऊपर उठाता है। शूरवीरता और रण-कुशलता भी जाति के दायरे से ऊपर उठाती है। उदाहरण के लिए एक पंक्ति है, बहुत से ऐसे अवसर आये जब आल्हा-ऊदल को अपमानित किया गया—यह याद दिलाकर कि वे छोटी जाति के हैं :

जाति बनाफर की ओछी है
कोउ न पियै हाथ कौ नीर!

उस लोककाव्य की यह एक पंक्ति कहती है कि बनाफरों की जाति ओछी है और कोई उनके हाथ का पानी नहीं पीता। आल्हा-ऊदल जिस जाति के थे,

माना जाता है कि वह बनाफर जाति थी। तो सम्पूर्ण कथा में लगातार... उदाहरणार्थ आल्हा-ऊदल के पितामह और पिता जिनको अपमानित किया गया था क्षत्रियों के द्वारा, उनकी जाति के कारण...जब उनकी मृत्यु हो गयी तो वे चाहते थे कि उनकी सन्तति इस अपमान का बदला ले और एक स्थान पर जब आल्हा-ऊदल विशेषकर आल्हा, जो बड़ा था और जिसे युधिष्ठिर का अवतार तथा ऊदल को अर्जुन का अवतार माना गया है उस लोककाव्य में—तो एक समय आल्हा को इतना असह्य विरोध मिला और शौर्य के बावजूद कोई उसको मान्यता देने को तैयार नहीं था, कोई अपनी बेटी उसके परिवार में देने को तैयार नहीं था। उसे हमेशा जब भी वह बुन्देलखण्ड के राजाओं-रजवाड़ों के यहाँ या कन्नौज में—जहाँ भी वह गया उसे अपमान ही मिला। तो एक समय वह इस सबसे इतना ऊब गया कि उसने वैराग्य लेने की सोची और युद्ध छोड़कर वन में चला गया। इन कथाओं की शृंखला में एक स्थान पर आल्हा-ऊदल वन की तरफ़ जा रहे हैं तो कथावाचक बताता है कि जसराज और वछराज—जो आल्हा-ऊदल के पिता और पितामह थे—उन दोनों के कपाल (खोपड़े) पीपल के एक पेड़ से लटके हुए थे और जब आल्हा उस पेड़ के नीचे से गुज़रता है तो वे कपाल उन्हें उलाहना देने लगते हैं। वे कहते हैं :

> हम तो जानी अपने मन में, लरिका जब हुइहैं हुसियार
> गया हमारी ता दिन करि हैं जा दिन लैहैं बदलो आये
> आस टूट गयी अब तौ हमरी लरिका जोगी भये हमार
> घर-घर टुकड़ा माँगत डोलैं छत्री बंस लजायो आये

तो उन्होंने स्पष्टतया कहा कि तुम्हें जोगी या फ़क़ीर नहीं बनना चाहिए, तुम्हें बदला लेना चाहिए। यह बदला—इस बदले की सारी कहानी उनके इस दावे की कहानी है कि वे क्षत्रियों के बराबर हैं और उन्हें इस बराबरी का दर्जा उस समय की स्थापित क्षत्रिय परिवारों द्वारा नहीं दिया जा रहा था। अतः उन्होंने अनगिनत लड़ाइयाँ—विवाह के लिए, शौर्य-प्रदर्शन के लिए, प्रतिशोध के लिए लड़ीं। ये सब आल्हा-ऊदल की कथा की 'थीम' है। इस शृंखला, इस परम्परा को याद रखना ज़रूरी है क्योंकि यह और भी कथाओं में मिलती है। जैसे एक पुस्तक है 'लोरिकायन'। यह मध्यकालीन लोककथा है जो साहस और शौर्य पर आधारित है, जहाँ फिर शौर्य का द्वन्द्व है—लोरिक के शौर्य का। लोरिक को अहीर माना गया था और इसी से उसे युद्ध करने का शौर्य और पराक्रम का प्रदर्शन करने के लिए उचित पात्र नहीं माना गया। यह 'थीम' आप 'लोरिकायन' में पाते हैं।

अतः मैं आप सबके समक्ष यह बात रखना चाहता हूँ कि इस द्वन्द्व की अभिव्यक्ति केवल भक्ति-आन्दोलन के रूप में ही नहीं हुई बल्कि मध्ययुग में साहसिकता, रणकौशल और सत्ता तथा सत्ता-संस्थान में भागीदारी भी इस द्वन्द्व का एक अंग थी।

इसका एक तीसरा पहलू लोक-साहित्य की परम्परा है। बंगाल के लोक-साहित्य में यह 'बाउल' की परम्परा में मिलता है। परन्तु फिर ये 'बाउल' मोटे तौर पर भक्ति-आन्दोलन के दायरे में आते हैं। लेकिन दलित वर्ग का लोक-साहित्य हिन्दीभाषी प्रदेश में केवल भक्ति तक ही सीमित नहीं है बल्कि प्रेम और विरह, पारिवारिक जीवन, ग़रीबी आदि विषयों को भी शामिल करता है। मैं आशा करता हूँ कि आप सबने हाल का ही एक मशहूर लोकनाटक 'बिदेसिया', जो भोजपुरी में है, का नाम सुना होगा—जिसका मुख्य विषय भक्ति या वीरता नहीं बल्कि एक लड़की की वेदना है कि उसके पति को कलकत्ता जाना पड़ा क्योंकि वहाँ उसे नौकरी चाहिए थी और वह लड़की बेचारी पीछे छूट जाती है, गाँव में। जैसे-जैसे वह जवान होती है, वह अपने पति को याद करती है—वह प्रवासी पति जो 'बिदेसिया' हो गया है। पूरा नाटक, जो बहुत मार्मिक है, गीतों के रूप में है, जो ज़िन्दगी और प्यार से सम्बन्धित है और जो भक्ति-आन्दोलन की सामान्य 'थीम' में किंचित् अभिवृद्धि करता है। 'बिरहा' की तरह की विधा जो एक प्रकार से गीत और संगीत की विधा है, अहीर द्वारा सर्जित है और अहीरों की विशेष विधा मानी जाती है, जैसे कि 'पचरासन' चमारों की। ऐसी कुछ विशेष विधाएँ हैं—लोकगीतों के मूल ढाँचे—जो किसी जाति-विशेष से सम्बद्ध हैं। विशेष प्रकार की संगीत-रचना निषादों की है जिस पर हिन्दी के एक लेखक श्री कुबेरनाथ राय ने 'निषाद बाँसुरी' नामक पुस्तक में विस्तार से लिखा है। ये लोकगीत ऐसे लोक-गीत हैं जो निषाद-कविता से सम्बन्ध रखते हैं। निषाद वे लोग हैं जो उत्तरी भारत के सीमान्त प्रदेश में रहते हैं यानी विन्ध्याचल की पहाड़ियों के जंगलों में निवास करते हैं। कभी-कभी वे वहाँ के गाँवों की बाह्य सीमा में बस जाते हैं। वे परम्परा से मछुवारे रहे हैं और अगर उन्होंने यह पेशा छोड़ा है तो वे गाँवों में ज़मीन जोतने वाले हो गये हैं। अपनी आन्तरिक काव्य-परम्परा में और अपने संगीत में, अपने नृत्य में वे अपनी एक अलग पहचान रखते हैं जो धीरे-धीरे धुँधली पड़ती जा रही है, खोती जा रही है—बहुत तरह के दबावों के असर से। लेकिन यह परम्परा भी शत-प्रतिशत भक्ति की नहीं है। वह काफ़ी हद तक दुनियावी है, सांसारिक है और वह निषादों की वेदनाओं, उनके कष्टों-दुखों की है और उनकी महानताओं की भी। वह उन्हें आदमी की तरह प्रस्तुत करती है—ईश्वर से उनके

किसी विशिष्ट सम्बन्ध को दिखाने की अपेक्षा, वह उन्हें ऐसे आदमी के रूप में प्रस्तुत करती है जिनके अपने रिश्ते हैं, अपने परिवारों से। यह लोक-परम्परा, हमारे लिए इतनी अस्थिर (Slippery) है कि जैसे ही उसे पकड़ने या सहेजने की कोशिश करते हैं, वह अपनी पहचान खोने लगती है, बदलने लगती है, हाथ से फिसलने लगती है—क्योंकि उसका अस्तित्व सिर्फ़ जबान पर है—मौखिक है! फिर भी मैंने इन दो चीज़ों की चर्चा की है—इस बात से इनकार करने के लिए नहीं कि मुख्य परम्परा भक्ति-आन्दोलन की है बल्कि यह बताने के लिए, कि वह अकेली परम्परा नहीं है। और शायद हम अपने मध्य युग की समस्याओं को समझ नहीं पायेंगे जब तक कि उस युग की कविता का सम्पूर्ण विस्तार नहीं लेते—ख़ासतौर पर वह हिस्सा, जो वीरता, शौर्य, संघर्ष, युद्ध और सत्ता में हिस्सा पाने से सम्बन्ध रखता है। जिस मूल प्रश्न का—मैं चाहूँगा कि मेरे मित्र विश्लेषण करें और उत्तर ढूँढ़ें, वह है—जातिप्रथागत ग़ैर-बराबरी की चेतना का इतनी दृढ़ता से परम्परा में होने के बावजूद भी क्या कारण है कि असहमति, विरोध—या इसे जो भी नाम आप दें—किन्हीं निश्चित परिणामों की दिशा में हमें नहीं ले जा सका—चाहे वह भक्ति-आन्दोलन में हो या अन्य आन्दोलनों में। क्योंकि, जैसा हम सब जानते हैं, अठारहवीं-उन्नीसवीं शताब्दी तक जातिप्रथा हिन्दुस्तान में और भी सख़्त और भी रूढ़ हो गयी थी अन्य किसी भी काल की अपेक्षा, छह शताब्दियों के काल-विस्तार में सन्त कवियों और भक्त कवियों के अभियान के बावजूद ऐसा क्यों है कि अठारहवीं शताब्दी तक आते-आते शायद हमारे देश के पूरे इतिहास में जातिप्रथा की सख़्ती सबसे अधिक थी? ऐसा क्योंकर हुआ? इस चेतना की क्या सीमाएँ थीं? हमारी असली समस्या यह होनी चाहिए, न कि यह कि चयनात्मक तरीक़े से केवल यह संकेत कर दिया जाये कि किसने क्या कहा।

मैं समझता हूँ कि मैं सिर्फ़ कुछ बातें—केवल परीक्षणार्थ (Tentative) आपके सामने रख सकता हूँ। शायद ये बातें मेरी विचार-प्रक्रिया या पूर्वग्रहों से ही उपजी हों। इन्हें मैं अपने व आपके सहचिन्तन के लिए प्रस्तुत कर रहा हूँ क्योंकि शायद मेरे अन्य मित्र भी इस विषय पर कुछ रोशनी डालें।

मेरी पहली धारणा भक्ति-आन्दोलन को लेकर यह है कि हालाँकि वह जातिप्रथागत ग़ैर-बराबरी के विरुद्ध एक तरह की असहमति या विरोध के साथ शुरू हुआ परन्तु उसने जल्दी ही जातिप्रथा से एक तरह का समझौता कर लिया। यहाँ तक कि रविदास के नाम से जो भी कविता और कृतियाँ उपलब्ध हैं वे ज़ोर-शोर से जगह-जगह यह घोषित करती हैं कि वे चमार थे। लेकिन रविदास के व्यक्तित्व के चारों ओर जो किंवदन्तियों का जाल बुना है,

उसकी बात नहीं कर रहा हूँ। उसकी ऐतिहासिक प्रामाणिकता के बारे में कोई सबूत नहीं पाया जा सका है। भक्तमाल में उनका उल्लेख मिलता है। रविदास या दादू या मलूकदास जैसे सन्त कवि हैं—उनके शिष्य और अनुयायी उनके चारों ओर चमत्कारों का एक ज्योतिवृत स्थापित कर देते हैं कि रविदास पाँच वर्ष के बालक थे, तभी उन्होंने यह चमत्कार किये। मलूकदास जब क-ख-ग-घ सीख रहे थे, उन्होंने वर्णमाला के हर अक्षर पर एक साखी बनाई थी। सात वर्ष की उम्र में फलाँ-फलाँ आदमी को आशीर्वाद दिया था और वह सही निकला। ...मैं यह नहीं कहता कि यह सब आगे जाकर विकसित हुआ। जैसे ही ये सन्त एक विशेष स्थिति तक पहुँचते हैं उनके व्यक्तित्व का मुख्य पहलू चमत्कार-प्रधान हो जाता है। और चमत्कार एक ऐसी चीज़ है, जो मेरे दिमाग़ को लगता है कि विशुद्ध रूप से उन्मुख है जातिप्रथा के साथ समझौता करने की ओर। क्योंकि जैसे ही चमत्कार संस्थान बनता है, उसी क्षण वह ऊँची जाति—नीची जाति की सुपरिचित श्रेणी बन जाता है। जब तक वह व्यक्तिपरक रहता है तब तक एक बात है लेकिन एक पीढ़ी-दो पीढ़ी बाद जब चमत्कार संस्थान में परिवर्तित होने लगता है तब एक तरह के समझौतों की शक्ल में ही फलीभूत होता है। यह एक बात है।

दूसरी बात यह है—जैसे कबीरदास या कई दूसरों के साथ हुआ। कबीर बहुत ही मुखर थे—रविदास से भी ज़्यादा मुखर, और जाति-संस्था पर प्रहार करने में भी वे बहुत मुखर थे। लेकिन इस विद्रोह ने समय के साथ अधिक विशाल विप्लव को जन्म नहीं दिया और जाति-संस्था में कोई झिंझोड़ नहीं पैदा किया क्योंकि उस ज़माने में विचार का परिणाम नये सम्प्रदायों का बनना ही था। शायद हमारा हिन्दू समाज ऐसा है कि आप रजनीश हो सकते हैं, बहुत ही क्रान्तिकारी बात कह सकते हैं और एक बिल्कुल क्रान्तिकारी सम्प्रदाय की स्थापना कर सकते हैं और बहुत चौंकाने वाली प्रथाओं का प्रवर्तन कर सकते हैं बशर्ते आप अपने सम्प्रदाय के अन्दर करें? वैसा करने का अधिकार हिन्दू धर्म आपको दे सकता है क्योंकि **सम्प्र**दाय समझौते की एक विशेष अवस्था में क्रियाशील होता है, वह तनाव की अवस्था में क्रियाशील नहीं हो पाता—वह क्रान्ति नहीं होता, यह सिर्फ़ अलगाव होता है। नतीजा यह कि कबीरदास का पूरा उपदेश—उदाहरण के लिए आज हम लेखक के रूप में कबीर को पढ़ते हैं तो कहते हैं, वाह कितना अद्‌भुत है जो लिखा गया लेकिन हममें से कोई भी कबीरपन्थी मठ में जाने की नहीं सोचता। हालाँकि कबीरपन्थी मठ निश्चय ही हमारी अपेक्षा अधिक निष्ठा से कबीरदास का अनुसरण करते है। लेकिन यह तथ्य मात्र, कि कबीरपन्थी मठों

की स्थापना हुई—आज नहीं, उनकी स्थापना तुरन्त कबीर के बाद ही हो गयी। इनके साथ क्या हुआ—ख़ासतौर पर सन्त कवियों के साथ—उन्होंने कई चीज़ों के विरुद्ध विद्रोह किया, मसलन कर्मकाण्ड के विरुद्ध—लेकिन जैसे ही उनकी मृत्यु हुई—कर्मकाण्ड के विरुद्ध उनका विद्रोह, तीर्थ-व्रत-ब्राह्मण-मूर्तिपूजा के विरुद्ध उनका विद्रोह—जैसे ही सम्प्रदाय बना, उसका अपना कर्मकाण्ड स्थापित हो गया। यानी एक कर्मकाण्ड की जगह दूसरा कर्मकाण्ड। इसीलिए इन सबों ने—कबीरदास और बाक़ी सन्तों ने इतना लिखा लेकिन उसका नतीजा कुछ नहीं। इसलिए तुलसीदास के लिए आसान हुआ कि उसी मंच से-भक्तिमार्ग के मंच से इन निर्गुणियों को सीधे गरियायें और कहें कि यह कोई भक्ति हुई :

साखी सबकी दोहरा, करि किहनी उपखान।
भति निरूपहिं अधमजन, निन्दहिं बेद पुरान।।

वे सीधा प्रहार करते हैं कबीर पर इस दोहे में। तुलसीदास भक्तिधारा में सामाजिक रूप से जातिप्रथा के सबसे बड़े समर्थक हैं। इनकी रचना में स्पष्टतया यह धारणा मिलती है कि जातिप्रथा को सुरक्षित रखना चाहिए और उसको झिंझोड़ना नहीं चाहिए। इन सब कवियों में सूरदास ही अपेक्षाकृत थोड़ा उदार हो सकते हैं और कबीरदास तो निश्चित रूप से बहुत ही उन्मुक्त (Volatile) हैं। लेकिन तुलसीदास को जातिप्रथागत ग़ैर-बराबरी से कोई बहुत मतलब नहीं था, इसीलिए भक्ति-आन्दोलन की उदारता के अन्तर्गत वे कार्य करते हैं। मगर वह उदारता कहीं अधिक संकीर्ण है (अपेक्षाकृत उस उदारता के, जो कबीरदास में मिलती है) जहाँ वे खड़े हैं और निर्गुणियों पर आक्रमण करते हैं :

तुलसी अलखहिं का लखै राम नाम जपु नीच!

और जहाँ निर्गुणियों पर आक्रमण करने का मौक़ा मिलता है, तुलसी सन्त नहीं रह जाते। वे उन सब चुनिन्दा गालियों का प्रयोग करते हैं जो हिन्दी भाषा के सामर्थ्य में हैं। वे उनके लिए कामी, क्रोधी, कपटी, चाण्डाल, पाखण्डी—ऐसा कोई भी अपशब्द जो वे भरसक इस्तेमाल कर सकते हैं, करते हैं। बड़ी से बड़ी गाली जो वे दे सकते है—जैसे 'नीच' वे देते हैं। सीधे-सीधे, बिना किसी लाग-लपेट के।

जब हम भक्ति आन्दोलन को देखते हैं तो ये दो विशेषताएँ सामने आती हैं। मैं तुलसीदास को छोटा नहीं बना रहा। मैं यह भी नहीं कह रहा कि एक ताक़त की तरह उनका इस्तेमाल उदारतावाद के पक्ष में नहीं हो सकता। उनका इस्तेमाल इस तरह से हुआ है और वे बहुत से मूल्यों के आगार रहे हैं, लेकिन आप इन दोनों तेवरो का फ़र्क़ आसानी से देख सकते हैं। मेरा विश्लेषण यह नहीं है कि तुलसीदास ऐसे क्यों थे, मेरा प्रश्न यह है कि स्वयं भक्ति-आन्दोलन में ऐसा क्या था

कि उसने इन अन्तर्विरोधों को जन्म दिया? और शायद इनसे हम कुछ अधिक व्यापक सामान्यीकरण भी कर सकें। सूफ़ी लोग, निर्गुण वाले कबीरदास इत्यादि तथा सगुण भक्ति वाले तुलसीदास-सूरदास आदि में भक्ति-आन्दोलन की तीन शाखाएँ हैं हिन्दी में—सूफ़ी-वर्ग जायसी के नेतृत्व में, निर्गुण-वर्ग कबीर के नेतृत्व में और सगुण भक्ति सूर-तुलसी के नेतृत्व में। ये तीन मुख्य शाखाएँ हैं। इनमें एक समानता है। इन्हें एक समूह में जानने का औचित्य है क्योंकि इनमें एक बात है जो तीनों में पायी जाती है और वह है यह धारणा कि धर्म ही सार-तत्त्व (Matter of essence) है। इसे हम 'धार्मिक सारवाद' (Religious Essentialism) कह सकते हैं—कि धर्म का एक सार है और वह सार उसके कर्मकाण्ड से या बाह्य आचरण से अधिक महत्त्वपूर्ण है। यह धारणा उस उदारतावाद का केन्द्र है और इस दृष्टि से आप पायेंगे कि तुलसीदास भी कर्मकाण्ड के कुछ अंगों पर आक्रमण करते हैं—हालाँकि वे उतने मुखर नहीं हैं जितने कि अन्य तीन। लेकिन मुझे लगता है कि यह धार्मिक सारवाद दो समस्याओं का समाधान एक साथ करने की कोशिश कर रहा था—जिनमें से एक समस्या थी, इस्लाम और हिन्दू—इन दोनों धर्मों के बीच टकराव की। इसलिए जब आप कबीरदास को देखते हैं तो यह तय करना मुश्किल होता है कि जहाँ वे ब्राह्मणों पर प्रहार करते हैं, वहाँ वे जातिवाद पर प्रहार कर रहे हैं या हिन्दू-मुस्लिम—दोनों के कट्टर धार्मिक ढाँचों पर प्रहार कर रहे हैं। क्योंकि वे शत-प्रतिशत एक कूटनीतिज्ञ की तरह बराबर की दूरी दोनों से बनाये रखते हैं। जब वे ब्राह्मण की ओर संकेत करते हैं तो मुल्ला की ओर भी करते हैं, मन्दिर की बात कहते हैं तो तुरन्त ही मस्जिद के बारे में कह देते हैं ताकि कोई यह आक्षेप उन पर न लगा सके कि वे इस धर्म या उस धर्म में से किसी विशेष के विरोधी थे। वे बहुत ही सावधानी से यह बराबर की दूरी बनाये रखते हैं। जब मैं कबीरदास को पढ़ता हूँ तो मुझे लगता है उनके मस्तिष्क में बुनियादी समस्या जातिप्रथा की नहीं थी बल्कि दो प्रमुख धर्मों की कट्टरता की थी। क्योंकि कट्टरतावादी परस्पर झगड़ते रहे और समाज में अव्यवस्था पैदा करते रहे। अतः उनकी विशेष चिन्ता एक तरह के सार को खोजने की थी जहाँ हिन्दू-मुसलमान दोनों को आदमी बनाया जा सके। और यही वह बिन्दु है जहाँ से वास्तव में वे देख पाते हैं कि समाज में कुछ परिवर्तन की ज़रूरत है—चाहे वे इस जाति-संस्था के हों या फिर जैसे मैं इस्लाम से उदाहरण दूँ। मुझे आशा है, आप सब इकबाल की इस घोषणा से परिचित होंगे :

आ गया ऐन लड़ाई में अगर वक़्ते नमाज़
एक ही सद में जड़े हो गये महमूद और अयाज़

किब्लःरू होके खड़ी हो गयी सब फ़ौजे-हिजाज़
न कोई बन्दा रहा और न कोई बन्दा-नवाज़
मालिको-ख़ादिमों-मोहताजो-गनी एक हुए
तेरी दरगाह में जो पहुँचे तो सभी एक हुए

अब यह किस तरह की धारणा है जिसमें इकबाल बड़ी ख़ूबी से पेश कर देते हैं इस्लाम की सारभूत भावना को—कि जब ख़ुदा के सामने हो तो एक बुनियादी बराबरी है सबमें। लेकिन उपर्युक्त अवतरण यह नहीं दर्शाता कि जब आप ख़ुदा से मुख़ातिब नहीं हैं तब भी एक बुनियादी समानता है आपमें! बल्कि उसमें यह भी निहित है, जब आप ख़ुदा के सामने नहीं हैं तब महमूद महमूद है और अयाज़ अयाज़ है; और यह है कि मुहताज मुहताज है और गनी गनी है। मुहताज और गनी भिन्न हैं, मालिक और ख़ादिम भिन्न हैं। एक अकेले, विशेष बिन्दु पर, जब आप किब्लःरू हैं तब बराबर हैं! यह सारवाद इस्लामी चेतना में भी है—वह यही सारवाद था। जो भक्ति-आन्दोलन की चेतना में भी था। लेकिन मैं समझता हूँ कि उसने आगे चलने से इनकार कर दिया।

यहाँ समय भी नहीं है और अनायास यों ही बोलते हुए एक आदमी के लिए सम्भव भी नहीं है कि वह सारे सामाजिक और बौद्धिक कारण बता पाये कि क्यों ये सीमाएँ रहीं। लेकिन हमें यह पता करना है कि क्यों ऐसा है कि इस पूरे आन्दोलन का नतीजा अलगाववाद और विभिन्न मतों-सम्प्रदायों की संरचना के ही रूप में आया तथा हिन्दू समाज की सामान्य संरचना से गम्भीरतापूर्वक जूझा नहीं जा सका और सब कुछ अन्त में इस अलगाववादी समझौते पर आकर ही टिक गया कि जो कुछ भी करना है इसके दायरे में रहकर ही कर सकते हो—इस दायरे के बाहर जाकर नहीं। और इसीलिए यह एक तरह का पलायन (Escape) होकर रह गया। अर्थात्, मेरी समझ से कुल नतीजा यह है कि मध्यकालीन साहित्य चार शताब्दियों तक तो ज़रूर एक उदारतावाद की ओर बढ़ा लेकिन फिर कुछ ऐसा हुआ कि अठारहवीं शताब्दी तक आते-आते कट्टरता, असहिष्णुता आ गयी कुछ चीज़ों को लेकर जैसे खानपान और विदेश-यात्रा आदि को लेकर। जाति-बिरादरी की जकड़ बढ़ी जैसा कि गाँधी जी अपने प्रारम्भिक जीवन के बारे में बताते हैं। यह सब अठारहवीं शताब्दी में शुरू हुआ। हमेशा से नहीं था। मुझे आशा है कि हम पता लगा सकेंगे कि अन्य तमाम बातों के बावजूद ऐसा क्यों हुआ।

वर्धमान और पतनशील से

राजनीति और समाज

सामाजिक परिवर्तन की दिशाएँ और लोकतन्त्र की कसौटियाँ

बुद्धिजीवियों की एक आदत होती है इन्तज़ार करने की। इस इन्तज़ार में वह तात्त्विक धैर्य होता है कि अगर वह कुछ करे नहीं, तो कम-से-कम इन्तज़ार करे। लेकिन वह वक़्त आता है जब प्रतीक्षा भी प्रतिध्वनियों की तरह लगती है, जो कहती है कि इतिहास हमको इतना समय देगा ही नहीं कि हम इन्तज़ार भी कर सकें। मुझे स्मरण आता है : एक बार डॉ. राममनोहर लोहिया से मैंने कहा था— डॉ. साहेब, आपके पास इतने नये विचार हैं और आप गाँव-गाँव घूमते रहते हैं, पार्टी बनाने का प्रयास करते हैं। इससे तो अच्छा यही है कि आप ब्रिटिश म्यूज़ियम में चले जायें और वहाँ बैठकर कार्ल मार्क्स की तरह कुछ किताबें लिख डालें। पार्टी बनाने का काम तो और लोग भी कर सकते हैं, लेकिन विचार देने का काम नहीं कर सकते, तो डॉक्टर लोहिया ने मुझे जवाब दिया—कहाँ, प्रोफ़ेसर! मैं जल्दी में हूँ। मार्क्स को इतिहास ने सौ बरस दिये। मुझको इतिहास इतना समय देगा नहीं।

यानी मार्क्स ने जब तक सोचा और जब उसके विचारों का कुछ अंश सम्भूत होने लगा और जब सम्भूत होने के साथ-साथ उसकी कमियाँ दिखाई पड़ने लगीं, उस सब में क़रीब सौ वर्ष लगा और इतना वक़्त इतिहास ने मार्क्स को दिया। तो डॉ. लोहिया का अभिप्राय था कि तब तक बातें इतनी बिगड़ गयीं कि जब सोचा हमने कि यह निरर्थक—जैसा लगने लगेगा, इसके आधार पर कुछ बन भी नहीं पायेगा। इसलिए मैं जल्दबाज़ी नहीं करता। इसके भीतर खाद डाल रहा हूँ, विचार के साथ सक्रियता की भी खाद डाल रहा हूँ।

गाँधी जी ने सक्रियता और विचार दोनों में एक अभूतपूर्व तारतम्यता स्थापित की और जितना वे काम करते थे, उतना ही वे लिखते भी थे और उतना ही

11.10.82 को गाँधी-लोहिया-जयप्रकाश जयन्ती के अवसर पर पटना में साही जी का भाषण, जो अन्तिम भाषण था।

बोलते भी थे। फिर भी आज जब मैं कभी गाँधी विचारकों की गोष्ठियों में जाता हूँ, तो गाँधी विचारकों में जो गाँधी से जुड़े हुए लोग हैं या जो अपने को जुड़ा हुआ कहते हैं, उनके चेहरे पर भी एक मायूसी देखता हूँ, कि लगता है गाँधी जिसकी वे माला जप रहे हैं, सचमुच बहुत-कुछ अप्रासंगिक हो गये हैं। आदर्श के रूप में नहीं, व्यवहार के रूप में कौन सुनता है? यह सरकार और यह भ्रष्टाचार और यह बर्बरता और यह हिंसा का बढ़ता हुआ वातावरण; इस सब में गाँधी कहाँ हैं? उसकी बात करने वाला—लगता है कि हवा में बात कर रहा है। फिर कुछ थोड़े निराश हो जाते हैं, कुछ थोड़ी मायूसियत की बातें करते हैं। जो ज़िद्दी हैं, फिर वे निराश तो नहीं होते। कहते हैं कि एक कर्बला हुसेन ने चलायी, तो हम भी अकेले ही चला लेंगे। लेकिन इतना तो ये भी मानकर चलते हैं कि हम अपनी हठ से, अपनी ज़िद से चला रहे हैं। किसी ग़लत प्रवाह का निर्माण या अन्त नहीं हो जाता है। हो सकता है—गाँधी, जयप्रकाश या लोहिया के विचारों में ऐसा कुछ अंश है जो अकेले पड़ जाने पर भी आदमी में एक तरह के ज़िद्दीपन का निर्माण करता है कि कोई परवाह नहीं; हम रुकेंगे नहीं, चलते रहेंगे।

हमारे मित्र भट्टाचार्य साहब जो आपके यहाँ भी आये थे, बोलने के लिए। वह इलाहाबाद भी गये हुए थे। गाँधी जयन्ती के अवसर पर उनका भाषण गाँधी भवन, प्रयाग विश्वविद्यालय के तत्त्वावधान में हुआ। तो गाँधी भवन को चलाने वाले प्रोफ़ेसर हमारे मित्र हैं और कुछ विद्यार्थी हैं हमारे विश्वविद्यालय में, जो गाँधी का अध्ययन भी करते हैं, गाँधी कार्य भी करते हैं और विशेषकर गाँधी अध्ययन। तो मैंने देखा—मैं स्वयं आयोजक तो नहीं था, श्रोता था—इस तरह की प्रतिक्रिया कि जैसी रवि ठाकुर के उस गीत में है कि अगर तुम्हारी आवाज़ सुनकर कोई नहीं आता, तो तुम अकेले चलो। और अभी जयप्रकाश के इस गीत की आवाज़ अकेले वाली आवाज़ नहीं है, जो आपने सुनी है। उस समय का गीत है—लेकिन वह जो दूसरा गीत है— मगही में जो था, एक सक्रिय संघर्ष के बीच से निकला हुआ गीत है और अब अपने को ज़िद्दी और दृढ़ बनाने वाला गीत है। तो यह सोचने की बात है कि इन विचारों में क्या है जो इस तरह का ज़िद्दीपन पैदा करता है और वह ज़िद्दीपन कितना दरिद्र है, कितना अच्छा है—इसके बारे में हमको अवश्य सोचना चाहिए और निरन्तर ध्यान में रखना चाहिए।

सच्चिदानन्द जी ने मुझे जो चिट्ठी लिखी है—तो उन्होंने कुछ वैसा ही वाक्य चिट्ठी में भी लिखा था कि जो अभी मैंने कहा कि ऐसा लगने लगा है कि किसी पूजा के रूप में हम लोग साल-भर में मिल लेते हैं और कुछ जयप्रकाश की बातें

कर लेते हैं और फिर चुप बैठ जाते हैं। फिर उन्होंने यह सोचकर मुझे लिखा था कि हो सकता है कि आपको ऐसा लगे, लेकिन ऐसा है नहीं। आप आइए ज़रूर। और हम सब यह सोच रहे हैं कि वह एक औपचारिक पूजा मात्र नहीं होना चाहिए। चिट्ठी पढ़कर मुझको लगा कि जैसा मैंने कहा कि परिस्थिति ऐसी बनती जा रही है कि एक तरफ़ देश की हालत प्रतिदिन और अधिक ख़राब होती जा रही है और दूसरी तरफ़ प्रतीक्षा से ज़्यादा हाल आसेब का है—ऐसे में आप में एक तरह की बेचैनी शुभ लक्षण है। मैं समझता हूँ कि इस तरह की बेचैनी बिहार में अधिक है। उत्तर प्रदेश का तापक्रम यहाँ से कुछ ठण्डा है, लेकिन अन्य प्रान्तों में भी बेचैनी है और यह बेचैनी अलग-अलग रास्ते में भी जा रही है।

कभी-कभी सोचता हूँ कि चिकमंगलूर से चुनाव जीतने वाली इन्दिरा गाँधी को जिस समय जिसने चुनौती दी कि एक आदमी इन्दिरा गाँधी का मन्त्री चुना नहीं गया। उन्होंने डोरा खींच लिया। यह निराशा में ही हुआ होगा। फिर एक चेला ठाकुर नाराज़ हुआ और डोल उठाकर चला गया। लेकिन इस सब कुछ का कुल मतलब इतना ही तो है कि मेरी समस्या घर की थी, इस चट्टान को तोड़ने वाला कोई है नहीं। तो, निस्तार इसी में है कि इसके साथ फिर किसी-न-किसी बहाने से हो लो। फ़िलहाल छोटी-मोटी चीज़ों से टकरायें। इस पर उन्होंने अपना आधार मुद्दा बना लिया कि हमारी नाराज़गी तो एक छुटभैये से थी। जब उसे हटा दिया गया, उसको सज़ा दे दी गयी, तो मिसेज इन्दिरा गाँधी से क्या झगड़ा। और इसके बहुत से कारण हैं—इस प्रकार अपने मन की बेचैनी को जानबूझकर छोटा करने के, उसमें भी एक हताशा है। फिर भी जब हम यह कहते हैं कि अब हम दल के विरोधी हो गये हैं, अब हम कुछ भी विचार नहीं चाहते हैं और स्वर इस तरह रहता है कि असल में सम्पूर्ण क्रान्ति तो हमने इसलिए की थी कि यह हमारे मुहल्ले का दारोग़ा बदल जाये तो फिर हमें कोई आपत्ति नहीं है। और अगर इस दौरान दारोग़ा बदल दिया जाये तो हम कहेंगे : अब भाई देखिए, झगड़ा तो इसी को लेकर था, सताता तो यही था। यह तो चला गया, अब हमारे मतलब का दारोग़ा आ गया, हमारी जात वाला आ गया या जो भी आ गया, अब हमारा कोई झगड़ा नहीं है। हम फिर अपनी सम्पूर्ण क्रान्ति नहीं करेंगे। तो ऐसा राजनीतिक आचरण, सामाजिक आचरण हम उदासी या निराशा के कारण करते हैं। फिर एक तरफ़ हम अपनी गहरी बेचैनियों को, अपनी गहरी चिन्ताओं को जानबूझकर छोटा करते हैं, क्योंकि गहरी चिन्ताओं का कोई समाधान दिखाई नहीं देता। ये फिर वही निराशा के अन्धकार को जनम देंगी। और छोटी चिन्ताओं से, जिन चिन्ताओं का समाधान निकल सकता है—दारोग़ा का ट्रांसफ़र तो हो

ही सकता है, प्रधानमन्त्री का ट्रांसफ़र तो नहीं हो सकता। तो दारोग़ा ही के ट्रांसफ़र पर सारा प्रोग्राम बना लो। ये देखिए! और भी इसके लक्षण पैदा होते हैं। जैसे दस, पन्द्रह, बीस, पच्चीस, सौ क्रान्तिकारी या क्रान्ति की इच्छा वाले, सामाजिक परिवर्तन वाले गिरोह जब ये ट्रांसफ़र होते हैं, तब वे कहते हैं—'हमसे जो टकरायेगा, वह चूर-चूर हो जायेगा'। हो सकता है, फिर ऐसा हो। लेकिन ऐसा भी तो हो सकता है कि यह पूरी लहर चट्टान से टकराये और चट्टान तो हिले नहीं, लहर ही चूर-चूर हो जाये। सभी क्रान्तिकारी आन्दोलनों में टूट (Split) होने लगते हैं और एक दूसरे पर—तुम कायर निकल गये, तुम गद्दार निकल गये, तुम्हारी मति भ्रम में पड़ गयी—ये आरोप-प्रत्यारोप होने लगते हैं। बड़ी-बड़ी क्रान्तिकारी पार्टियों में यह हुआ है और इसके भी इतिहास के उत्थान और पतन के दृश्य बहुत आसानी से हम लोग देख सकते हैं। भगतसिंह, चन्द्रशेखर आज़ाद जैसे लोग, जब गाँधी जी का आन्दोलन कुछ समय के लिए द्वन्द्व और निराशा में गुज़रने लगा तो, क्रान्तिकारियों ने शहर में एक धमाके के साथ इस बात की घोषणा की कि अब ऐसे नहीं होगा। जब हम टकरायेंगे, तब होगा। लेकिन जब इस देश को जितना वे जगाना चाहते थे, उनके आवाहन से नहीं जग पाया तो खुद उन्हीं क्रान्तिकारियों में आपस में आरोप-प्रत्यारोप होने लगे कि 'यह ब्रिटिश खुफ़िया है, यह ब्रिटिश खुफ़िया है'। फिर भी समझ में नहीं आता कि असफल हम हुए क्यों? तो, अगर असफल हम हुए हैं या हमने जो आंशिक उद्देश्य रखा था, उसकी आंशिक पूर्ति कर सके हैं—पूरा सपना हम नहीं प्राप्त कर सके—फिर कोई-न-कोई इसका ज़िम्मेदार होगा। अगर कोई ज़िम्मेदार है, तब तो जो भीतर में छुपा हुआ शत्रु होगा, वह ज़िम्मेदार होगा। और, हममें से कई आसानी से हो भी जाते हैं। इस प्रकार के सारे लक्षण अगर हम इतिहास में जायें तो जिन लोगों के ऊपर ज़िम्मेदारी है सामाजिक परिवर्तनों की, उनमें ये लक्षण मिल जायेंगे। जिसके कारण मैं कह रहा हूँ कि बहुत मिल जायेंगे, साथ ही अन्धकार और निराशा के चित्रण अधिक हैं। लेकिन यह मैं नहीं समझता हूँ कि अन्धकार और निराशा का चित्रण एक सम्पूर्ण सत्य है, क्योंकि इसमें कहीं-न-कहीं या तो वही ज़िद्दीपन है कि ठीक है, अकेले पड़ जायेंगे तो पड़ा करें। डॉ. राममनोहर लोहिया ने एक मरतबा यह सिद्धान्त बनाया कि उनकी पार्टी के कुछ लोग जिस सरकार में हैं, उस सरकार ने मज़दूरों पर गोलियाँ चलायीं। उन्होंने सलाह दी कि जो लोग अपने को समाजवादी दल के क्रान्तिकारी कहते हैं, वे इस सरकार से अपना समर्थन खींच लें, अलग हो जायें। उनमें से बहुत से ऐसे थे जो तैयार नहीं थे समर्थन खींचने के लिए, क्योंकि उनको कुछ लाभ मिल रहे थे। तो, परिणाम यह हुआ

कि उनमें से बहुत से बजाय लोहिया की बात मानने के पलटकर के कम्युनिस्ट पार्टी में, कांग्रेस पार्टी में चले गये।

अधिकांश जो सोशलिस्ट पार्टी वहाँ की थी, उन लोगों ने सलाह दी तो लोहिया नहीं डिगे थे। जिस पर उन्होंने इसका अर्थ विराट निराशा सोचा था। जिस पर उन्होंने उन लोगों को सलाह दी कि जब तुमको लगे कि अब कहीं कुछ नहीं दिख रहा है और जिन पर कल तक भरोसा किया, वह भी हट गये, तब तुमको किस मन से सोचना चाहिए और किस प्रकार सोचो। और, मैं समझता हूँ कि आज सामाजिक परिवर्तन चाहने वालों को, क्रान्तिकारियों को निराशा—इस सबसे डरना नहीं चाहिए और न इससे कतराना चाहिए। मैं इसलिए कह रहा हूँ कि जिन-जिन लोगों ने बड़े-बड़े परिवर्तन के सपने देखे हैं—गाँधी जी भी अक्सर इस तरह के वाक्य का इस्तेमाल करते रहे हैं—उनमें भी सिर्फ़ अन्धकार है। लेनिन ने भी इस तरह के जुमले इस्तेमाल किये हैं। मैंने लोहिया का उदाहरण आपको दिया। जयप्रकाश जी ने भी अस्पताल में एक वाक्य कहा था—'ज़िन्दगी भर ठण्डा लोहा ही पीटता रहा हूँ।'

क्रान्तिकारी या सामाजिक परिवर्तन चाहने वाले जिस समाज में परिवर्तन चाहते हैं, उसकी प्रकृति को समझने के लिए बहुत बेदर्दी के साथ चुनाव करें। किसी भ्रान्ति को दिमाग़ में रखकर नहीं करना चाहिए। इससे लाभ यह होगा कि न केवल ज़िद्दीपन, बल्कि ज़िद्दीपन के साथ-साथ समझ—यह भी उनकी कार्य-प्रणाली में अधिक-से-अधिक विकसित होगी। आज भी मैंने सामाजिक परिवर्तन का ही ज़िक्र नहीं किया; मैंने जो सामाजिक परिवर्तन चाहा है, उनके स्वयं की उस समय की मानसिक स्थिति और उनकी जो भावनात्मक और मानसिक समस्याएँ हैं, उनका भी ज़िक्र किया, क्योंकि वह उनके चरित्र के और उनकी दृढ़ता के और उनकी समझ के उदाहरण हैं जो मैंने प्रस्तुत किये। दुनिया के किसी भी मुल्क में लोकतन्त्र ऐसा नहीं है कि उसे कहा जा सके कि यह संसार का आदर्श राज्य स्थापित है।

क्रान्तिकारी या सामाजिक परिवर्तन चाहने वालों को पहली बात तो समझने की यह है कि लोकतन्त्र राजनीतिक ही नहीं, सैद्धान्तिक भी होता है। एक समय में यह प्रश्न इतना मथित करने वाला था कि सामाजिक परिवर्तन चाहने वालों को, ख़ासतौर से जिन लोगों ने रूस में क्रान्ति की और जिन लोगों ने चीन में, उन लोगों ने कुछ इस तरह दिमाग़ लगाया कि प्रजातन्त्र के समय का लोकतन्त्र—इसे अधूरा समझो—अपर्याप्त है। फिर जो सामाजिक परिवर्तन होगा, वह इस लोकतन्त्र को पूरा करेगा। यह जो भी हो, जनता के हाथ का लोकतन्त्र

नहीं था, जनता का जनतन्त्र नहीं था। इस जनता के जनतन्त्र को अलग करने के लिए, ज़ाहिर था, कुछ चुने हुए लोगों के जनतन्त्र से अलग करने के लिए, यह जनता का जनतन्त्र है–'पीपुल्स डेमोक्रेसी' यह नारा दिया गया। फिर नारे के अनुसार कुछ आचरण के नियम बनाये गये, कुछ संगठन बनाये गये, कुछ क्रान्ति की अवधारणाएँ बनायी गयीं और अब फिर उसके अनुसार 1941 तक आते-आते उसमें कुछ परिवर्तन हुए जिसके अनुसार यह माना गया कि चीन में खाली जनता का जनतन्त्र स्थापित हुआ है। तब से लेकर चीन में अब तक क़रीब तैंतीस, पैंतीस वर्ष हो रहे हैं। इधर इस बीच में हमने यह देखा कि फिर आज से ख़रीद तीन-चार वर्ष पहले यह जनता का लोकतन्त्र जो शुरू यहाँ से हुआ था कि कुछ चुने हुए लोगों के हाथ में यह लोकतन्त्र है, इसके आधार को नीचे तक, जनता तक ले जाना है। इन तीस वर्षों के प्रयास के बाद हम इस स्थिति में आये कि तब यह कहने लगे कि जनता को छोड़ दो, यह जनतन्त्र अब इने-गिने वर्गों के साथ में भी नहीं रह गया, यह चार तिकड़मियों के चंगुल में हो गया। अगर हम पूरे चीन के इतिहास पर नज़र डालें तो इसके इन्क़लाब का एक बहुत ज़बर्दस्त प्रयास हुआ।

अगर हम तरह-तरह के विश्लेषण से कहें कि यह कुछ वर्गों का था और मान लें कि चीन में उस वक़्त सैंतीस करोड़ आदमी थे, पैंतीस करोड़ आदमी थे–मुझे संख्या नहीं याद है। उस पैंतीस करोड़ में एक चुना हुआ वर्ग मान लो एक करोड़ था जिसके हाथ में सत्ता राजतन्त्र के समय में थी। फिर यह सत्ता धीरे-धीरे सिमटने लगी और एक तरह से सब कटकर उसके भागीदार पचास लाख हुए, बीस लाख हो गये और फिर उसके बाद माओत्से-तुंग ने एक इन्क़लाब किया। माओत्से-तुंग के पीछे चीन के अधिकांश नौजवान, अधिकांश सताये हुए लोग, अधिकांश ग़रीब बेचैन और तड़पते हुए लोग, जिनकी यह अभिलाषा थी कि यह सिकुड़ता हुआ जनतन्त्र किसी तरह फैलाया जाये, फिर एक नैतिक ढंग से बाँट दिया जाय। बड़े-बड़े उन्होंने बलिदान किये और फिर उसके बाद एक उचित चुनाव-विधि के बहुत सारे नियम उस समय बनाये गये। सारे ग्राम के कम्यून होंगे और इस प्रकार से सारा देश जिससे गाँव-गाँव के अन्दर काम होगा। अगर आप आज भी तस्वीर देखें चीन की, तो लगता है जैसे जयप्रकाश जी कहते थे कि हर गाँव में एक जन-समिति होगी, लगभग उसी प्रकार से जब चीन में संघर्ष चल रहा था, तब यह तस्वीर थी और लोगों ने यह कहा कि यह जनतन्त्र डेमोक्रेसी है। अब फिर इस तरह का प्रयास किया जा रहा है। दूसरा भी एक कारण है कि जैसे चीन में जिस तरह समस्या आज है कि जैसे–यहाँ पर बहुत

विस्तार में जाने की गुंजाइश नहीं है—उदाहरण थोड़ा-सा दे रहे हैं—विश्वयुद्ध में जब फ्रांस ने फिर से नारा दिया लेनिन ने कि समस्त सत्ता सोवियत के हाथ में होगी। 'सोवियत' शब्द का अर्थ रूसी भाषा में लगभग वैसा है जैसा पंचायत। लगभग उसी से मिलता-जुलता शब्द है, जिस तरह की चर्चाएँ जयप्रकाश जी ने की हैं। सोवियत का नाम अभी भी रूस के नाम में लगा हुआ है—यूनियन ऑफ़ सोवियत सोशलिस्ट रिपब्लिक। यह माना गया कि यह केवल यूनियन ऑफ़ सोशलिस्ट रिपब्लिक नहीं है, यह यूनियन ऑफ़ 'सोवियत' सोशलिस्ट दोनों शब्द हैं, क्योंकि सोवियत का प्रयोग सत्ता के विकेन्द्रीकरण को नीचे तक पहुँचा देने और सोशलिस्ट से था। यह 'सोवियत' शब्द वस्तुतः मार्क्सवादी भाषा में कभी नहीं था और आप इन्क़लाब के पहले की लेनिन की यात्रा पढ़ें, तो उसमें कहीं 'सोवियत' शब्द नहीं मिलता है। यह सोवियत आया कहाँ से? सोवियत आया इस प्रकार से कि 1914-18 तक के बीच जो युद्ध हो रहा था, उस विश्वयुद्ध में जिसमें जर्मनी-अमेरिका—रूस-अमेरिका तो बाद में आया—जर्मनी-इंगलैण्ड, फ्रांस, रूस, योरोप के सभी देश शामिल थे। तो फिर उस समय ज़ार राजा था। रूस जर्मनी का मुक़ाबला नहीं कर पाया। जर्मनी की सेना काफ़ी दूर तक आ गयी। मास्को के दरवाज़े तक पहुँच गयी। दूसरी तरफ़ रूस की आर्थिक स्थिति अन्दर-अन्दर बहुत खराब हो गयी। तो परिणाम यह था कि रूस के सिपाही, जो युद्ध क्षेत्र में लड़ते थे, उनको ज़ार तनख़्वाह भी क़ायदे से नहीं देता था बल्कि एक स्थिति यह आ गयी कि एक गन्दी रक़ाबी, एक तामलोट हाथ में, न जूता है, न कपड़ा क़ायदे का है और कहा जाये देश के घातक शत्रु से लड़ो। और इससे बहुत से रूसी सिपाही जाड़े में मारे ही गये। मुक़ाबला नहीं कर सकते थे और जब इसमें से इतने भयंकर जाड़े में थके-माँदे नंगे पैर चले जा रहे हैं इन्क़लाव के नाम पर और पीछे तीन आदमी गोली लगाये बैठे हैं। अफ़सर ने हुक्म दिया, आगे बढ़ो। अगर लौटते हैं तो यह गोली मारता है, आगे बढ़ते हैं तो वह गोली मारता है और पेट खाली है, तीन दिन से खाना नहीं मिला है। ऐसी देशा में 1917 तक आते-आते रूसी सेनानी तंग आ गये और यह पिछले रूसी इन्क़लाब की शुरूआत थी। इसी विद्रोह का पहला सबक यह बना कि जो रूसी सैनिक थे, उन्होंने अपने अफ़सर को गोली मारना शुरू किया। पहले तो उन्होंने हुक्म-उदूली करना शुरू किया। उन्होंने कहा—जाओ। इन्होंने कहा—वाह! तुम बिना ब्रेकफ़ास्ट किये सुबह उठते नहीं और हमको कहते हैं, जिन्होंने सात दिन से खाना नहीं खाया है, कि युद्ध करने जायें। अब यह नहीं चलेगा। उनका विद्रोह हुआ। उस विद्रोह को जितना ही दबाने की कोशिश की गयी, उतना ही

वह विद्रोह उग्र होता गया। और एक स्थिति यह आई कि जब रूस के सिपाही ने यह तय कर लिया कि सेना में अफ़सरों की जरूरत नहीं है, ये सिर्फ़ अय्याशी करते हैं–खुद तो लड़ते नहीं हैं और ऊपर से बैठकर हुक्म चलाते हैं और केवल भ्रष्टाचार करते हैं। खैर यह चलचित्र की तरह कल्पित बात नहीं थी, जायज़ थी। लेकिन जो कठोर अनुशासन के नाम पर शोषणकर्ता थे, वे बेजा थे यह इन्क़लाब की शुरूआत थी। गारद में अधिक इन्क़लाब सुने गये, उलट-पलट ज़्यादा हुई। अन्य स्थानों पर भी हुआ, हर जगह पर हुआ। तो सिपाही ने अपने अफ़सरों को मार डाला या खदेड़ कर भगा दिया और फिर सेना कैसी चलेगी, इसके लिए उन्होंने संगठन किये–एक कमेटी बनाई। कमेटी का नाम 'सोवियत' रखा गया। यह जनता की सोवियत थी। इस सोवियत के जरिये से आर्मी चलेगी। अब इसमें कोई जनरल, मेजर, कर्नल होगा ही नहीं। अब केवल समितियाँ होंगी। इसकी कमेटी, उसकी कमेटी–ये सब ऊपर से नीचे तक एक जैसे होंगे। यह सोवियत है। सबसे पहले रूस में सोवियत इन्क़लाब के समय में थे। इस सोवियत के स्तर पर जितने उस समये के जार के द्वारा सताई हुई अन्य पार्टियाँ थीं, लेनिन के भी पूर्व की थीं–अंडरग्राउंड डेमोक्रेटिक पार्टी थी, मेनशेविक पार्टी थी, करेन्ज़कीकी पार्टी थी, सोशलिस्ट डेमोक्रेटिक, सोशलिस्ट रेवोल्यूशनरी पार्टी थी, एक निहलिस्ट पार्टी थी–बहुत सारी पार्टियाँ थीं–उनमें से अधिकांश तो, चूँकि ज़ार का राज्य था, इसलिए कोई पार्टी लीगल नहीं थी। सभी अंडरग्राउंड थीं, सभी ग़ैर-कानूनी थीं। इन सभी पार्टियों ने कहा कि बिना अफ़सरों के आर्मी चल ही नहीं सकती। इसलिए ये आश्चर्य से देखते रहे कि ये हो क्या रहा है! लेनिन उस समय जिनेवा में था। वह सब छोड़-छाड़कर दौड़कर आया और उसने एकदम यह नारा दिया कि मार्क्सवादी इन्क़लाब के अन्दर तो सोवियत के ऊपर इन्जाम है और उसी समय उसने इन्क़लाब की शुरूआत की, लगभग उसी प्रकार से जैसे एक समय में जयप्रकाश जी ने जब देखा कि जगह-जगह कमेटियाँ बन रही हैं, तब उन्होंने कहा कि यह जनसंघर्ष समितियाँ ही इन्क़लाब की वाहक हैं। इस तरह से सब जगह यह सोवित बनी।

दो-तीन बरस में जब लेनिन की संस्था संगठित हो गयी, तो सोवियत भंग कर दी और एक नयी सेना संगठित हुई जिसमें सोवियत का नाम-निशान नहीं था। रूस की लाल सेना (रेड आर्मी) को बनाने का काम ट्राट्स्की ने किया–सोवियत को भंग करते समय उस लाल सेना को लेनिन ने यह कहा कि यह राजनीतिक है और देश का कल्याण करेगी–यह आर्मी नहीं है। फिर इस नाम पर सोवियत रिपब्लिक जो है, आर्मेनिया की बन गयी, जार्जिया की बन गयी, युक्रान की बन गयी

और ये सोवियत रिपब्लिक मिलाकर यूनियन आफ़ सोवियत सोशलिस्ट रिपब्लिक बन गयी, और फिर यह बताया गया कि इसी प्रकार यह नीचे तक सोवियत बनेगी। आज की स्थिति में यह है कि विकेन्द्रीकरण के उस सिद्धान्त को भी जो थोड़ा-बहुत लेनिन ने थोड़े समय में चलाने का प्रयास किया था, क्योंकि उसमें वह प्रभाव नहीं आया, इसलिए उसको उतने में ख़त्म करके स्टेलिन को दे दिया गया। क्योंकि जो समितियाँ बनी थीं कि यह आर्मेनिया के लोगों की जनसमिति है, यह वस्तुतः नेशनल नहीं हो सकती है जिस प्रकार से कि जो मुख्यमन्त्री बनता है बिहार में या उत्तर प्रदेश में, जब दिल्ली उसकी नामज़द करेगी तो कहने को तो रहेगा काग़ज़ पर कि यह बिहार के लोगों का प्रतिनिधि है, लेकिन असल में होगा नहीं। तो स्टेलिन का समय आते-आते वह सोवियत है, लेकिन असल में होगा नहीं। तो स्टेलिन का समय आते-आते वह सोवियत का आदमी धीरे-धीरे उससे भी जबर्दस्त केन्द्रीकरण का रूप हो गया। अब यह प्रश्न पूछने वाले यह प्रश्न पूछने लगे कि वस्तुतः वह जो सपना था, रूसी क्रान्ति का, कि हम लोकतन्त्र को नीचे तक ले जायेंगे, वह पूरा हुआ भी कि नहीं? फिर आज बहुत से लोगों की चीन से इस बात पर शिकायत है कि यह सब जो संशोधन लागू है, फिर जो मार्क्सवादी सारी दुनिया में हैं कि वह ट्राट्स्की जिसने शुरू किया सोवियत का खात्मा लाल सेना से जब उसकी टकराहट स्टेलिन से हुई, तो ट्राट्स्की ने तमाम किताबें लिखीं, यह दिखाते हुए कि कैसे जो मार्क्सवाद का लोकतान्त्रिक रूप था, नीचे तक जानेवाला, उसे स्टेलिन ने तानाशाही के हाथ में सुपुर्द कर दिया, नौकरशाही के हाथ में सुपुर्द कर दिया और धीरे-धीरे जो नौकरशाही थी, वह ऊपर तक केन्द्रित होते-होते कुछ लोगों के हाथ में सत्ता चली गयी, लगभग उसी प्रकार जिस प्रकार का आरोप आज माओ-त्से तुंग पर है, आज के चीन पर है कि जिस चीज़ को हमने बहुत नीचे से फैलाकर शुरू किया था, वह धीरे-धीरे ब्यूरोक्रेसी में परिणत हुआ। ब्यूरोक्रेसी के बाद पार्टी ब्यूरोक्रेसी में परिणत हुई, फिर पार्टी ब्यूरोक्रेसी से भी सिमटते-सिमटते माओत्से-तुंग के चारों तरफ़ रहने वाले उनके तीन-चार आदमी में और परिणाम यह हुआ कि काम चाहे हुआ, चाहे नहीं हुआ—मगर लोकतन्त्र की धारणा समाप्त हो गयी।

ख़ैर, यह विश्लेषण हम सामाजिक परिवर्तन वालों के लिए दो ढंग से कर सकते हैं। या तो ऐसे हम विश्लेषण करें कि देखा तुमने प्रोफ़ेसर, तुम ख़ुद ही स्वीकार करते हो कि हर बार जब क्रान्ति होती है, तब वह दाँव खाली चला जाता है, इसलिए परिवर्तन की बात करना असंगत है। मेरे इस विश्लेषण का या इस तरह का विश्लेषण और लोग भी कर सकते हैं फिर उससे स्पष्ट होता है कि

बदलता कुछ नहीं है, सिर्फ़ आदमी बदलते हैं और ये नारे सब धोखेबाज़ी के हैं। लेनिन ने धोखेबाज़ी का नारा दिया, फिर ट्राट्स्की ने धोखेबाज़ी का नारा दिया, फिर स्टालिन ने दिया, माओत्से-तुंग ने दिया। वैसे ही तुम यह भी मानकर चलो कि गाँधी ने धोखेबाज़ी का नारा दिया, जनता-जनता की बात की और सत्ता सौंप दी जवाहरलाल को और जवाहरलाल ने धीरे-धीरे उसे केन्द्रित कर दिया और जिस तरह हम इन्क़लाब के फ़ेलियर्स की असफलता की गाथा बता रहे हैं, उसी तरह से यहाँ का इन्क़लाब भी इसी तरह फेल हो गया। आख़िरकार जवाहरलाल कोई आसमान से तो टपके नहीं। जवाहरलाल को तो जानबूझकर आँख मूँदकर अपना सत्तात्मक ही नहीं, नैतिक उत्तराधिकारी घोषित करके गाँधी ने कहा था कि जो मुझसे नहीं हो सका, वह अब यह करेगा मेरी ओर से। अब अगर जवाहरलाल ने वह समस्त गाँधीवादी सत्ता जो जनता तक थी, उसको समेटकर धीरे-धीरे ब्यूरोक्रेसी को सौंप दिया, फिर ब्यूरोक्रेसी की सत्ता धीरे-धीरे सिमटकर जिन दस चार के हाथ में चली गयी या वही नेहरू परिवार-विशेष ने खींच ली, फिर यहाँ तक सिमटती चली गयी कि उसके लिए अन्ततः जैसे मार्क्स ज़िम्मेदार हैं, जैसे माओत्से-तुंग ज़िम्मेदार है, जैसे लेनिन ज़िम्मेदार है, वैसे गाँधी।

लेकिन मैं ऐसे नहीं कहता। इतिहास के विकृत हो जाने को या कभी-कभी विकृत हो जाने की प्रक्रिया को हम व्यक्ति से थोड़ा अलग करके देखें, तब हमको समझ में आयेगा कि आज लोकतन्त्र में सामाजिक परिवर्तन की अतिरिक्त ज़िम्मेदारी हमारे ऊपर क्या है। रूसो ने या फ्रांस के अन्य विचारकों ने जो अठारहवीं शताब्दी में हुए, पहली बार सपना देखा कि अपने प्रयास से समाज को बदल दें। उससे पहले तो लोग जानते ही नहीं थे कि जो समाज है, यह किसी के बूते का है कि समाज को बदल दें! यह सब सामाजिक परिवर्तन तो तभी हो सकता है जब हम-आप पहले सोचें कि यह हमारे-आपके किये की चीज़ है कि सत्तर करोड़ के समाज को हम बदल दें। अगर हम यह मानकर चलते हैं कि यह सब तो अनन्त काल से चला आ रहा है और अनन्त काल तक चलता जायेगा और उसमें हम-आप क्या कर सकते हैं? तब तो फिर कुछ नहीं हो सकता।

अठारहवीं शताब्दी में लोगों ने पहली बार यह कल्पना करना शुरू किया कि अब हमारी जानकारी, हमारी बुद्धि, हमारे सोचने-समझने का ढंग इतना हो गया और अब हमारी यन्त्र-विद्या भी ऐसी हो गयी कि हम चाहें तो बदल सकते हैं, केवल संकल्प-शक्ति और संगठन की ज़रूरत है। यह अगर मिल जाये और समझ में आ जाये कि दिशा यह दिखती है, फिर वह लोग उस रास्ते से चलकर पहुँच सकते हैं, फिर यह सम्भव है कि कुछ संगठित लोग या अधिकांश संगठित

लोग समाज को बदल दें—यह बात उन्नीसवीं शताब्दी के रूसो, वॉल्टेयर जैसे विचारकों की है। रूसो ने जब उसके अनुसार तीन नारा लगाये, लोकतन्त्र के भी तीन नारे हुए—स्वाधीनता, समता और भ्रातृत्व। मैं समझता हूँ कि आज भी अगर मुझसे कोई नारे या आदर्श चुनने को कहे तो इसके अतिरिक्त दूसरा नहीं है कि सब में स्वाधीनता होनी चाहिए, सब में समता होनी चाहिए, सबमें भाईचारा। अगर मैं गाँधी जी के बारे में या रूसो के बारे में कहूँ, और मेरे बीच में तो कम-से-कम दो सौ वर्षों का अन्तर पड़ रहा है, तो आज भी इससे अधिक स्पष्ट आदर्शों की कल्पना नहीं की जा सकती—कम-से-कम समाज को लेकर नहीं। यह पूर्ण सत्य ऐसा महत्त्वपूर्ण रहे कि जिन्होंने स्पष्टीकरण किये कि जिसके ज़रिये हम उन समाजों को अलग कर सकें जहाँ यह पूर्णतः तो छोड़ दो, ज़रा भी नहीं है। अंशतः भी नहीं है, जहाँ न स्वाधीनता है, न समता है, न भ्रातृत्व। फिर ऐसे समाज हो सकते हैं कि जिनमें एक है, बाक़ी दोनों नहीं हैं।

जैसे मुहम्मद साहब ने जो इस्लाम का इन्क़लाब किया, उसमें सबसे अधिक तो भ्रातृत्व है; हर इंसान भाई है और खुदा के मानने वाले सब भाई हैं इसलिए इस्लाम में भ्रातृत्व आज भी स्वाधीनता और समानता के मुक़ाबले में कहीं ज़्यादा महत्त्वपूर्ण दिखाई देता है और जिसकी वजह से बहुत से लोगों को यह लगता नहीं है कि ये समाज या ये लोग कैसे हैं, इनको समझा जाये। ये अतिरिक्त से लगते हैं क्या? इसलिए कि योरोप के इतिहासकारों ने इस्लाम के इतिहास को समझने की कोशिश नहीं की और ज़्यादातर विचार इन्क़लाबों के बारे में हमको योरोप से ही मिलते हैं। लेकिन इस्लाम में भ्रातृत्व को मुख्य माना था और बाक़ी स्वाधीनता और समता को आनुषंगिक। इस्लाम में जो चार ख़लीफ़ा हुए, उन्होंने वो आदर्श अपने सामने रखे थे, भ्रातृत्व से समता उस तरह जुड़ी हुई है कि उसका आर्थिक स्वरूप तो दरिद्र ही होगा, इसलिए ऐसे ख़लीफ़ा हुए जो कि क़ुरान लिखते थे, ग़रीब आदमी की तरह रहते थे और इंसाफ़ करते थे। ऐसे ख़लीफ़ा हुए जो चार दरिद्र ख़लीफ़ा अबू बक्र इत्यादि गिने जाते हैं, उन्होंने अपनी व्यक्तिगत ज़िन्दगी जैसी रखी, वैसी क्या कोई गाँधीवादी आज के सन्दर्भ में रखेगा। मिनिस्टर हो जाने के बाद जो भ्रातृत्व को लेकर इस्लाम चला, इसमें धीरे-धीरे उसका वह समानता वाला स्वरूप भी ख़त्म हो गया और स्वाधीनता का स्वरूप बहुत दूर तक रखा ही नहीं गया। तो परिणाम यह हुआ कि आज भी जो भ्रातृत्व की परिकल्पना है, वह कट्टरपना क़ायम करती है। जिन्ना साहब के बाद से पाकिस्तान में कितनी तरह के भ्रातृत्व हुए और ये किस तरह अपना तन्त्र स्थापित करना चाहते हैं। उससे भी ज़्यादा परेशानी किसी ऐसे देश की है

जहाँ के बारे में आप लोगों को ज़्यादा जानकारी नहीं है, वह है तुर्की, जहाँ के मुस्तफ़ा कमाल पाशा हैं। जब पुराने ढंग का ख़लीफ़ा राज्य समाप्त हुआ तो उसकी जगह डेमोक्रेसी की जगह अपनी तरह की तानाशाही क़ायम की। बहरहाल, जिन लोगों में समानता और भ्रातृत्व के सामाजिक अर्थ में उन्होंने कुछ नये ढंग के रहन-सहन, बुर्क़ा इत्यादि हटाना यह सब शुरू किया और अभी भी तुर्की उस लोकतन्त्र के प्रयोग में सन्तुलित नहीं हो पाया है।

लोकतन्त्र में ये जो तीनों हैं, तो भी निश्चय ही इस बात की कठिनाई पैदा होती है कि तीनों में से एक प्रधान हो जायेगा और तब उस प्रधानता के द्वारा बाक़ी दोनों इतने गौण हो जायेंगे कि जो मिला-जुला रूप है, वह समाप्त हो जायेगा। एक दूसरे से कम है, जैसा कि इस्लाम में हुआ, या खुद उसी के आधार पर जो इन्क़लाब फ्रांस में हुआ उन्नीसवीं शताब्दी में जिसको कि दुनिया में जनतन्त्र का बहुत बड़ा मूवमेंट मानते हैं। जिस समय बास्टील का कारागार तोड़कर पेरिस की इन्क़लाबी जनता ने वहाँ के क़ैदियों को मुक्त कर दिया और अब अत्याचारी राजाओं और ज़मींदारों को सज़ा देना शुरू किया और वह सज़ा इतनी दूर तक गयी कि पेरिस की गलियाँ ख़ून से लाल हो गयीं, नालियों में ख़ून बहने लगा। वह जो फ्रांस की राजक्रान्ति हुई थी, आज भी उसका वर्णन जब हम पढ़ते हैं, तो उसमें से काफ़ी रोमांच पैदा करने वाली चीज़ें और साथ ही चिन्ता पैदा करने वाली चीज़ें दोनों मिलती हैं। जिस तरह रूस की क्रान्ति हमारे मन में कुछ तस्वीरें जगाती है और कुछ प्रश्नचिह्न। और अब लगभग आज नहीं लगता है कि कोई भी क्रान्ति सोलह आने होगी। एक समय ऐसा था कि हम लोग अक्सर इस बात का ज़िक्र किया करते थे कि जैसे माओत्से-तुंग ने जब यह तय किया कि स्टील का उत्पादन हमको बढ़ाना है, तो उनके सामने यह समस्या थी कि उत्पादन हम कैसे बढ़ायेंगे। आचार्य नरेन्द्र देव भी इसी के आसपास गये थे चीन और बहुत लोग चीन गये थे और उन्होंने इसकी रिपोर्ट दी। फिर माओत्से-तुंग ने तय किया कि भट्ठियाँ जहाँ-जहाँ जो लगा सकते हैं, चलाते हैं, परम्परागत चला आ रहा है, उन्हीं को कुछ थोड़ा हम सुधरा हुआ रूप दे दें और जो भी स्टील बनेगा, वह उन्हीं छोटी-छोटी भट्ठियों में बनेगा। केवल स्टील ही नहीं, हथियारों तक के लिए भी माओत्से-तुंग ने आरम्भ में यही किया। और एक हद यह थी कि जबकि माओत्से-तुंग ने, बल्कि जिद्दन यह कहा कि बड़ा कारखाना बनने में पैसा लगता है, लिहाज़ा जब तक हम गाँव-गाँव में यह उद्योग नहीं फैला देते, तब तक हमारे लिए अति केन्द्रित कारखाने बनने के साथ ग़ैर-बराबरी, अन्याय, शोषण इन चीज़ों को जन्म दें और ग़रीब आदमी हमारे इस अभियान में शामिल

नहीं होगा और हम लोगों को रोज़गार भी नहीं दे पायेंगे। यह सब कुछ जो आज हम गाँधीवादी कहते हैं उस सबको उन्नीस सौ पचास, बावन, तिरपन में चीन ने किया था। और ये गाँधीवादी कहते थे कि ऐसे व्यक्ति के सामने जो स्वयं अपने को गाँधी का असली उत्तराधिकारी कहता था और उसकी बात सुनी जाती थी। इसके विपरीत एक माओत्से-तुंग थ जिसे कभी कुछ गाँधी से लेना-देना नहीं था, उसने इन्क़लाब के बाद जब शुरू किया, तो अर्थशास्त्रियों के विचार के लिए कई चीज़ें, कई बातें दीं।

किसी समय जवाहरलाल नेहरू ने जब यह तय किया था—वही स्टील का ही सवाल था—और एक होड़ लग गयी थी कि हिन्दुस्तान वाला स्टील बनायेगा या चीन वाला बनायेगा। और अच्छी स्टील, अच्छा-उम्दा फ़ौलाद कौन बनायेगा। क्योंकि फ़ौलाद अक्सर इन्क़लाब का सामाजिक परिवर्तन का नपना माना जाता है या metaphorical है, इसलिए मैं फ़ौलाद की बात कर रहा हूँ। यह केवल इसके प्रतीकात्मक अर्थ में नहीं, ध्येय और तथ्य दोनों की दृष्टि से है। इसलिए बहुत दिनों तक और आज भी गिनती की जाती है कि जो देश जितना स्टील बनाता है, उतना ही वह शक्तिशाली और उन्नत है—जैसे एक स्थिति में मिट्टी का तेल और यह जो पेट्रोल निकालता है, वह प्रगतिशील, विकसित देश गिना जाता है। आज चीन हिन्दुस्तान से क़रीब-क़रीब दूना फ़ौलाद निकालता है। इसलिए कि जो क्रिया थी हिन्दुस्तान की फ़ौलाद की, जो टाटा साहेब बनाते थे; उससे कम फ़ौलाद बनता था। आज जो ढलाई भट्ठियाँ भिलाई की हैं, उनमें से अधिकांश का कुछ थोड़ा और बदलता हुआ रूप है और इसके अलावा बम्बे धीरे-धीरे दूसरे प्रकार के निकल आये।

चीन में शायद बीच में जो स्थितियाँ पैदा हुईं, जब चीनी पार्टी का जो आन्तरिक विरोध था जिसके कारण जब जनता का समर्थन लेने की बात हुई, जनता को फ़ील (Feel) करने की बात थी, तब गाँव-गाँव तक क्रान्ति और उद्योग पहुँचाने की बात थी; राजनीतिक परिवर्तन के कुछ अन्य कारण थे, वह स्थिति ख़त्म हो गयी तो आज चीन के नेता इसके लिए तैयार हैं कि चीन के दरवाज़े नयी-नयी तकनीकियों के लिए खोल दिये जायें और अमेरिका आकर के यहाँ बैठ जाये, या इस्पात के कारखाने और उसके साथ वह जो एक राजनीतिक उद्देश्य था कि गाँव-गाँव में जो उद्योग हैं, उनके आधार पर आप एक-एक क़दम रखकर आगे बढ़िए, तो वह छूट गया। हिन्दुस्तान में जो चार कारखाने थे—भिलाई, राउरकेला और दुर्गापुर, और चौथा कौन-सा है जो फ़ौलाद बनाते हैं। और यह जो चार बनाते हैं, यह जो नीति तय की गयी थी कि फ़ौलाद के मामले में हम न सिर्फ़

आधुनिकतर हो जायेंगे, बल्कि यह आधुनिक यन्त्रशक्ति के द्वारा केन्द्रित रूप से व्यक्त हो जायेगा। हम एक ऐसी स्थिति बनायेंगे कि जिसका निरन्तर विकास होता जायेगा और विकास के फलस्वरूप सामाजिक परिवर्तन होगा। क्योंकि एक सोचने का ढंग यह है कि सामाजिक परिवर्तन अपने से नहीं होता, सामाजिक परिवर्तन वस्तुतः विकास का ही परिणाम है। जैसे-जैसे देश विकसित होता है, जिस यन्त्रगति से विकसित होता है, वैसे-ही-वैसे सामाजिक परिवर्तन। इसमें मार्क्स का सिद्धान्त नहीं है कि इस मामले में मार्क्स का और योरोप के अधिकांश चिन्तकों का एकमत है कि सामाजिक परिवर्तन वस्तुतः आनुषंगिक प्रक्रिया है, आर्थिक विकास की। फिर अगर किसी देश में, जैसे मार्क्स का हिन्दुस्तान के बारे में जो प्रसिद्ध कथन है कि हिन्दुस्तान की इकॉनमी ठहरी हुई थी। वह एक एशियन टाइप आज की एशियन इकॉनमी स्टैगनेंट, ठहरी हुई, ठहरा हुआ अर्थशास्त्र, ठहरी हुई आर्थिक व्यवस्था इसलिए ब्रिटिश जो राक्षस थे, उन्होंने आकर जब अपनी दानवी लीला शुरू की, उस दानवी लीला से अंग्रेज़ों को जो फायदा हुआ हो, सो तो हुआ ही, लेकिन ठहरी हुई जो गति थी, उसमें धक्का लगने से परिवर्तन शुरू हुआ और इस प्रकार घुमाकर अंग्रेज़ी समाज हिन्दुस्तान के अन्दर सामाजिक परिवर्तन की प्रथम कड़ी है। यह सोचने का एक ढंग है। लेकिन मैं अभी इस बहस में नहीं जाऊँगा। मैं यह मानकर चलता हूँ कि राजनीतिक चिन्तन और राजनीतिक चिन्तन से उपजा हुआ सामाजिक परिवर्तन का विकल्प या संकल्प आज की दुनिया में हम बिना आर्थिक विकास का इन्तज़ार किये ही कर सकते हैं। अब आप इस शास्त्रीय अर्थ में न उलझें कि यह हमारी क्षमता है भी कि नहीं। अब जब हम यह मान लेते हैं तो हमारे सामने मुख्य उद्देश्य यह हमेशा रहना चाहिए कि अगर इन क्रान्तियों से यह जो जनतन्त्र को पूरा करने के नाम पर हुईं, इसमें तीनों नारे दिये गये, लेकिन इसमें समता को क़ानूनी समता तक सीमित कर दिया गया कि क़ानून में सब बराबर हैं और स्वाधीनता इत्यादि को सीमित कर दिया गया और भ्रातृत्व का अर्थ केवल राष्ट्रीय भावना ने ले लिया जबकि आप देखेंगे कि गाँधी जी और जयप्रकाश जी, इन लोगों के विचारों में भ्रातृत्व का अर्थ केवल राष्ट्रीय देशप्रेम नहीं है। 'भ्रातृत्व' का अर्थ गाँव में फलीभूत एक प्रकार की साझेदारी है, फिर एक मीलों तक जाती हुई धारा है। फिर भ्रातृत्व को इन्होंने केवल राष्ट्रीयता समझा और समानता को इन्होंने नीचा दर्जा दिया। और स्वाधीनता को—अख़बार निकालो, उसमें अपनी बात कहो, जहाँ चाहो जा सकते हो, तुमको बिना क़ानून की गिरफ़्त के गिरफ़्तार नहीं किया जा सकता। यह सब चीज़ें इतनी अधिक प्राथमिक हो गयीं कि उसके कर्मकाण्ड में जो असमानता थी, जो विषमता थी,

वह दब गयी। इसी प्रकार जब मार्क्सवादी चिन्तन ने यह तय किया कि फ्रीडम भी एक लिबरल वर्ड ही है और भ्रातृत्व तो फैल गया, इसलिए शोषण को समाप्त करने के नाम पर सम्पत्ति को सरकार को दे दिया जाये, यही सब खराबियों की जड़ है और तब समता, समानता और स्वाधीनता ये सब अपने आप प्राप्त होंगी। भ्रातृत्व और स्वाधीनता समता की अनुचरी की भाँति आ गयी।

आज यह हमारा सौभाग्य है कि दुर्भाग्य, कि सामाजिक परिवर्तन की तलाश हम तब करने निकले हैं जब ये तीन बड़ी-बड़ी क्रान्तियाँ हो चुकी हैं। मैं समझता हूँ कि यह हमारा सौभाग्य है और शायद हमारे बाद और किसी देश में होगी तो मुमकिन है कि हमारे भी अनुभव से उनको लाभ होगा। जैसे आज हम जानते हैं कि गाँधी जहाँ-जहाँ आज़ादी के दौरान, लड़ाई के दौरान गये, उनके दिमाग़ में दो धाराएँ काम कर रही थीं। एक तरफ़ किसी तरह फूट न होने पाये, सब लोग एक साथ मिल करके अंग्रेज़ों से लड़ें। दूसरे कि इसमें भी सारी सेना हमारा साथ देगी कि नहीं। इनमें जो आपसी अन्याय हैं, उनको भी दूर किया जाये, नहीं तो यह सेना खड़ी ही नहीं हो पायेगी। गाँधी जी इन दोनों धाराओं में जो टकराहट है, यह तो स्पष्ट ही कर देते हैं। कभी-कभी ऐसा लगता है और हमसे कोई कहे कि गया के महन्त हमारी संस्कृति और हमारे संस्कार और हमारे धर्म के रक्षक हैं और अब जब वह ऐसे सब महन्त समाप्त कर दिये जायेंगे, तो हिन्दू धर्म नहीं रह जायेगा। हिन्दू धर्म नहीं रह जायेगा तो हमारी संस्कृति नहीं रह जायेगी। हमारी संस्कृति नहीं रह जायेगी, तो हमारी राष्ट्रीयता भी नहीं रहेगी—यह तर्क दिया जाता है। इसलिए कहा गया कि गया के महन्त का इस देश में बने रहना, ठीक-ठाक बने रहना, स्वस्थ रूप में बने रहना—यह हमारी राष्ट्रीय एकता के लिए बहुत ज़रूरी है। दूसरी तरफ़ हम यह देखते हैं कि हो सकता है कि अगर गया के महन्त जैसे बहुत सारे बने रह गये, तो एक महन्त तो फूलता-फलता रहेगा और नीचे दस हज़ार आदमी उस कगार पर खड़े होंगे कि धीरे-धीरे उनके भीतर राष्ट्र के गौरव का भाव समाप्त। और वे ऐसी स्थिति में आ जायेंगे कि हिन्दुस्तान में अगर कोई गया के महन्त का गला काट देगा, तो उन्हें दर्द भी नहीं होगा और उन्हें न हर्ष होगा, न विषाद होगा। यह लगेगा कि इस महन्त की जगह दूसरा महन्त आके बैठ जायेगा—क्या फ़र्क़ पड़ेगा जैसा कभी-कभी मैं सोचता हूँ कि कैसा वह समाज रहा होगा जिसको आपके इतिहास में कहा जाता है कि इतना बड़ा विश्वविद्यालय तेरह घुड़सवारों ने नष्ट कर दिया—नालन्दा का क़िस्सा तो यही है और सारे विद्यार्थी खड़े देखते रह गये, सारे प्रोफ़ेसर लोग खड़े देखते रह गये और सारा गाँव आसपास खड़ा-का-बड़ा देखता रह गया, तो मुझे लगता है कि

ये विद्यार्थी बहुत उद्दण्ड रहे होंगे, ये प्रोफ़ेसर बड़े आततायी रहे होंगे, नहीं तो तेरह घुड़सवार आज एक पटना युनिवर्सिटी जो उसके मुक़ाबले में कुछ नहीं है, उसको नष्ट करने के लिए कम-से-कम 600 पुलिस के आदमी आयें, पूरी फ़ौज आ जाये, तब जाकर शायद कर सकें। उसे तेरह घुड़सवारों ने बन्द कर दिया! तो यह तभी होता है जब धीरे-धीरे असमानता, विषमता इतनी गहरी हो गयी कि देश जल जाये, नष्ट हो जाये, हमसे मतलब नहीं। इसकी जो सांस्कृतिक विरासत है, उससे भी छिन्न-भिन्न हो गये। उससे भी जुड़े हैं, तब भी गुस्सा आयेगा तटस्थ नहीं रह सकते। जैसे हम सुनते हैं कि फलानी जगह किसी और देश में गोला गिर गया। वहाँ का एक बन्दरगाह नष्ट हो गया। किसी और देश में हुआ—अफ्रीका में—अख़बार में ख़बर पढ़ ली, न हर्ष है, न विषाद है। किसी युनिवर्सिटी के साथ में अपने यहाँ के बारे में बातचीत होने लगे, फिर यह संस्कृति के बारे में, या फिर हमारे समाज के बारे में—फिर एक ऐसी चिन्ताधारा, जो पहले वाली है, वह तो नहीं चल पायेगी। समाज को बदलना पड़ेगा ही और समाज को केवल इसलिए नहीं बदलना पड़ेगा कि हम न्याय स्थापित कर सकें, बल्कि समता और स्वाधीनता स्थापित कर सकें। अब ऐसी दशा में गाँधी जी के सामने ये दोनों थे, तो उन्होंने दोनों के बीच का रास्ता निकाला। आज भी हमको डराया जाता है कि अगर बहुत ज़बर्दस्त संघर्ष चला, तो देश टुकड़े-टुकड़े हो जायेगा। अगर आज हमको लगता है कि इस बात का डर धीरे-धीरे लोगों को नहीं रह गया। अब लोग समझ रहे हैं कि अराजकता से भी यह देश टूटेगा नहीं। हम तो कभी-कभी कहते हैं कि साल-दो साल ख़ूब अराजकता रहे, तो अच्छा रहे और वस्तुतः अराजकता तो कभी किसी देश में होती नहीं। कोई-न-कोई तो राज करता ही रहता है, वह ख़ुद गोली चलाकर लूट ले या किसी और से गोली चलवाकर लूटे। जब ख़ुद गोली चलाकर लूटता है तो वह शासक लौह पुरुष कहलाता है और हर आदमी जब लूटने लगता है, तो वह अराजकता कहलाती है। अगर अन्तर दोनों में केवल इतना ही रह गया है कि हम जब इस समाज को बदलने की बात कर रहे हैं, तो उनके लिए सचमुच सराजकता और अराजकता में बहुत बड़ा अन्तर नहीं है। ऐसी दशा में हम अगर तीनों आयाम आपके सामने रखें नहीं, तो एक जगह पर ये तीनों के हलक़े या प्रान्त अलग-अलग हैं और कोई एक दूसरे के आनुषंगिक नहीं है और अगर आनुषंगिक हों भी, गौण तो हरगिज़ नहीं हैं। जब तक हम यह मानकर नहीं चलेंगे, तब तक सामाजिक परिवर्तन और लोकतन्त्र की संगति नहीं बैठेगी। जब हमारे बहुत से मित्र कहते हैं और यह जो लोकतन्त्र है—अब आप अपने बिहार का उदाहरण लीजिए, एक पूरा आन्दोलन है—

हो रहा है, लोगों में यह बड़ा घोर असन्तोष है कि अख़बारों की आज़ादी छिन रही है, तो मैं अगर इसका विश्लेषण करूँ तो मैं कह सकता है कि अख़बारों की आज़ादी क्या होती है? यह तो कुछ पूँजीपतियों की आज़ादी है और हम-आप जो इस आज़ादी को बचाने के लिए खड़े हैं, हम जानते हैं कि कल इनको आज़ादी मिल जायेगी, तो ये ही जम्हूरे हमारा ही चरित्र-हनन करेंगे। वस्तुतः यह जितना जगन्नाथ मिश्रा का चरित्र-हनन करेंगे, उससे ज़्यादा तो उन लोगों का चरित्र-हनन करेंगे जो इस देश में परिवर्तन के लिए त्याग कर रहे हैं। उनको कहेंगे कि ये नक्सलवादी हो गये, कभी कहेंगे ये गुण्डे हो गये, कभी कहेंगे ये भ्रष्ट हो गये हैं और जगन्नाथ मिश्रा और बड़े-बड़े लोगों का तो खण्डन भी करने के लिए यह कह देंगे सर्चलाइट के मालिक साहेब—कि अच्छा साहेब, हमने आपके ख़िलाफ़ छापा, आप खण्डन दे दीजिये। इनके खिलाफ़ छाप देंगे और ये पहुँच जायेंगे खण्डन लेकर, तो कह देंगे जाइये भागिये। आपका तो खण्डन भी नहीं छापेंगे आपकी तो सिर्फ निन्दा छापेंगे। और लड़ने के लिए ये तैयार हैं, इनकी आज़ादी बरकरार रहे—रमन पवकारों की आजादी बरकरार रहे। हम भी जानते हैं पत्रकारों को, जिस तरह अपने को बेचा है तीस वर्षों में—उसकी गिनती गिनाने लगूँ, तो जो-जो इन्होंने किया है, क्या-क्या नहीं किया है? बहुत बड़ी सूची बन जायेगी। इसी जर्नलीज़ (Journalese) अख़बार के मालिकों और अख़बार के सम्पादकों, पत्रकारों ने हृदय नेट केस (?) के दौरान—ये बैठे तो हैं हमारे मित्र जितेन्द्र जी, एक-एक आदमी बिहार का जानता है। इनको शिकार बनाने में किसी प्रेस बिल विधेयक की जरूरत नहीं पड़ी। केवल एक मन्त्री और मालिक के गठबन्धन से काम हो गया। क्या यह प्रेस बिल विधेयक समाप्त हो जायेगा, तो गठबन्धन नहीं रहेगा, या बन्धन तब भी रहेगा? फिर भी हम कहते हैं कि आजादी होनी चाहिए। फिर भी हम इसके लिए बलिदान करने को तैयार हैं, हल्ला मचाने को तैयार हैं, शोर भी मचाने को तैयार हैं। मैं तो यह भी कहूँगा कि अगर पलकार चाहे पिछड़ बाय, लेकिन सामाजिक परिवर्तन करने वालों को तो बराबर इसका ध्यान चाहिए कि इस प्रकार का बिल भी न उठे। क्योंकि पत्नकार की जितनी स्वाधीनता है कि हम सही बात की रिपोर्टिंग कर सकें, उससे ज्यादा बड़ा अधिकार मेरा है, स्वाधीनता के नाते कि सही बात की खबर मुझको मिलनी चाहिए। मेरा अधिकार तो खबर प्राप्त करने का है, पर यह ख़बर दो बदमाशों के मापती द्वेषभाव से ही मिलती है हमको, तो भी हमको मिलनी चाहिए। पता तो चले कि स्वाधीन देश में एक मन्त्री और दूसरे मन्त्री में झगड़ा इस बात का हुआ कि ज्यादा ग़बन कौन करे और दोनों ने एक-दूसरे की पोल खोली तो लोग कम-से-कम जानें तो कि

हो क्या रहा है। मैं बदमाशों की भी आज़ादी चाहता हूँ और खास तौर पर आज के सन्दर्भ में। इसलिए नहीं कि ये बदमाश सामाजिक परिवर्तन करेंगे। इसलिए कि देश की जो एकदम फटेहाल स्थिति हो गयी है कि हम तो रोना भी नहीं चाहते—यहाँ तक लोगों को पता तो चले कि जो सब हो रहा है, तुम अपने गाँव में बैठे हो, लूटने की स्कीम पटने में बन रही है और चूँकि दो आपस में लड़ गये, इसलिए तुमको थोड़ी बहुत खबर भी लगी, नहीं तो वह भी नहीं लगती। अगर यह नहीं है तो मैं आज़ादी किसलिए चाहता हूँ। बेशक मैं आजादी अपने लिए चाहता हूँ, क्योंकि मैं अपने विचारों को भी व्यक्त करना चाहता हूँ—मैं आज़ादी उन लोगों के लिए भी चाहता हूँ जिनका यह ख़्याल है कि हमारी राजनीति से उनको विरोध है और यह आज़ादी इसीलिए भी चाहता हूँ कि यह सोचना, ग़लत सोचना और ग़लत लोगों को जानकारी और उस आधार पर अपनी राय बनाने का अख्तियार। यह स्वतन्त्रता का एक निरन्तर बढ़ता हुआ रूप है—यह कभी भी ऐसा आप नहीं कह सकते, किसी भी समय में कि अब स्वतन्त्रता का जो रूप है, यह अन्तिम रूप है। स्वतन्त्रता हमेशा एक बढ़ता हुआ रूप है। एक स्थिति तो जरूर ऐसी होती है जिसमें स्वतन्त्रता बिल्कुल न हो, लेकिन जब स्वतन्त्रता की शुरुआत हो जाती है, स्वाधीनता की शुरुआत हो जाती है। तो उसमें बढ़ता रहता है। उस समय अगर कोई सामाजिक परिवर्तन करने वाला कहता है—मेरे चारों ओर जो स्वतन्त्रता (Freedom) मिली है, यह तो वस्तुतः बेकार है, इसके लिए लड़कर के क्या होगा और यह तो केवल चुने हुए लोगों की स्वतन्त्रता है, तब मैं उससे कहना चाहता हूँ—बेशक यह चार ही आना भर लोगों की है और तुम बारह आने वाली कहो। ये अख़बार कभी भी तुम्हारी बात सुनेंगे नहीं। लेकिन अगर यह चार आना भी नष्ट हो जाय, तो तुम इस इन्क़लाब को वहाँ तक ले नहीं जा सकोगे जहाँ तक तुम ले जाना चाहते हो। इसलिए इसकी रक्षा करो। चार आना से छह आना बेशक, पर चार आना से दो पैसा यह नहीं होने पाये। मुझे बहुत आश्चर्य होता है कभी-कभी बहुत प्रगतिवादी स्वर पर, कि स्वाधीनता तो एक बोर्जुआ क्वालिटी है, यह एक प्रकार का व्यक्तिवाद है, यह समाजद्रोही है और यह कैपिटलिस्ट मूल्य है और जब समाजवादी समाज बनेगा, तो इसमें हर आदमी को स्वाधीनता नहीं दी जायेगी। अगर हम देश को बरगलाने वाले और देश को सुधारने वाले, दोनों को बराबर स्वाधीनता दे देंगे, तो देश जो है, वह ग़ारत हो जायेगा—मैं इस तर्क को समझ नहीं पाता। मैं समझता हूँ कि, पहली बात, मुझे अपनी बात का इतना यक़ीन है कि आज जब पूरे देश को बरग़लाने वाले की आवाज सुनी जाती है, तब भी मुझे भरोसा है कि

मैं अपनी बात कहकर इस देश को बदल सकता हूँ। तब जब कहीं हम जरा-सा इन्क़लाब कर लेंगे, तब इनसे, देश के बरग़लाने वालों से क्या डर है जब तक कि मेरे मन में यह इच्छा न हो कि आज तो हम अच्छी-अच्छी बातें कहकर सत्ता में चले जाएँ, बाद में हम कुर्सी पकड़ के भ्रष्टाचार में लिप्त हो जायें। तब ज़रूर हमको डर लगेगा कि इसके बाद फिर अख़बार की स्वतन्त्रता ख़त्म होनी चाहिए कि ऐसा न हो कि लोग बतायें कि अभी तक तो ये बहुत जनता की बातें करते थे, अब देखिये—ये क्या कर रहे हैं। फिर ऐसे भी क्रान्तिकारी हैं, तो केवल जलन के कारण क्रान्ति में आये हैं, जिनको यह ख़याल है कि ये तो करोड़पति हो गये हैं, मैं जूता चटकाता रह गया और जिस दिन मैं इन्क़लाब करने में सफलता प्राप्त कर लूँ, उस दिन तो उसका सारा धन लेकर मैं हथिया लूँ और तब मैं अख़बारों को बन्द कर दूँगा, जो अख़बार करोड़पतियों के परदे का फ़ाश करते हैं, ताकि मेरा पर्दा न फ़ाश होने पाये। ऐसे लोग तो कह सकते हैं कि जब तक कि इन करोड़पतियों का पर्दाफ़ाश होता है, तब तक तो राज को किसी प्रकार कष्ट नहीं है; जिस दिन मेरा होने लगेगा, उस दिन तो मैं अख़बार की स्वाधीनता को लेकर रहूँगा। इस तरह का चिन्तन तो मेरी समझ में इन्क़लाब की पैरवी नहीं है। यह तो उसी चीज़ से निकलता है कि आप स्वाधीनता को एक गौण और अप्रासंगिक या आनुषंगिक वस्तु मानें। यह लोकतन्त्र को वहाँ ले जाकर पटकेगा जो चीन में हुआ, जो रूस में हुआ।

अन्त में मैं एक समता वाली बात भी कहना चाहूँगा। हिन्दुस्तान में मैं यह समझता हूँ कि रूस और चीन की क्रान्ति, फ्रांस की क्रान्ति देखकर फिर इसका मन में निश्चय क्रान्तिकारियों को करना चाहिए कि बराबरी दो तरह की है। जैसे मार्क्स के सिद्धान्त का पूरा आग्रह ग़ैर-बराबरी के विश्लेषण पर उतना नहीं है जितना शोषण के रूप को लेकर। फिर एक प्रकार की स्पष्ट बेचैनी इस बारे में सन् चौसठ-सड़सठ में हुई। फिर सन् सड़सठ में इतिहास ने बहुत ज़बर्दस्त करवट ली, तो आप लोगों को याद होगा कि जिस समय अक्टूबर में यह स्थिति सामने आयी थी कि फिर पूरे बिहार भर में प्राप्त जितनी गणना है, उनमें से कुल मिलाकर चार हज़ार वोट पड़े। चारों तरफ़ एक ज़बर्दस्त अकाल पड़ा। इसके मुक़ाबले में तमिलनाडु कुछ नहीं, लेकिन तमिलनाडु में भी बहुत बड़ा अकाल पड़ा। इधर बहुत दिनों से तमिलनाडु में अकाल नहीं पड़ा। फिर जिस समय बिहार में पड़ा था, उस समय तमिलनाडु के अन्दर भी अठारह हज़ार सीटें लगीं। तो मैं इसलिए कह रहा हूँ कि अपने देश की करवट है। अब आप दुनिया के स्टैण्डर्ड से देखें, तो बेशक जैसा रूस है, वैसा हिन्दुस्तान भी हो; या जैसा चीन है, वैसा फिलिपींस

भी हो; जैसा अमेरिका है, वैसा अबीसीनिया हो। ये सब देश हों। फिर ये सब विषमताएँ चारों तरफ़ हैं। चाहे राष्ट्र के भीतर और चाहे समाज के विभिन्न वर्गों की या विभिन्न जातियों की विषमताएँ हैं, यह सारी ग़ैर-बराबरी, इनसे अलग से क्रान्तिकारियों को जूझना चाहिए। मैं नहीं समझता हूँ कि फिर वही कि यह देशद्रोही है, उसे फेंक दीजियेगा तो बाक़ी सब अपने आप ही ठीक हो जायेंगे। ऐसा लगता है कि जैसे अहमक़ हैं ये लोग, जिस तरह से सामाजिक परिवर्तन मानते हैं। ये मानते हैं कि जैसे-जैसे शिक्षा बढ़ती जायेगी और जैसे-जैसे उद्योग बढ़ता जायेगा, वैसे-वैसे जाति-व्यवस्था कमज़ोर होगी। अंग्रेज़ी शिक्षा, औद्योगीकरण और शहरी ज़िन्दगी—ये तीन जाति के जड़ पर प्रहार करते हैं और जैसे-जैसे व्यवस्था बढ़ती जायेगी, जाति-व्यवस्था कमज़ोर होती जायेगी, शिथिल होती जायेगी। कभी-कभी तो मुझे लगता है कि पढ़ाई-लिखाई जाति-व्यवस्था को हिन्दुस्तान में पुष्ट ही करती है, शिथिल नहीं; क्योंकि जाति-व्यवस्था की जड़ें इतनी ज़्यादा गहरी हैं कि जाति के बारे में अभी भी मिनिस्टर लोग, प्रोफ़ेसर लोग तक भी नहीं बचते। इसका उदाहरण मैं आपके सामने रखता हूँ। अगर आप कहें कि चुनाव जाति के आधार पर होता है तो यह सही है कि जाति के आधार पर होता है। वे लोग जो शासन में हैं—हमारी आर्थिक नीति जो है, हमारी राजनीतिक नीति जो है, आदिवासियों की नीति जो है—सब-का-सब इसी से संचालित करते हैं।

ये तो ऐसे-ऐसे इक़रार होते हैं। ये जो टीचर, ये प्रोफ़ेसर अगर इसे कुछ न देते तो ये ग़रीब जाकर करेगा क्या? न तो इसे राजनीतिक घोषणा-पत्र की आवश्यकता होती है, न ये पाखण्ड करते हैं कि हम-हम-हम-हम चले जायेंगे, तो देश के जनतन्त्र के लिए ही। ये तो खाली इसी बात पर चले जाते हैं घूमने विदेश कि मैं ब्राह्मण हूँ, तो ब्राह्मण मिनिस्टर भेजेगा। कायस्थ हैं तो कायस्थ भेजेगा। ठाकुर होगा ठाकुर को विदेश भेज देगा। तो लोग कहते हैं कि ऐसे कहीं होता है! उत्तर प्रदेश में तो ऐसे ही होता है, मैं समझता हूँ कि बिहार में भी वैसे ही होता होगा। तो अक्सर मैं उदाहरण देता हूँ कि जब पढ़े-लिखे लोग इस बात को कहते हैं कि अनपढ़ों के कारण जाति-व्यवस्था है, तो उनके सामने यह उदाहरण देता हूँ कि ऐसी कांस्टीटूएंसी जिसमें केवल पढ़े-लिखे वोट देने वाले हों, उस कांस्टीटूएसी का आचरण क्या है चुनाव में और ऐसी जिसमें अधिकांश अनपढ़ हैं, उस कांस्टीटूएंसी का आचरण क्या है और यह तो राजनीति के विधान इसमें से निकालें कि यह क्या दिखाता है और इसमें से क्या हम सामाजिक परिवर्तन की दृष्टि से कुछ नतीजे निकाल सकते हैं? तो मेरी धारणा तो ऐसी ही है कि अंग्रेज़ी शिक्षा या किसी भी प्रकार की शिक्षा इसे मज़बूत करती है।

क्यों मज़बूत करती है, इसके बारे में दिलचस्प विश्लेषण करके हम देख सकते हैं। ऐसा लगता है कि शहरीकरण इसके स्वरूप को बदलता है, लेकिन उसकी प्रकृति को नहीं छूता। और अधिक उदाहरण मैं नहीं दूँगा और इसी प्रकार से औद्योगीकरण में भी, मैं समझता हूँ, जाति-व्यवस्था बहुत तरीक़े से पनपती है। इसलिए मुझे ऐसा लगता है कि हिन्दुस्तान के सामाजिक परिवर्तन करने वालों को इससे ख़ुद आता है कि किसी को आनुषंगिक रूप से नहीं निकाल सकते कि ये इसकी कल्पनाओं से अपने आगे निकलती हैं—ये चलते ही यह मानकर हैं और यह इसी आधार पर निकलेगा जब हम समता को भी एक महत्त्वपूर्ण तत्त्व मान लें। बिना समता के नहीं चलेगा। देखिए भ्रातृत्व भी इसमें आता है। लेकिन भ्रातृत्व किसी जात-बिरादरी का रूप हो। यह जो भ्रातृत्व है, इसमें भ्रातृत्व के नाम पर कोई बड़ी बिरादरी है, कोई छोटी बिरादरी है, एक जाट बिरादरी, एक ठाकुर बिरादरी। लेकिन जाति-व्यवस्था में केवल वही भ्रातृत्व है इस्लाम की तरह और इसलिए भ्रातृत्व भी किसी समय भी एक सीमित कड़ी के आगे नहीं बढ़ पाता। और सबसे बढ़कर के बिरादरी में, भ्रातृत्व में फ़ैटरनिटी में सबसे बड़ी कमी यह रह जाती है कि जब तक आप उस बिरादरी में और बिरादरी के बाहर वाला ऐसा सम्बन्ध न बना लें कि आमना-सामना हो तब तो बिरादरी के अन्दर रगड़ पैदा हो जाती है। फिर यह बिरादरी के बाहर वाला अन्दर कैसे आ गया और हम लोग बिरादरी वाले हैं। तो ठाकुर अगर पूरा ठठ का ठठ सिर्फ़ अपनी बिरादरी में इतना नहीं होता जितना कि तब जब भूमिहार ख़िलाफ़ खड़े हो जाते हैं। इतना नहीं होता तो दोनों की रक्षा करने को बहुत से दैत्य लोग तैयार हैं। और इसलिए सामाजिक नियम में, किसी पर दोष या लाँछन नहीं दे रहा हूँ और न क्रान्तिकारियों को इस तरह से सोचना चाहिए। ये सामाजिक नियम और ऐसी दशा में जो मुक़ाबला कंफ्रंटेशन सत्ता से और भी जो जातियों को लेकर के होता है, दूर तक विषमता को बनाये रखने के लिए है।

इसलिए हमें जाति के ऊपर प्रहार विषमता को तोड़ने के लिए करना है, क्योंकि अन्ततः जब विषमता नहीं होगी, तब समाज उन्नत होगा। जाति से न शिकायत है, न किसी के बारे में यह कहना कि कायस्थ लोग कम जातिवादी होते हैं, ठाकुर लोग ज़्यादा होते हैं, क्योंकि जातिवाद का चरित्र भ्रातृत्व का चरित्र है—चाहे वह बड़ा भ्रातृत्व का चरित्र हो, चाहे छोटा भ्रातृत्व—ये एक प्रकार के कंफ्रंटेशन से पनपता है। तो इसलिए मैंने आपके सामने ये तस्वीरें रखीं कि क्रान्तिकारियों की वृत्तियों को समझने के लिए और इनके लिए अलग से लड़ाई होनी चाहिए।

हमें याद है कि एक मर्तबा किसी अमरीकी अख़बारनवीस ने स्टालिन से एक मर्तबा पूछा कि आपके देश में 'समता' का क्या हाल है। तो स्टालिन का यह जवाब हुआ कि 'टू इक्वेट इक्वालिटी विद सोशलिज़्म इज इक्वली एबसर्ड।' वह एक वल्गर दिमाग़ है जो समझता है कि ग़ैर-बराबरी मिटाना साम्यवाद का एक बहुत बड़ा उद्देश्य है। मैं निरन्तर यह कहूँगा कि इस तरह हो-हल्ला चला? इतना ही नहीं, कभी-कभी तो मुझे ऐसा लगता है कि ग़ैर-बराबरी अपने सम्पूर्ण अर्थों में अगर नीति का इतना बड़ा मानदण्ड है कि तथाकथित पूँजीवादी समाजों को एक तरह से नापा जाता है, तो इसके आधार पर कि पूँजी के फीते पूँजीपति के हाथ में हैं या इसकी मिल्कियत स्टेट के हाथ में। बँटवारा इतना अधिक नहीं हो सकता स्पष्ट सामाजिक परिवर्तन के लिए जितना इससे कि इस मिल्कियत के रहते इस मिल्कियत के कारण ग़ैर-बराबरी का मानदण्ड हो, क्योंकि ग़ैर-बराबरी ही वह चीज़ है जो वस्तुतः सामाजिक परिवर्तन की मानदण्ड है। मुझे इससे कोई विशेष फ़र्क़ नहीं पड़ता कि इस हॉल का मालिक कौन है बशर्ते मैं भी बोल सकता हूँ, इसमें आप भी बोल सकते हैं और वह भी आकर बैठ सकता है, बोल सकता है। लेकिन जब यह होगा कि सब ऐसे ताव से कि जैसे मैं झुक ही नहीं सकता हूँ और एक असमानता उसके कारण पैदा कर दी, तब यह सही है कि चाहे सरकारी घर बनाये हों, चाहे डाकबँगले हों जिसमें मन्त्री और उनके बच्चे तो जा सकते हैं, सामान्य बच्चे नहीं जा सकते। फिर तो जैसे डॉक्टर राममनोहर लोहिया ने किया, वह ज़रूरी है। डॉ. राममनोहर लोहिया एक मर्तबा कानपुर में भाषण देने गये थे तो कानपुर में जो सरकारी रेस्ट हाउस था वहाँ, उन्होंने दरख़्वास्त दी कि आपके रेस्ट हाउस में कमरा खाली है और मैं उसका किराया देने को तैयार हूँ, मुझे वहाँ आज दिन-भर ठहरने की इजाज़त दी जाये। मैं वहाँ दिन-भर ठहरूँगा। डिस्ट्रिक्ट मजिस्ट्रेट ने बताया कि यह नियम है कि इसमें सिवाय सरकारी अफ़सर के, मन्त्री के परिवार या मन्त्री के अलावा कोई और नहीं ठहर सकता। तब उस पर डॉक्टर राममनोहर लोहिया ने कहा कि मैं नागरिक हूँ और यह भारत की जनता की सम्पत्ति है। और यह नियम! अगर आप बतलायें कि यह खाली नहीं है, इसलिए नहीं दे रहे हैं, तब तो समझ में आता है। अगर यह भी आप बतायें कि अगले दिन खाली पड़ा रहेगा, तो इसका किराया मुझसे आप ले लीजिए। लेकिन ये खाली पड़ा रहेगा, बेकार पड़ा रहेगा, लेकिन जब मन्त्री और उसका कोई घरवाला आयेगा, तभी यह इस्तेमाल होगा, यह एक विशेष प्रकार की विषमता पैदा करता है और मैं इसको मानने को तैयार नहीं हूँ। और इस विषमता को लेकर उन्होंने सत्याग्रह किया, ज़बर्दस्ती जाकर यह कह दिया कि

आज मैं अपने साथियों के साथ तीन-चार दिन के लिए पैसा लेकर आऊँगा और रात में रुकूँगा और आप मुझसे किराया लीजिए और मुझे रहने दीजिए या मुझे जेल भेज दीजिए। उसके बाद वे जेल गये। इस पर बड़ा तूमार मचा और अन्त में सरकार ने अपना नियम थोड़ा बदला। लेकिन अब मैं सुनता हूँ कि फिर वैसे ही सब हो गया। फिर मैं कहूँगा कि सच्चिदानन्द जी इसी को ताज़ा कर दें। फिर मैं इसलिए अब आपके सामने एक उदाहरण दे रहा हूँ। यइ सरकारी सम्पत्ति है, निजी सम्पत्ति नहीं है, लेकिन यह भी विषमता उत्पन्न कर रही है। निजी सम्पत्ति तो इस्तेमाल होती ही है विषमता के लिए। फिर जब कभी-कभी सोचता हूँ कि विषमता एक ऐसा मापदण्ड है, ग़ैर-बराबरी हमको इसके आगे सोचने के लिए बाध्य करती है कि अन्ततः यह बराबरी इसने स्थापित की कि नहीं और यह कसौटी जब तक हमारे सामने रहेगी, तब तक देश थोड़ा जगा रहेगा। फ्रांस में क्रान्ति जो हुई, वियतनाम की या रूस की क्रान्ति हुई, अन्य स्थानों पर हुई, फिर तो हम अधिक चैतन्य होकर आधुनिक परिवर्तन की तरफ़ आयेंगे।

तो मैंने आपके सामने स्वाधीनता, समानता, भ्रातृत्व—ये ही तीन कसौटियाँ रखीं। सामाजिक परिवर्तन के साथ मिलाकर बेशक बहुत विस्तार में तो नहीं गया, लेकिन मेरा ख़याल था कि एक बड़े पैमाने पर आपके सामने तस्वीर रख दी। डॉ. जयप्रकाश जी ने, गाँधी जी ने, लोहिया जी ने बहुत कहा और किया इसको लेकर अधिक विस्तार यहाँ सम्भव नहीं है।

लोकतन्त्र की कसौटियाँ से

लोकतान्त्रिक समाजवाद में साहित्य की भूमिका

डॉ. राममनोहर लोहिया के शब्दों में समाजवाद अधिक-से-अधिक और कम-से-कम आमदनी के बीच की खाई को एक पूर्वनिश्चित क्रम के अनुसार, लगातार कम करके, किसी समय या किसी काल में अधिक बराबरी हासिल करने का विचार-दर्शन है। या आय की संगत और सम्भव समता के लिए प्राचीनकाल से ही विचार और प्रयोग होते रहे। कहते हैं कि सम्राट नू-मि-तिड् ने अपने राजकोष की समस्त धनराशि को प्रजा में बराबर-बराबर बँटवाया था किन्तु उसके आश्चर्य का ठिकाना नहीं रहा जब प्रजा में बाँटी गयी धनराशि, थोड़े ही समय बाद, राजकोष में वापस लौट आयी। समता की व्यवस्था प्रवर्तित करने के निमित्त कृतनिश्चय होकर जब सम्राट राजव्यवस्था के उस रहस्य का पता लगाने के लिए निकला, जिसके कारण ग़रीबों के पास से सिमट-सिमट कर धनियों के पास धनराशि स्वयंमेव चली आया करती है, तो उसे मार डाला गया। सम्राट नू-मि-तिड् को महापण्डित राहुल सांकृत्यायन ने विश्व का पहला समाजवादी कहा है। किन्तु यह कहना कठिन है कि दान के द्वारा अपने राजकोष को प्रतिवर्ष रिक्त कर देने वाले भारतीय सम्राट रघु की कथा, नु-मि-तिड् की उक्त कथा से कम प्राचीन है।

आधुनिक युग में रॉबर्ट ओवेन का प्रयोग भी लगभग ऐसा ही था। ओवेन अपनी पूँजी लगाकर एक ऐसा औद्योगिक द्वीप बसाना चाहता था जिसमें शक्ति के अनुसार श्रम करने और आवश्यकता के अनुसार सामान प्राप्त करने की सुविधा पर आधारित समता की व्यवस्था जारी की जा सकती। ओवेन की इस सदिच्छा के परिणाम को प्रयोगशाला-समाजवाद कहकर विचारकों ने ग़लती नहीं की। ढाई दशाब्द पहले इस प्रकार के सत्प्रयासों की चर्चा करते-करते श्री जयप्रकाश नारायण ने लिखा था कि प्रयोगशाला में शीशे पर सात रंगों की किरणें उतारना और बात है, इन्द्रधनुष उगाना और बात। श्री जयप्रकाश नारायण को उस समय उनके अनुयायी भारत का लेनिन कहते थे। पर यह तथ्य आगे चलकर श्री जयप्रकाश नारायण ने नहीं, डॉ. लोहिया ने स्पष्ट किया कि योरोप का

समाजवाद वह रुबाबी हो या वैज्ञानिक, पैमाने के बड़े होने के कारण और भी ख़तरनाक ढंग की प्रयोगशाला समाजवाद ही है क्योंकि उसके पीछे शेष जगत् के शोषण और अपमान के आधार पर योरोप को चमकदार बनाने की योजनाबद्ध ऐतिहासिक घटनाएँ और विचार दर्शन हैं।

समता को प्रचार द्वारा लोकप्रिय बनाकर जनमत के आधार पर बनी सरकारों के द्वारा समाजवाद क़ायम करने की कल्पना योरोप के सामाजिक लोकतन्त्रियों ने भी की थी। पर वे अपनी इस करतूत से इतने बदनाम हो चुके थे कि मार्क्स और एंगेल्स ने जब योरोपीय सर्वहारा वर्ग की 'कम्युनिस्ट मेनिफ़ेस्टो' की रचना की तो उसकी भूमिका में उन्होंने ऐसा स्पष्ट कर दिया कि वे अपने ग्रन्थ का नाम सोशलिस्ट मेनिफ़ेस्टो भी रख सकते थे, पर ऐसा उन्होंने नहीं किया, क्योंकि सामाजिक लोकतन्त्रियों के चलते योरोप में समाजवाद बदनाम हो चुका था। यह दूसरी बात है कि इन कम्युनिस्ट नेताओं ने भी अपने विचार-दर्शन को वैज्ञानिक समाजवाद कहने में किसी संकोच का अनुभव नहीं किया। फिर भी इस सम्प्रदाय के विचारकों ने समाजवाद के प्रति एक प्रकार की हीन धारणा बनाये रखी और यह उसी का परिणाम है कि ट्राट्स्की ने समाजवाद को साम्यवाद के पहले की व्यवस्थापरक अन्तर्दशा के रूप में व्याख्येय बताया। लोकतान्त्रिक समाजवाद को वे बराबर योरोपीय सामाजिक लोकतन्त्रियों की तफ़सील में समझते रहे और कम्युनिस्ट मेनिफ़ेस्टो के सम्बन्ध में अपनी टिप्पणी देते समय ट्राट्स्की ने लिखा है कि जनमत के नाम पर बनी योरोप की ये समाजवादी सरकारें वस्तुतः शोषक वर्ग की कार्य-समितियाँ हैं और यदि उस वर्ग की स्वार्थरक्षा में उनसे थोड़ी भी चूक होती है तो उन्हें जूते मारकर बर्ख़ास्त कर दिया जाता है। ऐसे ढुलमुल समाजवाद के मुक़ाबले में साम्यवाद द्वारा अपने को वैज्ञानिक समाजवाद कहना उचित ही था।

लोकतन्त्र का नाम लेने वाले समाजवादियों से कुपित रहने के बावजूद मार्क्सवादी विचारकों ने समाजवाद और लोकतन्त्र के सम्बन्ध के प्रसंग में कुछ महत्त्वपूर्ण बातें कही हैं। लोकतन्त्र को स्पष्ट गर्हित करते उन्हें प्रायः संकोच होता रहा है। वे जब लोकतन्त्र की निन्दा करते हैं तो प्रायः इसलिए कि लोकतन्त्र के नाम पर शोषण के नक़ली राजनीतिक न्याय और समता में छिपने की माँद मिल जाया करती है। ट्राट्स्की जैसे मार्क्सवादी विचारक तो स्पष्टतः ऐसा मानते रहे हैं कि लोकतन्त्र समाजवाद में ही चरितार्थ हो सकता है। पर लोकतन्त्र की पूर्ण चरितार्थता के लिए, उनके अनुसार यह आवश्यक है कि पूँजीवाद से समाजवाद में तब्दील होने वाली व्यवस्था की स्थिति के अनुसार, जनमत को सुरक्षित और सीमित कर दिया जाये। ऐसा न करने पर पूर्वसत्तारूढ़ शोषक वर्ग का

हथकण्डा होकर लोकतन्त्र का समाजवाद के विरोध में उपयोग हो सकता है। इस संकट से बचाव के लिए वांछनीय यह है कि पूर्वसत्तारूढ़ शोषक वर्ग को प्रचार और मतदान के अधिकार से तब तक के लिए वंचित रखा जाये जब तक कि नवसत्तारूढ़ सर्वहारा वर्ग पूर्णतः दृढ़ और प्रतिष्ठित नहीं हो जाता और समाज में वर्ग भेद का अन्त नहीं हो जाता। इस वर्ग के विचारकों के अनुसार, सर्वहारा वर्ग की अभिव्यक्ति प्रायः कम्युनिस्ट पार्टी के द्वारा होती है। अतः पूँजीवादी व्यवस्था के नक़ली लोकतन्त्र से समाजवादी व्यवस्था के वास्तविक लोकतन्त्र के बीच के संक्रान्तिकाल में पहले एकदलीय अधिनायकतन्त्र, फिर सर्वहारा वर्ग के बहुदलीय अधिनायक तन्त्र और अन्त में पूर्ण लोकतन्त्र की व्यवस्था क्रमशः सम्भव है। पर इतिहास की विडम्बना वैज्ञानिक समाजवाद की इस कल्पना को कभी और कहीं पूरा नहीं होने दिया। स्वयं रूस में कम्युनिस्ट दलीय अधिनायकवाद सर्वहारा वर्ग के प्रजातान्त्रिक अधिनायकवाद में विकसित होने के बजाय, एक संकीर्ण राजनीतिक गुट के और फिर लगभग एक व्यक्ति के अधिनायक तन्त्र में बदल गया जिसके परिणामस्वरूप केवल ट्राट्स्की की ही नहीं, रूसी क्रान्ति की लाल समिति के कुल पच्चीस सदस्यों में से दस की देर-सबेर हत्या की गयी और राजशक्ति के केन्द्रीकरण की यह प्रवृत्ति इतनी असहनशील और आक्रामक हो गयी कि दूसरे कम्युनिस्ट देशों में भी सत्ता के विकेन्द्रीकरण का अधिकार प्रथम साम्यवादी गणतन्त्र के हाथों ही छिनने लग गया और इसका ताज़ा उदाहरण है चेकोस्लोवाकिया के अन्दरूनी मामले में रूस का सशस्त्र हस्तक्षेप।

वैज्ञानिक समाजवाद की एक दूसरी निर्णायक भविष्यवाणी का भी लगभग ऐसा ही हाल हुआ। मार्क्स ने कहा था कि पूँजीवाद की आन्तरिक असंगतियाँ उसे दो ख़ेमे में बाँटकर नष्ट कर देंगी, और वातापी की तरह, पूँजीतन्त्र का पेट फाड़कर सर्वहारा वर्ग की अगुआई में समाजवाद प्रकट होगा। देखते-देखते इतिहास ने उन्नीसवीं सदी के योरोप के बड़े कर्मठ दार्शनिक की इस भविष्यवाणी की भी विडम्बना कर डाली जब पूँजीवाद व चरमरूप साम्राज्यवाद के तथाकथित अन्तिम आत्मयुद्ध के दोनों ही पक्षों में सोशलिस्ट गणतन्त्र बारी-बारी से सम्मिलित हुआ, और उसके सहयोग से हिरोशिमा पर अणुबम फेंका गया, पोलैंड, और मार्क्स की जन्मभूमि जर्मनी का विभाजन हुआ तथा भारत के अन्तिम स्वातन्त्र्य-युद्ध का अमानुषिक ढंग से दमन किया गया। इतना ही नहीं, दूसरे विश्वयुद्ध के एक दशाब्द बीतते-बीतते साम्यवाद की अपनी आन्तरिक असंगतियाँ ही रूस और चीन के दो विरोधी ख़ेमों में प्रकट हो गयीं और पूँजीवाद से पहले ही, जैसे साम्यवाद आत्महत्या के लिए आतुर दिखायी पड़ने लगा।

यह सच है कि वैज्ञानिक समाजवाद के तर्कों ने लगभग एक सदी तक हर विचारधारा को पराजित और मौन बनाये रखा। किन्तु यह भी सत्य है कि कोई विचार अपने तईं दूसरे विचार या विचारों को खण्डित नहीं कर पाता। हर विचार बरते जाने के क्रम में स्वतः अपना खण्डन और मण्डन करता है। साम्यवादी देशों और नेताओं के आचरण से साम्यवादी विचार इस दृष्टि से खण्डित हो चुका है और इतिहास ने अब वैज्ञानिक समाजवाद की अवैज्ञानिकता ज़ाहिर कर दी है।

विरुद्धताओं के अविरोध के द्वन्द्वन्याय पर आधारित वैज्ञानिक समाजवाद ने अधिनायकवाद के द्वारा पूर्ण प्रजातन्त्र की स्थापना, रूस की पिछलग्गू राष्ट्रीय नीतियों के आधार पर विश्वराज्य की स्थापना रक्तक्रान्ति द्वारा समाज की शान्तिपूर्ण व्यवस्था और धर्मनिरपेक्ष नास्तिकता के द्वारा विश्वबन्धुत्व के सदाचारी समाज के प्रवर्तन की प्रतिश्रुति लेकर लगभग एक सदी तक हर देश की युवा पीढ़ियों को उलटबाँसी में उलझाये रखा और संसार के शेष भाग इस योरोपीय जादूगरी की लम्बी डींगों के सच होने की प्रतीक्षा में उसका आज्ञापालन भर करते रहे।

पूँजीवाद के प्रौढ़ होने तक की प्रतीक्षा में पिछड़े देशों के वैज्ञानिक समाजवादी जब रूस से इहलाम माँग रहे थे, जिसने ख़ुद दासत्व-मुक्ति के समय में उतावली दिखायी थी, तो मानवता के नाते महात्मा गाँधी ने तरस खाकर कहा था–

"मैं अपने को समाजवादी कहता हूँ...लेकिन मैं उसी समाजवाद का उपदेश नहीं करूँगा जिसका अधिकतर समाजवादी करते हैं (पृ. 12) ...पूँजीवालों से उनकी पूँजी हिंसा के ज़रिये छीनी जाये, इसके बजाय यदि चरखा और उसके सारे फलितार्थ स्वीकार कर लिये जायें तो वही काम हो सकता है (पृ. 1)"। यह समाजवाद स्फटिक की तरह शुद्ध है। इसलिए उसे सिद्ध करने के साधन भी शुद्ध ही होने चाहिए। अशुद्ध साधनों से प्राप्त होने वाला साध्य भी अशुद्ध ही होता है। (पृ. 7) सुनहला नियम तो यह है कि जो चीज़ लाखों लोगों को नहीं मिल सकती, उसे लेने से हम भी दृढ़तापूर्वक इनकार कर दें। (पृ. 20) हमारे पास जो कुछ भी है उस पर हमारा और आपका तब तक कोई अधिकार नहीं है जब तक सभी लोगों के पास पहनने के लिए पूरा कपड़ा और खाने के लिए पूरा अन्न नहीं हो जाता। (पृ. 20) यदि हरेक आदमी जितना उसे चाहिए उतना ही ले, ज़्यादा न ले, तो दुनिया में ग़रीबी न रहे और कोई आदमी भूखा न मरे। (पृ. 26)

लोकतान्त्रिक समाजवाद के ये सूत्र कालान्तर में एक ऐसे मसीहा के द्वारा व्यवस्थित और स्थापित किये गये, जो अपने को, सरकारी और मठी गाँधीवादियों से अलग कुजात गाँधीवादी कहते थे, यह मसीहा थे डॉ. राममनोहर लोहिया।

डॉ. लोहिया ने समाजवाद के पाँच अवयवों के रूप में लोकतन्त्र, अल्प पूँजी उद्योग, विकेन्द्रीकरण, अहिंसा और अन्तरराष्ट्रीयता-संगतराष्ट्रीयता की स्थापना की और उनको प्रसंग में नर-नारी की असमानता मिटाने के लिए, रंगभेद पर रखी गयी आर्थिक, राजनीतिक, सामाजिक और दिमाग़ी असमानता मिटाने के लिए पुराने संस्कारों पर आश्रित पिछड़े और ऊँचे समूहों या जातियों की असमानता के विरुद्ध पिछड़ों को विशेष अवसर देने के लिए, स्वतन्त्रता हेतु परदेशी गुलामी के विरुद्ध तथा विश्वलोकराज के लिए, आर्थिक समानता के निमित्त निजी पूँजी की संस्था तथा मोह के विरुद्ध लोकतन्त्रीय तरीक़ों के लिए तथा अस्त्र-शस्त्र के विरुद्ध अहिंसक सत्याग्रह के लिए समतामूलक आदर्श की सात क्रान्तियों की व्यवस्था दी। उन्होंने वैज्ञानिक समाजवाद के विचारकों में प्रचलित पूँजीवाद की असंगतियों के परिपाक के सिद्धान्त को स्पष्ट करते हुए बताया कि पूँजीवाद ही नहीं हर व्यवस्था की कमर तब तक अपने ही बोझ से टूटती रहेगी जब तक एक देश, वर्ग या वर्ग का उत्कर्ष दूसरे देशों, वर्गों या वर्णों के अपकर्ष पर आधारित रहेगा और कमज़ोर को विशेष संरक्षण देकर बलशाली उसे अपनी समकक्षता में नहीं ले आयेंगे।

डॉ. लोहिया पहले विचारक हैं जिन्होंने बताया कि यदि अधिकतम उपादेयता की जगह पूर्ण सार्वत्रिक उपादेयता को लक्ष्य नहीं माना जाये, सबल राष्ट्र निर्बल राष्ट्रों का शोषण और दोहन करते रहें, यदि अगलों के द्वारा पिछड़ों का अपमान किया जाता रहा, गाँवों को शहरों के द्वारा, और श्रम को पूँजी के द्वारा लूटा जाता रहा तो इतिहास की चक्की चलती रहेगी और सभ्यता और समृद्धि की हर इमारत अपने ही बोझ से टूटकर गिरती रहेगी। अपनी इस आन्तरिक असंगति से केवल अमरीकी पूँजीवाद का ही नहीं, रूसी और चीनी साम्यवाद का भी सर्वनाश अवश्यम्भावी है। पुरुष पुरातन की प्रिया आज तक एक घर से दूसरे घर, एक देश से दूसरे देश, एक सभ्यता से दूसरी सभ्यता में भटकती रही है। काबुल से अमेरिका, ग्रीक से रूस, भारत से अरब जाकर वह कुछ नयी रोशनी नहीं लाती पुराने दिये की बुझी लौ को केवल नये दिये में लगा देती है। इतिहास के इस चक्रभ्रमण के भ्रम के अन्त के लिए उन्होंने लोकतान्त्रिक समाजवाद के सगुण, सक्रिय रूप की स्थापना की। वस्तुतः डॉ. लोहिया की इन स्थापनाओं ने लोकतान्त्रिक समाजवाद को अन्तरराष्ट्रीय जागरण और संयोजन के उपयुक्त संघर्षों के लिए कारगर विचार-दर्शन बनाया। लोकतान्त्रिक समाज की 'समता' वस्तुतः मानवता का पर्याय हो गयी है और इस प्रसंग में स्वयं डॉ. लोहिया ने फरमाया कि "समाजवाद, मनुष्य जाति की, मनुष्य जाति के लिए, मनुष्य जाति द्वारा सरकार

का विचार-दर्शन है, ताकि एक और जनता की जनता के लिए और जनता के द्वारा सरकार को दूसरी कम्यून की, कम्यून के लिए, कम्यून द्वारा सरकार हो।

लोहिया, लेनिन और गाँधी के बाद आये थे, इसलिए वे उन दोनों से और आगे की बातें कहें और करें, यह स्वाभाविक ही था। गाँधी और लेनिन, सन्त और कमाण्डर, धर्म और राजनीति का और भी अनोखा मेल उनके द्वारा निश्चय ही सम्भव था। उन्होंने यह तो बताया था कि धर्म दीर्घकालीन राजनीति है और राजनीति अल्पकालीन धर्म है, उन्होंने यह भी कहा था कि राजनीति बुराइयों से लड़ना है और धर्म अच्छाइयों को बरतना है और इसी प्रसंग में राष्ट्रों के अलग-अलग चौखम्भा राज्यों को अपने विशिष्ट योगदान से जनमत और समता के आदर्श पर आधारित एक अहिंसक पंचायती विश्वराज्य की रचना करनी है किन्तु धर्मनिरपेक्षता की राजनीति में अपने उपयुक्त साहस की यह बात कहने के वे पहले ही गुज़र गये कि वैसे विश्वराज्य की स्थापना और संचालन वस्तुतः विश्व धर्मों के ही आधार पर सम्भव है। फिर भी इसमें सन्देह नहीं कि उन्होंने लोकतन्त्र और समाजवाद की अपलापक असंगतियों में अधिकांश का निराकरण किया और नयी संगतियों की योजना की। पर जहाँ तक इतिहास के नियति-व्यंग्य की बात है, लोहिया की भी अपने अनुयायियों के हाथ वही गति हुई जो लेनिन और गाँधी की, उनसे पहले, अनुयायियों के हाथ हो चुकी थी और उस इकाई पर चढ़ने वाले सारे शून्य समाजवाद और लोकतन्त्र के सूफ़ी फ़क़ीर के सपनों को शून्य करते चले गये। यह दुर्भाग्य की बात है कि सर्वहारा वर्ग के रूसी और चीनी अधिनायक जिस प्रकार शक्ति को केन्द्रित करते जा रहे हैं, जनतन्त्र की शपथ खाने वाले, लोकतान्त्रिक समाजवाद के भारतीय नेता केवल अवसर के अभाव में; उस अनुष्ठान में, उनसे पीछे रह गये हैं और एक महान् तपोमय तथा धीर फ़क़ीर के अनुयायी और ऋषियों और तपस्वियों की भूमि के निवासी होकर भी वे शक्ति और भोग के मोह से मुक्त होकर लोकतान्त्रिक समाजवाद के फूल के नवजात पौधे की जड़ में अपनी देह और मन को खाद बनाकर नहीं डाल सके। सम्भवतः इसका कारण यह है कि विश्व की अगली सभ्यता शक्ति के द्वारा नहीं, तपस और तितिक्षा के द्वारा स्थापित होगी और उसके पहले इतिहास की छिन्नमस्ता शक्ति केन्द्रों को सम्पूर्णतः ध्वस्त और कदर्थित करने का औचित्य विज्ञापित करने लग गयी हैं।

लोकतान्त्रिक समाजवाद के प्रत्यय-विकास के क्रम में समता का मात्रा भेद से 'मानवता' के पर्याय के रूप में गुणभेद स्वयं में एक अजीब मनोज्ञ सैद्धान्तिक सिद्धि है। डॉ. लोहिया की स्थापना ने वस्तुतः लोकतान्त्रिक समाजवाद

को मानवता और उसके भविष्य की आशाप्रदता का पर्याय बना हुआ इस प्रसंग में यह आवश्यक ही है कि साहित्य जो स्वयं मानवता के अनेक महत्त्वपूर्ण पर्यायों में अन्यतम है, अपने स्वभाव और स्वधर्म की प्रेरणा लोकतान्त्रिक समाजवाद को प्रतिष्ठित और अस्वर करने में अपनी महत्त्वपूर्ण भूमिका चरितार्थ करे।

यह अपने आप में एक महत्त्वपूर्ण घटना है कि गाँधी जी ने 20-2-37 के 'हरिजन' में जब समाजवाद के प्रसंग में लिखा था तो उन्हें भारत के आर्य साहित्य का स्मरण हो आया था। उन्होंने लिखा है :

"समाजवाद का जन्म उस काल में नहीं हुआ था जब यह पता लगा कि पूँजीपति पूँजी का दुरुपयोग करते हैं। जैसा कि मैंने कहा है, समाजवाद ही नहीं, साम्यवाद भी ईशोपनिषद् के पहले मन्त्र में स्पष्ट है।" और यह निरा संयोग नहीं है कि सच्चे समाजवाद का जब उससे पहले 2-1-37 को हरिजन में उन्होंने निरूपण किया था तब भी उन्हें हिन्दी के भक्त कवि का एक दोहा स्मरण हो आया था : 'सबै भूमि गोपाल की' उन्होंने लिखा है :

"सच्चा समाजवाद तो हमें अपने पूर्वजों से प्राप्त हुआ है, जो हमें यह लिखा गये हैं : "सब भूमि गोपाल की है, उसमें कही मेरी और कहीं तेरी की सीमायें नहीं हैं। ये सीमाएँ आदमियों की बनायी हुई हैं और इसलिए इन्हें तोड़ भी सकते हैं।"

साहित्य समाजवाद का लगभग समानधर्मा इसका एक बहुत बड़ा कारण उसके माध्यम भाषा स्वरूप और स्वभाव है। भाषा स्वभावतः सामाजिक सामग्री है और उसके वैयक्तिक संचय का प्रश्न ही अस्वाभाविक है। मनुष्य शेष प्राणियों से अपनी जिस मनःस्थिति के आधार पर श्रेष्ठ होने का गर्व करता है उस मन का वह अधिकरण है और जिस आत्मवत्ता के कारण वह सच्चिदानन्द का अर्हत् पात्र है, भाषा को उस आत्मा का अन्न कहा गया है। औज़ार बनाने और चलाने वाले सामाजिक प्राणी के रूप में मनुष्य के विकास के प्रसंग में, कहते हैं कि श्रम के क्रम में हाथ और मन के साथ भाषा भी उपज आयी और इसलिए कर्म और चिन्तन की वह यमजा सहोदरा है। पंचतत्त्वों में सर्वाधिक सूक्ष्म आकाश तत्त्व का गुण होकर वह प्रत्येक अभिधेय का अभिधान ही नहीं करती, उनके उपादान में भी सतत विद्यमान रहती है।

इस सूक्ष्म, सामाजिक, आकाशमनोमय माध्यम का जो परम साम्यमय अतः अन्तरराष्ट्रीय और अकस्यचित्कर रूप है, साहित्य के लिए उसे ही अपेक्षाकृत अधिक उपयुक्त बताया गया है। वाणी का जो भाग कर्णकुहर में कम्पन फैलाकर चुक जाता है वह साहित्य का नहीं, संगीत का द्रव्य है। साहित्य की भाषा तो उसके निःशेष हो जाने पर ही अपनी अशेष शक्ति के साथ जगती है।

किन्तु उन शक्तियों में भी अभिधा और लक्षणा से जो अधिक सूक्ष्म है, अब व्यंजना को साहित्य के लिए पसन्द किया जाता है। इस सूक्ष्म व्यंजना को भी साहित्य के उपयुक्त कैवल्य प्राप्त करने के लिए ध्वनि बनकर सूक्ष्मतर विदेहत्व से सूक्ष्म होता है और इस सूक्ष्मरूप में भाषा की द्राक्षा का केवल आस्वादमय रस बच रहता है, छिलके, गूदे और गुठली के हिस्से छूटकर छिटक गये होते हैं। सच्चा साहित्य, इस प्रकार, महज़ भाषा से नहीं, भाषा की तपस्या—अनुद्वेगकरं वाक्यं सत्यं प्रियं हितं च यत्—से फलित होता है। इस रूप में साहित्य का स्वभाव ही समतामय होता है, ऐसा रस के साधारणीकरण और समूहबद्धात्मकता से स्पष्ट है। इसी समता को बिनोवा जी अहिंसा कहते हैं। उत्तम साहित्य अभिधायक नहीं, सूचक होता है, बिना आहट के हम में अँट जाता है। साहित्याचार्यों ने साहित्य के ऐसे अहिंसामय निवेदन को कान्तासम्मित उपदेश कहा है। जो साम्यमय और अहिंसामय अतः प्रेममय है वह सबका होकर एक है। इसलिए साहित्य स्वभावतः अन्तरराष्ट्रीय है। सिकन्दर और तैमूर, हिटलर और चर्चिल भले ही किसी देश के हीरो हों पर होमर, फ़िरदौसी, गेटे और शेक्सपीयर हम सभी के हैं। अंग्रेज़ी और ग्रीक भाषा हमारी जीभ काटने वाली तलवार हो सकती है पर उन्हीं भाषाओं में लिखित 'इलियड' और 'बर्न्ट नार्टन' तो हमारा हृदय-हार हैं। सच्चा साहित्य वस्तुतः हर किसी का स्वदेश, हर किसी की धात्री है, वह अन्तरराष्ट्रीय नर-सम्पत्ति है।

कीरति, भणिति, भूति, भलि सोईसुरसरि सम सब कहँ हित होई।

साहित्य स्वभावतः लोकतान्त्रिक समाजवाद का समानधर्मा है क्योंकि वह परस्मैपदीन रस की सदानीरा होने के कारण सहृदयता, प्रेम, अहिंसा और समता के सर्वजनीन अन्तरराष्ट्रीय स्वदेश को नर-जाति के भावक्षेत्र में प्रतिष्ठित करता आया है और उसका माध्यम भाषा स्वभावतः सूक्ष्म, सामाजिक और विकेन्द्रणोन्मुख है। महज़ इस तथ्य से लोकतान्त्रिक समाजवाद के प्रति साहित्य की भूमिका चरितार्थ नहीं हो जाती। स्वभाव अन्ततः एक विशिष्ट प्रकार की सम्भावना भर होता है और सम्भावना की चरितार्थता के लिए साधना की अपेक्षा होती है तथा साधना के लिए साधक की।

साधक के अभाव में अथवा अन्यथाभाव में साहित्य के प्रकृत धर्मों का साहित्य के ही द्वारा वैसा अपलाप सम्भव है, जैसा जर्मनी के राष्ट्रीय समाजवादियों द्वारा समाजवाद का अपलाप किया जा चुका है। समाजवाद के प्रसंग में 13-7-47 के 'हरिजन' में गाँधी जी ने लिखा था :

> "समाजवाद पहले समाजवादी से शुरू होता है। अगर ऐसा एक भी समाजवादी हो तो आप उस पर शून्य बढ़ा सकते हैं। पहले शून्य से उसकी

ताक़त दस गुनी हो जायेगी। उसके बाद हर एक शून्य का अर्थ पिछली संस्था से दस गुना होगा। परन्तु यदि आरम्भ करने वाला स्वयं ही शून्य हो तो कितने शून्यों के बन जाने पर भी परिणाम शून्य ही होगा। शून्यों के लिखने में जितना समय और काग़ज़ ख़र्च होगा, वह भी व्यर्थ जायेगा।"

गाँधी जी ने जो समाजवादियों के सम्बन्ध में कहा, वह साहित्यकार के प्रसंग में भी उतना ही मौजूँ है।

साधक पेशगी या फरमान लेकर साधना नहीं करता। यह दूसरी बात है कि हँसिये-हथौड़े या हल-चक्के पर कविता लिखी जा सकती है, तिल को ताड़ और ताड़ को तिल साबित करने के लिए अक्षरों के तार जोड़े जा सकते हैं, समाजवाद का नाम लेकर ऐयाशी करने वाले हवाई मिनिस्टरों के त्याग और तपस्या के झूठे लतीफ़े गढ़े जा सकते हैं और ऐसा कर मतलब साधने वाले पर्चेबाज़ छैले समितियों में नामज़दगी और नौकरी में तरक़्क़ी पा सकते हैं। पर इस बेहयाई का समाजवाद और साहित्य से कोई जायज़ सरोकार नहीं रह सकेगा।

साहित्य लोकतान्त्रिक समाजवाद के लिए वस्तुतः वही कर सकता है जो खुफ़ियों, मसखरों, हाँ-हुजूरों, मार्कनन्दनों के काफिले तथा भाषणानन्द वज़ीरों के दल नहीं कर सकते और ऐसा वह स्वधर्म के कारण कर सकता है, पुरस्कार, फ़रमाइश, तरक़्क़ी, वाहवाही और लाभ के लोभ में नहीं। विचारक की उद्‌भावना; नेता के निश्चय, शास्त्रकार के निरूपण और प्रशासक तथा राजपुरुष के व्यवस्था-संचालन किसी राजनीतिक भावधारा को अपने नेतृत्व में अधिक-से-अधिक, केवल संचारी दशा तक पहुँचा सकते हैं पर साहित्य तो उसे जन-जन का संस्कार बनाकर समाज की आगामी पीढ़ियों के हृदय-तल में अधिष्ठित कर सकता है और इस तरह कालपुरुष की इतिहास-परायण सहृदयता में उसे रस-पदवी तक पहुँचने की योग्यता से सम्पन्न बनाकर स्थायी देश तक ले जा सकता है। साहित्यकार यदि सिद्ध और समर्थ हो तो वह वाल्मीकि की तरह राजनीतिक भविष्यत् को और व्यास की तरह उसके अतीत को, अपने वर्तमान में बैठे-बैठे बाँध सकता है, उसके अकाल को त्रिकाल में और त्रिकाल को अकाल में देख और दिखा सकता है, पर अपने इस विराट् रूप से पृथक् होकर अपने वामन रूप में भी वह अपनी पसन्द की राजव्यवस्था का कल्याण कर सकता है। वह चन्द की तरह अपने पृथ्वीराज का जन्म और मरण में साथ दे सकता है, वाल्मीकि की तरह स्वयं जंगल में रहकर राजभवन के निर्वासित निरपराध सतीत्व के प्रतिशोध-समर्थ मातृत्व से मण्डित होने की अवधि तक शरण और संरक्षण देकर रामराज्य का मूल सुधार दे सकता है और व्यास की तरह अपने नियोग जात वंशजों के द्वेषमय द्वापर के

युद्ध अवशिष्ट शोणित समुद्र में स्वयं को खड़ा रखकर भी आने वाले विजातीय युग को निष्कम्प, अनसूय और शुद्धभाव से असीस सकता है :

सर्वे भवन्तु सुखिनः सर्वे सन्तु निरामयाः
सर्वे भद्राणि पश्यन्तु, मा कश्चिद्दुःखभाग् भवेत।।

यदि लोकतान्त्रिक समाजवाद को कभी साहित्य का ऐसा साधक मिलेगा तो पुरस्कार, परवरिश और नामज़दगी के लोभ से नहीं, यों उस पर पड़े हर शून्य का मोल ज़रूर दस गुना बढ़ता जायेगा।

यह दूसरी बात है कि जिस दीवालिया व्यवस्था के बाज़ार में सब कुछ बिकाऊ है तो उसमें साहित्य को भी पण्य के रूप में अपने अस्तित्व का औचित्य सिद्ध करना होगा और तब तो साहित्यकार को भी अपने घाटे और मुनाफे का हिसाब रखना ही होगा। कारण स्पष्ट है—

बुभुक्षितैः व्याकरणं न भुज्यते, न पीयते काव्यरसः पिपासितैः।।

वैसी व्यवस्था में रहीम को मनसबदारी करनी होगी, गंग को सिज़दा बजाना होगा, कुम्भनदास को फ़तेहपुर सीकरी और तुलसी को दिल्ली के दरबार में हाज़िरी देनी होगी, और उनके साहित्य में इन अदायगियों की भी अदाएँ हों यह सर्वथा स्वाभाविक है। लेकिन यदि साहित्यकार सच्चा है और उसका साहित्य, त्रिकाल के ताल पर थिरकने वाले तारों की झंकार से मेघजल की तरह स्वभावतः झड़कर उतरा है तो आपद्धर्म के बीच स्वधर्म के ऐसे मौक़े भी आ ही जाते हैं जब उसे मनसबदारी गँवाकर भाड़ झोंकना पड़ सकता है, सिज़दा बजाना बन्द कर हाथी के पैरों तले कुचला जाने के लिए रुख़सत होना पड़ सकता है, सलाम किये जाने वाले के मुख को देखकर दुख लग सकता है और उसके दिल में प्राकृत जन गुणगान करने के पाप के पश्चात्ताप में गिरा सिर धुनकर रो सकता है। और सच पूछिए तो इसी कारण अदायगियों के बीच रह स्रष्टा और प्रणेता बनने का अवसर भी पाता रहता है। यों गुलाब को हम गुलकन्द बनाकर जब खाना चाहते हैं तो काँटों में खिलखिलाने वाली हँसी का रंग उड़ जा चुका होता है, लेकिन बची रहने वाली ख़ुशबू भी कोई कम बड़ी चीज़ नहीं होती गो कि वह गुंजन से ज़्यादा सीत्कार से सामीप्य रखती है और उसको पता देकर उससे कहीं बड़ी चीज़ वहाँ से लापता हुई होती है।

यहाँ यह कह देना ज़रूरी है कि कोई भी व्यवस्था अपने शिकंजे की मजबूरी में साहित्यकार को बाँधकर जब उससे साहित्य उगाहने लगती है तो सच्चे साहित्यकार को दारुण पीड़ा होती है और उसका स्वधर्म टूटने लगता है। समाजवाद भी इसका अपवाद नहीं है। मायाको रूस के समाजवादी तानाशाह के दरबार-ए-आम

में घोषणापूर्वक कवियों को ललकार कर कह सकता है—दोस्तो, ऐसी पुरज़ोर कविताएँ लिखो जो लाल सेना के हर क़दम पर ताल दे सकें ताकि पार्टी के अगले सालाना जलसे में जब कामरेड स्तालिन इस्पात की राष्ट्रीय पैदावार की रपट पेश करने लगें तो वे कविता के उत्पादन का हिसाब देना न भूलें लेकिन, ऐसा कह चुकने के बाद भी वह साहित्यकार के उस स्वधर्म से पल्ला नहीं झाड़ पाता है जिसकी ख़ातिर उसका दर्द उसे आत्महत्या करने को विवश कर देता है और यन्त्रणा-कैम्प से बचने के लिए वह जो कुछ रचता है उसके प्रायश्चित में उसे अन्ततः ख़ुदकुशी करनी ही होती है। यों यह भी आवश्यक नहीं है कि हर साहित्यकार अपने स्वधर्म को न पाल सकने की पीड़ा को भोगने के लिए तैयार हो जाये। प्रतिभाएँ वेश्यावृत्ति नहीं कर सकतीं और आदमी की जीभ कुत्ते की दुम की तरह नहीं हिला करती, ऐसा हर मिसाल के लिए ज़रूरी नहीं कहा जा सकता।

ऐसा भी सम्भव है कि साहित्यकार साहित्य-सृष्टि के प्रसंग में जैसा रहता है, उससे वह बिल्कुल भिन्न और विरुद्ध होकर जिया करता हो। फिर भी कभी-कभी सच्चे नेता और सच्चे प्रणेता की एक जैसी गति हो ही जाती है और तब दोनों ही धैर्य पीकर, सन्तोष खाकर विपुला पृथ्वी और निरवधिकाल में अपने समानधर्मा की प्रतीक्षा करते अविचल खड़े रह सकते हैं, और द्वापर रक्तसागर में आकण्ठ डूबकर महाभारत का प्रणेता और कलियुग के अणुबम के धुएँ में गुम होकर लोकतान्त्रिक समाजवाद का नेता संयोग से कभी-कभी बिल्कुल एक ही जैसे वाक्य कहकर उत्तराखण्ड की ओर प्रस्थान करता है :

'उर्ध्ववाहुर्विरोभ्येण नहि कश्चिछ्णोति मे।'

हाँ, आज मेरी बात जनता नहीं सुनती है लेकिन एक दिन सुनेगी ज़रूर, लेकिन तब शायद मैं नहीं रह जाऊँगा।

लोकतन्त्र की कसौटियाँ से

डायरी

डायरी

1948 से 1965

1.1.48

हाँ, तो इतने दिनों की चुप्पी के बाद आज फिर अपने जीवन स्वर की जाली का ताना-बाना उठा रहा हूँ। पिछली बार का प्रयास अचानक एक स्थल पर आकर रुक गया। कुछ डोरें इस तरह उलझ गयी थीं कि प्रयत्न को वहीं रोक देना पड़ा। कुछ दिनों के बाद फिर चेष्टा की, परन्तु मुर्चा खायी हुई मशीन में गति न पैदा हो सकी। दुर्भाग्य या सौभाग्य, पिछले वर्ष की डायरी' खो गयी। जो कुछ थोड़ा-बहुत लिखा था और लिख रहा था वह भी न रह गया। पहले से ही क्षीण उत्साह में एक और बोझ बँध गया। सारा ताना-बाना बिखर गया। अच्छा हुआ। आज जब लिखने बैठा हूँ तो तबियत कुछ हल्की मालूम पड़ रही है। आशा करता हूँ मेरे भावना जगत् में अब इस प्रकार की गुत्थियों पर गुत्थियाँ न पड़ जायेंगी, जो कल्पना को एक अगम चट्टान के नीचे लाकर खड़ी कर दें। ऐसा लग रहा है कि मेरी भावना और विचारों में एक आश्चर्यजनक सामंजस्य धीरे-धीरे पैदा हो रहा है। इसी कारण मैं भविष्य की उज्ज्वल आशा और विश्वास के साथ इस वर्ष को प्रारम्भ करता हूँ।

2.1.44

लगता है जीवन का जो विस्तृत स्पन्दन मेरे चारों ओर जगत् में हो रहा है उसमें एक अपरिमित सौन्दर्य छिपा हुआ है। यह सौन्दर्य सरल, मधुर और गतिमय है। जैसे किरणों के तारों पर सौरभ की चंचलता नाच रही हो। कभी-कभी मेरी कल्पना में इन परियों का संगीत प्रतिध्वनित हो उठता है। इसे कोरी भावुकता कहूँ या सत्य, लगता है कि मेरी चेतना भी स्वयं उसी अल्हड़ गति पर थिरक रही है झूम रही है। एक मदमाती प्रफुल्लता नस-नस में व्याप्त हो जाती है। इन्द्रियों में एक सामूहिक रस छलछला आता है। इसे केवल दर्शन, स्पर्श, श्रवण

अथवा कोई अन्य सुख नहीं कह सकता। यह अनिर्वचनीय सामूहिकता है जो अपनी मादक चंचलता के साथ सीमित भी लगती है और निस्सीम भी। शायद यही कारण है कि सदा यह अनुभूति प्राणों पर नहीं छाती। कभी-कभी तो मैं बहुत नीरस-सा अनुभव करता हूँ। परन्तु फिर भी उस मादक प्रफुल्लता की याद नहीं जाती। गहरे विवाद के क्षणों में भी उस अपार सौन्दर्य को भूल नहीं पाता, अनुभव चाहे न कर पाऊँ। और तभी विश्वास होता है कि यह उल्लास मेरी कल्पना ही नहीं सत्य भी है।

4.1.48

आज अपनी एक विचित्र बात पर ध्यान आकृष्ट हुआ। मेरे भावों में रह-रह कर उफान-सा आया करता है। यह बात मैंने देखी। कोई भी विचारधारा सामंजस्य और तारतम्य के साथ अन्त तक नहीं पहुँच पाती। ऐसा लगता है कि भावना की लहरियों में आगे बढ़ने की होड़ लगी हो, और जब तक एक लहर कुछ आगे बढ़ पाती है, दूसरी आकर उसे दबा देती है और स्वयं आगे बढ़ जाती है, और फिर उसका भी अन्त पहली की तरह हो जाता है। इस प्रकार एक विचित्र संघात चला करता है। प्रत्येक लहर इस तरह उठती है जैसे मेरे सम्पूर्ण व्यक्तित्व पर छा जायेगी और जीवन के क्रम को ही बदल देगी, परन्तु अधिक समय नहीं बीतता जब वह शिथिल और शक्तिहीन हो जाती है और जीवन की गति ज्यों-की-त्यों रह जाती है। मेरी पढ़ाई लिखाई के क्रम में इस विचित्रता के कारण आकस्मिकता की भरमार रहती है—**मिल्टन** पढ़ते-पढ़ते सहसा **शेक्सपीयर** पर एक निबन्ध लिख पड़ता और फिर प्लेखानोव का द्वन्द्वात्मक भौतिकवाद पढ़ता, सहसा चाय पीने के लिए उठ जाता—आख़िर इन सारे कामों में कौन-सा तारतम्य है? राजनीति में तो इस कारण और स्पष्ट परिणाम देखता हूँ। एक महत् आशा तथा आत्मविश्वास मुझे कोई कार्यक्रम लेने के लिए विवश करता है परन्तु शीघ्र ही मैं शिथिल और निराश होने लगता हूँ। आख़िर कोरी भावुकता के इस रोग का निदान क्या है?

6.1.48

सोच रहा हूँ वह कैसी भयंकर परिस्थिति होगी जब मनुष्य सत्य को इस अन्तिम रूप में प्राप्त कर ले कि कुछ सोचने को शेष न रह जाये। उफ़, कैसी भीषण पीड़ा होगी जब मस्तिष्क अपनी शक्ति के होते हुए भी अन्दर-ही-अन्दर उमस-उमस कर रह जाये—कोई समस्या नहीं जिसका समाधान उसे निकालना हो। क्या होगा : जब जीवन की चेतना तो रहे परन्तु उस चेतना को अपने को व्यक्त करने के

लिए कोई संघर्ष न रह जाये। आज **ओंकार** से द्वन्द्वात्मक भौतिकवाद पर बात कर रहा था—अन्तिम शाश्वत सत्य की बात आ गयी। मैंने सत्य की भौतिक आनुपातिक व्याख्या की। एक बार स्वयं मेरा मस्तिष्क अपनी व्याख्या से सन्तुष्ट नहीं हुआ। सोचता रहा, सोचता रहा : सहसा मैं काँप उठा अब भी यही सोचकर काँप उठ रहा हूँ। उफ़, सत्य! यदि कोई चरम सत्य है—तो उसका जानना कितना भयानक असह्य है। फिर सारा कार्य, सारा संघात समाप्त हो जायेगा। एक ऐसी घुटाने वाली क्रियाहीनता होगी— इसे ही लोगों ने निर्वाण और आनन्द कहा—मैं तो उसकी कल्पना करके ही काँप जाता हूँ।

7.1.48

क्या जीवन का सम्पूर्ण अनुभव करने के लिए अपने को बार-बार स्मरण दिलाना भी आवश्यक है? अभी मुझे अनुभूतिशील हुए कितने वर्ष बीते? और भावना की श्वेत-पट्टिका पर अब तक कितने स्पन्दनों की छाप पड़ चुकी परन्तु यह अवश्य है कि जीवन की इन भावनाओं में कितनी बार मृत्यु का अनुभव कर चुका हूँ। मैं जीना चाहता हूँ। जीवित रूप में जीना चाहता हूँ। फिर यह मृत्यु की अनुभूति कैसी है? कह नहीं सकता। अवसाद की एक ऐसी गहनता है जो उमंगों के सभी तीखेपन को एक विचित्र विवशता में तिरोहित कर देती है। यह भी तो अनुभूति है। इससे दूर हटना सम्भव नहीं है। ज़हर का पीना मौत है; परन्तु पीने की शक्ति न रह जाना तो मौत से भी भयंकर है। वेदना की अनुभूति कड़वी है—परन्तु अनूभूति की अनुपस्थिति तो दम घुटाने वाली शिथिलता है। इसी शिथिलता को ही मैं मौत कहता हूँ। अब तक मैं इस शिथिलता से लड़ता आया हूँ। इस निरन्तर संघर्ष में बहुत कुछ छीज गया हूँ, हारा भी हूँ। फिर भी मैं जीना चाहता हूँ : जीने की उमंग अभी शेष है, यही आशा है।

12.1.48

क्या मैं सफल आलोचक हो सकता हूँ? मेरी भाव-ग्राहिका शक्ति किस-किस प्रकार कार्य-प्रतिकार्य करती है, उसके व्यवहारों के प्रति कुछ-न-कुछ निश्चित जागरूकता तो मेरे भीतर अवश्य है। जीवन के विभिन्न अनुभव क्षेत्रों में सिद्धान्तों को लागू करने की भी क्षमता मैंने अपने में देखी है। अपने सीमित ज्ञान के अनुसार मैं निष्पक्षता भी रख सकता हूँ, परन्तु यह सब होते हुए भी मुझे पूर्ण विश्वास नहीं होता कि मैं आलोचक हो सकता हूँ। तर्क-वितर्क का शास्त्रीय गद्य लिखने की योग्यता मैं अपने में नहीं पाता। मैंने अपने गद्य को ग़ौर करके देखा है :

भावुक स्थानों पर उसमें निश्चय ही शक्ति आ जाती है। परन्तु केवल दार्शनिक या तार्किक स्थलों पर मेरी लेखनी में लड़खड़ाहट उत्पन्न हो जाती है। भला जो शान्त, तर्कपूर्ण, शक्तिवान् गद्य नहीं लिख सकता वह आलोचक क्या होगा? यह मैं जानता हूँ कि प्रयत्न करके अच्छी गद्य शैली अपनाई जा सकती है। पर कौन इस ज़रा से काम के लिए इतनी मेहनत करने जाये। इतना तो मैं समझता हूँ कि कहानी या नाटक के गद्य में यह दुर्बलता नहीं आयेगी। कारण स्पष्ट है। कहानी या नाटक में कल्पना-चित्रों में सोचना सम्भव है, तर्क में सम्भव नहीं।

13.1.48

यह कैसे कहूँ कि मेरे चारों तरफ भीड़ नहीं है? लोग एक दूसरे से टकराते हुए आ-जा रहे हैं। मैं भी इसी भरी हुई राह में अपना स्थान खोज रहा हूँ। यह भी कैसे कहूँ कि जीवन निर्जनता का ही नाम है? लेकिन कभी-कभी बिजली की तरह कल्पना कौंध जाती है—मैं बिल्कुल अकेला हूँ। जिस तरह रेल के साथी अपने मित्र होते हुए भी अपने नहीं होते, उसी प्रकार आसपास के सभी व्यक्ति कुछ पराये से लगते हैं। जैसे इतनी बड़ी दुनिया में न किसी को फ़ुर्सत है और न ताक़त है कि मेरे उर को छू सके। सब ऊपर-ऊपर से अपनी सहृदयता दिखाते हैं...हृदय दिखाने वाला कोई नहीं है। मैं स्वयं भी तो इससे अधिक कुछ नहीं कर पाता। हृदय दिखाना सम्भव कहाँ है? अगर कोई इसे कपट और अभिनय कहे तो बुरा मानने की क्या बात?

बीसवीं शताब्दी चलती-चलती उस जगह पर आ गयी है जहाँ भावना और कल्पना का अन्त हो रहा है। शहर के तारतम्य पूर्ण घटनाहीन जीवन ने अनुभूति का गला घोंट दिया। हर चीज़ उपयोगिता और उपयोगिता से भी भयंकर—'टाइप' की आवश्यकतानुसार नापी जाती है। इसका निर्णय कौन करे कि हमें तारतम्यपूर्ण जीवन चाहिए या भावना!

17.1.48

दो असाधारण बातें हुईं। एक तो शहर में दंगा हो गया। शाम को इसकी ख़बर युनिवर्सिटी की तरफ़ फैल गयी। लेकिन कोई आतंक का वातावरण नहीं है। लग रहा है कल परिस्थिति साधारण हो जायेगी। फिर भी यह एक विचित्र बात है कि जब पंजाब का हत्याकाण्ड हो रहा था उस समय तो इलाहाबाद शान्त रह गया और इस समय जब गाँधी जी साम्प्रदायिकता के शमन के लिए अनशन कर रहे हैं तब यहाँ दंगा हो गया।

दूसरी बात मज़ेदार थी। लगभग दस बजे होटल की बिजली अचानक बुझ गयी। लड़कों ने बहुत कस के चिल्लाना शुरू किया। मैं बाहर निकला और कटरे तक गया। मालूम हुआ सारा शहर बिल्कुल 'ब्लैक आउट' हो गया है। इस असाधारण घटना से कुछ सन्देह भी हुआ। आख़िर बात क्या है। हॉस्टल लौटकर आया तो काफ़ी लड़के जमा होकर गाना-बजाना कर रहे थे। महेन्द्र के भोजपुरी गाने चल रहे थे। काफ़ी उन्मुक्तता का वातावरण था। मैं भी बैठ गया। देर तक आनन्द लेता रहा। बाद में बिजली आ गयी। फिर सब जमावड़ा बिखर गया।

20.1.48

जवानी के आरम्भ में हर आदमी स्वप्न देखा करता है। मेरी तरह जो यों भी सपनों में डूबे रहने का आदी हो, उसका तो कहना ही क्या। अपनी दो कल्पनाएँ, जो मुझे अत्यन्त ही सम्भाव्य और स्पष्ट दीखती थीं, अभी तक याद हैं। उनका आकर्षण और उनकी गर्मी तो अब नहीं रह गयी है, यद्यपि उनकी आशा को मैं अब भी छोड़ना नहीं चाहता। एक इच्छा तो मेरी थी पैदल भारतवर्ष भ्रमण करने की। बी.ए. में मुझे **रॉबर्ट लुई स्टीवेन्सन** से बहुत प्रेरणा मिली थी। दूसरी इच्छा थी एक साधारण मज़दूर की भाँति मज़दूरों के बीच में कुछ वर्ष रहने की। एक मेरी रोमाण्टिक और दूसरी राजनीतिक तृषा है। राजनीतिक इच्छा की प्रेरणा तो अब भी क़ायम है। दो-तीन वर्ष पहले तो यह इच्छाएँ बहुत ही तीखी बनकर सामने आयी थीं। अब जब अपने विद्यार्थी जीवन के छोर पर पहुँच रहा हूँ तो सामने एक रंगहीन विवर ही दिखलाई पड़ रहा है। जिसे हम कठोर सत्य और उपयोगी जीवन कहते हैं, वह उन आदर्शपूर्ण स्वप्नों पर हावी होता जा रहा है। कर्तृत्व के नाम पर जीवन में समृद्धि और आराम की आवश्यकता वांछनीय बनती जा रही है। फिर भी जो स्वप्न एक बार देख चुका हूँ उसे एकदम तो नहीं भुला सकता हूँ न।

21.1.48

जीवन घटनाक्रम इस प्रकार साधारण लय में बँध गया है कि जवानी की उमंगों में भी जीवन फूटता हुआ नहीं महसूस होता। स्वयं अपनी अपूर्ण अभिलाषाओं में नवीनता के अभाव के कारण एक शैथिल्य और आलस्य का ही बोध होता है। कभी-कभी तो मुझे बुरी तरह यह व्याकुलता सताती है कि कहीं से कोई सनसनीदार नवीन बात हो जाती। सुबह उठता हूँ, खाता-पीता हूँ, युनिवर्सिटी जाता हूँ गाता हूँ, मज़ाक़ करता हूँ, किताब देखता हूँ, सो जाता हूँ—मगर इस

पूरे वृत्त में कहीं कोई विशेष घटना क्यों नहीं होती? जीवन का पूरा आनन्द उठाने के लिए रोमांस ज़रूरी चीज़ है। रोमांस की अदम्य इच्छा लिए हम अपने शिथिल संसार में घूमते हैं। लेकिन रोमांस की अभिलाषा पूरी नहीं होती। हमको इस यथार्थ पर ही सर पटककर रह जाना पड़ता है। हद से हद हम व्यंग्यों और छींटों में ही नवीनता की कसर मिटाने की कोशिश करते हैं। इससे कुछ नहीं हो सकता। घटना चाहिए। असाधारण घटना। इसके बिना जीवन कितना नीरस, कितना शिथिल और सारहीन है।

25.1.48

एक विकट द्वन्द्व में पड़ गया हूँ। हृदय की दो भावना में टक्कर हो रही है। युनिवर्सिटी यूनियन के सभापति पद के लिए **बिशननारायण टंडन** और **पंचानन मिश्र** दोनों ही खड़े हैं। और सात वर्ष की मित्रता और भाईचारे का सम्बन्ध पुकार रहा है। बिशन का मेरा सम्बन्ध बिल्कुल भाई का-सा है। दूसरी ओर पार्टी की एकता खींच रही है। राजनीतिक क्षेत्र में पंचानन मेरे साथ कन्धे से कन्धा मिलाकर डटे रहे है। पहले मैंने आशा की थी कि निश्चेष्ट और निष्पक्ष होकर निकल जाऊँगा। पर मैंने देखा कि शायद चुप बैठे रहने से पंचानन जी के दिल में कुछ दुख हो। यही सोचकर कि पार्टी का अधिकार तो अपने भाई से भी अधिक है मैंने पंचानन को खुली सहायता देने का निश्चय कर लिया। आज मैंने पंचानन के साथ हॉस्टल का चक्कर लगाया। लेकिन जैसे स्वयं मेरा हृदय अपने विरुद्ध विद्रोह कर रहा था। हृदय पर पत्थर रखकर मैंने बिशन के विरुद्ध लोगों से वोट देने की प्रार्थना की। मन में भ्रान्ति या असन्तोष तो नहीं था लेकिन विकलता अवश्य थी। कैसा लगता रहा होगा उन क्रान्तिकारियों को जिन्हें क्रान्ति के लिए अपने भाई, अपने माता-पिता की भी हत्या करनी पड़ी थी!

29.1.48

धीरे धीरे साधारण जीवन के व्यवहार में एक सिद्धान्त मेरे सम्मुख स्पष्ट होता जा रहा है। और सिद्धान्तों से वह अधिक सत्य और विस्तृत प्रतीत होता है। आशा करता हूँ कि निश्चित रूप में मैं अपने जीवन को उसके साँचे में ढाल सकूँगा। सीधे सादे शब्दों में वह सिद्धान्त यह है कि कोई ऐसा काम न किया जाये, जिससे किसी भी व्यक्ति के सामने शर्मिन्दा होना पड़े। इस नीति के भीतर सत्य, कर्तव्य, दृढ़ता, नैतिकता सभी कुछ आ जाता है और साथ-साथ नये आदर्शों तथा नैतिक क्रान्ति के लिए भी काफ़ी जगह रह जाती है। यह बात ऐसी भी नहीं कि केवल

एक स्थाई आदर्श ही बनकर रह जाये। थोड़े से परिश्रम से इसको कार्यरूप में परिणत किया जा सकता है।

जितने व्यक्ति मेरे संसर्ग में आये हैं, क्या मैंने सब के प्रति ईमानदारी बरती है? अपने भरसक तो अभी तक यही करता हूँ कि कहीं छल से काम न लूँ। परन्तु मैं जानता हूँ कि कभी-कभी मैं डिग जाता हूँ। तात्कालिक प्रशंसा का लोभ बड़े-बड़ों को दूरवर्ती लक्ष्यों से विमुख कर देता है। मैं तो अभी इस पथ का प्रारम्भिक पथिक हूँ। असली बात यह है कि एक ईमानदारी होती है मानसिक और एक होती है वाचिक। मेरे जैसे यथार्थवादी, संकट के समय में निश्चय ही वाचिक सत्य से 'नरो वा कुंजरो वा' की भाँति, काम निकालना चाहते हैं। मुझे ऐसे स्थलों पर सन्तोष नहीं होता। या तो मानसिक सत्य की शक्ति मिले, या केवल वाचिक सत्य से सन्तोष।

30.1.48

गाँधीजी मर गये। मैं नहीं जानता पौराणिक कथाओं में वज्रपात कैसे होता रहा होगा। आजकल एटम बम का विस्फोट भी शायद इतना आकस्मिक और सम्पूर्ण न होता होगा। सारे देश को जैसे एक साथ सहसा लकवा मार गया। मैंने लोगों को देखा। जिसने ख़बर सुनी सहसा सुन्न हो गया। दस-बारह सेकेंड तक तो निश्चय ही चेतना लुप्त हो गयी। फिर लोगों के यूथ के यूथ सड़कों पर बाहर निकल पड़े लेकिन किसी के मुँह से बोली नहीं निकल रही थी। न कोई यही जानता था कि हम सब कहाँ जा रहे हैं। जैसे एक विशाल शून्य छा गया है। सब चुप हैं। मैं समझता हूँ इस समय सारा देश बिल्कुल मौन होगा। ठीक भी है : यह दुर्घटना इतनी अपरिमेय है कि इसके बाद कुछ कह सकना किसी के लिए भी सम्भव नहीं है। ख़बर लगभग छह बजे फैली : आधे घण्टे में आसपास के सारे विद्यार्थी यूनियन हॉल में इकट्ठा हो गये। हॉल ठसाठस भरा हुआ था। लेकिन कहीं से चूँ की आवाज़ नहीं आ रही थी कुछ देर हम सब ने खड़े होकर प्रार्थना की फिर चले आये। लग रहा है अपना प्यारा बहुत प्यारा बापू खो गया। संसार में कभी किसी समय इतने व्यक्तियों के आँसू एक साथ बहे होंगे?

1-2-48

गाँधीजी की मृत्यु का शोक शब्दों में फूट रहा है। मानवता का क्रन्दन बहुत करुण है। परन्तु स्तब्धता तो और भी भयानक थी। देश को रोता देखकर जीवन की आशा लौट आयी है। अभी घटा खुलने में तो बहुत दिन लगेंगे, परन्तु बादलों में

कुछ कम्पन दिखलाई पड़ने लगा है। महान् व्यक्तियों का होना किसी देश के लिए गर्व की बात है। परन्तु वहाँ की जनता की उन्नति और प्रगति के संग्राम में उनका अनिवार्य होना तो सचमुच दुर्भाग्य की बात है। क्या गाँधीजी की मृत्यु पर हम भी पागल होकर आत्महत्या कर लेंगे? हमारा प्यारा सेनानी, हमारा कुशल सेनानी शत्रु की गोली खाकर गिर गया। तो क्या अब सारी सेना भी निराश होकर टूट जायं? क्या हम सचमुच पराभूत हो गये? कलेजा किसका ख़ून नहीं हो जाता, लेकिन मनुष्य वही है जो हिम्मत नहीं हारता। आज़ादी के पहले चरण में ही उठती हुई जनता को डसने के लिए हर दिशा से शोषक नाग फुँकार रहे हैं। गाँधीजी मदारी की भाँति उन नागों को अपने स्वर से मुग्ध किये हुए थे। वह अब न रहे। अब हमारा कर्तव्य है कि उन नागों को बाँधें। उनके ज़हरीले दाँतों को उखाड़ फेंके। व्यक्ति आता है जाता है : जनता की गति, जीवन की गति नहीं रुकती।

2.2.48

कुछ बात है कि हस्ती मिटती नहीं हमारी
सदियों रहा है दुश्मन दौरे जमाँ हमारा

काल का चक्र हमारा शत्रु है। आज से नहीं शताब्दियों से। लेकिन कोई बात ऐसी है कि काल का चक्र हमें मिट्टी में नहीं मिला सकता। गाँधीजी के निधन पर शोक सभाएँ हो रही हैं। अवसन्न कौन नहीं है? लेकिन मुझे बार-बार इस गहन विषाद में भी **इक़बाल** की उपर्युक्त पंक्तियाँ याद आ रही हैं। अवसाद में खो जाने से क्या होगा? क्यों नहीं सचमुच सारी डरी हुई जनता कह उठती 'हमारी हस्ती कोई नहीं मिटा सकता।' इधर कुछ महीनों से फ़ासिस्ट भावनाओं का प्रचार बड़ी तेज़ी से हो रहा है। साम्प्रदायिकता का वीभत्स रूप धरकर सारी प्रतिगामी शक्तियाँ वर्षों की प्रगति को कुचल देने के लिए कमर कस रही हैं। अपने भयानक उद्देश्य के लिए वह कितनी कृतनिश्चय हैं, यह तो इसी से स्पष्ट है कि इसके लिए उन्हें गाँधीजी का मूल्य देने में भी हिचकिचाहट नहीं हुई। इस समय अगर हमारी पलक पल-भर को भी झपकी, तो देखते-देखते यह सैलाब हमारी सारी धरती को डुबा देगा। क्या हमें रोना चाहिए? क्या आगे बढ़कर सैलाब को रोकने का समय नहीं है?

3-2-48

युनिर्वसिटी यूनियन में गाँधीजी की मुत्यु पर शोक मनाने के नाम पर रोज़ शाम को रामधुन होती है। सुनते हैं तेरह दिन तक यही सब होगा। समझ में नहीं आता

इन नौजवानों को क्या हो गया है। क्या इन शोकसभाओं में आँसू बहा-बहा कर वे भूल जाना चाहते हैं कि फ़ासिस्ट साम्प्रदायिकता का एक भयंकर देशव्यापी षड्यन्त्र अपना जाल फैला रहा है? गाँधीजी की हत्या तो उस विकराल षड्यन्त्र का अंग भर है। समस्त प्रगतिशील शक्तियों के लिए यह एक खुली चुनौती है। मुझको तो दीख रहा है देश डाँवाँडोल है। आज हमें आगे बढ़कर **हिन्दू महासभा** और **राष्ट्रीय स्वयं** सेवक संघ से टक्कर लेनी चाहिए। आज अगर युनिवर्सिटी यूनियन मेरे हाथों में होती तो मैं प्रतिगामी धाराओं के विरुद्ध एक ज़बर्दस्त आन्दोलन खड़ा करता। सरकार तो संघ को दबाने के लिए क़ानूनी उपाय करेगी ही परन्तु असल में तो हमें प्रचार और कार्य के द्वारा जनता के हृदय में इसकी जड़ें उखाड़ फेंकनी है। और इसके लिए यही समय सबसे उपयुक्त है।

18.2.48

मृत्यु का अनुभव कई बार कल्पना में किया है। न जाने मृत्यु कैसी होती होगी। कभी-कभी बड़ी उद्दाम इच्छा उठती है मृत्यु का साक्षात्कार करने की। यह इच्छा घुलते हुए रोग की नहीं है। मैं किसी भी अर्थ में 'मॉर्बिड' नहीं हूँ। मृत्यु की इच्छा कुछ पागल अन्तर्वेग की भाँति उठती है। जैसे किसी को ज़हर का स्वाद जानने की उत्कट इच्छा हो। मैं समझता हूँ मृत्यु जीवन का सबसे आनन्दकारी अनुभव है। आज तक कोई मृत्यु का अनुभव करने के बाद जीवित लौटा नहीं कि उससे पूछूँ कि आख़िर उसे मौत कैसी लगी। इसीलिए कभी-कभी एक इच्छा उमड़ पड़ती है मौत को 'चखने' की। जब शुद्ध भावना से लौटकर अपनी साधारण अवस्था में आता हूँ तब मुझे स्वयं अपनी इस विचित्र उत्कण्ठा पर आश्चर्य होता है। परन्तु मृत्यु की कल्पना के समय में मैं एक सुखमय नशे में विह्वल रहता हूँ। उस समय कहीं कुछ भी अशुभ अमंगलमय अथवा अप्रकाशित नहीं रह पाता।

यह तो हुई कल्पना की बात। यथार्थ संसार में मृत्यु मुझे आन्दोलित ही नहीं करती। माँ की मृत्यु पर मैं रोया भी नहीं था। कुछ अधिक कार्यशील हो गया। आज **रंजीत दादा** के यहाँ गया। उनकी पत्नी का देहान्त हो गया। मेरे भावना जगत् में कोई विशेष परिवर्तन नहीं हुआ।

1.3.48

नामवर काशी से आये। वह आज दिन-भर रहे। कानपुर के **चौधरी साहब-सुमित्रा कुमारी सिन्हा** जी के पति महोदय—हम सबकी कविताओं का एक सम्मिलित संस्करण निकालना चाहते हैं। ज़िम्मेदारी, नामवर ने ले ली है और वह उसके लिए

कविताएँ एकत्र कर रहे हैं। मैंने अपनी दस कविताएँ दे दी हैं। अगर यह अच्छी प्रकार से प्रकाशित हुईं तो ठीक है। देखूँ नामवर कितना करते हैं।

कविता की प्रेरणा क्या है? सचमुच हमारी सारी दार्शनिकता और विश्वास केवल व्यक्तिगत घटनाओं का निचोड़ है? अपने भावनात्मक जीवन में स्पष्ट परिवर्तन देख रहा हूँ। लगभग दो-तीन वर्ष पूर्व जीवन की सभी घटनाएँ बड़ी प्रखरता से परिपक्वता की ओर उन्मुख थीं। सहसा अज्ञात कारणों से उधेड़बुन और दर्शन की अनुभूति शिथिल पड़ गयी और अब मैं रुक-रुक कर किशोरावस्था को लौट रहा हूँ। एकदम लौटना तो असम्भव है क्योंकि कैशोर्य के परवर्ती अनुभवों को एकदम भुलाया नहीं जा सकता। परन्तु अनुभूतियों में एक 'प्रिमिटिवनेस' आ रही है जो मुझे न सरलता ही दे पा रही है और न ज्ञान की दृढ़ता ही अपनाने देती है।

14-3-48

आज **परिमल** की गोष्ठी में बड़ा अनूठा प्रश्न हम सबके सम्मुख रखा गया। वह था: मैं क्यों लिखता हूँ? इस प्रश्न के साथ, इसी तरह के दूसरे प्रश्न की याद मुझे आ रही है। यदि किसी नेता से, उदाहरणतः पण्डित जवाहरलाल नेहरू से यह पूछा जाये: आप नेतृत्व क्यों करते हैं? तो वह क्या उत्तर देंगे? उत्तर तो कई हो सकते हैं देश के हित के लिए, यश के लिए, धन के लिए...परन्तु सत्य के निकट इसमें से कौन-सा उत्तर होगा? आज मेरे कई मित्रों ने यश, धन, आत्माभिव्यक्ति आदि अपने काव्य की प्रेरणा बतायी। परन्तु इससे मेरे हृदय को सन्तोष नहीं हो पाता। जिस प्रकार समाज की ऐतिहासिक प्रगति अपने नेतृत्व के लिए अपने बीच से स्वाभाविक रूप से नेता उत्पन्न करती है, उसी प्रकार सम्भवतः समाज की सामूहिक चेतना अपनी अभिव्यक्ति के लिए कवि को जन्म देती है। लहर की बनावट, उसकी ऊँचाई गहराई, लम्बाई... स्वयं इस पर निर्भर नहीं, इस सबका उत्तरदायित्व सागर की गति पर है। लहर की ही भाँति कवि की समाज-सागर से अभिन्न अस्तित्व नहीं रख सकता। यदि कवि मनुष्य है, और मनुष्यता की सार्थकता समाज में है तो वह प्रश्न कवि से न पूछकर समाज से पूछा जाना चाहिए : वह क्यों लिखता है?

18-3-48

दोपहर का समय है। मेरे कमरे की खिड़की खुली हुई है। मैं खिड़की के पास कुर्सी पर बैठा हुआ चुपचाप बाहर का दृश्य देख रहा हूँ। बाहर खिड़की के सामने एक ऊँचा यूक्लिप्टस का पेड़ है जिसकी लम्बी पत्तियाँ हवा में सरसराती हुई झूल रही हैं।

उसके पास ही दो-एक और पेड़ हैं जिन पर घनी अमरबेल फूली हुई है जैसे सारे पेड़ पर उजली-उजली पच्चीकारी कर दी गयी हो। पेड़ों के बीच थोड़ी-सी जगह है जिससे एक दरवाज़ा-सा बन गया है। इस दरवाज़े से होती हुई निगाह दूर तक जाकर फैल जाती है। आगे गिरजाघर के कम्पाउंड की थोड़ी-सी ज़मीन दिखलाई पड़ रही है जिसकी घास कुछ सूखी-सूखी कुछ हरी-हरी इस तरह उगी है जैसे जीवन का विस्तार सिमटकर रह गया हो। दूर कम्पाउंड की नीची दीवार के उस पार, अलकतरे की पक्की सड़क विलासी धूप में लेटी हुई श्यामल उन्माद की तरह जगमगा रही है। पेड़ों के बीच से सड़क का थोड़ा-सा भाग दिखलाई पड़ता है और उस पर अपने समस्त उल्लास के साथ जीवन का क्रम बहता चला जा रहा है। धूप में जवानी खिल रही है, हवा रह-रहकर सारे दृश्य को हिलोरकर चली जाती है। आकाश में छोटी-छोटी चीलें पंख फैलाये आलस्य से मँडरा रही हैं। यह फाल्गुन का महीना—कितना सुन्दर कितना सजल!

19-3-48

वही दोपहर। मैं खिड़की के बाहर सड़क पर बहते जीवन को देख रहा हूँ। वह दो साथी साइकिलों पर चले आ रहे हैं। उनकी साइकिलों के हैंडिल धूप से चमक रहे हैं। उनके हाथ स्नेहपूर्वक एक दूसरे का कन्धा पकड़े हुए है। हँसते हुए वे एक तरफ़ से आये और दूसरी ओर की पेड़ की पत्तियों में ग़ायब हो गये। एक दूधवाला अपने सर पर दूध की तीन मटकियाँ एक के ऊपर एक रखे हुए अजीब मस्तानी चाल से चला जा रहा है। कमाल का बैलेंस है। हाथ झूम रहे हैं, सिर में भी एक बाँकपन है मगर मटकियाँ हैं कि जैसे जवाहर की तरह जड़ दी गयी हैं। भयानक आवाज़ करती हुई मिलिटरी की तीन बड़ी-बड़ी ज़बर्दस्त ट्रकें उसके बगल से निकल जाती है; मगर उस स्थितप्रज्ञ साधक के योग में बाल भर भी बल नहीं आता। एक मस्त रिक्शावाला बड़े उन्माद से रिक्शा चलाता हुआ गाता जा रहा है। उसके रिक्शे का कवर और गले में लिपटी हुई अँगोछी विजयी पताका की तरह हवा में लहरा रही है। उसके गाने के स्वर तितलियों की तरह नीलिमा को स्पन्दन से भर दे रहे हैं। दूर किसी धोबी का आलसी गधा एक दार्शनिक की भाँति मुँह लटकाये धीरे-धीरे चला जा रहा है। सहसा तीन नंगे, काले, ग़रीब बच्चे बड़ी तेज़ी से दौड़ते हुए एक-दूसरे पर धूल फेंकते इधर में उधर निकल गये। सड़क जीवन से जगमगा उठी।

12-4-48

सर्वेश्वर आज सुबह आया और हम दोनों दिन-भर साथ रहे। दिन-भर हम दोनों विचित्र बीभत्स और रोमाण्टिक कल्पनाएँ करते रहे। कभी राजकुमारियों और राजमहलों की बात हो, कभी सुनसान खँडहर, झोंपड़ी, लाश, साधु, नदी का किनारा और न जाने क्या क्या...बीच में हम लोगों ने एक बार आपस में कहानी के चमत्कारपूर्ण प्लॉट गढ़ने की प्रतियोगिता भी कर डाली। बड़ी भयानक और 'मॉर्बिड' बातें होती रहीं। इस प्रकार की बातें करने में भी विचित्र सुख मिलता है। दोपहर में मैं सर्वेश्वर के कमरे में गया। हम दोनों वहीं लगभग तीन घण्टे सोये। फिर शाम को घूमने निकले। रास्ते में सर्वेश्वर के मित्र दयाशंकर लाल को भी ले लिया गया।

घूमते-घामते जब हम लोग फाफामऊ गंगा के किनारे पहुँचे तो सूरज डूब चुका था और तृतीया का चाँद हल्क-हल्का, निकल आया था। अँधेरा बढ़ रहा था। गंगा का जल पिघले हुए लोहे की तरह फैला हुआ था। रेत पर कुछ चौकियाँ रखी हुई थीं। वहीं हम लोग बैठ गये। बातों का सिलसिला फिर उसी प्रकार भयानक और बीभत्स विषयों पर जारी था। थोड़ी देर बाद हल्का चाँद भी डूब गया। सितारे छिटक गये। हम लोग दस बजे रात तक उस निर्जन में बैठे विचित्र बातें करते रहे। लौटते समय हम लोगों ने एक साधु को जो उधर ही जा रहा था, भयानक बातें कहकर डरा दिया।

9.5.48

स्थानीय काउंसलर्स रेजिडेन्स हाऊस में प्रान्त के विभिन्न स्थानों से आये हुए समाजवादी किसान मज़दूर कार्यकर्ताओं की सभा हुई। कल भी सभा थी जिसमें मैं शरीक़ न हो सका था। आज शाम को उपस्थित हुआ। जब मैं समाजवादी पार्टी के संगठन और विचारधारा की संक्रामक अवलम्बहीनता को देखता हूँ, तो मुझे बड़ा असन्तोष होता है और मैं बार-बार सोचता हूँ कि आख़िर कब तक हम इस बेढंगेपन को प्रारम्भिक कठिनाई अथवा 'ट्रेज़िशन स्टेज' कहकर क्षम्य समझते रहेंगे। यह लोग भी जो कल को एम.एल.ए. या मिनिस्टर होने का स्वप्न देख रहे हैं और समाजवाद का नाम लेकर चिल्लाते हैं, यह नहीं जानते कि आख़िर यह समाजवाद है क्या बला और इसका क्या रूप होगा। दो-चार ऊपरी नेताओं के अतिरिक्त अधिकतर, मार्क्स और लेनिन के नाम से अधिक उनके विषय में और कुछ नहीं जानते होंगे। यह बड़ी ही दुखद परिस्थिति है। लेकिन उद्देश्य और विचारों के अभाव में यह समाजवादी पार्टी भी प्रतिक्रियावादियों के हाथ में न चली जाये इसका बहुत बड़ा ख़तरा है। आज ही से यदि ध्यान न रखा गया

तो जैसे-जैसे समाजवादी पार्टी फैलेगी पूँजीवादी वर्ग इसे अपना पिट्ठू बनाने की जी-तोड़ चेष्टा करेगा।

21-5-48

क्रिस्टोफर कॉडवेल की प्रतिष्ठित पुस्तक Illusion and Reality के कई अध्याय पढ़ गया। पुस्तक सौभाग्य से रक्ताभ सम्पादक श्री गोकुलचन्द रस्तोगी से उपलब्ध हो गयी। बड़े साहस और धुन के साथ कम्युनिस्ट साहित्यिक विचारों का विश्लेषण और पुष्टि करने का प्रयत्न किया है। साहित्य के विषय में कम्युनिस्टों की धारणाओं पर जो मुख्य आक्रमण होता है, वह यह है कि वह अपनी आलोचना में साहित्य को भूल जाते हैं और सामाजिक व्यवस्था का विश्लेषण करने लगते हैं। कॉडवेल ने यह तो दिखलाने की बार-बार कोशिश की है कि साहित्य को समाज से अलग करके समझा ही नहीं जा सकता, परन्तु जहाँ उन सिद्धान्तों और नियमों की उतपत्ति तथा पुष्टि का प्रश्न आता है, जिनके द्वारा वर्ग संघर्ष और विभिन्न कलाओं पर उसका विस्तृत प्रभाव पड़ता है वहाँ वह भटक जाता है। बात यह है कि अभी कम्युनिस्ट विश्लेषण यह सिद्ध नहीं कर पाया है कि आर्थिक उत्पादन की भाँति कला का उत्पादन भी वर्ग चेतना अर्थात् 'टाइप' का ही रूप है।

29.6.48

आज सुबह इंटरव्यू के लिए विद्यापीठ गया। जितनी आसानी के साथ यह मंज़िल पार हो गयी और कुछ ही मिनटों में मेरी नियुक्ति हो गयी इसे सोचकर अब भी अजीब-सा लग रहा है। अग्रवाल जिनसे मुझे सचमुच डर था आये ही नहीं। किस कारण से, मालूम नहीं। कानपुर के सज्जन आये थे। उनसे बात करने पर ज्ञात हुआ कि वह बराबर फस्ट क्लास पाते रहे हैं। परन्तु उनका व्यक्तित्व कुछ प्रभावशाली न मालूम पड़ा। जो भी हो बीरबल जी ने सर्टिफ़िकेट देखने के अतिरिक्त कोई महत्त्वपूर्ण प्रश्न नहीं किये।

अपनी नियुक्ति का समाचार लेकर जब घर लौटा तो लाला प्रसन्नता से उछल पड़े। ऐसा लगा जैसे उन्हें डूबते-डूबते किनारा मिल गया हो। मुझे भी नौकरी कर लेने में सबसे बड़ा लाभ यही था कि लाला की चिन्ताओं में कुछ कमी कर पाऊँगा। चिन्ताओं का उन्मूलन तो ख़ैर असम्भव बात है।

8.7.48

गयाप्रसाद ने कल की मुलाक़ात में हमारी पार्टी के पुनर्निर्माण के सम्बन्ध में बड़ा

उत्साह दिखलाया। जिसके फलस्वरूप आज सुबह निडर के घर पर छोटी-सी विचारगोष्ठी का आयोजन हुआ। स्वयं गयाप्रसाद डेढ़ घण्टा विलम्ब करके आये। मैं तो प्रतीक्षा करने के बाद ऊबकर उठने ही जा रहा था। गयाप्रसाद आये तो उनके साथ **रमाकान्त मिश्र** भी थे। योजना तो लम्बी-चौड़ी बनती रही कि हर वार्ड में पार्टी के दफ़्तर बनाये जायें। मैं सोच रहा हूँ कि यदि इस पूरी योजना में से थोड़ी भी कार्यान्वित हो जाये तो शुभ है। निडर के घर पर बातचीत समाप्त होने के पश्चात् गयाप्रसाद मुझे स्टेशन लिवा ले गये। वहाँ चीफ टी.टी. काली बाबू से काशी स्टेशन का रेलवे मेन्स यूनियन स्थापित करने की बात हुई। गयाप्रसाद अभी भी अपने बनारस राज्य के चक्कर में पड़े हैं। वहाँ से मुड़कर यदि वह बनारस शहर की राजनीति में आये तो मैं उनका स्वागत करूँगा।

10-7-48

शाम को विद्यापीठ में काफ़ी देर तक पार्टी मीटिंग थी। विचाराधीन बातों में मुख्य एक पत्र निकालने की योजना तथा बनारस शहर के पास शिवपुर तथा गंगापुर टाउन एरिया में चुनाव का प्रश्न था। लोगों की बातों से अन्दाज़ किया कि अख़बार के लिए कम से कम 2 लाख रुपये की आवश्यकता होगी। यह कहाँ से आवेगा? शेयर से? चन्दे से? चुनाव का तो मैंने विरोध किया। मेरा साथ एक **शम्भुनाथ** ने दिया। बाक़ी सब चुनाववादी साबित हुए। मैं अपने को शक्तिहीन समझकर चुप हो गया परन्तु आगे भी अपने इस विरोध को मुखर करूँगा। रात साढ़े नौ बजे लौटा। तब तक चाची रामलखन और गोपाल के साथ जा चुकी थीं। चलते समय भेंट भी न हुई।

दोपहर में **नामवर** व **हरिमोहन** आये। नामवर ने मेरे ही यहाँ भोजन किया। फिर हम शम्भुनाथ के यहाँ गये। वहाँ बैठकर कुछ देर **परिमल** की योजना बनी और सम्भव सदस्यों के नाम लिखे गये।

22.8.48

काशी विद्यापीठ में सुबह पार्टी कार्यकारिणी की बैठक डॉ. लोहिया की अध्यक्षता में हुई। पार्टी के पुनर्संगठन की योजना थी। फ्रंट बाँटे गये। मुझको मज़दूर फ्रंट दिया गया। आदेश है कि एक महीने में **रमाकान्त मिश्र** से काम समझकर प्रारम्भ कर लूँ। कैसे होगा...भाग्य जाने! अभी मुझे इसका कोई अनुभव नहीं है और रमाकान्त जैसे व्यक्तिवादी से चार्ज लेने का ज़िम्मा! मुझे कुशल के लक्षण तो भविष्य में नहीं दीखते।

शाम **दीवान गोकुलचन्द** के यहाँ **युवक साहित्यिक संघ** की बैठक हुई। 'धूम' से **हरिश्चन्द्र दिवस** मनाने का निश्चय हुआ। अन्त में कविताएँ हुईं।

आज सर्वेश्वर प्रयाग में आया। मालूम हुआ वहाँ यूनियन की जुबिली में कवि सम्मेलन है। महेन्द्र संयोजक हैं। मैंने बहुत सूखा उत्तर महेन्द्र के पास भिजवाया ।

9.10.48

अभी तीन दिन पहले चोर बाजारी की कमायी हुई पाप-सम्पत्ति को खुली छूट देने की घोषणा करके पूँजीपतियों के आगे **जवाहरलाल नेहरू** ने फिर मत्था टेका ही था कि ख़बर आयी है कि **राष्ट्रीय स्वयं सेवक संघ** के सदस्य काँग्रेस में घुसेंगे। कांग्रेस दिन-प्रतिदिन अधोगति को प्राप्त होती जा रही है। समझदार लोगों के लिए यह बात तो तभी स्पष्ट हो गयी थी जब ब्रिटिश सरकार से समझौता हुआ। अब भी यदि कोई कांग्रेस के द्वारा प्रगति और देश कल्याण का स्वप्न देखे तो वह केवल आत्मप्रवंचक और हठी ही नहीं निश्चित रूप से जनता को धोखा देने वाला है। उफ़, यह देश किधर जा रहा है। क्या विस्फोट को रोका जा सकेगा? कई वर्षों पहले जब आर्य समाज कांग्रेस में घुसा था, तभी कांग्रेस में साम्प्रदायिकता काफ़ी आ गयी थी। परन्तु वह समय संघर्ष का था इसलिए उसका रूप उग्र न हो सका। अब तो कांग्रेस शोषण की भूमिका में है। इस समय राष्ट्रीय स्वयं सेवक संघ तो कांग्रेस को निगल जायेगा और पूँजीपतियों का फ़ासिज़्म साम्प्रदायिकता के साथ उग्र रूप धारण करेगा। मुझे कांग्रेस में 'स्प्लिट' या 'पर्ज' भविष्य दीख रहा है। इसमें छह महीने से लेकर एक वर्ष तक लग सकता है।

13-10-48

राष्ट्रीय ट्रेड यूनियन कांग्रेस के उपाध्यक्ष **श्री दयाराम बेरी** आज कॉटन मिल में मज़दूरों को भाषण देंगे इसकी ख़बर मिलने पर उत्सुकतावश मैं वहाँ जा पहुँचा। मज़दूरों की सभा जैसी होती है वैसी ही हुई लेकिन टेक्नीक कुछ नया नज़र आया। मज़दूरों को इकट्ठा करने के लिए प्रार्थना सभा के **सूर्यबलीसिंह** ने बाक़ायदा झाँझ करताल बजाकर झूम-झूम कर भजन गाया। दयाराम बेरी की बातों में तो कुछ धरा था नहीं लेकिन उससे ज़्यादा लचर वह अपनी सभा के बाद साबित हुए। जब उनकी सभा समाप्त हो गयी तो **विजयशंकर** ने नारा दिया कि अब हमारी सभा होगी। इतना सुनना था कि जाते हुए दयाराम बेरी लौट पड़े और लगे उछलकूद मचाने। इस पर मैंने नारे लगवाने शुरू किये। तब सूर्यबलीसिंह ने फिर अपना करताल निकाला और लगे चिल्लाने। उस वाक् संघर्ष में नारों का एक तीखा और व्यंग्यपूर्ण रूप देखने

को मिला। मैं कहता था पूँजीवाद का नाश हो और इस आवाज़ को दबाने के लिए कहा जाता था रघुपति राघव राजाराम! धन्य हो पूँजीपतियों के राम!

12-11-49

अभी फुटकर कविताओं वाली कॉपी पलट रहा था। इसमें नयी भाभी के आगमन पर लिखे हुए कुछ सवैये हैं। उन्हीं को देख रहा था कि माँ की याद ने घेर लिया। इधर कई बार ऐसा हुआ है। यहाँ कमरे में माँ की बड़ी-सी तस्वीर लगी हुई है। उसके अधर करुण और आँखें इतनी उदार हैं कि देखते हुए हृदय कभी-कभी उमड़ आता है। लगता है माँ बिल्कुल जीवित आँखों से देख रही है और वही स्नेह वही कोमलता और कर्तव्य की अनुभूति। आजकल जीवन में कुछ ऐसी अतृप्तता है कि मैं बार-बार घबराकर उसी आँचल की छाँह खोजता हूँ जिसमें मुँह ढँककर कुछ देर के लिए रो लूँ और सान्त्वना पा सकूँ। जब समय था तब कितने प्रकार के दिमाग़ी और दिली प्रपंचों ने मुझे उस स्नेह का पूरा रस प्राप्त करने से वंचित कर दिया था। अब भी वह प्रपंच छूटे नहीं हैं। लेकिन कभी-कभी तो हृदय माँ के लिए बरबस चीख़ उठता है। इस स्वर में स्थिरता और गम्भीरता आ जाये तो परिपक्वता एक सीमा तक पहुँच जाये।

28-11-49

बाहर निकलता हूँ तो आँखें **डॉन क्विक्जोट** की तरह 'एडवेंचर' खोजती हैं। रेलवे प्लेटफार्मों और सुनसान सड़कों पर मन जैसे बेचैन हो उठता है। भावना की रगों में तनाव आ जाता है। लेकिन दुर्भाग्य यह है कि इस बीसवीं सदी में 'एडवेंचर' इतनी आसानी से नहीं मिलता। और यदि सुनने में आया कि किसी-किसी को मिला तो सचमुच मेरे हृदय में भीतर ही भीतर कितनी ईर्ष्या होती है इसे मैं नहीं कह सकता। परसों रात को सोते समय गयाप्रसाद ने दो-एक दिलचस्प कहानियाँ सुनाई थीं। वह जब तक स्मरण रहेंगी, इसी तरह चुभती रहेंगी। आख़िर यह मेरे भीतर एक प्रकार की 'मॉर्बिडिटी' नहीं तो और क्या है? हृदय में क्यों बार-बार अशुभ ही सही पर शक्तिशाली उत्तेजना की तड़प पैदा हो जाती है? कुछ चाहिए जिससे एक बार बदन के रेशे-रेशे हिल जायें। 4 बजे शाम तक घर पहुँचा।

30-11-49

इधर कई दिनों से बार-बार इच्छा हो रही है कि एक कविता लिखी जाये। कभी-कभी तो कुछ पंक्तियाँ बरबस मुख से फूट निकलती हैं। लेकिन फिर छोटी

फुलझड़ी की तरह उनका स्वर समाप्त हो जाता है। लगता है जैसे अभ्यास छूट जाने के कारण कल्पना की स्थिर व्यापकता एक अनजानी-सी चीज़ हो गयी है। अतएव आज कल्पना शब्दों से उद्‌भूत होती है शब्द कल्पना से नहीं। विचारधाराओं और इच्छा वृत्तियों के मार्मिक द्वन्द्व ने मेरी रचना शक्ति में ऐसी निष्क्रियता पैदा कर दी है कि मादकता में डूबकर एक पग भी चलना मुहाल है। अजीब दलदल में फँस गया हूँ। लिखूँ, तो किसके लिए लिखूँ, किस प्रकार लिखूँ? स्वान्तः सुखाय? परन्तु वह सुख भी तो मालूम हो जिसे लेकर उमड़ पड़ना है। मैं अपने को भूल नहीं गया हूँ यह सत्य है परन्तु पहचानना नहीं चाहता यह भी ध्रुव है। कम-से-कम कविता के माध्यम से नहीं। लेकिन फिर भी बार-बार इच्छा उमड़ती है कुछ लिखूँ, कुछ लिखूँ।

2-12-49

आज विद्यापीठ में **श्री अच्युत पटवर्धन ने समाज में क्रान्ति और उसके साधनों** पर एक छोटा-सा व्याख्यान दिया। भाषण में उन्होंने वर्ग सम्बन्ध और वर्ग संघर्ष की व्याख्या के अनुसार क्रान्ति की व्यापकता और जनसंकुलता को वर्णित किया। लेकिन भाषण के बाद व्यक्तिगत शंका समाधान के समय उन्होंने अवश्य बताया कि वे **गाँधीवादी समाजवादी** हैं। अर्थात् **डॉक्टर लोहिया** से उनका मौलिक मतभेद नहीं है। इधर की जनता के कुछ संस्करणों को देखकर मुझे पार्टी के **मार्क्सवाद** पर कुछ विश्वास हो चला था। लेकिन इस समय लखनऊ में सुनी हुई वह बात याद आ रही है कि पटवर्धन भी लोहिया के समर्थकों में से है। पटवर्धन जी ने मुझसे कहा कि मैं **जनता** में लेख द्वारा बहस करूँ। शंका का समाधान हो सकेगा—होगा नहीं तो कम-से-कम विचार-विनिमय तो हो ही जायेगा। न जाने क्यों सिद्धान्तों का निष्पक्ष निर्लिप्त प्रतिपादन मुझे अच्छा नहीं लगता। मुझे उस आदमी की ईमानदारी में सन्देह होता है जो किसी सिद्धान्त का समर्थक होने के बाद भी उसके लिए प्राणपण से पागल नहीं हो जाता।

5-12-49

हरप्रसाद शर्मा टाउन राशनिंग ऑफ़िसर और **वाचस्पति त्रिपाठी** डी.एस.ओ. दोनों ही ने बीस गैलन पेट्रोल डॉ. लोहिया की ज़िला यात्रा के लिए देना अपने अधिकार से बाहर बताया। मामला कलक्टर के पास इजाज़त के लिए गया तो उसने साफ़ इनकार कर दिया। इस प्रकार दिन-रात के हज़ारों उदाहरणों में एक यह घटना भी जुड़ गयी जिस तरह सरकार और उसके अफ़सर अपने अधिकार और नियन्त्रण

का प्रयोग अपनी शक्ति बढ़ाने और विरोधी दलों की टाँग तोड़ने के लिए करते हैं। जो भी हो मैं कभी-कभी यह भी सोचता हूँ कि सोशलिस्ट पार्टी अपनी उँगली भी दब जाने पर जिस प्रकार नागरिक स्वतन्त्रता का नाम लेकर चिल्लाती है उतना दूसरे का समूचा हाथ भी कट जाने पर नहीं। लेकिन मुश्किल यह है कि किसे उजला कहा जाये? सभी पार्टियों का यही हाल है और सबसे अधिक कम्युनिस्ट पार्टी का। कम्युनिस्ट पार्टी वाले जब नागरिक स्वतन्त्रता के नाम पर जंग ठानते हैं तो मुझे बहुत आश्चर्य होता है—बहुत आश्चर्य!

7-12-49

ऐसा विचार था कि आज पार्टी के सदस्य बनाने का कार्य प्रारम्भ करूँ। परन्तु सदस्यता की कॉपी हाथ में आ जाने पर ऐसा लगता है कि अकेले यह काम सफलतापूर्वक नहीं हो सकता जो भी हो वस्तुस्थिति यह है कि जिसके विषय में बड़ा निश्चय किया वह कार्य टल गया। आज टल जाने का अर्थ है कि दुर्बलता की विजय हुई। राजनीति में हज़ारों-लाखों की जनसंख्या को समुद्र की लहरों की तरह आन्दोलित कर देना कितना आसान है—और एक-एक बूँद को लेकर उसे अपने स्थान से थोड़ा-सा कम्पित कर पाना भी कितना कठिन! अपने आसपास के रहने वाले साधारण निम्न मध्यमवर्गीय या नौकरीपेशा बुद्धिजीवी बाबुओं और वकीलों को समाजवादी बनाने का तो प्रश्न ही नहीं उठता। सबसे पहली चीज़ तो यह है कि वे यह भी मानने के लिए तैयार हो सकें कि शुद्ध राजनीतिक विचार भी कोई ऐसी चीज़ है जिसे वे रखें और जिसके प्रति थोड़ा भी सम्पर्क स्थापित करने को वे आवश्यक समझें।

9-12-49

विद्यापीठ में जाने पर ये मालूम हुआ कि सुबह से **हिन्दू कोड बिल** के विरोध में धर्म के महन्तों की तरफ़ से टाउन हॉल में शास्त्रार्थ चल रहा है। यह भी सुना कि उस शास्त्रार्थ में पक्ष और विपक्ष दोनों ही उपस्थित किये जा रहे हैं। अतएव जिज्ञासा से अधिक महन्तों की अखाड़ेबाज़ी और मानसिक व्यायाम देखने की उत्सुकता हुई। कुतूहलवश ही लगभग दो बजे टाउन हॉल पहुँचा। **जगद्गुरु अखण्ड भूमण्डलाचार्य ज्योतिष्पीठाधीश्वर श्री शंकराचार्य भगवानजी** सभापित थे, राजा बनारस स्वागताध्यक्ष, और करपात्रीजी महाराज प्रमुख आयोजक। महन्तपन का सारा साज़-बाज़ ज़ोरों पर था। सोने का सिंहासन, चँवर, त्रिशूल, पार्षदों की क़तार सब शंकराचार्य की शोभा बढ़ाते हुए रसातल में जाते हुए धर्म की पूँछ

पकड़कर ऊपर खींचने का सु-उद्योग कर रहे थे। बहुत ललकार-ललकार कर **कोड बिल** को शास्त्र विरुद्ध और धर्मघाती बताया गया। और उसके समर्थकों को चुनौती दी गयी कि आकर बहस कर लें। विरोध में **हरदेवी मलकानी** और एक जैन सज्जन बोले अवश्य लेकिन बहुत डर-डर कर। कई बार जी में आया कि मैं चुनौती स्वीकार करूँ लेकिन फिर चुप रह गया।

13-12-49

श्री घुमावती शरण से मैंने यह आशा की थी कि सम्भवतः उनके द्वारा प्राइमरी स्कूलों के मास्टरों में पार्टी के सदस्य बनाने में सहायता मिले। अतएव सुबह उन्हें जाकर कॉपी दे आया। कबीर चौरा स्कूल पर मास्टरों का 'पे-डे' था। 2 बजे के लगभग जब वहाँ पहुँचा तो मास्टर तो वहाँ अवश्य बड़ी संख्या में थे लेकिन घुमावती शरण का कहीं पता नहीं था। म्युनिसिपल बोर्ड ऑफ़िस गया और वहाँ से उनसे कॉपी माँग लाया। इन तमाम मास्टरों के बीच बिना किसी परिचय अथवा भूमिका के कैसे सदस्य बनाऊँ यह समझना मुश्किल हो गया। बड़ी देर तक निरुद्देश्य घूमता रहा। पहचान के केवल दो आदमी मिले जिन्हें सदस्य बना लिया। मास्टरों के यूनियन के सेक्रेटरी **राममूरत लाल** से भी मिला। उन्होंने देर हो जाने के कारण कुछ कर सकने में असमर्थता प्रकट की। इस प्रकार परिणाम कुछ अच्छा नहीं रहा। मैं समझता हूँ यह तरीक़ा ही ग़लत है। एक तो घुमावती शरण को इस तरह में काम के लिए 'लिफ़्ट' देना भी ठीक नहीं लगता दूसरे भीड़ के अन्दर लोग केवल डेमागॉगी की भाषा समझते हैं विवेक की नहीं।

16-12-49

भारत का पूँजीपति अधिकतर मारवाड़ी है और उसकी जातीय नीचता डरपोक और लोलुपता ही आज इस वर्ग की विशेषता बन गयी है। पाश्चात्य अर्थ-संघटन में जिसे 'एन्टरप्राइज़'—साहस कहते हैं उसका तो यहाँ नामोनिशान भी नहीं है। नतीजा यह है कि वह एक-एक पैसे को दाँत से पकड़ता है और सबसे पहले 'सिक्योरिटी' खोजता है। यों तो वह वर्ग सारे संसार में स्वार्थी और अपने शरीर में ही रत होता है लेकिन मारवाड़ी में यह गुण कुछ विशिष्ट मात्रा में होता है। इसके लिए वह जूते चाटने से लेकर खटमल की तरह रक्त चूसने तक का काम कर सकता है। मुक़दमे के एक साधारण भय के कारण जिस बेहयायी से **गोयनका** के मुनीम **माधवप्रसाद** मेरे पास चक्कर काट रहे हैं और मेरी ख़ुशामद कर रहे हैं उसे देखकर नफ़रत होती है। यही शख़्स है कि मौक़ा पड़ने पर दो पैसे के लिए

मुझे बेइज़्ज़त करने और सैकड़ों मज़दूरों को तरसा-तरसा कर मार डालने से भी बाज़ नहीं आयेगा। आज फिर वह मोटर लेकर मेरे पास आया।

17-12-49

आज का दिन मुख्यतः शिवपुर में ही बीता। और निहायत उबा देने वाले ढंग से। अप्रत्याशित ही कल मुझे सूचना मिली कि बनारम प्रोड्यूस का एड्जूडिकेशन आया है। कल आर.सी.ओ. से मिला और तारीख़ टालने की चेष्टा की, लेकिन उन्होंने आज ही मामले को ख़त्म करने पर ज़ोर दिया। मालूम होता है सूचना उन्होंने पहले ही से भेज दी थी जो मुझे मिली नहीं। विद्यापीठ से छुट्टी पाकर मैं एक बजे तक शिवपुर पहुँच गया। वहाँ कृष्णा मिल के दफ़्तर में चार बजे तक बैठा रहा। चार बजे के बाद आर.सी.ओ. आये। उस दफ़्तर में मनुष्यता की भरसक झलक भी न आने देने वाले दो तीन बाबुओं और मैनेजरों के बीच चुपचाप बैठा केवल यही सोचता रहा कि किस प्रकार वर्गों का भेद हमारी सारी तरलता को बेदर्दी के साथ सोखता जा रहा है। मैं मज़दूरों का प्रतिनिधि—वही मज़दूर जो रजिस्टरों और फाइलों की भाषा में केवल एक क्रय-विक्रय की सामग्री हैं—जैसे इस प्रकार बैठा था कि अपनी चीज़ का ज़्यादा से ज़्यादा भाव लगा पाऊँ तो अच्छा है।

17-12-49

दिमाग़ में जो ज़बर्दस्त नशा छाया हुआ है उसकी अभिव्यंजना का कोई माध्यम न होने के कारण वह अन्दर-ही-अन्दर इतना गाढ़ा हो गया है कि जकड़कर मुझे आत्मतुष्टि के लिए कल्पना में डुबा देता है। इसके लिए जितने विस्फोट की आवश्यकता है, कविता उसके लिए काफ़ी नहीं है और कविता लिखने के साथ ही विचारों का विरोधाभास इतना कठिन हो जाता है कि पूर्णाहुति हो ही नहीं पाती। कुछ नहीं, यह केवल एक प्रबल भूख है जिसका सन्तोष शब्दों से होना कठिन है।

24.12.49

कई कविताएँ लिखी। जिसमें सें एक यह भी है

यह भी सपना, वह भी सपना!

मेरे नयनों में घन आये
तुमने मेरा दृग चूम लिया
हमने तुमने बादल पर उड़
नभ की गोदी में झूम लिया,

ऊपर नभ का नीहार जाल, नीचे धरती
का रंग घना!
वह भी सपना, यह भी सपना!

मैं आज अकेला विहग
हूँ नाप रहा जग का आँगन
मेरी स्मृतियों में झूम रहा
पर वह अनन्त नभ आरोहण

गति में डूबी इन आँखों पर सुधियों का अमर वितान तना।
वह भी सपना यह भी सपना!

उड़ रहा समय की लहरों पर
मैं खोल शिथिल अपनी पाँखें
यह वही गगन, यह वही धरा
हैं देख रहीं मेरी आँखें
पृथ्वी पर जीवन की धारा में एकाकी निर्लिप्त मना!
वह भी सपना, यह भी सपना!

3-1-50

भगवतीपुर जाने के पूर्व कविताओं का जो क्रम बनाने की कोशिश की थी आज उसकी पुनरावृत्ति हुई। एक स्थूल पिपासा है जिसे बार-बार घुलाकर सूक्ष्म कर रहा हूँ। या दूसरे शब्दों में अहं का अभिमान जीवित रखने के लिए खिलवाड़ कर रहा हूँ। कभी-कभी यह सब सोचकर जी बहुत कड़ुवा हो जाता है। मुझे एथिक्स की समस्या बहुत परेशान नहीं करती। लेकिन मनुष्य का हृदय! उसकी पीड़ा से मैं अवश्य हार जाता हूँ। इसलिए यह स्थूल-सूक्ष्म आदि का सारा झगड़ा उठ खड़ा हो जाता है। कोई ऐसा तरीक़ा निकलता कि हम सब कम-से-कम अपने साथ बेईमानी करना छोड़ देते। मैं समझता हूँ कि यह तभी हो सकेगा। जब हम मिलकर बेईमानी का नाम ही बदलकर ईमानदारी रख देंगे। दुनिया से पाप और पुण्य का भेद बिल्कुल मिट जाये तो शायद पाप बहुत कम हो जायेगा और पुण्य में एक ज्योति आ जायेगी जो उसे आकर्षक बना देगी।

5-1-50

गि. बाबू अभी-अभी मेरे घर से गये हैं। शाम के 6 बजे से ही वह आये थे और उनसे बहुत-सी बातें होती रहीं। उनका महत्त्व सिर्फ़ यही है कि वह बहुत दिलचस्पी के साथ ज़िन्दगी के उस पहलू की ओर देखते हैं जिसमें एक लापरवाह आदमी दुनिया को बेवकूफ़ बनाकर अपना मतलब गाँठता जाता है।

हमारे अधिकतर नौजवानों में जो युनिवर्सिटी से निकलते हैं महत्त्वाकांक्षा नहीं होती और अगर हुई भी तो उसके साथ आत्मविश्वास तो बिल्कुल नहीं होता। फलतः वह अधिकतर एक साधारण शिकायत, साहसी के प्रति ईर्ष्या और समर्पण तथा सिक्योरिटी पर चपकने और उस विशाल सामाजिक संघर्ष में एक इंच ज़मीन किसी प्रकार या धोखेबाज़ी से प्राप्त करने की गोटियाचाल में परिणत हो जाती है। जीवन के अन्दर बड़े पैमाने पर ख़तरा मोल लेने की कल्पना तो कर ही नहीं सकते। इसीलिए जब किसी को देखते हैं तब पहले तो जी-भर कोसते हैं और अन्दर-अन्दर आशा करते रहते हैं कि वह गिरे और उन्हें हँसने का मौक़ा मिले। और यदि वह सफल हुआ तो फिर आश्चर्य के साथ अवाक् होकर उसकी ओर देखते हैं और उसकी सफलता की एक बूँद भी ख़ुशामद के द्वारा प्राप्त कर लेने की चेष्टा में लग जाते हैं। यही वह वर्ग है जो हमारे क्लर्क से लेकर सिविल सर्विस तक बनाता है। हमारे शासन की मशीन!

10-1-50

दिन-भर परीक्षा की कॉपियाँ देखता रहा। चार बजे विद्यापीठ गया। वहाँ कुछ विद्यार्थियों ने डिबेट रखा था जिसमें मैं 'अतिथि' के रूप में निमन्त्रित था। विद्यापीठ में कुछ लड़के अच्छे, मेहनती और ईमानदार हैं। विशेष रूप से वे जो दक्षिण से आये हैं। यू.पी. और बिहार वाले तो काफ़ी संख्या में बोगस हैं।

लौटने के बाद फिर कॉपियाँ देखीं। एक सेट जब ख़त्म हो गया तो फिर बिहार के हड़ताली सिपाहियों के नेता **रामानन्द तिवारी** का बयान पढ़ा जो उन्होंने बग़ावत के अभियोग पर अदालत में दिया है। **हमारा कसूर**? नाम से पैम्फ़लेट रूप में प्रकाशित हुआ है। पैम्फ़लेट ज़ब्त है। बयान मार्मिक है। यह सोचकर ख़ासतौर पर दिल कचोटता है कि यह वही सिपाही और वही उनका नेता है जो 1942 में स्वतन्त्रता संग्राम में देश की जनता की क़तार में आ खड़े हुए थे। उन सिपाहियों का नतीजा आज **आज़ाद हिन्द फ़ौज** और **बम्बई नेशनल रेटिंग्स** से भी बदतर हो रहा है। साथी तिवारी को कारावास का दण्ड दिया गया है? क्यों? केवल इसलिए कि वह उन जागरित सिपाहियों के प्रतिनिधि थे जिन्होंने यह सोचने

का साहस किया था कि हम ग़रीब और शोषित-16 रुपये के वर्दीदार चपरासियों की ज़िन्दगी में शायद स्वतन्त्रता के बाद कोई परिवर्तन आवेगा। उनकी आँखों में सच्चा नागरिक बनने का स्वप्न था और सेवा को सम्मान के साथ मिलाने की आकांक्षा। पूँजीवाद इसी को बग़ावत कहता है। इसे न कहे तो कहे किसे?

11-1-50

कल एक विचित्र अनुभव हुआ। शाम को विद्यापीठ जा रहा था। धुला हुआ सफ़ेद खद्दर का कुर्ता-पाजामा, कलफ़ की हुई किश्तीनुमा टोपी, कन्धे पर गम्भीरता से रखा हुआ दुशाला...देखने में विशुद्ध स्वतन्त्र भारत का कांग्रेस मैन मालूम हो रहा था। मलदहिया के पास पहुँचा कि पीछे से आवाज़ आयी : 'सरकार, सरकार!' मैंने साइकिल रोकी। देखा दो आदमी, गुण्डे टाइप के, बुला रहे हैं। पास आकर उन्होंने सलाम किया। मैं पहचानने की कोशिश कर रहा था कि एक ने कहा : 'सरकार हम डोम हैं। आपके मुहल्ले में झाड़ू देते थे। आप पहचान नहीं रहे हैं क्या?' मैं चकराया-सा सोच रहा था कि उसने फिर कहा–'सरकार, एक काम है, आप मदद कर दीजिए।' मैंने सोचा कोई आर्थिक या नौकरी की कठिनाई होगी–ट्रेड यूनियन के ढंग की। अतएव उत्सुकता और सहानुभूति से पूछा–'कहो क्या बात है?' यकायक उसकी आँख चमकी, चेहरे पर एक पेशेवर हल्की मुस्कान आयी। वह मेरे नज़दीक खिसक आया और एक आँख दबाते हुए, फुसफुसाकर बड़े विश्वास के लहज़े में बोला–'हुज़ूर बात यह है कि तीन-चार हज़ार का माल है अ-अ चोरी का–कुछ ऐसे ही। आप निकलवा दीजिए...आधा आप रख लीजिए आधा हम। सरकार, आप मदद कर दीजिए। इज़्ज़त बच जाये।'...'हाँ सरकार आधा आप रख लीजिए आधा हम,' दूसरे ने निहायत स्वाभाविक ढंग से समर्थन किया। मैं इस अप्रत्याशित निमन्त्रण पर कुछ इस तरह से आसमान से गिरा कि बोली बन्द हो गयी। फिर कुछ झल्लाहट दिखाते हुए मैंने कहा–'क्या बकते हो, भागो यहाँ से। किसी दूसरे को पकड़ो। मैं कांग्रेसी नहीं हूँ।' उसने निहायत इत्मीनान से जैसे मेरी मूर्खता पर तरस खाकर कहा, 'फिर आप नहीं मानते हैं तो सलाम!' और मैं आगे बढ़ा अपने धुले हुए खद्दर को देखते हुए जैसे मुँह पर किसी ने बीस जूते मारे हों।

12-1-50

जिस अनवरुद्ध गतिमयता की लालसा ने मुझे राजनीति, समाज और साहित्य आदि में साहस करने के लिए विवश किया उसे नहीं पाता हूँ और विकल हो जाता हूँ।

अपने चारों ओर केवल आत्मविश्वामहीनता और जीवन के उबाल की अनुपस्थिति ही दीखती है। मेरी प्रेरणा कुण्ठित हो जाती है और साहस छीजने लगता है। एक डूबने वाले के साथ यदि दो-चार और हों तो शायद डूबना उतना भयानक न लगे और कोई तिनके का सहारा न खोजे। लेकिन जब देखता हूँ कि सभी स्थिरता और संरक्षण खोज रहे हैं और यदि कोई तरंगों में पड़कर कूल से छूट जाता है तो अधिक-से-अधिक उसकी भावुकता और मूर्खता पर सिर हिलाकर तरस खाते हैं तो समझ में नहीं आता कि अस्थिरता की पूजा कैसे प्रारम्भ की जाये। कहने को हम सभी क्रान्तिकारी हैं लेकिन वस्तुस्थिति को इस तरह चपट कर पकड़ने के लिए बेक़रार हैं, कि कोई प्रतिक्रियावादी झक मारे। इस समाज को उलटने की चेष्टा और साथ-साथ अपने को वर्तमान व्यवस्था से पहुँचने वाले लाभ को न छोड़ना—दोनों साथ कैसे हो सकते है? क्या हम बिल्कुल सर्वहारा बनने के लिए तैयार हैं जिसे वर्तमान समाज के नष्ट हो जाने पर केवल अपनी शृंखलाओं को ही खोना है और पाना सभी कुछ। हमारे समाजवादी साथी इस कसौटी पर उतरेंगे? मैं कितना चाहता हूँ कि कोई ऐसा ज़बर्दस्त भँवर पैदा होता कि हम सभी पत्ते अपने-अपने तिनकों से छूटकर बरबस एक ज़बर्दस्त वेग के साथ चक्र में झिंझोड़ उठते।

3-3-50

अपने अनुभव से तो काफ़ी जल्दी करके मोटर स्टैंड पर पहुँचा लेकिन मोटर आज भी छूट गयी थी। ज्ञात हुआ कि बहुत जल्दी जाती है। कुछ झुँझलाहट हुई लेकिन दिल में तय कर लिया कि आज गाँव पर ज़रूर पहुँचूँगा अतएव साइकिल से चल पड़ा। चोलापुर होकर आया। कुल मिलाकर नौ-दस कोस पड़ा होगा। चोलापुर एक पक्की सड़क है वहाँ से क़रीब सात मील कच्ची। सफ़र बहुत उन्मादक रहा। दिसम्बर में रामाधार सिंह के साथ बड़ा गाँव गया था, उससे तो अच्छा ही रहा। सड़क अच्छी थी इसलिए साइकिल पानी की तरह बहती चली जा रही थी। तीसरे पहर की आलिंगन करती-सी धूप और सड़क के दोनों तरफ़ बराबर आम के पेड़ जिनमें इतनी बौरें लगी हुई थीं कि पत्तियों का कहीं पता ही नहीं चलता था और बौरों की भीनी-भीनी सुगन्ध रास्ते-भर दिमाग़ को नशे से भरती रही। लगता था कि सारा आकाश, सारी हवा सुगन्ध में डुबो दी गयी है। पहली बार आम की इतनी मोहक और विस्तृत सुगन्ध का अनुभव हआ। मैं तो वस्तुतः रास्ते-भर साइकिल पर सोता हुआ आया। गाँव के पास सिवानों में से होकर आते समय तो सारा सिवान आसपास के गाँवों में पकते हुए गुड़ की सुगन्ध से व्याप्त मालूम हुआ।

रात में गाँव-भर के लोग मेरे घर पर एकत्र हुए और बड़ी रात तक होली, चौताल, रामायण आदि का गाना हुआ।

8-3-50

शा. की बीवी साहिबा आज होली खेलने के लिए मचल गयीं। इन देवियों की गति तो विधाता भी नहीं जानता। कहाँ तो मुझे देखते ही एक ग़ज़ लम्बा घूँघट निकालती थीं, कहाँ आज शा. से कह बैठीं कि साहीजी को बुलाइए नहीं तो मैं आप ही पर रंग डालूँगी! मैं होली खेलने के लिए विद्यापीठ तो गया नहीं था लेकिन यह मामला ऐसा आ पड़ा कि आधा चाहते और आधा न चाहते आख़िर मैं तैयार हो ही गया। अपना कुर्ता सदरी उतारकर एक ओर रखा, गयाप्रसाद से एक पुराना कुर्ता लिया और मैदान में उतर पड़ा। च. के कमरे में दरवाज़ा बन्द करके होली हुई। शा. तो अपने कमरे में ऊपर बैठे रहे लेकिन च. ख़ाहमख़ाह दाल-भात में मूसरचन्द बनकर कूदते रहे। मेरे पास रंग था नहीं इसलिए पहले हमले में मेरी पराजय हुई। लेकिन आचार्य जी के लड़के से मैंने रंग हासिल किया, और रंग भी गाढ़ा नीला। गहरी रोशनाई बनाकर जब एक बार आक्रमण किया तो च. और श. दोनों की श्रीमतियाँ तर हो गयीं। लेकिन मेरी धोती पर भी रंग पड़ गया। आशा नहीं है कि छूटेगा। इधर मिसेज शा. जो उत्साहित हुईं, और मुझे न पाया, तो अलग रखे हुए मेरे सदरी कुर्ते से बदला लिया। अब इस त्रिया-बुद्धि से हार मानने के अतिरिक्त कोई चारा नहीं था। हार का उतना ग़म नहीं है जितना सिल्क की सदरी खराब हो जाने का।

21-3-50

अध्ययन इधर कुछ इतना विस्तृत लेकिन साथ-साथ असम्बद्ध हो गया है कि सहसा सामंजस्य की शक्ति कुण्ठित हो गयी है। पुस्तकें पर पुस्तकें पढ़ता जाता हूँ। याद कितना रहता है और कितना केवल चेतना में विलुप्त होता जाता है नहीं कह सकता हूँ। एक थकान ज़रूर महसूस हो रही है। सर भारी हो जाता है और कोई भी चीज़ साफ़ नहीं उतर पाती। बल्कि जो साफ़ है वह भी शायद धुँधली हो जाती है। आजकल मुख्य विषय है कला और दर्शन। विषय की सूक्ष्मता के कारण स्वयं अपने विचार अपनी पकड़ से छूटते हुए प्रतीत होते हैं। एक दिन तो मैंने यह निश्चय कर लिया कि यदि जो कुछ मूल्यवान है उसे क़ायम रखना है तो इस तरह पढ़ना बन्द कर देना होगा। बात भी ठीक है। अत्यधिक पढ़ना तभी श्रेयस्कर हो सकता है जब दिमाग़ में एक 'प्रेजूडिस' बन जाये जो इन विचारों के जंगल को अपने प्रकार

से छाँट कतर सके। लेकिन मुश्किल यह है कि यह अध्ययन भी इसलिए हो रहा है कि एक प्रेजुडिस बनाने में सहायता मिल सके। मार्क्स को पकड़ लेना आसान है लेकिन उसके द्वारा जीवन के प्रत्येक क़दम को परखना कठिन है।

2-2-52

यह धूप बहकी-बहकी कि शराब आसमानी!

ये हवाएँ सरसराती कि अलस भरी जवानी

यही कविता लिखने में लगा हुआ हूँ। बस, लगता है मन माघ की दस बजे की धूप में डूबा हुआ है। दो ही एक दिनों में कविता पूर्ण हो जायेगी।

शाम को लगभग साढ़े सात बजे कार से जौनपुर के लिए प्रस्थान किया। साथ में *केशव, गोपेश, रमानाथ अवस्थी* भी थे। बहुत दिनों बाद कवि सम्मेलन में 'इस तरह' गया। तबियत हलकोरें लेती रही और रास्ते-भर गोपेश जी पर फ़बतियाँ होती रहीं।

दोम जी कॉलेज में कवि सम्मेलन काफ़ी रात तक जमा रहा। हम लोगों को छोड़ कर बाक़ी सब 'थर्ड रेट कवि' थे। केशव आदि तो रात को ही मोटर से वापस इलाहाबाद चले गये। मैं रुक गया। साथ में रामदरश भी रुका जो काशी से आया था। मुझे रामदरश की कविता—'जग में मैं सबका आभारी सबने जीवन को दान दिया'—बहुत अच्छी और बहुत Pure लगती है।

आज कवि सम्मेलन में आकर मेंने अन्दर-अन्दर बहुत आनन्द लिया क्योंकि मेरी उमर घट गयी है!

4.2.52

रात जब घर से निकला तो 'टन' से किसी घड़ी ने एक बजाया। जीया ने झनझनाकर दरवाज़ा बन्द कर लिया और बिजली बुझा दी। दालान की रोशनी किवाड़ों की दरार से आ रही थी, वह बन्द हो गयी जैसे किसी पुराने प्रेमी ने अपरिचित की तरह आँखें फेर ली हों। हवा की एक हल्की भी सिहरन आयी और शेरवानी के नीचे मेरे रोम-रोम को स्पर्श करती हुई-सी निकल गयी। गली एकदम सुनसान थी, नीरव! मेरे मकान से कुछ दूर पर खम्भे पर बिजली की बत्ती जल रही थी। कितने दिन इस गली में, इस मकान में गुज़ारे हैं; कितनी बार आया हूँ, गया हूँ। लेकिन आज एक क्षण को इस आधी रात के सुनसान में लगा जैसे यह सब अपरिचित है...यह गली भी मुझसे खिंची-खिंची सी है, ये मकान निर्मोही हो गये हैं, यह बिजली उदासीन है, जड़ है।

मैं कुछ देर तक चबूतरे पर खड़ा रहा। शेरवानी की जेब में दोनों हाथ डाल दिये। न जाने क्यों बरबस ममता-भरी दृष्टि दरवाज़े की ओर उठ गयी मगर उसके निस्पन्द काले कोलतार में कुछ नहीं। मैं मुड़ा! एक झटके के साथ चबूतरे के नीचे उतरा और चलने लगा। मेरी पग-ध्वनि पत्थरों से टकराकर जैसे चिल्लाती रही—'तू कितना अकेला है...तू कितना अकेला है...'

5-2-52

सोने से पहले बिजली बुझा दी। कमरे में अन्धकार हो गया। मैं लेटा रहा अपनी चारपाई पर। बारह...एक...दो! नींद नहीं आयी। रात बिल्कुल निस्तब्ध थी। सारा हॉस्टल जैसे ख़ामोशी में डूब गया हो। लेकिन यह सुनसान कमरा मेरा गला घोंट रहा था!

जिधर इस घने अन्धकार में देखता, जैसे दो आँखें मुझे घूर-घूरकर मेरी ओर देखती रहीं। उफ़ यह क्या है? मेरी ओर मत देखो। मैं सो नहीं सकता, बिल्कुल सो नहीं सकता!

शायद हवा से कमरे का परदा सरसराया और मुझे लगा कि जैसे कोई अन्दर आया। अन्धकार, घोर अन्धकार! वह जो अन्दर आया था मेरे सिरहाने आकर बैठ गया और उसने अपनी हथेलियाँ मेरे सिर पर रख दीं। ओह! बर्फ़ की तरह ठण्डी हथेलियाँ थीं वे! मुझे लगा उसकी साँस मेरे भाल को मेरे केशों को छू रही है। सहसा वे हथेलियाँ उठीं और उसने दोनों हाथों से कसकर मेरा गला पकड़ लिया! उँगलियाँ जकड़ने लगीं। ...मैं चीख़ा और घबराकर मैंने बिजली जला दी। पसीने में डूब गया था।

8-2-52

कल का जो केस टल गया था वह आज हुआ सिर्फ़ इतना कि दोनों पक्षों से काग़ज़ात दाख़िल कर दिये गये। मेरे जाने की नौबत भी न आयी। अगली तारीख़ 26 फ़रवरी पड़ी है। यूसुफ़ गये। कल से जे.बी. प्रीस्टले के तीन 'काल' नाटक—Dangerous Corner, Time and the Conways और I have been here before पढ़ रहा था और आज दिन में समाप्त हुए। पढ़ने के बाद मन भारी हो गया और लग रहा है जैसे दिमाग़ में ठण्डा सीसा भर गया हो। आँखें जैसे दुर्भेद्य काल की दीवार लाँघकर भूत, भविष्यत्, वर्तमान को एक ही साथ पकड़ लेना चाहती हैं—Kay Conway की तरह। कुछ ऐसा लग रहा है कि सपने में किसी ने बहुत कड़वी दवा पिला दी हो और जागने के बाद भी गले में कड़वाहट

की उबकाई महसूस हो रही हो। नहीं-नहीं मेरा दम घुटा जाता है, मैं अपनी मनःस्थिति ठीक शब्दों में व्यक्त नहीं कर पा रहा हूँ। इस संसार में तो मैं तीन दिशाएँ जानता हूँ—ऊपर नीचे, आगे-पीछे, दायें बायें—लेकिन कोई चौथी दिशा भी महसूस हो रही है जो प्रेत की तरह मुझसे लिपटी हुई है। मेरा दम घुट रहा है मैं इसे पकड़ना चाहता हूँ मगर पकड़ नहीं पाता...क्या है...क्या है—यह क्या है?

सन्तप्त शहर में तीन दिन : डायरी के थोड़े से पन्ने

(*जन*, जनवरी 1960 में प्रकाशित)

इलाहाबाद

29.8.59

ज्यों ही मैंने आज का अख़बार खोला दो ख़बरों पर मेरी नज़र पड़ी। चीन ने भारत की सरहद के भीतर के एक हिस्से पर क़ब्ज़ा कर लिया है, हमारी अग्रिम चौकी पर गोलाबारी की है, और प्रधानमन्त्री ने पार्लियामेंट में चीन की कार्रवाई पर विलाप किया है और कल ही तो इलाहाबाद में एक स्थानीय सिनेमाघर 'मानसरोवर' पर विश्वविद्यालय के छात्रों ने सामूहिक हमला कर दिया और पुलिस ने गोली चलायी, जिसमें तीन व्यक्ति मारे गये।

कॉफी हाऊस में इन दुर्घटनाओं को भूलते हुए, मैं बिल्कुल राज़ी-ख़ुशी व आराम से हल्की-फुल्की दिलचस्प चीज़ों पर **बी.ए.** के साथ गप्प लड़ाने बैठ गया। **जे.एस.** ने एकदम और ही दूसरी क़िस्म की ख़बर दी, कि सरकारी रपट से कहीं अधिक तादाद में लोग घायल हुए और मरे हैं। छोटी-मोटी इर्द-गिर्द की गलियों में भी गोलाबारी हुई है। घरों की छतों और आँधी में किताब के पन्नों की तरह फड़फड़ाती, खुलती और बन्द होती खिड़कियों व दरवाज़ों पर भी गोलियाँ चलाई गयी हैं और पिछली गली के एक वकील के घर के कमरे में भी एक गोली जा पहुँची है। 39 राउण्ड! कितनी गोलियाँ होती हैं 39 राउण्ड में? कितनी? यह एक गोल-मटोल संख्या है। राउण्ड का सही मतलब या मायने कोई नहीं जानता।

हम लोग बैठे कॉफ़ी की चुस्कियाँ ले ही रहे थे, कि **एम.एल.** साहब भी तशरीफ़ ले आये। आते ही बोले क्या तुम लोगों को यह पता है, कि आम नागरिक इस बात से बहुत ख़ुश हैं, कि लड़कों की ख़ूब पिटाई हुई। उन्हें एक तरह की ख़ुशी ही महसूस हुई। सरकारी बयान का इक़रार है कि तीन ही मरे। ग़ैर-सरकारी

अन्दाज़ से तो कुछ और भी इस असार संसार से कूच कर चुके हैं। 39 राउण्ड में कितनी गोलियाँ होती हैं? एम.एल. को मालूम नहीं। उसने कोई जवाब तो दिया था! हाँ जी! उसने कहा था–39 गोलियाँ। और इस ख़ुशी में एम.एल. भी शरीक़ या शामिल हो गये। हाँ, मैं सहमत हूँ। और कल अगर सभी मजिस्टर बर्ख़ास्त कर दिये जायें और ज़िला मजिस्टर भिखारी बना दिये जायें तो भी तो औसत दर्जे के नागरिक को ख़ुशी का ही अहसास होगा। नहीं एम.एल. ने कहा, एकदम ऐसी बात तो ठीक नहीं है। गोलीबारी के ज़ुल्म पर दण्ड मिलने से ख़ुशी नहीं। लेकिन अगर पाकिस्तान की तरह भ्रष्टाचार के अभियोग में उन पर गोली चला दी जाये तो आम लोग ख़ुश होंगे। परन्तु क्या ऐसी शर्त लगानी सचमुच ही ज़रूरी है? और दो साल पहले ही जब बनारस हिन्दू विश्वविद्यालय के अध्यापकों के ख़िलाफ़ सरकार ने कड़ा क़दम उठाया था, तब भी तो आम नागरिक को बड़ा मज़ा आया था। लेकिन क्या उनमें से भी कुछ अध्यापकों के ख़िलाफ़ यह क़दम उचित नहीं था? इस बात पर ए.जी. ऑफ़िस के क्लर्क के नज़रिये से गौर कीजिए–जे. ने कहा कि हाँ, अगर कल ए.जी. ऑफ़िस के क्लर्क हड़ताल कर दें और उन पर मार पड़े या गोली चला दी जाये, तो साधारण नागरिक को फिर दुबारा ख़ुशी का ही अहसास होगा। क्या वे भी आख़िरकार इसके पात्र नहीं हैं? और आज, मैंने कहा कि यह देखकर कि **चू.एन. लाई ने जवाहरलाल** की पिटाई की है, तो एक मिनट के लिए मुझे भी तो ख़ुशी ही हुई। क्या उन जैसे घमण्डी, बनावटी, पाखण्डी, धोखेबाज़ व्यक्ति के लिए यह मुनासिब सलूक़ नहीं था? तुम लोगों में से कितनों को इस ख़ुशी का अहसास हुआ? एक ख़ामोशी छा गयी। अब बाहर चलना चाहिए। और वे सब कॉफ़ी हाउस से चल पड़े। तुम्हारी ख़ुशी का अहसास तुम्हें कहाँ ले जायेगा?

आज सुबह अपने बयान में उपकुलपति ने बताया कि तीन शख़्स मरे हैं। इसके बाद सिर्फ़ सन्तोष की-सी साँस लेते हुए ही नहीं बल्कि ख़ुशी का इज़हार करते हुए उन्होंने यह भी कह डाला कि उनमें छात्र तो एक भी नहीं था। हम में से तो कोई मरा नहीं। भगवान को धन्यवाद दीजिए 'वे' तो दूसरे ही लोग मरे थे। भाई, तक्षशिला की सीमा पर दो देशों की पलटन दूसरे का सामना कर रही है तुम किस तरफ़ हो।

एक तो तुमने अपने दस लाख सैनिक भेज दिये और दूसरे के पास तुम सारथी और सलाहकार बनकर पहुँचे। भाई तुम किस तरफ़ हो?

दोपहर के बाद के. से मुलाक़ात करने के लिए आकाशवाणी केन्द्र में गया। वे चाहते थे कि काफ़ी-ख़र्च और श्रम से गायी गयी, नाची गयी, उस रासलीला को हम लोग सुनें, जिसकी टेप रिकॉर्डिंग भी की गयी थी। एक आमोद प्रमोदमय जीवन की मस्ती की याद। क्या तुम्हें याद है भाई कि एक ज़माने में हमने भी यानी हमारे पुरखों ने बड़ी मौज और मस्ती अपनी ज़िन्दगी में लूटी थी? धुँधली-सी याद है मुझे उसकी फिर भी रोयें उन्माद से खड़े हो जाते हैं। इस तरह की मामूली याददाश्त से तो काम नहीं चलेगा। इसके आनन्द में बिल्कुल ही खो जाओ। भूलो, भूल जाओ। सिर्फ़ यही एक ही तो हक़ीक़त है, वास्तविकता है और तो कुछ भी नहीं। तुम यह बात सुनते क्यों नहीं? किसी पुरातन युग में हम भी तेजस्क्रिय हर्षातिरेक का जीवन बसर कर रहे थे। और के. ने एम. से पूछा कि अब तुम गोलीबारी के बारे में क्या कहते हो—क्या वे इसके मुस्तहक़ नहीं थे? —हाँ वे गोली खाने के मुस्तहक़ थे और इस परम आनन्द की मस्ती से हमारे रोयें खड़े हो गये। रासलीला में तो भारत के सभी क़िस्म के नाच गूँथ दिये गये हैं।

घर। के.जी. ने ड्राइग रूम के लिए तीन बड़े ही ख़ूबसूरत पर्दे तैयार कराये थे, जिन्हें उसने दरवाज़ों पर लटकवा दिया था। हमको दीवारों पर भी आसमान का-सा नीला रंग पुतवाना होगा वरना रंगों का मेल ठीक नहीं बैठेगा। फ़्लोरसेंट बल्बों की चमचमाती रोशनी में हवा से हिलते हुए लाल पर्दे। इसके अलावा हमको और भी चीज़ें मँगानी पड़ेंगी। कलमदानियाँ, नयी ट्रेपेस्ट्री और सपनों की-सी सुन्दर सोफाओं और कुर्सियों पर लगी रंगीन खोलियों और क्षीरसागर में डूबे हुए शहर के समान रंगों का मेल होगा। बाबू एस.बी. नाम के वकील के ड्राइंग रूम से होते हुए और पर्दों को चीरकर अचम्भे में भौंचक हुए से घरवालों के देखते-देखते ही, एक गोली सामने की दीवार से जा टकरायी! वकील साहब ड्राइंग रूम को उसी हालत में ज्यों-का-त्यों सँभाल कर रखे हुए हैं, ताकि लोग आयें और देखें! फ़र्श पर टूटे शीशे के टुकड़े पड़े हैं, पर्दे में छेद है, दरवाज़े पर औरतों की कानाफूसी की फुसफुसाहट है और वकील साहब कमरे में बैठे दर्शकों का इन्तज़ार कर रहे है। तुम जाओगे भाई उस कमरे का मुलाहज़ा फरमाने के लिए!

"जब मैंने कैरुक से सुना कि तुमने हेमकूट छोड़ दिया है, तौ मैं यहाँ लौट आयी और बहुत ही कड़ी तपस्या की। मैंने एक ऐसे ब्राह्मण नौजवान को देखा जो कि अपने इर्द-गिर्द की हर एक चीज़ की ओर घूर-घूर कर इस तरह से देख रहा था, मानो वह किसी खोयी हुई चीज़ की तलाश कर रहा हो। मुझे देखते ही उसमें यकायक एकदम परिवर्तन आ गया और प्रतीत हुआ जैसे मुझे सदा से पहचानता या

जानता हो, हालाँकि मैंने उसे पहले कभी कहीं भी नहीं देखा था। प्रेम-प्यार-मुहब्बत भरे शब्दों से उसने मुझे अपनी ओर आकर्षित करने की कोशिश की। मेरे हृदय ने तो पुण्डरीक की मौत के बाद से ही सांसारिक सुखों से संन्यास-सा ले लिया था, इसलिए मैं वहाँ से फ़ौरन ही उठकर चल दी और वरलिका से कहा कि उसे वह मुझसे दूर रखे या एकदम अलग हटा दे। इसके कुछ ही दिनों बाद, जबकि मैं अपने बिछौने पर लेटी हुई निद्राविहीन रात बिता रही थी तो वह धीरे-धीरे मेरे बिस्तर में घुस आया और मुझसे आत्मसमर्पण करने को कहा। मैंने उस कामातुर नवयुवक को श्राप दिया—तुम तोते बन जाओ और वह फ़ौरन ही निर्जीव होकर धरती पर गिर पड़ा। बाद में उसकी लाश के पास रोते हुए लोगों से मुझे पता चला, कि वह तो तुम्हारा ही मित्र था।" जब महाश्वेता निस्तब्ध आँसुओं के साथ अपनी कहानी समाप्त कर चुकी, तो चन्द्रपीड़ का हृदय टूटकर टुकड़े-टुकड़े हो गया और वह निष्प्राण होकर ज़मीन पर गिर पड़ा।

कॉफ़ी हाउस में हँसी और कॉफ़ी का तीसरा दौर। कॉफ़ी के एक दौर में कितनी प्यालियाँ कॉफ़ी की होती हैं? इसका हिसाब भी तो समय और स्थान पर ही आश्रित है। मैं बेबीलोन के किनारे पर बैठा रहा। बैठे-बैठे रोता रहा।

30.8.59

पकड़े गये। मैंने भी तुमको ज़ुल्म और कायरता के बीच पकड़ लिया है भाई तुम कहाँ, जाओगे?

एक धुँधला-सा नज़ारा मुझ भद्र की आँखों के सामने डूबा-उतराया। अब वह दृश्य आग और लपटों में तब्दील हो गया, फिर प्रहलाद का चेहरा और उसके बाद और लपटें। नहीं, यह तो किसी का मुखड़ा था। नहीं वह आग और लपटें थीं। आग उसके ख़िलाफ़ नहीं थी। वह तो ख़ुद ही आग था।

हंसों का गीत सुनने के लिए मानसरोवर के किनारे डेढ़ सौ व्यक्ति बैठे इन्तज़ार कर रहे थे। जलते हुए पेट्रोल की महक, नलों में तेज़ी से बहता पानी और जलाकर राख बना दिये जाने अथवा पानी में डुबो दिये जाने की प्रतीक्षा में बैठे हुए लोग। तुम कौन हो? मैं एक पाइलट या विमानचालक हूँ। हंसों का गीत सुनने आया। यह रही मेरी टिकट। —तुम क्या चाहते हो?—मैं थोड़ा-सा यही पता लगाना चाहता हूँ कि किधर जाऊँ। पायलट को इन सब उलझनों में क्यों डालते हो, उसे यहाँ से हटा दो। क्या तुम्हें डर लगता है? हाँ, बाजे के तार की

तरह काँप रहे हो। आओ चलो। मैं तुम्हें अपनी जीप में ले चलूँगा और निर्जन सड़क पर छोड़ दूँगा। मेरे मददगार! मेरे आश्रयदाता! मैं तो तुम्हारा ही हूँ।!

और क्या तुम जानते हो। जब उसने भगवान का नाम उलट दिया और उसे बार-बार दुहराया तो उसमें एक भारी परिवर्तन आ गया। मानो उसने अपनी कोई खोयी हुई निधि वापस पा ली हो। उसने अपने विश्वास को क़ायम रखा और झूठ को हज़ारों बार दुहराते दुहराते-उसे सच बना डाला। और वह ब्रह्मा के समान स्थान पा गया और वही संसार का आदि कवि हुआ।

सिर्फ़ एक ही बार उसने अपनी ख़्वाहिश ज़ाहिर की। वह अपने फ़र्श पर बिछाने के लिए एक स्वर्ण मृग की खाल चाहती थी। और जब उसे अकेला छोड़ दिया गया, तो उसने अपनी सीमाएँ लाँघ डालीं और वह घनघोर विपत्तियों के जाल में फँस गयी।

एम. को हाट का दर्शन या विचार पसन्द है? कौन देगा उसे यह भेंट? बनारस में मेरे घर के ठीक सामने एक हलवाई रहता था। वह किसी करिश्मे या चमत्कार के इन्तज़ार में बैठा था। उसने कम किसी भी उपाय से 'कंट्रोल' या दाम नियन्त्रण का क़ानून ख़त्म नहीं हो सकता था। कंट्रोल से वह पूरी तरह तंग आ गया था। उसे कभी सूने एकान्त में रहने का मौक़ा नहीं मिला और इसीलिए वह कभी भी विपत्तियों के जाल में नहीं फँसा।

मजिस्टर ने कहा, "हमारा राष्ट्रीय चरित्र बहुत नीचे गिर गया है"—भगवान को धन्यवाद दो कि इस 'हमारे' में हम-तुम दोनों शामिल या शरीक़ नहीं हैं। तभी तो हम अभी सुरक्षित हैं।

31.8.59

के.जी. के रिमार्क पर तुम इस गोलाबारी के सवाल से कब तक परेशान रहोगे? दिन शुरू हुआ। शहर वापस अपनी शान्त स्थिति में आ गया। और इस सवाल का जवाब देना दिन-ब-दिन ज़्यादा मुश्किल होता जा रहा है। दिन-भर छोटी-मोटी ख़बरें मिलती रहीं। लड़की और पुलिस के दरम्यान, दो शान्ति सैनिक सड़क पर चित्त लेटे हुए 'शान्ति' मन्त्र का उच्चारण करते रहे। वे लड़की की ओर देखकर बोले—'शान्ति', फिर पुलिस की तरफ़ देखकर बोले—'शान्ति' और फिर

आसमान की ओर देखकर बोले—'शान्ति।' वे मसले कुचले, रौंदे और पीटे भी गये। लेकिन उनकी इस बात की रपटें पत्रों में प्रकाशित नहीं हुईं और अख़बारों की मोटी-मोटी सुर्ख़ियों में नहीं छपीं। इस कहानी पर कॉफ़ी हाउस में अवश्य ही हँसी का क़हक़हा गूँज उठा। उपहास और उत्कृष्टता में क्या अन्तर है? सिर्फ़ अख़बार की सुर्ख़ी।

दोपहर के बाद देर तक सिविल लाइन्स कैथेड्रल (Cathedral) के नर्म दूब वाले हाते में जे.एस. और एल.के.वी. के साथ बैठा रहा, उस वक़्त तक गप्पें लड़ाता रहा, जब कि सूरज में लाली आ गयी और शाम को लौटी हुई छोटी चिड़िया की चहचहाहट से पेड़ों की ऊँची टहनियाँ गूँज उठीं। और हम बातें करते रहे—अपमान, दमन, हिम्मत, बुज़दिली, प्रतिवाद, गोलाबारी, ज़ुल्म, अनुशासन और नियमित नियन्त्रित स्थिति की। जे. ने कहा—मैं तीन दिनों तक अपने अख़बार के दफ़्तर में बैठा रहा और मैंने सच को एकदम समीप ही पास से गुज़रते हुए देखा और झूठ को अपनाया। तुमने ऐसा काम क्यों किया? मैंने ऐसा नहीं किया। नियमित स्थिति को फिर दुबारा, स्थापित करने के पक्ष में ही ऐसा काम किया गया। मैं तो मशीन के पुरजे की तरह ही हूँ। प्रो. जे. ने बताया कि तीन दिनों तक सरकारी अफ़सरों व पुलिस ने तंग किया और अपमान किया। तुमने यह सब क्यों बर्दास्त किया? मैं श्ह सब बर्दाश्त नहीं करना चाहता था, मैं नियमित-स्थिति को वापस लाने के पक्ष में हूँ। मैंने कहा—तीन दिनों तक, उखड़ी जड़ों वाली लड़खड़ाती सभ्यता की व्यथा और उसकी पीड़ा का अहसास मैंने किया है। आख़िर कितने दिनों तक मुझे परेशान करती रहेगी? शहर वापस अपनी औसत नियमित स्थिति में लौट आया है, और के. जी. के सवाल का जवाब देना धीरे-धीरे और भी अधिक मुश्किल होता जा रहा है।

7-9-65

इलाहाबाद

पाकिस्तान से ख़ासी लड़ाई छिड़ गयी। यों तो एक महीने से गोलियाँ चल रही हैं, लेकिन अभी भी यही लग रहा है जैसे लड़ाई तीन-चार दिन पहले छिड़ी हो। भविष्य को देखना कितना कठिन होता जा रहा है। दो दिन बाद क्या शक्ल होगी? एक सुनी हुई बात बार-बार दिमाग़ में आ रही है—यह लड़ाई सात-आठ दिनों से ज़्यादा नहीं चलेगी। इस बीच कुछ-न-कुछ चमत्कार होगा। लड़ाई बन्द हो जायेगी।

हिन्दुस्तानी तीसमारखाँ हैं—विश्वास नहीं होता। लेकिन पाकिस्तानी भी तो हमीं जैसे हैं! इसलिए और भी लगता है कि दोनों ही कुछ दिनों में बगलें झाँकने लगेंगे। लेकिन भड़ास निकल जायेगी यह अच्छा होगा।

पाकिस्तान के बारे में बात करना यहाँ जनसंघियों का काम माना जाता रहा है और उनके लिए भी मुसलमान—हिन्दुस्तान-पाकिस्तान दोनों के—पहले थे। पाकिस्तान तो हिन्दू-मुस्लिम समस्या का एक हिस्सा था। मगर 'आधुनिक' या प्रगतिशील लोगों में पाकिस्तान के बारे में दिलचस्पी लेना बहुत सभ्य नहीं समझा जाता था।

इस लड़ाई के बाद उस दिमाग़ी ख़ालीपन में लौट जाना सम्भव नहीं दिखता। पाकिस्तान को एक 'देश' की तरह दिमाग़ में बैठाना होगा। कठिन दिखता है। क्योंकि पाकिस्तान का अस्तित्व हमारी आधुनिकता, धर्मनिरपेक्षता, सांस्कृतिक-समन्वय वग़ैरह के नारों पर बड़ा भारी प्रश्नचिह्न है। बल्कि इन सब नारों की विफलता का प्रतीक है। जातीयता के नाम पर हम मुसलमानों को नहीं पचा सके। एशिया और प्रगति के नाम पर पाकिस्तान को नहीं पचा सके क्यों?

पाकिस्तान हमें हिन्दू कहता है। हम अपने को जो चाहे कहें। अगर हम हिन्दू से बड़े कुछ हैं या होना चाहते हैं, तो बिना पाकिस्तान की स्वीकृति के कैसे होंगे? समीकरण कुछ यों बनता है—हिन्दुस्तान=भारतीय राष्ट्र—पाकिस्तानी, और यदि पाकिस्तान=मुसलमान, तो हुआ : हिन्दुस्तानी=भारतीय राष्ट्र—मुसलमान। अतः हिन्दुस्तान=हिन्दू। अपने को हिन्दू महसूस करना अब तक तो मध्ययुगीन होना था। अतः पाकिस्तान का अस्तित्व हमारी आधुनिकता की विफलता का प्रतीक है।

अगर हम मान भी लें कि मात्र हमारे चाहने से पाकिस्तान का अस्तित्व मिट जायेगा तो भी इस इच्छा के शिकार हो जाने से भी इस बिखरी हुई विचारधारा की कड़ियाँ नहीं जोड़ सकेंगे। पाकिस्तान न रहे, यह इच्छा स्वयं क्या हमें पुराने हिन्दूपन से नहीं जोड़ देती?

सच तो यह है कि मुझे 'हिन्दू' होकर रह जाने में बड़ी घुटन महसूस होती है। पाकिस्तान के लिए 'दुश्मन' शब्द का इस्तेमाल हर जगह हो रहा है। पाकिस्तान को दुश्मन मानने के साथ हम और क्या-क्या मानने के लिए विवश हो जाते हैं?

18-9-65

आज इलाहाबाद में 'अँधेरा-घुप्प' लागू हो गया। युद्ध का पहला स्पर्श-अख़बारों और रेडियो को छोड़कर। के.पी.यू.सी. के सामने लड़कों का एक गिरोह मिला। हाथ उठाकर स्कूटर रोकी—कोई बोला रोशनी मद्धिम कीजिए।

कॉफ़ी हाउस में अभी भी हँसी-मज़ाक़ चलता है। चीन की धमकी के बाद अन्दर-ही-अन्दर सब सन्नाटे में हैं। हल्की-फुल्की बातें करके उस सन्नाटे से बचना चाहते हैं। शायद कल से कॉफ़ी हाऊस छह बजे बन्द हो जाया करेगा। कम-से-कम दुकानों के लिए हुक्म लागू हो गया है। सड़कें अँधेरी हैं। सिपाही गश्त लगाते हैं, और उनके साथ विद्यार्थी भी, जिन्हें शायद सिपाहियों का काम करने की शिक्षा दी जा रही है।

यह तय कर पाना कि इस संकट के समय में 'ठीक' व्यवहार क्या होना चाहिए, बहुत कठिन होता जा रहा है। हम क्या करें? गम्भीर चेहरा बनायें? ख़ून दें? नारे लगायें? ज़ोर-ज़ोर से हँसें या हर पड़ोसी या साथ वाले को शुबहों की निग़ाह से देखें– और दूसरों में कायरता, आत्मलीनता या गद्दारी के लक्षण तलाश करें?

आसपास के लोग तेज़ी से 'जनता' होते जा रहे हैं।

यह पहली प्रतिक्रिया है?

शायद दूसरी प्रतिक्रिया झूठ बोलने की होगी, जिसे हम वीरता का नाम देंगे।

अभी 11 बजे रात के रेडियो समाचार में अमेरिका के किसी प्रवक्ता ने कहा है कि चीन के हमले पर अमेरिका हिन्दुस्तान को हथियारी सहायता देगा। शायद इस बार हम इस सहायता का अच्छा इस्तेमाल करेंगे। चीन और पाकिस्तान दोनों के दाँत खट्टे करेंगे। शायद। —अजब-सी असहायता लग रही है यहाँ लिखते वक़्त। वे इस्तेमाल ठीक से करें तो वाह-वाह, न करें तो हम प्रार्थना करने के अलावा क्या कर सकते हैं?

प्रार्थना करें भी तो किससे?

अमेरिका आयेगा और हमारे योगक्षेम को वहन करेगा।

तुफ़ू बर तू रो चर्खे गर्दां तुफ़ू।

रूस भी मदद देगा।

रात दिन गर्दिश में हैं सात आसमाँ
हो रहेगा कुछ-न-कुछ घबरायें क्या?

अगर तुम जीना चाहते हैं। तो औरों को सक्रिय होने दो। खुद निष्क्रिय पड़े रहो।

अगर तुम खुद सक्रिय हुए तो बेमौत मरोगे।

यह विश्वास करना कि दुनिया भाईचारे के नाम पर एक हो गयी है, कठिन है।

यह विश्वास करना कि जो दोस्त है, केवल दोस्त है; जो दुश्मन है, केवल दुश्मन है, कठिन है।

अभी भी ज़ाहिर नहीं हो पा रहा है कि हम किसलिए लड़ रहे हैं :

कश्मीर हिन्दुस्तान का बना रहे इसलिए? देश के बँटवारे को मान लेने के बाद तो यह बिल्कुल ज़रा-सी बात लगती है।

हिन्दुस्तान का ही अस्तित्व ख़तरे में है, इसलिए? शायद! लेकिन वह हिन्दुस्तान क्या सिर्फ़ यह ज़मीन, ये पहाड़, ये नदियाँ हैं? हिन्दुस्तान क्या सिर्फ़ वर्ग मीलों का एक समूह है या दुनिया के इतिहास में एक संकल्प है, विचार है, उद्देश्य है, लक्ष्य है? जिस तरह रूस और अमेरिका देखते हैं—भारत, चीन के मुक़ाबले दूसरे पलड़े पर रक्खा हुआ पासंग बराबर करने वाला ठीकरा है?

क्या अमरीकी जनरल आयेंगे और यहाँ सेनापति बनेंगे?

क्या अमरीकी यहाँ भी वियतनाम की तरह धीमी, लम्बी और सीमित लड़ाई लड़ेंगे?

क्या रूसी और अमरीकी दोनों यहाँ आयेंगे! क्या हम फिर साहित्यिक विवादों में अपना वक़्त बिताने के लायक़ हो पायेंगे?

सब झूठ लग रहा है। 'ठीक' प्रतिक्रिया नहीं बन पा रही है। चीन के लिए, या पाकिस्तान के लिए दिल में तीखी नफ़रत महसूस करने में मैं अपने को असमर्थ पा रहा हूँ। हम सब के लिए वैसे ही तटस्थ भावना है, जैसी शास्त्री सरकार के लिए। यह राष्ट्रद्रोह हो तो हो।

कहीं कोई वैकल्पिक समीकरण बनना चाहिए, जो नहीं बन पा रहा है।

पूर्वग्रह-65 से

□□